Land der Hoffnung – Land der Krise
Jugendkulturen im Ruhrgebiet 1900–1987

*Wilfried Breyvogel /
Heinz-Hermann Krüger (Hg.)
Werner Thole (Redaktion)*

*Begleitbuch
zur gleichnamigen Ausstellung*

Verlag J. H. W. Dietz Nachf. Berlin/Bonn

CIP-Kurztitelaufnahme
der Deutschen Bibliothek

Land der Hoffnung, Land der Krise : Jugendkulturen im Ruhrgebiet 1900–1987 / Wilfried Breyvogel ; Heinz-Hermann Krüger (Hg.). [Im Auftr. d. Inst. für Jugendforschung u. Pädag. Praxis e.V., Essen, Dortmund]. – Berlin ; Bonn : Dietz, 1987.
ISBN 3-8012-0126-0
NE: Breyvogel, Wilfried [Hrsg.]
Ausstellungskatalog

ISBN 3-8012-126-0
Copyright © 1987
by Verlag J. H. W. Dietz Nachf. GmbH, Berlin/Bonn
In der Raste 20–22, D-5300 Bonn
Lektorat: Martin Rethmeier
Umschlaggestaltung: Hermann Sturm und Ruppert Tacke
Buchgestaltung: Inge Glinsmann, Praxis für Öffentlichkeit, Bremen
Gesamtherstellung: satz+druck gmbh, Düsseldorf
Alle Rechte vorbehalten
Printed in Germany 1987

Herausgeber:
Wilfried Breyvogel und Heinz-Hermann Krüger im Auftrag des Instituts für Jugendforschung und pädagogische Praxis e. V., Essen/Dortmund

Gesamtredaktion:
Werner Thole

Zusammenstellung des Bild- und Dokumentenmaterials:
Werner Thole unter Mitarbeit von Peter Aleweld, Heidi Behrens-Cobet, Alfred Bietau, Wilfried Breyvogel, Paulus Buscher, Josef Fellsches, Klaus Harney, Werner Helsper, Petra Hinssen, Arno Klönne, Frank Krispin, Peter Kuhnert, Elke Nyssen, Birgit Richard, Sabine Roch, Ernst Schmidt, Bernd Stelmaszyk, Ingrid Stoppa-Sehlbach, Martina Stühlmeyer, Manfred Wannöffel, Hans-Jürgen von Wensierski, Martin Weyer, Dorothea Wierling

Sekretariat:
Marlen Steuer

Die Ausstellung, zu der dieses Buch begleitend erscheint, wird in Dortmund (Museum für Kunst und Kulturgeschichte) vom 27. 11. 1987 – 4. 2. 1988 zu sehen sein. Im Anschluß daran ist sie in Herten (Rathaus) vom 27. 2. 1988 – 27. 3. 1988, in Essen (Volkshochschule) vom 15. 4. 1988 – 15. 5. 1988 und in Gladbeck vom 24. 10. 1988 – 15. 11 1988 zu besichtigen.

Träger und Veranstalter der Ausstellung:
„Institut für Jugendforschung und pädagogische Praxis e.V.", Essen/Dortmund

Konzeption und Realisation der Ausstellung:
Hermann Sturm, Alfred Bietau, Wilfried Breyvogel, Klaus Harney, Werner Helsper, Ulrike Kern, Heinz-Hermann Krüger, Peter Kuhnert, Ingrid Stoppa-Sehlbach, Martina Stühlmeyer, Werner Thole, Hans-Jürgen von Wensierski unter Mitarbeit von Franz-Josef Brüggemeier, Petra Hinssen, Frank Krispin, Birgit Richard, Arno Mersmann, Bernd Stelmaszyk, Martin Weyer, Dorothea Wierling und Beate Wrobel

Das Ausstellungsprojekt und der Druck des Katalogs wurden durch finanzielle Unterstützung des „Sekretariats für gemeinsame Kulturarbeit NW", Wuppertal, der Stiftung „Hilfe für die Jugend" der Familie Berghe von Trips, der Städte Dortmund, Herten, Essen und Gladbeck ermöglicht.

Für ihre Unterstützung, für Anregungen und Ideen und/oder für die freundliche Überlassung von Materialien haben wir zu danken:

der AJZ-Initiative Mülheim
Bernhard Beck (Essen)
Hermann Berns (Essen)
Christoph Berse (Essen)
Familie Bierhoff (Mettmann/Duisburg)
Josef Binas (Velbert
Familie Bocian (Duisburg/Düsseldorf)
Edmund Bretthauer (Oberhausen)
Gerion Buchholz (Essen)
Jenny Buhr (Essen)
Monika Bunte (Düsseldorf)
Bund der Polen in Deutschland e. V., insbesondere Valentina Stefanski
Glen Buschmann (Dortmund)
Jörn Christiansen (Dortmund)
Stefan Egerland (Hagen)
El Ele (Bottrop)
Frau Famuliki (Gelsenkirchen)
Robert Farle (Gladbeck)
Rita Fuchs (Hagen)
Tamara Frankenberger (Essen)
Den ehemaligen Mitgliedern des James Dean Clubs Dortmund
Marianne Dieckmann (Mülheim)
Rolf Düdder (Dortmund)
Geschichtskreis Altenessen
Geschichtskreis Hochlarmark, insbesondere Katharina und Fritz Weiße, Frieda und Willi Meyer
dem Goethe- und Leibniz-Gymnasium (Essen)
dem Hauptstaatsarchiv Düsseldorf
Frau Heising-Pilsing von der Fotografischen Sammlung der Kulturstiftung Ruhr (Essen)
Thomas Hermann (Hagen)
Bodo Herzog (Oberhausen)
Robert Heune (Essen)
dem Historischen Archiv der Gute-Hoffnungshütte, insbesondere Herrn Dr. Appelbaum
IFAK (Bochum)
Herta Ingelbusch (Iserlohn)
Dieter Jaekel (Dorsten)
Heinz Jahn (Essen)
Klaus Janke (Essen)
Herrn Jankowski (Bochum)
Roman Kaczmarek (Bochum)
Tom Klatt (Recklinghausen)
Walter Koch (Dortmund)
dem Kollektiv „Cafe Anderland"
Herrn Kucükence (Hattingen)
Herrn Knocke vom Museum für Kultur und Brauchtumspflege (Essen)
Sabine Kramer (Dortmund)

Herbert Lederer (Essen)
Achim Mikuschat (Essen)
Hannes Mutschinski (Dortmund)
Anne Natt (Dortmund)
Walter Neukirchner (Essen)
dem Opernhaus Essen, insbesondere Herrn Pitsch
Gerda Ostlinchen (Dorsten)
Hella Peykowski (Essen)
Frau Pick-Breil (Essen)
Uwe Pless (Dortmund)
Felix Pohl (Essen)
Michael Polubinski (Herten)
Willi Purps (Oberhausen)
Redaktion der WAZ (Oberhausen)
Hartmud Redoté, Filminstitut Düsseldorf
Michael Reuter (Hagen)
Edwin Rach (Mülheim)
Herr Rollenbeck (Hattingen)
Klaus Schiemann (Mülheim)
Jens Schmallenberg (Essen)
Thomas Schmidger (Oberhausen)
Ernst Schmidt (Essen)
Andrea Schmidt (Essen)
Hannes Schmidt (Dortmund)
Barbara Scholz (Mettmann)
Meta Schubert (Ober-Ense)
Cäcilia Schulte-Vogelheim (Essen)
Hans Schreiber (Essen)
Gerd Schweers (Duisburg)
Klaus Siepmann (Mülheim)
Herrn Spieß, Institut für Filmkunde Frankfurt
dem Tiefbauamt und den Stadtwerken der Stadt Gelsenkirchen, insbesondere Herrn Eismann
dem Stadtarchiv Duisburg
dem Stadtarchiv Dortmund, insbesondere Herrn Steinmetz
dem Stadtarchiv Oberhausen
Elizabeth Tegethoff † (Dortmund)
Fritz und Grete Thole (Belm)
TÖB Freundschaftshaus Dortmund
Gisela v. Treek (Essen)
Türkischer Arbeiterverein Witten
der Universität-Gesamthochschule Essen, insbesondere den Kollegen und Kolleginnen des Fachbereichs Erziehungswissenschaften, des zentralen Fotolabors und der Bibliothek
„Che" Urselmann (Moers)
Marianne Vierhaus (Mülheim)
Fritz Volkmann (Dortmund)
Gabriele Voss (Witten)
Steve Wagmuth (Dortmund)
Peter Weinfurth (Bochum)
Ingrid Weidig-Bödeker (Essen)
Herrn Wohlgemuth (Essen)
Rüdiger Wulf (Dortmund)

Inhalt

Heinz-Hermann Krüger / Wilfried Breyvogel / Werner Thole
8 „Unsere Jugend" im „Land der Hoffnung..."

Jürgen Reulecke
12 Urbanisierung und der Wandel jugendlicher Lebenswelten im Revier

Franz-Josef Brüggemeier / Michael Zimmermann
24 Kleine Fluchten. Jugendliche Bergarbeiter zwischen 1900 und 1945

Klaus Harney
36 Zwischen Beruf und Arbeit.
Jugendliche der Gutehoffnungshütte Oberhausen im ersten Drittel des 20. Jahrhunderts

Josef Fellsches
44 Bochumer Schuljugend unterstützt die Front (1914–1918)

Wilfried Breyvogel
50 Der Wandervogel. Die erste Jugendbewegung im Ruhrgebiet

Werner Thole
62 „Kinderkes bringt Klüngelkes". Vom Leben auf der Straße und „Krumme Touren machen"

Barbara Duka / Rosemarie Möhle-Buschmeyer
70 Weibliche Jugendliche in Zechensiedlungen. Zum Mädchenalltag zwischen den Weltkriegen

78 „Pioniere der sozialistischen Lebensgestaltung"

Heidi Behrens-Cobet
79 Parteijugend und kulturelle Avantgarde. Die Essener SAJ in der Weimarer Republik

Ernst Schmidt
84 „Kampf für die Befreiung der Arbeiterklasse..."

Werner Thole
88 Nick Carter jagt Winnetou in sonniger Liebesnacht. Jugendliche Kino- und Lesekultur

Wilfried Breyvogel / Bernd Stelmaszyk / Petra Hinssen
98 „Der Krieg gibt jedem noch ungeahnte Möglichkeiten der Bewährung."
Essener Gymnasiasten zwischen 1930 und 1945

Dorothee Wierling
112 „Leise versinkt unser Kinderland..." Marion Lubien schreibt sich durch den Krieg

Martin Weyer
122 „Wenn Hitler das wüßte!" Erfahrungen von Luftwaffenhelfern 1944–1945

Werner Thole
128 „Tue es, aber sprich mit niemandem darüber."
Zur Ästhetik des autonomen Jugendwiderstandes im Nationalsozialismus –
ein Gespräch mit Paulus Buscher

Arno Klönne
140 Romantik und Protest in Trümmerstädten –
Erinnerung an Jugendgruppen und Politik in den Nachkriegsjahren

Sabine Roch
152 **Jugendbanden in der Nachkriegszeit**

Alexander von Plato
156 **Heimat und Flucht. Jugendliche Flüchtlinge im Revier**

Hans Wupper / Manfred Wannöffel
162 **Von der „schnellen Mark" zur „mobilen Einsatzreserve":
Jugend und Arbeitsmarkt seit den 50er Jahren**

Hans-Jürgen von Wensierski
172 **„Raser", „King" und „Messer Alfred".
Von den Halbstarken der 50er zu den Rockern der 60er und 70er Jahre**

Alfred Bietau
186 **Vom Pütt auf'n Platz? Die Veränderung proletarischer Lebenswelten im Ruhrgebiet seit 1945**

Heinz-Hermann Krüger / Peter Kuhnert
200 **Vom Bebop über'n Beat zum Punk. Jugendliche Musikkulturen im Revier nach 1945**

Klaus Klemm
212 **Die Immigranten der vierten Welle. Ausländische Jugendliche im Revier**

Daniel Rieser
218 **Ein ‚Apo Opa' erzählt... Die Bochumer Studentenbewegung**

Werner Helsper
226 **Vom verspäteten Aufbruch zum forcierten Ausbruch. Jugendliche Gegenkulturen im Ruhrgebiet**

Irmhild Kettschau / Elke Nyssen
240 **„Wir haben uns auf den Weg gemacht." Notizen zur Frauenbewegung im Ruhrgebiet**

Peter Kuhnert
250 **„Ich hab' nun mal 'ne ganze Ecke meines Lebens auf dem Gitter verbracht." Punks im Revier**

Birgit Richard
258 **Die Explosion der Stile. Eine Fotoreportage**

Peter Lüschper
262 **Rockpalast (Geier)-Sturz-Flug und was noch! Musikkultur im Revier seit den 70ern**

Ingrid Stoppa-Sehlbach
268 **Zur gegenwärtigen ästhetischen Praxis von Jugendlichen**

Frank Krispin
272 **Aufstand der Zeichen im Herzen der Städte**

282 *Literaturverzeichnis*

288 *Die Autoren und Autorinnen*

„Unsere Jugend" im „Land der Hoffnung..."

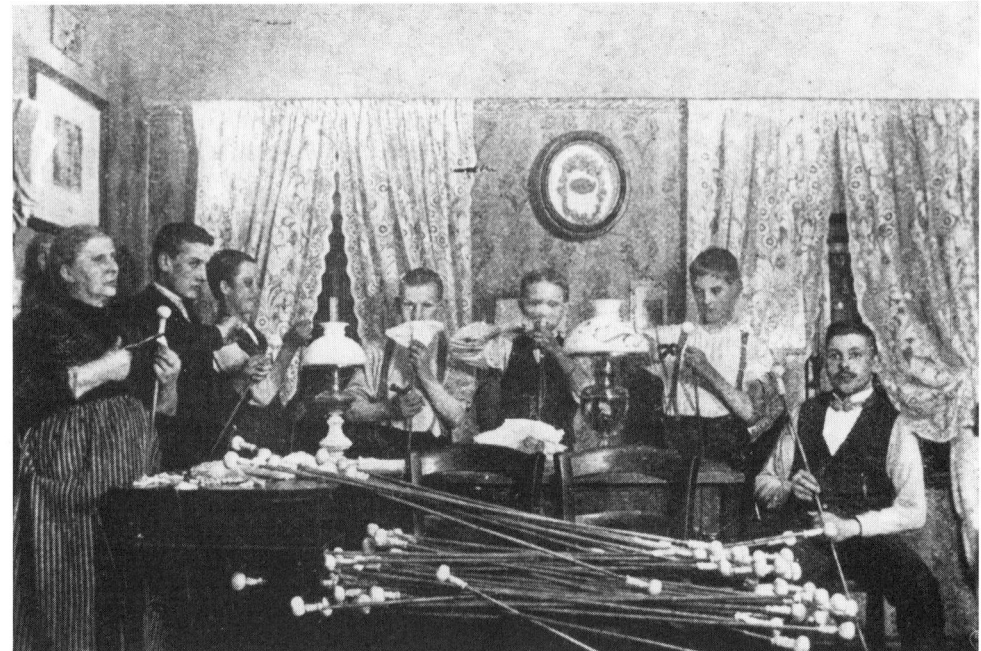

Aus dem Katalog „Unsere Jugend", Essen 1914:
Oben: Mädchen und Jungen bei der Gartenarbeit

Unten: Speerfabrikation des Evangelischen Jugendvereins Essen-West

Blick auf das Hauptgebäude der Ausstellung „Unsere Jugend", Essen 1914

„Unsere Jugend", so ist in dem Führer zur gleichnamigen Jugendausstellung in Essen 1914 zu lesen, „das ist ein singendes, ein klingendes, ein inhaltreiches Wort! – Den einen mag es gemahnen an seine Kindheit mit ihren tausend Freuden und Leiden, den anderen an seine eigenen Kinder, seine Buben und Mädel, und die Zukunftswünsche, die er für sie hegt, den dritten an die gesamte deutsche Jugend, die die Hoffnung unseres Vaterlandes, die in Jung-Siegfried und Jung-Gudrun ihre heidnische Verkörperung gefunden hat."

„Unsere Jugend" war die erste größere Jugendausstellung im Ruhrgebiet und eine der ersten überhaupt. Eindeutig waren die Akzente, die diese Ausstellung zu setzen versuchte. Den Initiatoren ging es darum, über den Stand der körperlich-hygienischen, geistig-moralischen und sittlich-religiösen Entwicklung der Jugend im rheinisch-westfälischen Industriebezirk zu berichten und in „diesem Sinne (...) aufklärend, anfeuernd und fördernd zu wirken", damit ein „lebenstüchtiges Geschlecht erwächst, das mit beiden Beinen auf dem Boden der Heimat steht, (...) deutsch fühlt, deutsch denkt und deutsch handelt."

Ausstellung „Unsere Jugend" in Essen a. d. Ruhr.

Düsseldorf, den 18. April 1914.

Am 16. Mai d. Js. wird in Essen a. d. Ruhr unter dem Namen „Unsere Jugend" eine bis Juli d. Js. dauernde Ausstellung für Gesundheitswesen, Heimatkunde, Erziehung, Jugendpflege und Kunst eröffnet werden.

Die Gruppe 1, von Aerzten geleitet, behandelt die Vererbung von Krankheiten, die Pflege, Ernährung und Wohnung der Kinder. Es werden ausgestellt: Muster-Schlaf- und -Wohnzimmer, Kinderspielplätze, Kindergärten usw., Schulbauten, Waldschulen, Entstaubungsanlagen, Brausebäder usw.

Die 2. Gruppe — Heimatkunde — führt in einer großen Zahl von Bildern die engere und weitere Heimat vor Augen. Zur Ergänzung dienen Modelle, Sammlungsgegenstände usw.

Im Mittelpunkte der 3. Gruppe steht die Darstellung der Pädagogik und der Psychologie in den Hauptentwicklungsstufen. Die einzelnen Arten der höheren Schulen, die Volksschule, das Seminar, die Mittelschulen, Hilfsschulen, Förderklassen, Fortbildungs- und Fachschulen usw. werden graphisch dargestellt. Es ist geplant, eine Kochküche, Handfertigkeitsstätten usw. im Betrieb vorzuführen.

An der Gruppe 4 — Jugendpflege — beteiligen sich alle Jugendvereine, Fach- und Fortbildungsschulen. Es ist sowohl die geistige wie auch die körperliche Jugendpflege vertreten. In Schriften, Statistiken und Bildern wird gezeigt, was in der Jugendpflege erstrebt wird und bereits geleistet ist.

Die Gruppe 5 führt die Beziehungen vor Augen, die das Kind und die Jugend zur Kunst haben. Sammlung von Kinderbildnissen namhafter Künstler, Kinderspielzeug, Bilderbücher, Kindermöbel, Kinderkleidung, Schülerzeichnungen, kunstgewerbliche Schülerarbeiten usw.

Die Gruppen werden nacheinander, jedesmal in einem Wochenprogramm, erläutert und ergänzt durch wissenschaftliche und populäre Vorträge und eine Reihe sonstiger Veranstaltungen.

Das Programm der Jugendpflegewoche wird noch bekannt gegeben.

(Aus: Rheinische Jugend 1. Jahrgang/1914)

Dortmund, 15 Jahre später. Ein Jahr nach der Eröffnung in Berlin und nach Zwischenaufenthalten in Leipzig und Hannover wandert die Ausstellung „Das junge Deutschland" im Juli 1928 in die Westfalenhalle nach Dortmund. Träger der Ausstellung ist der Reichsausschuß der deutschen Jugendverbände, finanziell unterstützt vom Reichsinnenministerium. In die Westfalenhalle wurde die Ausstellung vom Landesausschuß der Westfälischen Jugendverbände geholt, um die Grundgedanken der Ausstellung den Menschen in den Provinzen Rheinland und Westfalen nahe zu bringen, aber auch, um die Ausstellung zur Darstellung ruhrgebietsspezifischer Jugendprobleme und Fördermaßnahmen für die Jugend zu nutzen. Die Ausstellung wollte Unklarheiten „über die Lage und das Leben unserer Jugend" beseitigen helfen und einen umfassenden Überblick über die gesamte kulturelle, soziale, gesundheitliche und bevölkerungspolitische Lage der Jugend vermitteln.

So unterschiedlich die Ausstellungen in ihrer konzeptionellen Anlage auch gewesen sein mögen, so einig waren sie sich doch in ihrer Intention. Ging es ihnen doch jeweils darum, die aktuelle Lage der Jugend und den gegenwärtigen Stand der sozialen, bildenden, kulturellen und freizeitpädagogischen Hilfe für die Jugend wiederzugeben.

Aus dem Katalog zu der Ausstellung „Das junge Deutschland", Berlin 1927

Die Jugendausstellung „Land der Hoffnung – Land der Krise" und mithin auch dieser Ausstellungskatalog setzen hingegen andere Akzente. Obgleich die Mehrzahl der Autoren und Ausstellungsmacher Erziehungswissenschaftler sind, geht es uns nicht primär um das Aufzeigen der aktuellen Praxis von Jugend heute und um die Diskussion der Möglichkeiten und Grenzen erzieherischen Wirkens und Wollens, sondern um die Analyse der Herausbildung und Formung der Lebensphase Jugend in einer Region, um das Aufzeigen von Kontinuitäten und Disharmonien, Vielfältigkeiten und Besonderheiten, die dieser Prozeß der Konstitution von Jugend im Verlauf dieses Jahrhunderts hervorgebracht hat.

Dieser Text-Bild-Band begibt sich somit auf Spurensuche – historisch und aktuell. In den dreißig Einzelbeiträgen wird der spezifischen historischen Entwicklung der vielfältigen Kulturen und Subkulturen der Jugendlichen im Revier seit der Jahrhundertwende nachgespürt. Dabei sind es vor allem drei Besonderheiten, die die Geschichte der Jugend im Ruhrgebiet kennzeichnen.

Die Geschichte der Jugend im Revier war und ist aufgrund der Sozialstruktur dieser Region vor allem eine Geschichte der Arbeiterjugend, deren Lebenszusammenhang durch das Arbeiten unter Tage oder in der Stahlindustrie und die Teilnahme an der Freizeitkultur der bergmännischen und nachbarschaftlichen Feste, der Fußball-, Box- und Taubenvereine oder durch das Herumtreiben auf der Straße charakterisiert war. Die spezifische historische Entwicklung dieses industriellen Ballungsraumes ist zweitens geprägt durch das Zusammenkommen von Heimischen und Fremden, die nur in dieser Region die geschichtliche Tradition einer Dauerspannung hat. Fremd waren die masurischen und polnischen Einwanderer, zumeist junge Männer im Alter zwischen 15 und 25 Jahren, deren Strom bis in die Weimarer Zeit anhält.

Ihnen folgen Fremdarbeiter und Kriegsgefangene des Zweiten Weltkriegs, Ostflüchtlinge und Jungarbeiter in der Nachkriegszeit. Die Zuwanderungswelle ausländischer, besonders türkischer Immigranten bildet den Schlußpunkt dieser Tradition, deren Spannung sich schon immer zwischen kulturellem Traditionalismus und Ortsverlust, Freisetzung und Entgrenzung bewegte. Und drittens weist die Geschichte der Jugend in dieser Region jugendliche Gegenkulturen aus bürgerlichen Milieus mit einer Kontinuität – vom Wandervogel der zehner Jahre dieses Jahrhunderts bis zum Punk der achtziger Jahre – auf, die überrascht. Denn der Humus für gegenkulturelle Revolten im Ruhrgebiet war eher dünn. Es fehlte eine ausgeprägte großbürgerliche Intelligenz, eine universitäre Tradition sowie ein großstädtisches metropolitanes Leben. Trotzdem lassen sich überraschenderweise doch Traditionslinien einer kontinuierlichen gegenkulturellen Praxis von Jugendlichen nachzeichnen, die allerdings den nationalen oder internationalen Entwicklungen zumeist hinterherhinkte.

Das Ruhrgebiet war und ist einerseits Provinz, seine Städte sind oft entstanden aus dem Zusammenschluß verschiedener dörflicher, traditioneller Gemeinschaften zu neuen urbanen Zentren. Andererseits ist es jedoch der größte industrielle Ballungsraum der Bundesrepublik. Ganz anders aber, als es die Werbestrategen mit ihrem Slogan „Ein starkes Stück Deutschland" suggerieren wollen, werden durch die Verschachtelung von Stadtlandschaften und Industrie gesellschaftliche Krisenerscheinungen hier besonders deutlich sichtbar. Sie verdichten sich angesichts anhaltender Massenarbeitslosigkeit und des Niedergangs der Stahlindustrie vor allem bei Jugendlichen im Revier zum Bild vom „Land der Krise". Aber neben Orientierungslosigkeit, Resignation und Aggression steht auch die Suche nach neuen kulturellen, sozialen und politischen Ausdrucksformen, neben der Tendenz zur Zerstörung traditioneller Lebenswelten ein Widerstand regionaler Selbstbehauptung der Jugend an Emscher und Ruhr.

Die Ausstellung „Land der Hoffnung – Land der Krise – Jugendkulturen im Ruhrgebiet 1900–1987" und das hier vorgelegte gleichnamige Buch verfolgen das Ziel, eine breite Öffentlichkeit mit kulturellen Lebens- und Protestformen bekannt zu machen, die Jugendliche im letzten Jahrhundert in dieser Region als Ausdruck ihrer Lebenswelten ausgebildet haben. Die sozialgeschichtliche Aufarbeitung der Ausstellung soll die Kategorie Jugend aus dem Rahmen des zeitlos Immergleichen heben. Denn Jugendkulturen sind Ausdruck sich ständig verändernder sozialer Verhältnisse und daher nur angemessen in Relation zu sozialen Klassen und Schichten zu begreifen. In der alltagsbezogenen Regionalisierung wendet sich unser Blick bewußt von den „Türmen der Politik" auf die Kleinheit des Details im Alltäglichen. Denn nur in seiner Konkretheit lassen sich lebensgeschichtliche Erfahrungen der Gegenwart „einhaken", wird Vergangenes durchsichtig. In diesem Sinne stellt geschichtliche Erfahrung Aufklärung dar, sie liefert Interpretationshilfen der Gegenwart. Die sozialhistorische Anlage der Ausstellung wie dieses Katalogs verstehen sich daher insgesamt als ein konterkarierender Beitrag zu jenen Prozessen, die sich eher durch „Erinnerungstilgung" denn durch Bildung geschichtlichen Bewußtseins auszeichnen.

Es bleibt abschließend noch allen Autorinnen und Autoren, die an diesem Buch mitgearbeitet haben, für die fruchtbare und reibungslose Kooperation zu danken. Einige Autoren haben in ihren Beiträgen die vorliegende Forschungsliteratur zur Geschichte der Jugend im Ruhrgebiet unter neuen Perspektiven noch einmal interpretiert. Die meisten Beiträge betreten jedoch Forschungsneuland und versuchen einige der vielen noch offenen Fragen zur Geschichte der Jugend im Ruhrgebiet zu beantworten. Außerdem sind die meisten Autorinnen und Autoren den Erwartungen der Herausgeber gefolgt, die Geschichte der Jugend im Ruhrgebiet nicht nur als Geschichte der männlichen, sondern auch der weiblichen Jugend zu rekonstruieren.

Zu danken haben wir der Graf Berghe von Trips-Stiftung, dem Sekretariat für gemeinsame Kulturarbeit in Wuppertal sowie den Kultur- und Jugendämtern der Städte Dortmund, Herten, Gladbeck und Essen für die finanzielle Unterstützung der Ausstellung und des Kataloges, und es bleibt zu hoffen, daß dieser Katalog und die gleichnamige Ausstellung, die von November 1987 bis Ende 1988 im Museum für Kunst und Kulturgeschichte in Dortmund und anschließend in Herten, Essen und Gladbeck gezeigt wird, den Blick für die Vielfalt jugendlicher Lebens- und Protestformen im Spannungsfeld von Krise und Hoffnung der letzten hundert Jahre im Ruhrgebiet schärfen wird.

Heinz-Hermann Krüger
Wilfried Breyvogel
Werner Thole

Urbanisierung und der Wandel jugendlicher Lebenswelten im Revier

Jürgen Reulecke

Großstädte und städtische Ballungsgebiete sind oft mit Gefäßen verglichen worden. Begriffe wie „Schmelztiegel" und „Kohlenpott" geben den Eindruck der Zeitgenossen wieder, das großstädtische Zusammenleben von Menschen wirke wie ein allmähliches Weichkochen bzw. Einschmelzen aller Besonderheiten, an dessen Ende dann ein gesellschaftlicher Einheitsbrei stehe: die nivellierte urbane Massengesellschaft. Diese Perspektive ist höchst gegensätzlich beurteilt worden. Die vielen Details, die den Menschen als Charakteristika des Großstadtlebens ins Auge fielen, galten zum einen als Meßlatten, an denen sich Fortschritt und Modernität abmessen ließen. Sie riefen gleichzeitig aber auch einen kämpferischen Antiurbanismus auf den Plan, der die von den Ballungsräumen ausgehende „gesellschaftliche Atomisierung, Bindungslosigkeit, Anonymität und damit Liberalität" (Hermand/Trommler 1978, S. 65) vehement ablehnte und Gegenstrategien propagierte. Wollten die einen mit Hilfe von Stadtplanung und Architektur den „einwandfreien, den modernen Lebensbedingungen angepaßten Großstadtorganismus" schaffen, in dem ein „freier, unabhängiger, bindungsloser Mensch (zu Hause ist), der keine sozialen Unterschiede mehr anerkennt und sich unter allen Menschen wie unter seinesgleichen fühlt" (ebd., S. 69), so strebten die anderen nach „Entballung" und „Reagrarisierung" sowie nach überschaubaren Lebenseinheiten, um die „seelische Not des Großstadtmenschentums" zu beheben und – so hieß es dann im Dritten Reich – einen „Neuadel aus Blut und Boden" zu schaffen. (Günther 1934, S. 53)

Diskussionen über die sozialen Konsequenzen der Verstädterung gab es schon seit der Mitte des 19. Jahrhunderts. Vor allem bürgerliche Sozialreformer ahnten Schlimmes angesichts der Lebensbedingungen in den großen Städten, dem „beständigen Schauplatze ... der gesellschaftlichen Versumpfung und dem Entscheidungspunkt politischer Krisen". (Reulecke 1977, S. 285) Die „Verwilderung" des Familienlebens, so wurde befürchtet, werde vor allem in der heranwachsenden Generation den Verlust aller traditionellen Werte herbeiführen: Die Verführungen des Großstadtlebens würden zu einer nicht mehr „zu befriedigenden Sucht nach Vergnügungen und sinnlichen Genüssen" (Harkort, Schriften, S. 103) und schließlich zu sozialen Unruhen führen. Doch zu wirksamen Eingriffen in den Verstädterungsprozeß kam es im 19. Jahrhundert nicht.

Vor allem das Ruhrgebiet gilt als Beispiel dafür, wie planlos die Entwicklung damals ablief. Am Anfang stand hier die „Standortwahl des industriellen Unternehmers"; der darauf folgende Agglomerationsvorgang basierte dann fast ausschließlich auf „den Standortvorteilen und -bedürfnissen einer menschlichen Raffung und Anhäufung". (Ipsen 1956, S. 789) Die Lebensbedingungen der Menschen kamen dabei nur insofern in den Blick, als ihre Arbeitskraft erhalten werden mußte. Da jedoch durch die Zuwanderung immer größerer Massen arbeitsuchender Menschen lange Zeit kein Arbeitskräftemangel herrschte, legten die großen Zechen- und Hüttenbetriebe allenfalls Wert auf einen loyalen und dauerhaften Facharbeiterstamm. Für ihn in erster Linie bauten sie sog. Kolonien, d. h. Werkssiedlungen. Die große Masse der Zuwanderer dagegen blieb sich selbst, bzw. dem teuren und schlechten privaten Mietwohnungsmarkt überlassen. Die Mißstände, die sich daraus ergaben, sind oft beschrieben worden, auch die Auswüchse jener „defizienten Urbanisierung", die

Erster Leseunterricht (Fingerlesen), Einüben des „sch"
(Aus: Unsere Jugend, Essen 1914)

besonders die Emscherzone des Ruhrgebiets prägte. Insgesamt war der „Kohlenpott" die Ende des 19. Jahrhunderts wohl „größte und am schnellsten gewachsene Verstädterungszone Europas" (Brüggemeier/Niethammer 1978, S. 135), in der sich die höchst krankhaften und auf Dauer selbstzerstörenden Folgen rasanter und ungeplanter Verstädterung am deutlichsten abzeichneten. Diese Situation ließ sich in den letzten Jahren vor dem Ersten Weltkrieg nicht mehr leugnen, zumal reformorientierte Architekten und Stadtplaner anläßlich von großen Ausstellungen ihre Devise „die Großstadt soll als große Stadt schön sein" (Pfeil 1972, S. 280) vehement vertreten und zum Handeln aufgefordert hatten. Es begann zu brodeln; d. h. die Verantwortlichen fingen nun an, an überörtliche Planungen zu denken und massive Forderungen an den Staat zu richten.

Das Thema „Jugend" spielte bei der Argumentation von vornherein eine wichtige Rolle, war doch die Erziehung des Nachwuchses „zu gottesfürchtigen und moralisch gesinnten Staatsbürgern" angesichts der Verhältnisse in den Familien der großstädtischen Unterschichten wie auch in den überfüllten Volksschulen nicht zu leisten. Die großen Bergarbeiterstreiks 1889, 1905 und 1912 hatten zudem ebenso wie der sogenannte Herner Polenkrawall des Jahres 1899 gezeigt, daß es vor allem die jugendlichen Arbeiter waren, die zunehmend gewalttätig vorgingen. Ein weiterer Punkt, an dem öffentliche Kritik ansetzte, waren die Gesundheitsverhältnisse: Die körperlichen Schäden der Jugendlichen in den industriellen Ballungsräumen waren so eklatant, daß sowohl die Arbeitskraft als auch die Wehrtauglichkeit eines bedeutsamen Teils der männlichen Bevölkerung auf Dauer gefährdet erschienen.

Tatsächlich stellte sich die Frage nach den Lebensbedingungen der jüngeren Altersjahrgänge im Ruhrgebiet in ganz augenfälliger Weise. Zeichneten sich im Urbanisierungsprozeß praktisch alle Großstädte durch eine Verjüngung ihrer Bevölkerung aus (Tenfelde 1982, S. 210), so waren die Verhältnisse im rheinisch-westfälischen Industriegebiet besonders ausgeprägt: Es waren hier nicht nur die Bevölkerungsgruppen im arbeitsfähigen Alter überproportional vorhanden, sondern die „jungen" Industriestädte zwischen Ruhr und Lippe besaßen auch einen deutlich über dem Reichsdurchschnitt liegenden Anteil von unter 15jährigen (38 bis 43 Prozent). Die Erklärung dafür lautet, daß hier die Generation der aus den agrarischen preußischen Ostprovinzen stammenden Binnenwanderer zunächst noch ihre „vorindustrielle Bevölkerungsweise" beibehielt, d. h. sie reagierte auf ihre nach einer Übergangszeit erreichte soziale Konsolidierung mit einer überdurchschnittlich großen Kinderzahl in der Ehe. Da gleichzeitig durch medizinische Fortschritte und hygienische Aufklärung die Säuglingssterblichkeit erheblich zurückging, vergrößerte sich die Einwohnerzahl der „jungen" Industriestädte nicht nur infolge der Binnenwanderung, sondern auch durch das natürliche Wachstum sehr schnell. (Köllmann 1974) Dagegen führte in den anderen Großstädten der sich seit etwa 1900 allgemein abzeichnende Geburtenrückgang – Folge der sich ausbreitenden „industriellen Bevölkerungsweise" jetzt auch in den unteren Bevölkerungsschichten – zu heftigen Debatten über eine drohende Schrumpfung des Volkskörpers und schließlich um 1930 zum Schlagwort vom „Volk ohne Jugend". (Burgdörfer, s. auch Peukert 1987, S. 29 ff.)

Hatten einzelne Städte schon vor 1900, angeregt durch eine breiter werdende sozialreformerische und sozialhygienische Diskussion über die Notwendigkeit vor allem gesundheitspolitischer Verbesserungen, damit begonnen, in dieser Richtung durch die Anlage von Schulgärten und Kinderspielplätzen, die Einstellung von städtischen Kinderärzten und Säuglingsschwestern, durch die Einrichtung von Mütterberatungsstellen und städtischen Heilstätten, durch die planmäßige Einführung und Überwachung der Trinkwasserver- und Abwasserentsorgung usw. aktiv zu werden, so regte 1910 eine Städtebauausstellung in Düsseldorf höhere Beamte, allen voran den Regierungspräsidenten Francis Kruse, jetzt endlich dazu an, auch nach überörtlichen Lösungskonzepten für das Ruhrgebiet zu suchen. (Reulecke 1981) Kruse beauftragte den Essener Beigeordneten Robert Schmidt, eine Materialsammlung und Denkschrift über die Anlage eines dezentralen „Nationalparks" für das Industrierevier vorzulegen. Dachte Kruse noch in erster Linie an den Schutz und Ausbau aller noch vorhandenen Wiesen- und Waldbestände, so interpretierte Schmidt seine Aufgabe von vornherein sehr viel breiter: Er legte 1912 Grundsätze für einen „Generalsiedelungsplan" vor, mit dem „das geordnete Zusammenleben der Menschenmassen" im gesamten Ruhrgebiet so geregelt werden sollte, „daß nicht immer wieder Mißstände entstehen aus sich widerstreitenden Bedürfnissen". (Schmidt 1912, S. 22) Industriestädte müßten durchaus nicht häßlich und ungesund sein, doch sehe es in den meisten Orten „noch geradezu trostlos aus"; unter solchen abschreckenden Verhältnissen könne „keine arbeitsfrohe, staatserhaltende Bevölkerung" erzogen werden. Schmidt rechnete aus, daß in Städten wie Essen, Oberhausen und Hamborn pro Kopf der Bevölkerung weniger als 10 qm Grünfläche zur Verfügung

Koloniewohnungen, Siedlung Hochlarmark um die Jahrhundertwende (Sammlung Geschichtarbeitskreis Hochlarmark)

Spieler aus der Anfangsphase der „Sportfreunde Altenessen 1918" (Privatfoto: Geschichtskreis Zeche Carl, Essen)

ständen, und beklagte, daß manche Stadtwälder so stark unter „Rauchschäden" gelitten hätten, daß sie wohl bald vernichtet sein würden. Eine radikale Umkehr der bisherigen Politik mit Blick auf die Erholungsflächen sei deshalb „zur Schaffung und Erhaltung eines gesunden und wehrfähigen Volkes, insbesondere für die heranwachsende Jugend" unbedingt nötig.

Doch all solche Forderungen blieben vor dem Ersten Weltkrieg ebenso unerfüllt wie der Vorschlag, der Staat solle die „unfruchtbaren Luxusstädte" finanziell stärker heranziehen, die Schullasten in den „jungen" Industriestädten übernehmen und auf diese Weise an den Kosten für deren „nicht unerwünschte Fruchtbarkeit" die ganze Nation beteiligen: Die Widerstände gegen Schmidts durchgreifende Pläne waren praktisch auf allen Ebenen zu groß. Ob eine Realisierung den „Nährboden für eine gesunde, frohe, arbeitsame Bevölkerung" mit Nationalstolz und Vaterlandsfreude tatsächlich geschaffen hätte, ist also nicht zu beantworten. Dennoch: Erstmalig war hier der Versuch unternommen worden, lenkend und reformierend in den Urbanisierungsprozeß einer ganzen Region einzugreifen und dabei vor allem die Lebensbedingungen für die großstädtische Jugend zu verbessern: Die Anlage von Spiel- und Sportplätzen, Freizeitanlagen, Grüngürteln, Wanderwegen usw. sollte besonders der jungen Generation neue Entfaltungsmöglichkeiten schaffen. In einer Reihe von Punkten konnte dann der nach dem Ersten Weltkrieg – im Jahre 1920 – gegründete „Siedlungsverband Ruhrkohlenbezirk" anknüpfen; mit Robert Schmidt als seinem ersten Verbandsdirektor gelang dann in der Zeit der Weimarer Republik tatsächlich die Durchsetzung einer weitschauenden Grünflächenpolitik, die zum Teil bis heute die Weichen gestellt hat.

Mit dem Ersten Weltkrieg endete in Deutschland die Epoche der rasanten Verstädterung. Die Binnenwanderung ging erheblich zurück; der Geburtenrückgang begann sich auszuwirken, und eine Reihe von Großstädten sah sich mit einer beginnenden Bevölkerungsschrumpfung konfrontiert: Man begann sogar von „sterbenden Großstädten" zu sprechen. Aufgrund seiner Bevölkerungsstruktur besaß allerdings das Ruhrgebiet immer noch einen hohen Geborenenüberschuß, so daß trotz inzwischen bedeutsamer Abwanderungen seine Menschenzahl, wenn auch wesentlich geringer als vor dem Kriege, weiter zunahm. Die Zeiten des Ruhrkampfes und der französischen Besetzung, später der Weltwirtschaftskrise, hinterließen zudem ihre Spuren, aber auch die sich ausbreitende Technisierung und Rationalisierung in den Leitbranchen des Reviers, besonders im Bergbau.

Bei allen Sprüngen in der Ruhrgebietsstadtgeschichte im einzelnen wirkte sich jetzt jedoch allmählich auch ein stabilisierender Trend aus: Da nach Kriegsende rund 150.000 polnischsprachige Binnenwanderer wieder in ihre Heimat zurück- oder nach Nordfrankreich weitergewandert waren und in den Folgejahren kaum noch fremde Volksteile nachrückten, konnte der Assimilierungsprozeß die bleibenden Binnenwanderer der Vorkriegsjahrzehnte viel erfolgreicher als bisher heimisch machen. Zwar bestanden viele landsmannschaftliche Unterschiede noch lange weiter – das belegen schon die vielen entsprechenden Vereine –, aber das Gefühl eines durch Geschichte, ähnliches Schicksal und die sozialen wie ökonomischen Verhältnisse gewachsenen Wir-Gefühls nahm langsam zu – das Gefühl, Bewohner einer unverwechselbaren Landschaft und Angehörige eines besonderen Volksteils, des Ruhrvolks, zu sein. Dies war etwas Neues, das auch die Sprache prägte: Es bildete sich jetzt das sogenannte Ruhrdeutsch des Kumpels Anton heraus, verbreitet nicht zuletzt durch den ebenfalls typischen Volkswitz des Ruhrgebiets. Stachu und Katschmarek, Kumpel Anton und Cerwinski, Antek und Frantek sind bis heute die Helden solcher Geschichten, die, wenn sie am Arbeitsplatz, in der Eckkneipe und am Vereinsstammtisch erzählt wurden, jenes Wir-Gefühl unterstützten.

Ein Wir-Gefühl braucht Identifikationsmöglichkeiten. Eine der bekanntesten, in ihrer psychischen Wirkung kaum zu überschätzen, bot seit der Zwischenkriegszeit der Fußballverein, allen voran der 1. FC Schalke 04. Was in der Arbeitszeit das „Auf-Zeche-gehen" war, das war in der nun allmählich zunehmenden Freizeit das „Auf-Schalke-gehen". Dieser Verein war der erste rein von Arbeitern gegründete und aus Arbeitern bestehende Fußballclub, der sich im bürgerlich dominierten Sportbetrieb durchsetzen und nationale Anerkennung erringen konnte. (Lindner/Breuer 1978, S. 51) Kuzorra, Szepan und Tibulski mit ihrem berühmten „Schalker Kreisel" waren die Idole einer ganzen Arbeiterjugendgeneration im Ruhrgebiet. (Gehrmann 1978) Vor allem die Fußballvereine für die Jüngeren und die Brieftaubenvereine für die Älteren boten nun vielfältige Möglichkeiten, landsmannschaftliche Unterschiede einzuebnen.

Männerchor „meski"
(Masurische
Immigranten), um 1930
(Privatfoto: Roman
Kacszmarek)

Aus den Anfängen der
Jugendpflege: Trommler-
und Pfeifer-Chor des
Evangelischen
Jugendvereins Essen-West
(Aus: Unsere Jugend,
Essen 1914)

Hinweise wie diese mögen als Belege für den Schmelztiegelcharakter des Ruhrgebiets gedeutet werden, doch dürfen die gleichzeitigen zentrifugalen Kräfte und sozialen Spannungen nicht unterschlagen werden. Im Ruhrgebiet als einem „sozialen Container" (Niethammer), der eine praktisch fast ausschließlich von der Industrie geschaffene Gesellschaft beherbergte, waren die Klassengegensätze und sonstigen Zerklüftungen der Industriegesellschaft besonders ausgeprägt vorhanden. Es gab hier z. B. lange Zeit kein nennenswertes Besitz- und Bildungsbürgertum, und das handwerklich wie ackerbürgerliche Kleinbürgertum der ehemaligen kleinen Landstädte der Hellweg- und Emscherzone, das als Puffer zwischen den Klassenfronten hätte dienen können, war angesichts des gewaltigen Zustroms an zuwandernden Arbeitern rasch in die Minderheit und z. T. in schroffen Gegensatz zu den Zuwanderern (Rohe 1986, S. 71) geraten. Bis zum letzten Jahrzehnt des 19. Jahrhunderts hatten zwar noch kirchliche Einflüsse, besonders der Katholizismus, ausgleichend gewirkt; die fortschreitende Säkularisierung und Zuspitzung der Klassenkonflikte führten dann aber schon vor dem Ersten Weltkrieg und erst recht danach zu einer wachsenden Radikalisierung: Große Teile der Wählerschaft entschieden sich schließlich für die KPD; in einer Reihe von Stadtparlamenten war sie die stärkste Fraktion. (Herlemann 1977, S. 29) Dabei ist auffällig, daß es vor allem Städte der Emscherzone waren, die sich in der Weimarer Republik radikalisierten. Diese Zone läßt sich als ein einziges riesiges Arbeiterviertel beschreiben, in dem die ehemaligen dörflichen Kerne fast völlig erdrückt worden waren. Das in Deutschland verbreitete Bild vom häßlichen „Kohlenpott" beruhte vor allem auf dem Anblick dieser von Fördertürmen, Abraumhalden, zahllosen Verkehrswegen, Kanälen, Zechengebäuden und

Malerkolonne aus Duisburg-Alsum, 1923
(Privatfoto: Bocian)

wahllos eingestreuten Wohngebieten geprägten Zone. Dagegen zogen die Angehörigen der schmalen alteingesessenen Oberschicht wie auch die neuen Industrieunternehmer und ihre höheren Angestellten an den Südrand des Reviers, wo Villenviertel und gehobene Wohnvororte entstanden.

Nicht ein gesellschaftlicher Einheitsbrei, sondern starke Segregation prägte also letztlich auch das Ruhrgebiet. Dabei war und blieb bis in die Zeit des Nationalsozialismus hinein die Enge des Horizonts das dominierende mentale Charakteristikum des überwiegenden Teils der Bevölkerung: Besonders die Menschen der Emscherzone litten „an der Enge, am grauen Himmel, am Lärm, an der engherzigen, weil engstirnigen Ordnung". (Brepohl 1957, S. 21) Andere Beobachter haben von den „kleinräumigen, parochialen" Erfahrungsfeldern der Menschen, von ihrem „Kirchturmhorizont" und ihren relativ stark „nach außen abgeschotteten" Subkulturen und Milieus gesprochen. (Rohe 1986, z. B. S. 70 f.) Diese Charakteristika prägten gerade auch die Welterfahrung und Weltwahrnehmung der nachwachsenden Generation nachhaltig. (Croon/Utermann 1958, bes. S. 190 ff.) Gleichzeitig verstärkte sich das staatlich-öffentliche Bemühen um die Jugend durch Jugendfürsorge und Jugendpflege, die die neu eingerichteten Jugendämter betrieben. (Laarmann 1926, Peukert 1986)

Junge Arbeiter auf der Duisburger Maxhütte 1922
(Privatfoto: Bocian)

Ausbruchsmöglichkeiten aus der Milieugebundenheit gab es für die Jugend zwar in allmählich wachsendem, aber letztlich für längere Zeit noch eher beschränktem Umfang. Der besonders vom Ruhrsiedlungsverband vorangetriebene überörtliche Ausbau des Nahverkehrssystems, gleichzeitig die zunehmende Verbreitung des Fahrrads und die Entstehung von Jugendgruppen aller Art – von den Arbeiterjugendorganisationen und der Naturfreundebewegung über ein vielfältiges Spektrum an Sportvereinen bis hin zu jugendbewegt-bündischen und kirchlichen, aber auch völkischen Jugendgruppen sowie Nachwuchsorganisationen nationalistischer Wehrverbände – förderten den „Blick über den Zaun" und weckten das Interesse am weiterräumigen Ausgreifen und Engagement. Zwar wurde der in bürgerlichen Kreisen lebhaft diskutierte und seit Ende der zwanziger Jahre von der nationalistischen Propaganda aufgegriffene Generationenkonflikt zwischen jung und alt in der Arbeiterjugend durchaus nicht so ausgeprägt wahrgenommen wie in der bürgerlichen Jugend, doch entstanden aus solch ausgreifendem Interesse dennoch zunehmend Tendenzen zur Sprengung der traditionellen Milieus der Elterngeneration und zur Auflehnung gegen die herrschende kleinräumige Ordnung. In dieser Situation, die zugleich vor dem Hintergrund der sozialen Zuspitzungen und bedrückenden Zukunftsaussichten infolge der Weltwirtschaftskrise zu sehen ist, boten sich die Nationalsozialisten mit großem propagandistischen Aufwand und klingenden Versprechungen an, Wege zu neuen Horizonten zu zeigen, und hatten damit anfangs durchaus Erfolg: Die vielfältigen Aktivitäten der Hitlerjugend, die überregionalen Sport- und Berufswettkämpfe, die großen Aufmärsche und Versammlungen, die

Junge Damen, die „Teenager" der späten Zwanziger (Sammlung Sozialgeschichte Kurt Wohlgemuth)

Sonntag. Junge Duisburger Mitte der zwanziger Jahre auf den Rheinwiesen (Privatfoto: Bocian)

Programme der Deutschen Arbeitsfront, besonders des Amtes „Kraft durch Freude", die Karriereangebote in den Parteiorganisationen wie in der Reichswehr förderten bei der „jungen Generation" selbst in bisher recht stabilen Bergarbeitermilieus sowohl die räumliche Mobilität als auch Hoffnungen auf sozialen Aufstieg und Befreiung aus der bisherigen Enge. (Zimmermann 1981, S. 76 ff.) Die dadurch erzeugten Erwartungshaltungen, die durch die neuen Massenkommunikationsmedien wie Film und Rundfunk erheblich verstärkt wurden, ließen sich auch dann nicht mehr verändern, als Ende der dreißiger Jahre gerade im Ruhrgebiet einer wachsenden Zahl von Jugendlichen klar wurde, daß sie die Begrenztheit des geistigen Horizonts ihrer räumlichen wie sozialen Herkunft mit der massiven Gängelung, anmaßenden Disziplinierung und zunehmenden Unfreiheit eines menschenverachtenden Regimes vertauscht hatten. Die insbesondere im Industriegebiet an Rhein und Ruhr entstehende Bewegung der „Edelweißpiraten", „Navajos" und ähnlicher „wilder" Protestgruppen (s. z. B. Peukert 1980, Klönne 1982) belegt, daß die seit den zwanziger Jahren virulenter werdenden Ausbruchsbestrebungen der jüngeren Generation grundsätzlicher Art waren und nicht einfach in den Bahnen nationalsozialistischer Volksgemeinschaftsdisziplin kanalisiert werden, ja, sich ausdrücklich gegen sie wenden konnten.

Auch in einem anderen Bereich, in dem die Nationalsozialisten im Zuge der fortschreitenden Verstädterung entstandene Spannungsverhältnisse zu ihren Gunsten bzw. in Richtung auf die Realisierung bestimmter Elemente ihrer Ideologie ausnutzen wollten, blieben die Erfolge letztlich eher dürftig. In den Augen der Ideologen des Dritten Reiches galt besonders das Ruhrgebiet als Musterbeispiel für eine „ungesunde Ballung", die nur durch die Aussiedlung von Teilen der Industrie wie der Bevölkerung, durch partielle Reagrarisierung und durch eine stärkere „Bodenverwurzelung" der bleibenden Bewohner wieder gesunden könne. Der im April 1933 ins Amt tretende nationalsozialistische Staatskommissar für den Ruhrsiedlungsverband, Justus Dillgardt, setzte sich zunächst vehement für solche Pläne ein. (s. Siedlungsfrage 1934) Vor allem von der Aussiedlung von Teilen der Jugend versprach er sich eine Entlastung des Arbeitsmarktes, langfristig eine heilsame Schrumpfung der Revierbevölkerung und vor allem die Chance, bei der nachwachsenden Generation eine „völkische Erneuerung" zu erzielen: bei dem in Agrargebiete abwandernden Teil durch seine bäuerliche Bindung an die „Scholle", bei dem bleibenden Teil durch eigene Gartenarbeit neben der Berufstätigkeit – ermöglicht durch eine großzügige Ausdehnung der ländlichen Nebenerwerbssiedlung und des Schrebergartenwesens im Ruhrgebiet. Sein Fazit lautete: Der „Generalbebauungsplan" des „Städtebauers" – gemeint war wohl Robert Schmidt – sei durch einen „Siedlungsplan" abzulösen, um die sowieso zu Ende gehende Großstadtentwicklung zu beschleunigen. (Ebd., S. 46, 50) Doch zu nennenswerten praktischen Konsequenzen kam es nicht: Sehr bald begannen die Nationalsozialisten die für die deutsche Wiederaufrüstung und Kriegsvorbereitung äußerst wichtige, geballte wirtschaftlich-industrielle Macht sehr viel höher zu schätzen als die angeblich so ungesunden Folgen der Menschenballung im Ruhrgebiet. Von einer Dezentralisierung der Industrie war jetzt ebensowenig die Rede wie von einer Aussiedlung von Teilen der jüngeren Generation, im Gegenteil: Die „Wehrhaftmachung" erforderte höchste Anstrengungen, führte zu einem kaum noch kaschierten Leistungsterror und nicht zuletzt auch zu einer starken Beschneidung jugendlicher Freiräume zugunsten der „Erzeugungsschlacht". Zwar bot der Arbeitskräftemangel manchem jugendlichen Arbeiter die Möglichkeit, sich durch Arbeitsplatzwechsel ab und zu dem Leistungsdruck zu entziehen, doch führte dies – als Gegenmaßnahme – zu einer verschärften Verfolgung von „Bummelei" und schließlich zur Einrichtung eigener Arbeitserziehungslager für Jugendliche. Die Arbeiterschutzbestimmungen wurden zunehmend reduziert und bei Kriegsausbruch in entscheidenden Punkten außer Kraft gesetzt. Seit Dezember 1939 durften Arbeiter unter 16 Jahren 54 Wochenstunden, ältere Jugendliche 56 Wochenstunden beschäftigt werden, bei kriegswichtigen Arbeiten auch unbegrenzt länger. Die daneben noch bestehende Freizeit wurde durch sog. „Einsätze" aller Art zunehmend beschnitten, so daß letztlich von einer selbstbestimmten Lebenswelt der Jugend vor allem in den Orten mit rüstungswichtigen Industriezweigen praktisch keine Rede mehr sein konnte. Erst den Angehörigen der Luftwaffenhelfergeneration, d. h. der Generation der um 1943 15- und 16jährigen, gelang es, sich infolge ihrer Erfahrungen mit dem Bombenkrieg und vor dem Hintergrund immer desolater werdender Lebensbedingungen wieder größere Distanz zum Regime zu schaffen, auch wenn sie äußerlich ebenfalls kaum Raum für eine individuelle Lebensentfaltung besaßen. (Schörken 1986, S. 327) Indem sie – trotz scharfer Verbote – begannen, Amerikanismen wie Swing, Jazz und bestimmte Kleidungsaccessoires zu kultivieren, entfernten sie sich innerlich immer mehr von bisher vorherrschenden jugendlichen Grundmustern und nahmen punktuell bereits Verhaltensformen vorweg, die dann in der Nachkriegszeit breitere Resonanz finden sollten.

Abschließend noch ein Blick auf die Jahrzehnte nach dem Zweiten Weltkrieg, die nach einer chaotischen Übergangsphase zunächst von einem raschen Wiederaufbau der zerstörten Städte, von den Bemühungen um Integration der Flüchtlinge, Heimatvertriebenen und Evakuierten, vor allem aber von einem intensiven Streben nach „Normalität" geprägt waren. Die Wahrnehmung der anstehenden immensen sozialen Probleme und die Notwendigkeit einer gründlichen Auseinandersetzung mit den Wurzeln der deutschen Misere wurden sehr bald von dem nach vorn gerichteten Streben nach Sicherheit, Ordnung und mentalem Halt überlagert. Nicht mehr die sprunghafte Verstädterung im Sinne der Entstehung neuer großstädtischer Agglomerationen bestimmte die Entwicklung, sondern die Ausbreitung urbaner Lebensformen sowohl in bisher noch von vielen Defiziten geprägten alten Verstädterungsräumen als auch im näheren und schließlich immer weiteren Umland der Ballungsräume. Dieser Prozeß der „Suburbanisierung" führte auf der einen Seite zum Ausbau von oft uniform aussehenden Wohn-, Schlaf- und Pendlerstädten rings um die Kernstädte: Verdichtete Stadtrandzonen und ins Umland ausgreifende Vororte waren die Folge, Vororte, die schließlich an die Grenzen der Nachbarstädte stießen und aus dem Ruhrgebiet ein einziges ausgedehntes Städteband werden ließen. Andererseits verringerte sich allmählich die Kernstadtorientierung: Hatten die Nahverkehrsmittel bisher die Bewohner im wesentlichen sternförmig auf die Innenstädte bzw. auf die Arbeitsplätze hin ausgerichtet, so ermöglichte der sprunghaft zunehmende Individualverkehr andere Orientierungen. Das Kriterium der Arbeitsplatznähe trat hinter dem Kriterium der Wohn- und Freizeitqualität bei der Wahl des Wohnplatzes zurück. Die die City umgebenden Viertel gerieten dabei in den Windschatten der Entwicklung: Sie waren von einer relativ überalterten Bevölkerung bewohnt, während die dynamischeren Teile der Großstadtbevölkerung, d. h. die Angehörigen der mittleren und jüngeren Generation, immer mehr Lebensbedürfnisse außerhalb der zeitweise abstoßend überfüllten, zeitweise verödeten Innenstädte zu befriedigen begannen. Die im Umland vielfältig geschaffenen Möglichkeiten der Freizeitgestaltung ebenso wie die vor den Toren der Städte, meist an Ausfallstraßen oder Autobahnausfahrten gelegenen Supermärkte und Einkaufszentren ließen das ehemals dominierende Angebot an Einkaufsmöglichkeiten und Vergnügungsstätten der Stadtkerne zwar nicht in jeder Hinsicht, aber doch in wachsendem Ausmaß zweitrangig werden. Neue Freizeitzentren im Münsterland und Sauerland, in der Eifel, im Bergischen Land und in Holland versprachen, so suggerierte das Fremdenverkehrsgewerbe, Erlebnisse und Befriedigungen, die das städtische Alltagsleben in dieser Form nicht bieten könne. Entsprechend verlagerten die mobilen Teile der Stadtbevölkerung, allen voran die Jugendlichen, seit den fünfziger

„Teenagerinnen", Duisburg, in der Eisdiele Anfang der sechziger Jahre (Privatfoto: Familie Bierhoff)

Jahren ihre Freizeitaktivitäten an arbeitsfreien Feiertagen, an den Wochenenden und an Resturlaubstagen verstärkt in das weitere Umland, wo öffentliche Grillplätze, Sportanlagen, Trimmparcours, Campingplätze, Rennbahnen, Safariparks, Segelcamps usw. wie Magnete wirkten.

All diesen Trends versuchten die Stadtväter schließlich mit Gegenstrategien beizukommen, nachdem sie die vielfältigen Gefahren schrumpfender Identifikation vor allem der jüngeren städtischen Bewohner mit „ihrer" Stadt erkannt hatten. Große Stadtfeste, neue Märkte auch an Wochenenden in den Fußgängerzonen, ein gezieltes Aufpolieren des Innenstadtimages durch Werbekampagnen, durch „Lichtwochen" vor Weihnachten u. ä. sollten der schwindenden Magnetkraft der City neue Impulse verleihen und die Verödung des Zentrums wie den Niedergang des Innenstadtrandes stoppen. Diesen „von oben" gemachten und nicht zuletzt von starken kommerziellen Interessen bestimmten Initiativen hat gleichzeitig in den letzten Jahren eine recht lebendige Alternativkultur eigene Formen der Aneignung und Nutzung von „Großstadtheimat" im Ruhrgebiet entgegenzusetzen begonnen — möglicherweise ein Beleg dafür, daß die genannten zentrifugalen Kräfte gerade bei den Jüngeren allmählich durch einen zentripedalen Trend unterlaufen werden. Jedenfalls zeigen die vielfältigen traditionellen wie alternativen „Szenen", Lebenswelten, Subkulturen und Kommunikationsnetze, die im Ruhrgebiet neben-, über- und durcheinander trotz aller Sub- und Desurbanisierungstendenzen bestehen, daß hier die Urbanisierung alles andere als einen Einheitsbrei hervorgebracht hat: Weder verschwanden historisch gewachsene Besonderheiten und Sonderungen, noch wurde die Entstehung neuer Teil- oder Subkulturen verhindert. Zudem haben die ökonomischen Einbrüche der letzten zwei Jahrzehnte das Bewußtsein gestärkt, daß ausgeprägte Monostrukturen äußerst krisenanfällig sind und letztlich Schwäche im Gefolge haben müssen. In einer wachsenden wirtschaftlichen Differenziertheit und Experimentierbereitschaft einerseits, in einer von Toleranz geprägten gesellschaftlichen Heterogenität andererseits liegen, so beginnt man offensichtlich zu begreifen, zweifellos die einzigen Chancen, daß der „soziale Container" Ruhrgebiet tatsächlich und dauerhaft jenes „starke Stück Deutschland" sein kann, dessen Bild der Kommunalverband Ruhr durch Werbekampagnen bundesweit zu verbreiten sucht. Mit der Frage nach dem Maß an Heterogenität ist jedoch zugleich, das sollte dieser knappe Beitrag andeuten, die Frage nach der Weite oder Enge, Vielfalt oder Beschränktheit, Offenheit oder Geschlossenheit der Lebensbedingungen, die die nachwachsenden Generationen vorfinden und prägen, eng verknüpft.

Kleine Fluchten
Jugendliche Bergarbeiter zwischen 1900 und 1945

Franz-Josef Brüggemeier, Michael Zimmermann

„... ich wollte sofort nach unten"

Vor 100 Jahren galt das Ruhrgebiet als eine Gegend, deren Bewohner im Überfluß schwammen. Hier residierten die Industriebarone; neue Werke wurden gegründet, das Gebiet mit Schachtanlagen überzogen, und es gab Arbeit, die gut bezahlt wurde und nahezu von jedem ausgeübt werden konnte. Das galt besonders im Bergbau. Der Bedarf an Kohle stieg beständig, die Zechen wurden zunehmend größer, die Förderung vervielfachte sich und mit ihr auch die Zahl der Arbeiter. Da bis in die zwanziger Jahre hinein der Betrieb unter Tage kaum rationalisiert wurde, ließ sich die Förderung nur steigern, wenn die Zahl der Bergleute wuchs.

In den Phasen stürmischen Aufschwungs wurde jeder eingestellt, der zu dieser schweren Arbeit bereit war: „Schuster, Schneider und landwirtschaftliche Arbeiter wurden sogenannte Bergleute... Die unter der alten Gesetzgebung regelrecht ausgebildeten Bergleute gerieten bald in die Minderheit gegenüber dem sich regellos zusammensetzenden modernen Bergarbeiterstand", so das Dortmunder Oberbergamt im Jahre 1889, das die neue Entwicklung beklagte und die Ruhe der früheren Jahre ebenso herbeisehnte wie zahlreiche ältere Bergleute. Für ihre jüngeren Kollegen, zumal für die Zugewanderten, bedeutete der enorme Bedarf an Arbeitskräften jedoch eine große Chance: „Manch junger Mensch, voll Wanderdrang nach reicheren Ländern, in denen ihm erstmalig die Sonne des Glücks geschienen hatte..., besann sich nicht lange, sondern machte sich auf in das Land seiner Sehnsucht. Lobeshymnen für dieses unbekannte Land flossen aus seinem Munde; jeder Pole in Posen oder Schlesien, der sich in beklagenswerter Lage befand, empfand beim Hören solcher Lobpreisungen große Freude und gleichfalls Verlangen nach diesem glücklichen Land." Besonders groß war das Verlangen bei denjenigen, die das Ruhrgebiet während der Soldatenzeit bereits kennengelernt hatten: „Sie sahen den Wohlstand der Bewohner dieser ‚roten' und fruchtbaren Erde. War es da nicht selbstverständlich, daß sich manch(er)... nach diesem Land im Westen zu sehnen begann, das nach seiner Meinung im Überfluß schwamm." (Geschichte, S. 2)

Nicht alle Hoffnungen wurden erfüllt, und manche Erwartungen waren überzogen. So fiel es trotz der zahlreichen Wohnungen und Häuser, die von den Zechen erbaut wurden, schwer, eine Unterkunft zu finden. Auch war die Arbeit anstrengend und ungewohnt, zumal die Tätigkeit unter Tage vom Sonnenlicht und frischer Luft abgeschnitten war. Doch die guten Möglichkeiten, eine Arbeit zu finden, und der relativ hohe Lohn boten einen Ausgleich, vor allem für jugendliche, körperlich kräftige Bergleute.

Mit dem 16. Geburtstag – einem Tag, dem viele entgegenfieberten – war es möglich, unter Tage einzufahren: *„Ich wollte sofort nach unten, ich wollte nicht mehr oben bleiben...; die meisten Jungen gingen ja auch in die Grube, da wollte man auch in die Grube."* (Interview C. K., S. 9) Viele Jugendliche drängten, sie wollten zur Welt der Erwachsenen gehören. Vor allem die ersten Tage waren jedoch schwer, wenn die Jungen etwa trotz der Lampen in einer Staubwolke die Sicht verloren oder bei jedem ungewohnten Geräusch in Schrecken versetzt wurden. Hans Marchwitza und seine Kameraden z. B. ließen „alle Flügel hängen", wenn sie wieder zur Arbeit mußten und den Schacht vor sich aufsteigen sahen. Einer von ihnen hoffte jedesmal, er „sei über Nacht eingestürzt und für immer in der Erde versunken".

Der Lohntag ließ sie ihre Anstrengungen und Ängste jedoch vergessen: *"Ich hatte schon mehrere Male meinen Lohn ausbezahlt bekommen; es war nicht viel... Doch der Stolz darüber, daß ich Geld nach Hause brachte, ließ mich mein Elend schon leichter zwingen."* (Marchwitza 1964, S. 95 u. 97)

Ihr Verdienst, den sie ganz oder teilweise zu Hause abgaben, bedeutete eine große Hilfe für die Eltern. Zahlreiche jüngere Bergleute waren jedoch als Zuwanderer auf sich allein gestellt oder mit Gleichaltrigen ins Ruhrgebiet gekommen. Sie wohnten bis auf wenige Ausnahmen als Schlaf- bzw. Kostgänger in fremden Haushalten. Andere hatten ihr Elternhaus verlassen, weil sie den Lohn ganz für sich behalten wollten oder auf einer weiter entfernten Zeche Arbeit gefunden hatten.

Insgesamt befanden sich junge Bergleute in einer vergleichsweise guten Situation. Sie mußten – abgesehen von einer Unterstützung für Eltern oder Geschwister – keine Familie unterhalten und hatten als Kostgänger nicht die Miete für eine teure Wohnung zu tragen. Da es zudem im Bergbau wesentlich auf körperliche Kraft ankam, konnte bereits in jungen Jahren ein hoher Verdienst erzielt werden. So war für den bereits genannten Hans Marchwitza die Aussicht, vom ersten selbstverdienten Geld einen Anzug zu kaufen und *"einmal aus den zusammengekrampften, schlecht sitzenden Sachen herauszukommen"*, entscheidend dafür, trotz der schweren Arbeit *"mit aller Welt wieder Frieden zu schließen"*. Er ließ sich die *"helle Mähne lang wachsen und hielt darauf, daß sie unter dem schiefgeschobenen Hut hervorschaute. So stand ich mit den anderen an den belebten Straßenecken und beobachtete, ob die Mädel, die vorübergingen, mich ansahen."* (Marchwitza 1964, S. 96)

Untertage, Pferdejunge (Sammlung Geschichtskreis Hochlarmark)

*Jungbergleute, links Ewald Z., Essen-Borbeck 1915
(Sammlung Sozialgeschichte Kurt Wohlgemuth)*

Er hatte bereits in Oberschlesien im Bergbau gearbeitet, war dann aber ins Ruhrgebiet gekommen, da hier der Lohn höher und – wichtiger noch – die Aussicht auf Beförderung besser war. Andernorts mußten Jugendliche bis zu acht Jahren unter Tage als Schlepper arbeiten. Dann konnten sie zum Lehrhauer aufsteigen und wurden einer Gruppe mehrerer Bergleute, einer Kameradschaft, zugeordnet, um die erforderlichen Fertigkeiten zu lernen, kontrolliert und beaufsichtigt vom vorgesetzten Steiger, auf dessen Wohlwollen sie bedacht sein mußten.

Im Ruhrgebiet hingegen war es „bei der stattgehabten außerordentlichen Steigerung der Förderung . . . unmöglich gewesen", eine vergleichbare Ausbildung durchzusetzen. Die Unternehmer sahen sich vielmehr genötigt, „ihre Arbeitskräfte zu nehmen, wo sie sich ihnen boten" (Verhandlungen . . . 1906, S. 202) und – so das Oberbergamt in einem Schreiben an den zuständigen Minister – alles einzustellen, „was sich meldete und Arme hatte". An einer systematischen Ausbildung bestand kaum Interesse. Die Arbeiter wurden „mit dem einzigen Zweck und Ziel angelegt, produktiv tätig zu sein, die Frage der Ausbildung blieb völlig unberücksichtigt". (Schwenger 1932, S. 66) Auf diese Weise ließen sich die Kosten für eine Ausbildung sparen, doch zugleich wurden bei den Jugendlichen Aufstiegserwartungen geweckt.

Sie wollten möglichst schnell Hauer werden, „vor Kohle" kommen und mehr Geld verdienen. So beschwerten sich im Ruhrbergbau, wie ein königlicher Revierbeamter berichtete, 1899 Arbeiter darüber, daß sie schon über drei Jahre Schlepper seien, „trotzdem es doch Sitte ist, nach bewerkstelligter 2jähriger Grubenarbeit vor Kohle zu kommen". Sie drängten so sehr zur Hauertätigkeit, daß es einen beständigen Mangel an Schleppern gab, doch es fiel schwer, den Forderungen der Jugendlichen entgegenzutreten, da sich immer wieder konkurrierende Zechen fanden, die sie „unter Angebot besserer Löhne verleiteten, die zeitherige Arbeitsstelle zu wechseln und bei ihnen Kohle zu hauen", so der Bericht des Bochumer Landrats vom 24. 4. 1896.

Die Dauer der Schleppertätigkeit läßt sich nur schwer bestimmen. Sie dürfte zwischen zwei und vier Jahren betragen haben, bei schlechter Konjunktur eventuell etwas länger. Dennoch standen sich junge Bergleute im Ruhrgebiet besser als ihre Kollegen in den anderen Steinkohlerevieren oder als ungelernte Arbeiter in anderen Industrien, wo der Aufstieg in besser entlohnte Stellen entweder ganz versperrt war oder sehr lange dauerte und Wohlverhalten voraussetzte. Gerade das ließ sich um Ruhrbergbau nicht immer erzwingen.

Die Zechen waren äußerst hierarchisch gegliederte Betriebe mit einer hohen Machtbefugnis für Steiger und andere Aufsichtspersonen. Sie konnten Strafen verhängen, unliebsame Bergleute mit besonders mühsamen Arbeiten betrauen, bei Verhandlungen über das Gedinge unnachgiebig sein, vermeintlich oder wirklich unzureichend gefüllte Wagen streichen, so daß auch für die tatsächlich enthaltene Kohle kein Geld bezahlt wurde. Über dieses Strafsystem wurde beständig Klage geführt, und es war mit einem hohen Maß an Willkür verbunden, die weitgehend unvermeidlich war.

Untertage, jugendlicher Hauer vor dem Ersten Weltkrieg (Sammlung Geschichtskreis Hochlarmark)

Der Betrieb unter Tage war äußerst unübersichtlich, die Bergleute arbeiteten verteilt auf hunderte von Stellen, die kaum kontrolliert werden konnten. Während einer Schicht konnten Steiger ein-, in seltenen Fällen auch zweimal die Arbeit der Kameradschaften kontrollieren; die meiste Zeit jedoch waren die Bergleute auf sich gestellt und mußten die anfallenden Probleme unter sich entscheiden. Hierbei konnten sie gegen Vorschriften verstoßen oder auf andere Weise den Unmut ihrer Vorgesetzten erregen, woraus Strafen resultierten, die angesichts der mangelhaften tatsächlichen Kontrolle erheblichen Unwillen und viel böses Blut hervorriefen. So kam es immer wieder zu Auseinandersetzungen mit den Steigern, die keinen leichten Stand hatten. Nach Meinung der Dortmunder Handelskammer konnte man „sich darüber streiten, ob im Falle eines gespannten Verhältnisses zwischen dem Steiger und der Belegschaft die Lage des Steigers oder der Belegschaft übler ist; aber das dürfte außer Zweifel stehen, daß die eines verhaßten Steigers eine unheimliche sein kann." (Jahresbericht 1889, S. 7)

Jüngere Bergleute ließen sich zu Anfang, zumal wenn sie gerade zugewandert waren und sich noch nicht auskannten, oft übervorteilen und galten als Lohndrücker, wie etwa Hans Marchwitza: „*Was hat denn der ‚Laufhund'* – er meint den Steiger – *für einen Lohn versprochen?' fragte mich Hein, als ich mich in einer knappen Pause zum Brotessen hinsetzte. ,Drei Mark zwanzig', sagte ich. ,Ich wußte es ja!' schrie er wieder in Wut. ,Ihr Hammelherde von drüben seid hier doch mit einer Handvoll zufrieden. Wahrhaftig, ich könnt Dir mit dem Knüppel über Deinen Ochsenkopf hauen! Du verlangst, wenn der Laufhund kommt, auf der Stelle vierzwanzig! Für diese Arbeit muß er Dir vierzwanzig zahlen! Aber Ihr Hornochsen schleppt für den halben Lohn'.*" (Marchwitza 1964, S. 163 f.) Bald jedoch waren sie vorsichtiger, klug geworden durch eigene Erfahrungen und informiert durch die älteren Kollegen.

Ein ebenso häufiger Konfliktpunkt wie der, ab wann Schlepper als Hauer arbeiten konnten, waren Streitigkeiten um den Lohn, die zu Arbeitsniederlegungen führen konnten. Diese konnten zwar mehrere Zechen umfassen, blieben aber meist auf die jungen Bergleute beschränkt. Andererseits gingen jedoch die großen Bergarbeiterstreiks von 1889 und 1905, bei denen bis auf geringe Ausnahmen sämtliche Bergleute die Arbeit einstellten, von jungen Bergleuten aus. Sie hatten wenig zu befürchten; eine neue Arbeitsstelle fand sich leicht, und sie mußten nicht Sorge für eine Familie tragen. So konnten sie eine Zeit ohne festes Einkommen überdauern, sich zu allerlei Hilfstätigkeiten verdingen oder zu einer anderen Zeche wechseln, die wegen des Arbeitskräftebedarfs in der Regel keine Fragen stellte.

Immer wieder finden sich Berichte und Klagen über die vermeintliche Aufsässigkeit jugendlicher Bergleute, so auch nach dem Streik von 1889, als das Berliner Handelsministerium aktiv wurde und vorschlug, sogenannte Fortbildungsschulen (= Berufsschulen) einzurichten. Angesichts der Zügellosigkeit, die sich während der Streiks gerade bei jugendlichen Arbeitern gezeigt habe, würden derartige Schulen sich empfehlen, um durch den Unterricht das „sittliche Verhalten" der Schüler zu heben und sie zu disziplinieren. Wichtig sei nicht so sehr, daß sie unterrichtet, sondern daß sie „zur Wiederherstellung von Zucht und Botmäßigkeit", zur Anwesenheit und stillem Sitzen unter Aufsicht gezwungen würden. Allein, für die Kosten solcher Schulen wollte keiner aufkommen. Die Gemeinden hatten kein Geld, und die Unternehmer nahmen aus kurzfristigen Profitinteressen Abstand davon, diese „Waffe" gegen die „sittliche Verwilderung der jungen Bergleute" mit den nötigen Mitteln auszustatten. (Antwortschreiben des Oberbergamtes vom 30. 12. 1890)

Langfristig erwiesen sich die jungen Bergleute als Hort ständiger Unruhe, sehr zum Leidwesen auch der Gewerkschaften. Diesen fiel es äußerst schwer, die jungen Arbeiter zu organisieren und zu diszipliniertem Verhalten zu bewegen. Die häufigen Streiks galten als Ausdruck mangelnder gewerkschaftlicher Disziplin, und die hohe Fluktuation zwischen den Zechen, verbunden mit zahlreichen Wohnungswechseln, erschwerte die Arbeit der Verbände außerordentlich. Auch war die langfristige, auf stetigen Ausbau der Organisation bedachte Perspektive der Gewerkschaften für junge Bergleute nicht sehr attraktiv. Sie zogen es vielfach vor, Konflikte oder einen Streik auch ohne Vorbereitungen zu beginnen; sie mochten sich nicht durchsetzen, hatten zugleich jedoch nicht viel zu verlieren, da Strafmaßnahmen der Unternehmer angesichts des anhaltenden Bedarfs an Arbeitskräften kaum Wirkung zeigten. Jugendliche Bergarbeiter schwammen zwar nicht im Überfluß, und die Arbeit war anstrengend. Doch sie hatten es besser angetroffen als die meisten ihrer Alterskollegen. Das stellte auch Georg Werner fest, der aus Schlesien ins Ruhrgebiet gekommen war und nach einiger Zeit seine Eltern besuchte: *„Das Herz voller Hoffnung traf ich in Schlesien ein. die Enttäuschung war niederschmetternd. In den 5/4 Jahren meines Aufenthaltes in Westfalen hatte ich mich an den besseren Verdienst, an die besseren Wohnungsverhältnisse, an die freien und aufrechten Menschen gewöhnt. Ich war unwissentlich sehend geworden. Überall sah ich die Unterschiede zwischen meiner Heimat und dem Ruhrrevier."* (Werner 1930, S. 92)

Wenige Jahre später, in der Weimarer Republik, wäre sein Urteil vermutlich nicht mehr ganz so positiv ausgefallen. Die Hoffnungen auf einen grundlegenden Wandel waren mit der Niederlage der Sozialisierungsbewegung 1918/19 begraben worden; zudem waren die Folgejahre durch wirtschaftliche Krisen gekennzeichnet, in denen es bedeutend schwerer fiel, Arbeitsmöglichkeiten zu bekommen; und die Unternehmer nutzten diese Situation, um die bei der Bergarbeit bestehenden Freiräume zu beseitigen. Eine der wichtigsten Maßnahmen hierzu war die Einführung einer systematischen Ausbildung.

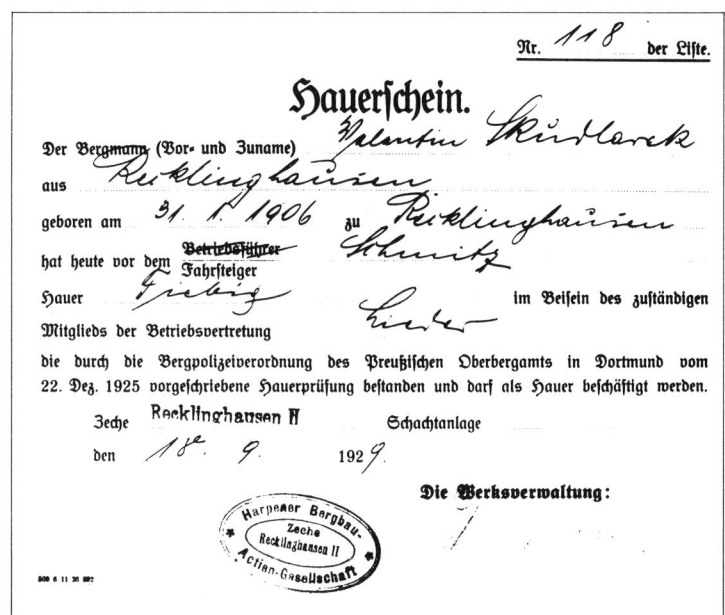

Hauerschein (Sammlung Geschichtskreis Hochlarmark)

Systematisierung und Reglementierung der Ausbildung

Die Rationalisierung des Bergbaus, die in den zwanziger Jahren schrittweise durchgeführt wurde, gab zunächst den Anstoß, die Ausbildung der Zechenhandwerker zu regeln. Kostspielige, neu eingeführte Maschinen – insbesondere Schüttelrutschen und Abbauhämmer – bedurften der Wartung und damit einer wachsenden Zahl einschlägig qualifizierter Facharbeiter. Hinzu kam die bergpolizeiliche Verordnung vom 22. Dezember 1925, die festlegte, daß nur solche Arbeiter als Hauer vor Kohle eingesetzt werden durften, die einen Hauerschein besaßen. Dessen Erwerb wurde an das Bestehen einer Prüfung gebunden. Diese Bergpolizeiverordnung stellte die erste verpflichtende Regelung zur Hauerausbildung im Ruhrbergbau dar. Ihre Durchführung wurde jedoch nicht erzwungen; Zechen und Bergwerksgesellschaften besaßen weiterhin erhebliche Spielräume. Vorherrschend war die Absicht, die Zahl der Haueranwärter je nach Absatzlage und Abbauverhältnissen disponibel zu halten.

Das Ausbildungswesen stellte für den Ruhrbergbau Neuland dar: die Unternehmer begannen erstmals systematisch in die Untertage-Ausbildung einzugreifen, die bislang eine Domäne der Gedingekameradschaften und damit der Arbeiterschaft selbst gewesen war. (Schwenger 1932, S. 45 ff.; Brüggemeier 1984, S. 99 ff.; Schöck 1978) In der ersten Phase richtete sich die Ausbildung allerdings nicht an Jungbergleute, die mit 14 Jahren auf einer Schachtanlage anfingen, sondern an Arbeiter, die schon einige Jahre im Bergbau tätig waren. Die Unternehmen waren sich jedoch bewußt, daß eine solche Schulung von oben nach unten auf Dauer eine systematischere Ausbildung des Nachwuchses von unten nach oben nicht ersetzen konnte, eine Erkenntnis, die sich in äußerst unterschiedlichen Modellen zur Schulung des Bergarbeiternachwuchses niederschlug, bis das Reichswirtschaftsministerium 1940/41 eine Vereinheitlichung dekretierte.

Die Einteilung zu den verschiedenen Aufgaben barg Disziplinierungs- und Strafmöglichkeiten in sich: „*Wen der Meister ganz besonders lieb hatte, der kam im Winter drei Monate ans Leseband, dann drei Monate auf den Holzplatz – Hauptsache ins Freie und in die Kälte.*" (Oskar Wolfram) Das Ausbildungssystem zielte darauf ab, durch eine besondere charakterliche Ausbildung die Persönlichkeitsstruktur der Jugendlichen zu beeinflussen. Diesem Zweck diente zuvorderst ihre Isolierung von der übrigen Belegschaft. Waren bislang Teilinvaliden und Jugendliche gemeinsam an den Lesebändern tätig gewesen, so wurde diese Durchmischung der Altersgruppen nun untersagt. Den Schilderungen von Zeitzeugen zufolge liefen die neuen Erziehungsgrundsätze, die in den einschlägigen arbeitswissenschaftlichen Abhandlungen als „dauernde Aufsicht" und „straffe Zusammenfassung" der Jugendlichen charakterisiert wurden, auf eine Militarisierung des Ausbildungswesens hinaus: „*Was haben wir gelernt? Strammstehen vorm Meister. Ging man durch die eine Tür zur Werkstatt hinein und zur anderen Tür hinaus, so wurde man angebrüllt, wenn man die Mütze nicht abnahm.*" Oder: „*Wenn der Meister zehnmal in fünf Minuten durch die Werkstatt kam, mußten wir auch zehnmal das Werkzeug hinlegen und ‚Glück auf' sagen.*" (Gernot Heller) Darüber hinaus wurde über die Jugendlichen ein „Leistungsbuch" geführt, in dem Sauberkeit, Führung, Anstelligkeit und Fleiß bewertet wurden.

Die Unterrichtsstunden, die die praktische Ausbildung ergänzten, waren in bergbauspezifische und staatsbürgerliche Unterweisungen geschieden, in denen die Werkstattmeister in der Regel nationalistisch-autoritäre und später nationalsozialistische Inhalte darboten. Die Überzeugungskraft dieser Indoktrination scheint indessen gering gewesen zu sein.

Elektrikerkolonne auf der Zeche (Sammlung Geschichtskreis Hochlarmark)

Unter Jugendlichen aus Recklinghausen-Hochlarmark etwa kursierte der bezeichnende Spruch: „*Wenn alles schläft und einer spricht, das nennt man staatspolitischen Unterricht.*" (Oskar Wolfram)

Innerhalb des zunächst sehr variantenreichen Spektrums an Ausbildungsformen stellte die „Methode Harpen" der gleichnamigen Bergwerksgesellschaft den Grundtypus dar. (Schwenger 1932, S. 84 ff.) Die Harpener Bergbau AG richtete auf ausgewählten Schachtanlagen mit größerem Einzugsbereich seit 1926 Anlernwerkstätten für Jungbergleute ein. Als Leiter dieser Einrichtungen fungierten Diplomingenieure, denen weitere hauptamtliche Kräfte zur Seite standen. Fahr- und Reviersteiger aus den Grubenbetrieben wurden nebenamtlich herangezogen. Da man dem Sport eine grundlegende pädagogische Bedeutung zumaß, wurden überdies einige Werksturnwarte angestellt.

Die Ausbildung umschloß je zwei Jahre über und unter Tage. Über Tage fand sie teils in einer gesonderten Anlernwerkstatt, teils im eigentlichen Tagesbetrieb der Zeche statt. In der Anlernwerkstatt sollten die für die nachfolgende Grubenarbeit unabdingbaren Grundfertigkeiten in der Schreinerei, Schlosserei, Schmiede und Dreherei vermittelt werden. Doch da die Werkstatt rentabel arbeiten mußte, wurde die Tätigkeit nicht selten einseitig, etwa auf die Reparatur von Förderwagen, ausgerichtet.

Innerhalb des Tagesbetriebs wurden die Jugendlichen zur Arbeit auf dem Holzplatz, zur Materialausgabe im Magazin oder zum Aussortieren von Steinen aus der Kohle am Leseband, aber auch zu so berufsfremden Verrichtungen wie dem Unkrautjäten in den Gärten der „Zechenbeamten" herangezogen. Als körperlich anstrengendste und schmutzigste Tätigkeit erwies sich dabei das Auslesen der Steine aus der geförderten Kohle. „*Die Steine, die aus der Kohle zu sortieren waren, waren manchmal so schwer, daß das Band stillgesetzt werden mußte und zwei Jugendliche den Stein zerschlagen mußten, sobald er vom Band gerollt war.*" (Johann Prünte)

*Junge Bergleute nach der Schicht um 1930
(Aus: Essener Wochenschau)*

In erheblicherem Maße wurde die Einstellung der Jugendlichen durch den Sport beeinflußt, der zwei bis vier Stunden pro Woche umfaßte. Die regelmäßigen Leibesübungen und die im Jahresturnus durchgeführten Ausscheidungswettkämpfe zwischen den Zechen der Harpener Bergbau AG sollten nicht allein die Fitness der Jugendlichen, sondern auch Leistungsideologie, individuelle Konkurrenz und militärische Haltung fördern. Zudem sollte eine einheitlich gehaltene Sportkleidung das Gefühl stärken, Glied der übergreifenden Harpener „Werksgemeinschaft" zu sein. Zumindest die sportliche Leistungsorientierung scheint unter den Jungen Anklang gefunden zu haben: Trotz verschärfter Wertungsmaßstäbe verbesserten sich die Ergebnisse auf den jährlichen Sportfesten stetig; hatten 1930 lediglich 50 Prozent der Jungbergleute der Harpener Bergbau AG eine Siegerurkunde erhalten, so waren es 1935 schon 80 Prozent. (Harpen 1936, S. 320)

Die militärnahen Ausbildungsformen stießen insgesamt aber eher auf Ablehnung. Die Mehrheit der Jungen empfand es offenbar als Erleichterung, wenn sie nach Abschluß der Übertage-Ausbildung zu den Meisterhauern in die Grube kam. Es ist deshalb unwahrscheinlich, daß die beiden ersten Ausbildungsjahre die von der Harpener Bergbau AG gewünschte „Werksverbundenheit" merklich förderten. Die Wirkung der Militarisierung und der Absonderung der Jungen von den Älteren lag vielmehr in der Negation: das frühzeitige Einüben solidarischen Verhaltens wurde ebenso erschwert wie der Erfahrungsaustausch zwischen den Bergarbeitergenerationen.

Zu Beginn der dreißiger Jahre wurde auch die Ausbildung unter Tage zunehmend systematisiert. Die Jungbergleute wurden zunächst älteren Reparaturhauern zu Sicherungs-, Reinigungs- und Ausbesserungsarbeiten beigegeben. Danach hatten sie entweder an einer Ladestelle beim Umladen der Kohle aus der Schüttelrutsche in die Förderwagen zu helfen oder an einem Förderschacht Wagen aufzuschieben und zu verteilen; eventuell durften sie auch als Lokomotivführer die Hauptförderstrecken unter Tage befahren. Mit 18 Jahren konnte ein Jungbergmann Lader an einer Rutsche oder Lokführer in einer Abbaustrecke werden, damit in die Position eines Gedingeschleppers aufrücken und 90 Prozent des Hauerlohnes verdienen. Danach wurde er bei 95 Prozent des Hauerlohns binnen zweier Jahre mit der eigentlichen Kohlenhauertätigkeit so vertraut gemacht, daß er mit 21 Jahren die Hauerprüfung absolvieren konnte.

Allerdings wies das Ausbildungssystem gerade hier eine bezeichnende Lücke auf. Im Hauerkursus konnte der vergleichsweise intensiv geschulte Jungbergmann auf angelernte oder gar berufsfremde Arbeiter stoßen, die ebenfalls den Kurs als examinierte Hauer beenden konnten, da die vierjährige Ausbildung keine zwingende Bedingung für den Erwerb des Hauerscheins darstellte. Das mühevoll eingerichtete Ausbildungssystem wurde auf diesem Wege sichtlich entwertet. In Zeiten hohen Arbeitskräftebedarfs wie etwa in der nationalsozialistischen Rüstungskonjunktur in der zweiten Hälfte der dreißiger Jahre war es für den Verdienst und weiteren Berufsweg eines Bergarbeiters von geringem Belang.

HJ-Drill und Ausbruchshoffnungen

Jugendliche aus einer Zechenkolonie bei Notstandsarbeiten Ende der zwanziger Jahre (Sammlung Geschichtskreis Hochlarmark)

Zur Auswahl der auszubildenden Jungbergleute wurde in den zwanziger und frühen dreißiger Jahren eine Vielzahl von Kriterien auf eine schwer durchschaubare Weise miteinander verknüpft. Die Noten des Abschlußzeugnisses der Volksschule wurden ebenso herangezogen wie die Ergebnisse eines Eignungstests, die Familiensituation und das Verhalten des Vaters auf der Zeche ebenso wie der persönliche Eindruck, den der Junge auf den begutachtenden Betriebsführer machte. Willkürlichen Entscheidungen war so Tür und Tor geöffnet; und es ist nicht von der Hand zu weisen, daß zumindest in Einzelfällen politische Erwägungen die Einstellungen beeinflußten. Als weiteres Auslese- und Disziplinierungsinstrument diente eine mehrmonatige Probezeit, in der die Jungen jederzeit ohne Begründung entlassen werden konnten. Diese Entlassungsdrohung erzielte in den zwanziger und frühen dreißiger Jahren deshalb große Wirkung, weil gerade die Arbeitsfelder jugendlicher Bergarbeiter von Rationalisierung und Mechanisierung betroffen waren. Auf zahlreichen Zechen konnte nicht einmal ein Junge, dessen Vater der Stammbelegschaft angehörte, mit Gewißheit auf einen Ausbildungsplatz rechnen. Während der nationalsozialistischen Rüstungskonjunktur verlor die Entlassungsdrohung jedoch an Glaubwürdigkeit. Im Zeichen zunehmenden Nachwuchsmangels wurde auch die vormals wichtige Eignungsprüfung zur bedeutungslosen Formalität.

Insgesamt hatte sich in den zwanziger Jahren die Situation im Bergbau, zumal für jüngere Bergleute, entscheidend verändert. Bis dahin war die Welt unter Tage „nicht nur eine andere Welt", sondern „auch – in des Wortes enger Bedeutung – ihre Welt" gewesen. (Brüggemeier 1984, S. 141) Diese Kennzeichnung galt seit der Rationalisierung des Bergbaus nicht mehr, da die Welt unter Tage fortan einem ganzen Bündel neuer Regulationsmechanismen ausgesetzt war, die nicht zuletzt die jugendlichen Bergarbeiter betrafen. Ihre Ausbildung wurde systematisiert und zugleich reglementiert.

Hatte die Rationalisierung, die mit einer wirtschaftlichen Krise des Ruhrbergbaus einherging, in den zwanziger Jahren die Position der Bergarbeiterjugendlichen im Produktionsbereich bemerkenswerten Veränderungen unterworfen, so ergaben sich in den dreißiger Jahren erneut grundlegende Wandlungen. Kennzeichnend waren wachsende Chancen der sozialen Mobilität, eine Zunahme technikbezogenen Denkens, Hoffnungen auf einen Ausbruch aus dem Bergarbeitermilieu sowie vielfältige Spannungen, die im Zeichen des NS-Systems zwischen den Generationen einerseits und zwischen Regime und Jugendlichen andererseits aufkamen. (Zimmermann 1983)

Lebensgeschichtliche Rückblicke und zeitgenössische Berichte zeigen zunächst, daß Wirtschaftskrise und Zerstörung der Weimarer Republik die Distanz zwischen den Generationen im Bergarbeitermilieu wachsen ließen. Gemeinsame Arbeitserfahrungen, die die Generationen miteinander verbanden, konnten häufig erst wieder in der Periode rüstungsbedingter Vollbeschäftigung seit 1936/37 entstehen. Zu diesem Zeitpunkt waren die Möglichkeiten der Älteren, ihre gewerkschaftlichen und politischen Auffassungen weiterzugeben, jedoch gering: das Bekenntnis zu sozialistischen Überzeugungen war mit Strafe bedroht. Doch der Mangel an gemeinsamen Erfahrungen und an politischer Kommunikation sowie die nationalsozialistische Indoktrination allein erklären nicht, warum in den dreißiger Jahren eine tiefe Kluft zwischen den Generationen aufbrach.

Von entscheidender Bedeutung war, daß den Jüngeren im Windschatten des neuen Regimes ein Aufbegehren gegen bisher kaum angreifbare Autoritäten erleichtert wurde, nicht zuletzt gegen den Familienvater. In einer Bergarbeiterfamilie trat der Vater oft als letztinstanzliche Autorität in Erscheinung, dessen Anweisungen kaum zu umgehen waren, zumal er sie über seine überlegene Körperkraft absichern konnte. Eine solche Familienordnung gab Kindern und Jugendlichen Anlaß genug, Aggressionen aufzustauen. Von den Sozialisationsinstanzen Schule und Kirche war bei einer Auseinandersetzung mit dem Elternhaus kaum Unterstützung zu erwarten. Die Hitler-Jugend (HJ) hingegen konnte durchaus ein Gegengewicht gegen die väterliche Autorität bilden, da sie durch das neue Regime gedeckt wurde, wohingegen gerade die Älteren in den „roten" Bergarbeitervierteln des Ruhrgebiets unter Kommunismusverdacht standen.

Es ist nicht erstaunlich, daß in zahlreichen Familien das Verlangen der Söhne nach Mitgliedschaft in der HJ zu einem Grabenkrieg zwischen den Generationen führte. Für die Antipathien der Älteren gegen die HJ konnten dabei politische Gründe ebenso verantwortlich sein wie finanzielle oder die familiale Arbeitsteilung betreffende Erwägungen. Jungen, die bei der Hitler-Jugend das Marschieren lernten, hatten weniger Zeit zur Viehversorgung und Feldarbeit; die monatlichen Beiträge für die HJ summierten sich insbesondere in Familien mit mehreren Kindern zu einem Betrag, den Erwerbslose und von Feierschichten Betroffene schwer entbehren konnten.

Die durch das Regime gestützte Autorität der Hitler-Jugend ermutigte manchen Jugendlichen dennoch, im Elternhaus die Auseinandersetzung um die Organisationsmitgliedschaft zu riskieren. Außerdem bot die HJ den Jugendlichen die Chance, sich aggressiv mit den nach der Familie nächstwichtigen Sozialisationsinstanzen, der Schule und der Kirche, auseinanderzusetzen. Lehrer, die nicht bereit waren, sich mit dem neuen Regime zu liieren, hatten oftmals einen schweren Stand. Schlägereien zwischen der HJ und konfessionellen, insbesondere katholischen Jugendgruppen waren gerade in den ersten Jahren des NS-Regimes keine Seltenheit. Freilich bot die HJ nur solange eine Entlastung gegenüber familiärem, schulischem und kirchlichem Druck, wie sie mit diesen traditionellen Instanzen auf Kriegsfuß stand. Ein Arrangement zwischen ihnen und dem NS-Regime mußte die Anziehungskraft der HJ auf Dauer beträchtlich mindern.

Parallel zu diesem Generationenkonflikt läßt sich ein Aufbrechen des traditionellen Bergarbeitermilieus feststellen. So waren Reisen in den zwanziger Jahren für Bergarbeiterkinder noch ein äußerst seltenes Ereignis gewesen. Nach 1933 verloren sie den Status des Einmaligen; NS-Volkswohlfahrt, BDM und HJ sowie die Kinderlandverschickungen der Schulen eröffneten mit Zeltlagern und Urlaubsfahrten an die See oder ins Gebirge ein attraktives Freizeitangebot. Die Aufenthalte außerhalb der heimischen Arbeitersiedlungen gestatteten manchem Jugendlichen, einen Blick auf soziale Milieus zu werfen, die ihm bisher versperrt waren. Auf diese Weise konnten bisher selbstverständliche Wertmuster und Verhaltensformen relativiert werden.

Überdies wurde während des „Dritten Reiches" die Sportbegeisterung stark gefördert. Unter den Arbeiterjugendlichen des Ruhrgebiets erfreuten sich Sportler wie die Schalker Fußballspieler Fritz Szepan und Ernst Kuzorra nicht zuletzt deshalb einer immensen Beliebtheit, weil sie als Bergmannssöhne und Kumpel die Chance sozialen Ausbruchs und Aufstiegs verkörperten. Hinzu kam, daß das Interesse der Jugendlichen an technischen Fragen durch den Reichsberufswettkampf, durch NS-Organisationen wie die Flieger-HJ oder das NS-Kraftfahrerkorps oder auch durch die Schule gesteigert wurde. Faszination für die Technik und die Vorliebe für Motoren bildeten, wie in der arbeitswissenschaftlichen Literatur der vierziger Jahre festgehalten wurde, ein gewichtiges Motiv für Bergmannssöhne, sich außerhalb der Schachtanlagen nach einer Lehrstelle umzusehen. Zwar ließ die neuerliche Zunahme des Aufsichtspersonals auf den Zechen nach dem Abklingen der Wirtschaftskrise die Position des Steigers oder des Grubenhandwerkers wieder zu einem anstrebenswerten Ziel werden, doch stärkere Anziehungskraft übte die Rüstungsindustrie aus. Sie lockte mit ihrer Technikbezogenheit, ihren vergleichsweise hohen Löhnen und einem Sozialprestige, das sichtlich über dem des Bergbaus lag.

Es ist schwer abzuschätzen, in welchem Ausmaß sich das traditionelle Milieu auflöste und wie ausgeprägt die Kluft zwischen den Generationen war. Ein erheblicher Teil der Jugendlichen blieb im jeweiligen Heimatort und richtete sich darauf ein, den Berufsweg des Vaters zu gehen. Mit Sicherheit gewannen jedoch in den dreißiger Jahren neue Formen sozialer Mobilität an Relevanz. Noch in den zwanziger Jahren war es für einen Jugendlichen aus einer Bergarbeiterfamilie kennzeichnend gewesen, Kindheit und Jugend in dem weitgehend einheitlichen Bergbaumilieu zu verbringen und daraufhin Deutschland von unten, als Bergmann, Erwerbsloser oder Landarbeiter, kennenzulernen. Dagegen ließen Urlaubserfahrungen, die Mitgliedschaft sowie die Chance zu einer Führungsposition in einer NS-Organisation, Arbeits- und Militärdienst sowie die Lockungen der Rüstungsindustrie die soziale und regionale Mobilität unter den Jugendlichen aus dem Bergarbeitermilieu in den dreißiger Jahren ansteigen. (Vgl. Croon/Utermann 1958, S. 198 ff.) Dabei mochten ein fanatischer Glaube an den „Führer", praktische Leitungstätigkeit und selbständiges Handeln außerhalb des Elternhauses merkwürdige Verbindungen eingehen. In jedem Fall wurden die Klassengegensätze in der jüngeren Generation nicht mehr in der Unüberbrückbarkeit erfahren, wie dies in den Jahrzehnten zuvor der Fall gewesen war.

Es wäre aber falsch, aus diesem sozialen Wandel und der anfangs anziehenden Wirkung der HJ und anderer NS-Organisationen auf ein ungebrochen positives Verhältnis der Jugendlichen aus Bergarbeiterfamilien zum NS-Regime zu schließen. Verschleißerscheinungen und Verweigerung im Alltag bestimmten in der Phase des Rüstungsbooms zunehmend ihr Verhalten. Vor allem wuchs die Aversion gegen den Dienst in der Hitler-Jugend. Oftmals war dieser Überdruß auf schiere Erschöpfung zurückzuführen, wenn zu wöchentlich sechs Tagen körperlicher Arbeit noch an zwei Tagen Dienst in der HJ gefordert wurde und sogar sonntags Aufmärsche anstanden. Mit der Etablierung des Regimes hatte die HJ zudem die Aufsässigkeit und den Reiz des Neuen, der sie anfangs kennzeichnete, verloren. Überdies wurde der aus der Jugendbewegung überkommene bündische Traditionsstrang zurückgedrängt. (Vgl. Klönne 1982) Die Gruppenaktivitäten beschränkten sich weithin auf stupides Exerzieren und ermüdende Aufmärsche. Verweigerung und unverhohlener Protest machten sich unter jungen Bergarbeitern breit und ließen ihrerseits die Nazis manches Mal zu brachialer Gewalt greifen, was die Gegensätze noch verschärfte.

Konsumorientierung und der Rückzug aus den Organisationen gewannen für das Freizeitverhalten der Jugendlichen an Gewicht. Sie besuchten Kinos und Tanzveranstaltungen und klapperten Kneipen ab. Die Vertreter der NS-Organisationen beurteilten derartige Freizeitaktivitäten argwöhnisch: Gruppen von Jugendlichen, die an Wochenenden die Stadtzentren bevölkerten, dem Alkohol zusprachen und sich renitent verhielten, wollten nicht recht in das Bild der vorgeblichen volksgemeinschaftlichen Harmonie passen. Sie waren der sichtbare Beweis für die nachlassende Anziehungskraft der HJ, die ja die Jugendlichen mit Vorliebe an Sonntagen für sich in Beschlag nahm.

Weiteren Konfliktstoff schuf die rigide Praxis der Berufszuweisung in der Rüstungskonjunktur. In den Volksschulen der Bergarbeiterviertel wurde es üblich, dem Abschlußjahrgang Vorträge über die „Schönheit" der Arbeit unter Tage zu halten, deren Quintessenz lautete, das „Dritte Reich" werde es nicht zulassen, daß „Bergarbeitersöhne einen anderen Beruf ergreifen als den des Bergmanns". (Deutschland-Berichte 1939, S. 737) In der Lokalpresse der Ruhrgebietsstädte erschienen vielfach Artikel, die in penetranter Weise für den Bergarbeiterberuf warben. Schließlich suchten die Arbeitsämter bei ihrer Vermittlungstätigkeit auf administrative Weise dem virulenten Nachwuchsmangel im Bergbau entgegenzuwirken. Ein derartiges Abblocken von Ausbruchswünschen zerstörte bei zahlreichen Jugendlichen Hoffnungen, die nicht zuletzt vom Regime selbst geweckt worden waren; es deutet des weiteren darauf hin, wie kritisch es bei Kriegsbeginn um den bergmännischen Nachwuchs stand.

In der Tat hatte man in dieser Branche einen besorgniserregenden Rückgang jugendlicher Berufsanfänger zu verzeichnen. Die neu Eingestellten machten 1936/37 63 Prozent, 1937/38 73 Prozent und 1938/39 lediglich 34 Prozent des Bedarfs aus. (Vgl. Wyenbergh 1940) Angesichts der Attraktionskraft der Rüstungsindustrie und der Wehrmacht nahm nicht nur die Zahl der Jungbergleute ab; auch ihre schulische Vorbildung entsprach nicht dem Gewünschten. Von einer Auslese, so wurde in einer arbeitswissenschaftlichen Analyse 1940 beklagt, könne keine Rede mehr sein. Es sei im Gegenteil eine große Anzahl von Schulabbrechern aus den mittleren Klassen der Volksschulen und von Hilfsschülern unter den Berufsanfängern. Dementsprechend seien die Meldungen zur Knappenprüfung, die die bergmännische Ausbildung abschloß, sowie die Teilnahme am Reichsberufswettkampf auffallend rückläufig. Zudem sei es „allzu oft" so, daß Jungbergleute „die tollsten Tricks" anwendeten, um aus ihrem Beruf auszuscheiden. (Wyenbergh 1940, S. 434) Zahlreiche Jungbergleute weigerten sich, die Knappenprüfung abzulegen, da sie sich dadurch verpflichtet hätten, dauerhaft bergmännische Arbeiten zu verrichten. Ausgebildete Bergknappen wurden seit 1939 nicht mehr in andere Branchen vermittelt.

Der Bergbau befand sich bei Kriegsbeginn in einer Zwangslage. Den Rüstungsanforderungen entsprechend sollten Schichtleistung und Förderung gesteigert werden; parallel ließen jedoch Umfang und Qualifikation der Belegschaften, insbesondere des Nachwuchses, zu wünschen übrig. Eine maschinelle Kohlengewinnung, die dieses Defizit hätte ausgleichen können, befand sich erst in einem experimentellen Stadium. Da auch der Einsatz von Fremdarbeitern und Kriegsgefangenen in dieser Phase noch nicht merklich zu Buche schlug, mußten die Bergwerksgesellschaften sich dem „Nachwuchsproblem" intensiver zuwenden. Sie beschränkten sich vielfach allerdings darauf, beredt Klage zu führen.

So wurde angegeben, daß die Jungen in „ihrem Bedürfnis nach Geltung" oftmals „Willkür mit Freiheit" und „Ungebundenheit mit Selbständigkeit" verwechselten. Bei jungen Bergarbeitern herrschten „Genuß-, Erwerbs- und Machtwerte" vor, und sie strebten über Gebühr nach „Kino, Zigaretten, Schundliteratur, Geschlechtsgenuß und Geld, das mit zweifelhaften Kameraden sinnlos verschleudert" werde. (Wyenbergh 1940)

Besonders wurde dabei über den „polternden Großsprecher" geklagt, der den Vorgesetzten gegenüber „rüpelhaft" auftrete und „laut und ehrfurchtslos, die Mütze auf dem Kopf, mit frechen Antworten oder Eigensinn und Trotz" versuche, um jeden Preis aufzufallen. Entlassungen schreckten ihn nicht, da die Jugendlichen auf dem Arbeitsmarkt gesucht seien. Auch wenn man diskriminierende Überzeichnungen in Rechnung stellt, bleibt doch das Bild eines Jugendlichen, der sich – begünstigt durch die Lage auf dem Arbeitsmarkt – widersetzlich gegenüber Vorgesetzten verhielt, Arbeitsdisziplin vermissen ließ, seine Männlichkeit demonstrierte und sich mit körperlicher Gewalt durchzusetzen suchte.

Im Verlaufe des Krieges ging das Resistenzverhalten unter jugendlichen Bergleuten keineswegs zurück. Im Gegenteil: Die Desintegration wuchs. Die Klagen von Ausbildern, Berufs- und Volksschullehrern über die Widersetzlichkeit der Jungen rissen nicht ab; die Auseinandersetzungen zwischen oppositionellen Jugendcliquen und der HJ spielten sich nun häufig in militanten Formen ab. (vgl. Peukert 1980) Gleichwohl hatten Unangepaßtheit und Resistenz keine systemgefährdende Wirkung. Bergarbeiterjugendliche, die sich auf der Zeche renitent verhielten, taten dies nicht selten mit dem Ziel, möglichst schnell von der ungeliebten Schachtanlage weg zum Militär zu gelangen. Erbitterte Gegner der HJ konnten sich vom Führungsstil und von den Kameradschaftsvorstellungen, die die Waffen-SS propagierte, fasziniert zeigen, zumal man dort den Männlichkeitsidealen der Jungen eher zu entsprechen schien.

Zusammenfassung

Mit der Betonung von Körperlichkeit und Männlichkeit sind zwei Merkmale angesprochen, die für jugendliche Bergarbeiter im gesamten hier vorgestellten Zeitraum von Bedeutung waren. Körperliche Kraft war gefordert, um die anstrengende Tätigkeit ausüben zu können; gearbeitet wurde in einer Gruppe von Männern, in der es sich als „guter Kumpel" beweisen galt.

Die Formen und Möglichkeiten, in denen sich Körperlichkeit und Männlichkeit äußerten, veränderten sich im Laufe der Jahrzehnte jedoch erheblich. Während des Kaiserreichs wurden an die Welt unter Tage große Hoffnungen geknüpft, die allerdings nur begrenzt in Erfüllung gingen. Die Nachfrage nach Bergleuten war hoch, so daß sich gerade Jugendliche in einer recht günstigen Situation befanden. Viele wußten diese Chance – allerdings überwiegend auf eigene Faust – zu nutzen. Es kam jedoch auch zu begrenzt erfolgreichen Massenstreiks; Gewerkschaften waren zwar zugelassen, konnten aber angesichts der Machtverhältnisse im Kaiserreich keine nennenswerten Fortschritte erzielen.

Krieg und Novemberrevolution veränderten die Ausgangslage. Die angestrebte Sozialisierung der Gruben wurde zwar nicht erreicht; doch die Gewerkschaften wurden nun von der Unternehmerseite als Arbeitervertretungen anerkannt. Andererseits waren die Jahre der Weimarer Republik durch wirtschaftliche Krisen und Rationalisierungsmaßnahmen gekennzeichnet, die die Handlungsmöglichkeiten zumal junger Bergleute entscheidend einengten. Es fiel ihnen schwer, Arbeit zu bekommen, und sie mußten eine stark reglementierte Ausbildung durchlaufen.

Das NS-Regime zerschlug die Gewerkschaften und die übrigen Formen organisierter Arbeiterinteressenvertretung. Jeder Ansatz gemeinsamen oder gar politisch oppositionellen Handelns war mit erheblichen Risiken verbunden. HJ, Arbeitsdienst und andere NS-Massenorganisationen waren auch für junge Bergleute mit erheblichem Drill und Zwang verbunden, boten ihnen jedoch zugleich die Chance, gegen traditionelle Autoritäten aufzubegehren. Beschleunigt durch die einsetzende Rüstungskonjunktur, löste sich zudem das herkömmliche Bergarbeitermilieu allmählich auf. Erneut eröffneten sich den Jugendlichen gewisse Freiräume. Die Arbeit im Bergbau hatte jedoch mittlerweile insbesondere gegenüber den technisch interessanteren Berufen in der Metallindustrie an Attraktivität verloren. Noch ausgeprägter als im Kaiserreich erschöpften sich Eigensinn und Resistenz in individuellen Aktionen, wiederum wesentlich gestützt auf Körperlichkeit und Männlichkeit sowie erneut begünstigt durch die konjunkturelle Lage. Eine Herausforderung des NS-Systems war damit nicht verbunden.

Dennoch mußte es das Regime wurmen, daß die Ideologie der Volksgemeinschaft unter den Arbeiterjugendlichen im Bergbau an Integrationsfähigkeit verloren hatte. Schon 1940 wurden die Aufweichung nationalsozialistischer Ideale, Desillusionierung und Verbitterung als Massenerscheinung unter jungen Bergleuten festgestellt. Die durch Nationalsozialismus und Krieg geprägte Bergarbeitergeneration begann schon vor 1945 Ansätze von Skepsis zu zeigen.

Zwischen Beruf und Arbeit
Jugendliche der Gutehoffnungshütte im ersten Drittel des 20. Jahrhunderts

Klaus Harney

Produktion des Arbeitsvermögens (1930). Vom Sterkrader Maschinenbau ging die Entstehung und Ausbreitung industrieller Berufsausbildung in Oberhausen aus (Archiv der GHH)

Die Gutehoffnungshütte hat die Stadtentwicklung Oberhausens entscheidend geprägt. Maschinen- und Brückenbau waren im ehemals selbständigen Sterkrade, die Hüttenbetriebe dagegen – rund um die Essener Straße – im alten Stadtgebiet von Oberhausen angesiedelt. Die Geschichte jugendlicher Lebensverhältnisse in einem Betrieb wie der Gutehoffnungshütte muß zunächst den männlichen Arbeiterjugendlichen ins Auge fassen, denn für Mädchen gab es hier keine Arbeit, auch nicht in den Büros. Der weibliche Arbeiternachwuchs fand neben dem Kolonialwarenladen, dem Friseurbetrieb und der Schneiderei im wesentlichen hauswirtschaftliche Tätigkeiten (als Näherin, Wäscherin, Büglerin usw.) als Arbeitsmarkt vor. Sieht man vom Ersten Weltkrieg ab, dann war der über das Büro laufende Einzug der Frauenarbeit in großbetriebliche Erwerbsverhältnisse im wesentlichen ein Ergebnis der angespannten Arbeitsmarktlage in den dreißiger Jahren. In dieser Zeit kam es mit dem Berufsbild der Bürogehilfin auch erstmals zu einer auf Mädchen zugeschnittenen großbetrieblichen Berufsausbildung.

Anders als für den Jugendlichen aus „gutem Hause", dem das Zusammenspiel von Herkunft, Schulzeit und Karriere als Perspektive vor Augen stand, löste sich für den Arbeiterjugendlichen um 1900 die Lebensperspektive in den Arbeits- und Verdienstmöglichkeiten auf, die ihm seine räumliche und soziale Umwelt bot. Für ihn war entscheidend, in welcher Weise er durch das Schicksal seiner Familie, d. h. durch Migration und Seßhaftigkeit, durch die Sozialisation in Wohn- und Nachbarschaftsmilieus, durch die Zahl der Geschwister, die miternährt werden mußten, und nicht zuletzt auch durch den Bestand der väterlichen Erwerbsfähigkeit auf Betriebsverhältnisse und Belegschaftstraditionen um ihn herum bezogen war.

Früh gewöhnt sich, was ein „Meister" wird

Durch die körperliche Belastung besonders in den Feuerbereichen der Hüttenindustrie war die physische Kraft der Arbeiter einem raschen Verschleißprozeß unterworfen: die für die Heranbildung betriebstreuer Stammarbeiter verfügbare kollektive Lebenszeit war knapp. Sie beschränkte sich auf die Auszehrung einer ca. 20- bis 30jährigen Lebensspanne, an deren Beginn die regelmäßige – in der Dynamik der hochindustriellen Wachstums- und Auftragsschübe nach 1880 sogar tägliche – Einschleusung von vorzugsweise 14- bis 16jährigen Jugendlichen in den Produktionsprozeß stand. Zu Anfang der Hochindustrialisierungsperiode war der auf die schmale jugendliche Altersspanne zwischen 14 und unter 20 Jahren entfallende Belegschaftsanteil (etwa jeder fünfte) genauso hoch wie der auf einen sehr viel breiteren Lebenszeitraum verteilte Prozentsatz der 40 Jahre und älteren Arbeiter. Vor allem in der Hütten- und Walzfabrikation hing die Produktionskraft der Gutehoffnungshütte an der Leistungsfähigkeit von Walzern, Schmelzern, Puddlern usw. im jungen Erwachsenenalter: An den Öfen und Walzstraßen war jeder dritte Arbeiter zwischen 20 und 30 Jahre alt. Es lag daher im Interesse der Hütteneigner, die jugendliche Altersspanne frühzeitig auszuschöpfen und damit das Durchschnittsalter des erfahrenen Arbeiterstamms möglichst niedrig zu halten: Anfang der neunziger Jahre beschäftigte die Gutehoffnungshütte allein in ihrem Walzwerk Oberhausen ca. 200 unter 16 Jahre alte Arbeiter – das entsprach ungefähr einem Fünftel der Belegschaft.

Ein für die Rekrutierung von Jugendlichen wichtiges Reservoir waren die im Werksumfeld ansässigen Familien- und Nachbarschaftsmilieus, deren räumliche und soziale Verflechtung mit dem Werk von einer Generation auf die nächste überging. Der frühzeitige Mitverdienst der ins Jugendalter nachwachsenden Kinder kam dem raschen, im Alter zwischen 30 und 40 Jahren einsetzenden Kräfteabbau der Arbeiter entgegen. Insofern zählte die auf die Schulentlassung folgende Aufnahme der Fabrikarbeit zu den selbstverständlichen Bestandteilen der Milieuerziehung, deren betriebliche Fortsetzung sich oft unter Beibehaltung von Verwandtschaftsbindungen vollzog, also häufig im Aufsichts- oder zumindest im Kontrollbereich der älteren mitarbeitenden Familienangehörigen stattfand. Der traditionelle Weg in Facharbeiterstellungen als Schmelzer, Fräser, Monteur, Werkmeister usw. führte über diesen milieubedingten Zusammenhang zwischen der räumlichen und familiären Beziehung zum Werk einerseits und der jahrelangen Ansammlung von Arbeitserfahrungen andererseits.

Mit der aus dem Handwerk stammenden Lehrlingstradition hatte diese Art der „Ausbildung" vor allem deshalb wenig gemein, weil sie aus der betrieblichen Inanspruchnahme der Arbeiterfamilie heraus entstand und daher auch nicht als lehrgeldpflichtiger Ausbildungseinsatz des Lehrherren, sondern als unfertige Arbeitsleistung des Jugendlichen angesehen wurde. D. h.: Der Industrielehrling des 19. Jahrhunderts war identisch mit dem aus der sozialräumlichen Ausdehnung der Fabrik stammenden jugendlichen Arbeiter, der in einem zeitlich nicht festgelegten, den Erwerb und die Verkettung von Routinen aufbauenden Prozeß dem Produktionsrhythmus eingewöhnt wurde. Dieser Prozeß hatte kein „System", sondern folgte der betrieblichen Arbeitsteilung, die sich auf die seit der Frühindustrialisierung übliche Beschäftigung von Kindern und Jugendlichen eingestellt hatte: Säuberung der Werkstatt, Botengänge, Zuträgerdienste an den Werkzeugmaschinen, beim Gußputzen und Formen, ja auch am Puddelofen, sowie beim Zängern und Hebeln glühenden Walzmaterials waren die an sogenannte „Lehrlinge" bzw. „Gehülfen und Jungen" üblicherweise vergebenen Arbeiten.

Von solchen Arbeiten aus erfolgte die Gewöhnung an die Fabrikzeit, an Tag- und Nachtschichten, an Hitze, Staub, qualmverpestete Luft in den Werkstätten, extreme Temperaturschwankungen an Walzstraßen und Schmelzöfen usw. „Ausbildung" und Betriebsdisziplinierung fanden als ununterscheidbar gemeinsamer Prozeß statt – aufgehoben im Autoritätsgefälle zum älteren Arbeiter. Der über den älteren bzw. großen Arbeiter geltend gemachte Anspruch auf Folgebereitschaft bezog sich auf den Lehrling als Person, genauer: als kleinen Arbeiter, nicht als Auszubildenden. Die Differenz zwischen dem kleinen und großen Arbeiter war entscheidend, nicht die Ausbildung. Sie erwies sich als Abfallprodukt dieser Differenz.

Deshalb gehörte es selbstverständlich zu den Aufgaben der Lehrlinge im Sterkrader Maschinenbau, die von den Frauen ans Werktor gebrachten Henkelmänner im Ofen aufzuwärmen. Für die Hammerschmiede war klar, wer – Verboten der Betriebsleitung zuwider – in den umliegenden Kneipen Schnaps besorgen mußte: der Hammerjunge. Und noch nach der Jahrhundertwende – zu einem Zeitpunkt, zu dem die formale Rationalisierung und ausbildungsbezogene Planung des Lehrverhältnisses längst von der Werksdirektion betrieben wurde – zählte die Bierversorgung der Ofen- und Walzstraßenarbeiter immer noch zu den natürlichen, allgemein anerkannten Lehrlingspflichten. Die aus den frühindustriellen Rekrutierungsformen hervorgegangene Einheit von Arbeit, Milieuanpassung und Qualifizierung, die sich in derartigen Unterordnungspraktiken fortsetzte, schlug sich traditionell auch in einem so gut wie vollständigen Verzicht auf jede symbolische Abgrenzung von Ausbildung und Arbeit nieder.

Im Unterschied zum Handwerk kannte der Industriebetrieb keine Berufstradition, die es ihm ermöglicht hätte, eine besondere Ausbildungssymbolik zu entwickeln. Es gab weder irgendein Aufnahmeritual noch einen an Prüfungen, am Gesellenstück etc. erkennbaren Abschluß: So nahm die Ausbildung für einzelfertigungsbezogene Spitzenstellungen in den mechanischen Werkstätten, in den Gießereibetrieben oder als Monteur für die auswärtige Kundenbetreuung Jahre in Anspruch, während der auf spezifische Arbeiten an der Walze oder am Hammer gerichtete Prozeß der Erfahrungsansammlung bei entsprechend jung eintretenden Jugendlichen schon im Alter von 15 bis 16 Jahren abgeschlossen sein konnte. Trotz dieser großen Unterschiede zwischen den Betriebsabteilungen, wie sie z. B. verkörpert wurden durch die „Jungen an der Drehbank", die „Schlosserlehrlinge" usw. auf der einen Seite und die „Hammerjungen", die „Walzerlehrlinge" usw. auf der anderen, waren Jugendliche, die an derartig spezifischen, Routine und Erfahrung verlangenden Punkten der Arbeitsteilung beschäftigt wurden, durch gemeinsame Rekrutierungslinien und durch die soziale Abgrenzung von solchen Gruppen der Arbeiterschaft (z. B. Erzlader, Koksfahrer usw.) miteinander verbunden, denen man keine spezifischen Routinen und Erfahrungen zuschrieb. An Stelle einer symbolisch oder formal greifbaren Abgrenzung von Lehrlingen und Arbeitern kannte die Gutehoffnungshütte traditionell nur die Unterscheidbarkeit von Rekrutierungslinien und sozialräumlichen Herkunftsbereichen. So nahm der aus den Werksmilieus stammende Nachwuchs die Stellung ein, die heute den Auszubildenden zukommt; dagegen war der ungelernte Jungarbeiter identisch mit dem meist aus bestimmten Dörfern des sogenannten „Oberlandes" (Westerwald, Hunsrück) und gegen Ende des 19. Jahrhunderts auch aus ostelbischen Gebieten zuwandernden jugendlichen Saison- und Gelegenheitsproletarier.

Vom „Jungen" zum Lehrling. Qualifizierung der Belegschaft durch Ausbildung

Die Zeit zwischen 1900 und 1945 ist die Periode, in der die über Wanderung, Herkunft und Wohnen vermittelte raum- und milieubestimmte Vorprägung von Betriebshierarchien zugunsten neuer Formen der Organisation und Kontrolle von Arbeits- und Ausbildungsverhältnissen zurücktritt.

Zwischen Lehrlingen und Jungarbeitern gab es Verdienstunterschiede, die oft erst im dritten oder vierten Lehrjahr ausgeglichen wurden. So verdiente nach 1900 ein Lehrling (1. Lehrjahr) im Sterkrader Maschinenbau 1,00 RM täglich, ein Jungarbeiter dagegen 1,29 RM. Der Anfang der neunziger Jahre an 14- bis 16jährige Jugendliche gezahlte Lohn wird mit 1,60 RM angegeben. Von daher war es wichtig, die Anerkennung des Lehrlingsstatus durch den Aufbau einer besonderen Symbolik (Unterzeichnung der Lehrverträge durch den Betriebsdirektor, Anfertigung eines „Gesellenstücks", Ausgabe ornamentierter Urkunden usw.) zu fördern. Nach dem ersten Weltkrieg konnte diese Symbolik jedoch schon einer gewissen Veralltäglichung weichen. So heißt es in einem Schreiben der Betriebsdirektion vom 7. 7. 1920: „Es besteht keine unbedingte Notwendigkeit, daß Herr Direktor Holz die Lehrlingsverträge unterzeichnet. . . . Da nun unsere Lehrlingserziehung von der Arbeiterschaft als sehr wertvoll anerkannt ist, scheint kein Bedürfnis mehr für die Unterschriften vorzuliegen."

Die neuen Formen durchsetzten also den jugendlichen Betriebsalltag allmählich, d. h. nicht auf allen Ebenen und in allen Bereichen der Arbeitsteilung gleichzeitig, sondern als jahrzehntelang fortschreitender – auch gegen die Arbeiterschaft selbst durchgesetzter – Prozeß, dessen Abschluß in die Zeit des Dritten Reichs fällt und dort eng mit der rüstungswirtschaftlich angespannten Arbeitsmarktlage vor dem Zweiten Weltkrieg sowie mit demographischen Verschiebungen zusammenhängt. Im Ergebnis führten die Organisationsanstrengungen im Ausbildungsbereich zu einem aus verschiedenen Lehrwerkstätten, der Sterkrader Werkschule und der dortigen Zeichenschule zusammengesetzten betriebsinternen Bildungssystem, das den traditionellen Alltagsrhythmus des Industrielehrlings wie auch seine soziale und ökonomische Lage in entscheidenden Punkten veränderte.

Bereits das Erscheinungsbild der hochindustriellen Lehrwerkstatt läßt den Wandel markant hervortreten: Die Ausbildung wird aus der personengebundenen Autoritätsbeziehung zwischen dem kleinen und dem großen Arbeiter herausgelöst. Der Lehrlingsalltag – Arbeitsbeginn, Pausen, Arbeitstakt, Sinn der Arbeit usw. – war damit nicht mehr einfach im „normalen" Produktionsalltag enthalten, sondern nahm selbst Produktionscharakter an: Die Produktion des jugendlichen Arbeitsvermögens entwickelte sich zur eigenen (im Bild sinnfälligen) Sphäre der Fabrikdisziplin. Spuren dieses Prozesses, der beide Produktionssphären – die der Arbeit und die der Herstellung des Arbeitsvermögens – mehr und mehr auseinanderzieht und damit den Weg in die Stellung des gelernten Arbeiters als Karriere erscheinen läßt, lassen sich in die neunziger Jahre zurückverfolgen: Noch vor der Jahrhundertwende gab es die ersten Lehrverträge und entsprechend geregelte Lehrzeiten, wurde in bestimmten Bereichen (z. B. bei den Formern) auf die handwerkliche Tradition des Gesellenstücks zurückgegriffen, kam es zur Einrichtung von Lehrecken wie überhaupt zur Konzentration der Lehrlingsausbildung in bestimmten Betriebsabteilungen und Werkstätten, vor allem im Maschinenbau, in der Instandhaltung und in der Gießerei. Die Unterscheidung von Lehrlingen und jugendlichen Arbeitern, die seit dem ausgehenden 19. Jahrhundert mehr und mehr an Intensität und Ausdehnung gewann, unterwarf den jugendlichen Betriebsalltag unpersönlichen, aus der organisatorischen Dynamik des zunehmend raumbeherrschenden Fabrikwachstums erwachsenden Kontroll- und Beobachtungszusammenhängen: Diese Zusammenhänge richteten sich gegen die mit dem rapiden Betriebsausbau ab 1880 verbundene Unübersichtlichkeit informell erzeugter Verhaltensstandards, entsprechender Einflußnischen und von persönlicher Patronage getragener Vorrechte:

In den achtziger Jahren lag die Beschäftigtenzahl der Gutehoffnungshütte bei ca. 8.000, um die Jahrhundertwende bei 13.000 und stieg dann bis 1920/21 auf über 40.000 Arbeiter und Beamte drastisch an, unterlag danach allerdings massiven Beschäftigungsschwankungen. Im Zuge der Weltwirtschaftskrise 1929 wurde die Hälfte der Werksbelegschaften entlassen. (Tiefstand 1932/33 mit ca. 16.000 Beschäftigten). In den dreißiger Jahren stieg das Belegschaftsvolumen ungefähr wieder auf das vor der Krise erreichte Niveau von 25.000 bis 30.000 Beschäftigte an.

Während des Ersten Weltkrieges wurden Jugendliche als Hilfsarbeiter in der Geschoßdreherei eingesetzt (Archiv der GHH)

Die die Absonderung der Ausbildung anstoßende Expansion der Belegschaften vor und nach der Jahrhundertwende war zwar stark vom Ausbau der unternehmenseigenen Zechen und von der Beschäftigung ostelbischer Zuwanderer geprägt, aber sie war keineswegs darauf beschränkt, sondern erfaßte auch die Betriebsabteilungen, in denen die langjährige „Ausbildung" gelernter Gießer, Dreher, Schlosser, Monteure usw. von jeher stattfand. So waren Ende der achtziger Jahre in der Mechanischen Werkstatt des Sterkrader Maschinenbaus ca. 300 Arbeiter beschäftigt. Vor dem Ersten Weltkrieg waren es zwischen 700 und 800. Ähnliche Steigerungsraten verzeichneten auch andere für die Rekrutierung gelernter Arbeiter zentrale Produktionsbereiche wie Gießerei, Hammerschmiede, Kesselschmiede und Brückenbau. Diese Abteilungen vergrößerten sich in der Zeit vor und nach der Jahrhundertwende durch vermehrte Milieurekrutierung, während die Bedeutung der Werksmilieus für den Nachwuchs der Hüttenbetriebe zurückging. Hier vollzog sich statt dessen durch seßhafte ländliche Zuwanderer eine Art Neubildung von Stammarbeitermilieus. Allein in den Mechanischen Werkstätten des Sterkrader Maschinenbaus wurden vor dem ersten Weltkrieg zwischen 100 und 150 Lehrlinge ausgebildet – bei einer Belegschaftsgröße von 700 bis 800 Arbeitern insgesamt.

Durch eine Welle von Zechenabteufungen und durch den Ausbau der Sterkrader Betriebsteile verdreifachte sich die dortige Stadtbevölkerung zwischen 1890 und 1914 auf ca. 37.000 Einwohner – davon über 1.800 männliche Jugendliche im Lehrlingsalter. Das hatte zur Folge, daß sich einerseits die Zahl der beschäftigten Lehrlinge vergrößerte, andererseits aber auch der Anteil der Jugendlichen, den die Hütte einzustellen bereit war, sank: 1890 arbeitete mindestens jeder zweite Sterkrader Jugendliche in der Hütte. 1913 war es nicht einmal mehr jeder dritte.

Unter diesen Bedingungen wurde aus der Beziehung zwischen dem kleinen und großen Arbeiter, in die die Ausbildung traditionell eingelagert war, ein für die (zunehmend bedeutsamere) Unternehmensbürokratie unkontrollierbarer Machtbereich: Daß Lehrlinge während der Arbeitszeit zum Gartenumgraben, zur Kartoffelernte oder zu anderen nützlichen Verrichtungen im Haushalt von Werkmeistern, Vorarbeitern, Betriebsführern usw. herangezogen wurden oder daß sie Nachtschichten ableisten mußten, galt schon in den achtziger Jahren nicht mehr als durchaus denkbarer Ausdruck eines allgemeinen – auf personengebundener Folgebereitschaft aufbauenden – Dienstgehorsams, sondern als Verstoß gegen betriebliche Organisations- und Regelungsansprüche.

Es ging darum, die Durchsetzung der Disziplin und den Aufbau der Arbeitserfahrung nicht mehr der Autoritätsbeziehung zwischen Personen allein zu überlassen, sondern sie in organisierte, von Personen unabhängige Formen der Planung und Kontrolle zu übertragen. Erst auf dieser Grundlage war es möglich, nicht nur dem Meister oder Vorarbeiter, sondern gerade auch dem Management Eingriffs- und Kontrollwissen über den Ausbildungsprozeß zu verschaffen.

Mit der Herauslösung der Ausbildung aus der Patronage von Werkmeistern und Vorarbeitern blieb daher auch die Lehrlingseinstellung nicht mehr allein der Milieuverbundenheit solcher Arbeitereliten überlassen. Die Tradition der selbstverständlichen, gleichsam natürlichen Milieurekrutierung ging dadurch verloren. An ihre Stelle trat die Werkszugehörigkeit als geregeltes Einstellungskriterium, das in besondere Verfahren der innerbetrieblichen Berufseinmündung eingelagert und mit anderen Kriterien verknüpft wurde.

Hierarchisierung der Ausbildung

Die Bewältigung der Kriegsfolgen nach 1918 war von zentraler Bedeutung für die Intensivierung dieser Entwicklung: Durch die Einberufungen sowie durch Produktionsumstellungen auf rüstungswirtschaftliche Massenfertigung wurden die verschiedenen Werksbelegschaften zum einen stark dezimiert und zum andern durch den sprunghaften Anstieg ungelernter Arbeitskräfte radikal umgeschichtet. Jugendliche waren neben Frauen, Fürsorgezöglingen und Kriegsgefangenen in der Produktion gefragt – nicht in der Ausbildung. Dabei nahm auch die Ausbildung selbst wieder Produktionscharakter an: Die Berufsschule mußte abends – von 19 bis 22 Uhr – besucht werden. Außerdem wurden Lehrlinge wieder zu Nachtschichten herangezogen.

Mit der Umstellung auf die Friedenswirtschaft mußte der kriegsbedingte Umschichtungsprozeß dann innerhalb kürzester Zeit wieder rückgängig gemacht und auf eine jäh expandierende Nachkriegswirtschaft umgestellt werden. Unter dem Eindruck dieser dynamischen Entwicklung, geprägt durch die Gleichzeitigkeit von akutem Fachkräftemangel und einem in der Oberhausener Bevölkerungsentwicklung vor 1914 begründeten raschen Anschwellen der ins Lehrlings- bzw. Arbeiteralter nachwachsenden Jugendlichen, stand der Unternehmensleitung die Gefahr des Kontroll- und Machtverlusts erneut, nun aber in besonders verdichteter Form, vor Augen.

Der Ausbau des betrieblichen Ausbildungssystems sollte daher zum einen die Nachwuchsrekrutierung auf bürokratische Regelungen, auf bestimmte Zeitvorgaben sowie auf Planungs- und Verteilungsdaten abbilden. Angesichts der steigenden Zahl von erwerbsfähigen Jugendlichen mußte das betriebliche Ausbildungssystem zum andern Aufgaben der Rechtfertigung von Ausschlußentscheidungen sowie der Umlenkung und Auskühlung von Berufswünschen dem eigenen Belegschaftsnachwuchs gegenüber tragen, mußte solchen Entscheidungen den Charakter eines sachlichen Verfahrens geben – was unter den alten Bedingungen der Milieupatronage nicht möglich war. Die traditionell über das sozialräumliche Herkunftsverhältnis zum Werk vermittelte Absonderung des Industrielehrlings von den un- und angelernten Arbeitern ging in eine Art Laufbahnhierarchie über, an deren Spitze der in der Zeichenschule zum Maschinenbauer oder technischen Zeichner ausgebildete „Bürolehrling" stand und an deren Ende der Arbeits- oder Laufbursche rangierte, dessen Rolle – im Unterschied zu der des Lehrlings – *ausschließlich* aus Botengängen, Säuberung der Werkstatt, Postzustellung u. ä. bestand. Die Entstehung dieser Rolle, die sich auf die untergeordneten Dienstpflichten des alten Industrie„lehrlings" beschränkte, war die Kehrseite der Neubildung und des institutionellen Ausbaus der Facharbeiterlehre. Die Stellung des Arbeitsburschen fungierte nämlich als Puffer zwischen einer zunehmend an Quoten entlanggeführten Begrenzung und Verteilung von Lehrverträgen einerseits und der steigenden Belegschaftsnachfrage nach Lehrstellen vor allem für Berufe in den Büros und Mechanischen Werkstätten andererseits.

Vor 1914 wurde jeder dritte Jugendliche in den Sterkrader Betriebsteilen als Arbeitsbursche beschäftigt. Dabei war es besonders die auf die Neuansiedlung von Zechenbelegschaften um die Jahrhundertwende zurückgehende große Zahl von Jugendlichen aus Bergarbeiterfamilien, die nicht in den „Pütt" wollten und für die sich mit der Ausbildung in solchen Berufen die Vergrößerung ihres Ansehens bei Nachbarn und Freunden verband. Den Arbeitsburschen war im Unterschied zu den Jungarbeitern und Lehrlingen der künftige Weg in die Arbeiterhierarchie noch nicht vorgezeichnet. Sie fungierten vielmehr als Auslese- und Verschiebemasse der betrieblichen Nachwuchssteuerung.

„Kultivierung" proletarischen Gedankenguts. Betriebliche Jugendarbeit der Hütte

Mit der Vervollständigung, Hierarchisierung und Produktionsabsonderung der Nachwuchsrekrutierung war nicht nur die Verberuflichung von Arbeitsverhältnissen verbunden. Vielmehr ging von diesem Prozeß auch eine durch die Unternehmensleitung geförderte und vor allem von den in der Werk- und Zeichenschule unterrichtenden Ingenieuren vermittelte Deutung und Stilisierung des Jugendalters schlechthin aus. Das Ausbildungssystem

Auf froher Wanderfahrt 1930 (Archiv der GHH)

erwies sich als eine Art Einfallstor für die dem Generationenzusammenhang des in den zwanziger Jahren unterrichtenden Ausbildungspersonals entstammende Erziehungs-, Natur- und Gruppenromantik der Jugendbewegung. Diese Romantik war der Bedeutungslieferant für den wöchentlichen Werkschulsport, für regelmäßige Fahrten an die Nordsee, Wanderungen ins Bergische Land (z. B. Müngstener Brücke, Schloß Burg) wie überhaupt für eine gelegentlich ins Paramilitärische übergehende Symbolik der Selbstdisziplin und Ordnungsliebe. Der dem Ausbildungsalltag eingelagerten Gemeinschafts- und Ordnungssymbolik entsprach nach außen hin die bereits vor 1914 über die Kriegervereine und die Oberhausener Turnerschaft einsetzende Unterstützung der im vaterländischen Sinne betriebenen Jugendarbeit. Beide Linien der entweder durch das Werk getragenen oder von ihm unterstützten Jugendpflege orientierten sich am Bild des körperbeherrschten, sauberen und der Gemeinschaft verpflichteten Jugendlichen und dienten dem Ziel der „Kultivierung" des „vaterlandslosen" und sozialistischen Gedankenguts der Jugendlichen.

Dieses Bild symbolisierte einerseits soziale und politische Grenzziehungen gegenüber Jugendlichen aus der „nicht-vaterländischen" Vereinsszene. Mitglieder der SAJ oder anderer sozialistischer Arbeiterorganisationen – so berichten ehemalige Betriebsangehörige – hatten keine Chance, einen Ausbildungsvertrag zu bekommen. Andererseits hafteten ihm auch mythische Züge an, stand es doch im deutlichen Gegensatz zum bürokratischen Auslese- und Verteilungscharakter des neu entstandenen betrieblichen Ausbildungssystems.

Junge Hüttenbergleute 1939 (Archiv der GHH)

(Aus: GHH Werkzeitschrift 1928, Heft 4 und 1929, Heft 5)

„Halten wir uns fern von allen anderen Dingen..."

Betrachtet man dessen Wirkungsweise in der Zeit zwischen der Weltwirtschaftskrise und dem Ausbruch des Zweiten Weltkriegs, dann ist zunächst festzustellen, daß die Eingliederung jenes Systems in den faschistischen Wirtschaftsaufbau zu keinen grundlegenden Veränderungen geführt hat: der entscheidende Prozeß – die bürokratische Durchsetzung und „Karrierisierung" der Milieurekrutierung – hatte vorher stattgefunden. Unter faschistischen Betriebs- und Ausbildungsbedingungen konnte an die Ergebnisse dieses Prozesses angeknüpft, konnten die ihn tragenden Elemente fortgeschrieben, ja sogar ausgebaut werden:

Nachdem auch die Berufsausbildung von der radikalen Belegschaftsdezimierung im Zuge der Weltwirtschaftskrise erfaßt, Werkschulpersonal entlassen und die Zahl der Lehrlinge durch völligen Einstellungsstopp halbiert worden war, schlug die Entwicklung nach der Machtübernahme genauso radikal wieder um. 1938 besuchten über 500 Lehrlinge die Sterkrader Werkschule – weit mehr als je zuvor. Die drastische Steigerung der Nachwuchsquote lief gegen den Trend einer seit dem Ersten Weltkrieg nachlassenden Geburtenentwicklung.

Daß trotz der schwachen Besetzung der für die Ausbildung in Frage kommenden Jahrgänge die Lehrstellennachfrage in den dreißiger Jahren die von der Unternehmensleitung bereitgestellte Zahl der Ausbildungsplätze um das Sechs- bis Siebenfache übertraf, wäre unter den milieunahen Rekrutierungsbedingungen des 19. Jahrhunderts völlig undenkbar gewesen. Dazu war es erforderlich, dem Status des industriellen Facharbeiters den Charakter einer Karriere zu geben, ihn vor allem nach unten hin hierarchisch abzugrenzen. Nicht nur die Entstehung einer zwischen dem Arbeitsburschen und dem Bürolehrling angesiedelten Laufbahnhierarchie, sondern auch das aus der Jugendarbeitslosigkeit der zwanziger Jahre hervorgegangene Spektrum staatlicher wie halbstaatlicher Versorgungsmaßnahmen (Freiwilliger Arbeitsdienst, Landarbeit) für Jugendliche ohne Lehr- oder Arbeitsstelle hat diesen Aufwertungsprozeß unterstützt und konnte in die faschistischen Formen der Hierarchisierung und Kontrolle jugendlicher Lebensverhältnisse (Arbeitsdienstpflicht, Landjahr, Reichsberufswettkampf usw.) übernommen werden. Die Perfektionierung und Anerkennung des industriellen Facharbeiterstatus war in der zweiten Hälfte der dreißiger Jahre soweit fortgeschritten, daß die Absonderung der beruflichen Ausbildung von der Produktion auch in die gegen diesen Prozeß besonders widerständigen Bereiche der Hüttenarbeit eindrang: dort war die traditionelle Form der milieubezogenen Erfahrungsansammlung als einzige Möglichkeit der „Ausbildung" erhalten geblieben und hatte zur Verlagerung der Betriebsmilieubildung auf die vor 1914 gerade in diese Bereiche eindringenden Zuwanderer geführt. „Es war bei uns vor dem Kriege der Zustrom aus Posen, aus Ost- und Westpreußen größer als unser eigener Nachwuchs" – so der Vertreter der Oberhausener Hüttenwerke Hofmann auf einer Sitzung des Konzernausschusses für Nachwuchsfragen (9. 5. 1938). 1936 lag der Anteil der 14- bis 20jährigen Jugendlichen an den Hüttenbelegschaften bei 4 Prozent. 1923 waren es noch 23 Prozent. Unter den verberuflichten Rekrutierungsbedingungen der Sterkrader Betriebsteile trat diese Problematik sehr viel weniger kraß hervor: Ende 1938 lag hier die Lehrlingsnachwuchsquote bei 11 Prozent, 1911 waren es (einschl. Arbeitsburschen) ca. 14 Prozent.

In den dreißiger Jahren waren die Milieus überaltert und ihre Verjüngung vorrangiges Ziel der Belegschaftspolitik: Um dieses Ziel zu erreichen, setzte eine intensive Aufwertungskampagne der Hüttenarbeit ein, die in einer Art Stufenausbildung für Schmelzer, Thomasstahlwerker, Walzer usw. endete und die eher naturwüchsige Praxis der Milieurekrutierung in eine organisierte Nachwuchslenkung überführte.

Derartige Entwicklungen setzten den seit dem ausgehenden 19. Jahrhundert beobachtbaren Prozeß der beruflichen Karrierisierung der industriellen Arbeitsteilung fort. Dagegen wurde die ebenfalls beobachtbare Verschmelzung von betrieblicher Berufsausbildung und betrieblicher Jugendarbeit wieder unterbrochen: Das Erbe dieser Jugendarbeit – die Symbolisierung des anständigen, des erwünschten Jugendlichen – traten die Hitlerjugend und die Deutsche Arbeitsfront an. Die betriebliche Ausbildungsleitung begann ihre Aufgabe infolgedessen sehr viel deutlicher als vor 1933 abzugrenzen und ihren Einflußbereich gerade dadurch zu sichern, daß sie sich als scheinbar sachliches, dem Praxisbezug, der Effizienz und dem Betriebsablauf verpflichtetes Management beschrieb. „Halten wir uns fern von allen anderen Dingen, auch von der weltanschaulichen Schulung, die der Partei, der Arbeitsfront und der Hitlerjugend vorbehalten ist" – so der für Ausbildungsfragen in der Hauptverwaltung zuständige Abteilungsleiter Schüring auf einer Sitzung des Konzernausschusses für Nachwuchsfragen am 27. 1. 1936. Der Ausbildungsbereich des Konzerns betrieb also eine in gewisser Weise „moderne" Form der Außendarstellung, indem er dem Jugend- und Arbeitsmythos der „Bewegung" einen eigenen Mythos – den der reinen Sach- und Leistungsorientierung – entgegenhielt.

Bochumer Schuljugend unterstützt die Front (1914–1918)

Josef Fellsches

Hoch die Jugendwehr!

Marschlied von W. Oschmann.

Für eine Singstimme mit Klavierbegleitung von Rud. Hoffmann.

Preis 30 Pfg.
Doppelpostkarte für dreistimmigen Chor 10 Pfg.

Verlag W. Oschmann, Bochum.

(Staatsarchiv Münster)

Es ist keine Legende: viele wechselten wirklich *von der Schulbank zur Front*. „Wie groß ist doch die Zahl der Kriegsfreiwilligen aus den Oberklassen unserer höheren Lehranstalten!" rühmt ein Chronist. „Und alle, alle kamen." Direktor Dr. Wehrmann berichtet über die Oberrealschule I, daß in den ersten Kriegsmonaten bereits 76 Schüler ins Feld ziehen, 74 freiwillig. Zwei von ihnen sind erst in der 9. Klasse, zwölf aus der Klasse 10. Im zweiten Kriegsjahr folgen 35 Schüler, davon 18 freiwillig. Schon 1917 melden sich keine Freiwilligen mehr. Insgesamt sollen 183 Schüler der Oberrealschule I, 62 der Oberrealschule II und 209 des Gymnasiums ins Feld gezogen sein, 62 seien gefallen. (Küppers 1926, S. 308 f.)

Laut Erlaß der Minister der geistlichen und Unterrichtsangelegenheiten, des Krieges und des Innern vom 16. 8. 1914 sollten alle „Jungmannen" ab dem 16. Lebensjahr militärisch vorgebildet werden. „Eine eiserne Zeit ist angebrochen." Die Ausbildung – Ehrenpflicht – erfolgte in Kompanien der sogenannten *Jugendwehr*, nach Richtlinien des Kriegsministeriums und mindestens an zwei Nachmittagen oder Abenden pro Woche.

In Bochum, wo Oberbürgermeister Graff und Bezirkskommandeur Oberst Keppler die Durchführung übernahmen, meldeten sich bis November 1914 424 „Jungmannen". August 1915 wurde die Zahl 1.000 erreicht, neun Kompanien konnten eingerichtet werden. In ganz Preußen gab es im Dezember 1914 schon mehr als 700 Jugendkompanien mit über 500.000 Jugendlichen. Die Führung lag bei ehemaligen Unteroffizieren. Die Ausbildung bestand aus Turnübungen und Wehrturnen, z. B. schnelles Niederfallen und Aufspringen; aus Marsch-, Seh- und Hörübungen, z. B. Entfernungsschätzen; aus Geländekenntnis, Erkundungs- und Meldewesen, aus Umgang mit Kompaß, Karte,

(Staatsarchiv Münster)

Fernglas und aus Ordnungsübungen, z. B. Parade, Gleichschritt, Antreten. Aber es gab auch „Schützenketten bilden und dabei durch Händeklatschen das Geräusch des Infanteriefeuers nachahmen" (Schule und Krieg 1915, S. 154) oder Schützengräben ausheben und Unterstände bauen. Nur Waffenübungen waren verboten.

Im Bericht an das Provinzialschulkollegium in Münster vom 29. 10. 1915 wird aus Bochum und Dortmund seitens der höheren Schulen „Rekrutendrill" beklagt. Aus Bochum kam aber auch das neue Marschlied „Hoch die Jugendwehr". Es war von W. Oschmann verfaßt und von Musikdirektor R. Hoffmann in Musik gesetzt worden, wurde in Oschmanns Verlag gedruckt und von ihm auch dem Schulkollegium zur Verbreitung an den höheren Schulen empfohlen. Der Refrain lautete: „Hoch der Zukunft starkes Heer! Hurra hoch! Hurra hoch die Jugendwehr." – 1918 berichtet Bochum, daß von den 100 Gymnasiasten, die teilnehmen könnten, nur 85 teilnähmen, an der Oberrealschule I von 75 nur 36, aber 30 seien im Hilfsdienst (z. B. Ernteeinsatz), und an der Oberrealschule II 51 Schüler von 58.

Anschlag für das Schwarze Brett.
(Schriftsteller Nr. 30).

Ihr Schüler und Schülerinnen deutscher Schulen,

tretet von neuem in der Heimat ein in die Reihen der Mitkämpfer im Weltkriege!

Der Höhepunkt des Weltkriegs ist gekommen. Herrliche Taten verrichten unsere Soldaten an der Westfront in Kämpfen, so wild und furchtbar, wie die Welt sie nie gesehen. Doch die Entscheidung wird zum großen Teil in der Heimat fallen. Seit fast drei Jahren schneidet uns Englands völkerrechtswidrige Blockade vom Weltmeer ab. Aber mit glänzendem Erfolg sind unsere U-Boote bemüht, in der Notwehr gleiches mit gleichem zu vergelten. Jetzt gilt es: Wer der Entbehrungen, die aus der Unterdrückung des Seehandels erwachsen, am längsten ertragen kann, der ist Sieger!

Die kommenden Monate sollen die Entscheidung bringen. Und dabei mitzuwirken, sind wir alle berufen. Wie? das sollen Euch die folgenden Sätze lehren:

Sammelt die Knochen aus Euren Haushaltungen! Denn aus Knochen läßt sich ein gutes Speisefett herstellen.

Sammelt die Obstkerne! (Kirsch-, Pflaumen-, Aprikosenkerne; nicht Pfirsichkerne.) Denn daraus wird Speiseöl gewonnen.

Sammelt die Brennesselstengel! Denn sie werden zu Gespinststoffen verarbeitet und dienen unseren Feldgrauen zur Kleidung! (Lange Stengel sammeln! Stengel nicht knicken!)

Sammelt die Zitronenkerne! Denn aus ihnen läßt sich hochwertiges Speiseöl herstellen.

Sammelt Kaffeegrund und mengt ihn unter das Geflügelfutter! Oder gebt ihn Schulen und den Truppenteilen ab. Denn die Rückstände aus Gerste sind wertvolles Viehfutter.

Sammelt die Früchte des Weißdorns! Denn aus ihnen wird nach besonderem Verfahren ein ausgezeichneter Kaffeeersatz hergestellt!

Sammelt Bucheckern und Kastanien zur Oelgewinnung!

Sammelt Eicheln als Viehfutter!

Sammelt das Menschenhaar! Denn daraus werden wegen des Ledermangels Treibriemen für die Munitionsfabriken hergestellt.

Sammelt die Platinbrennstifte von alten Holzbrennapparaten! Platin wird dringend für den Heeresbedarf benötigt.

Sammelt Weißblech (Konservendosen usw.) für die Munitionsfabriken, damit nicht die Orgelpfeifen unserer Kirchen der Glut der Schmelzflammen zum Opfer fallen müssen.

Sammelt Alt-Gummi, Alt-Papier und alle Metalle, Kupfer, Blei, Zink, Zinn, Nickel, Aluminium; Messing, Bronze, auch russische Platinmünzen! Sucht nach in Boden und Keller, auch bei Freunden und Bekannten, wo ein Stück Metall nutzlos daliegt.

Sammelt Kork und auch Korkabfall! Jedes kleinste Stückchen, z. B. alte Korkfederhalter oder Huteinlagen, sind von unersetzlichem Wert.

Liefert alles in den Pausen in der Schule ab! Ihr erhaltet jedesmal das Sammelgut bescheinigt. Die Schule liefert das Sammelgut an die richtigen Verwertungsstellen weiter!

Seid behilflich beim Fortschaffen des Sammelguts aus der Schule. Bringt Handwagen herbei und erleichtert Euren Lehrern die Arbeit.

Sucht Wildgemüse und Pilze! Denn Ihr tragt zum erfolgreichen Durchhalten im Weltkrieg bei.

Helft Gärten und Felder bestellen! Kein Stück Land darf unbebaut bleiben! Bringt Hacken und Spaten herbei! Holt den Dünger von den Wegen und pflegt die Gärten durch Begießen! Bittet Euren Lehrer, Eure Arbeit zu beaufsichtigen. Jede Stunde, die Ihr in eigener oder fremder Wirtschaft tätig seid, opfert Ihr dem Vaterlande.

Spart Kohlen und Gas! Macht Eure Eltern auf die Kochkiste aufmerksam. Ihr könnt sie leicht selbst herstellen. Aber auch wenn man sie fertig kauft, sind die geringen Kosten bald wieder eingebracht, da sie täglich gebraucht wird. Das Essen brennt nie an und ist bekömmlicher; niemand braucht dabeizustehen. — Ihr erspart so Milliarden von Kohlen und viele Arbeit!

Sorgt in den Küchen Eurer Haushaltungen dafür, daß kein wertvoller Abfall der Mahlzeiten — Gemüseabfälle, z. B. Radieschenblätter, Kartoffelschalen, Eierschalen — mit dem Müll vermengt und weggeschüttet wird. Sie sind ein wichtiges Viehfutter, für das sich leicht Abnehmer finden.

Durch Eure Goldsammlung im ersten Kriegsjahr habt Ihr Euch ums Vaterland die größten Verdienste erworben. **Heute im dritten und vierten Kriegsjahr sind die Rohstoffe ebenso wichtig wie damals das Goldgeld!** Denkt an Eure Brüder an der Front, die auch im dritten Kriegsjahr ihre strenge Pflicht erfüllen. Zeigt durch Euren Sammeleifer, daß noch der alte Geist der Goldgeldsammlung vom ersten Kriegsjahr bei Euch lebendig ist!

Mai 1917.

„Tretet in der Heimat ein in die Reihe der Mitkämpfer im Weltkriege. Sammelt!"

Kriegshilfe der Schulen (Zentrale in Berlin) war der Titel, unter dem die Schuljugend zur „Armee an der Heimatfront" gebildet wurde. Die Frage war, was Schüler und Schülerinnen unmittelbar für den Krieg leisten konnten, und die Antwort lautete: einen unersetzbaren Beitrag zur Kriegswirtschaft. Die direkt den Soldaten an der Front und in den Lazaretten geschickten Päckchen und Pakete waren der *„Liebesgabendienst"*.

Oberbürgermeister Graff von Bochum veranlaßte mit Schreiben vom 31. 1. 1915 alle Schulleiter, für eine spätere Denkschrift jährlich alle Aktivitäten in Sachen Liebesgaben und andere Kriegshilfe zu berichten. Die Schulleiter folgten der Aufforderung prompt und jedes Jahr erneut. Sie erstellten so ein seltenes Dokument vaterländischer Gesinnung und Pflichterfüllung. Die getreuen Berichte sind ein Spiegelbild der emsigen Mühe seitens der Schüler/innen und ihrer Familien.

So berichtet Dr. Wehrmann für die Oberrealschule I am 13. 1. 1916 über das erste Kriegsjahr, daß schon im November 1914 der Zeichenlehrer Herwig eine Liebesgabensammelstelle eingerichtet habe. „Bis heute wurden 825 Pakete zu einem halben Pfund ins Feld und ins Lazarett geschickt." Und dann folgt in haarkleiner Aufzählung das Resultat der Sammlung. Alles, was Männern als Soldaten an der Front fehlen könnte, war gebracht worden: Zigaretten, Seife, Suppenwürfel, dazu Cognac, Süßigkeiten, Salmiakpastillen, natürlich Kleidung, Schuhwerk und Nähzeug, auch Schreibpapier, Bücher und

Aufruf an die Schüler und Schülerinnen zur Unterstützung der Frontkämpfer (Staatsarchiv Münster)

Zeitschriften. „Zwei umfangreiche Sammlungen von Zeitschriften und Büchern wurden den im Felde stehenden Lehrern der Anstalt zwecks Verteilung unter die Feldgrauen übermittelt."

Ab dem zweiten Kriegsjahr reduzierten sich die Liebesgaben auf nur noch 200 Päckchen. Die Lebensmittel sind sehr knapp geworden, durch Lebensmittelkarten und Bezugsscheine rationiert. Im Kriegsjahr 1918 wurden gar keine Päckchen mehr verschickt.

Die Mädchen des städtischen Lyzeums sind ebenso aktiv. Im Bericht heißt es, daß die Handarbeitsstunden ganz in den Dienst der Liebestätigkeit gestellt werden. Auch an den freien Nachmittagen arbeiten die Schülerinnen Wollsachen. Selbst in den Pausen wird auf Schulhof und Fluren gestrickt. So können schließlich „über 300 Krieger mit Wollsachen ausgestattet" werden. „Eine jede Sendung wurde von den Schülerinnen mit herzlichen Grüßen versehen, oft auch in poetischer Form, z. B.: Wir haben alle so fleißig gestrickt für unsere tapferen Krieger – Und wünschen nur eins: o kehret zurück in diesen Strümpfen als Sieger. Oder: Grüß Gott, mein lieber unbekannter Streiter! Hüll warm dich ein und glaube: Gott hilft weiter!" Im dritten Kriegsjahr gehen nur noch 30 Pakete ab, „unter Pauli Wort: werdet nicht verdrossen, Gutes zu tun".

Auch die Volksschulen, selbst ihre untersten Klassen, waren beteiligt. Es wurden Strümpfe, Kopfschützer, Puls- und Kniewärmer gestrickt. Alte Strümpfe oder Woll- und Stoffreste wurden aufgezogen und gezupft und der gewonnene Flaum für Wundsäckchen und Kissen verwendet. „Den Liebesgaben waren die Namen der Spender (kleine Briefe der Kinder) beigefügt. Viele Dankschreiben von unseren Feldgrauen gingen ein, worüber die Kinder sehr erfreut waren." Kinder verschiedener Klassen besuchten mit ihren Lehrpersonen die Krankenhäuser, um die verwundeten Soldaten durch Geschenke zu erfreuen.

Die städtische gewerbliche Fortbildungsschule berichtet über „Fürsorge für die Kriegsverstümmelten". Es waren Kurse für beschädigte Kriegsteilnehmer eingerichtet worden: Kurs 1 für „Linkshänder", d. h. für Soldaten, die den rechten Arm verloren hatten; Kurs 2: geschäftliche Arbeiten für Beinamputierte.

Der Minister der geistlichen und Unterrichtsangelegenheiten, das Kriegswirtschaftsamt und das VII. Armeekorps forderten die Schüler und Schülerinnen *zu allen möglichen Diensten* an: Zählung von Personen, Vieh und Lebensmitteln, Entladen von Waggons auf dem Güterbahnhof, Spendensammlungen, Postkartenverkauf. „Es wurden 1.000 Serien der Kriegsbilderbogen der Kronprinzessin sowie 332 Postkarten an und durch unsere Schülerinnen verkauft", berichtet z. B. das Lyzeum am 1. 2. 1917. Im Kriegsjahr 1915 werden Schüler und Schülerinnen zur Bekämpfung der Raupenplage herangezogen, 1916 zur Bekämpfung der Kartoffelkäfer, und 1917 waren es die Maikäfer, die von den Schülern gesammelt und zur Vernichtung abgegeben wurden. Immer wieder wurden Kinder und Jugendliche zur Werbung für die Kriegsanleihen herangezogen. „Bittende Kinder sind eine Großmacht!" In Bochum wurden Kriegsanleihezeichnungen für insgesamt 416.232.100 Mark geworben. (Küppers 1926, S. 310) Zur Belohnung gab es nach jeder Anleiheaktion (neun waren es insgesamt) einen Tag schulfrei.

„Ihr Schüler und Schülerinnen deutscher Schulen, tretet in der Heimat ein in die Reihe der Mitkämpfer im Weltkriege. Sammelt!" So lautete die Überschrift eines Plakates der Zentralstelle für Kriegshilfe der Schulen. Die *Sammelaktivität* der Kinder und Jugendlichen war unermeßlich. Am Anfang ging es um Goldgeld, Gold- und Silberwaren für die Reichsbank. Die Oberrealschule I sammelte für 60.000 Mark Goldgeld, das Lyzeum für 77.000 Mark! Außerdem sammelten die Schülerinnen goldene Ringe, Broschen, Ketten, Uhren und Armbänder. „Das Opfer der Gold- und Juwelenabgabe zählt zu den notwendigen Rüstungsarbeiten", ließ der Präsident der Reichsbank verlauten. Der Verkauf der Juwelen erfolgte durch die „Diamantenregie" ins neutrale Ausland.

Inzwischen nahmen Mangel, Armut, Unterernährung – zumal der Kinder – zu. „Steckrüben und immer wieder Steckrüben, und so wenig Brot, und so wenig Fett, und so selten Fleisch, und wochenlang kein Ei auf dem Tische zu sehen." (Küppers 1926, S. 311) Viele Kinder tragen jetzt Holzschuhe oder Segeltuchschuhe oder gehen in der Sommerzeit barfuß. „Letzteres soll den Kindern nicht verboten werden", fügt die Leiterin der Volksschule Gahlensche Straße hinzu.

Dennoch sammelten die Kinder alles, was der Bevölkerung und den Soldaten zur Ernährung dienen oder zu Kriegszwecken verwendet werden konnte:

– Altmetall, Gummi, Papier, Lumpen, Flaschen, Leder, Taue, Korken. In den Klassen sind dafür große Kisten aufgestellt. In Fuhrwerken werden die Erträge dann zu den Hauptsammelstellen gebracht.

– Eicheln fürs Vieh, Bucheckern, Kastanien, Samen und Obstkerne zur Ölgewinnung. „Die Obstkernsammlung hätte wohl ein noch günstigeres Ergebnis gezeigt, wenn einige Schülerinnen nicht öfter den Zweifel ausgesprochen hätten, diese Obstkerne resp. Steine würden ja doch nicht zur Ölbereitung verwandt." (Lyzeum, 1. 2. 1917)

– Frauenhaar, das u. a. zu Treibriemen in Munitionsfabriken verarbeitet wurde, Brennessel für Gespinststoffe als Wollersatz, sogar Kaffeesatz, den die Trockenfuttermittel-Gesellschaft in Berlin zu Viehfutter verarbeitete, ferner Wildgemüse, Pilze, Gräser, Heilkräuter, Erdbeer-, Himbeer-, Brombeer-, Kirsch- und Johannisbeerblätter für Tees.

– Und Knochen: für Speisefett, Schmierstoffe, Suppenwürze und Knochenextrakt. Im Bericht vom 10. 7. 1918 ans Ministerium meldet das Provinzialschulkollegium vom Gymnasium Bochum 200 Pfund Knochen, von den Oberrealschulen I und II 300 Pfund und vom Lyzeum 56 Pfund.

Der Minister der geistlichen und Unterrichts-Angelegenheiten

U III A Nr. 500. 1 B pp.

Berlin W 8 den 15. Mai 1915.

Die umsichtige Bekämpfung der Obst- und Gemüseschädlinge unter den Insekten ist aus naheliegenden Gründen gerade im laufenden Jahre dringend erwünscht. Bei zweckentsprechender Belehrung und Anleitung kann die Schuljugend sich bei diesem Kampfe erfolgreich betätigen und gegebenenfalls die Obst- und Gemüseernte vor empfindlicher Schädigung bewahren helfen. Daher würde nichts dagegen zu erinnern sein, wenn in Notfällen Schulklassen zur Abhilfe, z. B. zur Beseitigung einer starken Raupenplage, aufgeboten werden. Dazu wird in erster Linie die Zeit verwendet werden können, die durch Einschränkung des Unterrichts aus den in meinem Erlasse vom 1. April d. Js. — U III A 274 — angegebenen Gründen verfügbar wird.

Ich benutze diese Gelegenheit, meinen Erlaß vom 3. Oktober v. Js. — U III A 1701 —, namentlich seinen vorletzten Absatz, in Erinnerung zu bringen. Es muß angestrebt werden, die wertvollen Erzeugnisse des Waldes, namentlich auch die eßbaren Pilze, für die Volksernährung in möglichst weitem Umfange nutzbar zu machen. Wegen der dazu erforderlichen Belehrungen im naturkundlichen Unterrichte verweise ich auf das im Kaiserlichen Gesundheitsamte bearbeitete Pilzmerkblatt nebst Pilztafel, die infolge der Erlasse vom 20. Oktober 1904 — U III A 2804 U II (Zentr. Bl. S. 651) — und vom 23. September 1905 — U III A 2612 U II (Zentr. Bl. S. 708) — für die meisten Schulen beschafft sind. Naturkundliche Spaziergänge und Schulwanderungen werden für die Förderung dieser Angelegenheit wesentliche Dienste leisten können.

Die erforderlichen Abdrucke für die Kreisschulinspektoren und Anstaltsleiter (Anstaltsleiterinnen) sind beigefügt.

von Trott zu Solz.

An
die Königlichen Regierungen
und Provinzialschulkollegien.

Abdrucke an den Herrn Oberpräsidenten in Magdeburg wegen der Stolberg'schen Grafschaften.

Aufforderung an die Schuljugend, zum Schutz der Ernte Schädlinge von den Pflanzen zu sammeln (Staatsarchiv Münster)

Einsatz in der Landwirtschaft

Obwohl Kriegsgefangene in der Landwirtschaft arbeiten mußten, fehlte es dort an Männern. So bildete die Schuljugend auch als *landwirtschaftlicher Hilfsdienst* das „Reserveheer" für Feldbestellung und Ernte sowie zur Beackerung und Bestellung anbaufähiger Brachflächen, z. B. im Stadtpark, an Bahndämmen, in Grünanlagen. Gemäß Erlaß wurde großzügig Unterrichtsbefreiung und Urlaub gewährt. Die Schüler der Volksschule Weilenbrinkstraße gruben 125 Ruten (ca. 500 m^2) brachliegendes Land um, so daß „fünf Kriegerfamilien einen Gemüsegarten erhielten". Die meisten Volksschulen schufen auf diese Weise sogenanntes Kriegsgartenland.

Viele Schüler wurden zur Erntearbeit aufs Land geschickt. Die Oberrealschule II meldete für das dritte Kriegsjahr, daß 143 Schüler zum Ernteeinsatz „in vaterländische Besitzungen oder auf ein Rittergut bei Arnsberg" geschickt worden seien. Die Oberrealschule I schickte 126 Schüler in die Erntearbeit.

Die Kinder einiger Volksschulen waren an der städtischen Gemüseernte beteiligt, wurden zur Instandsetzung von Gräbern herangezogen und hatten den Friedhof von Huflattich zu säubern. Kinder wurden auch zur neuartigen „Laubheuernte" eingesetzt. Laubheu diente als Viehfutter daheim sowie als Haferersatz für die Frontpferde.

In vielen Klassen wurden gemäß ministeriellem Erlaß Sonnenblumenkerne verteilt. Wegen des Ölmangels sollten auf Baugrundstücken, an Rändern, Hecken und Ufern von Bächen Sonnenblumen gesät werden.

Es gab auch *Ferneinsätze* in die Provinz Posen und in die Etappe im Westen. Direktor Wehrmann berichtet am 8. 4. 1918: „Zwei Kommandos unter Leitung der Oberlehrer Dr. Petermann und Dr. Wieneke wurden im Herbst 1917 durch das Kriegswirtschaftsamt Münster zur Kartoffelernte nach Posen gesandt. Die eine Abteilung blieb drei, die andere vier Wochen dort. Es beteiligten sich 63 Schüler." Einen zweiten längeren Einsatz gab es im Herbst 1918 auf dem Rittergut Goray, ebenfalls Provinz Posen. Insgesamt befanden sich von Juli bis September 1918 6.334 Schüler zum landwirtschaftlichen Hilfsdienst in Posen.

Vom 22. Juli bis Anfang Oktober 1918 (nach einem Abschlußbesuch durch den Kronprinzen) befand sich ein „westfälisch-hamburgisches Jungmannenetappenkommando" von 1.000 „Jungmannen" (ab 15 J.), militärisch gegliedert und eingerichtet, in „Feindesland" – Charleville und Umgebung: darunter 25 Schüler des Gymnasiums Bochum und 25 von der Oberrealschule II. Sie gehörten zur 3. Kompanie, Standort Hauteville. In achtstündiger Arbeitszeit täglich wurden Garben gebunden und eingefahren, Obst und Walnüsse geerntet, Beeren aller Art zur Marmeladenverarbeitung gesammelt. Im Bericht vom 13. 8. ist die Rede von schlechtem Einfluß seitens durchziehender Truppen: Aufforderung, die Arbeit zu verweigern, nach Hause zu fahren. Klagen über Flohplage und fehlendes elektrisches Licht. „Nicht zu verkennen war der Vorzug, den die durch Jugendwehr oder Wander- und Turnvereine an feste Ordnung und Gemeinsinn gewöhnten Jungmannen ihren Kameraden voraus hatten."

Widerstand galt als Verrat

Die Heranwachsenden und Frauen „an der Heimatfront" haben viel geleistet und mitgemacht – für die Sache des Krieges. Eine „aufopfernde" Selbstbehauptung, die es in der Heimat aller beteiligten Völker gab – für die anderen sogar ohne sendungsbewußte Verzierung: „Und es mag am deutschen Wesen einmal noch die Welt genesen" (die letzten Verse von Emanuel Geibels Gedicht „Deutschlands Beruf" 1861) –, war zu einer beliebten Formel für den Sinn des Krieges geworden.

Wer diese Selbstbehauptung anerkennt oder bewundert, muß sehen, daß mit ihr zugleich die Aufrechterhaltung des Krieges gelang. Tatsächlich läßt diese Verquickung keine Trennung zu, so wenig wie das Wort „mitmachen", das die aktive Beteiligung und das Erleiden umfaßt. Allein durch *Widerstand gegen den Krieg* konnte die Verquickung durchbrochen werden. In den Archiven wurde festgehalten, was nach herrschender Meinung diese Zeit zu einer „großen" machte; der Widerstand wurde dazu nicht gezählt, er galt als Verrat.

Der Beitrag stützt sich auf Material des Stadtarchivs Bochum (Archivbestand 1118 und 1119) und des NRW-Staatsarchivs Münster (Bestand PSK 1720, 7039, 7040 und 7048 bis 7050).

Der Wandervogel –
Die erste Jugendbewegung im Ruhrgebiet

Wilfried Breyvogel

„Unser treuer Fahrtenbegleiter" (Privatfoto: Hans Schreiber, Essen)

Betrachtet man die Fülle der vorliegenden Veröffentlichungen, dann scheint die Geschichte der Ersten Jugendbewegung, die mit dem Namen „Wandervogel" verbunden ist, weitgehend erforscht. Im Blick auf die Programmatik und die Organisationsgeschichte der Bewegung, die großen Spaltungen und inhaltlichen Auseinandersetzungen, kann das Urteil auch so gelten. Ein Mangel entsteht allerdings bei der Suche nach Regionalstudien, die die Verbreitung des Wandervogel in einzelnen Regionen untersuchen und die kulturelle Praxis der Gruppen an den jeweiligen Orten bestimmen.

Im folgenden soll eine Zusammenfassung erster Ergebnisse einer Regionalstudie zum Ruhrgebiet vorgenommen werden. Gesucht wurde danach, von wo und von welchen Personengruppen Initiativen ausgingen, wieweit die Verbreitung und wie stark die Gruppen waren. Im zweiten Teil stellt die Arbeit die für die Gruppen typische, den Gruppenstil prägende kulturelle Praxis dar. Was taten die Jugendlichen und welche Bedeutung maßen sie ihrem Tun bei? In einem abschließenden Teil wird auf die historische Bedeutung der „bündischen Jugend" eingegangen, wobei es notwendig ist, ihre Bezüge zur sozialistischen Arbeiterjugend, zur Hitlerjugend und zu dem Komplex „Edelweißpiraten" zu verdeutlichen.

Der innere Widerspruch von patriotischem Konservativismus und sozialer Offenheit

Zum Verständnis der regionalen Organisationsgeschichte ist ein Rahmen bekannter Voraussetzungen vorauszustellen. Denn die Jugendbewegung erreicht erst verspätet das Revier. Bekannt ist, daß der Wandervogel seinen Ursprung am Steglitzer Gymnasium in der Nähe Berlins hat, dessen Abiturient Karl Fischer 1901 den „Wandervogel. Ausschuß für Schülerfahrten" gründet. Bekannt ist ebenfalls, daß sich jeweils an den Orten parallel der „Eltern- und Freundesrat" gründete, die eigentlich tragende Organisation, da Schüler einem strikten Organisationsverbot unterstanden. Neben den frühen Spaltungen ist vor allem die Herausbildung

Dortmunder Mädchen der „Wanderscharen" auf Fahrt ca. 1922 (Privatfoto: Fritz Volkmann, Dortmund)

des „Wandervogel Deutscher Bund (D.B.)" ab 1907 von besonderem Interesse. Denn seine Initiatoren, stellvertretend seien Hans Lissner und Hans Breuer genannt, gründen die eigene Organisation in Konkurrenz zum Alt-Wandervogel (AWV) aufgrund einer markanten Interessensverschiebung: Kennzeichnend ist zunächst die Kritik des Autoritarismus im Alt-Wandervogel, besonders an der Person des Gründers, Karl Fischer. Noch im Jahre 1910 vermerkt Hans Breuer: „Seine Wanderungen hatten militärischen Geist, der paßte auch in den Rahmen der Grossbachanten-Autokratie. Das Kriegsspiel liebte er über alles, er sah darin eine ausgezeichnete Führerschule, Disziplin zu halten und Disziplin zu schaffen. – Er war nie Primus inter pares (Erster unter Gleichen), sondern spielte den Generalissimus." (Wandervogel. Monatsschrift des Wandervogel D.B., 4. Jg. [1910], Heft 5, S. 49)

Neben der Kritik am Autoritarismus sind für die Ablösung vom Alt-Wandervogel eine Reihe von Gründen entscheidend:

– Die Öffnung des Wandervogel zur Aufnahme von Volksschülern.

– Die Integration von Mädchen mit der Konsequenz gemeinsamer Wanderungen („Gemischtwandern").

– Ein striktes Alkohol- und Nikotinverbot, was auf die stärkere Beachtung lebensreformerischer Ideale verweist.

– Die Autonomie der Ortsgruppen, das Recht auf Selbstverwaltung und Selbstbestimmung vor Ort.

Neben die soziale Öffnung und die gleichberechtigte Integration der Mädchen trat im Liedgut die bewußte Sammlung des Volksliedes in den Mittelpunkt. Der Name Hans Breuer ist daher zugleich mit der Edition des „Zupfgeigenhansl" verbunden, des bis 1933 verbreitetsten Liederbuches.

Vorauszusetzen ist auch, daß sich bis 1905 eine zweckorientierte Kluft und Symbolik herausbildete. Das Symbol des D.B. (und später des E.V.) war der Greif auf blauem Grund, dazu kam ein grün-rot-goldenes Farbband im Knopfloch. Die Kleidung war in dieser Phase noch bunt. Im Sommer kurze Hosen aus Manchestercord, Sandalen, kariertes Hemd und ein Jägerhut, dazu ein Rucksack mit Zelt und Kochgeschirr sowie der gemeinsame „Hordentopf". Als Musikinstrument waren die Klampfe und die Gitarre verbreitet.

Bekannt ist auch, daß sich als gemeinsame kulturelle Praxis Sing- und Liederabende in den Orten, Wochenendfahrten und größere Reisen in den Ferien einheitlich herausbildeten. Die Gliederung verlief parallel zu Parteien und anderen Organisationen über Ortsebene, Kreise, Gaue zum Bund. Auf den unteren Ebenen waren häufig Vollversammlungen die zentralen Entscheidungsorgane, Gau- und Bundestage wurden von Delegierten besucht. Anzumerken bleibt auch, daß die zentralen Gegensätze (soziale Öffnung gegen Elite, Gemischtwandern gegen Jungenbund und später Ausschluß nicht-arischer Mitglieder) auf der Ortsebene unverändert bestehen blieben, selbst wenn auf Bundesebene überregionale Zusammenschlüsse vollzogen wurden. So veränderte 1913 die Gründung des Wandervogel e. V. aus Alt-Wandervogel, Steglitzer Wandervogel und D.B. in der alltagskulturellen Praxis der Gruppen nichts. Wo schon immer mit Mädchen gemeinsam gewandert und gefeiert wurde, wurde es weiter getan; wo Mädchen in abgedrängten Gruppen ein Randdasein führten, blieben sie abgedrängt.

Als letzten Markierungspunkt für die Differenzierung von Strömungen sei knapp auf das Jahr 1913 eingegangen. Im Oktober 1913 fanden verschiedene Jahrhundertfeiern auf die Völkerschlacht bei Leipzig von 1813 statt. Eine hochoffizielle des Kaiserdeutschlands in Leipzig, eine der sich zu dem Ereignis sammelnden „Freideutschen Jugend" auf dem Hohen Meißner und eine des Alt-Wandervogel am Grabe Theodor Körners zu Wöbbelin i. M. Das Treffen der Wandervögel auf dem Hohen Meißner ist als das Antifest zu der Feier in Leipzig in die Geschichte eingegangen. Die anwesenden Vertreter der örtlichen Gruppen einigten sich auf die Formel, die seitdem das Autonomie-Ideal der Jugendlichen dieser Zeit verkörpert: „Die Freideutsche Jugend will aus eigener Bestimmung, vor eigener Verantwortung, mit innerer Wahrhaftigkeit ihr Leben gestalten." Es war die in der Öffentlichkeit umstrittenste Manifestation „neuen Jugendwillens", wie W. Mogge vermerkt. (1985, S. 8)

Dagegen sah das Programm der Feier des Alt-Wandervogel nach einem Feldgottesdienst eine Feier am Grabe Körners, turnerische Wettkämpfe und ein Kriegsspiel vor. Bei dem Feldgottesdienst wurde gemeinsam neben Kirchenliedern das „Gebet während der Schlacht" gesprochen:

„Vater, ich rufe Dich!
Brüllend umwölkt mich der Dampf der Geschütze,
sprühend umzucken mich rasende Blitze.
Lenker der Schlachten, ich rufe Dich!
Vater Du, führe mich! . . .

Die letzte Strophe dieses sechsstrophigen Gedichts, das gegenüber der Lebensbedrohung Angstbewältigung und Sinnstiftung leistet, lautet:

„Gott, dir ergeb ich mich!
Wenn mich die Donner des Todes begrüßen,
und wenn meine Adern geöffnet fließen:
Dir, mein Gott, dir ergeb ich mich!
Vater ich rufe Dich!"

(Programm der Jahrhundert-Gedenkfeier des Alt-Wandervogels, Archiv der Jugendbewegung).

Damit soll nicht gesagt sein, daß es in „freideutschen" Gruppen keine Geländespiele gegen Feinde oder keinen Blut- und Opfermythos gab. Allerdings ist ein monarchistischer Autoritarismus, die militärische Vorbereitung und Traditionspflege und ein preußisch militanter Nationalismus in den schriftlichen Dokumenten der Bundesleitung des AWV deutlich ausgeprägt. Das gilt allemal für die Zeit des ersten Weltkrieges und setzt sich in veränderter Form in der Weimarer Republik fort.

Zur Organisationsgeschichte des frühen „Wandervogel" im Ruhrgebiet

Die folgende Darstellung stützt sich zunächst auf eine Auswertung der gedruckten Quellen, d. h. vor allem der Zeitschriften und Fahrtenblätter des Niederrheins und des Gaues Westfalen und der darin enthaltenen Mitteilungen zu einzelnen Ortsgruppen. Ergänzend wurden Gespräche mit älteren Zeitgenossen, ihre Bilder und Fahrtenbücher herangezogen.

Der Wandervogel erschließt das Ruhrgebiet über zwei unterschiedliche Schienen. Die eine Schiene verläuft am Rhein entlang, über Bonn, Krefeld, Duisburg und von da aus über Oberhausen und Mülheim in den Essener Süden (Bredeneyer Ortsgruppe). Die zweite Schiene verläuft über Ortsgruppen aus Westfalen, von Münster nach Dortmund, Bochum, Gelsenkirchen und Essen-Mitte. In Essen überschneiden sich die Gründungslinien. Daß die Universitätsstädte (Bonn, Münster) Ausgangspunkt sind, überrascht nicht, da es eine Wanderbewegung zunächst der Absolventen höherer Schulen ist, die sich im studentischen Leben fortsetzt und von den späteren Lehrern wieder an Schüler weitergegeben wurde. Über die Verbreitung des Alt-Wandervogel vor der Entstehung des Wandervogel D.B. gibt eine Mitgliederstatistik aus dem Jahre 1906 Auskunft. Mit 433 eingetragenen Mitgliedern vereint der Kreis Groß-Berlin mehr als die Hälfte von insgesamt 822 Mitgliedern auf Reichsebene. Die Zahlen machen zugleich den Charakter der „Bewegung" realistisch schätzbar. Es waren jeweils sehr kleine Gruppen, bisweilen einzelne, die sich zusammenschlossen. Zu diesem Zeitpunkt ist keine einzige Stadt im Ruhrgebiet erwähnt. In Bonn ist im November 1905 die Gründung einer Ortsgruppe verzeichnet, für 1906 sind 24 Mitglieder ausgewiesen. In Westfalen ist lediglich Bielefeld mit 3 Mitgliedern vertreten. Die Gruppe in Bonn, die nach 1907 eine eigene Geschäftsstelle eröffnet, versteht sich als Gruppe des Alt-Wandervogel. Erst im November 1908 ist eine Gruppe in Krefeld benannt. Nachdem im Dezember 1908 eine Neueinteilung der Kreisgebiete im Alt-Wandervogel erfolgt ist, wird als neuer Kreis 8 das Rheinland und Westfalen ausgewiesen. Als Kreisleiter wird F. Willeke (stud.phil.) in Münster benannt. Gleichzeitig schreitet die Neugründung von Ortsgruppen auf der Rheinschiene voran. Im November 1909 ist die Gründung der Ortsgruppe Duisburg nachgewiesen, die mit dem Namen von Kurt Pahde verbunden ist. Im Dezember 1909/Januar 1910 finden erste Liederabende und drei Tagesfahrten „mit Abkochen" statt.

Das Zentrum der Aktivitäten in Duisburg liegt an der Oberrealschule. Im August 1910 ist eine „Propagandafahrt mit der Unterprima" erwähnt. Als Gruppenleiter werden Fritz Fleury, E. Helmich und Hermann Sax sowie W. Schmidt genannt. Im März 1911 existiert eine erste Mädchengruppe in Duisburg. Als Initiatoren erscheinen Frieda Sax und Elsa Fleury, offenbar die Ehefrauen der aktiven Männer. Die Ortsgruppe Duisburg ist im folgenden kontinuierlich nachgewiesen. Ab Dezember 1916 existiert eine zweite Mädchengruppe. Im März wird von Duisburg aus die Ortsgruppe Mülheim gegründet. Das legt die Tatsache nahe, daß Fritz Fleury auch in Mülheim als Leiter auftaucht. Das Zentrum der Aktivitäten in Mülheim liegt ebenfalls an dem Gymnasium und an der Oberrealschule. So wird 1911 als Leiter einer fünftägigen Fahrt bereits Dr. Neuendorff, der Direktor des Gymnasiums, erwähnt. Erst ab August 1915 werden Mädchengruppen um Grete Haas und Liesel Woller genannt. Etwas später, im Oktober 1911, ist die Ortsgruppe Oberhausen

Mitteilungsblatt „Wandervogel in Oberhausen", Oktober 1914 (AdJb, Ludwigstein)

Mitglieder der Essener Freischar auf Fahrt in Litauen 1928 (Privatfoto: Hans Schreiber, Essen)

ausgewiesen. Ihr Zentrum liegt am Realgymnasium; ab Januar 1914 ist hier auch eine Mädchengruppe um Ida Uhl vorhanden. Damit ist dieser von Bonn ausgehende Organisationsstrang abgeschlossen. Er ist zunächst am Alt-Wandervogel orientiert, wobei sich ab 1910 die Grenzen auf Ortsebene vermischen. Ab 1911 verschwinden die Nachrichten der Ortsgruppen, offenbar mit dem Interesse, die Konkurrenz beizulegen.

Verfolgen wir den 2. Strang der Ausdehnung, die von Westfalen über Dortmund vordringende Entwicklung. Dabei muß es insgesamt überraschen, daß der Wandervogel über den Hellweg hinaus nach Norden vorgestoßen ist und selbst Orte wie Bottrop noch erreicht hat. In Dortmund wird im April 1909 die Existenz einer Gruppe des Wandervogel D.B. zum ersten Mal erwähnt. Bereits im November 1910 sind zwei konkurrierende Gruppen vorhanden, die des D.B. um den Oberlehrer Ballof und eine des AWV um H. Altemeier. Für die gleiche Zeit ist eine Mädchengruppe nachgewiesen.

Ebenfalls 1909 beginnen die Aktivitäten in Bochum. Hier taucht allerdings sehr früh eine Frau (Mathilde Kautz) als Leiterin auf. Erwähnt wird sie bereits 1908, im Dezember 1909 ist sie Leiterin der Ortsgruppe des Wandervogel D.B., nach 1911 wird sie im Rahmen der Mädchengruppe weiter genannt. Als Leiter der Jungengruppe ist 1911 ein Max Vogt erwähnt. Beispielhaft ist ein Bericht über die Sonnenwendfeier 1910 in Bochum, aus dem sich eine enge Kooperation mit der Zeche „Präsident" erschließen läßt: „Plötzlich kamen wir ins Lichtmeer, ins Gebiet der Koksöfen, der elektrischen Lampen und und feuerspeienden Schlote. Bei der Zeche Präsident wollten wir ja das Sonnenwendfeuer anfachen, eine Halde war dazu ausersehen, denn woher in der Ebene einen Berg finden . . . Mühsam kletterten wir die hie und da noch rauchende Halde empor, uns dicht hinter den liebenswürdigen Führer – Steiger der Zeche – haltend." (o. Verf., vermutl. Kautz, in: Wandervogel. Monatsschrift des „Wandervogel" D.B. 4 [1910], S. 111) Der Bericht könnte beispielhaft den Bezug auf die Realität der Industrieregion anzeigen. Vermutlich steht bewußte Wahrnehmung der Industrialisierung nicht zufällig neben der Naturromantik, sondern artikuliert ein regionales Spezifikum des Wandervogel im Revier.

Verfolgen wir die weitere organisationsgeschichtliche Ausdehnung, dann ist im November 1911 eine Ortsgruppe des Wandervogel D.B. in Herne nachgewiesen. Ihre Mitgliedschaft ist mit 42 eingetragenen Wandervögeln angegeben. Einen Monat später, im Dezember 1911, folgt die Gründung der Ortsgruppe in Wanne; die Gruppe gehört auch zum Wandervogel D.B.; einer der Initiatoren ist ein Lehrer an einem Volksschullehrerseminar; die Gruppenaktivitäten enden allerdings 1916. Ähnlich in Buer: Die Gruppe wird im August 1912 gegründet, Zentrum ist das Gymnasium, ab 1916 wird sie nicht mehr erwähnt. Später, im April 1914, beginnt die Gruppe in Gelsenkirchen, sie bleibt aber kontinuierlich bis in die Zeit der Bündischen Organisationen der Weimarer Zeit nachweisbar. Ihre Größe ist für 1916 mit 14

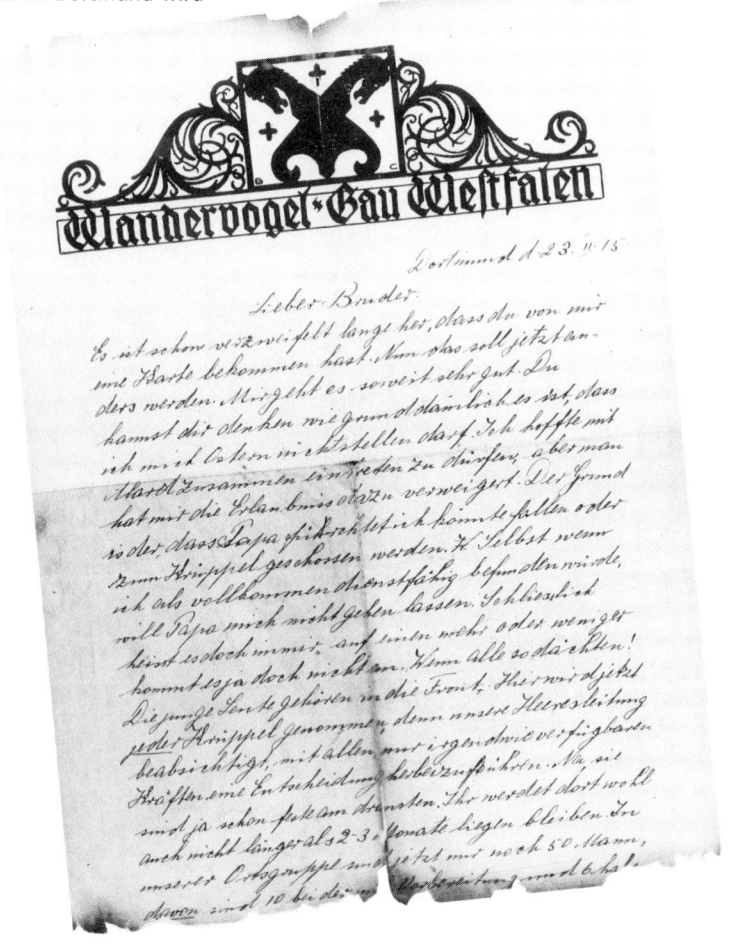

Brief eines Dortmunder Wandervogel an seinen Bruder im Feld: „Papa (will) mich nicht gehen lassen", 23. 2. 1915 (AdJb, Ludwigstein)

Jungen und 4 Mädchen angegeben. Den Abschluß bildet die Gruppe in Bottrop, die für August 1914 zuerst nachgewiesen ist. Leiter und vermutlich Initiator ist ein Zeichenlehrer Tiedtke. Im Oktober 1916 beträgt die Zahl der Mitglieder 11. Nach 1917 leitet Kurt Pick die Bottroper Gruppe, der in enger Beziehung zur Essener Gruppe steht.

Insgesamt ist anzumerken, daß die chronologische Abfolge einen gewiß nur teilweise richtigen Eindruck über die Querbeziehung zwischen den Ortsgruppen hinterläßt. Denn die Gründung der Bottroper Gruppe z. B. ist – wie Zeitzeugen belegen – von Essener Wandervögeln angeregt worden.

„Viele zweifeln, daß unter dem Dampf und Rauch überhaupt eine Ortsgruppe des Wandervogels entstehen konnte" – Zur Organisationsgeschichte der Essener Gruppen

Die Organisationsgeschichte der Essener Gruppen ist bisher ausgespart, weil sich hier aufgrund der Zentrallage die von Westen und Osten ausgehende Gründungslinie überschneidet. Es bilden sich zwei Zentren heraus. Das eine Zentrum liegt im Essener Süden, an der ehemaligen Goetheschule in Rüttenscheid und dem Realgymnasium in Bredeney. Diese Gruppen stehen in der Tradition des Wandervogels D.B., überregional tendieren sie zum Gau Niederrhein. Das zweite Zentrum liegt an der Humboldt-Oberrealschule in der Stadtmitte. Noch in den zwanziger Jahren bezieht sich die Humboldt-Gruppe auf den AWV und wird 1926 Teil der Bündischen Deutschen Freischar (Gau Westfalen).

Die Gründung der Ortsgruppe Essen des Wandervogel D.B. ist für den 24. Oktober 1908 nachgewiesen. Die Gruppe umfaßt in der Folgezeit 40 Wandervögel. Aus dem Jahre 1909 existiert ein Bericht der Ortsgruppe über eine Sonntagswanderung: „Am 24. Okt. . . . hatten sich bereits um 6.00 Uhr morgens außer dem Führer 10 Wandervögel und ein Mitglied (vermutlich ein Elternteil) am Bahnhof eingefunden zur ersten Fahrt (in die Dorstener Heide). Nach einer 1/2stündigen Bahnfahrt hatten wir Haltern erreicht und besichtigten hier zunächst das Museum und die Ausgrabungen des Römercastells ‚Aliso' . . . Unter Heilrufen ging es weiter hinein in die einsame, von herrlichen Birkenalleen durchzogene Landschaft, . . . teils durch üppig wucherndes Gras und Heidekraut. Manch einer fiel, und ein Jubel war es, wenn die kleinen Kerle zeitweise völlig verschwanden und nur ihr fröhliches Lachen ihre Anwesenheit verriet . . . Von neuem und heftiger denn je setzt der Sturm wieder ein, . . . Wer jetzt die Jungen gesehen hätte, wie sie, den Unbilden des Wetters preisgegeben, leicht und fröhlich dahinmarschierten, der hätte gewiß seine Freude gehabt." Kennzeichnend ist der Enthusiasmus, der allerdings nicht verschweigen kann, daß Regen und Sturm die Kinder durchnässen. (Vgl. Wandervogel, Monatsschrift des D.B. 4 [1909], Heft 12, S. 159)

Im gleichen Jahr soll eine erste Mädchenfahrt stattfinden. „Ferner ist unter der Leitung eines bewährten Künstlers die Bildung einer Gruppe für Malen, Zeichnen und Photographieren in Aussicht genommen." (A.a.O., S. 160) Von Interesse ist, daß der Initiator der Essener Gruppe kein Lehrer, sondern ein Diplom-Ingenieur (E. Rosenkötter) ist. Für das Jahr 1913 sind in Essen zwei Jungengruppen und eine Mädchengruppe nachgewiesen. Die Rüttenscheider Gruppe, in der der spätere Studienrat Dr. Heinz Steinbrink und Fritz Schaeling eine wichtige Rolle spielen, hat ihr eigenes „Nest" am Gebrandenhof. Aus dem Jahre 1913 existiert im Gau- und Fahrtenblatt ein Bericht über die (verregnete) Sonnenwendfeier der Gruppe Essen-Ruhr: „Hei! war das eine Sonnenwendfeier bei Sturm und Regen, auf einsamer, wuchtiger Bergeshöh', . . . Mit Spiritus, Petroleum, Stroh wurde nachgeholfen, es half nicht. Kurz entschlossen holten wir die Krone des Holzstoßes, das dickbauchige Teerfaß herunter . . . Hui, es knisterte und prasselte . . . durch Nebel und Regen. ‚Flamme empor! Flamme empor' so tönt es aus aller Lippen. Mädchen reicht dem Jungen die Hand, im fröhlichen Reigen umtanzen wir das lodernde Feuer . . . Was uns besonders mit Freude erfüllte, das war das glückliche Gelingen . . . Doppelt gern lassen sie (die Eltern) uns jetzt gehen . . . Besonders unsere Mädchengruppe steht unter diesem günstigen Einfluß. Möge sie wachsen im echten Wandervogelgeist!" (Wandervogel. Gau- und Fahrtenblatt 4 [1913], Heft 8/9, S. 7) 1914 wird eine zweite Mädchengruppe in Essen-Bredeney gegründet.

Mädchengruppe Essen „Blumenkinder", Juli 1914 (Privatfoto: Friedel Pick-Breil, Essen)

Für die folgenden Jahre ist festzuhalten, daß trotz Krieg und Not gerade im Ruhrgebiet eine äußerst intensive Wanderbewegung einsetzt. So wird 1917 ein Zusammenschluß der Wandergruppen in Essen vollzogen, der besonders auf das Wachstum der „wilden Gruppen" reagiert. Neben zwei Gruppen in der Tradition des AWV existierten vier Gruppen des E.V., daneben aber in Arbeiterbezirken die „Fahrenden Gesellen" und besonders die „Wanderscharen", die sich über Hamburg und Bremen ausdehnen und in der Mehrzahl Lehrlinge, Volksschüler und junge Arbeiter organisieren. Falsch ist das Vorurteil, die frühen Wandervögel hätten die soziale Wirklichkeit nicht wahrgenommen. Neben einem sich in die Lage der Fabrikarbeiter versetzenden Artikel „Die Großstadt erwacht", der in der Tradition naturalistischer Sozialstudien steht, findet sich in dem von Mitgliedern aus Essen gestalteten Heft ein Beitrag zum Wandervogel im Industriegebiet: „Hastendes, hetzendes Treiben, das ist das Merkmal der Erwerbsstädte, der Großstädte. Hier hinein wird früh die Jugend gerissen. . . . Hier prallen die Menschen aufeinander, hier ist nur Kampf. Da hat jeder mit sich selbst, mit seinem Amte, mit seinem Fortkommen so viel zu tun, daß ihm da kaum noch die Zeit übrigbleibt, sich anderen Dingen zu widmen; . . . Dieses ist der Grund, daß wir hier so wenig Anklang gefunden haben . . . ja, ja, diese verrückten Schwärmer, sollten lieber etwas anderes tun, als dem lieben Gott da draußen die Tage abzustehlen." Abkehr von der Wirklichkeit, oder Distanz auch zu ihrer Veränderung sind keineswegs sich ausschließende Gesichtspunkte. Im Zentrum allerdings steht auch hier die Selbständigkeit, in Form eines Individualismus, der sich gegen Bürokratie (städtische Jugendpflege) wie „Masse" wendet: „ Wir wollen frei bleiben von allem Einfluß von oben, von allen wohlgemeinten Ratschlägen. Eine kleine, auserlesene Schar, keine Massenzucht". (o. V. Der Wandervogelgedanke im Industriegebiet. In: Wandervogel im Rheinland, 9 [1918], Heft 1, S. 10).

Fassen wir die weitere organisationsgeschichtliche Entwicklung zusammen, dann ergibt sich folgendes Bild. Zentren des Wandervogel in Essen sind die Realgymnasien in Bredeney und Rüttenscheid und die beiden Oberrealschulen (Krupp, Humboldt). In ihrem Kontext organisieren sich erste Gruppen. Auffällig ist, daß das klassisch-humanistische Gymnasium (Burg) nicht vertreten ist. Im Zentrum sind es Söhne und Töchter der bildungsbürgerlichen Schichten, wobei die lateinlosen Oberrealschulen mit dem Schwerpunkt auf den neueren Sprachen und Naturwissenschaften auf eine mehr weltbürgerliche Orientierung hinweisen. Besonderes in den Mädchengruppen zeichnet sich eine soziale Öffnung ab. Ihr Anliegen ist die Selbständigkeit und soziale Integration. Die Karrieren einzelner Mädchen verlaufen über die Lyzeen und münden häufig in den Besuch der Kunstgewerbeschule (heutige Folkwang). Im Ersten Weltkrieg wird am Goethegymnasium eine von der Schulleitung initiierte „Marschriege" etabliert, die dem vormilitärischen Jugenddienst verpflichtet ist. Am gleichen Gymnasium entsteht allerdings um den Lehrer August Siemsen 1918/19 eine Gliederung der liberal-sozialistischen „Entschie-

Ankündigungstafel am „Wandervogelnest" in Essen-Rüttenscheid, Am Gebrandenhof 1914 (AdJb, Ludwigstein)

denen Jugend". Die Mitglieder der „Marschriege" schließen sich dem freideutschen Flügel des Wandervogel an und behalten bis in die dreißiger Jahre hinein durch private Treffen auch im Nationalsozialismus Kontakt. Eine Freundschaftsgruppe von Lehrern bildet das Zentrum im Essener Süden. In Bredeney sind dies vor allem Felix Arends, Robert Jahn, in Rüttenscheid August Siemsen, Heinz Steinbrink und später Hermann Berns.

Typisch für diesen Freundeskreis kann vielleicht Robert Jahn stehen: 1885 als Kind einer Porzellanmalerfamilie aus Thüringen in Berlin geboren, besucht er das Gymnasium in Berlin und studiert ab 1905 dort – später in Bonn – die Sprachen Französisch und Deutsch, stößt in dieser Zeit zum Wandervogel D.B. und wird 1906 als Gruppenführer im Bundesorgan erwähnt. Nach Studium und Referendariat ist er ab 1914 am Realgymnasium in Essen-Bredeney angestellt. Im privaten wie im schulischen Bereich setzt er seine Wanderaktivitäten fort: „Wir standen zu diesen allen außerhalb der Schule in einem Verhältnis, wie man es sich kameradschaftlicher nicht denken kann. Besonders aber F. Arends und R. Jahn sind aus der Geschichte der Wandergruppe nicht fortzudenken." (Ein Abiturient 1927 in der Festschrift des Realgymnasiums Bredeney 1935, S. 58) Robert Jahn wird nach 1918 Mitglied der Deutschen Friedensgesellschaft und 1933 als einer von zwei Studienräten in Essen aus dem Schuldienst entlassen. Durch Vermittlung seiner Freunde wird er ab 1936 im Archiv der Stadt angestellt, ab 1941 ist er Archivrat und später Leiter des Stadtarchivs der Stadt Essen.

Der AWV-Zweig hatte in Essen sein Zentrum an der Humboldt-Oberrealschule. Das ändert sich auch in den zwanziger Jahren nicht. Die Gruppe des AWV geht zunächst in den Bund der Wandervögel und Pfadfinder und ist ab 1926 Teil der Deutschen Freischar. Der Ausschluß der Mädchen bleibt bestehen, es findet sich auch kein „nichtarisches" Mitglied in der Gruppe. Einerseits wird diese Gruppe 1933 geschlossen in die HJ übergeführt, andererseits gibt es auch hier zumindest einzelne wie den späteren Fotografen Hans Namuth (vgl. WAZ vom 29. 1. 87), der 1932 Mitglied der KPD wurde.

An dieser Stelle ist eine Bemerkung zum Verhältnis zwischen Bündischer Jugend und dem Nationalsozialismus notwendig. Daß die Bündische Jugend insgesamt als Voraussetzung und „Wegbereiter" des Nationalsozialismus verstanden wurde, war zweifellos eines der größten Fehlurteile der neueren Jugendgeschichte. Erst die Geschichte einzelner Organisationen (z. B. die Geschichte der dj. 1. 11 [29], oder der Nerother Wandervögel, oder der Wanderscharen, oder des Quickborn und vor allem des Jungborn, der katholischen Organisation „für die werktätige Jugend"), und im besonderen eine weitere Differenzierung über die Regionalgeschichte einzelner Ortsgruppen, vermag dieses Fehlurteil weiter zu korrigieren. Festzuhalten ist bereits hier, daß die Bünde ein

```
Essen. Werner Friedhoff, Daheim 1, Margaretenhöhe.
   2.-3. Okt. Fahrt in die Heide 7½ Uhr Flora M. 1,— Werner.
   6. Okt. Klampfabend auf der Höhe 8 Uhr Daheim.
   9. Okt. Arbeitsabend im Landheim ‚Schwatte Lähn'.
  10. Okt. Zeichenfahrt durchs Ruttertal nach Kettwig M. 0,20 Unser Langer,
          d. h. wenn unser Kaiser ihn bis dahin noch nicht unter die Garde gesteckt hat.
  13. Okt. Liederabend im Landheim 8 Uhr ‚Schwatte Lähn'.
  16. Okt. Fahrt in eine Antrazitzeche, wir hacken uns Kohlen für unser Land-
          heim, 7 Uhr Landheim Werner.
  17. Okt. Morgenfahrt in die Berge, Unser Langer 6 Uhr Bude.
  23.-24. Okt. Fahrt in die Hardt M. 1,50, Paul, näheres wird noch bekanntgegeben
  30. Liederabend im Waldheim 7 Uhr ‚Schwatte Lähn'.
  31. Okt. Strahlenfallenfahrt in die Steinbrüche in der Kettwiger Schweiz M. 0,30
          7 Uhr Bude, Unser Langer u. Werner.        Heil! Werner Friedhoff.
Essen-Rüttenscheid. Mädels Leiterin Christel Grimberg, Rüttenscheiderstr. 204.
   3. Okt. Fahrt durchs Margarethental nach Julerum, Mengen, 7 Uhr Sommerburg
   6. Okt. Liedernachmittag 4 Uhr Heim.              [M. 0,35, Lotte Klammer.
   8. Okt. Klampf- und Leseabend bei Grimbergs.
  13. Bummelfahrt ins Grüne. Nicht weit, aber schön 2½ Uhr Flora. Christel.
  17. Okt. Trefft euch um 7 Uhr am Waldhaus. Wir gehen über die Berge zum
          kleinen See. Dort wollen wir kochen, singen und neue Tänze üben. Christel.
  20. Okt. Zeichenfahrt an die Ruhr, 3 Uhr Zweigertstein. Christel.
  21. Okt. Klampfabend auf der Margarethen-Höhe.
  24. Okt. Harzopf, Saarn, Duisburger-Wald, 7 Uhr Ausstellung M. 0,70
  27. Okt. Liedernachmittag ¼4 Uhr Arnoldsheim.              [Lotte Klammer
  29. Eufrat- und Führerinnensitzung.               Heil! Christel.
```

Veranstaltungsplan aus dem Gau- und Fahrtenblatt für den Niederrhein, Oktober 1914

Spektrum von Positionen enthalten, das an der linken Seite zur Arbeiterbewegung hin offen ist. Kriterien sind hier die soziale Öffnung, die Integration der Mädchen und die Beteiligung „nichtarischer" Mitglieder. Gruppen, in denen diese Kriterien gelten, können m. E. als ein frühes gegenkulturelles Zentrum der Geschichte der Jugend des 20. Jahrhunderts betrachtet werden. Sie nehmen in Form der Provokation, der Körperästhetik und der Alltagskultur Momente der Gegenkultur vorweg, die erst nach 1960 massenhaft Kennzeichen jugendlicher Gegenkultur in den Mittelschichten werden. Daneben ist ein Spektrum nationalrevolutionärer Positionen mit teilweiser militärischer Traditionspflege und einem verhaltenen Autoritarismus zu finden, der sich allerdings nach rechts hin steigern und öffnen konnte. Da es aber gleichzeitig so ist, daß sich in allen Gruppen Mitglieder finden lassen, die sich früh in die NSDAP oder HJ integrieren und es andererseits auch so ist, daß bei selbst nationalistisch-konservativem Kontext die Erfahrung einzelner oder auch ganzer Ortsgruppen davon abweichen konnte, zeigt sich insgesamt, daß die organisationspolitische Sicht zu grobmaschig ist.

Notwendig ist es daher, unter die organisationspolitische Perspektive zu gehen und sie mit einem Blick auf die alltagskulturelle Praxis der Gruppen zu ergänzen. Denn hier ergibt sich die zentrale Tatsache, daß die im Wandervogel früh ausgeprägte und in den Bünden weitergeführte Fahrten- und Gruppenkultur über alle Differenzen hinweg sehr homogen war. Sie ist es letztlich, die eine hohe Attraktivität selbst für Arbeiterjugendliche besaß, was sowohl in der Weimarer Republik galt als auch nach 1933 wirksam wurde. Denn genau diese alltagskulturelle Praxis widersprach den Formen der Wehrertüchtigung und den Disziplinvorstellungen der HJ. Sie ist daher der entscheidende Resistenzboden eines restbündischen Gegenmilieus bis ca. 1936 und wird ab 1938 zum geheimen, nur noch symbolisch vermittelten Magneten, dessen Geschichte sie nicht kannten, der besonders von Arbeiterjugendlichen aufgegriffen wird.

Als Beleg für die Attraktivität dieser Alltagskultur sei hier zunächst auf den Bericht des Bochumer Jugendsekretärs des Bergarbeiterverbandes (1919–1924) verwiesen. In Bochum hatte sich die „Arbeitsgemeinschaft Bochumer Jugend" unter Beteiligung der Arbeiterjugend gebildet. Franz Osterroth schildert seinen ersten Kontakt: „Ungefähr 40 Vertreter von ev. und kath. Jugendvereinen, von Wandervogelgruppen, Freideutschen, Wehrtemplern, Quickbornern u. a. boten... ein Bild deutscher Vielfältigkeit. Wir Arbeiterjugendvertreter wirkten in diesem Kreis als festgeschlossener Fremdkörper..." Über einen Guttempler kommt er auf eine erste Fahrt ins Ruhrtal, erlebt das Singen von Volksliedern zu Violine und Klampfe: „Ich saß mit am Hordentopf vor der züngelnden Flamme und ließ mich in den Kreis ziehen..." Der Kontakt wirkt sich zunächst intensiv in der Kleidung aus: „Nachdem ich als erster im Wanderkittel und in kurzen Hosen zu einem Jugendabend erschienen war, folgten bald andere meinem Beispiel." Die Veränderung verbindet sich mit einer Kritik an der bisherigen Politik: „Bisher hatte die ‚Arbeiterjugend' die Organisation der Väter kopiert." Jetzt geht es darum, die faszinativen und gegenkulturellen Momente der Jugendbewegung aufzunehmen. Hier bestätigt Osterroth die Attraktivität besonders der Mädchen, was – so meine regionale Beobachtung von Biographien – häufig zu Freundschaften und Ehen führte: „Gegenüber den frischen Wandervogelmädchen kamen mir die auch in Arbeiterkreisen anzutreffenden ‚Ziergänse' von gestern vor." Und an anderer Stelle: „Was für die Jungen kurze Hosen und Fahrtenkittel darstellte, war für die Mädchen danach das Inselkleid." Oder wie zu ergänzen ist: das „Eigenkleid", das über Weben, Färben, Nähen vollständig selbstgefertigte Eigenprodukt. (Alle Zitate bei F. Osterroth 1983, S. 8–19).

Mädchen mit „Eigenkleid", 1921 (Privatfoto: Friedel Pick-Breil, Essen)

Baden in der Bode, Harzreise Essener Freischar (Privatfoto: Hans Schreiber, Essen)

Zur Alltagskultur der Wandervögel

"Ich sehe blonde und schwarzhaarige Jungen in leuchtend bunten Kitteln, flatternden Rippelsamthosen, mit leichten Sandalen an den Füßen – sehe, wie zart und fein die Mädchen ihren Reigen tanzen, in den Haaren frische Kränze aus bunten Feldblumen, sie alle in ihren feinen langen Eigenkleidern." Ein Wandervogel, Essen 1917

Weil die Alltagskultur der Gruppen zwischen 1900 und 1933 relativ homogen ist, folgen wir einem Jugendlichen des Jahrgangs 1911. Er wird – vermittelt über die Humboldt-Oberrealschule – 1925 Mitglied im AWV und kommt über den Wanderbund mit seiner Gruppe in die Deutsche Freischar. 1925 tritt er offenbar ein; sein Fahrtenbuch vermerkt: „Meine erste Groß-Fahrt ging zum Bundestag", nach Rügen vom 27. 5. bis 7. 6. 1925. Besuche in Bergen, Sassnitz, Stralsund, in Hamburg eine Hafenbesichtigung ergänzen die Fahrt der zwölf Essener Wandervögel. „Mit braungebrannten Gesichtern kehren wir wieder heim." Nur 14 Tage später folgt bereits die Feier der Sonnenwendfeier in Hullern. Mit zwei anderen Bewerbern wird er im Gruppenthing feierlich aufgenommen. Nach dem Sonnenwendfeuer finden am nächsten Morgen Schlagballspiele und Sportkämpfe statt. Am 11. und 12. Juli 1925 folgt ein großes Geländespiel, am 8. und 9. August wird eine Fahrt nach Elfringhausen unternommen. Am 29. und 30. August wandert die Gruppe über Hünxe von Wesel nach Bottrop, am 12./13. September folgt eine Fahrt nach Wesel. Vom 28. 10. bis 2. 11. wird ein Zeltlager in Sythen durchgeführt. Vom 26. 12. bis 3. 1. 1926 befindet sich der 15jährige mit der Gruppe im Sauerland im Winterlager auf einem Bauernhof. Ohne Datum wird für Anfang 1926 noch eine Skifahrt ins Asbachtal vermerkt. Am 28. März findet der Kreistag in der Haard statt. Hier wird der Zusammenschluß von AWV und Bund der Wandervögel und Pfadfinder für den 15jährigen vollzogen. Wenig später folgt die einwöchige Osterfahrt an den Rhein mit Wanderungen von Bad Godesberg nach Bacharach. Zu Pfingsten geht es zum Gautag nach Dam a. d. Lippe. Das wichtigste Ereignis des Jahres ist seine erste große Fahrt in den Sommerferien, die erste von drei folgenden Alpenfahrten. Sie wird durch Kletterübungen im Kettwiger Steinbruch vorbereitet und führt in Wanderungen über vier Wochen von Salzburg zum Bodensee.

Brechen wir hier den Jahresüberblick ab. Er ist zufällig und daher um so exemplarischer. Deutlicher wird die intensive zeitliche

Auf Alpenfahrt: „Steineres Meer" (Privatfoto: Hans Schreiber, Essen)

Prellen an der Stever, 1919, Wanderscharen Dortmund (Privatfoto: Fritz Volkmann, Dortmund)

Mitglieder der Essener Freischar auf Fahrt im Riesengebirge (Privatfoto: Hans Schreiber, Essen)

Inanspruchnahme. Die Jugendgruppe ist zweifellos ein Gegenmilieu zu Schule und Familie. Hinzu kommt, daß meist wöchentlich Heimabende stattfinden, sonntags kleine Fahrten „mit Abkochen". Nach der Durchsicht der Fahrtenberichte läßt sich die wiederkehrende, daher alltagskulturelle Praxis in folgenden Punkten beschreiben:

– Durch die Fahrten findet eine breite, unmittelbare, mit eigenen Erlebnissen verbundene, räumliche und soziale Welterfahrung statt. Neben den drei Alpenfahrten ist eine Fahrradtour nach Holland, eine Wanderung durch Litauen und Thüringen erwähnt. Ein Mitglied der Dortmunder Wanderscharen ist z. B. in der gleichen Zeit auf drei Fahrten in Norwegen gewesen. Die Symbole dieser Fernfahrten sind am Beispiel der Alpen das Edelweiß, am Beispiel Norwegens das Geweih verendeter Rentiere.

– In allen Aktivitätsformen (Wandern, Radfahren, Paddeln) erfahren die Jugendlichen eine starke Intensität körperlicher Verausgabung. Sie tragen Lasten, quälen sich, schwitzen und frieren, erleben Erschöpfung, Mangel und Erholung – und können doch alles sein lassen. Es sind ihre Ziele, die sie sich stecken und mit Körperkraft und -erfahrung verwirklichen. Intensität der Körpererfahrung und Gegenseitigkeit in der Gruppe sind die Grundlage der Alltagskultur.

– Alle Aktivitäten haben einen herausfordernden Ernstcharakter und stützen sich auf eine hohe Eigenständigkeit von Entscheidungen. Dazu nochmal ein Blick auf den weiteren Verlauf im Tagebuch des 15jährigen Wandervogel. Zwei Jahre später wird er auf Vorschlag der Gruppe Gruppenführer und leitet eine Harzreise mit vier jüngeren Wandervögeln. Das Bewältigen von schwierigen Situationen beginnt beim Abkochen, gilt beim Zeltbau, allemal beim Aufzug eines Unwetters. Die Selbständigkeit zeigt sich aber auch in der Routen- und Vorratsplanung, in der Kostenrechnung und reicht bis zum Waschen der eigenen Kleider im Fluß.

– Ein weiteres Moment der Alltagskultur steckt in der Bedeutung des Redens und Erzählens. Das gilt allerdings nicht nur im trivialen Sinne, sondern es meint auch die Fähigkeit, sich in der Gruppe zu äußern und im Thing Rede und Antwort zu stehen.

– Letztes verbindet sich mit der Kultur des Singens und Musizierens; von den ersten Gruppen bis in die vierziger Jahre hinein begleiten die Musikinstrumente die Gruppen. Neben der Gitarre und Klampfe ist es die Violine, bisweilen die Flöte und Klarinette, niemals allerdings auf Gruppenfahrten eine Pauke oder Trompete. Es ist die Tradition des eher romantischen, „weichen" Liedes, das auf kleinen Zetteln im Handbuch der Fahrten dabei war:

Rote Rosen am Hügel,
rote Beeren am Hag,
und ich freu' mich, ja ich freu' mich,
am sonnigen Tag.

oder:

Wir sind jung, die Welt ist offen,
o, du weite, schöne Welt,
unser Sehnen, unser Hoffen...

In der gleichen Liedersammlung dieses streng katholischen Lokomotivführers finden sich aber auch die sozialistischen Lieder: „Brüder, zur Sonne, zur Freiheit" und „Wenn wir schreiten Seit an Seit".

Ohne vollständig sein zu können – nicht erwähnt sind die Sportkämpfe, das Wettsingen, die Stegreif- und Laienspiele u. a. – wird deutlich, worin das Faszinative dieses gegenkulturellen Alltags steckte. Erlebnisreichtum, Intensität, Herausforderung mit

Dortmunder Wanderscharen, Gautag Karfreitag 1920 in Dortmund (Privatfoto: Fritz Volkmann, Dortmund)

Mitglied der Dortmunder Wanderschar (Klarinette) (Privatfoto: Fritz Volkmann, Dortmund)

Ernstcharakter, Eigenständigkeit – all das verband die Gruppen. Gruppenführer wurde, wer den Anforderungen entsprach. Hinzu kam die musikalisch-kulturelle Praxis der Gruppen, die sich im emotional-liedhaften Austausch vereinigte. Die Erfahrung der Grundelemente Luft, Wasser, Feuer verband sich nicht selten mit freier Körperkultur. So finden sich auch Momente eines keineswegs nur aseptischen Verhältnisses zwischen Jungen und Mädchen. Andererseits ist in allen Gruppen das ständige Streiten, Spalten, Querulieren zu beobachten, die so reizenden kleinen Briefe und Zwiste zwischen fast allen Gruppenmitgliedern, sie stehen zweifellos für andere, nicht befreite Wünsche und Bedürfnisse.

Entscheidend ist, daß der Nationalsozialismus sich zwar auf diese Alltagskultur bezog, daß er sie aber weder vollständig integrieren noch vollständig unterdrücken konnte. Dazu abschließend eine Szene aus dem Jahre 1942. Es ist die Zeit, in der die Bündische Jugend verstärkt aktiv werden konnte. Fritz Theilen wird 1927 im Arbeiterviertel Köln-Ehrenfeld geboren, sein Vater, Mitglied der SPD, war vor 1914 im Wandervogel. Unehrenhaft aus der HJ entlassen, stößt er über den Treff am Sportplatz auf Hans und Maria, zwei befreundete Jugendliche aus der Bündischen Jugend, die als „Navajos" in einer Gruppe zu der Zeit noch auf Fahrt gehen und ihn mitnehmen. Pfingsten 1942 sind sie mit vielen zu einem Treffpunkt im Siebengebirge unterwegs:

„Hunderte von Jugendlichen hatten sich auf den Rheindampfern getroffen. Als wir uns beim Anlegen des Dampfers plötzlich mit hundert bis hundertzwanzig Nazis konfrontiert sahen, wurde uns ziemlich mulmig. Sie standen am Ufer und erwarteten uns mit Schlagstöcken und Gummiknüppeln. Wir hatten noch Glück, denn obwohl wir keine Schlagwerkzeuge mit uns führten, waren wir ihnen doch zahlenmäßig bei weitem überlegen. Sofort verabredeten wir eine Taktik, die uns schon mehrfach geholfen hatte ... Die Mädchen bildeten einen Kreis um die Gitarrenspieler, und um die Mädchen wiederum stand ein Kreis der älteren Freunde. Die Nazis wußten genau, wieviel uns daran lag, gemeinsam zu singen und zu musizieren, deshalb hatten sie es besonders auf die Gitarrenspieler abgesehen, denn ihnen konnte man es ja am ehesten nachweisen, daß sie aktiv etwas Verbotenes taten. Außerdem waren die Gitarrenspieler so etwas wie die ‚Hüter des Liederschatzes', ohne die die Gruppe ziemlich aufgeschmissen war. Auch bei diesem Mal versuchten sie also an die Gitarrenspieler heranzukommen, als sie jedoch merkten, daß wir ihre Absicht durchschaut hatten, versuchten sie es mit brutaler Gewalt. Aber unsere Übermacht verblüffte sie derart, daß wir sie nach einer kurzen, aber wilden Schlägerei in die Flucht trieben." (Theilen 1984, S. 41)

Die Szene enthält einen für die Geschichte der Jugend im 20. Jahrhundert zentralen symbolischen Gehalt. Die Gitarre in der Mitte, von Mädchen geschützt, wird zum Symbol widerständigen Eigensinns Jugendlicher. Sie ist zweifellos das Objekt, das neben Kochtopf und Zelt von Anfang an die Geschichte der Wandervögel begleitet. Sie wird in der Folge über die Tradition des Rhythm and Blues, über den Rock 'n Roll und besonders im Beat der frühen Stones und Beatles zum allgemeinen gegenkulturellen Objekt.

Grundlage der bisherigen Recherchen sind die überregionalen Zeitschriften des Wandervogel (s. Literaturverzeichnis), außerdem die Restbestände der Handakten der jeweiligen Ortsgruppen im Archiv der Jugendbewegung.

Für Auskünfte, Gespräche und Überlassung persönlicher Unterlagen danke ich besonders Frau Friedel Pick-Breil (Essen), Herrn Heinz Jahn (Essen), Herrn Hans Schreiber (Essen), Herrn Hermann Berns (Essen) und Herrn Fritz Volkmann (Dortmund).

Die Gitarre, das Zentrum der Gruppe, Dortmunder Heidelberger Wanderschärler 1922 (Privatfoto: Fritz Volkmann, Dortmund)

Essener Mädchen auf Großfahrt, 1921 (Privatfoto: Friedel Pick-Breil, Essen)

„Kinderkes bringt Klüngelkes"

Vom Leben auf der Straße und „krumme Touren machen"

Werner Thole

Illustrationen von G. Adolf Rentschler (Aus: Erich Grisar, Kindheit im Kohlenpott)

„Das Stehlen von Eisen ist geradezu eine Plage geworden"

„Eine der größten Gefahren, von denen unsere Jugend bedroht wird", so ist im Duisburger Generalanzeiger vom 19. 11. 1922 zu lesen, „ist die an sich harmlos erscheinende Gepflogenheit, Alteisen, Ziegelsteine und andere ‚gefundene' Dinge in Geld umzusetzen. Täglich und stündlich sieht man Kinder und Jugendliche Sachen zu den Althändlern schleppen. Nicht immer werden die oft erheblichen Beträge in nützlicher Weise verwandt oder den Eltern abgegeben. In vielen Fällen dienen sie dazu, unerlaubte und unzeitige Bedürfnisse zu befriedigen, als da sind Zigaretten, Naschwerk, schlüpfrige Literatur und Kinos. Es dürfte feststehen, daß der größte Teil der angeblich gefundenen Sachen auf unrechtmäßige Weise in den Besitz der Jugendlichen gekommen ist. In den meisten Fällen liegen offenbare Diebstähle und Veruntreuungen vor. Das Stehlen von Eisen ist geradezu eine Plage geworden, von den Baustellen werden Ziegelsteine entwendet, auf Bahnhöfen steigen diese Schelme auf beladene Waggons und werfen Koks und Kohlen auf die Schienen, wo die Helfer zum Abholen bereitstehen. Kürzlich wurden von den Schülern einer Klasse aus den Tischen und Bänken sämtliche Schrauben herausgedreht und entwendet, so daß die Möbelstücke zusammenfielen. Und das Wesentliche: Die Burschen finden für Raub- und Diebesgut unter den Althändlern bereitwillige Abnehmer."

Die Lektüre der Zeitungsnotiz regt zu Nachfragen an. Hier ist nicht von einem Teil der Jugend die Rede. Von „unserer" Jugend wird berichtet, von der gesamten Jugend einer Stadt, deren an sich harmlos erscheinende Gepflogenheiten zu einer Plage geworden sind.

Sicherlich wußten die Zeitungsleser am 19. 11. 1923 den wirklichen Tatsachengehalt der obigen Meldung zu erkennen. Für den historisch Zurückschauenden ist es schwieriger, die Wirklichkeit aus solchen Meldungen herauszulesen. Fehlt ihm doch die Selbsterfahrung, die es erlaubt, Zeitungsnotizen dieser Art zuzustimmen oder zu relativieren. Sollten dann auch noch Gespräche mit Zeitzeugen sich nicht ermöglichen, bleibt nur die Spurensuche in den Archiven.

Der Duisburger Waisenrat, der wohl im Auftrag des Oberbürgermeisters und anstelle des erst am 1. Juli 1920 in Duisburg eingerichteten Wohlfahrts- und Jugendamtes sich mit der Angelegenheit zu beschäftigen hatte, tagte erstmals am 17. Dezember 1919 zu dem Komplex der „noch immer großen Verwahrlosung der Jugend". Tatsächlich befaßte sich der Waisenrat jedoch nicht vorrangig mit den Handlungen der Jugendlichen. Er riet zwar, die Personalien von Jugendlichen, die mit vermutlich entwendeten Materialien von der Polizei ergriffen wurden, den Schulen mitzuteilen. Doch erst wenn hierauf „keine Besserung eintrete, (...) möge man zur Strafanzeige evtl. zu dem letzten Mittel greifen und Unterbringung in Fürsorgeerziehung beantragen". Die Reaktion überrascht. War es doch üblich, jugendliches, die gesellschaftliche Norm nicht tragendes Verhalten zu sanktionieren und nicht nach den Bedingungen und Ursachen zu fragen. Soweit, den Bedingungen des abweichenden Verhaltens nachzuspüren, ging der Waisenrat zwar nicht. Aber immerhin suchte er die Schuld nicht ursächlich bei den Jugendlichen. Er empfahl, „den Geschäftsbetrieb der Althändler scharf zu überwachen und bei den kleinsten festgestellten Übertretungen Anzeige zu erstatten". Über Umfang und Art der in dem Zeitungsausschnitt festgestellten Jugendkriminalität teilt uns das Protokoll allerdings nichts mit.

Die Abschrift einer vom Duisburger Oberbürgermeister unterzeichneten Mitteilung an den Reichswirtschaftsminister gibt weitere Informationen. Allein in einem der fünf Kriminalbezirke Duisburgs lagen 1922 Anzeigen gegen 13 Altwarenhändler vor. 300 bis 350 Schulkinder allein in diesem Stadtbezirk wurden als Altmaterialsammler und -diebe angenommen. Gefordert wurden gesetzliche Maßnahmen, die Einführung einer Konzessionspflicht für den Alt- und Rohproduktenhandel, denn „Über den engen Zusammenhang zwischen den vielen Diebstählen auf den industriellen Werken und den Rohproduktenhändlern gibt man sich in den beteiligten Stellen keinen Zweifeln hin, umsomehr, weil die meisten Händler ihre Ankaufstellen (Lagerplätze) dicht an den größeren Werken gründen oder nach dort verlegen." Die Existenzgründungen nahmen in Duisburg zu Beginn der zwanziger Jahre in der Tat inflationäre Züge an. 1914 meldeten 16 und 1921 23 Händler ein neues Altwarengewerbe an. Zu Anfang des Jahres 1922 gab es in Duisburg 191 gemeldete Althändlergewerbe. Doch täglich ergriffen vier bis sechs Personen die Initiative und gründeten einen Rohmaterialienhandel. Viele installierten auf ihrem Gelände heimlich und versteckt Schmelzöfen, um das Altmaterial gleich nach Eingang in eine den Herkunftsort unkenntlich machende, transportfähige Form verarbeiten zu können. Im Kreuzfeuer der öffentlichen Kritik standen insbesondere – und hier offenbart sich der auch rassistische, ausländerfeindliche, antisemitische Zug der auf neue Gesetze drängenden Eingaben – die „zahlreichen galizischen und polnischen Juden".

Infolge der wachsenden Zahl der jugendlichen Kriminellen hat der Verein an das Reichswirtschaftsministerium eine Eingabe gerichtet, die sich auf den damals vorliegenden Gesetzentwurf über **Einführung einer Konzessionspflicht des Kleinhandels mit Metallen, Leitungsdrähten und dgl.** bezog. Der Entwurf ist von der Niederrheinischen Handelskammer zusammen mit anderen Handelskammern des rheinisch-westfälischen Industriegebiets ausgearbeitet worden. Im Bericht der Handelskammer sind die zunehmenden Klagen über die Beteiligung Minderjähriger an Metalldiebstählen sowie über die Unzuverlässigkeit vieler ihr Gewerbe auf solche Diebstähle aufbauender Althändler erwähnt. Mit Recht wird darauf hingewiesen, daß viele solcher Händler sogar schulpflichtige Jugendliche zu solchen Diebstählen anhalten. Die meisten Minderjährigen, die sich am Jugendgericht zu verantworten haben, sind wegen Diebstahls angeklagt, und unter diesen handelt es sich bei 80% um **Metalldiebstähle.** Diese Tatsachen führen zur Erkenntnis, daß diesem Treiben im Interesse der deutschen Jugend möglichst bald Einhalt geboten werden muß. Der Verein hält es daher für seine Aufgabe, die Einführung der Konzessionspflicht vom Standpunkt der Jugenderziehung aus warm zu befürworten. Besonders wertvoll erscheint ihm die vorgesehene Bestimmung, daß den Händlern verboten werden soll, Metall von Jugendlichen überhaupt anzukaufen. Er bittet um baldigste Vorlage des Entwurfs in den gesetzgebenden Körperschaften.

Auszug aus dem Jahresbericht 1923 des „Kath. Männerfürsorgevereins, Dortmund". Abgedruckt in: Zentralblatt für Vormundschaftswesen, Jugendgerichte und Fürsorgeerziehung, Bd. 1920 – 1923.

Haar, 1. Dez. Ein beinahe unglaublicher Vorfall, der in krassester Form wieder einmal beweist, wie schlecht manche Eltern heute ihre Kinder erziehen, trug sich hier vor einigen Tagen auf der Kaiserstraße zu. Dort traf der Lehrer Schw. einen Schüler mit einem Sack Eisen. Er forschte nach und entdeckte Hemdschuhe usw. Weil es überhaupt nicht sein Besser ist, nahm er ihn mit zur Polizei. Nun bekam er's aber mit der Mutter zu tun und das nicht zu knapp, zum Schlusse auch noch mit dem Vater. Er überfiel den Lehrer in der Schule mit einem Messer und stach auf ihn ein. Es entspann sich hierauf ein heißer Kampf, bei dem der Kopf des Lehrers arg verletzt wurde. Kommentar überflüssig. Hoffentlich macht sich der Staatsanwalt diesen prächtigen Mustereltern näher bekannt.

Aus: Duisburger Volkszeitung vom 1. Dezember 1923. Die Doppelzüngigkeit solcherart Eingreifens illustriert eine Notiz eines Mitarbeiters des Jugendamtes Duisburg. „Bei meinen (...) Feststellungen mache ich die Wahrnehmung, daß in mehreren Schulen gesammelt wird für die Anschaffung eines Schulkinos, insbesondere werden die Kinder angehalten, Altmaterial, Metallabfälle, Flaschen usw. zur Schule zu bringen. (...) Es ist naheliegend, daß die Jungen die Abfälle nur dann bei der Schule abliefern, wenn sie dabei ertappt werden, während sie in anderen Fällen diese Abfälle direkt an die Althändler verkaufen." (Quelle: Stadtarchiv Duisburg)

Oberbürgermeister   Duisburg, den 23. Jan. 25

IV. *U.R.*

An die Polizei - Inspektion

D u i s b u r g.

Aus der Bürgerschaft wird bei mir Klage geführt, dass die Rohproduktenhändler Porzellanfiguren wie die anliegende an Kinder als Entgelt für abgelieferte Lumpen, Knochen u.s.w. geben. Was die Figur bedeutet, brauche ich nicht näher auszuführen, sie ist eine Blasphemie auf das bekannte Brüsseler Kunstwerk und geeignet, den an sich schon gesunkenen moralischen und sittlichen Stand unserer Jugend noch weiter in den Abgrund zu führen.

Ich glaube, dass es eine Bestimmung gibt, die den Rohproduktenhändlern solche Massnahmen nicht gestattet. Es ist doch ganz klar, dass solche Dinge die Sensationslust der Jugend fördert. Jedes Kind möchte nun eine solche Figur haben und wird dadurch evtl. sogar auf den Abweg gedrängt, sich das betreffende Stück zu stehlen, nur um in den Besitz eines solchen minderwertigen und gemeinen Dingelchens zu kommen.

Ich bitte ergebenst das Notwendige veranlassen zu wollen, dass die Bestände der Rohproduktenhändler auf solche schamlosen Sachen hin untersucht werden und evtl. diese zu beschlagnahmen und die Händler zur Bestrafung zu bringen.

Die Namen derjenigen Rohproduktenhändler, die Anlass zur Beanstandung gegeben haben, bitte ich mir alsdann vorzulegen.

(Stadtarchiv Duisburg)

Bis zu 100 Anzeigen erreichten 1922 täglich die Duisburger Kriminal- und Polizeidienststellen. Durch den guten Absatzmarkt angespornt und durch materielle Existenzsorgen getrieben, eroberten Jugendliche immer mehr Orte, um abzusetzende Materialien zu besorgen. Kanaldeckel, Bleirohre, Messing, Kupfer, Oberleitungen und Kabeldrähte wanderten zu den Verkaufsstellen. Sogar der Betriebsratsvorsitzende der Zeche Westende sah „sich veranlaßt, dem Oberbürgermeister nachstehendes zu unterbreiten: (...) Wir auf unserer Schachtanlage wissen nicht mehr, wie wir uns wehren sollen, wegen dem Überhandnehmen der Diebstähle. Nicht nur allein auf der Anlage selbst, sondern auch in den Kolonien selbst mehren sich die Diebstähle in unheimlicher Weise. Aus fast sämtlichen Häusern sind die Bleirohre gestohlen. Aus den Klosettspülkästen Schwimmer, Bleistopfen, Türklinken, Kanal- und Schachtdeckel und Roste usw. Ja man geht jetzt sogar dazu über und kittet die Fensterscheiben aus. Aus einem Hause hat man sogar über Nacht aus dem Hausflur die Fenster ausgehängt und mitgenommen."

Einen tieferen Eindruck von dem Umfang der Jugendkriminalität in diesem Zeitraum geben kriminologische Statistiken. Die Zahl der vor dem Duisburger Jugendgericht behandelten Straftaten betrug im ersten Halbjahr 1919 1.335 Fälle, darunter 210 Verhandlungen gegen Jugendliche unter zwölf Jahren. Im ersten Halbjahr 1920 wurden vor dem Jugendgericht 2.203 Fälle debattiert, davon allein 416 Verfahren gegen Jugendliche im Alter zwischen 12 und 14 Jahren. Laut Reichskriminalstatistik erhöhte sich die Zahl der verurteilten Jugendlichen im Deutschen Reich von 1919 nach 1920 ebenfalls um etwa die Hälfte, von 64.619 auf 91.171 Fälle (diese und nachfolgende kriminalstatistischen Angaben vgl. Roesner 1933). Für die Bewertung der kriminellen und kriminalisierbaren Handlungen von Duisburger Jugendlichen ist ein Vergleich mit Zahlen- und Informationsmaterial aus den letzten Kriegsjahren interessant. Im Deutschen Reich stieg von 1914 bis 1918 die Zahl der verurteilten Jugendlichen von 46.940 auf 99.498 an. Auch in Duisburg vermehrten sich die von der Jugendgerichtshilfe in diesem Zeitraum zu bearbeitenden Fälle. Von 1915, wo 150 Jugendliche zu betreuen waren, um 60 Klienten auf 270. (Vgl. Hellwig 1919) Die von der Jugendgerichtshilfe betreuten Fälle geben zwar nicht präzise Aufschluß über den Umfang der Gesamtkriminalität von Jugendlichen in Duisburg, doch „geben sie im großen und ganzen (...) ein richtiges Bild". (Hellwig 1919, S. 16) Entgegen dem Trend im Deutschen Reich, wo ja die Jugendkriminalität von 1919 bis 1920 anstieg, jedoch nicht mehr den Kriegshöchststand von 1918 erreichte, stieg die Kriminalität unter Jugendlichen in Duisburg zu Beginn der zwanziger Jahre weit über den Stand während der letzten Weltkriegsjahre an. Diese doch enorme Diskrepanz zur Entwicklung im Deutschen Reich deutet die Ausmaße der jugendlichen Materialbeschaffungsaktionen der Jahre 1919 bis 1923 in Duisburg an. Erhärtet wird diese Annahme durch Ausführungen des Amtsgerichtsrates W. anläßlich einer Zusammenkunft, die am 15. April 1921 stattfand, „um zu erörtern, durch welche Maßnahmen die erschreckende Zunahme der Kriminalität Jugendlicher bekämpft werden kann". W. führte aus, daß von gerichtlich verfolgten jugendlichen Straftaten „4/5 aller Fälle (...) Diebstähle und zwar hauptsächlich Diebstähle von Kohlen und Metall" betreffen. In der Reichskriminalstatistik hingegen betrug der Anteil der jugendlichen Diebstahlsdelikte an der Jugendkriminalität insgesamt im gleichen Zeitraum immer weniger als 50 Prozent.

An der erwähnten Besprechung „über die Bekämpfung der Kriminalität Jugendlicher" nahmen Vertreter und Vertreterinnen der katholischen und evangelischen Jünglings- und Jungfrauenvereine, des Allgemeinen Gewerkschaftsbundes, der Schulen und Lehrervereine, der Landesgerichtspräsident und Geistliche aller Gemeinden, der Oberbürgermeister, Inspektoren und Beigeordnete der Kommune und ein Abgesandter der Eisenbahndirektion Essen teil. Maßnahmen wie Einführung eines Sparzwanges, um die jugendliche Vergnügungssucht einzudämmen, allen Jugendlichen nach der Schulentlassung baldmöglichst eine Beschäftigung zu geben, „damit sie dem verderblichen Einfluß der Straße entzogen" werden, bessere Überwachung der Eisenbahnanlagen, wie die von den erwachsenen Häftlingen getrennte Unterbringung der jugendlichen Straftäter und die Bekämpfung der Hehlerei und des Altwarengewerbes wurden diskutiert, verworfen und wieder aufgegriffen. Die Unterstützung einer von der „Niederrheinischen Handelskammer Duisburg-Wesel" formulierten Gesetzesinitiative zur Einführung der Konzessionspflicht für Altwarenhändler und die Verpflichtung des städtischen Jugendamtes, alles, „was im Interesse der Jugendfürsorge erforderlich und möglich sei", zu tun, obwohl die Stadt „nicht in der Lage sei, erhebliche Mittel bereitzustellen", waren Ergebnisse der Zusammenkunft. Die Handelskammern Bochum, Dortmund, Essen und Münster/Westf. befürworteten die Eingabe der Duisburger Handelskammer. Wußten sie doch von einem Ansteigen der jugendlichen Beschaffungskriminalität gleichfalls zu berichten.

Am 11. Juni 1923 verabschiedete der Reichstag das „Gesetz über den Verkehr mit unedlen Metallen". Die Auswirkungen des Gesetzes, die Besetzung des Ruhrgebietes 1923 durch französisch-belgische Truppenverbände, jugendpflegerisch-freizeitpädagogische Veranstaltungen der Jugendvereine und das Mitte 1923 verabschiedete Jugendgerichtsgesetz, in der die Strafmündigkeit auf das vollendete vierzehnte Lebensjahr heraufgesetzt und die Möglichkeit der Aussetzung des Verfolgungszwanges bei von Jugendlichen begangenen Straftaten geregelt wurde, sowie die leichte Stabilisierung des Arbeitsmarktes an Rhein und Ruhr mögen letztendlich dazu beigetragen haben, daß die Beschaffungskriminalität von Jugendlichen in Duisburg sich verminderte.

Die Minderjährigen im Gesetz über den Verkehr mit unedlen Metallen vom 11. Juni 1923 (RGBl. S. 366). Aus dem Gesetz über den Verkehr mit unedlen Metallen geben wir nachstehend die für die Minderjährigen besonders wichtigen Bestimmungen wieder. Die Mißstände, die sich durch die zunehmenden Metalldiebstähle auch Jugendlicher ergeben haben, sind von den Jugendgerichtshilfen mehrfach beobachtet worden. Wir verweisen auf die in dieser Nummer S. 120 mitgeteilte Eingabe des kath. Männerfürsorgevereins Dortmund.

§ 1. Wer im Inlande Altmetall, Metallbruch oder altes Metallgerät ohne besonderen Kunst- oder Altertumswert aus unedlen Metallen oder unedle Metalle in rohem oder umgeschmolzenem Zustand zur gewerblichen Weiterveräußerung auch nach Be- oder Verarbeitung erwerben will, bedarf der Erlaubnis.

Unedle Metalle im Sinne dieses Gesetzes sind alle Metalle und Metallegierungen einschließlich Eisen und Stahl und deren Legierungen, mit Ausnahme von Gold, Silber, Platin, der Platinmetalle und der Legierungen der genannten Metalle.

§ 5. Es ist verboten, Gegenstände der im § 1 bezeichneten Art von Minderjährigen zu erwerben.

§ 17. Mit Gefängnis und mit Geldstrafe wird bestraft, wer vorsätzlich 1..., 2..., 3...,
4. den Vorschriften der §§ 5 ... zuwiderhandelt.

§ 18. Wer einen Diebstahl an einem Gegenstand aus unedlem Metall begeht, der zum öffentlichen Nutzen dient oder öffentlich aufgestellt ist, oder der einen Teil eines Gebäudes bildet oder in einem Gebäude zu dessen Ausstattung angebracht ist, wird wegen schweren Diebstahls (§ 243 StrGB.) bestraft.

Das gleiche gilt auch für den Diebstahl von Maschinenbestandteilen und sonstigen Betriebsmitteln aus unedlem Metalle, deren Wegnahme die gesicherte Fortführung des Betriebs erheblich gefährdet.

(Aus: Zentralblatt für Vormundschaftswesen, Jugendgerichte und Jugendfürsorge, Bd. 1920 – 1923)

HERMANN ▇▇▇▇▇▇▇   DUISBURG-BECK, 3. November 1924.
                          KAISERSTR.
                          TELEFON ▇▇▇▇

An den
9. Polizeibezirk,
D.-Laar.

Der Unterzeichnete wohnt in dem Ihnen neu zugestellten Stockumer Bezirk, der bisher zum 10. Polizeibezirk gehörte und gestattet sich, Ihnen folgende Anzeige zu machen:

Seit ca. 8 Tagen treibt sich nachmittags zwischen 2 – 5 Uhr ein Trupp von 4-5 grösseren schulpflichtigen Jungen in der Nähe meines Hauses lärmend herum und haben in diesen Tagen zweimal das im Vorgarten des Unterzeichneten stehende Strauchwerk in rohester Weise beschädigt. Auch Samstag-Nachmittag hätten diese Jungen wiederum mich mit Ihrem Besuche beehrt, wenn ich nicht einen Posten aufgestellt hätte. Da sie also an meinem Eigentum ihren Mut nicht kühlen konnten, beschäftigten sie sich mit der mir gegenüberliegenden durch Bodensenkung schon stark beschädigten Einfriedigungsmauer meines Nachbarn Johann ▇▇▇▇▇▇▇ und brachen weitere Teile davon ab.

Da dieser Unfug allem Anschein nach sich weiter entwickelt, so möchte ich Sie bitten, Ihre Revierbeamten veranlassen zu wollen, um die genannte Zeit ihr Augenmerk auf diesen Unfug zu richten.

Die Polizeiverwaltung.
Der Oberbürgermeister.

Tagebuch Nr. N I 23771/   Duisburg, den 12. September 192_

Es wird gebeten, im Antwortschreiben vorstehende Tagebuch-Nummer anzugeben.

An
das städtische Jugendamt
Abteilung F.II.
Hier.

Schlimmer als die conzessionierten Althändler sind die sogenannten wilden Lumpensammler. Meist eingewandertes, faules, lichtscheues Gesindel, (Russpolen, Galizier udgl.) das aus Scheu vor produktiver Arbeit ohne Gewerbeanmeldung sich dem leichteren und einträglicheren Geschäft des Alteisen-Lumpenhandels hingibt und die Jugend zu unehrlichen Handlungen verleitet. Auch gegen diese wilden Händler wird mit aller Schärfe eingeschritten. Vorgefundenes Material, Beförderungsmittel udgl. werden beschlagnahmt, ihre Festnahme wird veranlasst und ihre Ausweisung aus dem Deutschen Reiche, soweit die gesetz-

---

(Stadtarchiv Duisburg) Der Anzeige wurde von der zuständigen Polizeidienststelle nachgegangen. Die Jugendlichen wurden ermittelt und verhört. Einer der Jugendlichen, der Schüler Heinrich H. gab zu Protokoll, „Mein Bruder Wilhelm H., 13 Jahre alt, hat dem Direktor K., Kaiserstraße, eine Fensterscheibe eingeworfen. Außerdem hat Logus C., 10 Jahre alt, die Ziersträucher mutwillig zerstört. (. . .) Emil P. und Franz L.N. sind oftmals auf Fuhrwerke gesprungen und haben dann von demselben gestohlen. (. . .) Nikolas Sch. singt immer schmutzige Lieder und belästigt die Frauen mit unsittlichen Redensarten. Emil P. beschmutzt die Häuser mit bunter Kreide".

Fünf Finger und ein Griff

Nicht die Jugend, auch nicht ein Großteil „unserer Jugend" beteiligte sich an der zur „Plage" gewordenen „Gepflogenheit". Und doch waren es nicht wenige, die durch Sammlung und Entwendung von Materialien verschiedenster Art ihr Taschengeld oder die familiäre Haushaltskasse aufstockten. Gehen wir von etwa 35.000 Jugendlichen im Alter zwischen 12 und 14 Jahren zu Beginn der zwanziger Jahre in Duisburg – 1914 lebten hier 28.900 Jugendliche – und von ungefähr 3.000 angezeigten Jugendlichen – allein 2.203 Fälle wurden ja bekanntlich allein in der ersten Jahreshälfte 1920 vor dem Jugendgericht verhandelt – aus, so ergibt sich, daß zwischen 7 und 10 Prozent der Jugendlichen Duisburgs an den kriminellen Handlungen teilnahmen.

Das reale Ausmaß der jugendlichen Beschaffungskriminalität annähernd in Erfahrung zu bringen, ist gelungen. Ungeklärt ist noch, wie unser Zeitungskorrespondent dazu kam, die einerseits zur „Plage" gewordene jugendliche Handlungsweise andererseits als „harmlose Gepflogenheiten" zu beschreiben.

Das Sammeln von Lumpen und Altmetall gehörte seit der Industrialisierung der Ruhr-Emscher Zone zu den weit verbreiteten Nebenverdienstmöglichkeiten. Erich Grisar, um 1900 im Dortmunder Norden geboren, erzählt in seinen Kindheitserinnerungen von seiner ersten Nebentätigkeit, die er aufnahm, nachdem seine Mutter im Leihhaus keine Rettung mehr sah, das Zimmervermieten der Familie wenig Glück gebracht hatte und er als Schuljunge keine Anstellung als Kegeljunge oder Laufbursche gefunden hatte. „Wer da nicht zimperlich war, um auch mal Dinge anzufassen, von deren Eigengeruch man nur durch Waschen in heißem Wasser unter gleichzeitigem Verbrauch von sehr viel Seife zu befreien vermochte, konnte sich manchen Groschen zusammensuchen. Auf verlassenen Bauplätzen, Schuttabladestellen, in Aschenkästen und Rumpelkammern fanden sich immer wieder Lumpen, die uns die Klüngelkerls, die mit ihren ewigen: ‚Kinderkes, bringt Klüngelkes, wenn auch drin geschissen äs‘, groß und klein an ihren Wagen lockten, gerne abnahmen." (Grisar 1946, S. 53 f.) Man muß es laut sprechen, dieses „Kinderkes bringt Klüngelkes", um nachvollziehen zu können, welche Wirkung von diesem Spruch der Altwarenhändler ausging. Und nicht nur vom Lumpensammeln weiß Erich Grisar zu berichten. Alteisen brachte mehr Gewinn. Es gab Spezialisten, die nur Konservendosen sammelten. Wiederum andere spezialisierten sich darauf, „von alten Zäunen vergessene Beschlagteile loszureißen und zu verkaufen. Noch andere suchten hauptsächlich Hufeisen und scheuten sich nicht, in der Nähe von Schmieden herumzulaufen und ihrem Fingerglück durch ‚Fünf Finger und einen Griff‘ ein wenig nachzuhelfen. Wurden sie dabei erwischt, sagten sie, sie wollten das Hufeisen nur für Glück haben und durften es dann meist behalten. Auch alte Pfannen, Radreifen, Matratzenfedern, Kinderwagenteile und Nägel sammelten wir." (Grisar 1946, S. 55) Und auch die „Vorplätze der Zechen waren damals noch nicht so streng bewacht, so daß sich auch hier mancherlei Gelegenheit bot, in Geldwert umzusetzendes Material zu erstehen.

Die Wilden und „Verwahrlosten": junge Industriefalter, Impresarios, proletarische Hochstapler oder...

Was den Kindern und Jugendlichen Spaß und ein kleines Einkommen brachte, zensierte die Jugendpflege als den „Ruin unserer Jugend". (Weigle 1902) Die „ganze Zuchtlosigkeit und Verkommenheit der heranwachsenden Jugend" wurde beklagt und eine nur den Trieben gehorchende Lebensführung unterstellt: „Eine ungefähre Schätzung dürfte nicht übertrieben sein, wenn man 50 Prozent aller Kinder als Quanisten bezeichnet; die Hälfte davon mag durch Verführung zu diesem Laster gekommen sein. Erfahrene und durchaus glaubwürdige Lehrer versichern, daß ganze Schulklassen verpestet sind – auf dem Lande, wie in der Stadt, in Mädchen- wie in Knabenschulen, vor allem aber in den letzteren und namentlich in den Städten." (Henning 1902)

Das wirkliche oder auch nur vermeintlich kriminelle Tun war für die aus der Jugendpflege kommenden Beobachter jugendlicher Lebensweisen der extremste Ausdruck einer insgesamt „wilden", an Verwahrlosung grenzenden Art der Jugend, ihren Alltag zu gestalten. Ebenso kritisierten sie die berauschende Wirkung des Fußballspiels, das Herumtoben auf Straßen und Gassen, komisch-theatralische Selbstinszenierungen von Kindern und Jugendlichen und das Interesse an den Absurditäten und Vergnügungen der Kirmessen. Ja sogar die Existenz kirchlicher Posaunenchöre beklagten sie zu Beginn des Jahrhunderts, weil sich die jugendlichen Mitglieder als junge Künstler betrachteten, „aufbliesen", in der Musik aufgingen. (Vgl. Weigle 1902)

Den Jugendvereinen wurde empfohlen, die Jugendlichen durch Kriegsspiele in den Wäldern, Singen und Lesen patriotischer

Lieder und Bücher zu begeistern und zu unterhalten. Leider bestünden wegen der zu weiten Entfernungen zu den Grünflächen, so wurde beklagt, zu wenig Gelegenheiten, Kriegsspiele zu veranstalten. Durchsichtig die Absicht, die sich hinter den Vorschlägen verbarg. Der Enge der Wohnung und Mietskaserne, den erstickenden Industrieanlagen und Koloniestraßen, ohne Grün, dafür aber mit um so mehr Ruß beladen, wünschten die Jungen und Mädchen schon zu entkommen. Den in national-konservativer Absicht unterbreiteten Angeboten der Jugendpflege schenkten sie jedoch mehrheitlich nur wenig Begeisterung.

Die Straßen, Plätze und unbebauten Freiflächen blieben auch in den zwanziger Jahren die eigentlichen, geliebten Spiel- und Aufenthaltsräume der Revierjugend – besser wohl der Revierjungen, denn Mädchen gewannen dem Straßenleben weit weniger Vergnügen ab, konnten es womöglich auch nicht, war ihre Präsenz in den Familien, zur Unterstützung im Haushalt weit mehr gefragt als die der Jungen.

Die Wohnungssituation hatte sich nur wenig verbessert, obwohl das Schlafgängerwesen abgenommen hatte. (Vgl. Brüggemeier/Niethammer 1978) Von 142 Essener Berufsschülern teilten 108 ihr Nachtlager. Vier Berufsschüler teilten ihr Bett sogar mit drei und mehr Personen. (Vgl. Behler 1928) B. Meves Untersuchung „Die erwerbstätige Jugend" (1929) ermittelte ein etwas günstigeres, wenn auch kein wesentlich anderes Bild von der Wohnsituation Jugendlicher. Über ein eigenes Zimmer verfügten 28,9 Prozent der Jugendlichen und über ein eigenes Bett 79,4 Prozent. 20,6 Prozent mußten demnach ihre Schlafstätte mit einer oder mehreren Personen teilen, 0,5 Prozent mit Fremden. Die Familie hatte, vertraut man den zeitgenössischen Forschungen, ihre Rolle als wesentliche und mächtige Erziehungsinstanz und Lebensgemeinschaft eingebüßt. „Die Familie hat für die Jugendlichen der Industrie als nachhaltiger Erziehungsfaktor wesentlich an Bedeutung verloren. Sie ist nicht mehr die Gemeinschaft der durch Blutsbande verbundenen Angehörigen, sondern in vielen Fällen eine zweckrationale Konsumentenvereinigung. Lediglich die Nacht bringt die Mitglieder auf einige Stunden zusammen. (...) Die an der erforschten Klasse angestellten Erhebungen haben einwandfrei ergeben, daß die moderne Industriefamilie in ihrem Auflösungsprozeß ein bereits bedenkliches Stadium erreicht hat." (Behler 1928, S. 31 und 81; vgl. auch Honigsheim 1929, insb. 5 ff.)

Krieg und Revolution wurden für die „seelische" Verwilderung der Jugendlichen und ihrer Familien verantwortlich gemacht. Aber auch dem Industriemilieu an sich, dem Land zwischen Ruhr und Lippe, das alle Sehnsüchte zu verneinen schien und nur die Ausbeutung von Bodenschätzen und Menschenkraft kannte, wurde eine Mitwirkung an der kulturellen Zersetzung der Generation Jugend zugeschrieben. (Vgl. Kautz 1929)

Fußball und Posaune waren inzwischen zu unterstützenswerten jugendkulturellen Aktivitäten avanciert. Kirmes- und Jahrmarktveranstaltungen, Wirtshäuser und andere Lokalitäten, Tanz- und Automatenspielsäle, Kinos und immer noch und insbesondere das jugendliche Leben und Treiben auf den Straßen hingegen genossen auch weiterhin eine negative Rezension. Die alltäglichen Praxen jugendlichen Straßenlebens provozierten jedoch allenfalls Randnotizen. Das Herumstehen, Toben und Umherziehen auf den Straßen, das Necken und Ärgern von Passanten und Nachbarn sowie das Flanieren vor den örtlichen Bordellen wurde immer erst dann kritisch betrachtet, wenn es im Zusammenhang mit „krummen Touren" Jugendlicher als normverletzend identifiziert wurde. „Weil das enge Kolonieheim keinen gemütlichen Raum bietet, wo der Knabe spielen, lesen, schnitzen oder malen kann, strebt er ins Freie. Der Koloniehof mit seinem aschgrauen Einerlei stößt ihn ab. Es lockt ihn ins laute, bunte Straßenleben, verführt ihn zur Begehrlichkeit nach Dingen, die ihm unerreichbar sind, und macht ihn zum Nichtsnutz, zum Gelegenheitsdieb. Die Pfiffigkeit, mit der Industriekinder beim ‚Nehmen' vorgehen, ist erstaunlich. Der eine stiehlt Gewichtsteine und setzt sie beim ersten besten Alt- oder Lumpenhändler um; der andere zertrümmert die Gußeisendeckel und Abortgruben und Straßenrinnen, ‚verkloppt' sie still und befriedigt mit dem Erlös den nimmersatten Magen. Wieder ein anderer benutzt das Gedränge am Packtisch im Konsum, um Zucker, Käse und Mehl zu ‚klauen'. Nach Schieberart wird dann die Diebesbeute in Geld umgesetzt." (Kautz 1929, S. 20)

Jugendliche „Flegeleien" wie das Zertrümmern von Fensterscheiben und das Herumstöbern in Vorgärten wurden zu Taten schwerer Sachbeschädigung, das Vor- und Wegfahren von Fuhrwerken aus Spielerei und Jux geahndet als Fahren ohne Führerschein und Diebstahl, und das Herumfahren mit einem „geliehenen" Bollerwagen wurde als Indiz für die zunehmende „Verwahrlosung" der Jugend angesehen. Solche und andere Alltagspraxen von Jugendlichen wurden zu Beginn der zwanziger Jahre zu Fällen der Jugendgerichte. Gewiß hat die Zunahme der Jugendkriminalität in Duisburg und anderswo zu dieser Zeit auch damit zu tun, daß vermehrt an sich „harmlose jugendliche Gepflogenheiten" kriminalisiert wurden.

Bei Erich Grisar fanden wir das „Nehmen" und Leben auf der Straße noch integriert in den Verlauf einer jugendlichen Normalbiographie. Leichtere Formen der Beschaffungskriminalität, soweit sie dazu beitrugen, konsumtive Bedürfnisse zu befriedigen, galten insbesondere in proletarischen Lebenswelten als moralisch nicht verwerflich. Für H. Kautz waren 20 Jahre später ähnliche Handlungen Anzeichen für die „Verwüstung" einer ganzen Generation. Allein der regelmäßig die Kirche besuchende, in Tischsitten und Umgangstönen zurückhaltende, gepflegt gekleidete und das Heim liebende jugendliche Arbeiterbürger gab ihm Anlaß zur Hoffnung. Die jungen Bergmänner, Hüttenarbeiter und Handwerker wurden als Opfer des kulturellen Verfalls, der Weltanschauungskämpfe und des „in diesen Arbeitszentren wuchernden Industrierittertums" angesehen. Direkt aus dem Milieu des „Schieber- und Schleichhändlergezüchts" stammte der „junge Gelegenheitsarbeiter". (Vgl. Kautz 1929, S. 70 f.) Ihn charakterisierte ein sehr „vager Eigentumsbegriff" und eine „windige Pfiffigkeit". Ein Klima der Rohheit, Tücke, Hinterlist und Bosheit umzäunte sein Wirkungsfeld. Weil Geldnot und Armut hier schnell in Vergessenheit zu geraten schien, fühlten sich Kinder und Jugendliche zu diesen Kreisen schon früh hingezogen. Für Kautz gehörten zu den Gelegenheitsarbeitern auch die „Industrieritter". „Sie treten in Noblesse und Eleganz auf, tragen gelbe Schuhe und Zebraschal, suchen sich einen gesellschaftlichen Vorgang auf dem Sportplatz, im Café, im Ballsaal der Industrielinge, im Falschmünzerclub, im Einbrecherfach oder im radikalen Parteienbereich. Man nennt sie Industrieritter, sie müßten aber besser proletarische Hochstapler heißen." (Kautz 1929, S. 71)

Ph. Behler, Lehrer an einer Essener Fortbildungsschule, stellte etwa zur gleichen Zeit wie Kautz seine in Essen und Düsseldorf erhobenen „jugendkundlichen" Ergebnisse vor. Der „proletarisch indifferente Jugendliche" Behlers, ein „typischer Großstadtjugendlicher", trug Halbschuhe, helle Strümpfe, besuchte Cafés und Kinos, hatte sexuelle Erfahrungen wie ein Erwachsener, trug eine Lui-Mütze, die schief und keck auf einem Ohr zu sitzen hatte, darunter eine Haartolle und hatte die Hände in den Hosentaschen versteckt. „Seine Haltung ist schlaff und energielos. Die Gesichtszüge sind leblos und bleich und sprechen von frühen Erlebnissen. Altklug spricht er über das Leben: ‚Wer das erlebt hat wie ich, hat seine Gedanken über die Welt.' (...) Dumm ist er nicht, aber zum geregelten Arbeiten fehlen ihm Kraft und Energie. Jugendlicher Frohsinn, Schaffensdrang und Liebe zum Beruf finden in ihm keinen Platz. ‚Sport und Spiel sind Quatsch; wenn ich mich amüsieren will, habe ich meine Mädels.'" (Behler 1928, S. 54)

Ph. Behler und H. Kautz waren als Lehrer an Fortbildungsschulen tätig, ihr forschender Blick verwoben mit ihrem erzieherischen Tun. Möglich, daß die deklassierenden Beschreibungen provoziert wurden durch Frustrationen in ihrer Arbeit. Doch trotz der stigmatisierenden Überzeichnungen geben sie uns Einblicke in eine Form von Jugendlichkeit, die die sozialgeschichtliche Forschung bisher vernachlässigte.

Für Behler wie für Kautz zählten zu den Indifferenten beziehungsweise „Industriefaltern" sicherlich auch jene, die uns zu Beginn des Beitrages als Jugendliche vorgestellt wurden, die „gefundene Dinge in Geld umsetzen", um „unerlaubte und unzeitige Bedürfnisse zu befriedigen".

Es waren die beengten Wohnverhältnisse und die materielle Armut, die die Straßen zu einer wichtigen Sozialisationsinstanz werden ließen. Die Straßen waren Orte, wo Kinder und Jugendliche insbesondere der Arbeiterviertel wichtige Alltagserfahrungen sammeln konnten. Sie waren auch Teil des Zuhauses. Gassen, Koloniestraßen und Freiflächen waren jedoch auch mehr als nur Räume zum Spielen, Toben und Herumtreiben. Sie waren Projektionsflächen für Wünsche und Bedürfnisse, die andernorts keine Erfüllung fanden. Und damit waren es Zonen, wo ungesetzliches Tun ausgelebt werden konnte – auch wenn die Angst, von einem Wachmann beim „krumme Touren machen" erwischt zu werden, ständig gegenwärtig war.

Rosenkavaliere, „proletarische Hochstapler" oder junge Industriefalter? Mitglieder des Hochlarmarker Junggesellenvereins, zwanziger Jahre. (Sammlung Geschichtskreis Hochlarmark)

Weibliche Jugendliche in Zechensiedlungen
Zum Mädchenalltag zwischen den Weltkriegen

Barbara Duka, Rosemarie Möhle-Buschmeyer

In der Zeit zwischen den beiden Weltkriegen waren weibliche Jugendliche in der überwiegenden Zahl noch in die unbeachteten Selbstverständlichkeiten des Alltags eingebunden und traten öffentlich kaum in Erscheinung. Ziel dieser Darstellung ist es, Erlebnisbereiche weiblicher Jugendlicher im Alltag aufzuzeigen, in denen sich ihre Wünsche und Hoffnungen, aber auch ihre Sorgen und ihre Zweifel ausdrückten. Da in bisherigen Untersuchungen der zwanziger und dreißiger Jahre weibliche Jugendliche wenig berücksichtigt wurden, entschlossen wir uns, lebensgeschichtlich orientierte Interviews durchzuführen.

Wir haben für die Bearbeitung unserer Fragestellung Frauen ausgewählt, die als Töchter von Bergarbeitern in einer Zechenkolonie wohnten und zwischen 1901 und 1920 geboren wurden. Ihre Jugend verbrachten sie im Zeitraum zwischen den beiden Weltkriegen.

In dieser Zeitspanne sind die Lebensumstände der jeweiligen Geburtsjahrgänge in ihrer Jugendzeit aufgrund politisch-gesellschaftlicher Rahmenbedingungen unterschiedlich beeinflußt worden. Obwohl die Interviews im wesentlichen die individuellen Entscheidungen, Einschätzungen und Erlebnisse der einzelnen Frauen wiedergeben, wurde dennoch im Verlauf der Interpretation immer deutlicher, daß für alle Frauen, selbst über den Zeitraum von ca. 20 Jahren hinweg, Übereinstimmungen festzustellen sind, die eine charakteristische Beschreibung ihrer Jugend zulassen.

Diese Übereinstimmungen, die in einer durch Armut geprägten Familiensituation, dem Wohnen in der Kolonie und einem traditionellen Frauenbild liegen, werden im folgenden skizziert.

Die Situation der Bergarbeiterfamilien

Eine in der Regel hohe Kinderzahl und der zu geringe Lohn oder gar Kürzungen und Lohnausfall durch Streiks, Arbeitslosigkeit, Krankheit oder Tod des Vaters bewirkten, daß es oft nur darum ging, das Notwendigste an Nahrung, Kleidung und Gebrauchsgütern zu beschaffen. Arbeit und Sparsamkeit waren oberstes Gebot für alle Familienmitglieder. Dies galt sowohl für die Zeit während und nach dem Ersten Weltkrieg, als auch für die zwanziger (vgl. Winkler 1984, S. 717 ff.) und frühen dreißiger Jahre. Die kurze Zeit des wirtschaftlichen Aufschwungs Mitte der zwanziger Jahre reichte nicht aus, um das vorhandene Defizit in den Bergarbeiterhaushalten auszugleichen. Ende der zwanziger Jahre waren die Bergarbeiter massiv von Arbeitslosigkeit betroffen. Die Ehefrauen waren in der Regel nicht berufstätig, gingen aber immer dann Nebenbeschäftigungen nach, wenn es die schlimmsten finanziellen Nöte zu lindern galt.

Das Wohnen in der Kolonie

Zechensiedlungen, die vor allem gebaut wurden, um Bergarbeiter anzuwerben und sie an eine bestimmte Zeche zu binden, boten eine vergleichsweise gute Wohnqualität. Es waren in der Regel 3- bis 4-Zimmer-Wohnungen mit eigenem Eingang. Toiletten und Wasseranschlüsse lagen jedoch noch lange Zeit außerhalb der Wohnungen. (Vgl. Brüggemeier 1983, S. 48 ff.)

Zu den Siedlungshäusern gehörten stets ein Garten und Stallungen. Durch die hohe Kinderzahl, zusätzliche Kostgänger oder das Wohnen der jung verheirateten Paare in der Wohnung ihrer Eltern waren die Wohnungen nach heutigen Maßstäben stets überbelegt. (Vgl. Brüggemeier 1979) Das gesamte Familienleben spielte sich in der Wohnküche ab. Die Enge bot keine Rückzugsmöglichkeiten, nicht einmal ein eigenes Bett gehörte zum Standard.

Stall und Garten oder gepachtetes Land ermöglichten vielen Familien eine fast autonome Selbstversorgung mit Nahrungsmitteln, brachten aber auch viel Arbeit mit sich. Die Siedlungen waren in ihrer Bevölkerungsstruktur homogen, denn die Mieter mußten Werksangehörige der besitzenden Zeche sein. Höhere Angestellte der Zeche lebten in der Regel in einer gesonderten „Beamtensiedlung", und das Prinzip der Selbstversorgung oder Versorgung durch die Zeche bewirkte, daß sich nur wenige kleine Geschäfte ansiedelten.

Die einheitlichen Arbeits- und Lebensbedingungen der Siedlungsbewohner führten zu einer gemeinschaftlichen Lebensform (vgl. Lindner 1977, S. 43 ff.), die heute im Rückblick oft positiv geschildert wird. Man hatte keine Geheimnisse voreinander, denn „wir haben alle an einem Strang gezogen" (Magda Subeck). Es wird allerdings auch von Ausgrenzungen, z. B. bestimmter landsmännischer Gruppen wie den Polen, berichtet.

Für diesen Beitrag haben wir fünf Interviews durchgeführt, in denen vor allem die Jugendzeit der Befragten berücksichtigt wurde. Die Interviewpartnerinnen waren: Magda Subeck, geb. 1903; Beta Langhard, geb. 1907; Maria Paul, geb. 1919; Ilse Wagner, geb. 1919 und Agnes Hinz, geb. 1921. Aus dem Projekt „Lebensgeschichte und Sozialkultur im Ruhrgebiet 1930 bis 1960", Fernuniversität Hagen, Projektleitung: Lutz Niethammer, wurden neun Interviewtranskripte berücksichtigt. Ein Zitat stammt von Frau Wanda Ernst. Sie war Teilnehmerin an dem Projekt „Handarbeit im Frauenleben", Stadtteilkulturreferat der Stadt Recklinghausen, Projektleitung: B. Duka, R. Möhle-Buschmeyer, 1985 bis 1986.

Junge Mädchen als Helferinnen in der Küche eines schwedischen Botschaftsrates um 1925 (Privatfoto: Familie Duka)

Sonnenbad an einer Flußwiese, Bergkamen um 1930 (Privatfoto: Familie Duka)

„Ein dichtes Netz sozialer Beziehungen" sorgte für Integration und Anerkennung, setzte aber auch deutliche Grenzen. (Vgl. Günter 1982, S. 17) Die Einhaltung bestehender Normen, insbesondere weltanschaulicher und moralischer Vorstellungen, konnte durch die engen Kontakte leicht kontrolliert werden. Die Eingebundenheit in das soziale Gefüge bewirkte eine Abschottung nach außen, die das Eindringen neuer Informationen und neuen Gedankenguts erschwerte.

Das traditionelle Frauenbild

Für die Sozialisation weiblicher Jugendlicher in den Zechenkolonien war auch in den zwanziger Jahren das herkömmliche Frauenbild von zentraler Bedeutung. Traditionsgemäß lag das Betätigungsfeld der Frau in der Familie. Hier hatte sie wichtige Funktionen, vor allem unterlag ihr die Verteilung des Geldes. Letztlich hatte sie sich jedoch dem Mann unterzuordnen. In erster Linie war sie für die Reproduktion der männlichen Arbeitskraft zuständig, eine eigene Erwerbstätigkeit wurde häufig durch den „Ernährerstolz" der arbeitenden Männer verhindert. (Vgl. Einfeld 1983 a) Als erstrebenswerte Zukunft der Mädchen galten Ehe, Kinder und Haushalt. Auf dieses spätere Leben sollten sie vorbereitet werden. Sie arbeiteten frühzeitig im Haushalt mit und mußten Verantwortung etwa bei der Erziehung der Geschwister oder für den ordnungsgemäßen Ablauf des Haushalts übernehmen. (Vgl. Einfeld 1983 b) Die Identifikation mit der Mutter und eine intensive Eingebundenheit in die Belange der Familie waren für die Erziehung der Mädchen wichtige Voraussetzungen, die sicherstellten, daß sie als Ehefrauen den aus dem Rollenverständnis entstehenden Ansprüchen gerecht wurden.

Wie die Mädchen durch die materielle Situation, die Eingebundenheit in Normen und Verhaltensmuster des Wohnumfeldes und der Familie und die äußeren Bedingungen der Kolonie beeinflußt wurden, soll im folgenden beispielhaft anhand von Interviewaussagen für die Bereiche beruflicher Werdegang und Freizeitverhalten und für den Umgang mit Sexualität gezeigt werden.

Drei typische Biographien

Magda Subeck wurde 1903 als erstes von drei Kindern in einer Zechensiedlung in Recklinghausen geboren. Der Vater war Bergarbeiter, die Mutter Hausfrau und „hielt" sich zwei Kostgänger für einen Nebenverdienst. 1917 schloß Frau Subeck die Volksschule ab und blieb zu Hause, um der Mutter zu helfen. In ihrer Freizeit traf sie sich mit Freundinnen zum Handarbeiten, ging sonntags tanzen (anfangs in Begleitung des Vaters), sah sich gern Laientheateraufführungen an und besuchte einmal im Jahr die Cranger Kirmes. 1926 lernte Frau Subeck ihren Mann kennen. Er war Bergarbeiter und wohnte in der Nachbarschaft. Sie heirateten und zogen zu den Schwiegereltern.

Beta Langhard wurde 1907 im Harz als letztes von fünf Kindern geboren. Drei Geschwister waren bereits vor ihrer Geburt verstorben. Als Letztgeborene wurde sie nach ihren eigenen Angaben sehr verwöhnt. Sie arbeitete halbtags und brauchte zu Hause nicht zu helfen. 1920 zog sie mit den Eltern nach Gladbeck in eine Zechenkolonie. Der Vater wurde Bergarbeiter, schied aber 1926 als Frührentner wieder aus. Mit Beginn der Berufstätigkeit von Frau Langhard beendete die Mutter ihre Nebentätigkeit beim Bauern.

1921 wurde sie aus der achten Klasse der Volksschule entlassen und nahm in der Kolonie eine Halbtagsstelle als Dienstmädchen an. Sie wechselte dreimal die Stelle. Vor ihrer Heirat putzte sie für kurze Zeit stundenweise in einem Lebensmittelgeschäft. Sie trat 1922 einem Gesangsverein in der Kolonie bei, dem auch ihre Eltern angehörten. Außerdem war sie ab 1923 begeistertes Mitglied des Arbeiter-Wassersports Gladbeck. Mit 15 ging sie einmal in der Woche mit einer

Cousine zum Tanzen. Nachdem sie 1923 ihren späteren Mann kennengelernt hatte, verbrachte sie ihre Freizeit gemeinsam mit ihm oder handarbeitete. Ihr Mann, Bergarbeiter, stammte aus der gleichen Siedlung. Nach der Heirat 1927 zogen sie zu den Schwiegereltern; ihre Berufstätigkeit gab sie nun auf.

Maria Paul wurde 1919 in Gladbeck als erstes von vier Kindern geboren. Die Eltern lebten in einer Gladbecker Zechensiedlung. Der Vater war Bergarbeiter, allerdings von 1930 bis 1937 arbeitslos. Die Mutter arbeitete zeitweise als Aushilfe.

Frau Paul besuchte die freie weltliche Schule und beendete sie 1933 mit dem Volksschulabschluß. Sie suchte sich selbst in der Kolonie, in der sie wohnte, eine Lehrstelle als Verkäuferin bei einer Lebensmittelkette. Sie blieb auch nach Abschluß der Lehre bei dieser Firma, arbeitete aber in Castrop. 1937 mußte sie für drei Monate zu Hause die kranke Mutter ersetzen und kündigte deshalb. Danach arbeitete sie als Verkäuferin in Gladbeck, Winterberg und Langenberg und kehrte 1941 wegen der Kriegsereignisse in ein näher am Elternhaus gelegenes Geschäft zurück.

Während der Schulzeit war Frau Paul Mitglied einer sozialistischen Jugendorganisation und nahm auch an Ausflügen des Arbeiter-Radfahrer-Vereins teil, in dem der Vater aktives Mitglied war. Diese politischen Organisationen wurden 1933 verboten. Sie besuchte dann zwei Jahre lang einen evangelisch-lutherischen Gebetskreis. Auch lernte sie abends in einem kirchlichen Kreis handarbeiten. Nur selten ging sie zum Tanzen oder ins Kino.

1941 lernte Frau Paul ihren Mann kennen. Er war Bergarbeiter und wohnte in der Nachbarschaft. Sie heirateten 1942. Frau Paul beendete danach ihre Berufstätigkeit.

Beruflicher Werdegang

"Nach der Schule wollte ich eigentlich eine Lehre machen, meine Zeugnisse waren gut, aber das war genau wie heute: keine Stelle zu kriegen! Da war der Krieg, der erste Weltkrieg. Da sagte meine Mutter: ach dann bleibst Du zu Hause. Die hatte immer noch Kostgänger, Leute in Logis gehalten, und wir hatten auch viel Land und Vieh. (...) Ich wäre gerne im Geschäft gewesen, aber die haben ja keine mehr genommen. Da war nix, ich hab Pech gehabt, manche hatten ja Glück. Ja, das war die Zeit damals, da haben viele keine Stelle gekriegt. (...) Nähen lernen, das war für mich zu weit, das war in Herten, die Straßenbahn fuhr da nicht hin, Fahrräder hatten wir auch nicht." (Magda Subeck)

"Ja also, ich bin im März aus der Schule gekommen, 1921 und ich bin sehr gerne zur Schule gegangen (...). Ich wäre sehr gerne noch weitergegangen, aber das ging ja nicht. Wir hatten damals nicht genügend Geld. Da konnten wir uns das gar nicht erlauben. Und dann bin ich am 1. April schon, wurde im Januar erst 14, am 1. April kam ich schon als Dienstmädchen sagte man damals. (...) Da kann man mal sehen, daß man in unserer Zeit mit einem guten Zeugnis gar nichts anfangen konnte, denn Verkäuferinnen waren da sehr wenig gefragt, war meistens im Eigenbetrieb." (Beta Langhard)

"Ich hatte ein gutes Zeugnis. Ich konnte in die Lehre gehen. Das konnte nicht jeder. Die haben ja damals nur wenig Lehrstellen gehabt. Die meisten Mädchen aus der Verwandtschaft, die sind im Haushalt gewesen." (Maria Paul)

Die Interviewauszüge zeigen, daß eine weiterführende Schule kaum in Betracht kam, denn die Eltern hätten Schulgeld und Material bezahlen müssen. Doch selbst bei einer Freistelle (kostenloser Schulbesuch) hätte das Einkommen gefehlt, das die 14jährigen als Berufstätige mit nach Hause brachten. Es war häufig der Wunsch der Mädchen, eine Lehre zu machen. Doch auch hier zwangen materielle Schwierigkeiten oft zu einer anderen Lösung. Lehrstellen mußten z. T. sogar bezahlt werden. Das war z. B. oft bei Schneiderinnen der Fall, und auch die Ausbildung als Krankenschwester kostete Geld. Zudem entstanden oft Fahrtkosten und Kosten für Arbeitskleidung oder Werkzeug. Lehrlinge, die, wie Frau Paul, bezahlt wurden, bekamen ein sehr geringes Anfangsgehalt. Frau Paul verdiente ab 1933 monatlich im ersten Lehrjahr als Verkäuferin 10,- Mk, im zweiten 15,- Mk und im dritten Jahr 20,- Mk. Das monatliche Einkommen eines Arbeiters bewegte sich – je nach Branche und Zulagen – zwischen 60 bis 80 Mk und 150 bis 180 Mk. (Vgl. Sopade-Berichte 1 [1934], S. 646 ff.)

Nicht nur die Armut, sondern auch die Einstellung zur Berufstätigkeit beeinflußte die Berufswahl der Mädchen. So waren z. B. Fabrikmädchen verrufen:

"Ich will mal sagen, wenn ein junger Mann 'n Mädchen hatte, die auf der Fabrik arbeitete, dann waren die Eltern meistens dagegen. Die sagten immer: ‚Die können nichts, die verstehen nichts vom Haushalt.'" (Beta Langhard)

Nicht lebenslange Sicherung der Versorgung und Unabhängigkeit waren die Perspektiven, sondern es ging um kurzfristigen Verdienst und damit verbundener Anhebung des eigenen aktuellen Lebensstandards und den der Familie. Für die Sicherung des späteren Lebensunterhalts war der Ehemann zuständig. Die Mädchen mußten daher lernen, die Ansprüche des Ehemanns hinsichtlich der Haushaltsführung zu befriedigen.

Daher bot die Arbeit als Dienstmädchen viele Vorteile: Die Mädchen wurden auf den eigenen Haushalt vorbereitet, überbrückten so sinnvoll und noch dazu bezahlt die Zeit zwischen Schule und Ehe. Und sie bekamen während ihrer Arbeitszeit oft besseres Essen als zu Hause. Dies war so wichtig, daß die Mädchen sogar schlechte Arbeitsbedingungen in Kauf nahmen, wenn sie nur gut versorgt wurden.

„Und da hab ich nie was zu Hause erzählt, denn bei uns war oft Schmalhans Küchenmeister. Denn wenn damals die Männer krankfeierten, und das hat mein Vater öfter getan, dann gab es ja drei Tage überhaupt kein Krankengeld, und dann gab es Krankengeld nur – ich glaube 70 Prozent. Ganz wenig. (...) Die (Familie, bei der Frau Langhard Dienstmädchen war, d. V.) hatten Verwandte im Münsterland, das war'n Bauer, und dann haben die jedes Jahr da 'n Schwein geschlachtet. Und dann hatte ich sehr gutes Essen. Deshalb hab ich zu Hause nie was erzählt, daß ich da so schwer tragen mußte." (Beta Langhard)

Daß im nördlichen Ruhrgebiet nur relativ wenig Stellen für Mädchen im Haushalt angeboten wurden, erwies sich für kinderreiche Familien (manchmal in materieller Hinsicht) als Vorteil, da z. B. nun Nahrungsmittel und Wohnraum reichlicher zur Verfügung standen. Die Mädchen gingen dann oft schon mit 14 Jahren in Städte wie Düsseldorf oder Essen oder nach Holland in Stellung.

„Viele sind ja nach auswärts zu Herrschaften gekommen, das mußten die, wo mehrere Kinder waren." (Magda Subeck)

Viele Einschränkungen bei der Berufswahl beruhten darauf, daß die Mädchen stark in das Wohnumfeld eingebunden waren. Lehrstellen wurden nur selten angeboten, denn in der Kolonie fehlten Handwerker und Geschäftsleute. Der fehlende Mittelstand machte sich auch bei dem Angebot an Dienstmädchenstellen bemerkbar. Wollten die Mädchen trotzdem in der Kolonie bleiben, mußten sie oft schlechte Arbeitsbedingungen oder schlechte Bezahlung in Kauf nehmen.

Auch war das in der Umgebung Übliche Maßstab für das eigene Verhalten:

„Es war eben so. (...) ... und wir haben da auch gar nichts gewußt, daß es da irgendetwas anderes gab. Nur eben die Fabrik, aber auf die Fabrik, da wollten meine Eltern mich auch nicht schicken." (Beta Langhard)

In jedem Fall bedeutete die von den Mädchen ausgeübte Tätigkeit lange und oft auch schwere Arbeit; z. B. begann der Arbeitstag für ein Mädchen in Stellung nicht selten um 7 Uhr und endete abends um 19.30. Auch samstags und sonntags vormittags wurde gearbeitet. Zu den Arbeiten gehörten neben Spülen und Tischdecken oft auch Wäsche waschen und Fußböden bohnern, was in damaliger Zeit mit erheblicher körperlicher Arbeit verbunden war.

Freizeit und Vergnügen

„In meiner Freizeit? Ja, da werden Sie staunen (...) Ich hab sehr viel Richelieu, Locharbeit, alles gemacht. Ich hab mir Paradekissen gestickt. Mit so 'nem großen Blumenstrauß in der Mitte. (...) Ich hatte mir die Kissenbezüge gekauft, und dann hab ich mir so breite (Durchsätze d. V.) reingehäkelt in die Kissen. Dann hab ich mir in die Schränke, hab ich alles schon vorher gemacht, bevor ich geheiratet hab, alles so Spitzchen gehäkelt. Dann hab ich – wir haben ja früher so Klapphosen getragen – dann hab ich die ausfestoniert, immer so Bogen unten. Und dann ... hab ich da so 'n schönes Muster reingestickt. Und dann haben wir Untertaillen getragen. Da hab ich dasselbe gemacht, da hab ich mir auch schön was reingestickt." (Beta Langhard)

Nicht jede konnte so viel Zeit und Mühe für die Aussteuer aufwenden wie Frau Langhard, die zu dieser Zeit nur stundenweise putzte. Es war jedoch üblich, wenigstens einen Grundbestand an Aussteuer herzustellen. Viele Mädchen gingen zu diesem Zweck zu katholischen Schwestern.

„Und bei den Schwestern konnte man auch Handarbeit lernen und Nähen lernen. Und da bin ich auch gewesen. Wir haben auch da genäht. Von 8–10 Uhr nach Feierabend, anders ging das nicht." (Maria Paul)

Das Handarbeiten in der Freizeit war in mehrfacher Hinsicht von Bedeutung: Es ging, wie Frau Langhards Schilderung zeigt, darum, Gebrauchsgegenstände zu verschönern. Hatte man später auch keine eigene Wohnung, so konnte doch das Paradekissen, ohne großen finanziellen Aufwand durch eigene Handarbeit „veredelt", die zwei spärlich eingerichteten Zimmer in der Wohnung der Schwiegereltern ein wenig hübscher wirken lassen. Zudem zeigt sich, daß selbst die knapp bemessene Freizeit genutzt wurde, um sich auf den eigenen Haushalt und das spätere Hausfrauendasein vorzubereiten. In damaligen Haushalten waren Handarbeiten aus Kostengründen unerläßlich. Vor allem wurde durch Reparaturhandarbeiten und Herstellung von Kinderkleidung viel Geld gespart.

Dienstmädchen mit der „Tochter des Hauses" und Puppe in selbstgenähter Schürze, um 1935 (Privatfoto: Familie Duka)

Das Handarbeiten an der Aussteuer macht deutlich, daß die Mädchen frühzeitig Vorkehrungen für ihre Zukunft trafen. Handarbeiten wurden jedoch nicht nur zukunftsorientiert ausgeführt, sondern viele Töchter wurden bei der Mithilfe im Haushalt zu Reparaturhandarbeiten wie Strümpfestopfen verpflichtet. In diesem Bereich ist die Grenze zwischen Zwang und Vergnügen schwer auszumachen, zumal das Handarbeiten leicht mit anderen Beschäftigungen verbunden werden konnte.

„Wir haben auch Freizeit gehabt, wir hatten da so 'n Holunderbaum, da war rundum eine Bank (...) da haben wir dann viel gesessen und gesungen (...) Wir haben da zusammengesessen und dann gehäkelt oder gestrickt und haben uns unterhalten." (Magda Subeck)

Gesprächsthema war in diesem Fall meistens das wöchentliche Tanzvergnügen:

„Dann haben wir uns unterhalten, wie wir uns amüsiert hatten beim Tanzen." (Magda Subeck)

Dank der Handarbeiten konnten sich die Mädchen dem Zugriff und der Kontrolle der Mutter entziehen – waren sie doch sinnvoll beschäftigt. Diese Situation wurde von den Mädchen genutzt, um Mädchenträume oder verbotene Themen zu besprechen.

Selbstverständlich war das Handarbeiten nicht die einzige Freizeitbeschäftigung und nicht jedem Mädchen gleich lieb und wichtig. Besuche von Kinovorstellungen und Laientheatern waren sehr beliebt. Die Vereine öffneten sich zunehmend auch für Frauen und Mädchen. Sie richteten, ebenso wie politische und kirchliche Gruppierungen, neben ihrem eigentlichen Angebot auch Tanzveranstaltungen, Ausflüge, Theateraufführungen und Feste aus.

Äußerst beliebt waren bei den Mädchen offenbar die öffentlichen Tanzveranstaltungen in Gastwirtschaften. Außerdem gab es häufig Zusammenkünfte von Nachbarn oder Verwandten, die besonders im Sommer spontan organisiert wurden. Hier wurde viel gesungen und getanzt.

Bei jeder Art von Freizeitgestaltung waren die Einflüsse von Familie und Kolonie wirksam. Waren die Eltern einer bestimmten politischen oder kirchlichen Gruppe oder einem Verein zugehörig, so nahmen auch die Töchter meistens am Geselligkeitsleben oder an Angeboten für Jugendliche dieser Gruppierungen teil.

Wie sich die Mädchen für den Besuch von z. B. Tanzveranstaltungen zurechtmachten, war von den Vorschriften der Eltern abhängig. Jegliches Schminken war verboten und auch die damals moderne Bubikopffrisur war nicht erlaubt. Kurzes Haar wurde nur akzeptiert, wenn es durch Dauerwelle in eine geordnete Form gebracht war:

„Ja, dann war ich in der Lehre und dann hab ich so lange gebettelt, bis ich meine Haare abschneiden durfte. Und dann sah ich aber immer aus wie so 'n alter Zossenkopf (...) und dann durfte ich mal nach K., das war ein Billigfriseur, und da bekam ich dann meine Krause." (Ilse Wagner)

Öffentliche Tanzveranstaltungen, Kinos o. ä. besuchten Mädchen nie allein. Sie gingen entweder in Begleitung Verwandter (Väter oder Brüder hatten oft Aufpasserfunktion) oder gemeinsam mit Freunden und Freundinnen aus der Kolonie. Waren Jungen aus anderen Wohnvierteln an den Mädchen interessiert, wurde das „Revier" von den in der Kolonie wohnenden Jungen verteidigt:

„‚Fremder Hahn auf'm Mist' sagten sie dann ‚Wehe ihr kommt in unser Revier!' Wenn da ein anderer war, dann haben sie den aufgepaßt, und der kriegte dann abends auch schon mal..." (Agnes Hinz)

Dienstmädchen in stolzer Pose vor dem Wagen des „Hausherrn" (Privatfoto: Familie Duka)

Die Mädchen waren sozusagen Besitz der Jungen aus der Kolonie. Was die Akzeptanz des eigenen Äußeren betraf, waren die Mädchen sehr von den Ansprüchen dieser Jungen abhängig. Diese interessierten sich, wie Frau Wagner erzählt, vor allem für die Mädchen, „die schon gut entwickelt waren". Sie selbst habe sich zwar auch schon mit 15, 16 Jahren für Jungen interessiert, war aber relativ chancenlos, da sie „lang und dünn" war:

„... und dann sagten sie immer ‚Schneider Wipphupp' zu mir, und dann haben sie gesagt ‚vorne nichts und hinten nichts'..." (Ilse Wagner)

Auch Frau Hinz konnte mit ihrem Aussehen nicht zufrieden sein:

„Dann hab ich manchmal gedacht: Meine Güte, ob Du überhaupt einen mitkriegst, weil Du so klein bist!" (Agnes Hinz)

War der spätere Mann gefunden (fast alle interviewten Frauen haben einen Mann aus der Nachbarschaft oder der Kolonie geheiratet), so konnte es passieren, daß Freizeitaktivitäten durch den „Zukünftigen" unterbunden wurden.

„Ich war im Gesangverein und im Schwimmverein. Und nun war ich ja noch so jung, wie ich meinen Mann kennenlernte. Und ehe wir uns verlobt haben, da hat er gesagt: ‚Entweder ich oder die Vereine.' Mein Mann wollte eine Frau für sich haben." (Beta Langhard)

Ebenso wie die bei den Mädchen beliebten Tanzveranstaltungen in Gaststätten waren auch die Kinobesuche und andere Vergnügungen durch den notwendigen finanziellen Aufwand beeinträchtigt.

„Also ich bin wenig ins Kino gekommen, ich hatte ja kein Geld dafür." (Maria Paul)

„Und dann haben wir ja auch gar kein Geld gehabt. Dann haben wir uns immer reingeschlichen, reingeschummelt. So für'n Glas Dunkelbier hatten wir wohl." (Beta Langhard)

„Wir waren ja sehr, sehr sparsam, weil wir das gar nicht anders kannten. Er hatte nie Geld, ich hatte kein Geld. Wie wir noch zusammen liefen, dann kriegte er zwei Mark Taschengeld alle 10 Tage. Da hat er sich, er hat geraucht, 'n Päckchen Tabak gekauft, das kam 90 Pf., drei Zigaretten für 'n Groschen, und dann sind wir einmal ins Kino gegangen, Halunkenloge, kam jedesmal 50 Pf. Da waren die zwei Mark weg. Und wenn wir mal spazieren gingen, wir konnten uns nicht mal 'n Glas Bier trinken oder nur 'n einfachen Sprudel." (Beta Langhard)

Tabuthema Sexualität

Die Aussagen der befragten Frauen zum Bereich Sexualität beschreiben eine Atmosphäre von Angst, Heimlichkeit und Unwissenheit, mit der dieses Tabuthema verknüpft war:

„Die haben uns früher hinter's Licht geführt, die haben uns nicht so offen erzählt, wie das heute ist, nee so waren die nicht. Wir waren ja dumm!" (Magda Subeck)

„Es hieß nur ‚Paß auf! Und komm nicht mit 'nem Päckchen nach Hause!'" (Agnes Hinz)

Selbst auf den Menstruationsbeginn wurden die Mädchen nicht vorbereitet und waren dann dementsprechend schockiert. Die Reaktion der Mütter trug kaum dazu bei, durch entsprechende Aufklärung Angst abzubauen:

„Als ich meine Regel bekam, sagte meine Mutter: ‚Ach Du armes Kind! Das kommt jetzt alle vier Wochen!' Das war meine ganze Aufklärung." (Wanda Ernst)

„Um überhaupt mal ein bißchen zu wissen was läuft" hat sich Ilse Wagner das Gesundheitsbuch ihrer Eltern angesehen, in dem die

Entwicklung eines Kindes im Mutterleib abgebildet war. Andere Möglichkeiten der Information boten Gespräche mit Freundinnen, die manchmal von älteren verheirateten Geschwistern schon mehr erfahren hatten.

Diese Tabuisierung des Sexualbereichs erstaunt umso mehr, als die Konfrontation damit schon wegen der engen Wohnverhältnisse aus heutiger Sicht kaum vermeidbar scheint, da die Kinder häufig mit den Eltern ein Schlafzimmer teilten und auch Hausgeburten miterlebten.

„Also ich war halbtot. Ich hab das alles miterlebt, die Wehen und das alles. Nur daß ich in dem Moment raus war, wie die Mutter das Kind geboren hat." (Maria Paul)

Da keine Aufklärung betrieben wurde und nie über Sexualität gesprochen wurde, wurden auch Situationen, in denen eine tatsächliche Bedrohung vorlag, ängstlich verschwiegen. Frau Langhard erzählt von ihrer Begegnung mit einem Exhibitionisten:

„Ja und da hat sich mal einen Morgen ein Mann unsittlich gezeigt. Und wir waren so naiv! Wir sind gelaufen, was wir konnten. Wir sind nie mehr da vorbei gegangen. Wir haben auch den Eltern nichts erzählt. Auch keine Polizei oder was, wie das heute so gemacht wird, nichts. Da waren wir viel zu ängstlich dazu." (Beta Langhard)

Die Eltern befanden sich in der ständigen Angst, daß die Tochter vor der Ehe schwanger werden könnte. Zum einen war ein voreheliches Kind moralisch verwerflich, die Tochter kam also in den Ruf der Verwahrlosung, was wiederum auf die Eltern zurückfiel. Zum andern war auch die spätere materielle Versorgung der Tochter gefährdet, deren Möglichkeiten, einen Ehemann zu finden, nun sehr eingeschränkt waren.

Da die Eltern nie selbst gelernt hatten, unbefangen über Sexualität zu sprechen, sahen sie die einzige Möglichkeit, einer unerwünschten Schwangerschaft der Tochter vorzubeugen, zumeist darin, Sexualität als etwas diffus Gefährliches zu vermitteln. Gleichzeitig mußten die Eltern den Mädchen aber genügend Gelegenheit lassen, einen Ehemann kennenzulernen. Dies um so mehr, da in den zwanziger Jahren als Folge des Ersten Weltkriegs ein Frauenüberschuß zu verzeichnen war. Für die Eltern ergab sich daraus eine nur schwer zu lösende Situation.

Grenzen der Lebensgestaltung

Trotz des unterschiedlichen politisch-gesellschaftlichen Rahmens, der die Jugendzeit der Befragten beeinflußte, werden in den beschriebenen Lebenssituationen übergreifende Gemeinsamkeiten sichtbar:

Die Lebensgestaltung der weiblichen Jugendlichen in Zechenkolonien wurde übereinstimmend durch ihre Eingebundenheit in Familie und Kolonie mit ihren materiellen Bedingungen und weltanschaulichen und moralischen Vorstellungen geprägt. Die von Familie und Nachbarschaft an weibliche Jugendliche gestellten Erwartungen und Anforderungen beruhten auf einem einheitlichen Norm- und Wertkonsens, der durch das traditionelle Frauenbild in entscheidender Weise gestützt wurde. Zusätzlich schränkte Armut die Möglichkeiten der Außenorientierung so weit ein, daß Erfahrungen, die diesen Konsens hätten in Frage stellen können, kaum gemacht werden konnten. Auch vermittelte die deutliche Mitverantwortung für die Lebensqualität der Familien den weiblichen Jugendlichen ein Selbstwertgefühl, das die Familien- und Koloniegebundenheit verstärkte. Mögliche Alternativen gerieten so nicht ins Blickfeld. Konflikthafte Auseinandersetzungen mit Familie und Nachbarschaft und den eigenen Lebensformen waren nicht notwendig. Inwieweit diese Aussagen auch für andere Wohnumfelder (z. B. Dörfer) zutreffend sind, muß hier offen bleiben. Die „Revolutionierung der Frau" in der Weimarer Republik, wie sie für größere Städte beschrieben wird (vgl. Frauenalltag und Frauenbewegung 1981, S. 49 ff.), erreichte die Kolonie offenbar nicht. Die sexualreformerischen Ansätze dieser Zeit konnten so auf das Verhältnis der weiblichen Jugendlichen zu ihrem Körper und zur Sexualität keinen Einfluß haben. Das Bild der „neuen Frau" in der Öffentlichkeit und die damit verbundenen neu proklamierten Freiheiten vermochten das alte Rollenklischee offenbar nur insoweit zu durchbrechen, als daß für weibliche Jugendliche eine Berufsausbildung zunehmende Bedeutung erhielt. Eine berufliche Perspektive endete dann aber bei der Eheschließung.

Bei einer oberflächlichen Betrachtung der beschriebenen Lebensform der weiblichen Jugendlichen entsteht der Eindruck von Zufriedenheit, der auch durch die fehlende Protesthaltung gegen die Eltern bekräftigt wird. Bei der Interpretation der Interviews wird jedoch sichtbar, daß diese Zufriedenheit sich nicht auf selbstbestimmte Übereinstimmung mit den Lebensumständen gründen konnte, sondern eher auf die doppelt unterprivilegierte Ausgangsposition (Geschlecht und Schichtzugehörigkeit) zurückzuführen ist. Mit anderen Worten – weibliche Jugendliche, die als Töchter von Bergarbeitern, also unter schlechten materiellen Bedingungen, in einer Zechenkolonie aufwuchsen, hatten kaum eine andere Wahl, als mit dem Bestehenden zufrieden zu sein.

78

„Pioniere der sozialistischen Lebensgestaltung"

SAJ Essen 1930/31
(Privatfoto: G. Boege)

Arbeiterjugend um 1920
(W. Karsch/Alte Synagoge
Essen)

In der Weimarer Republik hat es im linken Spektrum der organisierten Jugend zwei große Verbände gegeben: Die sozialistische Arbeiterjugend (SAJ) und den Kommunistischen Jugendverband (KJD, ab 1925 KJVD). Beide verstanden sich als Parteijugend der SPD bzw. der KPD, wie auch die beiden Parteien sie als „ihre" Jugend ansahen.

Versuche politischer Autonomie, die es in den zwanziger und dreißiger Jahren immer wieder gegeben hat, sind weitgehend gescheitert. Der strikte Führungsanspruch der Mutterparteien gegenüber den Jugendorganisationen hat entweder den kleineren linken Jugendgruppen, z. B. der syndikalistisch-anarchistischen, der USPD- oder später der SAP-Jugend, neue Mitglieder gebracht oder er führte die enttäuschten Jugendlichen ganz von den Organisationen weg.

In beiden Verbänden lebten Traditionen der antimilitaristischen süddeutschen und der gewerkschaftlich orientierten preußischen Richtung der Arbeiterjugend des Kaiserreichs weiter. Wie die sozialistische Arbeiterbewegung hat sich auch die Arbeiterjugendbewegung im Ersten Weltkrieg an der Frage der Kriegskredite gespalten.

Nicht nur in der Wilhelminischen, auch in der Weimarer Zeit ist die organisierte Arbeiterjugend eine aktive Minderheit geblieben; bei stets starker Fluktuation umfaßte ihr Potential etwa 100.000 Jungen und Mädchen im Alter von 14 bis 18 Jahren. Zum Vergleich: die kirchlichen Jugendverbände der Weimarer Republik hatten dreimal soviele Mitglieder.

SAJ und KJVD haben kulturelle Arbeit und Politik als Einheit zu praktizieren versucht. Sie wählten zwar häufig ähnliche Symbole und Kampfformen, konnten und wollten ihre unterschiedlichen Auffassungen über den Weg zum Sozialismus jedoch immer weniger überbrücken; am Ende der zwanziger Jahre setzten beide ihre erweiterten agitatorischen Möglichkeiten auch gegeneinander ein. *H.B.-C.*

Heidi Behrens-Cobet:

Parteijugend und kulturelle Avantgarde

Die Essener SAJ in der Weimarer Republik

Die sozialdemokratische Jugend der Weimarer Zeit hatte anachronistische Züge. Sie entfaltete sich nämlich zu einer Kulturbewegung erst unter den neuen republikanischen Verhältnissen, obwohl sich die ersten Arbeiterjugendlichen schon 1904 in Berlin und Mannheim, 1905 in Essen und anderen Städten zusammengeschlossen hatten. Von den lebensreformerischen Orientierungen der bürgerlichen Jugendbewegung wurde anfangs insbesondere die Naturverbundenheit aufgegriffen, nicht aber das emanzipierte Äußere und die Opposition gegen die Elterngeneration, denn das Hauptanliegen insbesondere der preußischen Arbeiterjugendvereine war die Interessenvertretung für jugendliche Lehrlinge, Arbeiterinnen und Arbeiter. Dies war als Reaktion auf die beschwerlichen bis skandalösen Arbeitsbedingungen und den unzureichenden Schutz für minderjährige Auszubildenden und Berufstätige im Handwerk und in der Industrie der Kaiserzeit zu verstehen. Die Arbeiterjugend bemühte sich darüber hinaus durch allgemeinbildende Vorträge, Leseabende und Theaterbesuche um die politische und kulturelle Weiterbildung ihrer Mitglieder.

Die engen Fesseln des Reichsvereinsgesetzes auf der einen, SPD und Freie Gewerkschaften auf der anderen Seite – beide skeptisch-paternalistisch – mögen bis 1918/19 einer Entwicklung ihrer Jugend hin zu einer kulturellen Alternativbewegung entgegengestanden haben, es finden sich jedoch auch wenig Hinweise darauf, daß die Mädchen und Jungen eigeninitiativ nach anderen, „jugendgemäßen" Stilen gesucht haben. Fotos aus der Kaiserzeit, die heute trotz ihrer begrenzten Motivwahl wichtige Quellen für uns sind, zeigen hauptsächlich „kleine Erwachsene" auf sonntäglichen Wanderungen: Mädchen in unbequemen „guten" Kleidern und mit aufwendig zusammengesteckten Frisuren, Jungen in ihrem „besten Stück", einem dunklen Anzug mit „Vatermörder", Krawatte und Hut – ganz genau so sahen auch die Mütter und Väter dieser Jugendlichen aus.

Wenn sich dennoch kirchliche und bürgerliche Kreise durch die proletarischen Jugendgruppen provoziert fühlten, dann lag das einmal an dem Protestpotential, das sie repräsentierten – sie prangerten in ihrer Zeitschrift „Arbeitende Jugend" mutig betriebliche Ausbeutung und körperliche Züchtigung durch ihre Lehrherren an –, zum anderen aber auch an der Umsetzung der alten sozialdemokratischen Maxime der „Gleichberechtigung der Geschlechter". Im rheinisch-westfälischen Industriegebiet, in dem die katholische und die evangelische Kirche ihre Jugendgruppen prinzipiell nach Geschlechtern trennte, waren gemischte Gruppen eine Herausforderung.

Die Weimarer Republik setzte das Reichsvereinsgesetz außer Kraft und brachte die Sozialdemokratie in eine bestimmende und verantwortliche Position. Auf die arbeitende Jugend in den Großstädten des Deutschen Reiches wirkten die veränderten Verhältnisse wie ein überfälliger Anstoß; sie erprobte nun Alternativen zu ihren bisherigen Lebens- und Ausdrucksformen. Die Kleidung, die Frisuren, die Tänze, die Musik änderten sich auffallend ab dem Weimarer Jugendtag von 1920. Die sozialdemokratische Jugend erinnerte in ihrem Habitus an die Wandervogelbewegung kurz nach der Jahrhundertwende. Trotzdem verstand sie sich weiterhin als Teil der Mehrheitssozialdemokratie und vertrat ihre Ziele.

Die Mädchen, nun mit langen Zöpfen oder Haarkränzen, trugen „Inselkleider", das waren

Oben: Ausflug der Arbeiterjugend um 1914 (Archivsammlung Ernst Schmidt/Ruhrlandmuseum Essen)

Unten: SAJ Essen-Ost Ende der zwanziger Jahre (Privatfoto: H. Eisenblätter)

meist weiße Nesselröcke und bunte Kattunblusen; Jungen ließen ihre Haare länger wachsen und zeigten sich in Schillerhemden und kurzen Cordhosen. Man gab sich ungezwungen „natürlich". Klampfen-, Geigenmusik und Volkstänze waren als historisierende identitätsstiftende Elemente sehr gefragt. Die Jungen und Mädchen protestierten damit auch gegen die städtische „Schmutzkultur", wie Paartanzen oder Varietés.

Gegenüber der SPD bestand die Jugendorganisation erstmals auf einer „Eigenart der Jugend" und forderte Autonomiespielräume; das hieß, die Erwachsenen aus der Mutterpartei sollten nicht länger Form und Inhalt der Jugendgruppenarbeit bestimmen.

Selbstverständlich bedeutete diese erste Aufbruchphase nicht sofort in allen Orten des Reiches eine gründlich veränderte, „jugendbewegte" Praxis. Maria S., Jahrgang 1903, von 1920 bis 1921 Vorstandsmitglied der sozialdemokratischen Arbeiterjugend im Unterbezirk Essen, schildert die Gruppenarbeit dieser Zeit. In einem Raum der SPD in der Essener Innenstadt trafen sich sonntags Mädchen und Jungen zwischen 14 und 19 Jahren. Sie begnügten sich damals mit einer spärlichen Ausstattung: einem Liederbuch und mehreren Stühlen. *„Wir machen zumeist Gesellschaftsspiele, ‚Rabsch hat den Hut verloren', ‚Verliebt, verlobt, verheiratet', ‚Der Platz an meiner Linken ist frei, ich wünsche mir ... herbei'. Zwischendurch sangen wir unser Lied ‚Wir sind die junge Garde des Proletariats' oder ‚Auf Sozialisten, schließt die Reihen'..."* (Brief von Maria S. an Lydia und Otto B., Aug./Sept. 1976)

Nach und nach setzte sich auch in Essen der neue Stil durch. Jetzt konnte man schon an Äußerlichkeiten erkennen, welcher Junge und welches Mädchen zur Jugendorganisation der SPD gehörte und wer erwachsener Genosse war. Die Umwelt reagierte nicht selten mit Unverständnis auf die auffällig gekleideten Jugendlichen. Fanny R., 1899 geboren, gehörte auch einer Essener Arbeiterjugendgruppe an; sie berichtet: *„Meine Schwester hat 1922 ihren tüchtigen Frauenriegevorturner, Gustav Sch., geheiratet und sie gingen unbefangen in Wanderkleidung zum Standesamt. Mein Schwager in kurzer Manchesterhose, meine Schwester im Inselkleid... Auf dem Standesamt rümpfte man die Nase und forderte das Brautpaar auf, sich erst der Würde des Zeremoniells gemäß anzuziehen..."* (Brief von Fanny R. an Ernst Schmidt, April 1984)

Es blieb Bestandteil der Arbeiterjugendkultur und auch der sozialdemokratischen Erziehungsbewegung der Weimarer Zeit, daß sich Jungen und Mädchen gemeinsam in der SAJ oder bei den Kinderfreunden organisierten (und ab 1920 sogar in „Freien Schulen" zusammen unterrichtet wurden). Innerhalb der SAJ stritt man darüber, ob zur Förderung der Frauengleichstellung die Einrichtung spezieller Mädchengruppen nötig sei. In einigen größeren Städten hat es „Mädelkurse" gegeben, z. B. als Diskussionsmöglichkeit über sexuelle Fragen oder zur politischen Schulung, auch Mädchen aus den Essener Gruppen nahmen daran teil. Weibliches Selbstbewußtsein begann sich nicht nur in der proletarischen Frauenbewegung, sondern auch in der SAJ zu regen. Kurt G., Jahrgang 1915, erinnert sich daran, wie die Jungen in den Gruppen reagierten: *„Ja, auch hier versuchte man natürlich neue Stile zu entwickeln. Das, was man in der bürgerlichen Welt Galanterie, Höflichkeit gegenüber dem weiblichen Geschlecht nannte, das gab's natürlich nicht. Bub und Mädel waren gleichberechtigt, damals schon, oder galten als gleichberechtigt. Man strebte sie an, diese Gleichberechtigung. Man half den Mädchen beispielsweise nicht aus der Straßenbahn, man half nicht dem Mädchen aus dem Mantel. Das hätten die Genossinnen entrüstet zurückgewiesen."*

Wenn wir auch bedauerlicherweise über den Alltag in der SAJ noch immer zu wenig farbig Auskunft geben können, läßt sich doch vermuten, daß Mädchen und Jungen dort nicht nur den in sozialistischen Erziehungskonzepten intendierten „selbstverständlichen Umgang" miteinander eingeübt haben. Psychologische Spannungen waren nichts Ungewöhnliches, denn einzelne Freundschaften oder Liebesbeziehungen entstanden, dauerten an oder lösten sich wieder auf. Dies widerspricht zwar auf den ersten Blick den unter Pädagogen, aber auch in der Arbeiterjugend verbreiteten Vorstellungen von reiner Kameradschaft (Linse 1985, S. 277–295), aber: in den Gruppen gab es beide Ebenen gleichzeitig. – Kläre W., Jahrgang 1908, ab 1921 Mitglied in der SAJ und bis 1945 der Arbeiterjugend verbunden, erzählt von vielen Paaren, die sich in den Gruppen gefunden haben. Pärchenweises Absondern, Händchenhalten und andere äußere Zeichen des Zusammengehörens provozierten allerdings die übrigen Jugendlichen zu spöttischen Bemerkungen. Auch Kläre W. hat ihren späteren Ehemann in der SAJ kennengelernt; sie weiß noch genau, daß Liebespaare auf Wanderungen selten allein waren: „Wir hatten immer auch noch so'n Anhängsel dabei."

Wie im Reich lag auch in Essen der Anteil der Mädchen in der SAJ bei nur einem Drittel. Die leitenden Funktionäre waren mehrheitlich Jungen. In der zeitgenössischen Literatur (z. B. in der Verbandszeitschrift „Arbeiter-Jugend"), aber auch in Gesprächen mit ehemaligen Mitgliedern werden Jungen häufig als die politisch Aktiveren beschrieben, während Mädchen für die kulturell-ästhetischen Bereiche zuständig waren (oder sein wollten): *Mein Freund Karl, der war immer für Volkstanz [bei der monatlichen Programmplanung – d. V.], und das hatte natürlich auch meist die Mehrheit, vor allen der Mädchen hinter sich, während Kurt immer nur Zeitungsschau und Diskussion machen wollte, und dann in der Minderheit blieb."* (Kurt G.)

Wie sehr sich die sozialdemokratische Jugendbewegung im Lauf der zwanziger Jahre zu einer Kulturbewegung entwickelte, illustriert eine Äußerung von Theo W., Jahrgang 1913, SAJler von 1927 bis 1933: *„Wir hatten in der Organisation 'ne Schülergruppe, wir hatten 'ne Musikgruppe, wir hatten 'nen Sprechchor, selbstverständlich wurde sonntags gewandert, Sport getrieben und vor allen Dingen Volkstanz . . . Also praktisch die ganze Woche immer auf'm Ritt innerhalb der Arbeiterjugend."*

Das Repertoire der Essener SPD-Jugend ist damit noch nicht vollständig. Darüber hinaus hatte die SAJ einen Chor, eine Bewegungsgruppe und ein Kabarett. Selbstverständlich bot sie eine Menge Vorträge und andere Bildungsveranstaltungen an, und einzelne Jugendliche beteiligten sich an den Aktivitäten der „Kinderfreunde". Außerhalb der wöchentlichen Treffen nahmen die Mädchen und Jungen an Fahrten und Festen teil, z. B. an den Jugendtagen, den Mai- und Verfassungsfeiern und an der Sommersonnenwende. Die SAJ Essen konnte sich auf ca. 300 bis 400 aktive Mitglieder in 21 Stadtteilgruppen stützen.

Bezirksjugendtage, zentrale Treffen für die örtlichen Jugendgruppen der Region, hat es schon in der Kaiserzeit gegeben; man feierte sie alle zwei bis drei Jahre.

1920 fand in Weimar der erste (mehrheitssozialdemokratische) Reichsjugendtag statt. Das Weimarer Treffen gilt in der Historiographie der SPD als „Höhepunkt des jugendlichen Sturms und Drangs, jugendlicher Romantik". (Eberts 1979) Politische Themen spielten – trotz Kapp-Putsch und der tiefen Spaltung der Arbeiterbewegung – nur eine untergeordnete Rolle. „Jung sein – froh sein", war die Devise. Die darauffolgenden Reichsjugendtage der SAJ (und später auch die internationalen Treffen) wandten sich wieder stärker der politischen Aktualität zu; so legte die Jugend im Jahr 1923 in Nürnberg ein „Bekenntnis zur Republik" ab. Ungefähr 50.000 Jugendliche waren nach Nürnberg gekommen, obwohl durch die Inflation und die französisch-belgische Besetzung des Ruhrgebietes miserable Reisebedingungen herrschten. Erschwerend kam hinzu, daß die Jungen und Mädchen noch keinen freien Samstag hatten. Gegen alle Widerstände machten sich viele tausend Jugendliche aus dem Kohlenrevier auf den Weg. Jupp R., Jahrgang 1907, ab 1922 in der SAJ (und nach 1945 Initiator der ersten Gruppen) war dabei: *„Der Jugendtag '23, da war doch die Besatzung von den Franzosen. Wir mußten heimlich nach Hattingen, das war die freie Zone . . . da mußten wir durch so'n Arm von der Ruhr und uns im Dunkeln in Hattingen treffen, so daß wir dann von da aus zum Jugendtag nach Nürnberg fahren konnten . . . Das war ein Erlebnis, unvergeßlich. 50.000 Arbeiterjugendliche und dann um den Dutzendteich da in Nürnberg 'n Fackelzug, rund um den Teich. Und alles in Privatquartieren. Also, es war schon 'n Erlebnis. Und von da an war man, wenn nicht verstandesmäßig, aber so doch gefühlsmäßig dabei, und das ist ja noch enger . . ."*

Pfingsten 1924 lud die Bezirksvertretung Niederrhein der SAJ zu einem Treffen der angeschlossenen Ortsgruppen nach Essen. Öffentliche Umzüge und Kundgebungen – stets die Höhepunkte solcher Treffen – waren von den französischen Besatzungsbehörden verboten worden. Am Anreisetag, Pfingstsamstag, konnten sich die Jungen und Mädchen zwischen zwei Kulturangeboten entscheiden: im „Rüttenscheider Reformkino" zeigte man einen Lichtbildervortrag über

Essen, im Theater „Rose Bernd" von Hauptmann. Erst am Pfingstsonntag wurden die etwa 2.000 Teilnehmer(innen) im Saalbau offiziell begrüßt. Nach einer musikalischen Darbietung behandelten die Eröffnungsreferate von SAJ- und SPD-Genossen die „bedeutungsvolle Mission der Arbeiterjugend" und die „Aufgabe der Jugend im Befreiungskampf des Proletariats". Gedichte, Orchestermusik und Karl Brögers pazifistisches Stück „Kreuzabnahme", vorgetragen von Essener SAJ-Mitgliedern, leiteten über zum Hauptreferat über „Republik und Sozialismus"; es enthielt einen Appell an die Bildungsbereitschaft der Jugendlichen. Nur wissend könnten sie ihre Aufgaben meistern, sie sollten sich „nicht Genüssen hingeben, die ihren Geist umschatten". (Arbeiter Zeitung v. 11. 6. 1924) Die Essener Arbeiter-Zeitung resümierte: „Mit dem Jugendlied ‚Brüder, zur Sonne, zur Freiheit' fand dann die prächtige und in allen Teilen gut verlaufene Feier ihren Abschluß. Wohlgeordnet begab sich die Jugend in ihre Quartiere zum Mittagessen." Am Nachmittag standen Tanz und Spiel im Essener Stadtwald auf dem Programm, ebenso wurde auch der zweite Pfingsttag im Grünen verbracht. In die Abschiedsworte eines der Veranstalter ging die Ermunterung ein, unermüdlich „im Sinne der sozialistischen Arbeiterjugend" weiterzumachen.

Daß vier Jahre später der Westdeutsche Jugendtag in Essen engagierter und kampfbetonter gestaltet war (Überschrift in der Volkswacht vom 4. 10. 1930: „Jugendtag – Kampftag"), hängt einmal damit zusammen, daß die einschränkenden Auflagen der Besatzungszeit wegfielen, zum anderen gab die allgemeine politische und ökonomische Entwicklung den Ausschlag: die Wirtschaftskrise traf die Jugendlichen besonders hart, der Faschismus wurde zunehmend salonfähig, und SPD und KPD griffen sich – ebenso wie ihre Jugendorganisationen – gegenseitig massiv an. Aber es gab auch eine *neue*

Jugend. Nicht mehr die antiautoritär-jugendbewegte Generation vom Anfang der zwanziger Jahre prägte das Bild der SAJ, sondern die Jugend der „neuen Sachlichkeit"; Disziplin, Straffheit, Ordnung, Bindung und feste Führung waren angesehene Tugenden. (Walter 1986, S. 178 ff.; Linse 1978, S. 44 ff.) Die Jugendlichen *marschierten* nun bei Demonstrationen und Kundgebungen, sie trugen nicht mehr Insel-Kleider und Schiller-Hemden, sondern bevorzugten eine uniformähnliche „Kluft". Mädchen hatten Bubiköpfe, Jungen kurze Haarschnitte. Der veränderte Stil zeigte sich auch auf dem Essener Jugendtag von 1930: „Unzählige Fahnen", heißt es in einem Zeitungsbericht, hätten vom Kampf der Jugend gegen Kapitalismus, Militarismus und Faschismus gekündet (zum ersten Mal kam es hier zu Schlägereien mit jugendlichen Nationalsozialisten) und „trotz des strömenden Regens, trotz der blöden Zurufe kommunistischer Schlagwortvertreter marschierten Tausende von jungen Menschen mit brennenden Fackeln und begeisterten Herzen durch die Arbeiterviertel von Essen". (Volkswacht vom 10. 10. 1930) – Theo W. hat in dieser Phase an Kundgebungen der SAJ teilgenommen: *„Da kamen wir denn anmarschiert als Arbeiterjugend, und für uns war das 'ne Selbstverständlichkeit bei solchen Veranstaltungen, daß wir geschlossen aufmarschierten. Und das war schon 'ne Wucht. Einmal von der Kluft her, einmal Trommler- und Pfeifenkorps, Fanfarenkorps und dann wurde zu der Zeit in Dreierreihen marschiert ... Fahnen, Wimpel, Fahnengruppe, Wimpel in den einzelnen Gruppen, so daß wir durch unser Auftreten und durch die Kluft natürlich ..., so daß von da aus wir ohne weiteres dominierend in Erscheinung getreten sind."*

Die Generation der „neuen Sachlichkeit" führte Mitte bis Ende der zwanziger Jahre nicht nur Disziplin und striktere Ordnungsvorstellungen in die Jugendbewegung ein, sondern auch neue Kunstformen: den Sprechchor, das Bewegungstheater, das Kabarett und die Revue. Die Jugendlichen wollten Vorreiter sein für eine neue proletarische Festkultur und veränderte Ausdrucksformen – Gegenbilder zu der „verbürgerlichten" Symbolik bei Festen und Feiern der alten Arbeiterbewegung. (Friedemann 1986) Einige Erwachsene aus der SPD unterstützten die Jugendlichen dabei ganz praktisch, z. B. halfen arbeitslose Lehrerinnen und Lehrer beim Einstudieren; sie sahen in dieser Erneuerung den „Ausdruck einer Kollektivgesinnung und eines neuen Kulturwillens" (Jacobs) und versprachen sich davon Anregungen gegen den weit verbreiteten Kitsch, „die stärkste Waffe der Reaktion". (Kern, S. 81)

Der 1928/29 in Essen gegründete Sprechchor der SAJ trug bei Wahlkundgebungen oder anderen Parteiveranstaltungen vor allem politische Texte vor, z. B. Szenen aus der Dreigroschen-Oper. Animiert durch die sich eröffnenden kulturellen Möglichkeiten und den Erfolg bei ihren Auftritten, fanden sich Mitglieder aus dem Sprechchor, dem Volkschor und der Musikgruppe zusammen, um „Masse Mensch" von Ernst Toller einzuüben. Die Jugendlichen hatten Glück. Hans Brockmann, Dozent im Fach Schauspiel an der Folkwang-Schule, bot sich als Regisseur an. Die Inszenierung ist mit großer Resonanz in vielen Stadtteilen gezeigt worden.

1931/32 entstand in der SAJ ein Kabarett, „Der eiserne Besen", unterstützt und betreut zunächst von einem Folkwang-Schüler, später unter anderem von Franz Feldens, dem Leiter des Essener Volkschors. Walter O., heute 75 Jahre alt, war bis zur Auflösung des Kabaretts im Jahr 1933 einer der zehn verantwortlichen Frauen und Männer und kann sich noch lebhaft an die erste, sehr gut besuchte Vorstellung im Volkshaus Essen-Kray erinnern. „Der Eiserne Besen" hat die Themen Faschismus und Kapitalismus ironisch bis sarkastisch aufgegriffen; er benutzte, wie andere um 1930 im Reich initiierte ‚rote Kabaretts', Texte von Kästner, Tucholsky und Brecht. Neben solchen innovativen kulturellen Formen blieben in der Essener SAJ Volkstänze, „Hans-Sachs"-Spiele und die (militärisch anmutenden) Trommler und Pfeifer beliebt.

Geneigt zum distanzierten Resümieren fragen wir heute danach, was die Kulturarbeit der SAJ bewirkt haben mag. Zunächst einmal: Die SAJ war kein Getto. Durch ihre personelle, organisatorische und ideelle Verknüpfung mit anderen Erziehungs- und Kulturorganisationen der Sozialdemokratie, den Kinderfreunden, der Arbeiterwohlfahrt, den Freien Schulen, dem Arbeitersport u. a., hat sie Einflüsse geltend machen können. Sie trug die Frage der Alkohol- und Nikotin-Abstinenz immer wieder an die ältere Generation heran. Auch die Kampagnen gegen Schund- und Schmutzliteratur wurden hauptsächlich von der Jugend getragen. Nicht zuletzt hat die SAJ die Diskussion um die Gleichberechtigung der Frauen durch ihre Gruppenpraxis und in der Konfrontation mit traditionellen Auffassungen vorangebracht und ihren weiblichen Mitgliedern neue Möglichkeiten der Lebensgestaltung eröffnet. Dennoch haben sich die Hoffnungen der SAJ wie auch vieler Parteigenossen/-innen, die vorgelebte unkonventionelle Verbindung von Kunst und Politik möge wie ein zündender Funke von den „Pionieren" auf die übrige sozialdemokratische Arbeiterbewegung überspringen, als utopisch herausgestellt. Schon die Initiativen der SPD, durch alternative kulturelle Orientierungen zu einer „sozialistischen Gefühlsbildung" zu kommen, wie die Entchristianisierung des Weihnachtsfestes oder die Einführung neuer Feste (z. B. Jugendweihen und Republikfeiern), waren im großen und ganzen erfolglos geblieben, weil man die Macht der Tradition unterschätzt hatte. (Cardorff 1980, S. 104–111; van der Will/Burns 1982) So kann es heute nicht verwundern, daß die SAJ bis zum Ende der Weimarer Republik keine Kulturrevolution ausgelöst hat. Die Konsequenz und Phantasie, mit der sie am Anfang der zwanziger Jahre ihre Eigenständigkeit zu behaupten suchte und später ihre jugendkulturelle Spielwiese verlassen hat, um Feste und Feiern der Sozialdemokratie zu erneuern, wird durch diese Tatsache nicht geschmälert.

Unter der Nazidiktatur blieben den Jugendlichen der SAJ nurmehr unzulängliche Rudimente der Weimarer Gemeinschaftserlebnisse: informelle Kontakte, gelegentliche Ausflüge und private Feiern. Der nationalsozialistischen Verbotspolitik zum Trotz scheinen aber die sozialisatorischen Wirkungen der SPD-Jugendorganisation auf ihre früheren Mitglieder nicht nachgelassen zu haben. Darauf deuten u. a. die Resistenz gegenüber dem Regime (und vereinzelte Widerstandshandlungen) und die Aufbauarbeit innerhalb der Sozialdemokratie nach dem Zweiten Weltkrieg hin. Eindrucksvoll legen das auch die heutigen Werthaltungen und Einstellungen der SAJ-Veteranen nahe. Für ein Fortbestehen der Jugendbewegung über 1933 hinaus reichten diese bescheidenen Elemente von Kontinuität jedoch nicht aus. Die Nationalsozialisten zerstörten den organisatorischen Zusammenhalt und sorgten dafür, daß der Beitrag der SAJ zur politischen Kultur der zwanziger und dreißiger Jahre Historie wurde.

Veranstaltung der SAJ (mit Chor und Kabarett) im Essener Saalbau ca. 1931 (G. Boege/Alte Synagoge Essen)

Für ihre Bereitschaft, mir meine Fragen zur Kulturarbeit der SAJ zu beantworten, danke ich Kläre Weimann.

Ernst Schmidt:

„Kampf für die Befreiung der Arbeiterklasse..."

Sein Selbstverständnis hat der Kommunistische Jugendverband Deutschlands (KJVD) in seinen Statuten klar und deutlich formuliert. Darin heißt es: *„Der Kommunistische Jugendverband ist eine Organisation der arbeitenden Jugend in Stadt und Land und dient der Gewinnung der gesamten arbeitenden Jugend für die Ziele des Kommunismus. Der Kommunistische Jugendverband Deutschlands ist die einzige Arbeiterjugendorganisation, die die politischen, wirtschaftlichen und kulturellen Forderungen der arbeitenden Jugend in Stadt und Land vertritt. Die Tätigkeit des Kommunistischen Jugendverbandes Deutschlands ist in politischer Hinsicht im nationalen Rahmen der Kommunistischen Partei Deutschlands unterstellt..."*

In allen Mitgliedsbüchern des Verbandes waren neben Auszügen aus dem Organisationsstatut auch die „Zehn Gebote des Jungkommunisten" abgedruckt. Schon diese Bezeichnung dokumentiert, daß man sie – anlehnend an die religiösen zehn Gebote – als bindendes Gesetz und Verhaltensregel für den gesamten Lebenswandel der jungen Kommunisten ansah.

Zehn Gebote des Jungkommunisten.

1. Das Leben eines Jungkommunisten ist dem Kampfe für die Befreiung der Arbeiterklasse aus der kapitalistischen Sklaverei gewidmet. In seiner Teilnahme an diesem Kampfe und der Werbung neuer Mitkämpfer muß er seine höchste Pflicht und heiligste Aufgabe erblicken.

2. Jedes Mitglied des Kommunistischen Jugendverbandes muß ständig bestrebt sein, seine Einsicht in die politischen, wirtschaftlichen und sozialen Verhältnisse zu vertiefen und seine Kenntnisse über den Kommunismus zu erweitern.

3. Jedes Mitglied muß an allen Veranstaltungen seiner Zelle bzw. Ortsgruppe sowie Körperschaften, denen er angehört, teilnehmen. Pünktlichkeit und aufmerksame aktive Teilnahme an der Aussprache ist dabei Pflicht jedes Einzelnen. Fernerhin muß jeder Jungkommunist freigewerkschaftlich organisiert sein und überall für die Vollberechtigung der jugendlichen Mitglieder in den Gewerkschaften eintreten.

4. Die Zeitschriften der Organisation, vornehmlich „Die Junge Garde" und „Der junge Bolschewist", muß jeder Jungkommunist aufmerksam lesen und durchdenken, um über alle Aufgaben des KJV dauernd unterrichtet zu sein. Jeder muß ein Mitarbeiter an den Verbandszeitungen werden.

5. Jedes Mitglied muß bestrebt sein, ein tätiger Funktionär zu werden und hat durch seine Selbsttätigkeit die Arbeit des Verbandes zu fördern.

6. Jeder Jungkommunist muß überall, wo er mit Jungproletariern zusammentrifft (besonders in Betrieb, Schule und Gewerkschaft), ein Agitator sein.

7. In den Betrieben ist es Pflicht jedes Mitgliedes, für die Gründung und den Ausbau der Betriebszellen Sorge zu tragen. – In der Gewerkschaft (Jugendsektion), Schule, den Arbeitersportvereinen usw. muß jedes Mitglied der KJV-Fraktion angehören oder eine solche bilden.

8. Alle wichtigen Vorgänge sozialer, wirtschaftlicher und politischer Natur (Rüstungen der Reaktion usw.) wie solche innerorganisatorischer Art, die ein Jungkommunist irgendwo beobachtet, muß er unverzüglich der leitenden Instanz der Organisation zur Kenntnis bringen.

9. Innerhalb fremder Organisationen und den Gegnern gegenüber haben die Mitglieder des KJV nur als ein geschlossenes Ganzes aufzutreten. Die Kritik und Differenzen in den eigenen Reihen müssen dabei unterbleiben.

10. Wird ein Mitglied verhaftet, so darf es vor der Polizei keine, andere Genossen belastende Aussagen machen, auch wenn angeblich Genossen vor ihm schon ausgesagt haben sollten. Ein Jungkommunist wird auch durch Polizeikniffe und Gewaltanwendung nicht zum Verräter seiner Klassengenossen und seiner Organisation.
(Archivsammlung E. Schmidt/Ruhrlandmuseum Essen)

Organisationsstatut und die zehn Gebote sollten alle politischen und kulturellen Praxen des Verbandes letztlich bestimmen. Ob es die Agit-Prop-Gruppen waren, ob es das Liedgut war, ob es die Gestaltung der jährlich immer wieder durchgeführten Veranstaltungen wie Lenin-Liebknecht-Luxemburg Feier, 1. Mai, Antikriegstag o. a. waren, Zielrichtung und Programmgestaltung waren stets dem Selbstverständnis des KJVD angepaßt. Dazu gehörte auch die enge politische Anlehnung an die Sowjetunion und die Kommunistische Partei der Sowjetunion (KPdSU). So wie die KPD der Kommunistischen Internationale angehörte, so gehörte der KJVD der Kommunistischen Jugend-Internationale an.

Die wichtigsten Absätze aus dem Programmentwurf dieser internationalen Organisation sind ebenfalls im Mitgliedsbuch des KJVD abgedruckt worden. Darin werden die kommunistischen Jugendverbände als „die Massenschule des Kommunismus" und

„die hingebendste Gehilfin der Kommunistischen Partei in der Gegenwart und ihre Reserve für die Zukunft" bezeichnet. In ihrer Bildungsarbeit – so heißt es – würden sich die Kommunistischen Jugendverbände auf „Propaganda und Studium des Leninismus" konzentrieren, der „der entwickelte und weitergeführte Marxismus der Epoche des Imperialismus und der proletarischen Revolution" sei.

Allerdings lehrt das Leben, daß Theorie und Wirklichkeit selten eine Einheit bilden. Darauf deuten auch Überlieferungen von Mitgliedern des KJVD über das Organisationsleben hin. Wenn man sich auch von der SAJ unterschied, in der am Anfang der zwanziger Jahre das Freizeitverhalten der Jugendlichen einen höheren Stellenwert hatte, so verzichtete man im KJVD keineswegs darauf. Für die Essener Jungkommunisten z. B. waren das Ruhrtal, die Ausläufer des Bergischen Landes und der Entenfang nahe der Wedau in Duisburg beliebte Ausflugsziele. Mit Rucksack, Klampfe und Zelt wanderten auch sie an Sommerwochenenden hinaus in die Natur. Zwar hatten die am Lagerfeuer gemeinsam gesungenen Lieder durchweg kämpferischen Charakter, aber das Zusammensein atmete auch jenen Geist der Jugendromantik, die – wenn auch stärker – in anderen Organisationen der jungen Generation zu Hause war.

Anders dagegen das Bild des KJVD bei öffentlichen Demonstrationen und Veranstaltungen. Hier zeigte man sich in der Regel uniformiert und in straffer Formation und Marschordnung. In den Ankündigungen zu solchen Veranstaltungen bediente man sich häufig einer Kommandosprache, die an militärische Umgangsformen erinnert. Der nebenstehende Auszug aus der Spalte „Wo ruft deine Pflicht" des KPD-Organs „Ruhr-Echo" vom 22. Juli 1929 verdeutlicht dies.

Essener Junggenossen, 1926 (Archivsammlung Ernst Schmidt/Ruhrlandmuseum Essen)

(Archivsammlung Ernst Schmidt/Ruhrlandmuseum Essen)

„Rote Jungpioniere" aus Dortmund West 1932
(Stadtarchiv Dortmund)

Blättert man heute in erhalten gebliebenen Akten, Zeitungen und Berichten aus jenen Tagen, so findet man die ausgeprägt kämpferische Selbstdarstellung und das oft an militärische Disziplin erinnernde Verhalten der Gruppen des KJVD immer wieder bestätigt. Hier einige Beispiele:

Am ersten Pfingsttag 1923, wenige Monate nach dem Beginn der französisch-belgischen Ruhrbesetzung, veranstaltete die Bezirksleitung der KJD im Essener Saalbau einen Jugendtag. In der „Westfälischen Arbeiter-Zeitung", einem Organ der KPD, konnte man am 25. Mai 1923 über diesen Jugendtag u. a. lesen: *„In früher Morgenstunde schon begann der Aufmarsch der ungezählten Massen. Aus dem Ruhrgebiet und aus Westfalen waren die jungen Arbeiter herbeigeeilt. Von 5 Uhr ab wurde der solide Essener Spießer durch den Gesang revolutionärer Lieder aus seinem Schlafe gestört."*

Am Abend des Tages formierte sich ein Demonstrationszug zur „Waldwiese im Essener Stadtwald". Er wurde in der oben angeführten Zeitungsberichterstattung so beschrieben: *„In tadelloser Ordnung und Disziplin marschierten die jugendlichen Genossen durch die Straßen. Man hatte weniger den Eindruck eines Umzuges als den einer proletarischen Armee. So mancher Bourgeois ist, vom Taktschritt der vielen Tausenden erschreckt, ängstlich in sein hinterstes ‚Kämmerlein' gekrochen."* Dieser Jugendtag im Saalbau forderte mit dem 19jährigen Essener Jungkommunisten Hugo Demaré ein Todesopfer.

Am 27. November 1929 fand aus Anlaß des zehnjährigen Bestehens der Kommunistischen Jugend-Internationale eine Feierstunde statt. Hier trat u. a. auch die Agit-Prop-Gruppe „Kolonne Links" auf. In einem Polizeibericht vom 29. November 1929 aus Essen an den Düsseldorfer Regierungspräsidenten ist das Programm der Gruppe inhaltlich festgehalten. Es heißt darin:

„Nach einem Auftritt von Sportlern stellte sich die Agitprop-Gruppe ‚Kolonne Links' aus Berlin vor. Der Leiter der Truppe, der Maler Helmuth Damerius, geboren am 16. 12. 1905 zu Berlin, wohnhaft Berlin, Südende, Turmstraße 2, überbrachte die Grüße der Berliner Genossen und begrüßte die Anwesenden mit einem ‚Rot Front'. Es folgte ein Lied zur Werbung von Lesern für die KPD-Presse, dann folgte eine satirische Szene über den ersten Mai, wobei Darsteller in Schutzpolizeitschakos auftraten und mit Gummiknüppeln herumfuchtelten. (...) Die Darstellung war eine Herabwürdigung der Polizei und dazu angetan, diese lächerlich zu machen. Die nächste Vorführung stellte den Reichstag dar, der als Oberaffentheater bezeichnet wurde. (...)" (Deutsches Zentralarchiv Merseburg, Rep. 77, Tit. 4043, Akte 415.)

Wie gingen Jungen und Mädchen im KJVD miteinander um? Der KJVD gehörte zur Sozialistischen Arbeiterbewegung. Diese vertrat in der Weimarer Republik in der Frauenfrage die fortschrittlichsten Positionen. Man darf nicht vergessen, daß dank des Eintretens der sozialistischen Arbeiterbewegung die Emanzipation der Frau erste größere Erfolge erzielte. Genannt sei nur die Einführung des Frauenwahlrechts im Jahre 1919. Auch in den folgenden Jahren vertraten SPD und KPD wie keine andere Partei die Forderungen der fortschrittlichen Frauenbewegung. August Bebels Buch „Die Frau und der Sozialismus" war ebenso wie in der SAJ, der politischen Jugendorganisation der SPD, ein Standardwerk in der politischen Bildung. Dennoch darf man eines nicht übersehen: Angesichts dessen, daß sich damals erstmalig in der Frauenfrage Gedankengänge durchzusetzen begannen, die uns heute selbstverständlich sind, hatten auch die Jungen im KJVD konservative Einflüsse längst noch nicht überwunden. Theorie und Praxis stimmten nicht immer überein.

Einen besonderen Stellenwert in der politischen Arbeit und folglich auch in den Programmen der Agit-Prop-Gruppen nahm stets die Mobilisierung der Arbeiterjugend für die Erhaltung des Friedens in der Welt ein. In dieser Frage unterschied man sich kaum von den Sprechchorgruppen der SAJ. Sowohl in der Entlarvung der Ursachen von Kriegen, als auch in den Argumenten und Vorschlägen zur Verhinderung von Kriegen gab es viele Gemeinsamkeiten. Unterschiede gab es allenfalls in der Sprache, die auch auf dem Gebiet der Sprechchöre weitaus kämpferischer war. Hinzu kam, daß für den KJVD der Kampf für die Erhaltung des Friedens nicht zu trennen war von der Verteidigung der Sowjetunion.

Trotz mancher Unterschiede zur anderen Organisation der sozialistischen Arbeiterjugendbewegung, zur SAJ, hat auch der KJVD entscheidend zur Politisierung der jungen Generation in der Weimarer Republik beigetragen. Auch er war einer der Sprecher, wenn es galt, für die junge Generation einzutreten. Er trug zur Formulierung der Forderungen bei und vertrat sie konsequent und kämpferisch in der Öffentlichkeit. Daß dem Verband dabei Fehler unterliefen, ist unbestritten. Sie sind mit ein Grund dafür, daß die Mehrheit der Arbeiterjugend der organisierten sozialistischen Arbeiterjugend fernblieb. Sie schmälern aber nicht die Verdienste junger Kommunisten in ihrem Bemühen, ihren Altersgefährten und sich selbst ein Leben ohne Krieg und Ausbeutung zu erkämpfen.

```
Hilde: Wir Kinder wollen keinen Krieg. Wir wollen nicht, dass man die
       Sowjetunion angreift, denn das ist doch das einzige Land, in dem
       die Kinder glücklich sind. Alle müssen mitkämpfen! Wir müssen die
       Sowjetunion schützen.

       (Rasendes Klatschen, welches spontan in eine Rakete übergeht.
       Parole: Krieg dem imperialistischen Kriege. Wir schützen die
       Sowjetunion". Dass dann alle Kinder bei der Rakete mitmachen,
       muss man vorher schon einüben.)
```

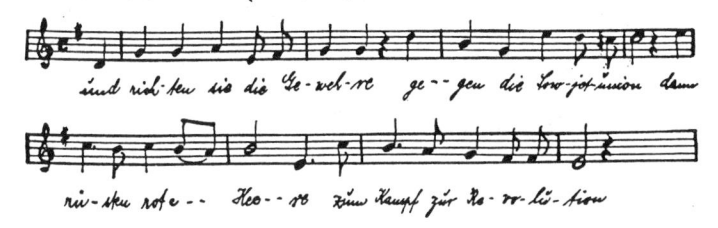

und richten sie die Gewehre gegen die Sowjetunion dann rüsten rote Heere zum Kampf zur Revolution

```
1.) Wir hassen euch ihr Drohnen,
    Auf Gut, Fabriken und Bank,
    Ihr Räuber der Nationen,
    Wir sind euer Untergang.
Refr.: Und richten sie die Gewehre,
    Gegen die Sowjetunion,
    Dann rüsten rote Heere,
    Zum Kampf, zur Revolution.

Chor der     Hört Arbeiter!
Kommuni-     Die Kapitalisten rüsten zum Krieg!
sten:        Weil sie nicht aus noch ein wissen!
             Sie schaffen die Krise und sie schaffen den Krieg
             Und sie fürchten Dich, Arbeiter!
             Sie fürchten Dich, Arbeitsloser,
             Sie fürchten die kommende Revolution!
             Darum sollt Ihr mit Geschützlärm
             Blut, und Vaterlandsingen
             betäubt und vernichtet werden!
             Wir Kommunisten rufen Euch!
             Wacht auf:
             Beginnt mit dem Streik!
             Keine Lieferung von Kriegsmaterial!
             Der Streik wächst, wächst, (anschwellend)
             Der Streik wächst - Der Streik wächst
             zum Aufstand,
             Der Streik wächst zur Revolution! Zur Freiheit!
             Streikt!.... Streikt! (Pause)
             Sie rüsten .... sie rüsten.
             Es geht gegen dich, dich, dich.
Chor:        Wir haben gehört (hart, gehämmert)
             und stehen bereit! (Marschschritt)
             Wir haben gehört - und bereiten vor
             Wir haben gehört - und verweigern den Transport!
             Wir haben gehört - und beginnen den Streik! Streik! (Marschschritt)
             Wir haben die Stimme der Revolution gehört! (Marschschritt)
             Sie ist unser Krieg!
             Wir wissen, der Feind steht immer im eigenen Land!
             Nieder, nieder mit ihm (anschwellender Marsch nun bleibend beim
                                                              Sprechen)
```

Auszug aus dem Agit-Prop-Stück „Szenen gegen den imperialistischen Krieg" des KJVD. Die Einfügungen in den Klammern enthalten die Regieanweisungen (Archivsammlung Ernst Schmidt/Ruhrlandmuseum Essen)

Nick Carter jagt Winnetou in sonniger Liebesnacht
Jugendliche Kino- und Lesekultur zu Beginn des 20. Jahrhunderts

Werner Thole

Groschenhefte auf dem Index in den Jahren 1900 bis 1915

„Es empfiehlt sich sehr, in den Vereinen Hefte illustrierter Zeitschriften auszulegen. Wir kaufen uns für wenig Geld alte Jahrgänge, kartonieren die einzelnen Hefte, nachdem sie vorher sorgfältig durchgesehen und alles Anstößige fortgenommen ist; (...) Von den Romanen (...) entfernen wir immer einzelne Seiten, so daß das Lesen derselben seitens der Jungen unmöglich wird." Dies riet der Essener Pastor P. Weigle (1907) anläßlich einer Konferenz des Westdeutschen Jünglingsbundes Jugendarbeitern.

Die Diskussion um die kulturellen Erzeugnisse und Orte, die einen „verwildernden" bzw. „verwahrlosenden" Einfluß auf die Jugend ausüben, begann mit der Entstehung einer eigenständigen Jugendphase. Mit moralischem Zeigefinger argumentierten die Jugendschützer und -schützerinnen ab der Jahrhundertwende gegen den Konsum von Nikotin und Alkohol, gegen den Besuch von Schank- und Tanzlokalen, Kirmessen und Lunaparks, gegen Heftromanserien und bebilderte Zeitschriften, gegen das Automatenspiel, gegen Aufklärungs-, Kriminal- und Abenteuerfilme. Im Zentrum des insbesondere von den örtlichen Jugend- und Jugendfürsorgevereinen geführten Kampfes stand der sogenannte Schmutz und Schund in Kolportagenliteratur und -film.

Die Zeit „mit dem Lesen der blödesten Abenteuer" verbracht

„Als Bub habe ich über 3.000 Hefte verschlungen, eine große Sammlung gehabt, Zeit mit dem Lesen der blödesten Abenteuer eines Percy Stuarts, Horst Krafts und John Spurlocks verschwendet. Eine kleine Rechnung: Um ein Heft zu lesen, braucht man etwa 30 Minuten, zu 100 Heften etwa 3.000, zu 1.000 Heften etwa 30.000, zu 3.000 Heften etwa 90.000 Minuten. Das sind 1.500 Stunden. Einen achtstündigen Arbeitstag zur Grundlage genommen, gibt fast 200 Arbeitstage. Noch einzukalkulieren ist, daß für den Tausch der Hefte, für durch die Hefte angeregte Abenteuer und dergleichen mindestens ebensoviel Zeit verwendet wurde – oft sind wir nach stundenweit entfernten Städten gewandert, um die neuesten Hefte zu erhalten. Ich habe demnach ein volles Lebensjahr der Schundliteratur geopfert." (Ein junger Arbeiter, zitiert nach Rühle 1977, S. 273)

Mit Nick Carter (ab 1906), Pat Pinkerton (ab 1910), Ethel King (ab 1909/1910), Percy Stuart (ab 1914), Sherlock Holmes (ab 1907) und Bill Canon (ab 1910/1911) als Titelhelden verbreitete sich zu Beginn dieses Jahrhunderts eine neue Form von Trivialliteratur, die Jugendliche begeisterte. Die Groschenhefte lösten Romanheftserien ab, die einen Gesamtumfang von bis zu 2.000 Seiten hatten und in wöchentlichen Serien von 30 Seiten erschienen.

Bis in die Zeit des Ersten Weltkrieges hinein war der heimliche Held aller Groschenheftserien Nick Carter. Immer wenn der Chef der New Yorker Kriminalpolizei, Inspektor McClusky, und seine „gewieften Beamten" mit ihrem „Latein am Ende waren", wurde Nick Carter gerufen. Und immer erst, wenn man McCluskys „genialen Freund" Carter auf die bis dahin ungehindert operierenden Verbrecher hetzte, versprach die weitere Spurensuche Erfolg. Erst sein „Scharfsinn", seine Fähigkeit, Fäden der Aufklärung fein zu weben, brachten Resultate. Und natürlich maß sich Nick Carter am liebsten mit ebenbürtigen, gerissenen Gegnern wie Morris Charruthers, dem König der Verbrecher New Yorks, oder George Macrane, dem Mörder von Ethel Romney.

Auf seinen Abenteuern wurde der in die Großstadt verpflanzte Westernheld Carter von seinem Vetter Chick, seiner Cousine Ida, der Quasseltante Patsy, dem Japaner Ten Ichti, seiner Pistole Wilhelmina, seinem Messer Hugo und der Handgranate Pierre begleitet. Sie alle trugen nicht nur dazu bei, Einzelerzählungen mit der Gesamtserie zu verknüpfen, sondern sie begründeten auch den Erfolg der Serie mit. 1908 betrug die wöchentliche Auflage ca. 45.000 Hefte pro Folge und bis 1911 erschienen 250 Folgen.

Sherlock Holmes' Berichte „Aus den Geheimakten eines Weltdetektives" brachten es auf eine annähernd hohe Auflage. Zwischen 1907 und 1912 erschienen 230 Erzählungen. Ab Nummer 108 erschien sogar eine Salonausgabe, die nicht 20 Pfennig kostete, sondern 30 und statt der 32 großformatigen 96 Seiten im kleineren Format umfaßte. Zu den erfolgreicheren Serien gehört auch Percy Stuart – bis 1916 132 Heftfolgen.

„Der Mädchenraub zu Neutra"

Karl Brunner, der wohl bekannteste Moralist und Befürworter einer reinen Jugendliteratur zu jener Zeit, publizierte 1909 eine erste Liste mit „Giftgetränken" aus der „Teufelsküche" der Kolportagenliteratur. Mit Blick auf die „Pflege vaterländischer, sittlicher und religiöser Ideale" und zur Verhinderung der weiteren Jugendverwilderung gab die „Allgemeine Jugendschriftenvereinigung, Essen" im Auftrag der Kgl. Regierung in Düsseldorf für den rheinisch-westfälischen Industriebezirk 1916 eine ähnliche Zusammenstellung heraus. Der Liste lag von Schülern an sämtlichen Essener Schulen gesammeltes Material zugrunde. Jede Klasse, die 100 und mehr Hefte sammelte, erhielt einen Tag schulfrei.

100.000 Hefte wurden zusammengetragen. Zusätzlich wurden die Verbotslisten der stellvertretenden Generalkommandos, die 1915 erstmalig erschienen, herangezogen. Bis dato hatte es diverse Vorschläge für eine Zensurliste gegeben, insbesondere von der Berliner Zentrale für Jugendschutz. Die gesetzlichen Regelungen des Reichsstrafgesetzbuches erlaubten jedoch nur Verbote gegen Literatur, die direkt unzüchtig, schamlos oder ärgerniserregend wirkte. Doch wie die Essener Liste zeigt, reichte den selbsternannten Jugendschützern die Kriegsverbotsliste nicht aus. Erzählstoffe, die Abenteuerliches, Grausiges, Widerliches, Sentimentales erzählten, Verbrecherschauer, Räuberszenen oder Liebesaffären zum Inhalt hatten, deren Textgestaltung spannend, aufreizend oder lüstern war, die grausige, schamlose oder widersinnige bildhafte Darstellungen enthielten oder die aus gewissenloser Profitgier entstanden, wollten sie gleichfalls verboten sehen.

Neben den schon verbotenen Heftserien von Nick Carter, Pat Pinkerton, Percy Stuart, Sherlock Holmes und anderen enthielt die Liste „Schmöker" mit Titeln wie „Das Waldröschen oder rund um die Erde", „Mord im Piano", „Backfischstreiche", „Der Zuchthausgefangene Albert Ziethen in Werden a. d. Ruhr oder: Wer ist der Mörder?", „Der Liebestraum einer Grafenbraut", „Das Gespenst der ersten Frau", „Jugendstreiche, Rüpeleien, Geheimnisse und Abenteuer unserer Jugend". 320 Titel standen auf der Liste und damit mehr als doppelt soviele wie auf der offiziellen Verbotsliste. Ein besonderes Ärgernis waren den Jugendschriftlern Einzelhefte und Bücher, die die „dunkelsten Triebe im Menschen" ansprachen und damit die Phantasie der jugendlichen Seele „krankhaft überreizten".

„Der Mädchenraub zu Neutra" galt als eine Erzählung solchen Typs: Im Schloß Kletja führte die Gräfin Nadasky eine Erziehungsanstalt für verwaiste Mädchen. Doch nicht Selbstlosigkeit, sondern purer Eigennutz veranlaßte die Gräfin, dieses Establishment zu unterhalten. Sie nimmt den Mädchen ihr Blut, um ihrer Haut eine bezaubernde Frische, Reinheit und Weiße zu verleihen. Erst Leutnant Miklos gelingt es, diesem Treiben der Gräfin ein Ende zu setzen. Auf der Suche nach seiner verschwundenen Braut trifft er auf das Schloß. Zuvor schon hatte seine Braut wahrgenommen, daß ihr Blut abgenommen wurde. „Mit Schaudern sah das arme Mädchen mehrere blanke, von Blut gerötete Instrumente am Boden liegen. Daneben stand eine ziemlich große Glasschale, halb gefüllt mit einer dunkelroten Flüssigkeit. Sie konnte nicht zweifeln – es war Blut, ihr eigenes Blut!" Miklos findet nach langem Suchen auf dem Schloß nicht nur seine Braut, sondern auch einen Schacht, von dessem „Grunde halb verweste menschliche Leichname, abgeschlagene menschliche Köpfe und andere Gliedmaßen" hervorsehen. Gräfin Nadasky wird verhaftet. Die gerichtliche Untersuchung ergibt, daß ihr wenigstens 650 magyarische Jungfrauen zum Opfer gefallen waren. Die Gräfin wird verurteilt, später jedoch aus politischen Gründen begnadigt.

Nachvollziehbar die Aufmerksamkeit, die diese nicht von der Zensur beanstandete Schrift bei der Allgemeinen Schriftenvereinigung, Essen, weckte. Die Erzählung war abenteuerlich und spannend, etwas gruselig und schaurig, bot im jugendlichen Helden und Liebhaber eine ideale Identifikationsfigur für die jugendlich männliche und in der verschleppten, schönen Jungfrau für die weibliche Leserschaft.

Ebenso verständlich auch die Neigung vieler Jugendlicher, sich in diese Art Literatur zu vertiefen. Bot sie doch zumindest in der Phantasie ein Abenteuerleben, das der Alltag nur selten ermöglichte. Gewöhnliche Schulliteratur, die auch die noch so klitzekleine Alltäglichkeit moralisch zu kommentieren wußte und der Drill auf der Arbeit, in der Schule und der Freizeit taten ein Übriges, tagtäglich für gewisse Stunden die gelebte Wirklichkeit mit dem aufreizenden Leben der Kolportage eintauschen zu wollen, sich von der Süßigkeit und Leichtigkeit des Handelns seiner Helden berauschen zu lassen, sich selbst für jemand anderes zu halten. „Jeder träumt die Taten seiner bunten Helden, während er sie liest, und vergißt sie einige Zeit nach dem Erwachen. Dabei kann dem Leser der Kolportage sogar das Bewußtsein fehlen, daß er liest, genau wie dem Träumenden, daß er träumt." (Bloch 1977, S. 173)

Jugendbuchwochen im Ruhrgebiet

Nach dem Ersten Weltkrieg sahen sich „Schund- und Schmutzgegner" wieder allein. Die in der Kriegszeit von den stellvertretenden Generalkommandos erlassenen Verbotsvorschriften und Verfügungen hatten ihre Gültigkeit verloren. Lederstrumpf, John Spurlock, Heinz Brand und Horst Kraft und wieder und immer noch Winnetou, Old Shatterhand, Kara Ben Nemsi und Hadschi Alef Omar – Karl Mays Abenteuerhelden – waren nun die Favoriten der Groschenheftkonsumenten.

Was sich nicht veränderte, waren die Vertriebsstellen. Von Bahnhofskiosken, Buchhandlungen, Trödelhändlern, Leihbibliotheken, ja sogar über Fleischereien und Bäckereien als

Verkaufsorte wird berichtet. Darüber hinaus gab es einen florierenden Hand-zu-Hand-Verkauf und die Möglichkeit, eine komplette Serie im Abonnement zu beziehen.

Der Büchermarkt expandierte. Doch aus Furcht vor den Säuberungsfeldzügen der Jugendschützer versahen immer mehr Verlage ihre Jugendbuchreihen mit Einleitungen: „Fürs Deutsche Haus ist diese neue Bücherei bestimmt. Sie soll als gute Unterhaltungslektüre auf jedem Familientisch Heimatrecht haben. Was sie bringt, ist sittlich rein, auch frei von jenen literarischen Erzeugnissen, die nur darauf bedacht sind, dem Publikum etwas vorzutäuschen und durch zügellose Phantasie in der Darstellung ihre Schwächen sowie ihre innere Haltlosigkeit zu verdecken." Titel wie der „Diamantenraub im Weltenraum" und „Dämonische Nächte", jeweils zum Preis von 10 Pf., erschienen in dieser „Bücherei fürs Deutsche Haus".

In den Städten und Gemeinden des westlichen Ruhrgebietes bildeten sich zu Beginn der zwanziger Jahre örtliche Ausschüsse zur Bekämpfung der „Schundliteratur". Anlaß war eine Verfügung des Düsseldorfer Regierungspräsidenten vom 27. 12. 1923: „Wo an einzelnen Orten des Regierungsbezirkes noch keine ‚Kampfausschüsse gegen Schund und Schmutz' bestehen, sind sie alsbald zu bilden." Die Ausschüsse, in denen häufig sogar Vertreter der Papier- und Schreibwarenhändler mitarbeiteten, organisierten Kampagnen für das gute und das hieß zugleich immer auch gegen das vermeintlich schlechte Buch. In Duisburg umrahmten Mysterienspiele, Schattenspiele, Reigen und Volkstänze Abendveranstaltungen zu den Themen „Jugend und Buch", „Heimatbücher", „Die deutsche Jugendbewegung", „Geschmacksbildung in der Literatur". Lehrer und Eltern wurden aufgefordert, dezentrale Überwachungskommissionen zu bilden und sämtliche im jeweiligen Schulbezirk bestehende Buchhandlungen, Papierwarengeschäfte, Zigaretten- und Friseurläden, Altwarenhandlungen aufzusuchen und dort zu überprüfen, ob „Schundschriften" ausliegen, verkauft oder verliehen werden. Lagen solche aus, wurde mit den Ladeninhabern verhandelt, den „Schundbetrieb" einzustellen. Zeigte der Betroffene sich nicht verhandlungsbereit, wurde er nochmals vom Jugendamt ermahnt und ihm mitgeteilt, daß Schulkindern ab sofort der Besuch seines Geschäftes verboten und daß sein Laden öffentlich als „Schundverkaufsstätte" gebrandmarkt wird. Der „Schundkampf" auf dieser Ebene war vornehmlich ein Appell an den guten Geschmack, an die Redlichkeit der Vertreiber.

In Düsseldorf und Wuppertal gelang es den kommunalen Behörden, den Straßen- und Kioskhandel sogenannter Schundliteratur durch Vereinbarungen mit den Besitzern zu unterbinden. Doch die Mehrheit der Kioske, Straßenhändler und sonstigen Vertriebsstellen im Ruhrgebiet verkaufte weiter, sah keinen Anlaß, den Bitten der Jugendschützer zu entsprechen und auf die lukrativen Einnahmen durch Illustrierte und Groschenhefte zu verzichten. So orientierten sich die berufenen Jugendschützer auf die Erziehung zum guten Geschmack, versuchten „durch Vorlesen einiger guter Dichtwerke (...) auf das Schöne und Wertvolle der Dichtung" hinzuweisen, Lehrer zu animieren, „die Schultornister der Kinder (...) gelegentlich auf Schundbücher nachzusehen", Kinder und Jugendliche aufzufordern, „Schundbücher abzugeben", jedoch „nicht zu verbrennen, sondern zu zerreißen und als Altpapier zu verkaufen". (Vgl. Niederschrift über die Sitzung des vorbereitenden Ausschusses zur Bekämpfung der Schundliteratur am 27. 2. 1923, Duisburg)

Jugendbuchwochen und Tage des guten Buches fanden in diesen Jahren im ganzen Ruhrgebiet und seiner näheren Umgebung statt, in Düsseldorf 1927 mit über 14.000 Besuchern, ebenfalls 1927 in Mettmann, Viersen, Büderich, Lennep, Dortmund, Bochum und Rheydt, 1929 in Mülheim. Andere Städte, wie das schon erwähnte Duisburg, wiederholten gar ihre Jugendbuchwochen oder ergriffen polizeiliche Maßnahmen wie die Kommune Essen. Hier erhielt die Kriminalpolizei die Anweisung, alle Schriften der fliegenden Händler auf Vergehen nach dem Strafgesetzbuch durchzusehen.

Stand mit empfehlenswerter Literatur auf der Düsseldorfer Jugendbuchwoche, Dezember 1927 (Rheinische Jugend, 16. Jahrgang/1928)

Ueber den Kampf gegen Schmutz- und Schundschriften

gibt uns das Landesjugendamt der Rheinprovinz einen Bericht, der die allgemeine Stimmung der interessierten Kreise im Westen kennzeichnet. Es schreibt:

Wer befürchtet hatte, daß das Schundliteratur-Gesetz dazu benutzt werden sollte, bestimmte politische, kulturelle oder weltanschauliche Richtungen mundtot zu machen, kann aus der bisherigen Tätigkeit der Prüfstellen und der Oberprüfstelle ersehen, daß nach dieser Richtung wirklich nicht das Geringste zu befürchten war.

Wer aber gehofft hatte, daß das Gesetz die üblen und von allen politischen Richtungen verabscheuten sexuellen sogenannten „Aufklärungsschriften" aus den Schaufenstern und Kiosken beseitigen würde, sieht sich bitter getäuscht. Denn die Prüfstellen und die Oberprüfstelle legen die Begriffe „Schmutz" und „Schund" derart eng aus, daß sich die Zeitschriften nur ein kurzes und fadenscheiniges wissenschaftliches Mäntelchen umzuhängen oder einen belanglosen Text zu wählen brauchen, um ihr lukratives Geschäft: „Die Verbreitung von minderwertigen, anstößigen ja schamlosen Nuditäten und Aktbildern" lustig weiter betreiben zu können. Wie Pilze schießen derartige Zeitschriften aus der Erde, denn sie rentieren sich gut. In Auflagen bis zu 80 000 Stück jeder Nummer werden Zeitschriften dieser Art zum vier- bis achtfachen Herstellungspreise vertrieben. Ein unverschämter Wucher macht sich breit, nur möglich durch die zum Ankauf reizenden „Nacktaufnahmen".

Es sieht, wenn man sich die Auslagen ansieht, fast so aus, als ob das Hauptinteresse in Deutschland heute nur auf diesem „sexuellem" Gebiet läge. Wie schädlich die öffentliche Diskussion der intimsten Vorgänge auf erotischem Gebiet — wenn auch in halbwissenschaftlicher Form — und wie aufreizend die „Nuditäten" auf die nicht gefestigte Jugend wirken, das weiß die Oeffentlichkeit nicht, sonst würde dieser Zustand nicht möglich sein.

Das wissen aber auch anscheinend die Prüfstellen nicht, sonst würden sie nicht fast alle Anträge abgelehnt haben, die derartige Schriften auf die Schundliste haben wollten.

Ganze acht Schriften stehen heute, 1½ Jahre nach Veröffentlichung des Gesetzes, auf der Schundliste. Ein kläglisches Ergebnis gegenüber der Flut von Schmutz- und Schundschriften. Vom Schutz der Jugend vor diesen Schädlingen merkt man kaum etwas; im Gegenteil: „Es ist schlimmer geworden". Finden die Prüfstellen und die Oberprüfstelle nicht bald eine schärfere Methode, so wird man feststellen müssen, daß das Gesetz ein Schlag ins Wasser war. Dann lohnt sich wirklich der große Aufwand an Geld und Kraft nicht. Dann kann man ruhig das Schundliteratur-Gesetz wieder einschlafen lassen, um auf ein neues, besseres Gesetz hinzusteuern, das die Jugend wirklich zu schützen in der Lage ist.

Die bisherige Anwendung des Gesetzes hat das Schmutz- und Schundkapital nur noch stärker und dreister gemacht. Deshalb werden es sich die Landesjugendämter demnächst überlegen müssen, ob sie es der Jugend gegenüber verantworten können, noch weiter in dieser nutzlosen Weise bei der Ausführung des Gesetzes mitzuwirken.

(Aus: Rheinische Jugend, 16. Jahrgang/1928, S. 465)

Unten: Nicht nur konfessionelle und staatliche Institutionen forderten eine schärfere Überwachung der Kinos, sondern vereinzelt auch die Arbeiter- und Soldatenräte (Quelle: Stadtarchiv Duisburg)

Abschrift.
Arbeiter- und Soldatenrat Dortmund.   Dortmund, den 7. Januar 1919.
M/K.Nr.250.

Es ist die Behauptung gemacht worden, daß die Kinobesitzer den Wegfall der Filmzensur ausnutzen, um Kindervorführungen zuzulassen, die geeignet sind, einen schädlichen Einfluß auf die kindliche Seele auszuüben. Es wird deshalb an das Justizministerium die Anfrage gerichtet, ob die Kinobesitzer nicht durch irgendwelche bestehenden oder noch zu schaffenden Vorschriften gezwungen sind, die Kinder von für sie ungeeigneten Filmvorführungen fernzuhalten. Wir bitten diese Frage zu prüfen und baldmöglichst um Nachricht zukommen zu lassen.
                    Der Arbeiter- und Soldatenrat.
                    gez. Schröder.

An das Preußische Justizministerium in Berlin.
                                                 Düsseldorf, den

„Es ist schlimmer geworden"

Erst 1926 konnte durch das vom Reichstag verabschiedete Gesetz „Zur Bewahrung der Jugend vor Schund- und Schmutzschriften" das Vorgehen der örtlichen Polizei- und Jugendwohlfahrtsbehörden vereinheitlicht werden. Das Gesetz präzisierte – obgleich es keine Definition der formalen und textlichen Gestaltung sogenannter Schundschriften enthielt – die bis dato den „Schmutz- und Schundkampf" nur unzulänglich legitimierenden Paragraphen des Reichsstrafgesetzbuches (der schon genannte § 184 wendete sich gegen das direkt „unzüchtige", § 184 a gegen das „schamlose" und § 56, Ziffer 12 der Gewerbeordnung gegen das „ärgerniserregende" Buch). Analog zu der zentralen Oberprüfstelle Leipzig berief das Landesjugendamt der Rheinprovinz nach der Verabschiedung des Gesetzes eine fünfköpfige Kommission. Sie hatte die Aufgabe, Richtlinien für die Beurteilung von Literatur zu erarbeiten, Meldungen der örtlichen Behörden entgegenzunehmen, Lektüre zu prüfen und ggf. Vertriebsverbote vorzuschlagen.

Die monatlich in der Rheinischen Jugend, dem Mitteilungs- und Diskussionsblatt des Bezirksausschusses für Jugendpflege der Rheinprovinz, veröffentlichten Listen der Regierungs- und Polizeipräsidenten enthielten im wesentlichen Vertriebsverbote gegen „befleckend, unsauber-schmutzig" wirkende, erotisch-geschlechtliche Fragen behandelnde und illustrierende Lektüre. Betroffen waren Illustrierte und Zeitschriften wie die Blätter für galante Kunst „Reigen", „Die Freundin", „Jugend", „Die Ehelosen und Eheverbundenen", „Lachendes Leben" und „Licht-Land".

„Licht-Land" und „Lachendes Leben" erschienen im leicht verkleinerten DIN A 4-Format, wandten sich hauptsächlich an Anhänger der Nudisten-Bewegung, illustrierten, zumeist schon auf der Titelseite, und kommentierten das nackte Leben in Haushalt und Natur mit pathetischem Engagement. Anliegen dieser beiden Blätter war die Vergrößerung der Nacktkultur-Bewegung.

„Der Einbruch der Freundschaft in der Ehe", „Die Liebesfreiheit und ihre Folgen", „900 Frauen in eisernen Käfigen als Hörige geschlechtstoller Männer" waren Themen im Rheinland verbotener Ausgaben von „Die Ehelosen und die Eheverbundenen". Fragen gleichgeschlechtlicher Liebe widmete sich die im Heftformat herausgegebene Zeitschrift „Die Freundin" unter Überschriften wie „Die Frau in Hosen" und „Mein erster Ausgang als Frau. Erlebnisse eines Transvestiten".

Mit farbigen Karikaturen, kurzen ironischen Essays, Spottgedichten und frivolen Rätseln wendete sich der „Reigen. Blätter für galante Kunst und Satire" ans Publikum. In reichlich bebilderten Artikeln wie „Die Abenteuer des Freiherrn von Reigen", „Die lustigen Ehemänner", „Ein einziges Mal. Die Tragikomödie eines Seitensprungs", „Die unkeusche Sulant oder sechs Beamte suchen einen Autor", „Die doppelte Buchführung", „Die zweite Welt des Professor Pat" nahm der „Reigen" insbesondere die Scheinmoral der bürgerlich-verbeamteten Männerwelt zynisch in den Blick.

Die Verbote hatten für jeweils drei, sechs oder zwölf Monate Gültigkeit. Häufig erschien die Lektüre jedoch in der Zeit ihres Verbotes unter einem anderen Titel weiter: „Lachen, wirklich echtes frohes Lachen, erlöst und aus dieser Erlösung heraus wird der Mensch frei. Das haben unsere Leser und Freunde auch schmerzlich erkannt, als wir ihnen ‚Lachendes Leben' nahmen. Ein halbes Jahr haben wir versucht, ‚Lachendes Leben' durch ‚Sonne ins Leben' zu ersetzen, aber die Menschen wollen lachen, wirklich herzhaft und frei, und so nahmen die Zuschriften kein Ende, die um das Wiedererscheinen von ‚Lachendes Leben' baten. (...) Deshalb haben wir uns entschlossen, mit dieser Nummer 6 die Reihe von ‚Sonne ins Leben' zu schließen und ab 15. Juli ‚Lachendes Leben' wieder erscheinen zu lassen." (Lachendes Leben 1927/6)

Wie aus nebenstehendem Dokument zu ersehen ist, war das Landesjugendamt der Rheinprovinz mit den Zensurvorgaben der regionalen und Leipziger Prüfstelle durchaus nicht einverstanden. „Es ist schlimmer geworden", so wurde festgestellt, und bei weiterer lascher Anwendung erwog man gar, „das Schundliteratur-Gesetz wieder einschlafen zu lassen, um auf ein neues, besseres Gesetz hinzusteuern". Die Indizierung von „schlechter Lektüre" war für die Jugendschützer in der Tat unbefriedigend verlaufen. Denn standen 1916 135, im Mai 1917 228, im Juni 1918 97 Titel auf dem Index, so wurden 1931, also fünf Jahre nach Wiedereinführung der gesetzlich abgesicherten Verbotsliste, nur 18 Titel auf der Liste der Leipziger Oberprüfstelle geführt.

1934 sah das Landesjugendamt seine Forderung erfüllt. Das Gesetz wurde außer Kraft gesetzt. Für den nach der nationalsozialistischen Machtübernahme mit Vehemenz durchgeführten völkischen Kulturkampf stellte sich das Gesetz eher als Blockade denn als hilfreiches Instrument heraus. Das Fußvolk der nationalsozialistischen Bewegung und mit ihr im Gleichschritt die örtlichen Polizeibehörden brauchten das Gesetz nicht mehr.

Kino und Zensur

Duisburg, 24. November 1919. Gegen 20.15 Uhr wurde der diensthabende Oberwachtmeister T. des 1. Duisburger Polizeibezirks vom Kinobesitzer des „Modernen Theaters" per Telefon über einen großen Skandal im Kino unterrichtet. Sofort machte er sich mit vier jungen Beamten auf den Weg. Dort angekommen, stellten sie zwar keinen Tumult, doch eine so große Erregung unter dem Publikum fest, daß ihre weitere Präsenz im Kino erforderlich blieb. Die Kinomatographenvorstellung wurde mit dem Film „Der Aberglaube" fortgesetzt. Aufgebrachte Zuschauer quittierten den Wiederbeginn der Vorstellung unter Polizeischutz mit Pfuirufen, andere riefen „Bravo, Bravo". Die Polizei ermahnte – nach eigenen Angaben – die Ruhestörer und bewahrte sie vor Tätlichkeiten der Bravo-Rufer, schützte die Filmvorführung und verhinderte die Eskalation des Konflikts.

Eine hitzige Kinodebatte im Duisburger Stadtparlament, in der der Sprecher des Zentrums das Verhalten der Polizei kritisierte, folgte dieser Filmveranstaltung. „Jeder anständige Mensch ohne Rücksicht auf die Partei sei Gegner des Schmutzfilms", so Dr. F. vom Zentrum, und Aufgabe der Polizei hätte es nicht sein dürfen, „den edleren Teil des Publikums vor den Kopf zu stoßen", um „einem Teil des Publikums zu seinem kitzlichen Schauspiel zu verhelfen". Die ebenfalls in die Debatte eingreifende Sozialdemokratische Partei fragte an, „ob der Film außer dem beanstandeten Auftreten des katholischen Geistlichen in einer verfänglichen Szene auch sonst anstößige Szenen enthalte". Die Duisburger Volkszeitung, die dem Ereignis und der Debatte breiten Raum widmete, spitzte den Konflikt zu auf die Feststellung, es gehe hier „nicht um die

Veröffentlichungen der Filmprüfstellen.

Filmverbote. Die öffentliche Vorführung des Bildstreifens

a) „Sacco und Vanzetti" (vgl. MBliV. 1927 S. 1100), 7 Akte, 2170 m, Antragsteller: Veritas-Film G. m. b. H. Berlin, Ursprungsfirma: E. M. Gans-Filmverleih und -Vertrieb Wien, ist durch Entscheidung der Filmoberprüfstelle Berlin vom 30. 11. 1927, Prüfnummer 1155,

b) „Eine kleine Freundin braucht ein jeder Mann" (vgl. MBliV. 1927 S. 1100), 6 Akte, 2155 m, Antragsteller und Ursprungsfirma: Paul Heidemann-Produktion G. m. b. H. Berlin, ist durch Entscheidung der Filmprüfstelle Berlin vom 28. 11. 1927, Prüfnummer 17431,

erneut verboten worden.

Aufhebung eines Filmverbots. Der verbotene Bildstreifen „Eins und eins = drei" (vgl. MBliV. 1927 S. 1100), Antragsteller und Ursprungsfirma: Prometheus-Filmverleih G. m. b. H. Berlin, ist auf Grund § 7 Reichslichtspielges. (RGBl. 1920 S. 953) durch Entscheidung der Filmprüfstelle Berlin vom 18. 11. 1927, Prüfnummer 17327, mit dem Haupttitel „Eins und eins = drei", 6 Akte, 2173 m und 9,57 m Ausschnitten, zur öffentlichen Vorführung im Deutschen Reiche, jedoch nicht vor Jugendlichen, nunmehr zugelassen worden.

Vgl. MBliV. 1924 S. 969, 1925 S. 749, 1927 S. 1115.
— MBliV. 1927 S. 1136.

(Aus: Ministerialblatt für die Preußische Verwaltung vom 14. Dezember 1927)

Möglichkeit irgendwelcher menschlicher Verfehlungen, sondern um den Wert oder Unwert ihrer Darstellungen im Film" und fragte, wo die Reform der Kinozensur bleibe.

Die Duisburger Kinodebatte ereignete sich zu einem Zeitpunkt gesetzgeberischer und rechtlicher Unsicherheit. Mit dem Ende des Ersten Weltkrieges und der Beendigung der rechtlichen Militärdiktatur hatten die Erlasse der regionalen Generalkommandos auch zur Kinozensur zum Bedauern der Jugendschützer ihre Gültigkeit verloren. Zwar trafen die Zensurbehörden weiter Entscheidungen, setzten ihre 1907 begonnene Praxis der Erstellung von Zensurkarten fort, doch die allgemeine Filmzensur für Erwachsene war aufgehoben. Die für die Überwachung der Lichtbildvorstellungen zuständigen Polizeidienststellen in der Rheinprovinz und Westfalen orientierten sich seit Einführung der Zensurkarten übrigens an Entscheidungen der Berliner Behörde.

Die insbesondere von konservativen, nationalistisch und kaiserlich gesinnten Bildungskreisen geforderte Wiedereinführung der im Kriege bewährten Maßnahmen zum Schutze der Jugend vor „unsauberen" Lichtbildern ließ nicht lange auf sich warten. Die Weimarer Verfassung garantierte einerseits zwar die allgemeine Meinungsfreiheit, betonte dementsprechend „eine Zensur findet nicht statt", beschränkte dieses Grundrecht doch andererseits im gleichen Absatz: „(...) doch können für Lichtspiele durch Gesetz abweichende Bestimmungen getroffen werden. Auch sind zur Bekämpfung der Schund- und Schmutzliteratur sowie zum Schutze der Jugend bei öffentlichen Schaustellungen und Darbietungen gesetzliche Maßnahmen zulässig."
(§ 118 der Weimarer Verfassung)

Schon am 12. 5. 1920 wurde dieser Möglichkeit zur Filmzensur durch das „Reichslichtspielgesetz" entsprochen. Doch schon die Erstellung von den angeregten örtlichen Regelungen zur Überwachung der Kinematographen bereitete den Städten im Ruhrgebiet Schwierigkeiten. Eine vom Jugendamt der Stadt Aachen durchgeführte Rundfrage betreffs der „Überwachung des Kinobesuchs Jugendlicher" vermerkte als Ergebnis: „In die Erhebung sind einbezogen worden die großstädtischen Jugendämter Rheinlands und Westfalens, also die Jugendämter der Städte Bochum, Dortmund, Düsseldorf, Duisburg-Hamborn, Essen, Gelsenkirchen, Gladbeck-Rheydt, Köln, Krefeld-Uerdingen, Oberhausen, Münster i. W. und Wuppertal. (...) Sämtliche Jugendämter haben mitgeteilt, daß gemeindliche Bestimmungen über die Zulassung Jugendlicher zu den Lichtspielvorführungen bisher auf Grund der Ausführungsanweisung des Preußischen Staatsministeriums vom 1. 3. 1923 nicht erlassen worden sind."

Zumeist wurde den örtlichen Polizeidienststellen die Ausführung des Gesetzes überlassen. Der „Kampf" der Jugendfürsorgeorganisationen konzentrierte sich auf Nebenschauplätze, auf die Einhaltung vereinbarter Reklamebeschränkungen und darauf, daß die Kinematographentheater bei entsprechenden Filmen sichtbar das Schild „Jugendlichen unter 18 Jahren ist der Zutritt verboten" aushängten. Insgesamt waren dies jedoch Maßnahmen, die weder die Jugendlichen vom Kino fernhielten noch die Kinobesitzer dazu anhielten, das Alter der Besucher zu kontrollieren. Androhungen, die Lustbarkeitssteuer zu erhöhen, brachten ebensowenig Erfolg wie Anzeigen gegen Kinobesitzer: „Die eingeführte Überwachung der Lichtspieltheater auf den Besuch Jugendlicher hat, trotzdem verschiedentlich Anzeigen vorgelegt wurden, noch nicht zu einer gerichtlichen Bestrafung geführt", stellte das Duisburger Jugendamt in einem Bericht 1922 fest.

Zusammenfassend ist festzustellen, daß den Kampagnen der Jugendschützer weder gegen die Kinematographenkultur allgemein noch für das vermeintlich gute Kino Erfolg beschieden war. Die kulturellen Bedürfnisse und Wünsche der Jugendlichen sperrten sich ihrem aufklärerischen Wirken.

Geleitet von der Einflußlosigkeit ihres Engagements, orientierten sich die Jugendschützer und Zensurbehörden gegen Ende der zwanziger Jahre um. Auf den Verbotslisten standen nun Filme wie „Mutter Krausens Fahrt ins Glück", „Sacco und Vanzetti", „Salamander", „Jenseits der Straße" und „Kuhle Wampe"; Filme, die Milieustudien Zilles zum Anlaß nahmen, Leben, Hoffnungen und Zusammenbrüche der „Kleinen Leute" auf die Leinwand zu bringen.

Wie wohlwollend müssen national-konservative Jugendschützer, vielleicht sogar trotz sonst kritischer Distanz, den nationalsozialistischen Streifendienst ab 1933 vor den Kinos beobachtet haben. Sie setzten durch, was vorher zwar gesetzlich vorgeschrieben, aber unüblich war: die Kontrolle der Ausweise von jugendlichen Kinobesuchern. Eine Praxis, die nach einer kurzen, „liberaleren" Übergangszeit, überflüssig wurde. Gemäß dem Motto, daß auch ein „ausgesprochenes Tendenzwerk ein großes Kunstwerk sein kann" (Goebbels), wurde die Filmproduktion der Aufsicht des „Reichsverbandes Deutsche Bühne" untergeordnet. Das alte Filmgesetz von 1920 wurde 1934 durch ein Gesetz mit schärferen Zensurvorschriften abgelöst. Unabhängig von der Zensur führte man eine präventive Kontrolle ein. Alle Drehbücher mußten vor Produktionsbeginn dem Reichsdramaturg zur Genehmigung vorgelegt werden. „Wir wollen die Rhythmik der Seele vernehmen und nicht mehr den Takt des Gleichschritts internationaler Intellektualisten", verkündete der Literat R. C. Muschler als Programm nationalsozialistischer Kultur (Muschler 1933, S. 7). Eine Forderung, die sich durchsetzte und die Masse der deutschen Bevölkerung zu ihrem Ausdruck, doch beileibe nicht zu ihrem Recht kommen ließ. (Vgl. Benjamin 1977, S. 167)

„Jede Kultur ist besser als gar keine"
Zusammenfassende Anmerkungen

„Lesen ist meine Leidenschaft" (14jähriger Radbote). Äußerungen wie diese könnten „hundertfach angeführt werden. Lesen ist eines der wichtigsten Dinge, mit denen sich unsere Jugendlichen in der Freizeit beschäftigen." Zu diesem Ergebnis kommt Robert Dinse in seiner umfangreichen Untersuchung „Das Freizeitverhalten der Großstadtjugend" (1930). 73 Prozent der Jungen und 70 Prozent der Mädchen gaben an, Bücher, Zeitschriften und/oder Zeitungen zu lesen.

Besondere Aufmerksamkeit verdient die Studie von Robert Dinse dort, wo Jugendliche über die Art ihres Lesestoffes Auskunft geben. *„Ich lese am liebsten Karl May. Jetzt lese ich gerade den zweiten Band von Winnetou. Die Bücher von Karl May sind sehr spannend und klingen, trotzdem sie es vielleicht nicht sind, glaubhaft. Die Bücher sind auch sehr lehrreich."* (17jähriger Radbote)
„Ich lese sehr gern Bücher, allerdings solche, die als Hintertreppenromane oder Schmöker verschrien sind. Es ist dies die Serie der Harald-Horst-Bändchen, welche sich schon dadurch von den anderen unterscheiden, daß sie äußerst wahrheitsgetreu sind. Ich behaupte, daß die Harald-Horst-Bändchen die geeignetsten Bücher für die Jugend sind. Dies haben auch schon größere Autoren bestätigt. Am besten ist die wahrheitsgetreue Wiedergabe von Land, Wasser und Leuten, verbunden mit Spannung und manchmal auch Humor. Diese Bücher sind kein Nervengift, im Gegenteil, sie erweitern das allgemeine Anschauungsvermögen aufs Äußerste." (15jähriger Laufbursche)

Abenteuerliche Handlungen, kriminalistische und kriegerische Erzählungen, Jagden und Kämpfe, Inhalte der hier zitierten Jugendlektüre, waren das Genre von Karl May, den Autoren von Nick Carter, Jack London und Edgar Wallace, aber auch von Schriftstellern wie Erich M. Remarque, Autoren, die von Mädchen kaum bis gar nicht gelesen wurden. Sie bevorzugten Liebesgeschichten, schicksalsreiche, rührselig-sentimentale Erzählungen, wie Courths-Mahler, Ganghofer und Gustav Freytag sie schrieben: *„Ich lese Bücher sehr gern. Das letzte hieß ‚Ich warte auf Dich' von Courths-Mahler. Was mir gefallen hat, war, sie sollte einen Baron heiraten. Sie aber hat einen Privatlehrer geliebt. Das erfuhr ihre Mutter und wies sie aus dem Haus, und sie ging mit dem Lehrer mit."* (15jährige Arbeiterin)

Die von den Mädchen wie von Jungen genannte Lektüre entsprach dem jeweiligen Lebens- und Werthorizont der Geschlechter. Ein Hinterfragen der gesellschaftlichen Geschlechtsrollenverteilung lag der Kolportagenliteratur fern und wurde von den Lesern und Leserinnen auch nicht erwartet. Sentimentale Schmuselektüre stützte die den Mädchen zugewiesene Rolle der auf den Mann in Liebe wartenden Frau. Abenteuer- und Jagdgeschichten untermauerten Bilder und Lebensmuster vom harten, in der außerhäuslichen Wirklichkeit den Kämpfen des Lebens ausgesetzten Mann.

Für die Akzeptanz von Lektüre durch die Jugendlichen war wesentlich, ob sie in gelebte oder phantasierte Lebensformen zu integrieren war. Trotz aller Weltfremdheit enthielt die Kolportagenliteratur diesen Bezug zur Wirklichkeit. Sie kam den jugendlichen „Denk- und Gefühlwelten mit ihren Inhaltswerten und Darstellungsgängen entgegen". (Jung 1930) Der durch den Busch schleichende Trapper, der durch die Großstadt hetzende Detektiv, die von aller Hausarbeit befreite Prinzessin, das den herrschaftlichen, alternden Baron heiratende Dienstmädchen, der mit wilden Tieren kämpfende Großwildjäger und die jugendliche Gräfin, die wider alle gesellschaftliche Konvention den armen Bauernsohn heiratet – das waren Figuren, die sich trotz, vielleicht auch gerade wegen ihrer Phantasiefülle, zur Identifizierung anboten. „Obgleich Karl May nie tat, was er von sich selbst erzählt, nie dort war, wo er jeden Strauch zu kennen vorgab, findet ihn doch jeder Junge richtig. Also muß an der Lüge etwas dran sein, nämlich der echte Wunsch nach Ferne, den sie erfüllt." (Bloch 1977, S. 169)

Auch die Kolportage der laufenden Bilder vermittelte den Blick über die Mauer, die die gelebte Wirklichkeit umzäunte, erzeugte Hoffnung. *„Unsere einzige Freude ist schließlich das Kino."* So ein Schüler, ebenfalls zitiert in Robert Dinses Untersuchung. Ein anderer Schüler – gleichfalls Besucher einer höheren Schule – ergänzte: *„Ich bevorzuge jetzt das Kino, obwohl ich noch Jugendlicher bin und somit das Kino nur betreten dürfte, wenn Filme für Kinder bis zehn Jahre gegeben werden. Daß ich als Jugendlicher kein Interesse an diesen Filmen habe, wird jeder einsehen. Übrigens habe ich die Erfahrung gemacht, daß ich mit Geld überall hingehen kann, auch als Jugendlicher. Dieses sollte sich die Filmprüfstelle merken: Wenn viele Leute glauben, daß man sittliche Filme nicht richtig verstehen kann, glaube ich, daß diese Leute sich gerade darin irren."*

Ob ungelernte Arbeiter oder höhere Schüler, sie liebten das Kino und gingen hinein. Der Kinobesuch von Jugendlichen ließ sich durch andere Momente leiten als durch gesetzliche Bestimmungen. Wünsche nach einem Leben, das über den tristen Tag hinausgeht, waren Motor für den Besuch von Lichtbildvorführungen.

Vergleicht man die Erhebung R. Dinses mit anderen zeitgenössischen Quellen, insbesondere mit Arbeiten, Aufrufen und Pamphleten der jugendschützerischen Bewahrer von Sitte und Moral, so fallen zwei Diskrepanzen besonders auf.

Die Jugendschützer und die Diskutanten in den örtlichen Jugendpflegeausschüssen gingen unbelegt davon aus, daß Kolportage in Wort und Film hauptsächlich bis ausschließlich von Jugendlichen aus proletarischen Milieus, insbesondere von den arbeitslosen, ungelernten männlichen Jugendlichen, von Dienstmädchen und ungelernten Arbeiterinnen, genossen wurde. R. Dinses Untersuchung relativiert diese Auffassung. Bei der Wahl der Lektüre deutlicher als bei der Filmauswahl läßt seine Erhebung erkennen, daß zwar der lebensweltliche Hintergrund die Wahl für diese oder jene Literaturgattung oder diesen oder jenen Film beeinflußte, doch nicht in der prägenden, ausschließenden Weise, wie die Jugendschützer unterstellten. Zwar lasen Besucher und Besucherinnen höherer Schulen prozentual mehr „einwandfreie" Literatur als berufstätige Jugendliche. Auch tendierten ungelernte weibliche Jugendliche am stärksten zur „Schundlektüre". Dennoch: die jugendliche Leidenschaft für filmische und literarische Trivialliteratur war klassenübergreifend. Weder war der jugendliche Arbeiter „der eigentliche Kinobesucher", wie Dehn (1922) ausführte, der erlebnishungrige, -lüsternde häufigste Kinobesucher, wie H. Jung (1930) annahm, noch der einzige Leser von „anstößigen" Zeitungen und prickelnden, phantasieaufpeitschenden Büchern.

„Die Verherrlichung des Verbrechens in den Schundromanen führt nicht selten zur Ausübung von Heldenstücken, die den Unglücklichen dann in Konflikt mit dem Strafgesetz bringen." Karl Brunner (1909) formulierte diesen Satz, schmückte ihn mit diversen Zeitungsgeschichten und legte damit den Grundstein für eine die zwanziger Jahre überdauernde Argumentation des Jugendschutzes. Selbstmorde von Jugendlichen, Prostitution, Vergewaltigung, Diebstahl und Hehlerei, jugendliche Wanderlust und Schulschwänzerei wurden hinfort direkt auf den Einfluß von Literatur und Film zurückgeführt. Zwischen jugendlicher „Verwahrlosung" und „Verwilderung" und jugendlichem Konsum von „Schund" in Wort und Lichtstreifen wurde ein direkter Zusammenhang hergestellt.

Empirische Forschungen stützten auch diese Annahme nicht. Sie stellten fest, daß nicht die Verbrechen in Literatur und Film das Anziehende für die Jugendlichen waren, sondern die angebotenen Problemlösungen: Gerade weil das Geschehen der Groschenheft-Serien so phantasievoll ausgeschmückt, in die Fremde verlegt war, enthielt es für das zumeist jugendliche Lesepublikum einen Hauch von Wirklichkeit. Nicht nur die Identifikation der Leserschaft mit dem Helden, auch mit dem sozialen Milieu, mit dem erzählten Alltag und der Dramaturgie der Geschichte wurde nahegelegt.

Von den „Schmutz- und Schundkämpfern" wurden solche Forschungsergebnisse nur am Rande wahrgenommen. Unbehelligt exerzierten sie ihre Anliegen in geschlossener Front, trotz der Kontroversen auf der Tribüne der großen Politik, dem Reichstag. Konservative, nationalistisch-völkische und Vertreter links-sozialrevolutionärer Positionen handelten in der praktischen Arbeit vor Ort gemeinsam. Daß den Konservativen die Verhinderung des kulturellen Verfalls der deutschen Jugend vorschwebte, das Engagement der Linken aber auf der Einschätzung basierte, volkstümliche Literatur und Lichtbilder seien das Klassenverhältnis bewußt neutralisierende Produkte der bürgerlichen Herrschaft, geschaffen, um selbstbefreiende Illusionen zu kanalisieren, vom alltäglichen Lebenskampf abzulenken, schien der Kooperation nicht zu schaden. Erst gegen Ende der zwanziger, Anfang der dreißiger Jahre, zu einem Zeitpunkt, wo der Schundkampf sich allgemein von der puritanischen Mentalität des Wilhelminismus löste, aber politisierte, taten sich Fronten zwischen den Schundkampffraktionen auf. Bis hierhin hatten sie den Weg jedoch gemeinsam zurückgelegt, stets dem Ideal verpflichtet, das bürgerliche, klassisch-humanistische Kulturleben gegen die alltagskulturellen Praxen der Jugendlichen, die nur der Zerstreuung dienten, durchzusetzen.

Lesen, nicht nur die „gute", sondern auch die Kolportagenliteratur, und ins Kino gehen – und auch hier galt: „Jede Kultur ist besser als gar keine" (Dinse 1930) – waren schon vor 50 Jahren jugendkulturelle Aktivitäten hoher Präferenz, erfreuten sich größerem Zuspruch als das Vergnügen auf dem Rummelplatz, Tanzen oder spazierengehen, Erzählen und Spielen, als die Zugehörigkeit zu einem Jugendverein, als Basteln und Handarbeit, als Musizieren. Lediglich sportliche Aktivitäten – Turnen, Wandern und Wettkampfspiele – genossen im jugendlichen Kulturleben einen höheren Stellenwert.

Verbotene Filme und Zeitschriften der 20er Jahre

„Der Krieg gibt jedem noch ungeahnte Möglichkeiten der Bewährung" Essener Gymnasiasten zwischen 1930 und 1945

Wilfried Breyvogel, Petra Hinssen, Bernd Stelmaszyk

Der folgende Beitrag stellt in Auswahl Ergebnisse eines Forschungsprojekts vor, das den Versuch unternimmt, die Alltagsgeschichte zweier Essener Gymnasien zwischen 1930 und 1945 im Vergleich zu rekonstruieren. Die Auswahl der Schulen erfolgte mit dem Interesse, ein möglichst unterschiedliches Sozialmilieu als Rahmen der Schule zu erhalten. Wir wählten daher das Realgymnasium Bredeney, die heutige Goethe-Schule in einem südlichen Stadtteil des gutsituierten Bürgertums mit einer hohen Repräsentanz von Industriellen, Kaufleuten, Bankiers und leitenden Angestellten und das Realgymnasium Altenessen, die heutige Leibnizschule, in einem Stadtteil des industriell-bergmännischen Nordens mit einer mehrheitlich der Arbeiterkultur verhafteten Wohnbevölkerung, einer schmalen Schicht aus Angestellten, Beamten und traditionellen Kleinbürgern.

Während im Stadtteil Bredeney ein teilweise elitäres nationalkonservatives, teils weltmännisch geöffnetes, liberales, im Zentrum aber bildungsbürgerliches Sozialmilieu vorherrscht, ist das Sozialmilieu in Altenessen weniger einheitlich. Denn in seiner schmalen Oberschicht teilt es gewiß viele Momente des Bredeneyer Bürgertums. Andererseits ist der Stadtteil durch die Momente der traditionellen Zechen- und Bergarbeiterkultur geprägt, die auch die Kultur der sozialen Aufsteiger noch einfärbt. Andererseits ist die soziale Oberschicht durch ein höheres, häufig ortsfremdes Beamtentum ergänzt, das sich ordnungspolitisch in Polizei, Schule und Verwaltung in der Tradition des preußischen Beamtentums versteht.

Methodisch benutzten wir im Zentrum ein Verfahren der alltagsorientierten historiographischen Rekonstruktion. So intendierten wir eine möglichst dichte, schulbezogene Material- und Datensammlung, die uns die Beurteilung einzelner Details, Vorfälle, Ereignisse und Konflikte zugänglich machte.

In einem zweiten Schritt haben wir unsere Perspektive durch Gespräche mit ehemaligen Schülern ergänzt. Dabei sind wir allerdings sehr intensiv an die Auseinandersetzung mit den Formen der lebensgeschichtlichen Verarbeitung der geschichtlichen Wirklichkeit gestoßen. Idealisierung, Schematisierung, Verleugnung und Verkennung sind – und müssen – so intensiv sein, daß wir diesem Zugang mit zunehmender Skepsis gegenüberstehen. Wir halten an der Stelle weder das konfrontative Gespräch für sinnvoll, noch die Unaufrichtigkeit des einfühlenden Schweigens. Mag dieses Urteil so nicht verständlich sein, dann kann es die folgende Beschreibung eines Aktenfundes plausibel machen: In einer der Schulen (Realgymn. Bredeney) fanden wir den kompletten Briefwechsel von 1935 bis 1945 (ca. 3.000 Blatt) zwischen dem Schulleiter und den ehemaligen Schülern, die aus dem Reichsarbeitsdienst, vom militärischen Einsatz, bisweilen aus dem Schützengraben an der Front berichten und schreiben. Vergegenwärtigen wir, daß einzelne Schüler kontinuierlich über 8 bis 10 Jahre schreiben und jeweils (in Durchschrift vorhandene) Antworten erhalten, daß in diesen Berichten wie en passant die Erschießung von Zivilisten, das Vorgehen gegen „freche" Polen und der Hinweis auf Spezialeinsätze im Osten, oder, daß Schüler z. B. eine SS-Ausbildung in Dachau absolvieren. Aus allem wird verständlich, daß sich die Naivität des zuhörenden Fragers schnell verbrauchen kann. Deuten wir unser Wissen aus den schriftlichen Quellen auch nur durch präzisierte Fragen an, verstummt schnell jedes Gespräch.

In Auseinandersetzung mit schriftlich objektivierter Zeitgeschichte muß allerdings ein kritisches Urteil möglich sein. Die – gewollt oder ungewollt – persönliche

Konfrontation aber und damit verdeckte moralische Schuldzuweisung kann nicht Aufgabe historischer Forschung sein. Das schließt andererseits keinesfalls das persönliche Gespräch aus, gibt ihm nur eine andere Bedeutung. Es erhält nicht den Status der Datenerzeugung. Welche Konsequenzen diese Erfahrung für die mündliche Geschichtsforschung hat, vermögen wir hier nicht zu diskutieren.

Gymnasiale Schulkultur, Sozialmilieu und Stadtteil – Ein Strukturvergleich

Der folgende Vergleich beider Schulen bezieht sich auf die strukturelle Ebene der Schulverwaltung, der Schulkultur und der Jugendkultur. Die erste Ebene umfaßt das Kollegium, Direktor und Lehrerschaft. Während sich im Bredeneyer Kollegium, zentriert um die Person des Direktors, bildungsbürgerliche, klassisch-humanistische und literarische Bildungsvorstellungen finden, die sich in unterschiedlichen Schattierungen zwischen national-konservativ (Dr. M.), liberalen bis linksliberalen Positionen (R. Jahn und F. Arends) bewegen, ist das gemeinsame Kennzeichen des Kollegiums des Realgymnasiums Altenessen eine über den Direktor vermittelte Ordnungsvorstellung, die sich am preußischen Beamten orientiert. Neben bürokratisch-starren, in der Disziplinierung aufgehenden, finden sich aber auch äußerst verständnisvolle, auf die besondere Situation im Stadtteil bezogene Haltungen. Während vom links-liberalen Flügel des Kollegiums in Bredeney Wanderaktivitäten ausgehen, die sich in den „freideutschen" Wandergruppen fortsetzen, existiert am Altenessener Gymnasium eine ausgeprägte Aktivität, die in den katholischen Neudeutschlandbund einmündet.

Vergleichen wir auf einer zweiten Ebene das, was sich als Schulkultur fassen läßt, was z. B. bei Feiern und öffentlichen Anlässen Ausdruck findet, dann findet sich hier ebenfalls eine deutliche Differenz: Während in Bredeney zwei musisch-kulturelle Akzente vorherrschen: das Schulorchester unter dem sehr beliebten, liberal verständnisvollen Studienrat H. und die Theateraufführungen des Studienrates Dr. K., sind es in Altenessen andere Momente, die aber ebenfalls auf das Sozialmilieu des Stadtteils verweisen. Im Zentrum ist es der Sport, die Beteiligung von Schulmannschaften an Spielen und Wettkämpfen, wobei es die Schlagballmannschaft unter dem aufgestiegenen Volksschullehrer H. bis zur Beteiligung an der preußischen Meisterschaft in Berlin bringt. Daß der erwähnte Lehrer bereits 1931 NSDAP-Mitglied wird, im Vorstand des örtlichen Fußballvereins ist, ergänzt das Bild, sollte allerdings keinen falschen Akzent setzen. Die Beteiligung in nationalsozialistischen Organisationen ist im bildungsbürgerlichen Bredeney, will man es quantitativ fassen, ausgeprägter. Neben sechs NSDAP-Mitgliedern in der Lehrerschaft melden sich zwei von ihnen freiwillig zur SS. Der eine von ihnen zählt in der Folgezeit zur Lagerverwaltung im KZ Mauthausen, der andere macht Karriere bis zum SS-Hauptsturmführer. Typisch für Bredeney sind allerdings eher Karrieren wie die des Initiators des Theaterspiels, Dr. K: Sein Schulleiter teilt 1940 an den späteren SS-Hauptsturmführer mit: *„Dr. K. sitzt auf einem sehr interessanten Posten beim Chef des Generalstabes, Abteilung Fremde Heere und bearbeitet mit einem halb männlichen, halb weiblichen Stabe französische Beuteakte. Er war schon in Paris und hat sich dort einen ganzen Lastwagen voll neue Arbeit geholt."* (Brief von J. M. F. vom 28. 10. 1910)

Kommen wir zum Strukturvergleich zurück. Während sowohl Orchester wie Theater in Altenessen fehlen, steht der Sport im Zentrum der Schulkultur. Daneben findet sich die Präsentation des handwerklich-praktischen Unterrichts, der im Realschulzweig besonders ausgebaut wird. Daß die Abiturienten in die Zeche einfahren, ist zumindest für die Zeit vor 1914 und 1928 belegt und verweist auf die enge Einbindung in das Sozialmilieu, die Arbeits- und Reproduktionszusammenhänge des Stadtteils.

Sozialmilieu und Jugendkultur

Nach einer Statistik von 1929 entstammen 45 Prozent der Bredeneyer Schüler der „oberen Klasse" aus Großkaufleuten (33), Kaufleuten (72), Fabrikanten und Fabrikdirektoren (30), Oberingenieuren (40), Rechtsanwälten und Architekten (22) u. a. In Altenessen zählen lediglich 13 Prozent zu dieser Klasse, wobei die Ärzte (7) bereits eine der größten Gruppen sind. Der Mittelstand aus Handwerkern, gehobenen Angestellten, Ingenieuren und Lehrern ist in Bredeney mit 40 Prozent, dagegen in Altenessen mit 60 Prozent vertreten. Die „untere Klasse", zu der noch untere Beamte, aber auch Monteure und Arbeiter in Betrieb und Zeche zählen, ist in Bredeney mit 11 Prozent, in Altenessen mit 22 Prozent vertreten. Genauer betrachtet, finden sich in Altenessen 30 Bergmannskinder, 21 Fabrikarbeiterkinder, aber auch noch 55 Kinder von unteren Beamten und Angestellten in dieser Klasse. In Bredeney finden sich neben 57 Kindern von unteren Beamten und Angestellten lediglich 5 Kinder von Betriebsarbeitern. In der Bilanz läßt sich feststellen, daß in Bredeney neben den 5 Arbeiterkindern (von 571) die mittlere und besonders die obere soziale Klasse dominiert. In Altenessen ist der Mittelstand bei einer gewissen Offenheit für die Unterschichten vorherrschend.

Schulgebäude, Lehrerkollegium und Schulkultur in Essen-Altenessen

Schulgebäude, Lehrerkollegium, Schulkultur und Jugendkultur im Gymnasium Bredeney

Betrachten wir vor diesem Hintergrund auf einer dritten Ebene die Momente der Jugendkultur, wie sie sich, über Schule und Lehrer vermittelt, in der fotografischen Präsentation darstellen. Auch hier ist eine markante Differenz. In Bredeney befindet sich in der Nähe des links-liberalen Zentrums (Jahn, Arends) eine Wander- und Gruppenkultur, die zum einen in die Wandervogel- und Bündische Bewegung verweist. Zum anderen finden sich im gleichen Kontext Aktivitäten, die mit Treffen verbunden sind, auf denen sich die Jugendlichen in weltmännischer Pose, modischer – aber sich zugleich vom „Sonntagsstaat" absetzender – Kleidung, mit eigenem, finanziell aufwendigem Schick zeigen. Im gleichen Kontext finden sich Anklänge ans Kabarett, an Swing und Jazz. An diesem Strang läßt sich bis in die vierziger Jahre hinein die Rezeption des Swing verfolgen. Zuletzt in Fotografien Bredeneyer Schüler, die im Ernteeinsatz (1940) am Strand mit Phonogramm Swing hören und üben. Dieses ist die eine Variante der Jugendkultur im „gebildeten" Milieu des „Südens". Kleidung, Schick, Schallplatte, Phonogramm verweisen auf den sozialen Hintergrund. Im Gegensatz dazu finden sich im Altenessener Material Wanderfotos, in denen sehr viel stärker das Ungebändigte Ausdruck findet. Gleichzeitig verweist die Symbolik der aus Körperkraft gebildeten „Lebensbäume" auf das Moment von Körperkraft und Männlichkeit der Arbeiterkultur. Letztlich spiegeln sich hier Formen der Arbeitersportkultur.

„Im Vaterland hat jeder seinen rechten Stand" Konservativismus und Resistenz

Der „Geist der Schule" in Altenessen kann als konservativ-national und patriarchalisch-autoritär beschrieben werden. Die Entlassungsansprache des Direktors an die Abiturienten 1929 verwendet an zentralen Stellen die Termini „Volk", „Volksgemeinschaft" und „Vaterland" und endet mit den Vers-Zeilen:

Im Vaterland, im Vaterland
Hat jeder seinen rechten Stand
Und rechten Grund gefunden.
Da stehe fest und halte drauf!
Und flöhest du im schnellen Lauf,
Es hält dich doch gebunden.

Diese nationale Eingebundenheit erleichterte an vielen Stellen eine Angleichung zum NS-Staat, darf aber nicht als vollständige Übereinstimmung verstanden werden.

Das erste Großereignis des „neuen Staates", das in der Schule feierlich begangen wurde, fand im März 1933 statt: „Der Tag von Potsdam." Es war die geschickt inszenierte Begegnung der Nationalsozialisten mit den Traditionen des nationalkonservativen Deutschland. Es entspricht durchaus dem skizzierten Selbstverständnis der Schule, daß gerade dieses Ereignis gefeiert und die Feier auf der ersten Seite der Schulzeitschrift dargestellt wurde. Der Direktor der Schule zitierte in der Rede zu dieser Feier Goethe. Das Lied zur Feier hat programmatische Bedeutung: „Ich habe mich ergeben".

Tatsächlich kann über diese erste Annäherung hinaus eine langsame Angleichung an die neuen Machtverhältnisse festgestellt werden. Die gemeinsame Basis und auch deren Grenzen wurden zwei Tage später anläßlich der Abschiedsfeier für die Abiturienten deutlich. Der Vertreter der Schüler zitierte Hitler, um seine Zukunftsperspektive zu entwickeln. Der Direktor konnte sich auf ältere Traditionsstränge berufen, als er die Perspektive einer geschlossenen starken Nation entwarf. Gleichzeitig sprach durch seine Rede eine Abneigung gegen eine Politisierung der Jugend und der Schule: *„Es sei sein Stolz, daß in den Unruhen der vergangenen Zeit der Schulfriede und Gemeinschaftsgeist an der Anstalt nie gestört oder durch disziplinarische Maßnahmen wiederhergestellt worden sei. Sein heißer Wunsch sei es, daß es so bleibe. Heute vollziehe sich ein geistiger Umbruch und Umschwung, und er ruft alle auf, am Umbau und Aufbau der Nation mitzuarbeiten."* (Brücke, März 1933, S. 18)

Es wird deutlich, daß das Neue vor den alten Strukturen der Schule haltmachen soll. Die Disziplin der Schule steht über allem. Daß diese Forderung auch dann gelten soll, wenn ein Schüler nationalsozialistisch argumentiert, kann an der folgenden Fallgeschichte vom Oktober 1934 verdeutlicht werden.

„Es ist erfreulich, daß sich die Jugend einem Geiste entgegenstemmt, der nicht mehr zeitgemäß ist" – Das „neue Deutschland" und die Schulordnung

Im Rahmen einer Deutschstunde äußerte der Obersekundaner B., daß der Deutschunterricht nicht mehr zeitgemäß sei und daß das eigentliche Thema des Deutschunterrichts ausschließlich der Nationalsozialismus sein müsse. Im Protokoll der Klassenkonferenz, die zwei Tage später stattfand, heißt es: *„Der Deutschlehrer versucht, den Schüler über die Aufgaben des Deutschunterrichts aufzuklären. Als B. nun in seiner Kritik fortfährt und dabei u. a. äußert, daß es doch keinen Zweck habe, so veraltete Werke wie die im 1. Tertial behandelten Werke aus der antiken Literatur durchzunehmen, ersucht der Deutschlehrer den Schüler um Mäßigung seines Tones. B.*

versteigt sich zu der Bemerkung: ‚Das Weitere wird mein Vater mit ihnen regeln' und schließlich: ‚Ich kann ihnen nur sagen, daß ich so veraltete Themen nicht mehr schreiben werde, darauf können Sie sich verlassen.' Der Deutschlehrer weist den Schüler wegen dieser groben Ungehörigkeit aus der Klasse." Die Konferenz beschloß eine Strafe von zwei Stunden Arrest wegen des frechen Auftretens des Schülers. Es besteht offensichtlich für die Vertreter der Schule kein Grund, die Programmatik des Unterrichts zu überdenken. Der Direktor der Schule informierte den Vater des Schülers über Strafe und Disziplinlosigkeit. Die Antwort des Vaters setzte die Handlung seines Sohnes in den großen Zusammenhang der Erneuerung der Schule und der Erziehung im nationalsozialistischen Staat. „. . . weil es doch letzten Endes hauptsächlich um das geht, was der heutige Staat von Erziehern und Schülern fordert." (Brief vom 14. 10. 34)

Die von der Schule angestrebte Erziehung zu (Unter)ordnung und Dienst am Vaterland kann dem entgegenstehen. Die Forderung des Direktors anläßlich der Abiturientenentlassung 1934 „Lernet gehorchen, wenn ihr führen und befehlen wollt" gibt den Anspruch der Schule auf gehorsame Schüler treffend wieder. Die Argumentation des Vaters entspricht der plakativen Darstellung des Nationalsozialismus als jugendliche Bewegung der Erneuerung verkrusteter Strukturen. Seinem zweiten Schreiben stellte der Vater das Motto „Mit uns zieht die neue Zeit" voran.

Diese Konstellation nationalsozialistischer Schüler gegen traditionell-konservative Schule wurde durch die Einschaltung einer weiteren Instanz entschieden. Obwohl der Vater droht, die Angelegenheit „anderweitig" vorzubringen, gibt es keine Hinweise auf eine mögliche Einbeziehung von HJ oder Partei. Der Schulleiter setzte sich dagegen unverzüglich mit seiner Oberbehörde in Verbindung und begründete sein Vorgehen. *„Ich habe bei der Mitteilung der Strafe in der Klasse in Gegenwart des Klassenleiters mit absoluter Klarheit zum Ausdruck gebracht, daß die Schüler sehr wohl das Recht hätten, ihre Wünsche und Ansichten über die Themen der deutschen Aufsätze dem Lehrer gegenüber zum Ausdruck zu bringen, daß dies aber in einer Form zu geschehen hätte, wie sie unter anständigen Menschen üblich wäre und wie sie dem Verhältnis zwischen Lehrer und Schüler entspricht. Die Drohung mit dem Eingreifen des Vaters und die Androhung der Gehorsamverweigerung kann sich die Schule auf keinen Fall gefallen lassen."*

Die Oberbehörde reagierte zügig und bestätigte die Strafentscheidung der Schule. Bei einer weiteren Verweigerung des Schülers sollte dieser mit Hilfe der Schulordnung aus der Schule entlassen werden. Mit der Mitteilung des Schulleiters an den Vater über diese Entscheidung endet der Fall in den Akten. Es bleibt offen, ob der Schüler die Strafe antrat oder aber die Schule wechselte.

„Zeigt in allen Sportzweigen überragendes Können. Geistig ist er allerdings schwach begabt."
Zum Bruch traditioneller Bildungsstandards

Ende 1937 wurde die erste Klassenkonferenz der Prima einberufen, die sich mit den Ostern 1938 stattfindenden Reifeprüfungen beschäftigte. Über die Klasse wurde eine Gesamtcharakteristik angefertigt, die sehr positiv ausfiel. Aber es gab auch Ausnahmen. Über einen der Primaner heißt es 1937: „S. ist in der körperlichen Entwicklung seinem Alter voraus." Es folgt eine nähere Beschreibung seiner Fähigkeiten und „Sein Erfolg: er ist Reichssieger der HJ im 100m-Lauf und zeigt auch in allen anderen Sportzweigen überragendes Können." Dann nimmt das Gutachten zum geistigen Leistungsvermögen Stellung. Das Urteil ist eindeutig: „Geistig ist er allerdings schwach begabt . . . Sein Denkvermögen ist schwach entwickelt. Er wirkt ganz unselbständig, manchmal hilflos. Meist sucht er Deckung vor den Fragen des Lehrers."

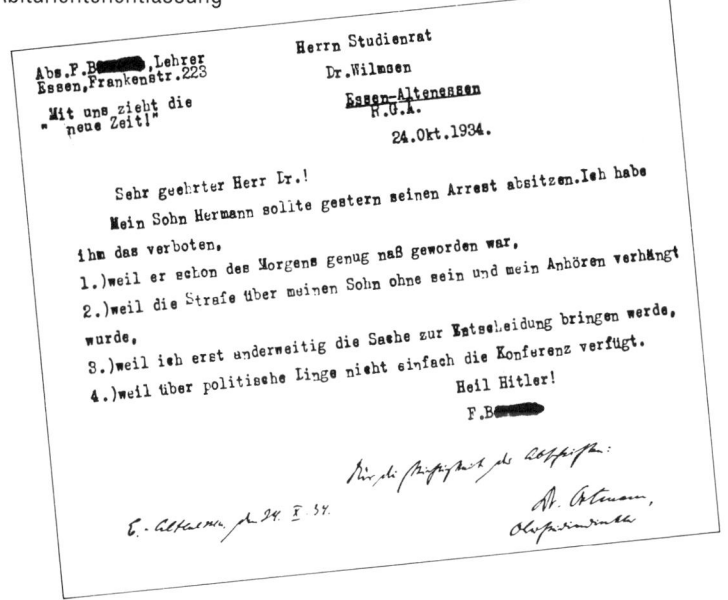

Das Gesuch des Primaners S. um Zulassung zur Reifeprüfung, das Lebenslauf und Bildungsgang beinhaltet, setzt den Schwerpunkt der Darstellung auf Sport und Hitlerjugend. Es enthält eine Auflistung der sportlichen Erfolge und Auszeichnungen des Schülers. Der Eintritt in die HJ erfolgte im Juni 1933, einem im Vergleich mit den Klassenkameraden frühen Termin.

Die Zulassung zur Reifeprüfung wurde durch den Schulleiter getroffen. In kritischen Fällen war eine besondere Begründung notwendig. Diese Begründung fiel bei S. sehr ausführlich aus. Es wurde eingeräumt, daß S. ein schwacher Schüler sei, aber „seine Zurückweisung würde geradezu als Unrecht erscheinen", da er schließlich Reichssieger der HJ und ein charakterlich wertvoller Mensch sei. Das Prädikat „Reichssieger" ist im Original unterstrichen und dokumentiert die zentrale Bedeutung dieses Sachverhalts für den Schulleiter. Die vorgesetzte Schulbehörde überzeugte diese Argumentation allerdings nicht. Im Januar 1938 wurde dem Schulleiter mitgeteilt: „Gegen die Zulassung von S. habe auch ich ernste Bedenken. Er ist jedenfalls eingehend zu prüfen; das Ergebnis ist zu berichten."

Nach der Prüfung erhielt S. zwar die Beurteilung: „Sein voller Einsatz auf körperlichem Gebiete ließen ihn in den Leibesübungen Spitzenleistungen erreichen; im übrigen war sein Streben befriedigend", trotzdem hat er wegen nicht genügender Leistungen in Mathematik und Deutsch die Reifeprüfung nicht bestanden und muß ein halbes Jahr wiederholen.

Im Juni 1938 hat sich die Situation gewandelt. Unter den Unterlagen, die der Schulleiter an die Oberbehörde im Rahmen der „Zulassung zur Reifeprüfung im Herbsttermin 1938" schickte, befand sich ein Dienstzeugnis der HJ. Dieses Zeugnis erhält eine besondere Bedeutung, da zwei Schreiben des Direktors vorliegen, die beide am gleichen

Erstes Gutachten der Schule über den Schüler S.

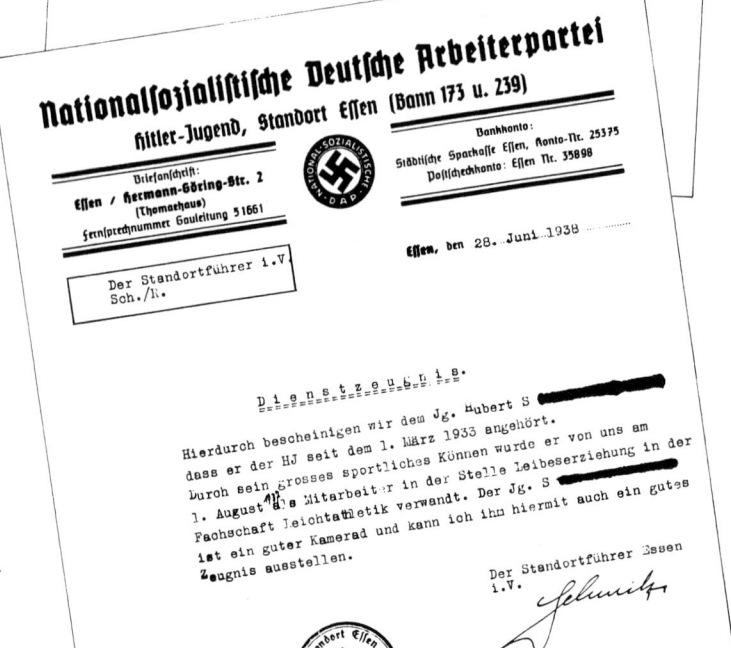

Dienstzeugnis der HJ über den Schüler S.

Tag verfaßt wurden. Einmal bat der Direktor seine Oberbehörde, die Reifeprüfungsunterlagen später abgeben zu dürfen; zum anderen schrieb er die Essener HJ an und forderte ein Dienstzeugnis. Das Zeugnis lag Ende Juni vor und betonte wiederum den sportlichen Aspekt. Es schließt „Der Jg. S. ist ein guter Kamerad und kann ich ihm hiermit auch ein gutes Zeugnis ausstellen."

Dieses Zeugnis lag der Klassenkonferenz vor. Die Entscheidung der Konferenz, S. ein positiv modifiziertes Gutachten zu schreiben, muß in diesem Zusammenhang gesehen werden. Zusätzlich hatte sich die Zusammensetzung der Lehrer der Klasse geändert. In zentralen Fächern unterrichtete der Direktor und der Studienassessor D., mittlerweile Vertrauenslehrer der HJ mit der Aufgabe, „für eine reibungslose Zusammenarbeit zwischen HJ und Schule zu sorgen". (Brücke, Aug./Sept. 1938, S. 96) Es liegt nahe, eine angemessene Würdigung des Reichssiegers der HJ als Resultat einer frühen Koordinierungstätigkeit des HJ-Vertrauenslehrers anzunehmen. Einer eventuellen Bemängelung der Zulassung stand nun eine geschlossene Front aus Schulleiter, einigen Lehrern und dem Standort der Essener HJ entgegen. S. konnte somit ohne besondere Begründung zur Reifeprüfung zugelassen werden und die Oberbehörde konnte keine Einwände erheben. Die Prüfungsergebnisse fielen besser aus, lediglich in Mathematik wurde das Urteil „nicht genügend" gefällt. Die Position der Schulleitung war stark genug, um im abschließenden Protokoll festhalten zu können: *„S. wurde die Reife zuerkannt auf Grund seiner überragenden Leistungen in den Leibesübungen, obgleich er in Mathematik ‚nicht genügend' hat."*

Scheinbar war die Schule bzw. der Schulleiter eher bereit, in Ausnahmefällen die Leistungsanforderungen zurückzustellen als die Disziplin. Dem „Geist der Schule" konnte es also entsprechen, einem Schüler, der in der Öffentlichkeit durch seine Arbeit im sportlichen Bereich der HJ Auszeichnungen erworben hatte – und somit der besonderen Betonung des Sports im Schulleben entsprach – die Reife zuzuerkennen.

„Die Luftwaffenhelfer müssen das Gefühl haben, daß die Schule sie nicht vergißt"
Das Ende der Erziehung

Am 1. September 1939 begann der Zweite Weltkrieg. Die Eröffnung der Schulen nach den Ferien in diesem Jahr war von den Luftschutzmöglichkeiten abhängig. Die unmittelbare Situation im September beschrieb der Bredeneyer Schulleiter in einem Brief. *„Die Schule hat, wenn auch verkürzt, ihren Betrieb wieder aufgenommen und wir Lehrer bleiben wohl vorläufig noch in unseren Stellungen."* (Brief vom 19. 10. 1939)

In Bredeney gab es nur einen provisorischen Luftschutzraum, der von ca. 200 Personen benutzt werden konnte, deshalb fand der Unterricht schon 1939 in zwei Schichten statt, so daß für alle Anwesenden Luftschutzmöglichkeiten vorhanden waren. Für die Schüler bedeutete das abwechselnd Vormittags- und Nachmittagsunterricht.

Insgesamt wurden in Essen 441 Lehrer zum Wehrdienst oder zu anderen außerschulischen Tätigkeiten eingezogen, ohne daß für einen Ersatz gesorgt war. (Stand Ende 1939. Es waren etwa 20 Prozent der Lehrerschaft betroffen und die Anzahl wuchs im Laufe des Krieges.)

Teile der Schulgebäude wurden für außerschulische Zwecke beansprucht. Im Erdgeschoß der Altenessener Schule wurde eine Abteilung des Sicherheitshilfsdienstes (SHD) untergebracht. Die Altenessener Mädchenmittelschule wurde ganz vom SHD beansprucht, daher mußten beide Schulen sich die restlichen Teile des Gebäudes des Realgymnasiums teilen, so daß auch hier Vormittags- und Nachmittagsunterricht üblich war. Nachdem bei Luftangriffen im Jahre 1943 das Gebäude des Kohlensyndikats zerstört worden war, wurden Teile der Bredeneyer Schule als Ausweichquartier bereitgestellt. Zu diesem Zeitpunkt war nur noch eine kleine Anzahl von Schülern in Essen zurückgeblieben. In der Kriegschronik des Essener Schulamtes für das Jahr 1941 wurde als Notiz festgehalten: *„Im Januar erfolgten die ersten KLV (= Kinderlandverschickungs-) -Züge aus Essen auf Grund des Ministerialerlasses vom 2. 10. 1940. Diese KLV-Lager wurden im Protektorat, in der Slowakei, in Württemberg und in Pommern errichtet. Die Stadtverwaltung schickte ferner Lehr- und Lernmittel aus den Beständen der Schulen und der Bildstelle ins Protektorat."*

Als eine erste Reaktion auf die Luftangriffe, die nachts erfolgten, war der Beginn der Schulzeit auf 10 Uhr verlegt worden, so daß die zweite Unterrichtsschicht bis 18.30 Uhr dauerte. „Das ist ein langer Tag, und die Haltung der Schüler ist besonders nachmittags nicht immer erfreulich." (Direktor Bredeney in einem Brief vom 13. 6. 1940) Da der Alltag der Schüler stark durch HJ-Dienst und kriegsbedingte Aktivitäten in Anspruch genommen wurde, blieb es nicht aus, daß die Schule in den Hintergrund trat. Die älteren Schüler der Gymnasien bemühten sich teilweise, zur Wehrmacht zu kommen. Jüngere Schüler waren in den verlängerten Ferien als Erntehelfer im Einsatz. Allgemein läßt sich eine verstärkte Sammeltätigkeit feststellen. 1941 zählte die Altenessener Schule zu den „besten Altstoffsammler(n) aus allen Gauen Großdeutschlands". (Jahresbericht über das Schuljahr 1940/41)

Besondere Bedeutung erhielt die Kinderlandverschickung in Essen nach den Großangriffen im März 1943. Die Schulen wurden geschlossen, und bis zum Oktober waren fast alle Schüler der jüngeren Jahrgänge evakuiert. Das Ende des Krieges erlebten die Altenessener in Tirol, wohin sie nach mehreren Zwischenstationen 1944 verlegt worden waren. Die Bredeneyer waren 1943 zusammen mit Schülern der Goetheschule und der Werdener Oberschule nach Tirol in die KLV geschickt worden.

Erinnerungen der Altenessener Schüler an die KLV laufen in Gegensätzen ab. Auf der einen Seite wird die Ungewißheit über die Lage in Essen oder die Entwicklung des Krieges genannt. Gleichzeitig hatte die KLV neben der Möglichkeit, Kinder aus gefährdeten Gebieten zu evakuieren, eine vormilitärische Variante. Ein Teil des Lagerlebens wurde durch den HJ-Dienst ausgefüllt, der eine Vorstufe zum Soldatensein war.

Die Schüler der oberen Klassen blieben – soweit sie nicht als Unterführer bei der KLV eingesetzt waren oder vorzeitig beim Arbeitsdienst oder bei der Wehrmacht waren – als Luftwaffenhelfer zeitweise im Großraum Essen. Zu dieser Situation schrieb der Bredeneyer Schulleiter: *„Meine Oberstufe unterrichte ich in der Flak-Stellung Schuir, und der Rest der Schule soll nach Tirol verlegt werden. Die ganze Lage ist für den Direktor sehr unangenehm und verdoppelt seine Arbeit, ohne daß ihr der gewünschte Erfolg beschieden ist."* (Brief vom 15. 9. 1943)

Ein geregeltes Schulleben fand spätestens seit 1943 nicht mehr statt. Die Kinder und Jugendlichen erlebten den Krieg in unterschiedlichen Funktionen und unter unterschiedlicher Betreuung. Ein Status „Schüler" hatte dabei nur am Rande Platz und wurde von vielen Schülern selbst als Zeichen Nichterwachsenseins abgelehnt.

Das Ende des Krieges bedeutete für die Mehrheit eine Rückkehr aus Schützengraben, Stellung oder Lager. Viele der jüngeren Schüler verließen die Lager auf eigene Faust und versuchten, sich nach Essen durchzuschlagen. Die Mehrheit kehrte im Oktober 1945 mit Sonderzügen zurück.

Erziehung, Humanität und Krieg
Die Kehrseite des „gebildeten Menschen"

Der folgende Abschnitt wertet die Korrespondenz ehemaliger Schüler des Realgymnasiums Bredeney mit ihrem Direktor zwischen 1935 und 1945 aus. Das besondere Interesse gilt dem Verhältnis von schulischer Erziehung, literarisch-musischer Bildung und der Konfrontation dieser Voraussetzungen mit dem Krieg.

Allgemein ist für das Sozialmilieu dieses Stadtteils noch gültig, daß Familie, Herkunft und Schule einen intakten Kreislauf sozialer Statusreproduktion gewährleisten. Es existiert eine ausgewogene Beziehung von Herkunft, „sozialem Erbe" und Karriere, in der Scheitern wie Abweichung die (häufig exkommunizierten) Ausnahmen bleiben. Allgemein gilt auch, daß der Nationalsozialismus diesen Zyklus nicht gestört hat, eher sein integrierter Bestandteil war. Schule ist daher eine unverzichtbare Voraussetzung sozialer Teilhabe, nur wenige können sich den Verzicht auf das Abitur als Eintrittsbillet leisten. Schule ist Ort der Wissensvermittlung und Ort der Integration in den Kreis der „Besseren". Der Blick zurück ist dabei nicht selten durch die Einsicht in den notwendigen Zwangscharakter geprägt: *„Wie würde man das gern freiwillig aufnehmen, was einem früher eben mit mehr oder weniger Gewalt eingetrichtert werden mußte. Man war eben ein Esel und merkt erst jetzt in dieser Flaute geistiger Nahrung ... wie dankbar man sein muß, auf der Schule gewesen sein zu dürfen, so vieles lernen zu dürfen."* (E. L., 27. 9. 1942) Ohne soziale Scham wird allerdings auch die Selbstgewißheit zum Ausdruck gebracht: *„Was wir ihr (der Schule) alles verdanken, merkt man erst, wenn man mit Menschen unterer Bildungsstufe zusammenkommt."* (W. I., 24. 11. 40)

Der Direktor, für viele seiner ehemaligen Schüler der maßgebende Erzieher – *„die stärkste Verkörperung der Schule sind Sie"* (H. Sch., 1. 7. 43) –, bleibt weit über die Schulzeit hinaus die Autorität, aus der man sich nicht entlassen fühlt: *„Gefreut habe ich mich darüber, daß Sie mir weiter Lehrer sein wollen und Führer. Ich hätte nun noch eine Bitte an Sie, Herr Direktor. Können Sie mir noch einige Buchtitel aufschreiben, von solchen Büchern, die Sie für meine Entwicklung für wichtig halten. Sie sehen, ich habe Vertrauen zu Ihnen."* (K. P., 3. 11. 35) Dieser Auszug stammt aus dem Brief eines ehemaligen Schülers, der um Würdigung seiner lyrischen Versuche gebeten hatte und die wohlwollend-belehrende Kritik dankbar annahm. Berichte über die augenblicklich rezipierte Lektüre, Mitteilungen über Theaterbesuche und Schilderungen von Eindrücken, die Kunstausstellungen hinterlassen haben, sind fester Bestandteil vieler Briefe. Ein Teil des Selbstverständnisses der besuchten Schule – die Betonung des ästhetisch-musischen Bereichs – ist verinnerlicht. Diese Fähigkeit, die Welt aus einem ästhetischen Blickwinkel wahrzunehmen, ermöglicht es später, die Dimension von Tod und Vernichtung, die Krieg a priori enthält, zu verdrängen.

Die Kontinuität des Bösen
Vom Selbstverständnis der Erzieher zum Selbstverständnis der Schüler

Konstituierendes Moment bildungsbürgerlichen Sozialmilieus ist die Rezeption klassisch-humanistischer Bildung. Die bewußte Betonung des ästhetisch-musischen Bereiches im Realgymnasium Bredeney zeigt, daß das Selbstverständnis der Erzieher das bisweilen elitärer Repräsentanten jenes Sozialmilieus war. Dieses Selbstverständnis wurde durch kriegsbedingte Berufsveränderungen nicht tangiert. Der Zeichenlehrer R. erzählt während seines Urlaubs „sehr interessant über seine dienstlichen Aufgaben". R. ist seit 1939 bei der KZ-Lagerüberwachung in Mauthausen tätig. Der Englischlehrer Dr. K., der während seiner Lehrertätigkeit die Theater-Ag der Schule leitete, ist 1940 „Beuteoffizier" beim Generalstab. Dieses konfliktlose Nebeneinander von klassisch-humanistischer Bildung und Tätigkeiten, die konträr zu diesem Bildungsideal verlaufen, findet sich in den Briefen der Schüler wieder. Ein SS-Anwärter beginnt seinen Brief nach den üblichen Anfangssätzen mit der lapidaren Bemerkung: „Aus meiner Anschrift haben Sie sicher schon gemerkt, daß ich im ‚berühmten' Dachau gelandet bin." Übergangslos interpretiert er dann den künstlerischen Gehalt einer Ausstellung in München aus der Perspektive dessen, dem Kunstbetrachtung vertrautes Terrain ist.

In einem späteren Brief interpretiert derselbe Schüler eine Aufführung der „Elektra" von Sophokles: *„Ich glaube, daß wir, die wir oft in kleinen seelischen Nöten und Konflikten uns verwirren, besonders eins daraus erkennen sollen: Nicht jeder hat die Kraft zur Verantwortung für das, was im Leben recht ist. Wer sich aber berufen findet und berufen wurde, für das Ganze und das Rechte einzustehen, der muß fähig sein, das Schlimmste zu erdulden ... Wenn solche berufenen Menschen aber nicht immer wieder erscheinen, dann wäre es mit dem Sinn und der Berechtigung unseres Lebens bald zu Ende. Das haben uns die griechischen Dichter wie keine anderen der Welt gewaltig und schön dargestellt."* (G. Sch., 27. 12. 40) Wenn die Diskussion um das „Problem der Tragik", die nun zwischen Direktor und ehemaligem Schüler beginnt, Ausdruck eines Konfliktbewußtseins ist, so bleibt dies unausgesprochen. Weder G. Sch. noch der Direktor nehmen explizit Bezug auf die aktuelle Lebenssituation, in der G. Sch. sich befindet.

R. H. überläßt dem Direktor für die Mitteilungsblätter seine Tagebuchaufzeichnungen einer „harmlosen Episode" des Krieges in Norwegen: *„Doch der Gegner hat sich zurückgezogen. Ein Zivilist, der sich verdächtig benimmt, wird kurzerhand auf der Flucht erschossen."* (R. H., 16. 4. 40) Eingehend wird die Eroberung verdächtiger Häuser beschrieben: *„Ich schlage ein Fenster ein ... Die Tür splittert unter unseren Kolbenhieben ... Die Zimmer werden planmäßig durchsucht ... Schubladen, Bettwäsche, nichts wird verschont, wie schnell man das lernt. So stellte ich mir als Junge den 30jährigen Krieg vor. Wir durchsuchen die Scheune und zerren einen vor Angst schlotternden Zivilisten heraus ... Wir kommen in ein anderes Haus, wo die Durchsuchung bereits im Gange ist. Schönes Wohnzimmer, Radio, feine Wäsche, Geschirr, alles liegt herum."* (ebd.) Hier steht alles einträchtig nebeneinander: der Blick für die schönen Dinge des alltäglichen Lebens wird demonstriert, Bedauern über den Vandalismus, dem sie anheimfallen, die Kenntnis geschichtlicher Ereignisse und kommentarlos die Selbstverständlichkeit des Tötens, die auch vor Zivilisten nicht haltmacht.

„Trotz Trennung verbunden"
Schule und Schulfamilie – der Direktor als Oberhaupt

Diesen Leitsatz gibt der Schulleiter einem seiner Schüler mit auf den Weg zur Front. Seine Bemühungen, die Schulfamilie, als deren Oberhaupt er sich empfindet und als der er anerkannt wird, über die Schulzeit hinaus zusammenzuhalten, sind erfolgreich. Mit den jährlich erscheinenden Mitteilungen und der Aufforderung, über den eigenen Werdegang zu berichten, schafft er sich und den Ehemaligen ein Forum der Selbstdarstellung. Die Wahl des persönlichen Briefwechsels als Form der Selbstdarstellung erhält die einmal anerkannten patriarchalischen Strukturen. Der Direktor als höchste Instanz der Schulfamilie, der seine Schüler mit der Mahnung entläßt: ein bloßer Gruß genüge nicht, seine Erfolge möge jeder mitteilen, wird gehorsam über den Verlauf der Karriere informiert: *„Inswischen wurde ich zum Oberleutnant befördert, erhielt das Eiserne Kreuz I. Klasse, das Infanterie-Abzeichen in Silber, das Verwundeten-Abzeichen und die Ostmedaille."* (K. K., 1. 11. 42)

Dabei bleibt die Anerkennung des hierarchischen Lehrer-Schüler-Verhältnisses bestehen. Die meisten Briefe beginnen mit: „Sehr geehrter Herr Direktor" und enden nicht selten mit Ergebenheitsformeln wie: „Ihr sehr ergebener" oder „Ihr gehorsamer Schüler".

Indem der Direktor in seine Briefe immer wieder die eigenen Fronterlebnisse als Offizier des Ersten Weltkrieges einfließen läßt, gewinnt er zusätzlich an Kompetenz, die er noch erweitern kann um die des Soldatenvaters, dessen eigene Söhne an der Front stehen und der die eventuellen Sorgen und Probleme auch aus dieser Perspektive kennt.

Den Wert der Mitteilungsblätter schätzt der Direktor nicht nur als Bindeglied der Schulfamilie hoch ein. Als die Papierwirtschaftsstelle der Reichspressekammer ihm die Genehmigung zum Druck der Mitteilungsblätter 1942 verweigert, schreibt er: *"Von allen Essener höheren Schulen hat unsere Anstalt bis jetzt die höchsten Blutopfer gebracht (78 ehemalige Schüler). Trotzdem ist der Einsatz weiterhin vorbildlich, und ich bin fest davon überzeugt, daß unser Mitteilungsblatt zu einem wichtigen Teil dazu beiträgt. Wenn nun das Mitteilungsblatt in diesem Winter plötzlich nicht mehr erscheint, so wird bestimmt bei den vielen hunderten von Kämpfern eine Enttäuschung und ein Rückschlag erfolgen."* (Direktor, 21. 9. 42) Seine Schüler machen ihm Ehre mit ihrem „vorbildlichen Einsatz" und ihren „Blutopfern".

Der humanistisch Gebildete kennt viele Facetten

"Trotzdem war es eine Zeit reichen Erlebens"
Der Krieg als Kultur- und Bildungsreise

Den Schülern gelang es immer wieder, in ihren Briefen die reale Erfahrung von Tod und Zerstörung auszublenden und statt dessen den Krieg als ein spannendes Reiseerlebnis wahrzunehmen. Krieg ist eine lästige Randerscheinung, die den Genuß eines schönen fremden Landes stört: *"... dieser normannische Obstgarten, an dessen hohe Umfassungsmauer geduckt ich hinter Tarnung an einem jämmerlichen Gerät diesen Brief beginne, wäre ein wunderbarer Aufenthaltsort, wenn nicht eben Krieg wäre. Alles was man sieht, ... all die Schönheiten und Reichtümer dieses gesegneten Landes, würden unseren Augen erholsamer und unseren Mägen bekömmlicher sein, wenn nicht dauernd die feindlichen Tiefflieger mit Bomben und Kanonen drüberhuschten."* (E. T., 20. 7. 44)

Die „Reisen" bieten auch die Möglichkeit, Land und Leute kennenzulernen. E. L. befähigt sein Rußlandaufenthalt zur Beurteilung des Zivilisationsstandes und zur Einschätzung der politischen Einstellung der ländlichen Bevölkerung: *"Die Gegend hier ist wohl mit eine der besten Rußlands, landschafts- und menschenmaterialmäßig. Man ist hier erfreut über die rege Feldbestellung, über das einigermaßen saubere Aussehen von Mensch und Haus. Geht hier doch fast jeder sonnabends in die Sauna und wechselt dann die Wäsche."* (E. L., 27. 9. 42) *"Richtig wohl haben sich die Leute unter der roten Herrschaft nicht gefühlt, richtig mit dem Herzen dabei waren wohl nur einige und da eben in der Hauptsache die jüngere Generation, die eben mit aller Macht zum neuen Regime hinübergezogen wurde."* (E. L., 9. 12. 40)

Wird Krieg in den weiter oben zitierten Passagen immerhin noch in einen kausalen Zusammenhang mit den „Reisebildern" gebracht, verschwindet er aus anderen völlig: *"Seit dem Frühjahr sitze ich ja einen Sprung jenseits des Polarkreises an einem Fjordausgang in einer Gegend, die sich durch ein rauhes, ständig stürmisches Klima auszeichnet und die mit den Worten Fels und Wasser zu kennzeichnen wäre. Sie besitzt aber auch eine ihr eigene Schönheit. Hier in der Nähe liegt eine Stelle, die weit bekannt ist durch den prachtvollen Blick, den sie im Sommer auf die Mitternachtssonne gewährt, und jetzt sind die Nächte, wenn sie klar sind, voll von flammendem Nordlicht."* (B. D., 6. 10. 43)

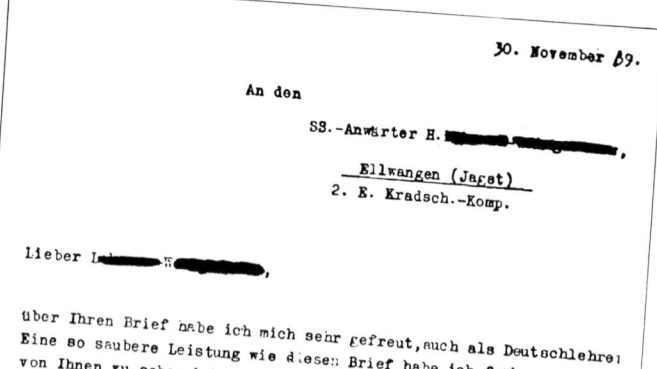

„Der Krieg gibt jedem noch ungeahnte Möglichkeiten der Bewährung"
Krieg und Front als Krise und Bewährung

Dies ist eine Wahrnehmungskategorie ganz anderer Art. Krieg als eine sportliche Veranstaltung, bei der man zeigen kann, was in einem steckt. Und folgerichtig fiebern diese jugendlichen Briefschreiber ihrer persönlichen Bewährungsmöglichkeit entgegen: *„In Norwegen haben wir leider nicht mitwirken können. Hoffentlich bleibt uns noch ein Betätigungsfeld übrig. Der Krieg ist aus, und ich war nicht dabei. Man darf nicht daran denken."* (H. M., 14. 9. 40)

In Anbetracht eines Männlichkeitswahns, der sich in Sätzen wie „Hier wird klar geschieden zwischen Männern und Schlappschwänzen" austobt, und der permanenten Aufforderung des Schulleiters, opferbereit zu sein, werden diejenigen, die Krieg als Bedrohung ihrer gesamten Existenz begriffen, geschwiegen haben. Einem Schulleiter, dessen Einstellung: „Der Krieg ist hart, aber mehr denn unvermeidbar." bekannt ist, erzählt man nichts von Ängsten. Das Fehlen eines Krisenbewußtseins in der bedrohlichsten Situation eines Lebens kann nur Ausdruck einer totalen Verdrängung sein. Da mit der Tatsache des Krieges, die nun einmal nicht zu leugnen ist, aber umgegangen werden muß, wird er zur potentiellen Männlichkeitsdomäne, die mit Phrasen legitimiert wird: *„Die Zeit steht nicht still und fordert von uns Aufgaben, die zu erfüllen unsere große Lebensaufgabe ist. So folge ich dem Ruf des Vaterlandes . . . und ich trage jetzt mit Stolz den grauen Ehrenrock des Soldaten."* (A. K., 18. 2. 41) *„Viele Anstrengungen wurden verlangt und auch ausgehalten. Viele Kameraden sind anders geworden, als sie waren. Aber das ist gut so. Hier wird klar geschieden zwischen Männern und Schlappschwänzen. (. . .) Die Männer müssen hart gemacht werden, so daß sie im Stande sind, immer höhere Leistungen hervorzubringen. Hier darf es keine Grenze geben."* (W. I., 19. 5. 40)

Das ist das Idealbild des soldatischen Mannes, der lernen wird, zu töten und darüber en passant zu berichten: *„In Krespice erhielten wir nächtlicher Weise eine kleine Feuertaufe durch polnisch jüdische Marodeure. Ergebnis, wir mußten erst einige Häuser einäschern und mehrere Aufwiegler an die Wand stellen, bis wir Ruhe hatten."* (W. L.)

Dieser Haltung korrespondiert der zackig-harsche Soldatenjargon, in dem von der eigenen alltäglich gewordenen Gefährdung gesprochen wird: *„Fliege nun Aufklärung . . . Hetzen uns bei Poti-Batum sogar amerik. u. engl. Jagdstaffeln aufn Hals. Trotzdem, Spaß muß sein. Bei lahmgeschossener Mühle kann man eventuell immer noch in die Türkei abhauen. Internierung, später Flucht in Verbindung mit deutscher Kolonie. Sollten Sie mal was von einem ganz modernen Harem lesen, so können Sie sich meiner erinnern."* (H. E., 3. 4. 43)

Der gewaltsame Weg zu soldatischer Askese endet, so scheint es, in innerer Verhärtung. Die äußere Bedürfnislosigkeit setzt sich fort in emotionaler Verarmung. Der Tod der Kameraden wird mit einem allzu mager erscheinenden Kommentar bedacht: *„Zwar muß mancher Kamerad ins Gras beißen, aber wir lassen uns nicht unterkriegen."* (W. L., 12. 6. 40) Aber gerade diese Kargheit muß als ein Mittel, die eigene Betroffenheit und das Aufbrechen jener inneren Verhärtung herunterzuspielen, begriffen werden. Entkleidet man den Krieg aller verklärenden Notwendigkeitsbeteuerungen, bleibt die „vaterländisch" legitimierte Tötungsbereitschaft: *„Getreu dem Fahneneid werden wir . . . auch am jetzigen Einsatzort unsere Pflicht tun."* (K. L., 17. 7. 44) auf der einen, und die ebenso begründete Forderung nach Todesbereitschaft . . . *„Aber wir leben in einer schweren Zeit und die Opfer, die der einzelne zu bringen hat, sind gering, obwohl sie manchmal hart erscheinen."* (H. M., 6. 8. 44) auf der anderen Seite übrig. Gekämpft wird für die „Zukunft des Vaterlandes". In einer Todesanzeige vom 23. 10. 1942: „Er gab sein Leben in treuester Pflichterfüllung für Deutschlands Bestehen und Zukunft." Diese Zukunft ist ungewiß, konturenlos.

Um die Weihnachtszeit fühlt sich mancher dem Vaterland und seiner Zukunft ferner denn je: *„Sicherlich wird es noch eine Zeit dauern, bis dieser gewaltige Weltbrand gelöscht ist. Man tut gut daran, sein ganzes Tun und Lassen auf einen langen Krieg einzustellen. Alle träumerischen Zukunftspläne, die sich wohl jeder junge Mann mal gestellt hat, werden wohl durch einen Krieg hinausgeschoben, aber nicht aufgehoben. Das Gloria in excelsis Deo möge laut erschallen und das Kriegsgeschrei um ein Vielfaches übertönt werden."* (E. D., 2. 12. 42)

Da gibt es Risse in der „soldatischen Härte": *„Heute schrieb mir mein Vater, daß er zu einer Alarmeinheit kommandiert worden ist. Ich war erst ein wenig erstaunt und später hatte ich ein wenig Angst, daß ihm etwas passieren könnte . . . Ich bin recht verzweifelt . . . Ich hoffe, daß noch einmal alles gut geht, die Hoffnung ist zwar gering, aber da. In diesem politischen Durcheinander kann ich mir eine friedliche Lösung kaum vorstellen. Gott gebe, daß wir es schaffen; ich werde in den nächsten Tagen entlassen und endlich ausrücken."* (D. H., 8. 2. 45)

> ✠
>
> An der Spitze eines Stoßtrupps starb einen tapferen Soldatentod
>
> ## HANNS-HERMANN FRITZ
> Leutnant in einem Reiterregiment   Inhaber des EK. 2. Kl.
>
> ⚹ 14. 3. 20   † 30. 7. 41
>
> Sein Glaube war Deutschland
> Er kämpfte und fiel für den Sieg des Hakenkreuzes
> Wir blieben allein und wurden abermals um viel Liebe ärmer
>
> FRAU FRIEDEL FRITZ
> GEB. EICK
> DR. ROSEMARIE FRITZ
>
> ESSEN-STADTWALD, WALDBLICK 16, IM AUGUST 1941

Es ist eine dauernde Gratwanderung, die dem „soldatischen Mann" abverlangt wird und die er nur durchstehen kann, wenn er alle ihm zur Verfügung stehenden Verdrängungsmechanismen mobilisiert. *„Wir wissen, daß der Kampf noch schwer sein und Opfer fordern wird, wir wissen aber auch, daß Großes nur unter Opfern errungen werden kann. Unsere Blicke richten wir auf die Reihe derjenigen Kameraden, die bereits ihr Leben für die Größe des Vaterlandes hingaben. Ihnen wollen wir in Treue nacheifern."* (Direktor, Jan. 41)

Verkennung – Heldentot als Sinnersatz

Verkennung in all ihren Nuancen und Schattierungen ist die eigentliche Essenz dieses Briefwechsels aus den Jahren vor und während des Krieges. Sie beginnt dort, wo die Brüche im bildungsbürgerlichen Selbstverständnis sichtbar werden, setzt sich fort in dem alles überlagernden Wunsch nach „Frontbewährung", in der ästhetisierenden Kriegswahrnehmung, in der Selbstaufgabe des „soldatischen Mannes" und endet in der Verklärung des Todes als Heldentod und damit Sinnersatz: *„Aber in der langen Reihe der Gefallenen unserer Schule nimmt H. einen besonderen Platz ein. Er ist für mich der typische Held, der nur darauf sein innerstes Streben gerichtet hatte, und so auch im Heldentod seine höchste Erfüllung gefunden hat."* (der Direktor, 2. 9. 43) *„Er ist unberührt von allem Erdenleid den schönsten und ehrenvollsten Tod gestorben, den Tod für sein Vaterland. Das tröstet uns in unserem unsagbaren Schmerz."* (Ein Vater zum Tod seines Sohnes, 3. 9. 41)

Was, so muß man sich fragen, ist denn „Erdenleid", wenn nicht die Erfahrung eines Krieges?

Schulerziehung und Bewußtsein

Das Material, im besonderen die Korrespondenz, geht als Quelle subjektiven Denkens und Empfindens über einzelne biographische Berichte in seiner Relevanz hinaus. Es kann allgemein die häufig beklagte Lücke zwischen Schulerziehung und ihrer praktischen Alltags- und Lebensrelevanz schließen helfen. Es schließt aber auch eine Lücke der Zeitgeschichte, und zwar die Erfahrungslücke der Kriegszeit als Vermittlung zwischen nationalsozialistischer Herrschaft und Nachkrieg. Es vermittelt die besonderen Momente der Erziehung in einem familialen sozialen Milieu, einer dazu in Entsprechung befindlichen Schulerziehung und dem subjektiven Bewußtsein der über den Krieg hinaus Handelnden.

Im Blick auf die Schulerziehung sind in unserer Wahrnehmung allerdings zwei Momente überraschend. Wenn es zum Selbstverständnis des Bildungsbürgertums gehörte, daß die zum Studium und damit häufig zum höheren Sozialstatus berechtigende Schulerziehung an die Einhaltung fixierter Standards von Leistung, Können und entsprechender Bewertung gebunden war, dann überrascht uns doch die Intensität des Unterlaufens dieser Standards auf der Innenseite der Erziehung. Dabei nimmt sich die schuloffizielle Unterstützung eines Reichssiegers der HJ noch harmlos aus gegenüber dem späteren schulinternen Umgang mit dem Reifevermerk in der Kriegszeit. Das krasseste Beispiel ist ein Aktenfund, mit dem sich belegen läßt, daß ein Schüler, der 1932 in Oberprima die Schule verläßt, zwölf Jahre später aufgrund seiner Bewährung im Wehrdienst den Reifevermerk erhält.

Zweifellos ist die Auflösung traditioneller Standards in der nationalsozialistischen Polemik gegen die schulische Erziehung hinreichend belegt, dennoch ist zu fragen, wie sich solches Verhalten im Bewußtsein der Handelnden vermittelte. Gibt es einen Verweis auf einen Rest moralischer Integrität oder steht das allgemeine Ende der Schulerziehung – sinnbildlich ausgedrückt im Restunterricht in den Flakstellungen von Schuir – auch für den endgültigen Verfall normativ-bürgerlicher Standards? Ist das Bürgertum nicht wirklich am Ende seiner Epoche – und wie wird und kann der Einzelne die Einsicht in diesen Tatbestand überspielen?

Das zweite Moment, das mit dem ersten in Beziehung steht, ist bisher unter dem Stichwort der „Kontinuität des Bösen" gefaßt worden. Es ist die – auch für uns – erschreckende und in ihren Konsequenzen noch immer dramatische Einsicht, daß in den bildungsbürgerlichen Voraussetzungen der Erziehung keine Sperren enthalten sind, die geeignet gewesen wären, moralische Zweifel, Distanz und Reflexion gegenüber Handlungen einzuführen, die nach allgemeinerem humanem Empfinden verwerflich waren. Nehmen wir KZ-Wache und Kunstbetrachtung, die Erschießung von Zivilisten neben kunstvoll gestalteter Landschaftsschilderung, oder der Brustton des Gerechten bei der Schilderung französischen Kunstraubs; dramatisch ist das verträgliche Nebeneinander in den handelnden Subjekten: Einerseits die Inanspruchnahme höchster literarischer Standards von Bildung und Wissen und andererseits die moralische Unberührtheit bei krassester Inhumanität. Subjekttheoretisch verweist der Sachverhalt zweifellos auf die Normalität der Spaltung subjektiven Bewußtseins. „Kontinuität des Bösen" meint den durch die „Dialektik der Aufklärung" allgemein nahegelegten Verweis, daß das eine in dem anderen steckt, daß das eine die lediglich schlecht bedeckte Kehrseite des anderen ist. Es verweist darauf, daß die Notwendigkeit der Anpassung, die Intensität der Verkennung und der Zwang auch in der bildungsbürgerlichen Erziehung zugleich die Voraussetzung zur krassen Inhumanität ist.

Verkennung und Identität

Verkennung kennzeichnet im Blick auf Biographien den Sachverhalt, daß sich das Handeln von Personen weniger in der Kontinuität rationaler Ich-Kompetenz vollzieht und dadurch Identität und moralische Integrität erhält. Der Begriff der Verkennung verweist auf die Unterseite dieser Konstruktion; verweist darauf, daß das Verhalten der Personen vielfältiger und changierender ist, daß es von Fiktionen und Idealisierungen geleitet wird, daß es den Phantasmen von Größe und Allmacht unterworfen ist: Alles Momente, die ihm selten den Anstrich einer Kontinuität geben können. Was nicht ausschließt, daß das Verhalten in der erzählenden Retrospektive einer solchen Konstruktion, eben als Fiktion, unterworfen wird. Die Fülle unseres Materials legt die Vermutung nahe, daß der Begriff der Ich-Identität die Komplexität des „wirklichen Lebens" eher verfehlt als ihr gerecht wird.

Auf die Person des Direktors bezogen: Er ist der weltmännisch gebildete, literarisch versierte und anerkannte Bürger, er ist andererseits der seine Mitteilungen mit dem „Blutzoll" rechtfertigende Soldat, er ist auch der zweifellos liebende und zugleich vom notwendigen Opfer überzeugte Vater, er ist derjenige, der sich auf den SS-Jargon einstellen und nonchalant über den Kunst- und Kulturraub sprechen kann. Er ist aber auch der, von dem ein ihm naher Zeitgenosse noch heute sagen kann: „Er war sehr vielseitig, aufgeschlossen, eine herzensgute, liebenswürdige Persönlichkeit, sehr gebildet, hatte Verständnis für die Jugend." Das Entscheidende ist: er war alles dies und doch keines allein! Der Begriff der Identität würde diese Virulenz des „wirklichen Lebens" eher verdecken als erschließen. Wir finden das Subjekt lediglich in den Facetten einer nur fiktiven Einheit und Kontinuität.

„Leise versinkt unser Kinderland …"
Marion Lubien schreibt sich durch den Krieg

Dorothee Wierling

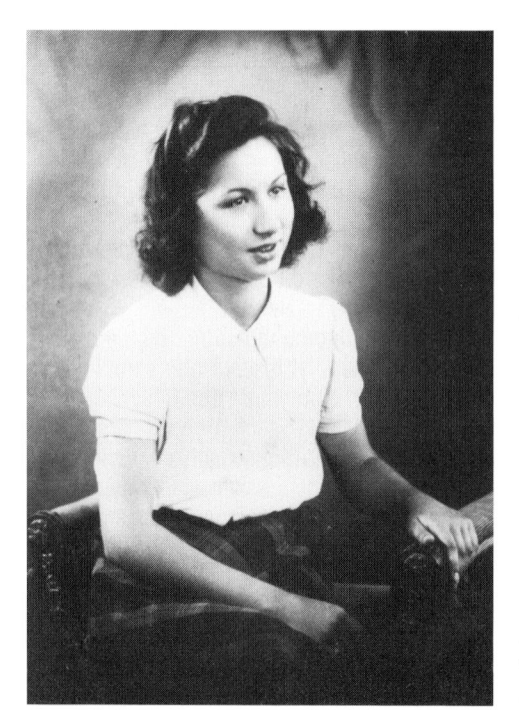

Marion ist zum Fotografen gegangen. Ein Bild aus der KLV-Zeit. (Wie auch alle anderen Fotos in diesem Beitrag den Tagebüchern entnommen)

Marion Seeliger, geb. Lubien*, Jahrgang 1928, verheiratet seit 1950, vier erwachsene Töchter, lebt heute in Essen-Altenessen, wo sie auch aufwuchs. „Am Anfang des Kriegsjahres 1942" begann sie, „Erinnerungen aus meinem Leben" zu schreiben. Während des Krieges füllte sie sechs Hefte und Kladden, schmückte sie mit Zeichnungen, klebte Blumen, Zeitungsausschnitte, Ansichtskarten und Kinokarten hinein. Ihre Tagebücher sind eine Quelle dafür, wie Marion Lubien den Krieg erfuhr, wie sie diese Erfahrungen strukturierte und welche Sprache sie dafür fand.

*Pseudonym. Ich danke Frau S. für die Tagebücher und widme ihr diesen Text.

Marion Lubiens Vater war gelernter Schlosser und Eisenbahner, die Mutter Hausfrau, der fünf Jahre ältere Bruder Karl (Kalla) Soldat in Frankreich. Marion besuchte die Realschule und wurde im Oktober 1943 mit ihrer Klasse in die Tschechei, damals Protektorat Böhmen „kinderlandverschickt" (vgl. Larass 1984). Aus dieser Zeit, die im Februar 1945 mit der Rückführung in das zerbombte Essen endete, stammen die Tagebücher und ein Gedenkbuch, in das die Freundinnen aus dem „Lager" der Kinderlandverschickung (KLV) Erinnerungen und Wünsche eingetragen hatten. Das siebte und letzte Buch beschreibt noch das Kriegsende in Essen, die unmittelbare Nachkriegszeit und die ersten Versuche einer Neuorientierung.

Mit den folgenden Überlegungen versuche ich, zu verstehen, wie Marion Lubien sich schreibend über sich selbst, über ihre Familie, die KLV-Gemeinschaft und den Krieg verständigt. Zugleich: Wie sie und ihre Freundinnen diese Welten keineswegs nur als Zumutungen erlebten, sondern als Angebote, in die sie mitgestaltend als Akteure eingreifen konnten. (vgl. Zinnecker 1985) Dabei beziehe ich mich vor allem auf Marions Erfahrungen seit der KLV-Zeit und lasse ihre ersten „Erinnerungen", die u. a. eine Chronik des „Blitzkrieges" enthalten, an dieser Stelle unberücksichtigt.

***„Wir, damit ist unsere Stube gemeint", oder:
„Langsam müssen wir uns daran gewöhnen,
daß wir nun die Großen sind"***

Am 22. Oktober 1943 begann Marion Lubien ihr „Erstes Tagebuch". Sie war gerade 15 Jahre alt geworden und mit ihrer Schulklasse in Bad Bochdanetsch bei Prag eingetroffen, wo sie die nächsten eineinhalb Jahre verbrachte. Das blaue Schulheft hatte sie mit einer Ansichtskarte von dem eleganten Kurheim geschmückt, das nun, unter dem neuen Namen „Haus Rhein", als Kinderverschickungslager fungierte.

Marions Tagebuch handelt von ihren noch tastenden Versuchen, sich in der neuen Umgebung zu orientieren. Die Tschechen, stellt sie fest, haben ein tolles Kino, *„viel schöner als unser Kino am Karlsplatz!"* (22. 10. 43), aber *„6 Wochen in einem tschechischen Krankenhaus verbringen!"* (26. 1. 44) – das bestätigt ihre Vermutungen über die Einheimischen im „Protektorat". Anderseits: *„Die Gegend ist einfach herrlich!"* (ebda.) Vom Lager und Lagerleben registriert sie im Tagebuch besonders häufig die Mahlzeiten und die Filme, die sie in der Freizeit anschaut. Ausführliche Beschreibungen der genauen Anzahl der Brot- und Wurstscheiben bzw. der vollständigen Schauspielerliste wechseln mit stichwortartigen Notizen wie: *„9. 3. ‚Ferien vom Ich', Omlette am Abend."*

Hat sie Heimweh? Ende Januar 44 spricht sie von dem Elternbesuch, der für den Sommer angemeldet ist, *„oder unsere Klasse fährt zusammen in Heimaturlaub. Ich glaube, das wird zackig!"* (2. 2. 44) Man merkt, Marion versucht, zumindest den Ton des Lagers zu treffen, aber auch die sprachliche Orientierung ist ihr noch nicht gelungen.

Seit Ende Januar 1944 lebt Marion mit ihren Freundinnen Anneliese und Wilma in einer Stube in „Haus Rhein". Die Schulentlassung und Heimfahrt der Abschlußklasse löst bei den Freundinnen heftige Gefühle aus: *„Heute, am 16. 2., haben die Großen den Bescheid bekommen, daß sie am Freitag endgültig nach Hause fahren. Das war eine Freude, als Herr Allekotte das im Speisesaal bekanntgab. – Wir fahren aber auch bald nach Hause – in zwölf Monaten!" „Vielen wird es schwer, sogar sehr schwer fallen, noch hierbleiben zu müssen."* Als die Abschlußklasse tatsächlich fort ist, kommentiert Marion aber schon distanziert-pathetisch: *„Wir sind in Gedanken immer bei den Scheidenden, die nun mit freudigen Herzen und froher Erwartung in die geliebte Heimat fahren."* (19. 2. 44) Zwischen das Heimweh und den Trennungsschmerz haben sich offene Klagen und Ausfälle gegen die Lagerdisziplin gemischt: Über den aufwendigen Blumendienst, die vielen Schularbeiten, den Zwang, nach dem Mittagessen eine Stunde im Freien zu verbringen, die Kälte der Stube. Wenige Tage nach der Abfahrt der Großen schimpft Marion: *„Schon wieder durften wir nicht ins Kino, nichts darf man sich mehr erlauben. Zu allem muß man schön ‚ja' und ‚Amen' sagen . . . Hier heißt es nur den ganzen Tag ‚Antreten' oder ‚Ruhe, haltet doch mal endlich den Mund!'"* (21. 2. 44) Hier klagt kein trauriges Kind, sondern eine Jugendliche meldet ihren Anspruch auf größere Unabhängigkeit und Anerkennung an. Als Marion das erste Mal nach dem Abschied der Abschlußklasse erwacht, schreibt sie: *„Wir können uns mit unseren Gedanken noch nicht so richtig zurechtfinden. Langsam erst müssen wir uns daran gewöhnen, daß wir nun die ‚Großen' sind."* (20. 2. 44) In ihren allerersten KLV-Tagen hatte sie sich noch *„in Lack geworfen"*, um ohne Erlaubnis in einen nicht-jugendfreien Film zu gehen, hatte sich mit *„Helgas Lippenstift, Hannelores Nagellack und Puder und Augenbrauenstift"* (28. 10. 43) älter gemacht. Jetzt aber bedeutete, zu den Großen gehören, vorbildliches Verhalten, älteste Tochter, Bravheit. Die Großen werden z. B. ausgesucht, um 60 Soldaten der gegenüberliegenden Kaserne mit Kaffee zu bewirten, und empört kommentiert Marion den Fluchtversuch dreier Mädchen aus dem Nachbarlager. *„Soeben sind die drei Ausreißer von Vesely wieder hier angekommen. Sie sind an der Grenze aufgeschnappt worden. Nein, das ist eine Blamage! Die Mutter der beiden Schwestern ist auch hier. Sie sieht sehr vergrämt aus. Den Eltern aber auch so etwas anzutun! Durch ihre Flucht haben sie ihr Leben richtig verpfuscht."* (25. 2. 44) Das Großsein bringt aber auch spektakuläre Privilegien: Die Ältesten dürfen an einer KdF-Veranstaltung, einem Opernabend teilnehmen. Marion ist begeistert, *„was man nicht alles in der KLV zu hören und zu sehen bekommt. Und was werden wir noch alles für schöne Stunden hier in Bochdanetsch verleben. Ich bereue wirklich nicht, daß ich mitgefahren bin."* (16. 3. 44) *„Hoffentlich folgen noch mehr solche schönen Stunden! Das wäre herrlich, nicht wahr?! – Heute haben wir nun schon einen Aufmarsch hinter uns. Mariechen rief gerade: Fertigmachen zum Antreten! Da muß ich mich also schwer beeilen, um fertig zu werden."* Marion läßt sich begeistern und anspornen, sie beginnt, die KLV als Erlebnis und Bewährung zu akzeptieren.

Aber es sind nicht diese euphorischen Phasen, die zu einer langfristigen und festen Bindung an das Lager führen. Marion, Anneliese und Wilma entwickeln in „Haus Rhein" eine eigene Lebenswelt, schaffen sich ein quasi privates Zuhause. Der Wille zur Gemütlichkeit ist schon früh da. Der erste Stromausfall wird leicht genommen: *„Nun sitzen wir hier beim Kerzenschein und schreiben. So ist es eigentlich höchst gemütlich."* (16. 2. 44)

Aus dem Triptychon: „... über allem aber steht unsere Infanterie" Aufn. Atlantic

Eben, beim Durchblättern einiger Zeitschriften, fiel mir dieses Bild in die Hände. Da es mir so gut gefiel, habe ich es hier hereingeklebt.

belohnt werden. Nun denkt aber bitte nicht, weil ich unsere Stube geputzt habe. —
Wir sollten den Film „Immensee" sehen. Wir haben einen Luftsprung gemacht, als wir das hörten. —
Ja, das war ein Film. So etwas Herrliches, Feines und Wunderbares hatte ich noch nicht gesehen. Die bunten Farben waren wunderschön. Kristina Söderbaum spielte die Elisabeth und Karl Raddatz war der Reinhold. Der 2. Jugendgefährte war Erich, der von Paul Klinger gespielt wurde.
Nun sei nicht zu vergessen, daß wir am Samstag, dem 20.5. den Film „Heimaterde" mit Viktor Stahl und Viktoria von Ballasko gesehen haben. Er hat mir auch wirklich ganz gut gefallen. Ich sah Viktoria von Ballasko zum ersten Male. Ebenfalls Kristina Söderbaum.

Die drei Freundinnen machen alles „Private" gemeinsam: *„Wir haben nun (nach einem offiziellen Besuch in der gegenüberliegenden Kaserne D.W.) beschlossen – mit wir ist unsere Stube gemeint –, an unbekannte Soldaten zu schreiben. Natürlich wird das Schreiben aufhören, wenn wir nach Hause fahren."* (22. 2. 44)

Die drei teilen auch die Leckerbissen aus Paketen und das Geheimnis von Marions Tagebuch. Was ursprünglich als Strafe für das gesamte Lager gemeint war, der „Großputztag", führen Marion, Anneliese und Wilma mit Lust durch: *„Die Wäsche wurde auf 20 cm gefaltet und die Bücher wurden schön in neues Papier eingeschlagen. Es war wirklich eine Wonne, sie anzusehen, als sie dann im Schrank in Reih und Glied wie die Orgelpfeifen standen."* (2. 3. 44) Bei der „Stubenabnahme" durch Trudel, die Lagermädelführerin, wird ins „Stubenbuch" eingetragen: *„Stube ganz hervorragend"*. Was nach Kasernendrill und -ton klingt, hat aber für die Freundinnen noch eine andere Bedeutung. Ein Stubenumzug macht sie zunächst *„todunglücklich"* (12. 3. 44). Die Stube wird zum Wohnzimmerersatz, bald in einem sehr realen Sinn. Am 2. April 1944 hatte Marion, nachdem sie die *„herrlichen Darbietungen"* eines musikalischen Abends gelobt hatte, knapp vermerkt: *„Am 27. 3. war ein Großangriff auf Essen."* Einige Tage später zitiert sie aus dem Brief der Mutter: *„Du kannst Dir ein Bild machen, wie es hier aussieht, wenn ich Dir schreibe, daß . . . eine Mine heruntergekommen ist. Wir wohnen und schlafen in der Küche. Im Wohnzimmer fallen die Wände ein. Wir können es nicht mehr benutzen. Ebenso unten das Schlafzimmer. Wir sind am schlimmsten hier im Hause mitgenommen. Die NSV verpflegt uns."* Am nächsten Tag entwirft Marion intensiver als zuvor die familiäre Seite der Stube: *„Augenblicklich ist es in unserer Stube urgemütlich . . . Ich bin mit Anneliese allein. Herrlich ist das! Eben haben wir gebohnert. Nun liest Anneliese."* (7. 4. 44) *„Ich habe in der Nacht zusammen mit Anneliese in meinem Bett geschlafen. Das war schön mollig warm, kann ich Euch sagen! Einmal wurde ich wach und hörte Wilma sprechen. Schade, daß ich das nicht behalten habe."* (15. 4. 44) Als am selben Tag angekündigt wird, daß Marions Klasse ins Nachbarlager Vesely umziehen muß, sind die Freundinnen ganz verzweifelt, richten sich aber in dem neuen Zuhause sofort ein.

Hatte Marion noch im ersten Tagebuch an einen *„zackigen"* Heimaturlaub in Essen gedacht, so scheint sich jetzt alles umgekehrt zu haben: *„Aus unserem Heimaturlaub wird, glaube ich, Kappes. Eigentlich sehr schade! Aber es ist, ich meine wenigstens, besser, wenn die Eltern hierhin kommen. Hier sind wir ja vor den verfl . . . Tommies noch so einigermaßen sicher."* (18. 4. 44) Im KLV-Gedenkbuch hat Wilma später festgehalten, wie die Mädchen die *„Stube 22"* für diesen Elternbesuch herrichteten: *„Die Übergardinen, die passenden Kissen in den Sesseln, die schönen Deckchen auf dem Tisch und dem Spind, der Schemel zwischen den beiden Betten nicht zu vergessen, die Betten schön gebaut, und nicht zuletzt die Gladiolen und die beiden Blumentöpfe auf der Fensterbank. Ja, die Blumen! Die machten doch das meiste des Gemütlichen aus! An den weißblauen Wänden machten sich die Scherenschnitte gut aus! Auch die Photographien auf Anneliesens Deckchen (auf dem Wandbrettchen und früher auf dem Spind) gaben dem Zimmer so etwas Persönliches. Eigentlich sah es viel mehr nach einem Privatzimmer als nach einer Lagerstube aus!"*

Angesichts der gefährdeten oder schon zerstörten privaten Räume der Familie in der Heimat haben sich Marion, Wilma und Anneliese ihr eigenes Wohnzimmer und ihre eigene Familie geschaffen. Und diese selbstgeschaffene Privatheit und Wohnlichkeit wird nun den Müttern, die selbst kein Wohnzimmer mehr haben, vorgeführt. Damit erweisen sich die Mädchen als brave Töchter, aber auch als überlegene junge Frauen mit eigenem Haushalt, in den sie mit einer Geste mütterlicher Fürsorglichkeit einladen können. Die private Atmosphäre wird aber auch im Lager vorgeführt als der Raum, der sich teils den Regeln des Stubenappells unterwirft, teils aber auch entzieht: Deckchen gegen 20 cm gefaltete Wäsche, Blumen gegen Bücher in Reih und Glied. Im Schutze mädchenhafter Bravheit und vorbildlicher Lagerdisziplin haben sich Marion und ihre Freundinnen einen räumlichen und sozialen Zusammenhang geschaffen, der sowohl gegenüber den Eltern als auch gegenüber der Lagerleitung ein Stück Autonomie bedeutet.

„Der einzige Trost auf Erden ist doch der liebe Gott" oder „Mit Gewalt habe ich die Tränen zurückgedrängt"

Am 13. Mai 1944 beginnt Marion Lubien ihr „Viertes Tagebuch" in der Kinderlandverschickung. Der erste Tagebucheintrag beschäftigt sich mit dem kommenden Elternbesuch und der bevorstehenden Landung der Alliierten in Frankreich. Ihre tapfere Selbstbeschwörung unterbricht sie mit einer aktuellen Beschreibung der Stubensituation: *„Ellen, Pöhle und Kaka liegen zusammen in einem Bett und toben und beküssen und beknutschen und verknutschen sich. Es ist wirklich zum Schreien. Ellen gibt Anneliese gerade einen Zungenkuß. Ja ja, die kleinen Kinder! Was die nicht alles können!"* Aber nicht nur die erotischen Spannungen nehmen zu in der Stube. Immer häufiger gibt es Streit und Tränen, Geheimnisse, von denen auch Marion manchmal ausgeschlossen wird: *„Es herrscht mal wieder zur Abwechslung* *schwüle Luft auf unserer Bude (!) ... Man zeigt mir die kalte Schulter und ich weiß überhaupt nicht, was los ist ... Ich bin hier ... höchst überflüssig, habe ich gemerkt, ich stehe hier nur im Wege ... Ja, so etwas muß ich jetzt in mein Tagebuch schreiben."* (14. 6. 44) Der Krieg und die wachsenden Sorgen um die Familie und die Zukunft führten zu solchen Zusammenstößen, erzwingen aber auch immer wieder die Gemeinschaft, in der sich die Mädchen durch Geschenke und improvisierte Feiern ihrer Freundschaft versichern, in der sie ihre Angst ausweinen können, in der sie Hilfeleistungen bei Schularbeiten oder bei der Herstellung von Kleidung austauschen. Mit ihrem besonderen Geschick beim Entwerfen und Nähen von Kleidern erwirbt sich Marion bald einen Sonderstatus in der Stube und im ganzen Lager. *„Als Hobby mein Exemplar von Strandanzug – was noch im Anfangsstadium war – sah, war sie ganz begeistert davon, und bat mich, ihr bei der Fertigstellung eines ebensolchen Exemplars behilflich zu sein. Ja, was tu ich nicht lieber, als anderen bei einer Näharbeit mit Rat und Tat zur Seite zu stehen? Nun, bei einer Bitte blieb das nicht. Auch Gisela und Anneliese sind damit beschäftigt ... Alles geht unter meiner Anleitung ..."* (27. 7. 44) Als sich in der zweiten Jahreshälfte Marions Angst nach den Bombenangriffen auf Essen und um den vermißten Bruder steigert, ist es Hobby, bei der sie Trost findet, und die sie ihrerseits trösten kann. *„Hobby hat heute auch Post von zu Hause bekommen. Aber sie war leider nicht erfreulich. Ihre Eltern haben auch noch immer keine Nachricht von ihrem Bruder erhalten. Es ist schrecklich! Sie hat furchtbar geweint. Ja, der böse, unselige Krieg, wäre er doch schon mal siegreich zu Ende geführt worden!"* (6. 10. 44)

Immer weniger gelingt es Marion, die Realität des Krieges von sich fernzuhalten. Die Soldaten der gegenüberliegenden Kaserne scheinen mit dem Krieg noch wenig zu tun zu haben. Wenn die Mädchen dort Liederabende veranstalten, dann sind sie stolz, *„anderen eine Freude zu bereiten und in ihre lachenden und strahlenden Gesichter sehen zu können. Das ist Dank genug."* (4. 6. 44) Wenn Margret sich mit den gegenüber wohnenden Soldaten verabredet oder in den Sommerferien, die sie bei der nach Schlesien evakuierten Tante verbringt, einen Fallschirmjäger und einen Gefreiten auf Urlaub trifft, dann genießt sie den Flirt. Wenn aber dieselben Soldaten dann von der Front schreiben, Liebesgedichte oder Treueforderungen an sie richten, wenn die abstrakte Feldpostnummer des „unbekannten Soldaten" einen Namen, ein Gesicht bekommt, Ängste und Hoffnungen kundtut, dann mag Marion nicht mehr antworten, hält sie sich für zu jung, findet, der Briefeschreiber bilde sich zuviel ein, bricht sie die Kontakte zu Karl, Gerd, Georg, Josel schnell ab. Wenn irgend möglich, will sie sich die Front emotional vom Leibe halten, und gegenüber den fremden Soldaten kann sie auch tatsächlich ihre Sorge und Hilfeleistung verweigern.

Schlimm genug sind die häufigen Bombenangriffe auf Essen. Am Ende einer entsprechenden Zeitungsnotiz, die Marion ins Tagebuch eingeklebt hat, heißt es lapidar: *„Die Bevölkerung, besonders in Essen, hatte Verluste."* Am 6. und 24. Oktober notiert Marion schwere Bombenabwürfe auf Essen. Erst am 12. November kommt der beruhigende Brief, daß die Eltern leben und kein neuer Schaden angerichtet wurde. Aber Marion weiß, daß nach Absendung dieses Briefes zwei weitere Angriffe erfolgten, so daß ihre Sorge sich fortsetzt. Auch das Lager selbst erlebt immer häufigere und heftigere Luftangriffe. Am Anfang werden die noch burschikos als Unterrichtsunterbrechung begrüßt: *„Ich mache mein Testament ... Aber nicht in Sauers Stunde, sondern (–) beim Schoppus. Er hat nämlich Zensuren geschrieben. Ruth L. (Hobby, D. W.) war gerade dran, vielmehr wollte anfangen, da gellte für uns der erlösende Ruf durchs Haus. Luftgefahr 15, alle in den Park! Ach, war es herrlich, als wir das hörten. Wir atmeten alle erleichtert auf und verließen so schnell wie möglich die Stätte unserer Angstqualen ... O, hoffentlich dauert der Alarm noch stundenlang!"* (8. 7. 44) Zwei Wochen später liegen die Mädchen wieder im Park, *„unter freiem Himmel, den Kopf fest auf die Erde gepreßt, und lauschten in das Geboller und Gebrumme hinein, ja, es war wirklich nicht schön. Ich lag mit Wilma zusammen und sie hielt meine Hand."* (23. 7. 44)

Die größte Angst, die Marion im letzten Kriegsjahr schreibend abarbeitet, hat sie um Kalla, den fünf Jahre älteren Bruder. Eine leise Sorge erwähnt sie zuerst am 13. 5. 44, dem ersten Eintrag in ihr viertes KLV-Tagebuch. In der Geschichtsstunde erzählt die Lehrerin *„Was in der Welt geschieht ... Also in Kürze wird der Engländer, Amerikaner und deren Verbündete versuchen, an der Küste zu landen ... Als wir das hörten, wurde uns ganz anders, nur nicht wohl. Wie wird das wohl enden? Wir hoffen ja das Allerbeste! ... Ich mußte sofort an Kalla denken. Er liegt ja in Nordfrankreich und muß nun bald – die Feinde wollen ja besonders das Industriegebiet erobern, unsere so heiß geliebte Heimat – kämpfen, damit die Feinde nicht in unser Vaterland einfallen können."* Am 6. 6. ist die Ankündigung der Lehrerin wahrgeworden. *„Was wird Kalla wohl jetzt machen? Ob er schon mitkämpft? Wie wird Mutter jetzt in Sorge um ihn sein. Der lb. Gott wird ihn schon beschützen. Hoffentlich bekomme ich* *bald Post von ihm"* – dazu ein Zeitungsausschnitt über die Landung der Alliierten, auf der nächsten Seite eine Karte und der Wehrmachtsbericht zu Italien. Marion beginnt zu spüren, daß der Krieg vielleicht verloren wird. Ihre Traurigkeit bleibt aber noch diffus. *"Mir war eben so komisch zumute. Das Weinen stak mir in der Kehle. Was war das? Jetzt ist es wieder so einigermaßen weg."* (7. 6. 44) Ende Juni erhält Marion zwar einen Brief des Bruders, aber zehn Tage später beginnt die Sorge von neuem, als sie dem Wehrmachtsbericht entnimmt, bei Caen sei die Hölle los. Ihren Namenstag am 13. Juli nimmt Marion zum Anlaß, sich einen neuen Namen zuzulegen. Carla will sie ab jetzt heißen. Für die Freundinnen Calla oder auch Kalla. Alle schreiben ihr eine Namenstagskarte mit der neuen Anrede. Kalla, das KLV-Mädchen, wartet erneut auf Post von Kalla, dem Bruder und Soldaten – diesmal vier lange Monate. Ihre Kommentare in dieser Zeit werden immer verzweifelter und banger. Sie schreibt von ihrer Spannung und Sehnsucht bei der Postverteilung, sie habe doch nur den einen Bruder, sie ist *"todtraurig"*, ihr ist *"furchtbar bang"*. Sie läßt sich in Kallas Jacke fotografieren, beklagt *"diese schreckliche Ungewißheit"*. Zuletzt: *"Mein Gott, ich halte es nicht mehr aus!!!"* Endlich, am 4. Dezember: *"Kalla lebt!"* – als Kriegsgefangener der Engländer.

Angesichts der wachsenden Gefahr für sich selbst, der Sorge um die Eltern in Essen und der Angst um Kalla in Frankreich muß Marion/Calla versuchen, sich den Krieg, sein kommendes Ende und seinen Sinn neu zu erklären. Die Kriegsberichterstattung aus ihren *"Erinnerungen"* endete mit dem *"glorreichsten Sieg aller Zeiten"*. Das damals selbst gedichtete Lob auf den Führer, der überlebte, *"um Groß-Deutschland zu gestalten"*, kann so ungebrochen nicht stehenbleiben. Marion gerät in der Zeit der Kinderlandverschickung in eine immer stärkere Sinnkrise, in der sie nach den verschiedensten Angeboten einer geistigen und politischen Orientierung greift und an deren widersprüchlichen Elementen sie bis zum Schluß festhält.

Marions erste Verunsicherung entstand schon bei ihrer Trennung vom katholischen Milieu des Ruhrgebiets. Den Verzicht auf den sonntäglichen Kirchgang, auf die regelmäßige Beichte und heilige Kommunion konnte sie nur schwer aushalten. Jede der seltenen Gelegenheiten zum Besuch der Messe notiert sie erfreut. Mehrfach beklagt sie sich über den Zwang, an christlichen Feiertagen BDM-Uniform tragen zu müssen. Die Sonnenwendfeier beim sommerlichen Elternbesuch war ihr noch ein Erlebnis, das ihr *"ganz gut gefallen"* hat, aber im Zusammenhang mit Weihnachten findet sie dies Ritual ebenso unpassend wie die lockeren Varianten der Areligiösität: *"Leider war keiner von uns in rechter Weihnachtsstimmung. Ja stellt Euch vor: Wir haben Schlager gesungen und Hobby und Flocky haben Zwing (Swing, D. W.) getanzt. Es ist ja wirklich traurig, aber was macht man daran, wenn keine festliche Stimmung aufkommen will? ... Wer macht aber auch am Heiligabend eine Sonnwendfeier ... Am Freitag hatten wir heilige Messe. Da haben wir in der Kirche schön das Weihnachtsfest gefeiert. Ja, ich habe mich besonders gefreut, als Hobby und Mima auch zur heiligen Kommunion gingen. Hobby war überglücklich und hat doch eingesehen, daß dies das Schönste auf der Welt ist."* (27. 12. 44) Marion kämpft um dieses Schönste für sich und die Freundinnen. Gegen Kriegsende appelliert sie auch immer häufiger an Gott – daß er die Eltern, den Bruder beschützen möge, daß alles geschehen soll *"wie Gott es will"*, daß Gott ihr einziger Trost auf der Erde sei: *"Was ist das Leben ohne ihn? Nichts. –"* (3. 2. 45)

Marions Gott stammte noch aus der Vorkriegszeit und wurde von ihr über den Krieg hinweggerettet – im Frieden sollte er noch gebraucht werden. Im Krieg selbst konnte er zwar beschützen und trösten, aber erklären konnte er den Krieg nicht, konnte ihm keinen Sinn geben, konnte auch nichts zu seiner Bewältigung beitragen. Daß Marion vom Krieg zunächst weitgehend verschont wird, löst eher Unsicherheit und Scham aus: *"Uns geht es eigentlich noch viel zu gut. Wir merken ja hier gar nichts vom Krieg, der um uns tobt und für Jahrhunderte entscheidet. Ich bedaure nur sehr, nicht mehr mithelfen zu können. Wenn wir nächstes Jahr nach Hause kommen, werden unsere Kameradinnen sicher mit Stolz ihre Erlebnisse berichten, und wir müssen dazu schweigen und sie bewundern, was sie alles mitgemacht haben.*

Kalla mit einem Kameraden

Ende 1944: Endlich Nachricht vom Bruder

Marion in der KLV mit Freundinnen und ihrem Lehrer

Aber trotzdem tragen auch wir etwas zum Siege bei, wenn wir hier friedlich leben. Wir sammeln hier ja die Kraft, um nächstes Jahr frisch an die Arbeit, die in der Heimat auf uns wartet, zu gehen ... " (13. 5. 44) Noch fühlt Marion sich stark und sehnt sich nach heroischer Bewährung. Während sie auf Post vom Bruder wartet, beschwört sie aber nur noch eine Stärke, über die sie längst nicht mehr verfügt: *„Man muß sich sagen, Du bist nicht allein, auch andere haben ihre Lieben dabei. Du mußt tapfer sein. Dich nicht hängen lassen! ... Es geht ja um unsere geliebte Heimat, an der wir mit jeder Faser unseres Herzens hängen. Ja, in der Fremde lernt man die Heimat schätzen und lieben, wenn es auch nur noch Trümmer sind."* (8. 6. 44) Feierliche Musik macht sie traurig: *„Mit Gewalt habe ich die Tränen zurückgedrängt"* (9. 6. 44), aber die Reden von Politikern verformen die starken Gefühle in Entschlußkraft, auf eine Rede Himmlers reagiert sie zunächst mit Tränen, dann aber mit Willensstärke: *„Wir müssen hart und stark bleiben."* (19. 10. 44)

Jedes Angebot der Nationalsozialisten, auch politisch aktiv zu werden, nimmt Marion wahr, genießt z. B. die Feierstunde nach dem mißglückten Juli-Attentat. (22. 7. 44) Die Erschöpfung, die eigene Gefährdung durch Luftangriffe lassen bei ihr das Gefühl aufkommen, durch das Mitleiden und Miterleben im Krieg auch an seiner Bewältigung teilzuhaben. *„Der Krieg fordert mehr von uns, als daß wir uns in der KLV herumdrücken und ein schönes Leben führen. ... Damit können wir den Krieg nicht gewinnen ... Jeder muß mithelfen ... Nur dann ist der Sieg unser!"* (24. 8. 44) Schon in Sorge um Kalla berichtet sie von einem *„tollen Geländespiel: Ach, war das eine Wonne! Auf Kratzer und Schrammen wurde nicht im geringsten geachtet. Wirklich, als ich so durch den Wald streifte, hatte ich den Wunsch, auch einmal ein Junge zu sein und mitkämpfen zu dürfen! Wie gern würde ich mal als Soldat dabei sein ..."* (1. 10. 44)

Neben der Bewährung soll die Erklärung helfen. Auf dem Höhepunkt ihrer Angst um den Bruder, eine Woche, bevor endlich die Nachricht von seiner Gefangennahme kommt, schreibt Marion an die Eltern: *„Ihr dürft bloß nicht verzweifeln und den Mut verlieren. Was würden unsere tapferen Soldaten denn sagen, wenn die Heimatfront zusammenbrechen würde? Es darf keinesfalls wie 1918 werden. Ihr wißt doch, wie da die Feinde unser Land besetzten. Ihr habt es doch alle selbst erlebt, als die Inflation in Deutschland wütete und der Jude der Herr des Landes war ... Ihr müßt doch auch immer bedenken, daß auch der Engländer und Russe schon so lange Krieg führt und daß auch seine Ressourcen einmal erschöpft sind ... Es sollte hier mal einer verlauten lassen, daß wir den Krieg nicht gewinnen würden! Ich glaube, das wagt auch keiner; denn wir sind alle so von unserem Sieg überzeugt."* Sich selbst und den Eltern spielt Marion die Starke, die Große, die Vernünftige, die Erwachsene vor. Aber am Ende bricht mit den Fronten auch ihre zur Schau getragene Gewißheit des Sieges und des Sinns zusammen. Sie verliert die Sicherheit der optimistischen Sprache und trägt, in Druckschrift, einen Schulbuchtext ins Tagebuch ein — letzter Versuch, zumindest sprachlich an die Blitzkriegbeschreibung ihres ersten Buches anzuknüpfen: *„Seit dem Sommer 1941 müssen wir nun auch gegen Sowjetrußland kämpfen, das wider alle Verträge in Deutschland einzubrechen drohte ... Zwei Welten stehen einander gegenüber. Hier die Welt der jungen aufstrebenden Staaten, dort die Welt der alten niedergehenden Staaten und des Bolschewismus ..."* (17. 1. 45) Die eigene Sprache bricht Tage später durch, in zielloser, kindlicher Wut: *„Das schöne Breslau. Der böse Krieg zerstört aber auch alles. Ja, der elende Krieg! Unser Führer wollte alles schön* *friedlich und ohne Verfeindung mit unsern Nachbarvölkern regeln, aber die Biester von Juden . . .! O, diese unseligen Geschöpfe! Warum muß es die überhaupt auf der Welt geben? Ja, warum? Das weiß der lb. Gott einzig und allein. –"* (29. 1. 45)

„Die Küsten der Wirklichkeit" oder: „Carla Lubien, die schönste Frau Europas"

Ende 1944 begann Marion/Carla, über die Zukunft nachzudenken. Sie tat das ganz konventionell: Im Frühjahr würde sie mit der sog. „Mittleren Reife" aus der Schule entlassen werden. Wie sollte sie aber den Krieg in ihre Zukunftspläne integrieren? *„In vier Monaten werden wir aus der schützenden Hülle des Lagers herausgerissen und das ernste und wirkliche Leben tritt an uns heran. Dann werden wir wohl erst . . . begreifen, wofür und warum wir eigentlich leben. Hoffentlich ist dann der Krieg nicht mehr ganz so furchtbar und bös. Aber alles wie Gott es will!"* (3. 10. 44) Angesichts einer desillusionierenden Berufsberatung, die Ende Dezember im Lager stattfindet, wird Marion zugleich heldenmütig und bescheiden: *„Hinein ins bunte, kriegsheiße Leben"* werde es nach der Schule gehen . . . *„Die Berufsausbildungen sind ja vorläufig mit ganz wenigen Ausnahmen gesperrt . . . Kriegsdienst geht vor!!!"* (21. 12. 44) Zwischendurch: Träume von einem Kunstgewerbeladen oder einer Schriftstellerinnenkarriere. Gegen solche *„Hirngespinste"* setzt sie aber sofort ihre Bereitschaft, das *„ernste und wirkliche Leben"* an sich herantreten zu lassen. (30. 12. 44) Einen Monat später lösen das nahe Kriegsende und das nahe Schulende bei Marion Panik aus: *„Fast alle schreiben augenblicklich ihren Lebenslauf. Und ich verzweifle bald! Was soll ich nur machen? Ich weiß nicht, wo ich in die Lehre gehen soll . . . In mir ist es wie ein brausender Orkan. Er reißt mich mit sich fort. Ach ich bin verrückt! Ich sehne mich nach etwas, und weiß nicht, was es ist!!! Ich glaube, mir fehlt eine ordentliche Tracht Prügel!! –"* (3. 2. 45)

Einige Tage vor diesem Eintrag hat Marion/Carla noch einmal ein Erinnerungsbuch angelegt. Darin tragen sich ihre Freundinnen aus der KLV mit ihren Erinnerungen und Zukunftsträumen ein. Marion gibt in der Einleitung den Grundgedanken des Buches an: *„Leise versinkt unser Kinderland, und vor uns erheben sich die Küsten der Wirklichkeit. –"* Weggeschoben werden die Ängste und Gefahren, die Hilflosigkeit angesichts einer unklaren Zukunft. In dieses Buch schreibt Hobby, zuletzt Marions beste Freundin, wie die beiden ihr Wiedersehen phantasiert haben: Calla *„wird einen pompösen Modesalon eröffnen. Die große Drehtür wird eines Tages schwungvoll gedreht und herein spaziert eine Dame . . . Stolziert auf die Empfangsdame zu und sagt: ‚Ich möchte gerne die Inhaberin des Modesalons sprechen!' . . . Eine Glasschiebetür wird geöffnet, Samtportieren werden auseinanderrauschen, und vor mir erscheint eine in einem Sessel sitzende, mit einem modernen Hausanzug aus reiner Seide bekleidete mondäne Dame . . . Wie ein Gebilde aus Himmelshöhen sitzt vor mir Europas schönste Frau Carla Lubien."*

Hobby an Marion/Calla im Januar 1945

„Sag, wie führen Deutschlands Frauen dies zu Ende" oder: „Amis mit rotem, ja knallrotem Schal"

Zwei Wochen, nachdem die Freundinnen sich ihre Zukunftsträume ins KLV-Erinnerungsbuch geschrieben hatten, kehrten sie zu ihren Familien zurück, von denen viele mittlerweile außerhalb des zerbombten Ruhrgebiets lebten. Marion fuhr nach Essen. Am 14. 2. 45 heißt es im Tagebuch wohlformuliert: *„Daheim. Von ferne hört man das unheimliche Dröhnen der nahen Front."* Über den ersten Vollalarm und Bombenangriff schreibt sie seltsam kühl, sachlich und ohne Angst oder Pathos. Es scheint, als verfüge Marion über ein Potential an Kraft, Mut und Ruhe, welches ihr nun im Bunker hilft: *„Mir war es, als wenn mein Trommelfell platzen würde. Doch war ich innerlich sehr ruhig und gefaßt. Ich hatte das Gefühl, als wenn uns nichts passieren würde. Essen und auch unsere Gegend – Altenessen – hat ganz anständig was abgekriegt."* (23. 2. 45) Ihre Energie aus der KLV reicht sogar noch für den Glauben an den Endsieg. Eine letzte Goebbels-Rede bringt sie noch einmal in Schwung. Sie appelliert an alle *„Pflicht und Schuldigkeit, dem deutschen Soldaten an der Front gegenüber, der mit fanatischer Entschlossenheit unser geliebtes Vaterland verteidigt"*. Sie kritisiert noch die Skeptischen, aber ihr Realitätssinn und ihr Verständnis sind schon gewachsen: *„Die unendlich vielen Luftangriffe haben sie mürbe gemacht. Sie möchten am liebsten Schluß haben, damit das Elend ein Ende nehme."* Marion aber will noch nicht *„schlappmachen"* und überhöht ihre Entschlossenheit mit einem Gedicht auf die deutschen Frauen, eine *„deutsche Antwort:*

. . . Sag wie führen Deine Frauen dies zu Ende?
Deutschland, schöpfen Deine Frauen Wasser mit dem Siebe?
Deutschland, haben Deine Frauen hundert Hände? –
,Haben zwei, wie Eure Frauen, zwei! und ihre Liebe.'" (1. 3. 45)

Marion stilisiert sich ganz als erwachsene Frau. Aber hinter den Kulissen ihrer Selbstinszenierung ernsthafter weiblicher Bewährung nimmt sie schon ein anderes Thema auf. Denn eigentlich fühlt sie sich ja wie ein ganz junges Mädchen, und nach zwei weiteren Wochen greift sie mitten im Bombenkrieg nach dem Leben und dem Lebensgenuß. Der Geburtstag einer Freundin wird zum wilden Fest mit zwanzig Personen, darunter drei jungen Männern. *„Es war herrlich! Trotz des Krieges! Vom Ari-Schießen haben wir nichts gehört und gesehen und alle Leute klagen, daß es ganz furchtbar gewesen sei."* (19. 3. 45) Die Eintragung des Tages endet: *„Good night, sleep very well my darling! Die Einschläge der Front kommen immer näher heran."* Marion bereitet sich auf den kommenden Feind und Frieden vor.

Am 7. April kommt er dann, der Feind. Marion notiert einige Tage später, wie sie ihm begegnete: *„Ich habe gefragt, ob sie Engländer oder Amerikaner wären, worauf sie mir ,American' antworteten."* Sie benehmen sich *„sehr anständig"* und lassen sich *„sofort gemütlich nieder"*. Nachdem dies alles so unspektakulär einfach geschehen ist, fragt Marion: *„Sind es nun unsere Befreier oder unsere Unterdrücker?"* Diese Frage kann sie noch nicht beantworten.

Zwischen Besetzung und Kapitulation setzte sich der Alltag des Kriegsendes zunächst einfach fort, wenn auch ohne Bombendrohung. *„Der böse Feind"* war auch schon lange keine eindeutige Figur mehr gewesen: Einerseits der Tommy, der die Bomben warf, aber auch der Gentleman, in dessen Gefangenschaft der Bruder Kalla den Krieg überleben konnte. Und nun erst die Amerikaner. *„Ja, in diesen Tagen haben wir allerhand zu sehen bekommen. Sogar Amis mit 'nem Spazierstöckchen und 'nem roten, ja knallroten Schal."* (11. 4. 45) Die neue Lässigkeit der Besatzer knüpfte an die vorhandene Kaltschnäuzigkeit der Besetzten an. Was bisher die Angst vor dem Tod überspielt hatte, half nun über die Schande der Niederlage weg. Unmittelbar nach dem Ereignis der Besetzung wendet sich Marion praktischen Problemen zu: *„Ich mache viel Handarbeit. Alles aus alter Wolle. Augenblicklich stricke ich an einem Jäckchen. Das Hinterteil besteht aus dunkelblauem Stoff – Papas Hose – und die beiden Vorderteile und Ärmel arbeite ich aus bunter Wolle, aber hauptsächlich weiß."* (14. 4. 45)

Ende Juni 1945 nahm Marion ihr Tagebuch wieder zur Hand, zunächst nur, um in dürren Worten die Lebensumstände der frühen Nachkriegsmonate zu skizzieren. Im März 1947 nimmt sie sich dann vor: *„Werde jetzt die Gedichte oder auch Sätze, die mir gefallen, und nach denen ich mich richten will, aufschreiben. Ich will mich selbst erziehen! Und zwar zu einem Menschen, der vor nichts Angst hat, vor keiner Arbeit und vor keinem Teufel."* (23. 3. 47) Marion ist zu diesem Zeitpunkt 16 1/2 Jahre alt.

Festhalten und Ausdrücken – Überlegungen zu Marion Lubiens Schreibkultur

Die Kinderlandverschickung ist von Zeitgenossen und Historikern als Versuch beschrieben worden, Kinder und Jugendliche einem totalen NS-Erziehungssystem zu unterwerfen. Marion Lubiens Tagebücher zeigen die widersprüchliche Wirkung, die ein solcher Versuch – wenn man ihn unterstellt – haben konnte (vgl. Möding/v. Plato, 1986). Die Einbindung in das KLV-Lager bedeutete sicher ein Stück Befreiung aus respektablen Kleinfamilien, die Mädchen wenig Bewegungsmöglichkeit ließen. Der Wunsch nach mehr Autonomie richtete sich aber auch gegen die strenge Lagerdisziplin und drückte sich paradoxerweise zum Beispiel in der Schaffung einer familienartigen Freundinnengemeinschaft aus, in der sich aber alle erwachsen fühlen konnten.

Marions Tagebücher bezeugen auch die Kraft der alten Werte, hier der Religiösität, die in Koexistenz mit dem neuen Sinnangebot der Nationalsozialisten weiterlebt. Und schließlich hält Marion trotz des Krieges an Wunschträumen und Zukunftsphantasien fest, mit denen sie, zumindest zeitweise, die angsteinflößende Realität zudeckt. All diese Schichten von Wahrnehmung und Gestaltung hält sie schreibend fest – aber auch die Konflikte und die Panik beim Zusammenbruch des Ordnungssystems, mit dem sie die verschiedenen Erfahrungsebenen getrennt gehalten hatte.

Marion benutzte das Tagebuch immer wieder, um sich schreibend Situationen zu entziehen, die sie bedrohten, belästigten oder langweilten. Neben dem Tagebuch als Rückzugsbereich war das Schreiben aber auch bewußte Situationsgestaltung, Inszenierung. Ihr erstes Erinnerungsbuch beginnt: *"Der Tag ist trübe. In Gedanken versunken sitze ich im Zimmer. Hier ist es so still, daß das Ticken der Uhr wie Hammerschläge an mein Ohr dröhnt. Vor mir türmt sich ein Berg von Strümpfen, die ich stopfen soll, doch ich habe keine rechte Lust dazu. Meine Gedanken beschäftigen sich mit der Vergangenheit..."*

Marion beschreibt die Situation des Schreibens und drückt aus, wie dies zum Element der Situation „zu Hause" wird. Das Schreiben drückt zugleich ihr Einverständnis mit sich selbst, aber auch mit ihrer räumlichen Umgebung aus. In der KLV verstärkt sich dieser nach außen gerichtete Aspekt des Schreibens durch die enge Stubengemeinschaft mit den Freundinnen, Zeuginnen ihres Schreibens und Mitleserinnen des Tagebuchs. Mit den ersten Erfahrungen von Streit und Eifersucht schränkt Marion die Öffentlichkeit ihres Tagebuchs aber ein. Das letzte zeigt auf dem Schutzumschlag die feierlich schnörkelige Warnung: *„Ohne meine Erlaubnis darf niemand mein Tagebuch lesen."* – Ein deutlicher Hinweis darauf, daß solche Erlaubnis als Zeichen besonderen Vertrauens erteilt wird.

Marions Schreiben ist also Ausdruck ihrer Entzugs-, Integrations- und Inszenierungsversuche in ihrer räumlichen und sozialen Umwelt. Aber warum bedient sie sich dabei so oft einer merkwürdig künstlichen, ihr eigentlich fremden Sprache, benutzt vorfabrizierte Satzmuster, übernimmt Floskeln und den Jargon der Nationalsozialisten? Über Seiten bedient sie sich einer Sprache, die weder zu ihrem Leben noch zu ihrem authentischen Ausdruck zu passen scheint. An Beispielen will ich überlegen, warum Marion das tut und welche Funktionen diese Sprachanleihen haben.

Irritation tritt vor allem auf, wo sich Distanz der Sprache und Nähe der Erfahrung durchmischen, wo „echte Gefühle" in „gefälschter Sprache" ausgedrückt werden. Wo in Angst und Hilflosigkeit von *„der schützenden Hülle des Lagers"*, von der *„geliebten Heimat, an der wir mit jeder Faser unseres Herzens hängen"*, gesprochen wird, vom *„Krieg, der ja bald siegreich entschieden sein wird"*, aber auch von *„Gott, der uns beschützen möge"*. Die Formelhaftigkeit dieser Ausdrücke, die Regelmäßigkeit und Sicherheit, mit der die einzelnen Worte aufeinander folgen, haben etwas Verläßliches und Tröstliches, strukturieren die Verwirrung und Orientierungslosigkeit, die Trauer und die Verzweiflung. Wo die wirklichen Gefühle durch Aufschreiben keine unvergängliche Realität erhalten dürfen, wird als Ersatz- und Decksprache auf die Formelhaftigkeit der nationalsozialistischen oder auch religiösen Sprachmuster zurückgegriffen – das schafft Trost und Ordnung, kurzfristig auch im verstörten Innern.

So ist das Schreiben in fremder Sprache nicht einfach Zeichen der Unfähigkeit, in der eigenen Sprache die äußere und innere Realität angemessen auszudrücken, und noch weniger ein Indiz für Selbstentfremdung, sondern ein Ordnungs- und Gefühlsangebot in sprachlicher Form, mit dem Marion sich über das Chaos der Situation hinweghilft und ein Versuch, das nicht Integrierbare zumindest in fremder Sprache vorläufig festzuhalten.

Indem Marion Lubien von 1942 bis 1945 schrieb, strukturierte sie ihre emotionalen und intellektuellen Erfahrungen, organisierte dabei ihre sozialen Beziehungen und gestaltete im Schreiben ein Stück autonomer Kultur. Sie versuchte das vor dem Hintergrund eines Krieges und eines Systems, die mehr und mehr widersprüchliche und beängstigende Erfahrung bereithielten. Deshalb bleibt Marion Lubiens Tagebuch ein irritierendes Dokument – nicht zuletzt für die Autorin selbst.

Der Titel darf als ironische Anspielung auf die psychoanalytische Deutung des Schreibens als Analerotik gelesen werden. Ansonsten habe ich über das Tagebuch als Ausdrucksform viel gelernt von Siegfried Bernfeld, 1978.

„Wenn das Hitler wüßte!"
Erfahrungen von Luftwaffenhelfern 1944–45

Martin Weyer

Luftwaffenhelfer vor der Flakbatterie (Privatfoto)

Im Jahr 1943 wurden die ersten Luftwaffenhelfer einberufen. Es handelte sich um 16- und 17jährige Schüler höherer und mittlerer Schulen, die in größeren Gruppen, z. B. klassenweise, an den Scheinwerfer- und Flakbatterien in der Nähe ihrer Wohnorte eingesetzt wurden. Im Januar 1944 erfolgte dann eine „Massenaushebung" der Jahrgänge 1927/28, wobei auch Lehrlinge erfaßt wurden. Insgesamt wurden dabei mehr als 100.000 Jugendliche zum Luftwaffenhelferdienst eingezogen. (Schörken, 1984, S. 101)

Im Zuge des Luftkriegs war ein mehr oder minder engmaschiges Netz von Flakbatterien um gefährdete Objekte, so z. B. die Fertigungsstätten der Rüstungsindustrie im Ruhrgebiet, gezogen worden. Die Besetzung der Batterien entwickelte sich im Jahr 1942 zu einem erheblichen Problem, da die einsatzfähigen Soldaten von den Flakbatterien zu den Kriegsschauplätzen abgezogen wurden. Daher wurde die eigentümliche Konstruktion des Luftwaffenhelfers ins Leben gerufen, eine Mischung aus Hitlerjungem – er gehörte formal der HJ an – und Wehrmachtsoldat. Die Luftwaffenhelfer mußten den regulären Dienst eines Flaksoldaten und dessen Aufgaben mit Ausnahme schwerer körperlicher Arbeiten übernehmen. Der Konflikt zwischen „Soldatsein" und der formalen Zugehörigkeit zur HJ führte zu einer Verschiebung der Identifikation: Hatte vorher die Verherrlichung der – erfolgreichen – Wehrmacht mit ihren populären Kriegshelden durch die elterliche Generation wesentlich zur jugendlichen Identifikation mit dem NS-Staat beigetragen, so bewirkte das durch den Einsatz als Wehrmachtssoldat hervorgerufene Selbstwertgefühl, einen sinnvolleren und für die Verteidigung des Deutschen Reichs wertvolleren Dienst zu leisten als die „Bonzen" von HJ und NSDAP, eine signifikante Distanzierung vom NS-Staat und seinen Organisationen. Diese Distanzierung war zwar weit davon entfernt, politisch motivierter bzw. bewußter Widerstand zu sein, war aber für die Jugendlichen in ihrer Sozialisation und politischen Orientierung von zentraler Bedeutung. So war Hitler für den Luftwaffenhelfer, auf dessen Tagebuch und Material sich die folgende Fallstudie stützt, Repräsentant der Wehrmacht und nicht des Parteiapparats und demnach eine zentrale Identifikationsfigur! Dieses Schwarz-Weiß-Bild von Hitler, Wehrmacht und „Deutschland" als „Gute" auf der einen und der Parteifunktionäre als „Schlechte" und „Drückeberger" auf der anderen Seite war weit verbreitet. Das Versagen wurde daher den Parteifunktionären, nicht dem Nationalsozialismus als politischer Herrschaft angelastet. Der Ausruf „Wenn das Hitler wüßte!" markierte den Glauben an die Richtigkeit des Nationalsozialismus, aber die falsche

Ausführung durch die Partei. In diesem Glauben an die Rechtschaffenheit des Führers (Führermythos) lag – nicht nur bei den Luftwaffenhelfern – ein zentraler Identifikationsmoment, der z. T. bis in die letzten Tage des Nationalsozialismus bestand. (Vgl. Peukert, 1982, S. 78 ff.)

Die Identifikation der Luftwaffenhelfer mit der Wehrmacht, die bei der Trennung von der Familie die bedeutendste, wenn nicht sogar einzige Sozialisationsagentur war, steigerte zwar einerseits ihr Selbstwertgefühl. Andererseits waren die Luftwaffenhelfer als Soldaten überfordert, da sie mit elementaren Eingriffen in ihr Leben und das anderer konfrontiert waren. Nicht zuletzt die Reglementierung des Tagesablaufs, die Kasernierung und die kriegsbedingte Einteilung von Tagen und Wochen durch die zum Kriegsende zunehmenden Bombardements bedingten Verdrängungsmechanismen, da nur ein Arrangieren mit, aber kein Verarbeiten der unmittelbaren Situation möglich war. Zudem beschäftigten die Luftwaffenhelfer die Probleme der Zukunft, wußten sie doch durch das einsatzbedingte Abhören von „Feindsendern" vom Näherrücken der „Feinde", verloren den Glauben an den Endsieg und erahnten das wahrscheinlich „katastrophale Kriegsende".

Das Leben vor dem „bedrohlichen Ende", die Konfrontation mit einer unaustauschbaren Wirklichkeit, die kriegsbedingte Trennung aus den herkömmlichen Verhältnissen, das Erleben des vernichtenden Charakters des zu Ende gehenden Kriegs und vor allem das Aufsichgestelltsein in dieser Extremsituation bedingten, daß nur mittels der Verdrängung (z. B. des übersteigerten Selbstwertgefühls als Soldat) der Extremfall als „Normalität" empfunden wurde, ohne daß er damit in seiner Widersprüchlichkeit verarbeitet worden war.

Anhand der Untersuchung eines „typischen" Lebenslaufs eines Luftwaffenhelfers läßt sich feststellen, daß das Arrangieren mit Extremsituationen und erhöhten Anforderungen gang und gäbe war. Der Jahrgang 1928, aber auch die Jahrgänge 1926/27 unterlagen in erheblich größerem Maße der nationalsozialistischen Erziehung als die vorangegangenen. Nationalsozialistische Riten bildeten einen festen, fast routinemäßigen Bestandteil des Alltags der Jugendlichen. Die Jugendlichen gewöhnten sich nicht nur daran, Teil und Gegenstand eines ausgeprägten Jugendkults zu sein, sondern waren stolz darauf und sahen die kriegsbedingten Arbeiten wie z. B. den Ernteeinsatz, die dem Luftwaffenhelferdienst vorangingen, als eine wichtige und sinnvolle Tätigkeit an. Die Einberufung der Luftwaffenhelfer war daher in der Einschätzung der Luftwaffenhelfer eine logische Fortsetzung der kriegsbedingten Aufgaben. Die kriegsbedingten Einsätze bedeuteten nicht – wie man vermuten könnte – den entscheidenden Eingriff in die Existenz der Jugendlichen, der jegliche Ausformung einer Persönlichkeit verhinderte. Wichtiger erscheint mir der problemträchtige Konflikt zwischen der historischen Wirklichkeit, d. h. dem alltäglichen und unmittelbaren Erleben der Vernichtung von Menschenleben, und ihrer Auswirkungen auf die Jugendlichen, denen in der wichtigen Phase der Formung einer Persönlichkeit und der politischen Orientierung die Alternativ- und Auswegslosigkeit ihrer Situation eindringlich vor Augen war. Dies bewirkte starke Gruppenverschmelzungen und -bindungen. Durch die Suche nach Geborgenheit und Selbstversicherung in der Gemeinschaft mit Gleichaltrigen oder nach von äußeren Zwängen unberührten Freiräumen entwickelten die Luftwaffenhelfer „eine Art ausgeprägten Eigenlebens (...), in dem sowohl nationalsozialistische wie militärische Verhaltensweisen keine Rolle mehr spielten". (Schörken, S. 219) Auch wenn solche Verallgemeinerungen problematisch sind, läßt sich in der Luftwaffenhelferzeit nicht nur eine weitverbreitete Abwendung von nationalsozialistischen Werten und Inhalten, sondern auch eine völlig eigenständige, von einer starken Gruppenzugehörigkeit geprägte Persönlichkeitsentwicklung bei den Jugendlichen feststellen.

Luftwaffenhelfereinsatz: Alltag und Sozialisation

Die Darstellung des Lebensabschnitts A.s von Januar bis Dezember 1944 ist in vielerlei Hinsicht exemplarisch für den bürgerlichen (männlichen) Jahrgang 1928. Sie läßt aber nur bedingt Verallgemeinerungen zu, da sich A.s außerordentlich selbstkritischer Umgang mit seiner Luftwaffenhelferzeit in seiner sehr reflektierten Darstellungsweise niederschlägt. Unter Hinzunahme Rolf Schörkens umfangreicher Befragung ehemaliger Luftwaffenhelfer (Schörken, 1984) ergibt sich jedoch ein facettenreiches Bild der Alltagserfahrung von Luftwaffenhelfern. Grundlage der Darstellung sind Gespräche und ein vom 11. 4. bis 26. 5. 1945 geführtes Tagebuch, das der ehemalige Luftwaffenhelfer zur Verfügung stellte.

Auf die Frage, ob sich A. durch die Einberufung zum Luftwaffenhelfer geehrt gefühlt hat, antwortet er: *„Der Luftwaffenhelfereinsatz war nur eine Fortsetzung der kriegsbedingten Arbeiten als Ersatz für die Männer, die an der Front waren, so z. B. des Ernteeinsatzes, und wurde als sinnvoll empfunden. Stolz und Geehrtsein, sowie Angst und das Gefühl, überfordert zu sein, stellten sich aber nach kurzer Zeit im Luftwaffenhelfereinsatz ein."* Die Befragung Schörkens bestätigt, daß bei den Luftwaffenhelfern am Anfang das Gefühl überwog, eine sinnvolle Pflicht auszuüben. Schörken stellt in diesem Zusammenhang fest, daß die Einberufung mit der gleichzeitigen Rangerhöhung motivierend wirkte, Befürchtungen und Ängste überlagerte und zur Steigerung des Selbstwertgefühls der Jugendlichen beitrug. Dies äußerte sich in der z. T. offenen Verachtung der NSDAP- und HJ-Amtsträger.

Die Luftwaffenhelfer wohnten i. d. R. zu fünft oder zu sechst in einer Baracke. Obwohl sich hier ein festes soziales Gefüge entwickeln konnte, war die Trennung vom Elternhaus oft bedrückend. *„Wenn mein Vater Fronturlaub hatte, habe ich ihn wegen meinem Dienst nur selten, manchmal gar nicht gesehen."*

Einen nicht durch Angriffe unterbrochenen Tagesablauf schildert A. wie folgt: *„Um 6.30 wurden wir geweckt; nach dem Frühstück war um 7.00 Appell auf dem Appellplatz; den Rest des Tages regelte die Diensteinteilung, d. h. die Einteilung entweder zum Wachdienst, z. B. der Luftkontrolle per Fernglas oder dem Abhören von Feindsendern, oder zum normalen Dienst. Das war dann Waffenputzen, Schleifen, Leibesübungen mit Waffen oder allerlei sinnlose Marschierübungen. Dazu kam dann ein Tag Schule wöchentlich."*

„Dieser Tag Schule wurde oft untergraben, besonders wenn die NSDAP oder NSDAP-Größen Veranstaltungen machten. So wurde Fliegeralarm gegeben, wenn nur ein Aufklärungsflugzeug über Calais gemeldet wurde." Wegen der zunehmenden Bombardements in der zweiten Jahreshälfte 1944 fiel der Schultag fast immer aus.

Die Angriffe waren Unterbrechungen der routinemäßigen Abläufe: *„Besonders die Angriffe auf Duisburg und Mülheim an 4 Samstagen und einem Sonntag im Oktober 1944 bestimmten den ganzen Wochenablauf."* Aus einem von A. geführten Vorschriftenheft für die sog. Gefechtsberichte geht hervor, daß in dieser Zeit oft tage- bzw. nächtelang Alarmstufe bestand.

A. beurteilt heute seinen Luftwaffenhelfereinsatz vor allem im Verhältnis zu den nachfolgenden Erlebnissen als ertragbare Zeit, in der sich nicht zuletzt durch das fast einjährige Beisammensein feste Bindungen mit anderen Luftwaffenhelfern und Soldaten gebildet hatten. Diese waren insofern wichtig, als man so Rückhalt fand und auch gegebenenfalls politische Themen ansprechen konnte. Hier war die Möglichkeit einer politischen Orientierung in einer Situation gegeben, in der durch das Näherrücken der Alliierten die Zukunftsperspektiven immer dunkler und die Wahrnehmung der politischen Wirklichkeit immer skeptischer wurden.

Schörkens Untersuchung belegt, daß die Gespräche der Luftwaffenhelfer untereinander eine bedeutende Rolle gespielt haben, jedoch stellt er fest, daß Diskussionen über nächstliegende Themen wie Verpflegung, Urlaub und Bombenangriffe gegenüber politischen überwogen. Der Rückhalt in der Gemeinschaft mit Gleichaltrigen erwies sich in Extremsituationen als wichtig, ermöglichte er doch ein – wenn auch oberflächliches – Verarbeiten des kriegsbedingten Einsatzes.

Die Wahrnehmung von Krieg und Tod

A. berichtet von einer Situation, in der er mit dem zerstörerischen Charakter des Krieges am deutlichsten konfrontiert war: *„Eine angeschossene britische Maschine war nach einem Bombenangriff direkt vor einem Bunker zum Stehen gekommen, aus dem die Menschen strömten. Aus Angst schossen die beiden Soldaten mit einem Maschinengewehr wahllos in die Menge und töteten eine Vielzahl von Menschen. Die aufgebrachte Menge lynchte daraufhin die Soldaten."* A. war erschüttert von der unmotivierten Brutalität, die er vor allem von den Soldaten nicht erwartet hätte.

Für einen Jugendlichen der Gegenwart stellt sich die Frage, wie die damals 16- bzw. 17jährigen die Bedrohung des eigenen Lebens sowie die Pflicht zu töten verarbeitet haben.

Das Kriegsbild der Jugendlichen war von den Vorstellungen, die in der elterlichen Generation vorherrschten, geprägt. Vor allen Dingen war der Krieg ein vorrangig emotional erfaßter Waffengang der Deutschen gegen die „Feindlichen", der von den Jugendlichen ebenso emotional in ihrem Horizont nachvollzogen wurde, so z. B. durch das Basteln von Modellflugzeugen und -schiffen, dem Sammeln von Ritterkreuzträgerbildern oder dem Nachstecken der Frontverläufe mit Fähnchen auf einer Landkarte. Die Auffassung des Kriegs war in dem in vielerlei Hinsicht beschränkten pubertären Horizont unpolitisch. Der Krieg wurde „als eine Angelegenheit angesehen, die im militärisch-technischen Horizont zu begreifen war und bei der es in erster Linie auf die persönliche Tapferkeit ankam". (Schörken, S. 189) Das Erfassen der Tatsache, daß durch das Abschießen von Flugzeugen auch Menschen getötet wurden, wurde von eben diesem militärisch-technischen Erleben und Verständnis des Kriegs verdrängt. So berichtet A.: *„Das ist das Teuflische an einem technischen Krieg: Materie, d. h. Gegenstände wie Flugzeuge und später Panzer, ist nicht gleich Menschen. Das Abschießen von Flugzeugen, sein Sinn und die Konsequenzen waren kaum Gesprächsthema."* Zudem hatte der Krieg einen großen Teil des Lebens und die Wahrnehmung der Jugendlichen bestimmt. Der Tod von Menschen gehörte spätestens seit dem Luftwaffenhelfereinsatz zur Tagesordnung, und der Dienstbetrieb ließ den Luftwaffenhelfern nicht viel Zeit, sich mit diesen Problemen auseinanderzusetzen.

Oft wurden solche Eindrücke einfach verdrängt, da sich der „Alltag" anders abspielte: *"Spätestens nach dem ersten Feindkontakt hatte ich keine Angst mehr, erstens aus positiver Erfahrung und zweitens aus dem Bewußtsein, bessere Soldaten und überlegen zu sein."* Das Auffinden der Piloten der abgeschossenen Flugzeuge war alles andere als dramatisch, wurde eher als ein Bestandteil des Kriegs, als militärisch-technisches Geschehen gedeutet.

Das Personal einer Flakbatterie setzte sich normalerweise aus einigen Soldaten, einer größeren Gruppe von Luftwaffenhelfern und einer Menge von Kriegsgefangenen zusammen. A. charakterisiert das Verhältnis zu den russischen Kriegsgefangenen, die als Munitionsschlepper an der Flakbatterie arbeiteten, als freundliches „Herren-Knecht-Verhältnis": *"Für das – angebotene – Schuheputzen gaben wir einem Russen einen Teil unserer anfangs guten Verpflegung."* Großen Einfluß hatte das vergleichbare Verhalten der Soldaten, die jeder „ihren Russen" als Knecht hatten, der dafür Essen von ihnen bekam.

Die Mehrzahl der von Schörken befragten ehemaligen Luftwaffenhelfer beschreibt das Verhältnis zu den Kriegsgefangenen und Strafarbeitern als gut, sehr gut, kumpelhaft und/oder freundschaftlich. Das Eindringen der nationalsozialistischen Propaganda scheint sehr gering; das Bild des „Menschen zweiter Klasse" hat hier offensichtlich nicht gefruchtet.

Ein weiterer Aspekt eröffnet sich bei der Befragung A.s; Aufgrund ihrer Bildung waren die Luftwaffenhelfer den vorgesetzten Berufssoldaten, Soldaten oder Wachtmeistern intellektuell überlegen. *"Oft haben wir Befehle wörtlich genommen, so z. B. ‚Marsch, Marsch zum Horizont', haben uns mehrere Stunden in nächster Nähe der Flakbatterie hingelegt, uns anschließend mit Dreck verschmiert, sind zur Batterie zurückgesprintet, daß wir verschwitzt waren, und haben gemeldet: ‚Horizont nicht erreicht!' So haben wir Überlegenheit gegenüber den durch Rang Überlegenen empfunden."*

Auch wenn diese Idylle eines Jugendscherzes nicht in das Bild des von äußeren Zwängen reglementierten Lebens der Luftwaffenhelfer paßt, so zeigt es doch die kindhaften Versuche, dieser Situation zumindest für eine Weile zu entfliehen. Hier erweist sich, daß der anfängliche Stolz und das „jugendliche Geschmeicheltsein" der Erbitterung über die „Schleiferei" und die völlige Reglementierung des Tagesablaufs gewichen sind.

Die „Stunde Null" im Tagebuch von A.

Die Ereignisse Mitte 1944, vor allem das Attentat auf Hitler am 20. 7. 1944, verändern das Selbstverständnis der Luftwaffenhelfer. Schörkens Befragung belegt, daß infolge des Attentats bis Anfang 1945 der Glaube an den „Endsieg" abbröckelte. Aber auch die Verluste der Wehrmacht spielten eine große Rolle: *"Hitler war bis dahin uneingeschränkt Wehrmachtsführer, mit dem wir uns identifizierten. Im Sommer 1944, mit dem stetigen Näherrücken der Fronten, die wir mit Fähnchen an der Karte nachzeichneten, kamen immer größere Zweifel am ‚GRÖFAZ' (größten Feldherrn aller Zeiten – gemeint ist Hitler, d. V.) auf."*

Ein weiteres, in der Untersuchung Schörken häufig genanntes Argument für den schwindenden Glauben an den Endsieg, war die Luftüberlegenheit der Alliierten, die die Luftwaffenhelfer sehr deutlich erfuhren. *"Wenn man bedenkt, daß wir 30 Schuß pro Flak (bei 6 Flaks 180 Schuß, d. V.) zur Verfügung hatten, um einen Großangriff mit 500 Flugzeugen abzuwehren, daß wir, wenn wir die 30 Schuß verschossen hatten, mit einem Pferdewagen in die Wedau fahren mußten, um dort Nachschub beim Munitionsdepot abzuholen – und oft keine Munition mehr da war, da die Zufahrtsschienen bereits zerstört waren –, setzte sich bald bei allen das Gefühl der Unterlegenheit, der Unmöglichkeit eines Endsiegs durch. Nur wenige vertraten noch die offizielle Durchhaltepropaganda."* Das Vertrauen in Wehrmacht sowie in die offizielle Propaganda schwand zudem: *"Durch das Abhören der britischen und amerikanischen Radiosender wußten wir immer viel früher über die tatsächlichen Frontverläufe Bescheid."* Erst Tage später meldete der Wehrmachts- und Frontbericht die selben Ereignisse in verschönter Form. *"Am meisten schätzten wir am amerikanischen Sender die Jazzmusik. Oft hörten wir stundenlang Jazz, und wenn ein Vorgesetzter kam, hatten wir immer eine Meldung parat, mit der wir das legitimieren konnten."* Schörkens Befragung bestätigt die weitverbreitete Vorliebe für Jazz. Er stellt fest, daß „ungeachtet der sonst so deutlich zur Schau getragenen Verteidigungsmentalität gegenüber den amerikanischen Luftangriffen (...) munter gejazzt wurde" und daß es so scheint, „als habe es eine Propaganda-Absperrung von den Feindmächten nicht gegeben." (Schörken, S. 213) Dies mag wegen dem einsatzbedingten Abhören von „Feindsendern" nicht weiter verwundern. Erstaunlich ist nur die damit bekundete gruppenspezifische Abwendung von NS-Werten und -Idealen.

Am 28. 12. 1944 wurde A. zum Reichsarbeitsdienst (RAD) an die deutsche Ostfront in Oberschlesien einberufen. Er teilte damit das Schicksal annähernd der Hälfte aller Luftwaffenhelfer. Am 9. 1. 1945 erfolgte der Angriff der UdSSR und die Aufreibung der Einheit bis Ende Januar. *"Einer unserer Vorgesetzten war so verrückt, uns noch eine Stunde vor dem (absehbaren, d. Verf.) Angriff der UdSSR auf dem Sportplatz Leibesübungen machen zu lassen. Wäre nicht zufällig der Rest einer aufgeriebenen Einheit vorbeigekommen, deren Vorgesetzter unseren zusammengestaucht hat, wären wir vom Russen beim Sport erschossen worden."*

Die Eindrücke des Kriegs waren in dieser Zeit tiefgreifender und existenzbedrohender, da der Kontakt mit dem „Feind" unmittelbarer war. Ganz anders als von der Luftwaffenhelferzeit berichtet A. von seinem RAD-Fronteinsatz: *„Die Isolation im RAD war schlimm. Man kannte niemanden, konnte seine Vorgesetzten nicht einschätzen – ob das jetzt z. B. Quatschköppe (Bezeichnung derjenigen, die die offizielle Propaganda vertraten, d. Verf.) waren – und suchte nur nach Gleichgesinnten und Rückhalt."* Soeben gewonnene Freunde wurden oft getötet. A. war in dieser Phase wie nie zuvor auf sich selbst gestellt.

Im März 1945 erhielt A. den Einsatzbefehl, die Flüchtlingstransporte von Stralsund ins Deutsche Reich zu begleiten. *„Als Flakhelfer war ich ja Ausgebildeter und saß mit an der Flak eines umgerüsteten Fischerboots."*

Im April 1945 wurde A. zur Infanterie einberufen, da er sich auf Anraten seines Vaters freiwillig als Marinesoldat gemeldet hatte. Er wurde in Esbjerg, Dänemark, ausgebildet. Von diesem Zeitpunkt bis zum Rückzug in das Deutsche (Rest-)Reich besteht ein fast vollständiges Tagebuch. In den anschließenden Auszügen offenbaren sich die für A. bestimmenden Themen. Spielten anfangs die Verpflegung und der Gedanke an die Eltern und Geschwister eine zentrale Rolle, rückt nach der Kapitulation des Deutschen Reichs die politische Neuorientierung sowie der Kampf ums Durchkommen in den Vordergrund. Es überrascht nicht, daß A. sofort den Kontakt zu Gleichaltrigen und -gesinnten sucht.

*Lieber Tommy fliege weiter,
wir sind alle Bergarbeiter,
Fliege lieber nach Berlin,
dort hab'n se alle Ja geschrien.*
Spottgedicht

Aus dem Tagebuch des Luftwaffenhelfers A.

19. 4. 1945
Erst hören wir es (...) als Gerücht – dann die Wahrheit: Wir kommen zur Infanterie! Soll man froh sein – oder nicht? Ist man die ewige Bindung zum Kommiß losgeworden? Inzwischen habe ich mich mehr mit Paul W. und Hermann G. angefreundet. Erich Mann ist ein großer Schwätzer.

20. 4. 1945
Wir werden neu eingeteilt. (...) Nach der gestrigen Goebbels-Rede ist der Sieg unser, ich weiß nicht wie und bin auf seine Lösung sehr gespannt.

21. 4. 1945
Wir werden eingekleidet. Ich schiebe selbst im Schlaraffenland Kohldampf, die Verpflegung ist knapp und Kronen habe ich nicht mehr. Warum gibt man uns keine Kronen? (...) Was hat die Marine doch sabotiert; sie hat uns Monate gammeln lassen, statt uns eine geregelte Ausbildung zu geben. Wir wären bestimmt schon an der Front, obwohl auch dort kein Vergnügungsplatz ist; wer weiß, wo wir dann heute schon wären.

22. 4. 1945
Heute gab's ein tadelloses Mittagessen: Salzkartoffeln, Salat, Fleisch und Pudding, das gab's bei der KM (Kriegsmarine, d. Verf.) nicht mal. Gestern abend erhielten wir 20 Kronen abzüglich 1 Krone 70 Öre für Zigaretten und eine Flasche Starkbier für Führers Geburtstag.

26. 4. 1945
Der Dienst ist ziemlich viel. (...) Zum Glück haben wir noch einen guten Gruppenführer. Ein Bayer, tadellos und militärisch gemütlich. Die militärische Lage hat sich empfindlich zugespitzt, der Führer ist Festungskommandant von Berlin, das sogar von Frauenbataillonen verteidigt wird. Heute wurden wir vereidigt. Die Feier war tadellos, Musikkorps, Ehrenzug mit Fahne und anschließend Vorbeimarsch, dazu ein tadelloses Wetter, windstill, wie man es hier selten findet.

Solches Heimweh, wie ich zur Zeit habe, hatte ich noch nie. Die Lage ist auch so bedenklich; wer weiß, wie es zu Hause aussieht. Hunger und Not soll ja überall herrschen. Wenn ich zu Hause wär, könnte ich bestimmt gut im Garten arbeiten und hungern würden wir nicht. (Wenn ich auch was beim Ami holte, das kenn ich doch.)
30. 4. 1945
– ein Blatt fehlt –
Nur er (Hitler, d. Verf.) *hat das Reich bisher zusammengehalten. Dönitz ist sein Nachfolger, er hat einen sehr heißen Brei auszulöffeln. Was wird nun?*
3. 5. 1946
Nun scheint's zu Ende zu gehen. Dönitz scheint Einsicht zu haben, Hamburg und Prag sind freie Städte, Speer und der neue Außenminister Schwerin-Krosigk redeten ans Volk, Speer sagte: Wir stehen ähnlich da wie nach dem 30jährigen Krieg. (...) Ende letzter Woche ging der Kampf um Berlin zu Ende. Der Kampf war verhältnismäßig schnell zu Ende, besonders rapide ging's, nachdem der Führer fehlte. Die Stadt ist nun ein Trümmerhaufen – wofür? (...) Am Sonntag wird dann Deutschland Kapitulation gegen Engländer und Amerikaner bekannt. (...) Wir leben tadellos noch mal in Hjerting. (...) Mitten in der Nacht werden wir leider abberufen, wir haben gedacht, das Schlemmerleben noch ein paar Tage fortzusetzen. In einer waghalsigen Fahrt im überfüllten LKW geht's zum Flugplatz. Dort können wir wieder pennen gehen. Es wird richtiggehend gegammelt.
13. 5. 1945
Am 12. soll es über die Grenze gehen. Ich fahre marschunfähig auf dem Wagen. Er wird uns vor Tondern abgenommen, als ich hinter der Kolonne herhumpeln will, schenkt mir ein menschenfreundlicher Tommy ein Rad. Ein Gentleman. Das Rad wird mir aber kurz nach Tondern abgenommen, und zwar von ein paar großschnäuzigen Dänen und einem bärbassigen Tommy. Ich bleibe immer weiter zurück, wenn's nicht nach Deutschland ging, blieb ich ganz liegen. Zum Schluß nimmt mich ein Ltnt (Leutnant, d. Verf.) *mit seinem PKW mit und bringt mich zu meiner Kompanie. Mit dieser ziehe ich dann über die Grenze, Deutschland wird mit Hurrah begrüßt.*
14. 5. 1945
In der Politik komme ich nicht klar, zumal man keine amtlichen Nachrichten hört. Die Russen sollen sich bis auf Besatzungstruppen auf die Grenzen von 39 zurückziehen, Paulus soll an der Macht sein.
17. 5. 1945
Heute wurde endgültig bekanntgegeben, daß nur ein Teil entlassen wird, der andere Teil in Arbeitsbataillone kommt. Selbst letzteres würde ich auf mich nehmen, wüßte ich nur, wie es zu Hause aussieht. (...) Wer weiß, wann die Familie (...) wieder vollständig ist.
19. 5. 1945
Unser Schicksal verdunkelt sich mehr und mehr. Keiner weiß, was geschehen soll. Entlassen werde ich wohl kaum, ich bin jung, habe keinen lebenswichtigen Beruf, besser gesagt sogar keinen, trotzdem, die Hoffnung mag ich nicht aufgeben. Gestern sind wir 40 km bis kurz vor Heide gekommen, nun kommen wir in den Kessel hinein, wer dort herauskommt, hat gewonnen.
26. 5. 1945
Wie haben die Nazis uns betrogen, mir gehen die Augen auf. Bisher hatte ich ja etwas für die NSDAP übrig, nun ist Schluß. Prien und Moelders leben noch, sie saßen im KZ! Hoffentlich wird da aufgeräumt.
Die Uffz (Unteroffizieren) *benehmen sich wie doll. Sie reden so viel von Charakter, dabei sind sie (...) Charakterschweine. Unser Zugführer schlägt jedem ins Gesicht. Gestern mußte ich, ich hatte meine Zusatzbüchse aufgegessen, trotz meiner lahmen Füße (...) feldmarschmäßig ums Haus rennen. Plötzlich stürzt der sich auf mich, würgt mich und schlägt mich mit einem Brett.*

Viele der politischen Informationen, die A. hier gibt, sind falsch bzw. halbwahr. Sie entstammen oft Latrinenparolen, die häufig – vor allem später im Auffanglager Heide – die einzige, aber sicher nicht zuverlässige Informationsquelle bildeten. Anhand des Tagebuchs lassen sich aber zwei Entwicklungen feststellen:

A. war in der Schlußphase des Kriegs politisch orientierungslos, da ihm soziale sowie diejenigen Anhaltspunkte fehlten, die er in der Luftwaffenhelfer-Zeit den Radiosendern entnommen hatte, und er auch seine Gedanken im seltensten Fall mit „Gleichgesinnten" austauschen konnte.

Auch wenn A. Kontakt zu gleichaltrigen Infanteristen fand, konnte dieser nicht wie in der Luftwaffenhelfer-Zeit die schlechten Erfahrungen und Erlebnisse abfedern. Man kann es der letzten Tagebucheintragung entnehmen, wie A. unter den sinnlosen Exerzierübungen der sich aufspielenden Offiziere gelitten hat.

Es fällt auf, daß dieser Kontakt mit Gleichaltrigen und -gesinnten von großer Bedeutung ist. Es scheint sich in der Zeit als Luftwaffenhelfer ein Verhaltensmuster entwickelt zu haben, das von der Suche nach Zugehörigkeit zu und Selbstversicherung in einem festen sozialen Gefüge geprägt ist.

Letztendlich scheint zumindest im Fall von A. weniger die Zeit des Luftwaffenhelfers, sondern vielmehr der RAD-Fronteinsatz und die Gefangenschaft wegen der fehlenden politischen, aber vor allem sozialen Anknüpfungspunkte den Einschnitt in seine Existenz gebildet zu haben. Es ist natürlich die Frage, ob man dies verallgemeinern kann. Hierfür sprechen aber einige Anzeichen: die bedeutende Rolle der Gemeinschaft unter Luftwaffenhelfern, die gegenseitige Beeinflussung der politischen Ansichten, die wichtigen gemeinsamen Erfahrungen und von der offiziellen NS-Propaganda abweichende Verhaltensweisen.

Werner Thole

"Tue es, aber sprich mit niemandem darüber"
Zur Ästhetik des autonomen Jugendwiderstandes im Nationalsozialismus
Ein Gespräch mit Paulus Buscher

Gladbecker Kittelbachpiraten (Hauptstaatsarchiv NW, Düsseldorf)

Die nationalsozialistische Machtübernahme leitete eine Ära der besonderen Prägung deutscher Erziehungsöffentlichkeiten ein. Schulische wie außerschulische Sozialisationsfelder stellten sich in den Dienst der nationalsozialistischen Staatsauffassung und Erziehungsdoktrin. Die Durchsetzung der allgemeinen jugenderzieherischen Aufgaben unterstand der Hitlerjugend. Gemäß einer Direktive der NSDAP vom November 1935 oblag es ihr, „die deutschen Jungen und Mädchen nationalsozialistisch in Haltung und Lebenslauf zu führen und auf ihre einstige Aufgabe als Träger des Reiches körperlich und geistig vorzubereiten". Da, wo eine euphorische Identifikation mit der „neuen" Jugendbewegung sich bei den Jugendlichen und Jugendverbänden nicht überzeugend einstellte, halfen Verbot und Zwang, Einschüchterung und Repression, den der Hitlerjugend vom nationalsozialistischen Staat angetragenen Machtanspruch durchzusetzen. Die unabhängigen Jugendverbände wurden zur Auflösung und Eingliederung in die HJ angehalten.

Jugendliche in Gegenwehr

Trotz Einführung der Jugenddienstpflicht 1936/1939, die die Mitgliedschaft für alle Jugendlichen zwischen 10 und 18 Jahren in der HJ oder einer ihrer Gliederungen zwingend vorschrieb, konnte die nationalsozialistische Staatsjugendorganisation den ihr aufgegebenen Allmachtsanspruch nicht vollends verwirklichen. Überall im Reich, insbesondere in der Rheinprovinz und im westlichen Westfalen, widersetzten sich Jugendliche der Eingliederung in die HJ. Sie gestalteten, mehr oder weniger organisiert, gegen den NS-Staat gerichtete alltagskulturelle Praxen und Zusammenhänge. Vornehmlich, aber nicht ausschließlich Jugendliche und junge Erwachsene aus jetzt verbotenen bündischen Verbänden opponierten, unterstützten und inszenierten illegale kulturelle Residuen, regten an zu „bündischem Treiben" (vgl. hierzu auch den Beitrag von Arno Klönne in diesem Katalog).

Schon in den frühen dreißiger Jahren sahen sich zentrale und örtliche Behörden veranlaßt, diese Aktivitäten zu unterbinden. In einer Polizeiverordnung des kommissarischen Oberpräsidenten der Rheinprovinz betreffs „Verbot gemeinschaftlichen Wanderns von Jugendlichen beiderlei Geschlechts und Schutz der HJ-Uniformen" vom 1. April 1935 heißt es u. a.: „Das gemeinschaftliche Wandern von Knaben und Mädchen ist verboten, wenn es zu unerlaubten Annäherungen der Geschlechter mißbraucht wird. (...) Jugendliche, die nicht zur Hitlerjugend gehören, dürfen auf Wanderungen keine Kleidung tragen, die in ihren einzelnen Stücken oder in ihrer gesamten Zusammenstellung geeignet ist, zur Verwechslung mit den Uniformen oder mit Uniformteilen der HJ Anlaß zu geben."

Die Verfügung sollte zweierlei erreichen. Zum einen zielte sie darauf, unabhängig von der HJ entstandene Treffen und Ausflüge von Jungen und Mädchen, die ja gerade im Ruhrgebiet seit den zwanziger Jahren bei Jugendlichen aus proletarischen Lebensmilieus beliebt waren, zu unterbinden. Solche Formen autonomer Alltagskultur waren insofern verbotsnotwendig, weil hier unfeierliches, zynisches Verhalten zum NS-Staat in politische Opposition umkippen konnte und kippte. Zum zweiten richtete sich die Verordnung gegen die bündische Jugendbewegung, gegen sich der Integration widersetzende Gruppen aus dem „Nerother Wandervogel", der „deutschen jungenschaft 1.11", den katholischen „Sturmscharen" und gegen den 1928 in Düsseldorf gegründeten Wander-Bund der „Kittelbach-Piraten". Erinnerungen von Zeitgenossen sowie Akten des Hauptstaatsarchivs Düsseldorf berichten von einer massiven Zunahme jugendlicher „Piraterie" und „bündischen Untreibens" in der Region Ruhrgebiet 1936/1937. Jugendliche aus Düsseldorf fuhren ins Bergische Land und ins Neandertal bei Mettmann, Krefelder durchzogen den Niederrhein, Wuppertaler zogen nach Langenberg und Umgebung, Mitglieder der katholischen Sturmscharen aus Dortmund fuhren ins und wanderten im Sauerland, und Jugendliche aus Gladbeck, Essen-Borbeck, Mülheim/Ruhr, Gelsenkirchen und Duisburg trafen sich in der Haard bei Recklinghausen, an der Grafenmühle bei Gladbeck/Kirchhellen und am Lippe-Kanal, aber auch in den jeweiligen Städten, im Nordpark von Gladbeck, in Essen am Wasserturm, in Gelsenkirchen in einer Eisdiele. Zu der Wuppertaler, Düsseldorfer und Dortmunder Gruppe gehörten ausschließlich Jungen, zu der „Gladbecker" auch Mädchen.

Die hier genannten Orte zählten auch in den vierziger Jahren noch zu den – dann illegalen – Treffpunkten Jugendlicher.

Eine 1942 von der Reichsjugendführung vorgelegte Denkschrift zur „Cliquen- und Bandenbildung unter Jugendlichen" referiert ausführlich über die antinazistische Jugendopposition in der Region Rhein/Ruhr. Sie hebt hervor, daß es „besonders im Westen des Reiches zu einer Unzahl wilder Cliquenbildungen, die als illegale Nachfolger bündischer Gruppen gelten müssen", kam. Doch auch von neuen Formen sozialer und politischer Renitenz wird berichtet. In Bochum wurden 1942 13 Jungen und drei Mädchen wegen gemeinschaftlich geplanten und organisierten Ladendiebstahls festgenommen. Aus Düsseldorf wurde an die Reichsjugendführung berichtet, daß Jugendliche seit dem Frühjahr 1942 sich vermehrt zu Diebesbanden zusammenschließen. Und von Witten a. d. Ruhr meldete der Reichsjugendbericht: „In der letzten Zeit wurde die Bevölkerung Wittens dadurch erheblich beunruhigt, daß eine Bande Jugendlicher zwischen 16 und 19 Jahren in der Zeit zwischen 21.30 und 24.00 Uhr auf den Hauptstraßen der Stadt Passanten – vornehmlich Hitler-Jugend-Angehörige – ohne jeden Grund niederschlug und mißhandelte. (...) Die selbe Bande warf an verschiedenen Stellen der Stadt Fensterscheiben von Wohnhäusern mit Steinen ein und beschmutzte eine Anzahl Briefkästen mit Kot. (...) Diese Bande bestand seit Jahren und umfaßte insgesamt 40 Jugendliche, die sich von der Volksschule oder vom Wohnbezirk kannten. (...) Bündische oder konfessionelle Tendenzen wurden nicht beobachtet."

Diese Hinweise, die die Komplexität der parteipolitisch unabhängigen Jugendopposition in dem Rhein-Ruhr-Gebiet allenfalls andeuten, keinesfalls umfassend beschreiben, mögen hier ausreichen. Sie stehen exemplarisch für die Buntscheckigkeit und die vielfältigen Formen antinazistischen Jugendwiderstandes, für das jugendliche Mißtrauen gegen den sozial-politischen Zwangskonsens in den dreißiger und vierziger Jahren in dieser Region.

Zum Schutz der Jugend

Der Reichsinnenminister hat eine Polizeiverordnung zum Schutze der Jugend erlassen. Wegen der durch den Krieg bedingten veränderten Lebensverhältnisse wird danach bestimmt, daß Jugendliche unter 18 Jahren sich auf öffentlichen Straßen und Plätzen oder an sonstigen öffentlichen Orten während der Dunkelheit nicht herumtreiben dürfen. Der Aufenthalt in Gaststätten aller Art ist Jugendlichen unter 18 Jahren, die sich nicht in Begleitung des Erziehungsberechtigten oder einer von ihm beauftragten volljährigen Person befinden, nach 21 Uhr verboten. Jugendliche unter 16 Jahren dürfen sich ohne Begleitung des Erziehungsberechtigten oder Beauftragten in Gaststätten überhaupt nicht aufhalten. Der Besuch von öffentlichen Lichtspieltheatern, Varietés und Kabarettvorstellungen ist Jugendlichen unter 18 Jahren, die sich nicht in entsprechender Begleitung befinden, nach 21 Uhr verboten. Jugendlichen unter 18 Jahren ist ferner in Gaststätten der Genuß von Branntwein oder überwiegend branntweinhaltigen Genußmitteln verboten, Jugendlichen unter 16 Jahren in Abwesenheit der Erziehungsberechtigten oder seines Beauftragten auch der Genuß von anderen alkoholartigen Getränken. Die Verordnung bringt ferner für alle Jugendlichen unter 18 Jahren ein Verbot des Genusses von Tabakwaren in der Oeffentlichkeit. Der Aufenthalt in Räumen, in denen öffentliche Tanzlustbarkeiten stattfinden und die Teilnahme an Tanzlustbarkeiten im Freien ist Jugendlichen unter 18 Jahren nur in Begleitung des Erziehungsberechtigten oder einer von ihm beauftragten volljährigen Person gestattet, und auch dann nur bis 23 Uhr. Die Vorschriften der Verordnung gelten nicht für Angehörige der Wehrmacht und des Reichsarbeitsdienstes. Die Bestimmungen über die Fernhaltung aus öffentlichen Lokalen gelten ferner nicht für Veranstaltungen der Partei sowie für Jugendliche, die sich nachweislich auf Reisen befinden. Jugendliche, die vorsätzlich gegen die Verordnung verstoßen, werden mit Haft bis zu drei Wochen oder Geldstrafe bis zu 50 RM bestraft. Für Erwachsene sind Geldstrafen bis zu 150 RM und in besonders schweren Fällen Haft bis zu sechs Wochen angedroht.

(Aus: Schulakten des Goethe Gymnasiums Essen)

Abschrift!

Polizeiverordnung

betreffend Verbot gemeinschaftlichen Wanderns von Jugendlichen beiderlei Geschlechts und Schutz der HJ.-Uniformen.

Auf Grund des Polizeiverwaltungsgesetzes vom 1. Juni 1931 - Pr. Gesetzssamml. vom 1. Juni 1931 - wird für den Umfang der Rheinprovinz folgendes verordnet:

§ 1.

Das gemeinschaftliche Wandern von Knaben und Mädchen ist verboten, wenn es zu unerlaubten Annäherungen der Geschlechter mißbraucht wird.

§ 2.

Jugendliche Wanderer beiderlei Geschlechts dürfen nicht gemeinsam oder so nahe beieinander lagern (sei es im Freien, in Zelten, in Scheunen oder anderen Wanderquartieren), daß unerlaubte Annäherungen der Geschlechter gefördert werden.

§ 3.

Jugendliche, die nicht zur Hitlerjugend gehören, dürfen auf Wanderungen keine Kleidung tragen, die in ihren einzelnen Stücken oder in ihrer gesamten Zusammenstellung geeignet ist, zur Verwechslung mit den Uniformen oder mit Uniformteilen der HJ. Anlaß zu geben.

§ 4.

Für jeden Fall der Nichtbefolgung der Polizeiverordnung wird hiermit die Festsetzung eines Zwangsgeldes bis 150 RM., im Nichtbeitreibungsfalle die Festsetzung von Zwangshaft bis zu 3 Wochen angedroht.

§ 5.

Diese Polizeiverordnung tritt mit dem Tage ihrer Veröffentlichung in Kraft.

Koblenz, den 1. April 1935.
Der k. Oberpräsident der Rheinprovinz.
I.V. v. Ditfurth.

(Hauptstaatsarchiv NW, Düsseldorf)

Traditionen des autonomen Jugendwiderstandes an Rhein und Ruhr

Die politisch-emotionale Renitenz der antinazistischen Jugendlichen wird von Sozialwissenschaftlern und Historikern zuweilen als typische sozialkulturelle, nonkonforme Alltagsverwirklichung von Jugendlichen interpretiert. Eine durchaus zutreffende, wenn auch entschärfende, verharmlosende Deutung. Jedoch die gegen die Hegemonialkultur und -politik gerichteten jugendlichen Zusammenschlüsse in eine Kontinuität mit Berliner Gleichaltrigengruppen der Weimarer Republik, den „Wilden Cliquen", zu stellen, diesen Begriff zur Kennzeichnung der Gruppen des autonomen Widerstandes zu übernehmen, wird den Gruppen nicht gerecht. Ein Begriff, der sich zur Charakterisierung eines Phänomens auszeichnet, eignet sich nicht mit gleicher Qualität für die Bezeichnung einer anderen sozialen Realität.

Gleichfalls bleibt zu überprüfen, ob die Begriffe „Kittelbachpiraten" bzw. „Edelweißpiraten" die Gruppen durchgängig zutreffend bezeichnen. Und auch das Unterfangen, die Vielfältigkeit des autonomen Jugendwiderstandes linear in der Tradition der organisierten Arbeiterjugendbewegung zu sehen oder ihn ursächlich als Bewegung jugendlicher Arbeiter zu identifizieren, treffen, soweit sie das Ganze des Protestes zu bezeichnen wünschen, die historische Wirklichkeit nicht.

Den autonomen jugendlichen Widerstand an Rhein und Ruhr nach Formtypen zu unterscheiden, bietet sich an. Ich neige dazu, zumindest drei widerständige Traditionen auseinanderzuhalten. Vorweg ist anzumerken, daß das gesichtete Aktenmaterial eine schichten- bzw. klassenspezifische Bestimmung der hier vorgeschlagenen Formtraditionen nicht stützt.

Bis 1937/1938 konnten vereinzelt rein bündische Zusammenschlüsse auf örtlicher Ebene ihre Aktivitäten fortsetzen, wenn auch illegal. Zumeist waren es Bünde, die sich erst unter den verschärften ökonomischen, sozialen und politischen Bedingungen gegen Ende der Weimarer Republik neu gegründet hatten.

Zu diesem Traditionstypus autonomer, widerständiger Jugendkultur zählen Bünde mit sehr unterschiedlichen inhaltlichen Orientierungen, schwarz-weiß-rot Rechte ebenso wie nationalrevolutionär Linke, katholische und evangelische. Trotz der nicht zu übersehenden inhaltlichen und strukturellen Unterschiede ist diese Tradition des Widerstandes doch als ein Formtyp anzuerkennen, da alle Gruppierungen Ideen, Habitus und Rituale der bündischen Jugendbewegung aufnahmen. Die jüngeren Mitglieder fanden sich, soweit sich ihre Gruppen nach 1939 auflösten, in neuen, überbündischen Gruppen wieder. Nach der Auflösung und Zerschlagung der alten Gruppen konstituierten sie maßgeblich neue Kommunikationsnetze mit, die an die ideengeschichtlichen Traditionen der bündischen Jugendbewegung anknüpften und in praktischen Aktionen gegen den totalitären Anspruch des NS-Regimes mündeten.

Einen zweiten Formtyp finden wir in den in der ersten Hälfte der dreißiger Jahre sich bildenden autonomen, bunten Gruppen. Diese Gruppen, die Ideen, Accessoires und Gefühle der bündischen Jugendbewegung aufnahmen, jedoch auch „verwässerten", wurden von Jugendlichen, Jungen und Mädchen, gebildet, die vor 1933 keinen oder nur wenig Kontakt zur bündischen Bewegung hatten. Sie formten eine renitente Kultur, die das Bündische als das Oppositionelle identifizierte, ohne jedoch genau erklären zu können, was bündisch im einzelnen bedeutet. Jugendliche aus der katholischen und evangelischen Jugendbewegung gehörten zu diesen Gruppen ebenso wie einzelne „Kittelbacher". Diese trivialisierte Form der bündischen Jugendbewegung entstand im ganzen Rheinland – für diese Region läßt es sich mit Bestimmtheit sagen.

Ab 1941/1942 bilden Jugendliche in vielen Revierstädten eine dritte Form der „Edelweißpiraterie" heraus. Zum Teil HJ-sozialisierte Jugendliche schlossen sich in Gruppen zusammen, bildeten Quartiersbanden und akzeptierten die ihnen von der NS-Obrigkeit und der Gestapo angetragene Titulierung „Edelweißpiraten". Erst diese äußere Namensgebung motivierte sie, sich auch als solche zu fühlen und den Namen zu tragen. Diese dritte Form des autonomen Aufbegehrens ist in der Tat daraufhin zu überprüfen, ob nicht strukturelle Parallelen zu jugendlichen Cliquenbildungen wie etwa den wilden Cliquen, den Trümmerbanden der Jahre 1945/1946 oder den Halbstarkenkulturen der fünfziger und sechziger Jahre bestehen. Auch scheinen diese Jugendlichen in ihren Verhaltensweisen den Jugendlichen nicht unähnlich zu sein, die im Ersten Weltkrieg den Jugendkompanien fernblieben, dem Straßenleben frönten, Erfrischungsräume wie die damals neu entstandenen Eisdielen aufsuchten, sich zur vergnüglichen, zwischengeschlechtlichen Zweisamkeit in städtischen Parks trafen und Kinos besuchten. Und auch schon 1915/1916 sahen staatliche Stellen sich veranlaßt, einzuschreiten. Die für die Aufrechterhaltung der städtischen Ordnung zuständigen stellvertretenden Generalkommandos erließen Verfügungen, um das „Vorkommen von Banden" zu unterbinden. Jugendlichen wurde der abendliche Aufenthalt auf Straßen und in Parks verboten, der Besuch von Erfrischungsräumen, Wirtschaften und Kinos untersagt.

Hinter allen drei Formen steht eine von Jugendlichen geformte Ästhetik des Widerstandes.

Paulus Buscher, der in dem nachfolgenden Gespräch seine lebensgeschichtlichen Erinnerungen der Jahre 1933 bis 1945 mitteilt, kommt aus der Tradition des bündisch-autonomen Jugendwiderstandes. Der Abdruck ist ein Ausschnitt aus einem insgesamt vierstündigen Gespräch. Paulus Buscher leitet und betreut heute das „Archiv der bündischen Illegalität" des „Bündischen Arbeitskreises Burg Waldeck." Das zur Illustration herangezogene Bildmaterial stammt von einer „Gruppe" aus Gladbeck. Zu dieser wahrscheinlich bündischbunten Gruppierung, die nach bisherigem Informationsstand aus mehreren einzelnen Gruppen sich zusammensetzte und zu der zumindest ein ehemaliger „Kittelbachpirat" zählte, gehörten Jugendliche aus mehreren Revierstädten.

„Die politische Diskussion hat meine Sozialisation mit bestimmt"

Werner Thole: Herr Buscher, mich interessiert Ihre Lebensgeschichte, insbesondere Ihr Engagement für die Bündische Jugend. In welchem Jahr und wie haben Sie Kontakt zu bündischen Gruppen bekommen bzw. zur bündischen Idee?

Paulus Buscher: *Ich bin 1928 geboren. Mein Vater gehörte damals schon zur Allgemeinen SS und war, über seinen Standartenführer (Paul D. aus Wuppertal), dem engeren Stab um Himmler freundschaftlich verbunden. Meine Mutter war eine orthodoxe Katholikin, die aber eine enge, jugendfreundschaftliche Beziehung zu einer jüdischen Familie unterhielt. Ich schildere das mal so, um die Spannungen, die mein Leben prägten, zu verdeutlichen. Da wird man schicksalhaft hineingeboren, gerät gewissermaßen zwischen zwei Äxte, und nimmt das zunächst nicht wahr.*

Meine ersten Erinnerungen sind verbunden mit Bildern, die noch in mir sind. Sie sind besetzt eben von den SS-Freunden meines Vaters. In der sogenannten System-Zeit waren die oft bei uns. Ich bin sehr stark – positiv und negativ – beeinflußt, bis heute, vom Erleben dieser Männergruppe. Ich habe lange nicht begriffen, daß meine spätere Hinneigung zu bündischen Gruppen eigentlich darin wurzelte. Sich dessen aber bewußt zu werden –, da bedarf es einer langen Zeit, glaube ich, und vieler Erlebnisse. Weil man das ja abwehrt, nach allem, was gewesen ist, so etwas zu akzeptieren. (...)

Sie begrüßten sich nicht, ja niemals mit „Heil Hitler", sondern, ich erinnere das Bild immer noch, es ist für mich nach wie vor sehr eindrucksvoll: sie nahmen sich bei der rechten Hand, faßten sich mit der Linken bei der Schulter, schüttelten sich mit starker Gebärde die Hand und sagten: „Salut, Kamerad!" und „Adieu, Kamerad!" und sprachen viel Französisch miteinander; „Westfront-Jargon". Ich bin von dieser Nähe der Menschen unheimlich beeinflußt. Wobei ich natürlich ihre Anschauung nicht teile und selbstverständlich auch nie geteilt habe. Ganz im Gegenteil.

Ich bin also in einem Umfeld groß geworden, wo man ständig politisch diskutierte, zuerst nationalsozialistisch, und später dann, als ich älter war, in Freundeskreisen, antinationalsozialistisch. Die politische Diskussion hat mein soziales Umfeld immer mitbestimmt.

Kurz vor der Machtergreifung, 1933, auch das gehört zu meinen frühen Erlebnissen, kam es zu scharfen Auseinandersetzungen in der Familie, eben halt wegen der jüdischen Freundin meiner Mutter. Wobei meine Mutter von den SS-Kameraden meines Vaters in gewisser Weise verehrt wurde, zu denen sie eine mütterlich-herzliche Beziehung hatte. Aber mein Vater –, er tobte auch wegen ihrer „Katholischkeit", so sagte er „jüdelnd".

Sie waren dann längere Zeit schwer erkrankt, und Ihre Eltern zogen in ein anderes Stadtviertel. Beides Faktoren, die soziale Gleichaltrigenkontakte mehr erschwerten als förderten. Ihr erster, direkter Kontakt zu bündischen Jugendlichen, die sich ja ab 1935/1936 nicht mehr offen als solche zu erkennen geben konnten, fiel in diese Zeit.

Ja, ich war eine Zeitlang immer ganz allein, saß auf der Treppe unseres Hauses und las. Ich hab' immer nur gelesen, und die Jungens aus dem „Neuen Viertel" (so hieß das Stadtviertel) tobten da herum und nahmen mich entweder nicht zur Kenntnis oder machten sich lustig über mich, die „katholische Ratte, in Zucker gebacken", wie sie tönten. Das ist eine ganz entscheidende Prägung, diese Ausgrenzung, die ich da erlebte.

„Und ich hatte Lust, ... mitzumachen"

Ich habe dann im Spätherbst 1936 einen Kontakt bekommen zu einer illegalen bündischen Gruppe. Was das war, wußte ich damals noch nicht. Da war ein Junge, vielleicht 16 Jahre alt, Werner B. hieß der, „werni" nannten wir ihn, der war wohl Jungvolk-Jungzugführer, lief aber, damals wußte ich das noch nicht zu unterscheiden, lernte es jedoch bald, in dj.1.11-Kluft herum. Also in der alten Jungenschaftsbluse mit weitem, langen Kragen, und mit schwarzen Knöpfen. Das war ein wichtiges Unterscheidungsmerkmal: Die Jungenschaftsbluse des HJ-Jungvolks hatte einen „kastrierten", also gekürzten Kragen und war mit blanken Knöpfen besetzt: JUJA nannten die Hitlerjungen diese (Jungenschaftsjacke); die

Bündischen trugen schwarze Knöpfe. „werni" B. sprach mich also an und fragte: „Hast du nicht Lust, abends mal mit uns zu kommen? Wir machen Spiele, lesen vor und so was." Und ich hatte Lust, mitzumachen. Das war an einem Mittwochabend im „Haus Nazareth", das gehörte einer evangelischen Gemeinde in Wuppertal-Langerfeld. Dort machten sie um diese Zeit ihre Heimabende. Und sie sagten mir, das dürfe ich keinem sagen! Auch meinem Vater nicht. (...) Das waren Jungen einer ehemaligen Freischar-Gruppe, von denen ein Teil in die Hitlerjugend gegangen war, ins Jungvolk, während ein anderer Teil aber draußen blieb. Und die hielten immer noch zusammen.

„werni" B. war Jungzugführer im Jungvolk, machte da normalen Dienst und führte ebenso die Pimpfe in der illegalen Gruppe, eine ehemalige Freischar-Horte, die – wie so viele im Reich – nach 1933 als dj.1.11-Horte weitermachte.

Wie gestalteten sich die abendlichen Treffen, was ereignete sich in diesen Stunden illegalen Tuns?

Die Vorhänge dort in den Räumen wurden zugezogen, wir stellten Kerzen auf. Und dann wurden Lieder gesungen, es wurde vorgelesen. Ich erinnere zwei Bücher, die vorgelesen wurden. Eins hatte den Titel: „Vor uns Wölfe, hinter uns Comitatschi. Rheinische Jungen auf Großfahrt im Orient", von Sepp Bestler. Eine sehr abenteuerliche Geschichte, die irgendwie zum „Abhauen" animierte. Und das andere Buch hieß: „Häuptling Büffelkind Langspeer" und war von einem Indianerhäuptling geschrieben, eben von Büffelkind Langspeer. Und da hieß ein Satz: „Mokokit-ki-ackamimat", und das sagte „Sei weise, und halte durch" oder auch: „Tue es, aber sprich zu niemandem darüber". Und das war so ein ständig gebrauchter Begriff, ja, „Mokokit-ki-ackamimat". In jenem Winter 1936/1937

```
Durch die Wellen rauscht ein Kiel,
Wickinger Boot mit fernem Ziel.
Durch die Wellen unbekannt,
rauscht du sicher Deine Bahn.
Du bist mir ein Kamerad,
Wickinger Boot, auf grosser Fahrt.
Doch die Wimpel die du hißt,
zeigen wer dein Führer ist.

Ein Silberner Streifen in blau und in rot,
die Wickinger Fahne in Glück und in Not.
Ob lächelt die Sonne, ob stürzet die See,
die Wickinger Fahne soll allezeit wehen,
die Wickinger Fahne soll allezeit wehen.

2) Gleich wie der Möve Flug, steuert stolz
dein starker Bug. Wenn im West der Hafen blinkt,
und ein liebes Mädel winkt. Mancher an dem
fernen Strand sieht in dir sein Heimatland.
Stolz wie er das Schiff geehrt, das die alte
Flagge fährt.

3) Ist zu End die wilde Fahrt,
sind die Segel eingerafft, nimmt sie auf die stille
Nacht, Jugendträume sind erwacht.
Unser Wimpel hält die Wacht über Zelt und Boot
und Nacht und ein frohes Lied erschallt, das
im Walde wiederhallt.

                        gez. T i g e r .
```

Aus dem Liederbuch von Georg Lindemann (Archiv der bündischen Illegalität, Paulus Buscher)

habe ich auch meine erste Fahrt gemacht. Die ging zum Ehrenberg; das ist ein Berg nahe Wuppertal-Langerfeld. Damals war das ein dichtes Fichtenwaldgebiet, ganz dicht; heute verläuft da die Autobahn. Auf einer Waldlichtung haben wir da ein großes Zelt gebaut. Alles magisch für einen Jungen. Aus zwölf Dreieckzeltbahnen wurde dieses Zelt gebaut, das nach oben hin, in seiner Spitze, offen war. Da wurde ein Feuer drin gemacht. Es war natürlich eine Kothe. Das wußte ich damals noch nicht. Vieles ist in der bündischen Welt, Fremdes, welches man nach und nach erst noch lernen muß. So gingen wir weiter auf Fahrt, immer an Wochenenden, und lernten im nächsten Frühjahr, 1937, schon die – von uns so genannten – „Bunten" kennen. Wir sahen sie in Beyenburg. Gruppen, gemischte Gruppen aus Jungen und Mädchen unterschiedlichen Alters, in kanadischen Holzfällerhemden, mit Klampfen, allesamt merkwürdig bunt herausgeputzt. Wir dagegen waren sehr streng. Jungenschaftsblusen mit schwarzen Knöpfen; die Koppel trugen wir mit den Koppelschlössern auf der linken Hüftseite. Das gehörte zu unserem Stil. Alles Zeichen des „Geheimen", die ich erst mit der Zeit verstanden habe, feine Unterschiede. Wir trafen uns dann öfter mit den verschiedensten Gruppen, autonomen Gruppen, wir nannten sie „gemischte Chöre", wegen der Mädchen, die mit dabei waren. Heute nennt man das bei den Bündischen „koedukativ". – Diese Gruppen kamen aus Düsseldorf, Köln, Solingen, Wermelskirchen, Wuppertal, aber hauptsächlich, was unsere engeren Kontakte angeht, aus Dortmund. Aus Dortmund kamen Jungenschaftsgruppen, die vorher im Jungvolk gewesen waren, aber dann, 1936/1937, komplett ausgeschlossen wurden. Sie nannten sich „Latscher".

„... das begann schon Ende der dreißiger Jahre, daß die Hitlerjugend unterlag"

Ihren Erinnerungen entnehme ich, daß „Auf-Fahrt-gehen" bündischen Gruppen, zumindest Ihrer, noch bis weit in die 30er Jahre hinein möglich war. Es scheint nicht zu massiven Begegnungen mit der Staatsjugend oder anderen institutionell-staatlichen Organisationen gekommen zu sein. Wann nahm für sie die Konfrontation mit dem national-sozialistischen Staat bedrohlichere Formen an?

Ungefähr mit Beginn des Krieges, und vorher schon, wenn auch nicht so erheblich in der Häufigkeit und Intensität. Also ab dem Sommer 1939, wahrscheinlich mit der Zunahme „bündischer Umtriebe", nahmen die Übergriffe der Hitlerjugend zu.
Zuerst waren die bündischen Gruppen ja klein gewesen, obwohl es auch so war, an dicken Tagen, also Ostern, Pfingsten oder in den Ferien, da waren die Landstraßen überflutet, richtig überflutet von den bunten Gruppen auf ihren Fahrrädern, ja. Dennoch mögen sie, prozentual gesehen, gemessen an der Gesamtjugend, die es gab, und die ja in der Hitlerjugend war, nur eine kleine Bewegung gewesen sein. Aber sie nahm zu. Die Bewegung wuchs unheimlich stark an, und vielleicht deshalb hat die Hitlerjugend sich zunehmend stärker gewehrt. 1942 sieht man dann, das kann ich für Wuppertal sagen, daß die Hitlerjugend von der Straße verdrängt ist. Die führte dann „Aktionswochen der HJ" durch, um Jugend für sich zu werben. Und also, das begann schon Ende der dreißiger Jahre, daß die Hitlerjugend unterlag. Ihre Attraktivität war dahin, die war jetzt bei uns.
Ab ca. 1939 wurden wir dann an Wochenenden, natürlich nicht an jedem Wochenende, irgendwie gestellt auf Fahrt, vom HJ-Streifendienst, von der SA oder auch von der Polizei. Und es ist auch so gewesen, daß die Bevölkerung uns denunzierte. Immer wieder war

das so, daß man uns angezeigt hat, wenn wir irgendwo lagerten. Zuerst war das noch so, daß lediglich unsere Namen aufgeschrieben wurden und man dann gehen konnte. Es passierte nichts weiter. Vielleicht legten die Behörden da schon die Karteien an, die sie später für unsere alltägliche Überwachung nutzten. Aber zunehmend, ab Ende 1939, wurde man über eine Nacht festgehalten. Meistens gingen wir ab Samstagmittag auf Fahrt. Unsere Fahrtenklamotten hatten wir draußen versteckt, gingen also in Zivil von zu Hause weg und zogen uns auf der Straße um. Ich versteckte meinen Schultornister immer hinter einem Transformatorenhäuschen für die Zeit der Fahrt, log zu Hause, ich ginge auf Klassenfahrt oder so. Also wenn man samstags schon mittags gegriffen wurde, dann wurde man sonntags nach Hause gebracht. Wurde man sonntags gegriffen, dann montags morgens. Und wenn es jetzt spät wurde, die waren da akkurat die Leute, wenn es später als 8 Uhr wurde, Montag morgens, dann brachten die einen nicht nach Hause, sondern gleich in die Schule. Da veränderte sich alles. Bald war man verhaßt, verachtet, sofern es nicht gelang, was sich jedoch immer mehr durchsetzte, Schüler für die Gruppe zu faszinieren. Ich zeichnete z. B. an jedem Morgen ein Edelweiß an die Tafel. Es gab unheimliche Spannungen in der Schule. Und doch, trotz aller oder wegen aller Schikanen, denen man ausgesetzt war, wurde man so eine Art von Jungenheld in der Schule.
Und die Fahrten gingen weiter, trotz aller Verfolgung. Wir hatten ja die alten Wandervogelziele, es gab da eine regelrechte Infrastruktur, Bauernhöfe, Quartiere, wo wir hingehen konnten. Die Menschen dort hatten seit Jahrzehnten Jugendbewegte aufgenommen, und mit unserer Musik unterhielten wir sie dafür.

„Die faszinierten, weil sie ganz anders waren"

War es das geheimnisvoll Andere, sich verstecken müssen, das gemeinsame Wandern, Singen und Lesen, das Sie faszinierte, oder waren es besondere, weitere Momente, die Sie ansprachen?

Die älteren Leute, die mit uns Verbindung hielten, ich nenne mal einen Namen hier, das ist Alexander E., Jahrgang 1904, die kamen alle aus Freikorpsverbänden. Das waren für uns und für mich heldische Menschen, die in Soldatenmänteln aus dem Ersten Weltkrieg herumliefen, mit Koppeln darüber und 'nem Wikingerschiff auf dem linken Ärmel, das war so ein Ärmelschild aus Bronze. Die alle waren straff und soldatisch, ich habe auch immer gedacht, daß sie in ihrem Gesichtsausdruck Stefan George glichen. – Die faszinierten, weil sie ganz anders waren als die Hitlerjugendführer etwa. Keine dummen Jungs, sondern Leute, die eine philosophische, asketische Haltung zeigten. Ich kann das heute so nennen. Damals wurde das unbewußt aufgenommen. Diese Leute kamen vornehmlich aus der Brigade Ehrhardt, waren schwarz-weiß-rot-rechts gesinnt, waren extrem antichristlich, ja. Und das gefiel mir auch. Da hatte ich plötzlich zwei Gegenpositionen zu meinem Elternhaus: das Antinationalsozialistische, was auch artikuliert wurde von diesen Älteren, die die Nazis als „Sumpfpartei" (= Volkspartei) bezeichneten, und das Antichristliche, denn sie wollten die christlichen Kirchen verbieten und abschaffen. Stichwort: Die Jugendbewegung als „Neuheidentumsbewegung".

Ihre Erfahrungen in diesen ersten Kriegsjahren als Bündischer fassen Sie in Ihrem autobiographischen Manuskript in dem Satz „Die Angepaßten beschimpften die Unangepaßten" zusammen. Sie setzten damals dagegen hoffnungsvoll Lieder und Verse wie „Wir sind die Piraten aus Straßen und Gassen, uns scheint die Sonn' vagant. Heute wir hungern und morgen wir prassen, die Hoffnung ist unser Trabant". Ihren Schilderungen entnehme ich, daß die Gruppe, der Sie angehörten, sich radikalisierte.

Erfahrungen wie in Halver – wo wir auf dem Bahnsteig verhaftet wurden, uns in der Gepäckabgabe völlig entkleiden mußten und uns alles abgenommen wurde, bis auf Handtücher, Wäsche und Zahnbürste, wo eine Menge von Leuten von außen in den Gepäckaufbewahrungsraum glotzte, zuschaute, wie man uns traktierte, diese Nazimenschen, die vor Vergnügen wieherten – prägen. Das war eine dramatische Erfahrung. Ab 1940, nach solchen Ereignissen, wo man zum Untermenschen, zum Tier gemacht wird, ich sag das mal so, qualifiziert sich Gegnerschaft politisch und gefühlsmäßig.

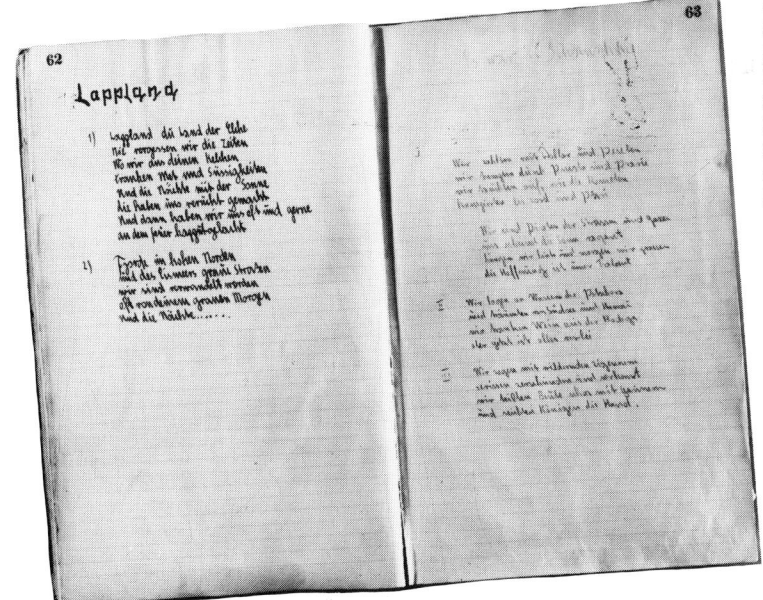

Rudi Schmidt, Mitglied der illegalen „Zornisten", Düsseldorf, Text und Melodie des Liedes „Wir sind die Piraten der Straßen und Gassen" stammen von ihm (Archiv der bündischen Illegalität, Paulus Buscher)

Auch nach der Auflösung der bündischen Gruppen waren die Haard bei Recklinghausen und die Grafenmühle bei Gladbeck Treffpunkte bündisch gesinnter Jugendlicher und ihrer Freunde geblieben. Sie trafen sich hier hauptsächlich an den Wochenenden, schlugen ihren Kothen auf, sangen, spielten, lasen und diskutierten. Bis zu 120 Jugendliche, die teilweise zu den „Kitellbachpiraten" gehörten, versammelten sich hier. Ein Bericht der Kriminalpolizei Düsseldorf an die „Geheime Staatspolizei Münster, Außenstelle Recklinghausen" stellte fest: „In Gladbeck wurde eine Gruppe von 30 Jugendlichen festgestellt, die sich im Sinne der bündischen Jugend betätigt. Dieselben veranstalten gemeinsame Fahrten und tragen Phantasiekluft, die aus schwarzen Kniehosen, schwarzen Kletterwesten mit blanken Knöpfen, Schottenhemden, bunten Halstüchern und Koppel mit Koppelschlösser ohne Abzeichen, ebenfalls H.J.-Uniformstücke. In Gladbeck und Umgebung spielen sie sich der H.J. gegenüber als Herrn der Lage auf und verprügeln H.J.-Angehörige. Der Streifendienst der H.J. ist nicht in der Lage sich gegen die Jugendlichen durchzusetzen." Die gleichfalls im Hauptstaatsarchiv in Düsseldorf archivierten Protokolle der öffentlichen Hauptverhandlung von der 1. Kammer des Sondergerichts Dortmund am 24. und 25. Februar 1938 vermerken gegen die Mitglieder der im Verfahrensverlauf ausgemachten vier Teilgruppen Strafen von bis zu 300,00 DM Geldstrafe, ersatzweise 40 Tage Gefängnis.

Die hier abgedruckten Fotografien geben einen Einblick von dem Leben dieser Gruppen. Sie zeigen, mit wieviel Spaß sie ihre Freizeit verbrachten, sich als Pirat oder Indianer am Flußufer verkleideten, miteinander „Gaudi" hatten, freundschaftliche Kontakte pflegten, aber auch für bündische Jugendliche untypisches taten, rauchten und tranken, vielleicht dabei sangen umgeänderte Lieder der bündischen Jugendbewegung mit Zeilen wie „schlagt die bündische Jugend wieder frei", „die Wikingfahne gehört unter die KP" oder „wir bleiben dem Eisbär treu" – Eisbär ist der Fahrtenname von Alvis Brockerhoff, dem Führer des „Wander-Bundes der Kittelbach-Piraten". Und ein letztes Foto zeigt, wie sich die „Unangepaßten" in ihrem „Räuberzivil" quasi öffentlich zeigten, zusammen mit „Angepaßten" dem Fotografen stellten, sich mit Stolz, trotz hockender Position, von dem „konformen Hintergrund" absetzen, durch ihre Haltung ihn kritisieren.

„Unser Protest war erheblicher als nur eine politische Gegnerschaft"

Ich habe eine enge Freundschaft gehabt zu „werni" B. und „ossy" B., einem alten Freikorpsführer. Und zwar auf einer sehr hohen Ebene. Das hat mit Glauben auch zu tun, Glauben an den Menschen, mit tiefer Liebe hat das zu tun. Und, wenn die so verletzt wird, wie da in Halver, dann ist die Gegenposition, die man zu den Verletzern einnimmt, erheblicher als nur eine politische Gegnerschaft. Aber diese politische Gegnerschaft war ja auch da. Und die qualifizierte sich immer mehr, mit jedem Tag. Auf mich hatte sehr früh schon eine meiner Tanten Einfluß genommen, Elisabeth E., die man die „Rote Lis" nannte. Die hat mich sehr früh kommunistisch indoktriniert. Und meine schwarz-weiß-rot-rechten Freunde haben mich gewarnt, so zu denken. Sie haben mir – fast wie die Nationalsozialisten – klarzumachen versucht, daß Kommunisten eigentlich nur minderwertig sein können. Die „Rote Lis" ist 'ne Frau gewesen, die ich verehrt habe; da war nichts Minderwertiges! Die war äußerst intelligent und kämpferisch. – (...)

Ab dem Winter '40 sind wir dazu übergegangen, die Hitlerjugend regelrecht zu bekriegen. Auch auf Fahrt stellten wir uns darauf ein – wir wußten, wo die Hitlerjugend Zeltläger einrichtete –, die HJ zu verprügeln.

Viele Gruppen machten das so. Damals war unter den Bunten ein Gruß verbreitet, ich erinnere das hier, der verhüllt „Heil Moskau" meinte: „Hannen Alt" riefen die (die Marke der Biersorte ist eine geballte Faust). Das war Polit-Romantik!

„Es war ein ständiger Kampf"

Und so ging es eigentlich weiter, '41, '42; ich muß ja nicht auf jedes Wochenende eingehen. Es war ein ständiger Kampf. Wie die anderen –, ging auch ich jetzt in Kluft zur Schule; jene Freunde, die Lehrlinge oder Beschäftigte waren, hielten es ja ebenso. Jeden Tag war eigentlich immer was los, immer gab es Prügeleien mit dem HJ-Streifendienst. Wir verteilten Flugblätter. Einen Text des Arbeiterdichters Lersch von 1914 stellten wir so um: „Deutschland wird leben – wenn ihr gestorben seid!"

Das alles steigerte sich in einem fortgesetzten Prozeß; auch die politische Bewußtwerdung, die politische Gesinnung, das politische Engagement, die Aktivitäten gegen die Nationalsozialisten. Etwa 1940 war ein Mann bei uns aufgetaucht, Wilhelm Schm. aus Frankfurt, „pastor" war sein Fahrtenname, der war Sekretär des Admiral von Trotha gewesen und kam aus der Freischar junger Nation. Dieser „pastor" war einige Jahre in einem KZ gewesen. Als der nun auftauchte, trug der noch die Klamotten der Grünen Freischar. Dieser Mann, der in der Kleidung von '33 noch '40/'41/'42 herumläuft, ein bißchen altertümlich, eine merkwürdige Erscheinung für uns. Wir waren eigentlich adrett, muß man sagen, lächerlich, wenn ich das heute erzähle: Jeder von uns hatte so eine kleine Taschenkleiderbürste bei sich, und wenn man im Stroh geschlafen hatte oder so, dann durfte kein Stäubchen hinterher mehr auf der Jungenschaftsbluse sein.

Dieser „pastor", Nationalrevolutionär, ein Antichrist, war der große Planer. Das war der Anreger geplanten Tuns. Bis dahin eigentlich, bis zum Sommer '42, waren die Auseinandersetzungen mit der HJ „nur so" abgelaufen; auf der Ebene des „Fahnenklauens", sage ich jetzt mal. Und jetzt wurde also geplant: Überfälle auf die NSDAP-Ortsgruppen in Wuppertal, auf das Bürogebäude des HJ-Bannes 17, auf HJ-Heime. Zweimal haben wir aber auch im Oktober/November 1942 sämtliche Fensterscheiben des katholischen Pfarramtes St. J.-B. zertrümmert, weil der Pfarrer dieser Gemeinde, Pastor W., für den „Sieg unserer tapferen Soldaten über den bolschewistischen Untermenschen" von der Kanzel herab gebetet hatte. Und wir Jungen ... waren überwiegend Katholiken! Wir gingen also dazu über, ringsum auf die ganze NS-Gesellschaft loszuschlagen, und geplant waren bewaffnete Aktionen auf die Wehrmacht, schon 1942 (wie sie 1943/44/45 dann tatsächlich auch erfolgten). Die Jungen, die ich aus den Gemeindejugenden St. R. und St. J.-B. zusammengekeilt hatte, legten richtig los und stellten sich also auch gegen die Kirche ein, die nichts gegen die Nationalsozialisten tat.

Anfang November 1942 zerstörten wir das HJ-Heim Brucherschulstraße in B. Da haben wir z. B. auch Natriumstangen in die Sanitäranlagen geworfen, die mit riesigen Stichflammen explodierten. Wir hatten viele Chemiker bei uns (Bayer-Werke, Vorwerk & Sohn). Der „pastor" war ein Dipl.-Chemiker aus Frankfurt, der nach seiner Haft an die B.-Werke in Wuppertal zwangsverpflichtet war. Wir kannten viele Tricks. Stellten Tränengas selbst her (Aceton/Brom). Bewarfen die HJ mit Buttersäure- und Chlorkohlenwasserstoff-Geschossen. In dem Bewußtsein, daß alles geht, wenn wir nur wollen, setzten wir unsere Aktionen '42/'43 fort.

Auszug aus dem Fahrtenbuch von H. Hoffmann (Fahrtenname „rasputin"). Er gehörte zu der „Veranda-Gruppe" (Düsseldorfer Edelweißpiraten, benannt nach ihrem Treffpunkt, den in den Rhein hineinragenden Stegen). Die Fotografien sind 1940/1941 aufgenommen (Archiv der bündischen Illegalität, Paulus Buscher)

„Wir hatten das strategisch nicht richtig bedacht..."

Sie wurden dann im Dezember 1942 bei der sogenannten „Nikolaus-Aktion" der Gestapo, die ja im ganzen Rheinland durchgeführt wurde, zusammen mit Ihren Freunden verhaftet und waren bis kurz vor Weihnachten '42 erstmalig für längere Zeit, unter menschenunwürdigen Bedingungen, wie Sie erzählten, interniert. Diese Hafterfahrung führte Sie nicht zur Distanzierung von der Gruppe. Sie beteiligten sich weiter an Aktionen, am bündischen Widerstand gegen die nationalsozialistische Diktatur.

Eine größere Aktion wollten wir zum 10. Jahrestag der NS-Machtergreifung durchführen. Wir erfuhren, daß das Hitlerjugend-Gebiet „West-Westfalen" am 30. Januar 1943 in Schwelm eine Feier plante. Das erschien uns als die geeignete Sache. Wir haben alle erreichbaren Gruppen angesprochen, ob sie nicht mitmachen wollten. Und viele, viele haben das gewollt. Aber da steigerte sich ja die Schlacht von Stalingrad, und ausgerechnet am 30. Januar 1943 kapitulierte der Hauptkessel in Stalingrad. Die Veranstaltung der Hitlerjugend wurde auf den 2. Februar verlegt, das erfuhren wir. Wir haben dann die Aktion durchgeführt, am 2. Februar '43, zum 10. Jahrestag ... eine solche „Feierstunde". Wegen der Kurzfristigkeit der Terminverschiebung gelang es uns aber nur, Leute aus Remscheid, Lennep, aus Schwelm selbst und eben aus Wuppertal, aus den Stadtteilen Sonnborn, Elberfeld und Barmen zusammenzuholen. Wir waren etwa 150 Jungen. Doch wir hatten die Sache strategisch nicht richtig bedacht. Wir hatten nicht bedacht, daß unser Treffpunkt in Schwelm, die Straßenbahnhaltestelle am Markt, exakt im Aufmarschkern der Hitlerjugend lag. Das hätte man sich denken können, wenn man Schwelm kannte. – Ich war in der ersten Abteilung, die Straßenbahn hielt am Schwelmer Markt, wir stiegen aus und waren umgeben von Hitlerjugend und BDM. Mitten drin stiegen wir aus, wir trugen unsere Slalom-Windblusen und rote Halstücher, und sie erkannten sofort, was Sache war. Wir hatten mit Blei gefüllte Gartenschläuche als Totschläger dabei. Und sofort ging es los. Aber das war kein Überfall durch uns mehr, das war ein Ausbruchsversuch! Wir mußten da heraus kommen, und wir kamen auch raus. Die ganze Stadt geriet in Aufruhr. Die Bürger stürmten auf die Straßen, mit Spaten und was weiß ich. Die beteiligten sich am Kampf gegen uns. Aber es war stockfinster, und sie konnten uns nicht packen. Plötzlich Scheinwerfer. Die Gestapo aus Dortmund war da. Wer auch jetzt immer irgendwo hinlief, wurde verfolgt. Doch haben sie nur acht von uns bekommen. Zwei aus unserer Gruppe, einer davon war ich. Zur Polizeiwache gebracht, brüllte uns ein schneidiger, kleiner, silberhaariger Polizeileutnant an (das war irre komisch, und weil wir lachten, wurden wir danach zusammengeschlagen): „Wer hat Euch Bolschewiken beauftragt, mitten im Kriege unsere friedliche Stadt zu überfallen?!" Sie brachten uns in die Kellerzellen. Und dort haben wir die Internationale gesungen, aber mit dem Persiflagetext: „Völker eßt mehr Bananen, denn Bananen sind gesund; man schält sie aus der Schale, und steckt sie in den Mund". Nach zwei Tagen, als Polizei und Gestapo alles aufgenommen hatten, wurden die Jüngeren nach Hause entlassen, die Älteren der acht blieben drin. Aber mein Freund Friedel H. und ich, wir wurden nach Hause gebracht.

Weitere Verhaftungen und Internierungen folgten dem Überfall auf die versammelte Hitlerjugend aus dem westlichen Teil Westfalens in Schwelm. Sie mußten sich in den Haftzwischenzeiten regelmäßig bei der Gestapo melden. Am 13. September 1943 fand der Prozeß gegen Sie wegen der Beteiligung an der Schwelmer Aktion statt. Sie wurden zu drei Monaten Jugendgefängnis auf unbestimmte Zeit verurteilt.

Im Gerichtsgebäude in Barmen wurden wir gleich nach der Urteilsverkündung von der Gestapo festgenommen. Wir waren zu dritt. Dann haben sie uns zuerst ins Polizeihilfsgefängnis Köln-Deutz gebracht. Das war ein Umschlagplatz für Buchenwald-Transporte. Die Häftlings-Transporte wurden da zusammengestellt. Wir kamen dann jedoch ins gleich benachbarte „AEL Köln-Messeturm", das war ein Buchenwaldaußenlager. Ich bin da geblieben bis zum 22. Dezember '43. Da konnte ich schon gar nicht mehr alleine gehen, ich litt an extremer Unterernährung und hatte Oedeme an den Füßen. Die Verhältnisse dort waren so schlimm wie in den Stammlägern erst im Frühjahr 1945.

Für den 17. Januar 1944 bekam ich eine erneute Vorladung zur Gestapo. In der Vorladung stand nichts von „Strafantritt". Ich hatte ja auch gedacht, die Sache wäre abgetan mit den drei Monaten Haft. Daß die erste Kölner Inhaftierung eigentlich illegal war, erfuhr ich erst jetzt. Die Gestapo – in deren Augen die „bürgerliche Justiz" zu gnädig mit uns umging (vielleicht weil viele Richter alte Jugendbewegte waren?) – vernahm uns jetzt nicht „zur Sache", sie hielt uns wieder fest. Morgens um 8.00 Uhr waren wir vorgeladen, um 10.00 Uhr waren wir schon wieder im KZ-Lager Köln-Deutz. Da sind wir aber nur kurz geblieben; ich glaub' 9 oder 11 Tage. Wir kamen dann zunächst nach Wittlich ins Jugendgefängnis. Von Wittlich aus kam ich in ein Baulager beim Kloster Himmerod. Wir bauten die Straße nach Manderscheid; im Winter, oben auf den Eifelbergen, unter entsetzlichen Bedingungen.

Freiheit hieß: „Du mußt aber Soldat werden"

Im April, Ende April, war dann die normale Haftzeit abgelaufen, und ich wurde zurückgebracht nach Wittlich ins Gefängnis, wurde von dort entlassen, aber gleich am Tor wieder von der Gestapo in Empfang genommen, Peters und Rhode hießen die beiden Typen, und die brachten mich ins SS-Sonderlager Hinzert bei Hermeskeil. Sie nahmen mich also erneut in „Präventivhaft", angeblich wegen eines sattsam bekannten Paragraphen. Eine furchtbar demütigende Sache, jahrzehntelang habe ich nicht davon gesprochen. In Hinzert im Lager waren hauptsächlich Luxemburger inhaftiert, die den Dienst in der Deutschen Wehrmacht verweigert hatten. Ich war da weiter im Straßenbau beschäftigt oder auch bei Holzfällerarbeiten im Wald, wo man uns als Zugpferde einsetzte, welche die schweren Baumstämme bis an die befahrbaren Wege schleppen mußten. Eine Tötung langsamer Art. Und dann hat mein Vater mich im November 1944 – er in seiner SS-Uniform – abgeholt. Ich war schwer erkrankt, hatte eine Herzmuskel- oder Herzbeutelentzündung gehabt, war am ganzen Körper völlig gefühllos und vom Kopf her völlig weggetreten. Und er hat zu mir gesagt, daß ich Soldat werden muß. Er brachte mich zum Panzergrenadierregiment 361 in der 6. Panzerdivision. Dort bin ich nur vier Tage geblieben, dann desertiert, und habe mich bei einer Fahrtenfreundin, Hildegard St., versteckt, die eine von drei Töchtern einer Frau war, die mit meiner Tante, der „Roten Lis", befreundet war. Dort blieb ich bis zum Februar 1945, ging dann auf die andere Wupperseite und habe mich dort bei Manfred „Moses" L. versteckt, dessen jüdischer Vater in Theresienstadt war; Moses lebte selber versteckt. Da hat mich mein Vater eines Tages herausgeholt und mich der Feldgendarmerie am Oberbarmer Bahnhof übergeben. Ich konnte bei Gevelsberg, bei einem JABO-Angriff, entkommen, bin zu den Amerikanern übergegangen und mit diesen, als „Scout", am 16. April 1945 zurückgekommen; nach Schwelm!

„Das, was wir taten, war beispiellos..."

Wie sehen Sie Ihr Engagement, Ihren Widerstand gegen den NS-Staat und seine Gliederungen heute? Glauben Sie, daß die historische Aufarbeitung, Einordnung und Wertung den von Ihnen miterlebten und erinnerten Realitäten gerecht wird?

Das, was wir taten, war beispiellos, das ist völlig klar, „beispiellos"! Das hat es im ganzen Reich nicht gegeben. Wer hat denn schon auf die Wehrmacht geschossen in Deutschland?! Und eine Aktion, wie unsere „Feierstunde" zum 10jährigen Bestehen des Dritten Reiches, hat es in ganz Deutschland nicht gegeben. Da bin ich ganz sicher. Und doch war das nur eine unserer Aktionen. Wenn ich zum Beispiel an die Menschen denke, an ihre besondere Qualität in der Illegalität, an die Solidarität, die Unverbrüchlichkeit der Freundschaften, dann werde ich ganz krank, wenn man diese Gruppen, die Bunten meine ich, „Wilde Cliquen" nennt. Das gilt es zu überlegen! Diese schimpfliche Bezeichnung für autonome Gruppen der Bünde hat die Nazibürokratie von der sozialdemokratischen Jugendpflege der ersten Republik übernommen, die alle Jugendgruppen abwertend damit titulierte, die nicht „staatstragend" organisiert waren, links wie rechts. Die heutigen parteigebundenen „Historiker" haben dieses Schimpfwort – mit anderen zugleich – übernommen. Vielleicht wollen sie ja die Gruppen nicht beschimpfen, aber sie wollen ihnen auch keine ihnen gebührende Bezeichnung angedeihen lassen. Jedenfalls lösen sie sich damit nicht aus der Gestapo-Terminologie. Ich weiß nicht, wie stark, wie charakterstark ein Mensch sein muß, wenn die Strukturen, die den Gestapo-Akten zugrunde liegen, nicht die Strukturen seines eigenen Kopfes werden sollen.

Romantik und Protest in Trümmerstädten – Erinnerung an Jugendgruppen und Politik in den Nachkriegsjahren

Arno Klönne

*Junger dj.1.11er auf Fahrt
(Privatfoto: Felix Pohl)*

Oppositionelle Jugendgruppen im Dritten Reich

Der nationalsozialistische Staat hatte den Organisationen und Bünden Jugendlicher jede freie Betätigungsmöglichkeit genommen und zwangsweise ein Monopol der „Hitler-Jugend" durchgesetzt; wie weit freilich der Anspruch der NS-Staatsjugendorganisation auf „Erfassung" des jugendlichen Lebens außerhalb von Schule und Familie in der Praxis umgesetzt werden konnte, war je nach den sozialstrukturellen und jugendgeschichtlichen Bedingungen der Regionen des Deutschen Reiches recht unterschiedlich.

Für das Ruhrgebiet gilt, daß hier die von der „Hitler-Jugend" angestrebte Durchdringung der jugendlichen Lebenswelt auf besonders dichte Widerstände stieß und die politische Sozialisation im Sinne des NS-Staates bei einem nicht unerheblichen Teil der Jugend „mißlang". Die Gründe dafür: Es war gerade in dieser Region jugendbündisches Treiben in vielerlei Richtungen und Formen vor 1933 weit verbreitet und es konnte das Organisationsangebot der „Hitler-Jugend" nach 1933 hier zumindest für viele Jungen (und manche Mädchen) nichts an Attraktionen bereitstellen, die nicht schon aus Zeiten einer freien Jugendbewegung bekannt gewesen wären; das traditionelle Arbeitermilieu im Ruhrgebiet, mit seinen spezifischen politischen Ausformungen eines linken (Anfang der dreißiger Jahre überwiegend der KPD zuneigenden) Arbeiterradikalismus und des organisierten Arbeiterkatholizismus hinterließ Nachwirkungen auf Jugendliche auch noch, als die Arbeiterbewegung bereits zerschlagen war; die katholische Jugendarbeit und Jugendbewegung, die dank ihrer bis 1937 andauernden „halben Legalität" das Dritte Reich vergleichsweise erfolgreich überdauern konnte, war im Ruhrgebiet stark vertreten; schließlich hatten freie bündische Gruppen in dieser Region in der Weimarer Republik auch in der Arbeiterjugend Einfluß und waren für die „Hitler-Jugend" nicht so leicht zu vereinnahmen wie in jenen Regionen, wo bürgerlich-nationale und preußisch-protestantische Herkünfte die Bündische Jugend prägten.

All dies trug dazu bei, daß im rheinisch-westfälischen Revier während des Dritten Reiches trotz aller Kontrollmaßnahmen und Verfolgungen spontane Jugendgruppen sich halten und teilweise erneut ausbreiten konnten, die an Überlieferungen der freien Jugendbewegung anknüpften und in abendlichen Zusammenkünften oder bei Wochenendfahrten ein selbstbestimmtes, in vielem romantisch gestimmtes Jugendleben gegen den Drill der „Hitler-Jugend" stellten, identifizierbar schon an ihren Liedern und an ihrer „Kluft", aber auch an ihren Umgangsformen und zunehmend auch daran, daß sie sich der Geschlechtertrennung der „Hitler-Jugend" nicht fügten. Die „Staatsschutz"-Organe des Dritten Reiches und die nationalsozialistische „Reichsjugendführung" mußten in ihren internen Materialien zugeben, daß es ihnen an Rhein und Ruhr nicht gelang, dieser verbotenen „bündischen Umtriebe", vielfach auch als „Edelweißpiraten" bezeichnet, Herr zu werden; der repressive Zugriff des NS-Staates auf diese Gruppen brachte häufig eine Politisierung der betroffenen Jugendlichen hervor, die sich auch als „Mangel an Wehrfreudigkeit" äußerte.

In einer Denkschrift der NS-„Reichsjugendführung" vom September 1942 hieß es über die Verhältnisse im Rhein-Ruhr-Revier: „Seit dem Frühjahr wurde . . . die Feststellung gemacht, daß sich Jugendliche beiderlei Geschlechts wieder in erhöhtem Maße zu Cliquen zusammenschließen, Fahrtenbetrieb machen, vielfach gegen die HJ offen Stellung nehmen und die Arbeit der Einheitsführer der HJ untergraben. Teilweise ziehen solche Trupps in Stärke bis zu 30 Mann singend und klampfespielend durch die Städte. HJ-Führer werden überfallen, angepöbelt und sogar angeschossen. Die Uniformierung der Cliquen ähnelt der der früheren Bündischen Jugend. Besonders beliebt ist als Abzeichen das Edelweiß . . . Ein Beobachtungsgroßeinsatz am 3. 5. 1942 hatte folgendes Ergebnis: In 8 Ausflugsorten des Gebietsbereichs wurden insgesamt 55 Gruppen in Stärke von durchschnittlich 7 bis 15 Beteiligten festgestellt. Meist waren Jungen und Mädel gemischt. Fast alle Gruppen trugen nachgeahmte bündische Tracht, Klampfen und Balalaikas wurden mitgeführt. Bei Kontrollen entwickelten sich teilweise Schlägereien . . . Die Entwicklung ist in den letzten Monaten sprunghaft angestiegen. Zeltfahrten, die Jungen und Mädchen gemeinsam durchführten, sind beliebt. Die strafgerichtlichen Verurteilungen wegen verbotener bündischer Betätigung haben sich in der letzten Zeit gehäuft."

Es ist nicht Sache dieses Beitrags, die Geschichte dieser spontanen Jugendgruppen nachzuzeichnen; auf sie hinzuweisen, ist jedoch unumgänglich, wenn die Ausgangslage einsichtig werden soll, in der sich nach 1945 unter den spezifischen Bedingungen des Ruhrgebiets alle Versuche befanden, nun im Zeichen der politischen „Umerziehung" Jugendorganisationen wieder zu beleben.

Die jugendlichen Zusammenschlüsse vor 1945, die mit dem nicht immer zutreffenden Sammelbegriff „Edelweißpiraten" gemeint sind, hatten vielfältige Verbindungen untereinander, aber sie bildeten keinerlei übergreifende organisatorische Struktur aus; ihre Überlebensfähigkeit hing ja eben damit zusammen, daß sie keine „illegale Organisation", sondern ein *verbotenes Milieu* darstellten; daß ihre jugendkulturellen

Lebensmuster sich gewissermaßen per Ansteckung ausbreiteten. Die Gruppen vom Typ der „Edelweißpiraten" verstanden sich in den meisten Fällen nicht als politische Widerstandszellen; Systemzwänge machten sie zu einer auch politisch bedeutsamen Oppositionsströmung. Diese Gruppen waren keine Fortführungen der 1933 verbotenen Arbeiterjugendorganisationen, auch keine „wilden Jugendcliquen" in dem Sinne, wie sie in den zwanziger Jahren und bis 1933 vor allem in Berlin bestanden und der Jugendfürsorge zu meist übertriebenen Befürchtungen Anlaß gegeben hatten. Aber die „bündischen Umtriebe" in den Ruhrgebietsstädten in der Zeit des NS-Staates und des Krieges waren in der Mehrheit auch nicht etwa pure Fortsetzungen der früheren freien oder konfessionellen Jugendbünde.

Im Spektrum der als „Edelweißpiraten" bezeichneten Jugendgruppen finden sich vielgestaltige Herkunftslinien und Einflüsse. Da gab es Anknüpfungen an die Jugendbewegung, wie sie Anfang der dreißiger Jahre unter Vorbildern des „Nerother Wandervogel" und der „dj.1.11" neue Konturen gewonnen hatte; da wirkten Restbestände bündisch-konfessioneller Jugendkreise mit; da boten aber auch die herkömmlichen „Jugendbanden" der Wohnquartiere sozialen Rückhalt. Die Gemeinsamkeit lag darin, daß in der selbstbestimmten jugendlichen Gruppe alternativ zum reglementierten Erziehungssystem der Staatsjugendorganisation Freiheiten erlebt werden konnten, die sich der jugendkulturellen Formen der einstigen Jugendbewegung in ihrer – wie die NS-Organe es nannten – „anarchistischen" Seite bedienten.

Der amerikanische Soziologe Howard Becker hat gleich nach 1945 aufgrund noch „frischer" Quellen in seinem Buch „German Youth – Bond or free" eine durchaus zutreffende Charakterisierung der spontanen Jugendgruppen gegeben; er beschreibt sie als letzte, an die Gefühlswelt des Urwandervogels noch einmal erinnernde Ausformung und zugleich Popularisierung der klassischen deutschen Jugendbewegung – nun freilich unter ganz anderen politischen Systembedingungen existierend und gegen diese opponierend als in den Zeiten des Wilhelminismus.

Weitaus dichter als in allen anderen deutschen Regionen bestand also 1945 im Rhein-Ruhrgebiet eine gruppierte Jugendkultur, die abseits der „Hitler-Jugend" und gegen den Willen des NS-Staates ihre Existenz bewahrt hatte, zum Teil auch mit fließenden Übergängen zu heimlichen konfessionellen Jugendgruppen; andererseits hatte aber auch in dieser Region die HJ-Sozialisation nachhaltige Folgen hinterlassen und war die Mehrheit der Jugendgeneration durch die Erfahrungen in der Staatsjugendorganisation geprägt.

Neubelebung der Jugendarbeit nach 1945

Was bedeutete dies für den „Wiederaufbau freier Jugendarbeit", wie er nach dem Ende des Dritten Reiches auf dem Programm der Besatzungsmächte und der wiedererstehenden deutschen politischen Parteien und gesellschaftlichen Organisationen stand? Welche Voraussetzungen für die neu sich herausbildenden politischen Identitäten im Feld der Jugendarbeit und der Jugendorganisation lagen darin?

Hier ist zunächst daran zu erinnern, daß der Umbruch des politischen Systems in Deutschland 1945 von außen zuwegegebracht wurde, also der militärischen Niederlage Hitler-Deutschlands zu verdanken war; es hatte insofern seine historische Logik, daß die politische Entscheidungsgewalt vorerst bei den Besatzungsmächten lag. Dies gilt auch für die Jugendpolitik. Ohne die Zustimmung der Besatzungsverwaltung war die Gründung einer Jugendorganisation oder z. B. einer Jugendzeitschrift nicht möglich; besatzungspolitische Konzepte nahmen auf die Neustrukturierung des „organisierten Jugendlebens" erheblichen Einfluß, wobei die Unterschiedlichkeit der Perspektiven der vier Alliierten auch in diesem Sektor sich auswirkte. Naheliegenderweise brachten die Besatzungsmächte in ihre jeweiligen jugendpolitischen Maßnahmen die Standards ein, die ihnen aus der Jugendarbeit ihrer eigenen Gesellschaften vertraut waren. Ein durchgängiges Problem bedeutete dabei die Unkenntnis der Besonderheiten, die sich für die Jugendgeschichte Deutschland mit der Kultur der – im engeren Sinne – Jugendbewegung verbanden. Außerdem wurde von den Besatzungsmächten zumindest für einige Zeit die Gefahr einer aktiven und militanten Fortführung von HJ-Ideen, etwa in Gestalt von „Werwolf"-Einheiten im Untergrund, völlig überschätzt.

Die für das Ruhrgebiet zuständige Britische Besatzungsverwaltung hatte im Herbst 1945 in einer grundlegenden Direktive zur „Überwachung der Jugenderziehung und Wiederaufnahme der Jugendbetätigung" (Verfügung Nr. 10 der Britischen Militärregierung) festgelegt, daß „Jugendgruppen zu religiösen, kulturellen und Erholungszwecken auf freiwilliger Grundlage" gefördert, Jugendgruppen „zu politischen, militärischen oder militärähnlichen Zwecken" jedoch nicht geduldet werden sollten. Die Pfadfindererziehung wurde in dieser Direktive als am besten geeignete Form der Jugendarbeit hervorgehoben; die Zeit sei aber angesichts der Hinterlassenschaft der HJ für eine deutsche Pfadfinderorganisation noch nicht reif. Als deutscherseits in Frage kommende Träger der Jugendarbeit wurden in der Verfügung allein die Kirchen direkt erwähnt.

Die allgemeinen Rahmenbedingungen für den Aufbau gesellschaftlicher Organisationen in der Besatzungszeit und die speziellen Regelungen der Besatzungsmächte – hier der britischen Militäradministration – im Bereich der Jugendarbeit hatten zur Folge, daß die Entwicklung von Jugendgruppen und Jugendorganisationen nach 1945 in hohem Grade dirigiert verlief und insbesondere politischen Impulsen von Jugendlichen, soweit vorhanden, außerordentlich wenig Raum gab.

Jugendkonferenz in Lütgendortmund.

Am 9. Dezember 1945 fand in Lütgendortmund auf Einladung der Jugendbewegung Groß-Dortmund eine Konferenz westfälischer Jugendbünde statt. Außer 70 Vertretern westfälischer Jugendorganisationen waren Gäste aus Bremen, Düsseldorf, Köln, Bonn, Essen und anderen Städten der englischen Besatzungszone erschienen.

Auf dieser Konferenz wurde ein Präsidium der FDJ Westfalens gewählt, welchem angehören: Heinz Junge, Heinz Lautermann, Werner Cieslak, Dr. Rossaint, Schulrat Schleef, Gewerbeoberlehrer Bense, Franz Ballhorn. Dieses Präsidium hat die Aufgabe, die Anerkennung der Vereinigung westfälischer Jugendbünde bei der Militärregierung einzuholen. Desgleichen soll eine Konferenz im östlichen Westfalen durchgeführt werden, da von dort keine Vertreter wegen der Verkehrsschwierigkeiten zu der Konferenz am 9. Dezember 1945 kommen konnten.

Bericht über die erste Konferenz westfälischer Jugendverbände nach dem Zweiten Weltkrieg (Aus: Frohe Jugend, 1/1946)

Die dj. 1.11 Essen wieder auf Fahrt. Das Foto entstand zwischen 1947 und 1949 (Privatfoto: Felix Pohl)

Auszug aus der Sakristei

Privilegiert war die Jugendarbeit der Kirchen, die als unpolitisch galt. Dabei ergab sich als aus dem Dritten Reich nun in die Nachkriegsverhältnisse hinüberreichende Umstrukturierung jedoch, daß – anders als vor 1933 oder im Falle der Katholischen Jugend vor 1936 – die Eigenständigkeit kirchlich orientierter Jugendverbände oder -bünde zurückstand gegenüber der Einbindung kirchlicher Jugendarbeit in die Strukturen der „Amtskirchen". Das Bild kirchlicher Jugendarbeit wurde nach 1945, aufs Ganze hin gesehen, in den Meinungen und Formen eintöniger; der zunächst durch die Zugriffe des NS-Staates erzwungene „Rückzug in die Sakristei" galt vielfach nach 1945 weiter als positiv zu wertende „Verinnerlichung" des Jugendlebens. Gerade im Ruhrgebiet überdauerten zwar die bündischen Formen kirchlicher Jugendarbeit, die sich bis zu ihrem Verbot durch den NS-Staat als attraktive Alternative zur „Hitler-Jugend" erwiesen hatten, nach ihrer Wiederfreisetzung 1945 noch etliche Jahre, oft auch im Rahmen der „Pfarrjugend" oder „Gemeindejugend", aber dann verloren sie an Boden unter dem Druck der Pädagogisierung kirchlicher Jugendarbeit einerseits, der „amerikanisch" inspirierten neuen Jugendkulturen andererseits. Eine interessante neue Variante konfessioneller Jugendarbeit mit zeitweise erheblichem Einfluß im Ruhrgebiet entwickelte sich nach 1945 auf katholischer Seite in Gestalt der „Christlichen Arbeiterjugend" (CAJ), deren Gründung durch das Vorbild der französischen katholischen Jungarbeiterbewegung angeregt war. In ähnliche Richtung wirkte für einige Jahre die 1948 wieder herausgegebene katholische Jugendzeitung „Die Wacht", in der gerade die Interessen von Jungen und Mädchen aus der katholischen Arbeiterbevölkerung des Ruhrgebiets sich wiederfinden konnten.

Für die konfessionellen, aber auch für andere Jugendgruppen der Nachkriegsjahre wurde zum vieldiskutierten Problem, ob angesichts der sozialen Notzustände, die der Krieg verursacht hatte, das aus der Jugendbewegung überkommene „romantische Jugendleben" denn überhaupt noch eine Existenzberechtigung habe; vielfach kam die Forderung auf, nun müsse man „Zelte und Lagerfeuer in den Wäldern verlassen" und sich „der sozialen Realität stellen". Vieles spricht dafür, daß die darin formulierte Alternative an den Bedürfnissen der Jugendlichen selbst vorbeiging. Beispielhaft sei aus einem Gedicht zitiert, das 1947 der Schüler Josef Reding (später und bis heute sozial engagierter Schriftsteller im Ruhrgebiet) in der „Jugend" publizierte, der ersten für die Länder und Provinzen der Britischen Besatzungszone zugelassenen größeren Jugendzeitschrift. Es hieß darin:

Wir Jungen wissen ferne, weite Räume, die keine Macht der Welt uns nehmen kann.

Wir Jungen kennen schöne, edle Träume, und jeder Traum erschließt und zeigt uns dann:

Vielleicht den Wald mit rauschenden Bäumen,

vielleicht ein Feuer mit loderndem Schein,

vielleicht das Meer mit brandendem Schäumen,

oder die sprudelnde Quelle im Hain.

Und wir ruhen nicht eher, als bis wir erreicht,

was unser schöner Traum uns gezeigt.

Retter der Arbeiter-Jugend

„Ich will sterben für die Massen der Arbeiterjugend der Welt." Zitternd stammelte der unscheinbare belgische Priester Cardijn diesen Satz vor dem Heiligen Vater. — „Sie sind mein Mann!" antwortete darauf Papst Pius XI. „Bisher redete man mir immer nur von der Elite. Sie sind der erste, der vom Heimholen der Arbeitermassen spricht. Gewiß braucht der Arbeiter notwendig die Kirche, aber ebenso notwendig braucht die Kirche den Arbeiter."

Cardijn, der Gründer der Christlichen Arbeiterjugend, kannte seinen Weg und seine Berufung. Er wurde am 18. November 1882 als Kind einer kinderreichen Proletarierfamilie in Brüssel-Schaarbeek geboren. In der Sterbestunde seines Vaters, der sich zu Tode arbeitete, damit er seinem Sohn das Studium ermöglichen konnte, schwur der junge Cardijn, sein Leben zur Rettung der Arbeiterjugend in der ganzen Welt einzusetzen. Er erntete den Haß der Kapitalisten, die ihn als Kommunisten verachteten; und die Proletarier brachten ihm zuerst ihren Kutten- und Pfaffenhaß entgegen: Bischöfe und Pfarrer behandelten ihn wie einen Idioten. — Der unscheinbare Cardijn aber, der gar nicht akademisch und vornehm aussah, gründete die Weltorganisation der Christlichen Arbeiterjugend. Während des Krieges 1914/18, in dem er zweimal gefangen gehalten wurde, schrieb er die wichtigsten Erkenntnisse seiner Erfahrungen für das Handbuch der CAJ. 1936 bahnte sich der Gedanke der CAJ den Weg durch die Welt. Der zweite Weltkrieg unterbrach den Kontakt mit den anderen Ländern, aber überall wurde weitergearbeitet. 1945 gewann die Bewegung internationale Bedeutung. Im gleichen Jahr fand die Internationale Studienwoche in Brüssel statt, 1946 in San José (Costa Rica), 1947 in Montreal (Kanada), wo erstmalig deutsche Jungarbeiter vertreten waren. Als Cardijn im März 1947, erstmalig in Deutschland, vor jungen Arbeitern des Ruhrgebiets in Essen sprach, glühten die Herzen der jungen Arbeiter für die Idee die er ihnen gab, wie die Herzen der jungen Arbeiter in Afrika und Südamerika glühten, als er sie in diesem Jahr besuchte.

Cardijn hat durch seine Bewegung einen neuen Glauben erweckt und das Leben tausender junger Arbeiter umgestaltet. In 52 Ländern der Erde kämpft Christliche Arbeiterjugend für die Rettung ihrer Kameraden. Das große Ziel, die Befreiung der Arbeiterjugend aus vielfacher Not, gibt der ganzen Bewegung einen unüberwindlichen Schwung und Eifer.   W. F.

Hymne auf den Gründer der Christlichen Arbeiterjugend (CAJ) Cardijn (Aus: Frohe Jugend. Mitteilungsblatt der FDJ, Bezirk Westfalen, Nr. 1/1949)

Das waren gewiß konventionelle Wortbilder, aber sie galten damals jungen Leuten nicht als „abgedroschen". Die Mentalität der „Trümmerjugend" sah anders aus als die Theorie der Jugendarbeit es annahm, die der „Romantik" abschwor. Auf den ersten Blick erstaunlicherweise hatten viele tausende von Jungen und Mädchen in den zerstörten Städten des Reviers den dringenden Wunsch, bei Fahrten und Lagern mitzumachen, wenn es dort nur ohne Zwang zuging; die Jugendgruppe erschien ihnen als Chance, das nachzuholen, was „Hitler-Jugend"-Dienst, Kriegseinsatz und Notsituationen ihnen bislang verwehrt hatten, und an den Lagerfeuern dieser Jahre konnten nun ohne Heimlichkeit die Lieder gesungen werden, die bis vor kurzem noch Erkennungszeichen der „Edelweißpiraten" gewesen waren – bis dann die jugendpädagogischen Bemühungen der „Träger" der Jugendarbeit aus der Erwachsenenwelt andere Maßstäbe setzten, was der Attraktivität der Jugendgruppen nicht gut bekam.

Die pädagogische „Zähmung", die rigide Geschlechtertrennung und die enge Einbindung in „amtskirchliche" Strukturen führten nach 1945 auf Seiten der konfessionellen Jugendorganisationen dazu, daß Überlieferungen der im Ruhrgebiet einflußreichen spontanen Jugendbewegung der dreißiger und ersten vierziger Jahre auch dort, wo sie keine antikirchlichen Affekte enthielten, in der weiteren Entwicklung immer weniger Platz hatten.

Die britische Besatzungsverwaltung hatte im Rheinland und in Westfalen schon bald nach Kriegsende freie bündische Gruppen zugelassen, soweit diese sich lokal zusammenfanden, so den „Fahrtenbund deutscher Jugend" (später: „Westdeutsche Jungenschaft"), die „Bündische Freischar – Sturmschwalben" und den „Wandervogel". Die Militärregierung beobachtete solche Gruppen mit einigem Mißtrauen, weil sie hier eine „verkappte Hitler-Jugend" befürchtete; sie hoffte aber darauf, die freien Gruppen jugendbewegter Tradition in die noch zu bildende Pfadfinderorganisation hinüberführen und damit unter pädagogische Kontrolle bringen zu können. Als mit einer von der britischen Militärregierung initiierten und angeleiteten Tagung im Jugendhof Barsbüttel im Mai 1948 Pfadfinderverbände für die Britische Zone offiziell gebildet wurden, setzte sich die „britische Lösung" jedoch nicht durch. Erstens ergab sich, anders als in Großbritannien, aber der Entwicklung in Deutschland vor 1933 entsprechend, eine Aufgliederung in eine katholische, eine protestantische und eine überkonfessionelle Richtung der Pfadfinderei. Zweitens schlossen sich viele freie bündische Gruppen der Pfadfinderorganisation nicht an. Für das Rhein-Ruhrgebiet ist kennzeichnend, daß solche Gruppen – oft ohne jede Einbindung in eine überlokale Organisation – in relativ großer Zahl noch über Jahre hin existierten, zum Teil auch Zuzug von Jugendkreisen bekamen, die sich aus dem Organisationsgerüst der größeren Jugendverbände lösten. Noch in den fünfziger Jahren gab es an den alten Treffpunkten der heimlichen Jugendbewegung aus der Zeit des NS-Staates am Rande des Reviers „unorganisierte" Lager, zu denen viele solcher freien bündischen Gruppen zusammenkamen; manche von ihnen waren dann bei den Demonstrationen gegen die Wiederaufrüstung und bei der ersten Ostermarschbewegung im Ruhrgebiet wiederzutreffen.

Neugründung politischer Jugendverbände

Zurück in die Situation gleich nach Kriegsende: Obwohl die britische Besatzungsverwaltung politische Jugendorganisationen zunächst nicht zulassen wollte, gab es schon im Herbst 1945 in den meisten Städten des Ruhrgebiets Gruppen der „Freien Deutschen Jugend" (FDJ), der sozialistischen Jugend „Die Falken" und der „Naturfreundejugend", denen dann Gewerkschaftsjugendgruppen im Gründungsprozeß folgten. Bei der lokalen Herausbildung solcher Jugendgruppen war im ersten Schritt oft noch unklar, welche Richtung oder Organisationsform von Arbeiterbewegung hier anzielt wurde; auch aufgrund der Zulassungspolitik der Militärregierung waren die örtlichen Bezeichnungen der Jugendorganisationen unterschiedlich und wurde deren politischer Charakter nur vorsichtig zu erkennen gegeben. Weil durch die spätere Entwicklung die FDJ aus dem Spektrum der westdeutschen Jugendverbände herausfiel, ist besonders darauf hinzuweisen, daß diese Jugendorganisation in der unmittelbaren Nachkriegszeit gerade im Ruhrgebiet erhebliche Bedeutung hatte und noch ein anderes Profil zeigte als zum Zeitpunkt ihres Verbots durch die Bundesregierung im Jahre 1951.

Nach den Erfahrungen des Jahres 1933 war die Leitung der Kommunistischen Partei Deutschlands in kritische Distanz zu der Strategie gegangen, die die KPD in der Weimarer Republik versucht hatte und hatte sich auf die Konzeption der „Volksfront", der „antifaschistisch-demokratischen Erneuerung" Deutschlands umgestellt; dem entsprach auch ein Kurswechsel in der Jugendpolitik. Schon die Gründungen von Gruppen einer „Freien Deutschen Jugend" im Exil zeigten an, daß die KPD nach dem Ende des Hitler-Regimes nicht die Wiederbelebung eines „revolutionären Jugendverbandes" im Sinne der kommunistischen Jugendorganisationen der Weimarer Republik, sondern eine „Volksfront-Jugend" anzielte, innerhalb deren Organisation junge Kommunisten eine maßgebliche Rolle spielen sollten. Als das Dritte Reich untergegangen war, zeigte sich zumindest im Ruhrgebiet, daß ein solches Projekt keineswegs nur eine Idee der KPD war, sondern sich mit den Bedürfnissen vieler junger Leute verband, zumal derjenigen, die Gegner der HJ gewesen waren, aber andererseits nicht kirchlich gebundene Jugendgruppen wünschten.

Als Horst Brasch, damals Vorsitzender der Exilgruppe der FDJ in Großbritannien, im November 1945 als deutscher Beobachter am Weltjugendkongreß in London teilnahm, konnte er sich nach einem Bericht der „Freien Tribüne" (Organ des „Freien Deutschen Kulturbundes" und der FDJ im britischen Exil) auf Mandate folgender Jugendgruppen im Ruhrgebiet stützen: FDJ Bochum und Herne, Essener Jugendkreis, Neue Deutsche Jugend Duisburg und Wanne-Eickel, Deutsche Demokratische Jugendbewegung Oberhausen, Freie Deutsche Jugendbewegung Mülheim, Jugendbewegung Groß-Dortmund, Freie Jugendbewegung in Lünen, Castrop-Rauxel, Witten, Moers und Dinslaken. Aus diesen und weiteren Gruppen bildete sich im Dezember 1945 die „Freie Deutsche Jugendbewegung" (FDJ) für Westfalen bzw. im Juli 1946 für „Westfalen-Rhein-Ruhr"; die Gründung der FDJ im Ruhrgebiet ging also der Konstituierung der FDJ in Berlin bzw. in der damaligen Sowjetischen Besatzungszone zeitlich voraus.

In der Gründungserklärung der FDJ Westfalen vom Dezember 1945 hieß es: „Die FDJ will alle aufrechten Jungen und Mädel zu einem großen Bund der Jugend zusammenschließen. Sie ist parteipolitisch ungebunden und kämpft für die Einheit der Jugend und für die Einheit unseres Vaterlandes." Auf der Konferenz wurde herausgestellt, daß die FDJ „alle fortschrittlichen Traditionen der früheren deutschen Jugendbünde pflegen und fortsetzen" wolle, die des KJVD, der SAJ und des SJV als Arbeiterjugendorgannisationen wie auch die der katholischen Jugendbewegung, der Bündischen Jugend und der Edelweißpiraten. Im Statut der FDJ Westfalen hieß es, daß eine gleichzeitige Mitgliedschaft von Angehörigen der FDJ in konfessionellen und Parteijugendorganisationen statthaft sei. Zum siebenköpfigen Präsidium der FDJ Westfalen gehörten Franz Ballhorn (CDU, als junger Angehöriger einer katholischen Widerstandsgruppe ins KZ gekommen) und Dr. Rossaint (der als junger Kaplan im Dritten Reich Verbindungen zwischen katholischen Jugendführern und illegalen Jungkommunisten hergestellt hatte und deshalb 1937 zu elf Jahren Zuchthaus verurteilt worden war). „Frohe Jugend" nannte sich das in Dortmund 1946 erscheinende Mitteilungsblatt der FDJ Westfalen; Wandern, Spiel, Tanz und Musik waren selbstverständliche Inhalte des FDJ-Gruppenlebens.

Es wäre falsch, diese Eigenschaften der frühen FDJ im Ruhrgebiet, die durchaus nicht zum Bild einer „militanten kommunistischen Kaderorganisation" passen, als listig errichtete Fassaden zu interpretieren; allerdings gab es sicherlich von Beginn an den festen Willen der KPD, die politische Initiative in der FDJ nicht aus der Hand zu geben. Die Vorstellung aber, in Gestalt der FDJ könne sich eine Parteien und Konfessionen überbrückende antifaschistische Jugendbewegung entwickeln, stieß rasch an ihre Grenzen. Ein Bündnis mit NS-gegnerischen Jungkatholiken, auf das Jungkommunisten gerade aus dem Rhein-Ruhrgebiet große Hoffnungen gesetzt hatten, kam in nennenswertem Umfang nicht zustande. Die meisten Sozialdemokraten trauten der Überparteilichkeit der FDJ nicht; mit Hilfe der SPD unter Kurt Schumacher entwickelte sich neben den FDJ-Gruppen eine eigene sozialdemokratische Jugendorganisation, die dann 1946 unter dem Namen „Sozialistische Jugendbewegung Die Falken" eine lokal übergreifende Struktur erhielt und bald Position gegen die FDJ bezog.

Es gelang auch nicht, die ehemaligen Angehörigen der spontanen Jugendgruppen vom Typ der „Edelweißpiraten" in ihrer Mehrheit und auf längere Frist für die FDJ zu gewinnen, obwohl „Mischverhältnisse" hier und dort erhalten blieben. Je mehr die FDJ-Gruppen den mit Beginn des Kalten Krieges sich verfestigenden parteipolitischen Fronten und Zwecken zugeordnet wurden, desto weniger Raum verblieb hier für die Überlieferung aus der „romantischen" jungen Gegenkultur zur NS-Staatsjugend. Hinzu kam, daß eigenständige Entwicklungen der kommunistischen Partei an Rhein und Ruhr ab 1946 zunehmend überformt wurden durch strategische und taktische Zielsetzungen der sowjetischen Deutschlandpolitik und der Politik der SED in der sowjetisch besetzten Zone Deutschlands, was nicht ohne Auswirkungen auf die Arbeit der FDJ in den Westzonen blieb.

Für die nun in die Berliner Zentralstellen der kommunistischen Politik einrückenden Planer und Ideologen bedeutete die Tradition einer von unten kommenden spontanen Jugendopposition aus der NS-Zeit nichts. In der Berliner SED-Zeitung „Vorwärts" erschien im Mai 1946 ein Bericht, der die Kriminalisierung der „Edelweißpiraten" durch die Staatsorgane des Dritten Reiches nachträglich bestätigte. Daß Jugendbanden in den westlichen Besatzungszonen, die sich mit strafbaren Aktivitäten durchs Trümmerleben schlugen und dabei auch in Konflikt mit den Besatzungsbehörden kamen, den Namen

„Edelweißpiraten" wieder aufgriffen, genügte dem „Vorwärts", um unter Berufung auf Gestapo-Materialien die Gruppen der „Edelweißpiraten im Ruhrgebiet" vor 1945 zu Brutstätten jugendlichen Verbrechertums zu erklären ...

Will man in der Frage, was die im Rhein-Ruhrgebiet so bedeutsame oppositionelle Jugendkultur der NS-Zeit, die der „bündischen Umtriebe" oder „Edelweißpiraten" also, für das „organisierte Jugendleben" in den Nachkriegsjahren bedeutete, ein Zwischenergebnis festhalten, so läßt sich dieses nicht eindeutig fassen. Einerseits gibt es regionalspezifische Entwicklungslinien in den Jugendgruppen des Ruhrreviers nach 1945, von der katholischen Jugend über die freien bündischen Gruppen bis zur FDJ, die ohne die „wilden Gesellen" der jugendlichen Gegnergruppen der HJ-Erziehung an Rhein und Ruhr nicht zu erklären sind; andererseits hat diese Tradition in der Nachkriegszeit keine längerfristig wirksame Jugendkultur eigenen Zuschnitts hervorgebracht, sondern sie „lief aus", wurde später auch bei den einst beteiligten Jugendlichen oft an den Rand der Erinnerung verdrängt. In die Organisations- und Deutungsmuster der neu entstandenen oder beim Stand von 1933 wiederanknüpfenden Jugendverbände paßte eine so schwer einzuordnende jugendliche Bewegung nicht hinein, und ab Mitte der fünfziger Jahre, im Zeichen einer dem „Wirtschaftswunder" entsprechenden Seriösität und „nivellierten Mittelstandsmentalität", mußten Lebensformen der „Piratenjugend" als fast schon delinquent erscheinen, zumal ja nun die Jugendverbände selbst vielfach „erwachsen" wurden und von jugendbewegter „Romantik" Abschied nahmen, in der irrigen Annahme, sie würden dadurch in ihrem Werben um Jugendliche erfolgreicher.

FDJ-Mitglieder nach dem Verbot ihrer Jugendorganisation 1951 in Essen auf einer Friedensdemonstration (Manfred Scholz)

„Ohne-mich-Bewegung" – Protest gegen die Wiederaufrüstung

Allerdings ist hier noch über eine politische „Spätfolge" der Mentalität der Jugendgruppen der ersten Nachkriegsjahre und zugleich der Überlieferung der spontanen Jugendopposition zu Zeiten des NS-Staates zu berichten, die für das Ruhrgebiet in besonders dichter Weise feststellbar ist: Die Protestbewegung gegen die Wiederaufrüstung, oft auch „Ohne-mich-Bewegung" genannt, war in großem Umfange von jungen Leuten getragen, die ihre politische Sozialisation der heimlichen Jugendbewegung vor oder den verschiedenen Richtungen wieder freier Jugendbewegung gleich nach 1945 verdankten. Hier zeigten sich auch deutliche Differenzen zwischen den Generationen im Feld der kirchlichen Verbände oder im Bereich der Sozialdemokratie und der Gewerkschaften, und das Rhein-Ruhrgebiet war die Region, in der diese Konflikte ungewöhnlich scharf hervortraten.

Die Auseinandersetzungen mit den Plänen für einen westdeutschen „Wehrbeitrag" begannen auf Seiten der Jugendverbände schon früh. Die in Essen erscheinende Zeitung „Befreiung", Blatt der Christlichen Arbeiterjugend, schrieb in ihrer Startnummer vom September 1949:

„Vollbeschäftigung ist die Parole. Warum nicht auch wieder die Generale vollbeschäftigen? Heute tun sie dies zunächst mal bei den anderen. Wir Deutschen müssen vorläufig noch weinend abseits stehen. Schade, schade – sagen manche. Freilich nicht die Arbeiter.

Die hohen Militärs fliegen von West nach Ost, von Hauptstadt zu Hauptstadt, beraten, planen, skizzieren... Wird es die Elbe? Wird es der Rhein oder gar erst das Pyrenäengebirge sein, wo wir die unbezwingliche Verteidigungslinie aufbauen? Denn daß es sich nur um einen Verteidigungskrieg handeln kann, ist klar. Wenigstens bei uns. Angriffskriege planen immer die anderen. Wer? Die Russen? Der Mann im Mond?

Die Arbeiterjugend läßt sich nichts vom ‚Heiligen Krieg' vorlügen. Wir jungen Arbeiter in Deutschland – und die jungen Arbeiter in England, Frankreich und auch Rußland denken wohl nicht anders – wollen nicht wieder mit den Waffen in der Hand für einen zweifelhaften Frieden kämpfen."

Und die katholische Jugendzeitung „Die Wacht" schrieb in ihrer Ausgabe 8/1950: „Sollen wir morgen wieder mit ‚Gewehr in Vorhalte' zu Füßen brüllender Sklavenhalter im Dreck hocken? Churchill meint: Ja! Hollands Parlament fordert: Ja! Bärtige Realpolitiker am Rhein wünschen: Ja! Deutschlands Jugend sagt in ihrer überwiegenden Mehrheit: Nein! Wenn man uns in den Sumpf stoßen will, hört jede Höflichkeit auf. Wer von Remilitarisierung spricht, verdient Kinnhaken."

In der Zeitschrift „kontakt", einem Blatt der freien bündischen Gruppen, war zu dieser Zeit zu lesen: „Schon wieder stellen Marschälle und Kanzler auf Papier Armeen auf. Jeder gibt seinen Senf dazu und erhöht die Zahl der kommenden Gespensterdivisionen. Nur einer wird nicht gefragt: Die Jugend. Wir alle. Wir haben nur zu gehorchen. Und zu marschieren. Und zu schießen. Und totgeschossen zu werden. Wißt ihr es noch? Und hier hört für uns jede Toleranz und Diskussion auf: Man irrt sich! Wir werden nicht wieder Soldaten werden. Für niemanden und gegen niemanden. Wir hassen den Krieg, weil wir das Töten von Menschen hassen."

DGB-Demonstration am 1. Mai 1958 in Essen (Manfred Scholz)

Ostermarsch von Duisburg nach Dortmund, 1962 (Manfred Scholz)

Ostermarsch 1963 (Manfred Scholz)

Es waren also nicht nur die FDJ, die „Naturfreundejugend", die „Falken" und die Gewerkschaftsjugend, die damals einen westdeutschen „Wehrbeitrag" ablehnten. Für das Ruhrgebiet läßt sich sagen, daß der Protest gegen jede Remilitarisierung authentischer Ausdruck der Stimmungen in der großen Mehrheit der Jugendgruppen um 1950 war, unabhängig von parteipolitischen oder konfessionellen Zuordnungen. Es ging bei diesem Protest nicht um komplizierte außenpolitische oder rüstungspolitische Gedankengänge, wie sie etwa die sozialdemokratische Führung anstellte, und es ging schon gar nicht um Gefälligkeiten für die Politik der DDR oder der UdSSR. Im Jugendprotest gegen die Remilitarisierung war die auf Erfahrung gestützte Angst vor einem neuen Krieg enthalten, aber ebensosehr die Abscheu gegenüber dem „Kommißgeist", der Zorn auf alle Erscheinungsformen des „Kasernenhofs". Es lag darin auch ein generationsspezifisches Gefühl, nämich der Eigenwille der Altersgruppen, die den Krieg noch erlebt hatten, aber noch nicht – wie die Älteren – in das militärische Dasein als „Selbstverständlichkeit" einsozialisiert worden waren.

Allerdings geriet die jugendliche Protestbewegung gegen die Remilitarisierung zwischen die Fronten des Kalten Krieges, und ihre Dynamik brach sich, soweit es um die Jugendorganisationen geht, an den Barrieren, die mit der Zuordnung zu diesem oder jenem Block der „Erwachsenenpolitik" gesetzt waren.

Um dies an den beiden politischen Polen zu zeigen: Auf der Vollversammlung des Deutschen Bundesjugendrings in Elmstein 1952 erklärte die Führung des Bundes der katholischen Jugend, ein Verteidigungsbeitrag der Bundesrepublik sei gerechtfertigt (mit der Einschränkung: sofern die Zielsetzung der Friedenspolitik und das Recht auf Wehrdienstverweigerung dabei gesichert werden könnten). Insbesondere aus bündisch-katholischen Gruppen des Ruhrgebiets kam innerverbandlicher Protest dagegen auf; aber ihre Verschränkung der katholischen Verbände mit der Unionspolitik war inzwischen so gefestigt, daß die Entscheidung „oben" von Stimmungen in den Jugendgruppen nicht mehr zu irritieren war.

Auf der anderen Seite verlor die Kampagne der westdeutschen FDJ gegen die Aufrüstung der Bundesrepublik an Glaubwürdigkeit bei Jugendlichen, nachdem die FDJ in der DDR zum „wehrhaften Patriotismus" und zur vormilitärischen Erziehung übergegangen war. Zudem ging die KPD ab 1950 daran, ihren Kampf gegen die westdeutsche Wiederbewaffnung nicht mehr so sehr mit einer antimilitaristischen, sondern mehr mit einer nationalistischen Argumentation zu führen in der (übrigens vergeblichen) Hoffnung, auf diese Weise auch Massen von ehemaligen Nationalsozialisten, Soldaten und gar „Hitler-Jungen" für eine neutralistische Alternative zur „landesverräterischen Adenauer-Politik" gewinnen zu können. Von dieser „nationalen" Wende der KPD-Politik blieb auch die FDJ nicht unberührt, und womöglich hat dies mehr zu ihrem Terrainverlust bei Jugendlichen beigetragen als das Verbot der Organisation durch die Bundesregierung. Im Ruhrgebiet fanden manche ehemaligen FDJ-Gruppen bei der „Naturfreundejugend" eine neue Behausung; hier konnten sie an ihrer antimilitaristischen Tradition festhalten.

Ostermarsch 1965 (Manfred Scholz)

Ostermarsch Dortmund 1966 (Manfred Scholz)

Duisburg, Beginn des Ostermarsches von Duisburg nach Dortmund am 10. 4. 1982 (Manfred Vollmer)

150 Die große Jugenddemonstration vor der Essener Gruga am 11. Mai 1952, mit rund 30.000 jugendlichen Teilnehmern vornehmlich aus dem Rhein-Ruhrgebiet, bei der der FDJler Philipp Müller von der Polizei erschossen wurde, war nicht (wie die KPD-Zeitungen dann schrieben) der Auftakt für den „Massenkampf in ganz Westdeutschland", wohl aber eine eindrucksvolle letzte Aktion der kriegs- und militärgegnerischen Jugendbewegung der ersten Nachkriegsjahre, die noch einmal veranschaulichte, wie die Spontaneität jugendlichen politischen Protestes im Machtgefüge der politischen Apparate zunichte werden kann. In der Reaktion auf die Essener Ereignisse marschierten dann in Ostberlin FDJ-Kolonnen unter dem Transparent „Vorwärts, deutsche Jugend, unter dem Banner des nationalen Widerstandes, das die mutige Jugend Westdeutschlands in Essen kühn entfaltet hat."

Mit den Gefühlen der meisten Jungen und Mädchen, die in Essen dabei waren, hatten derlei Sprüche nichts zu tun. Die illegale FDJ war an der Organisation des Essener Treffens maßgeblich beteiligt, und die FDJ-Gruppen waren zu dieser Zeit noch stark genug, um auch das Bild der Teilnehmerschaft mitzuprägen. Aber die anderen Gruppen, „Falken", „Naturfreunde", Bündische, junge Christen, junge Gewerkschafter, standen den FDJ-Gruppen nicht nach, und für sie wie für die FDJ-Angehörigen läßt sich sagen, daß es ihnen nicht darum zu tun war, ein „Soll" in einem politisch-strategischen Plan der DDR-Führung „abzuleisten". Die vielen Tausende von Jugendlichen, die singend und rufend durch Essen zogen, brachten ihren eigenen Willen zum Ausdruck: Sie wollten ein Leben frei von Furcht vor dem Krieg, frei von jeder Militarisierung der Gesellschaft. Es waren die Hoffnungen der „bewegten" Jugend aus den Trümmerjahren, die sich hier noch einmal äußerten – gegen den Strom der politischen Geschichte.

Jugendliche Gegner der Remilitarisierung begrüßen die Teilnehmer/innen der Demonstration am 11. Mai 1952 vor dem Essener Hauptbahnhof (Manfred Scholz)

(Aus: Volksstimme, Zeitung für Einheit und Demokratie vom 13. Mai 1953)

*Oben: Die Demonstrationskarawane, Essen 11. Mai 1952
(Manfred Scholz)*

*Polizeieinsatz gegen den Demonstrationszug. Der Einsatz
hatte den Tod von Philipp Müller zur Folge, erschossen
von der Polizei (Manfred Scholz)*

Jugendbanden in der Nachkriegszeit

Sabine Roch

Die Lebensbedingungen im Ruhrgebiet nach Kriegsende

Die letzten Kriegsjahre hatten die Jugendlichen verunsichert. Sie lebten in ausgebombten Städten, sie wurden evakuiert, durch die Kinderlandverschickung von den Eltern getrennt, und sie mußten 1944 noch als Soldaten an die Kriegsfront. Ihr Leben in den Nachkriegsjahren war im wesentlichen geprägt durch unzureichende Wohnverhältnisse, zerstörte Familien, eine schlechte Ernährungslage, Not und Elend, unregelmäßigen Schulunterricht und Arbeitslosigkeit. In Nordrhein-Westfalen gab es Anfang 1947 ca. 12 Millionen Einwohner. Davon 6,5 Millionen Frauen und 1,6 Millionen Jugendliche unter 14 Jahren. 80 Prozent der Bevölkerung lebte zu dieser Zeit in den Städten (vgl. Först 1986).

In der „Kölnischen Rundschau" vom 15. November 1946 heißt es: „SOS – Ruf des Landtags Nordrhein-Westfalen – Der Angelpunkt, um den sich sämtliche Erklärungen, Debatten, Reden, Stellungnahmen und Entschließungen in der ersten Arbeitstagung des Landtages Nordrhein-Westfalen in Düsseldorf drehten, war die deutsche Not. Und zwar die deutsche Not in ihren verschiedenen Formen und auf allen ihren Gebieten, in der Ernährung, in der Kohlenfrage, in der industriellen Wirtschaft, in der Bewirtschaftung der Konsumgüter, auf sämtlichen Gebieten des materiellen Lebens."

Die meisten Ruhrgebietsstädte waren 1945 völlig verwüstet, die Wohnungen sowie Verkehrssysteme zerstört und überall waren die Straßen mit Trümmern blockiert:

Auf dem Weg vom „Schwarzmarkt" (Hauptstaatsarchiv NW, Düsseldorf)

„915.000 Wohnungen waren in Nordrhein und Westfalen beschädigt, 1.142.000 zerstört, knapp 1,2 Millionen heil geblieben." (Först 1986, S. 16) Die unzureichenden Wohnverhältnisse machten sich vor allem in den Wintermonaten bemerkbar, weil es kaum möglich war, die Wohnräume zu heizen, und war erst mal ein Ofen vorhanden, fehlte oft der Brennstoff.

Am 26. März 1947 meldete die „Neue Ruhr-Zeitung": „Ernährungskrise im Ruhrgebiet spitzt sich weiter zu". Die Politiker stellten eine bedrohliche Ernährungslage fest, eine Hungerkatastrophe wurde befürchtet – besonders in den ausgebombten Industriestädten im Ruhrgebiet. Diese Ernährungslage war u. a. bedingt durch die schwierige Lage im Verkehrssystem, durch beträchtliche Bevölkerungsverschiebungen bzw. -wanderungen, durch die Aufteilung Deutschlands sowie durch die Drosselung der landwirtschaftlichen Produktion, die bereits in den letzten Kriegsjahren begonnen hatte. Die täglichen Rationen waren sehr knapp und oft konnten selbst sie nicht herbeigeschafft werden, selbst wenn die Menschen laut Lebensmittelkarte ein Anrecht darauf hatten. Viele Familien setzten sich nur noch aus der Mutter und den Kindern zusammen, da viele Väter im Krieg gefallen oder noch in Gefangenschaft waren. Besonders die Jugendlichen waren sich selbst überlassen, mußten für sich selbst sorgen bzw. in vielen Fällen mithelfen, die sogenannte Restfamilie zu ernähren.

Die Situation der Jugendlichen nach 1945

Viele Jugendliche wurden durch den Krieg und die Nachkriegsumstände aus der Bahn geworfen. Die Lebensumstände führten dazu, daß das Organisieren zum wichtigsten Prinzip ihres Lebens wurde. Für viele war der Schwarzmarkthandel, das Hamstern, der Raub, der Diebstahl sowie das Vagabundieren die einzige Chance zu überleben. Denn auf diesen Gebieten hatten sie bereits vor 1945 Verhaltensweisen erprobt. Zurückstehen mußten dabei ein Unrechtbewußtsein sowie die Achtung vor dem Eigentum des anderen. Die im folgenden beschriebene Verhaltensweise des Organisierens war bei vielen Jugendlichen vorhanden, endete aber nicht überall in einer kriminellen Laufbahn.

Den Jugendlichen war in den Jahren vor 1945 immer wieder gesagt worden, daß die Jugend das Primäre ist. In einem Leserbrief heißt es: „Als wir bewußt zu leben begannen, da wurde uns das Schlagwort eingehämmert, daß wir die Zukunft seien. Da sagte man uns, daß Jugend von Jugend geführt werden müsse!" (Kölnische Rundschau 31. Januar 1947)

Nun nach Kriegsende galten sie als halbwüchsig und unreif. Aber aufgrund ihrer Kriegserfahrungen waren sie auch nicht mehr jugendlich. Besonders hart betroffen waren die Jugendlichen, die eine Erziehung in der HJ mitgemacht hatten, da jetzt der Zusammenbruch zu einer Verwirrung der Wertbegriffe führte. (Vgl. Bader 1949) Ein Jugendlicher charakterisierte seine Situation 1946 so: „Für alle, die an Hitler glaubten, und dann vor den Scherben ihres Götzenbildes standen, war es nicht leicht, sich in der neuen Welt zurechtzufinden, die sich durchgesetzt hatte, obwohl die Hitlerpropaganda behauptet hatte, daß sie dem Untergang geweiht sei. Ganz besonders schwer war und ist die Neuorientierung aber für die junge Generation, denn sie hatte die Welt nur mit den Augen des Nazismus zu sehen gelernt und geschichtliche Erinnerungen an die Zeit vor Hitler, die sie kritisch hätte verarbeiten können, besaß sie nicht." (Kölnische Rundschau 16. August 1946)

```
                                                      den  9.12.      194 7
Jugendarrestanstalt = Amtsgericht.

Jugendarrestbuch-Nr. ▓▓▓▓▓
    (Bei allen Schreiben anzugeben!)
                                       An
Zum dortigen Gesch.-Z. 5 Ds 73/47
Anlagen: 1. Schlußgutachten
         2. (siehe Rückseite)              das  Amtsgerichts-
         3.                                _____
                                           Castrop - Rauxel

    Der/Die Jugendliche ▓▓▓▓▓▓▓▓▓▓▓▓▓, Beruf: Maurerlehrl.
geboren am ▓▓▓▓▓        19 29 in Dortmund          , ist am
             9.12.  1947 um 17.00 Uhr nach Vollziehung des durch Urteil/
Beschluß / polizeiliche Strafverfügung de s Amtsgerichts
in Castrop-Rauxel  vom 27.6.  194 7 Gesch.-Nr. wie oben
gegen ihn/sie erkannten Jugendarrestes von einer Woche / Tag /Freizeit
vom 2. 12.   1947 17.00 Uhr bis 9.12.  1947 17.00 Uhr
vom             194        Uhr bis       194        Uhr
vom             194        Uhr bis       194        Uhr
vom             194        Uhr bis       194        Uhr
vom             194        Uhr bis       194        Uhr
nach Castrop - Rauxel   entlassen worden.
JAGO A 15. Mitteilung der Entlassung. — IV. 47. (4000).        Wenden
Strafgefängnis Bochum
```

Urkundenfälschungen für Tango und Kino
Wenn junge Mädchen älter sein wollen... – Ein Jugendrichter erzählt

KINDER vor dem Richter
„Schüler" und „Meister" im Straßenraub

Oben: Staatsarchiv Münster

Mitte: Westdeutsche Allgemeine Zeitung vom 31. 8. 1946

Unten: Westdeutsche Allgemeine Zeitung vom 24. 8. 1948

Jugendliche Beschaffungskriminalität und Jugendbanden im Ruhrgebiet

Angesichts der beschriebenen Lebensumstände ist es nicht verwunderlich, wenn das ganze Denken und Handeln der Jugendlichen „in erster Linie auf die Befriedigung der notwendigsten menschlichen Bedürfnisse, auf Nahrung, Kleidung, Wohnung, Heizung und sonstige Gebrauchsgegenstände des täglichen Lebens gerichtet" (Bader 1949, S. 160) war.

Die „Rheinische Post" meldete am 12. Juni 1946: „Anstieg der Jugendkriminalität / Vierzehnjährige auf dem Schwarzen Markt – In der Jugendkriminalität sei ein bedrohlicher Anstieg zu verzeichnen. Diebstähle herrschten vor, doch auch auf dem sogenannten Schwarzen Markt spielten die Vierzehnjährigen bereits eine Rolle, indem sie besonders auf Rauchwaren erpicht seien." Und der „Neue Westfälische Kurier" schreibt dazu am 31. Jan. 1947: „Die Großstadtjugend ist in Not und Gefahr. Wenn der Jugend das Recht versagt wird, sich durch ehrliche Arbeit das Brot zu verdienen, gibt sie dem Gericht Gelegenheit, sich mit ihr zu befassen."

So wurden in der Nachkriegszeit aufgrund der schlechten Ernährungslage vor allem Lebensmittel gestohlen und Hamsterfahrten organisiert. Wurden Jugendliche auf diesen Hamsterfahrten erwischt und kamen vor ein Gericht, glichen sich viele Urteilsbegründungen. Ein 17jähriger Bergmann aus Castrop-Rauxel bekam zwei Wochen Jugendarrest, weil er aufs Land fuhr, in einen Obstgarten eindrang und Obst mitnahm. In der Urteilsbegründung hieß es: „Bei der Strafzumessung war zu berücksichtigen, daß der Angeklagte geständig ist, daß kein Schaden entstanden ist und daß die Straftat mit durch die schlechten Ernährungsverhältnisse verursacht sein mag. Andererseits müssen derartige Diebstähle, die überhand nehmen und durch die die Landbevölkerung sehr beunruhigt und in ihrer Arbeit gestört wird, streng bestraft werden" (Staatsarchiv Münster).

Neben Lebensmitteln entwendeten viele Jugendliche Fahrräder oder Kleinkrafträder. Nicht immer ging dabei der Impuls von den Jugendlichen aus. Dazu folgende Situation: Im Juli 1947 wurden in Castrop-Rauxel drei Jugendliche wegen mehrerer Einbruchdiebstähle zu Freizeitarresten verurteilt. Der erste war 17 Jahre alt, lebte in geordneten Verhältnissen, sein Vater war seit 16 Jahren tot, er war aus dem 8. Jahrgang der Schule entlassen worden und ohne Arbeit. Der zweite war 15 Jahre, war während des Krieges bei einem Bauer evakuiert, 1947 aus der Schule entlassen worden und arbeitete jetzt als Destillateur. Der dritte war 15 Jahre alt und Maurerlehrling. Die Jugendlichen erzählten, daß sie in einer Wirtschaft saßen, als sie mit jemandem zusammentrafen, der sie aufforderte, Mangelwaren zu beschaffen. Für die beschafften Sachen (Fahrräder, Radios u. a. m.) erhielten sie Geld. Das Geld wurde dann in Schnaps und Tabak umgesetzt bzw. für Kinobesuche ausgegeben (Staatsarchiv Münster).

In einer anderen Situation, in der drei Jugendliche Äpfel und Roggenähren stehlen wollten, gaben sie später zu Protokoll, daß sie die Lebensmittel stehlen wollten, um ihren Hunger zu stillen, denn sie kamen mit den zugeteilten Lebensmitteln nicht aus. In der Urteilsbegründung hieß es: „Hier ist zu berücksichtigen, daß die Angeklagten zu den Straftaten durch Hunger veranlaßt worden sind. Z. Zt. der Begehung der Straftaten war die Ernährungslage besonders schlecht. Die Bevölkerung hatte kaum Kartoffeln und nur wenig Brot. Eine derartige Lage wirkt besonders auf die Jugendlichen. Wenn auch solche Straftaten nicht zu entschuldigen sind und bei Überhandnehmen die allgemeine Versorgung gefährden würden, so erscheinen sie doch bei Jugendlichen, die sowieso stets Hunger haben, eher verständlich. Auch hier ist zu berücksichtigen, daß der Hunger der Jugendlichen auf Obst besonders groß ist und daß nicht im geringsten für eine Verteilung von Obst gesorgt wurde. Schon in normalen Zeiten sieht man einen Jungen, der, auch unter Übersteigen eines Zaunes, einige Äpfel entwendet, nicht als gemeinen Dieb an. Umso weniger kann dies in den heutigen verworrenen Zeiten geschehen." (Staatsarchiv Münster)

Die Urteile der Richter fielen fast ausschließlich zugunsten der Jugendlichen aus, die Jugendlichen wurden zu Freizeitarresten verurteilt; Haftstrafen gab es in den seltensten Fällen. Aufgrund der gestiegenen Nachkriegskriminalität wurden viele Freizeitarreste ausgesetzt, da die Jugendarrestanstalten überfüllt waren.

Unter den Jugendlichen war die sogenannte Beschaffungstheorie weit verbreitet. Hierzu folgender Lebenslauf: Der Jugendliche kam 1946 ins Ruhrgebiet, um im Bergbau zu arbeiten. Er war 1924 in Berlin geboren worden und wurde noch von 1942 bis 1945 als Flakhelfer bei der Luftwaffe eingesetzt. Er wurde gefangen genommen und 1945 entlassen. Auf der Fahrt ins Ruhrgebiet lernt er jemanden kennen, der eine große Menge Lebensmittelkarten bei sich hat und erfährt von ihm die „Beschaffungstheorie". In den folgenden Monaten meldet er sich mit einem Flüchtlingsschein auf verschiedenen Zechen, die hierauf erhaltenen Meldekarten verkauft er auf dem Schwarzmarkt. Des weiteren meldet er sich bei einzelnen Arbeitsämtern unter einem falschen Namen und verkauft später die hier erhaltenen Melde- und Lebensmittelkarten auf dem Schwarzmarkt. So reist er quer durch das Ruhrgebiet, bis er 1946 in Bochum verhaftet wird. Die nebenstehenden Sachen wurden bei ihm gefunden. In der Urteilsbegründung heißt es, strafmildernd wurde berücksichtigt, daß der Angeklagte Soldat an der Front war und Schwierigkeiten hatte, sich im zivilen Leben zurechtzufinden.

In der Nachkriegszeit gab es auch Jugendliche, die nicht alleine versuchten, das Leben zu organisieren, sondern sich in Cliquen oder Banden zusammenschlossen. In der Stadtchronik von Gelsenkirchen findet man zum 8. Mai 1947 folgende Notiz: Etwa 40 bis 50 Jugendliche versuchten, einen vor dem Bahnhof Schalke-Nord haltenden, mit Grubenholz beladenen Güterzug zu plündern. Die Polizei konnte die Plünderung verhindern.

„In Essen wurde ... eine Bande von Schülern im Alter von neun bis 14 Jahren festgenommen, der bis jetzt 81 zum Teil schwere Einbrüche ... nachgewiesen wurden. Anführer der Bande war der „Boss", ein 14 Jahre alter Volksschüler, der sich den Namen „Hoddy" zugelegt hatte ... Die Einbrüche wurden in der Hauptsache kurz nach Ladenschluß unternommen, so daß die Jungen pünktlich um 20 Uhr wieder zu Hause waren. Fast alle Jungen stammten aus ordentlichen Familien, und die Eltern hatten von dem Treiben keine Ahnung. Der 9jährige Benjamin der Bande, der „Mäuschen" genannt wurde, hatte sich bei den Einbrüchen durch Schutzgitter und Ventilatorschächte schieben lassen und dann die Türen von innen geöffnet". (Middendorf 1956, S. 58)

Die Geschichte der Trümmerjugend war nicht nur die Geschichte der Jungen. Aber der Anteil der Jungen an der Kriminalitätsrate war um ein Vielfaches größer als der der Mädchen. Dafür aber waren die Phänomene der Verwahrlosung und Prostitution bei den Mädchen in viel stärkerem Ausmaß vorhanden.

Die Motive für die Beschaffungskriminalität der Jugendlichen in den Jahren 1945 bis 1948 lagen in einer Mischung aus Abenteuerlust und bitterer Not. Das Prinzip des Organisierens war für sie zugleich Ausdruck ihrer konkreten Lebensumwelt, individuelle und auch kollektive Überlebensstrategie und Versuch der Selbsthilfe. Die Kriminalität hatte nicht nur wirtschaftliche Ursachen, die Lebensumstände in den Jahren davor hatten das soziale Denken und Handeln der Jugendlichen wie auch der Erwachsenen verändert. Gerade auch durch das Beispiel vieler Erwachsener erfuhren die Jugendlichen, daß sich jeder selbst der Nächste ist.

Ein Rückgang der Jugendkriminalität zeichnete sich 1948 nach der Währungsreform ab.

Heimat und Flucht – Jugendliche Flüchtlinge im Revier

Alexander von Plato

Auf dem Weg in den Westen...

Unten: UT vom 10. 11. 1953 (Stadtarchiv Dortmund)

Schmelztiegel Dortmund
gab 4000 heimatlosen Jugendlichen Wohnung und Brot

Jugendamt beginnt heute Aktion mit 200 Plakaten / Zimmer 3 bewahrt vor Ruinen, Fremdenlegion und Wucherpreisen

Wem kommen nicht, wenn von Vertriebenen oder Flüchtlingen die Rede ist, Trachtengruppen auf Ostpreußen-Treffen, markige Bundeskanzler-Reden oder gar revanchistische Zeitungsartikel aus dem Schlesier-Organ in den Sinn? In diesem Aufsatz soll es jedoch weniger um die Flüchtlings-Funktionäre als um die namenlosen Jugendlichen gehen, die nach dem Zweiten Weltkrieg in das Ruhrgebiet kamen.

Ungefähr 1,7 Millionen Umgesiedelte aus den sogenannten Ostgebieten und Flüchtlinge aus der Sowjetischen Besatzungszone bzw. der DDR lebten 1950 in Nordrhein-Westfalen; das waren 13 Prozent der Gesamtbevölkerung. Mehr als eine halbe Million waren ins Ruhrgebiet gekommen. Es waren sehr unterschiedliche Schicksale, die unter den Begriffen Vertriebene oder Flüchtlinge in eine Schublade gepreßt wurden: Menschen, aus den verschiedenen Gebieten östlich der Oder-Neiße, die zu unterschiedlichen Zeiten vor der näherrückenden Front geflohen waren, teilweise auf Befehl der NS-Verwaltung; einige waren erst kurz zuvor aus dem Westen gekommen oder als sogenannte „Volksdeutsche heim ins Reich geholt", dann aber in den eroberten Gebieten angesiedelt worden; die meisten waren Umsiedler, die nach dem Potsdamer Abkommen ausgesiedelt wurden; schließlich kamen die SBZ- bzw. DDR-Flüchtlinge hinzu.

Häufig waren es mehrere Stationen, über die die Vertriebenen ins Revier kamen; und meistens waren es junge Frauen, die mit ihren Müttern oder Großeltern, seltener mit verwundeten Soldaten die Flucht organisierten, während ihre Männer, Brüder oder Väter den Krieg und den Rückzug, aber nicht die Flucht erlebten, also Flüchtlinge ohne Flucht- oder Vertreibungserfahrungen waren – eine Tatsache, die zwar auf der Hand liegt, aber selten hervorgehoben wird.

Auch der jungen Frau Schuster erging es so: sie wurde 1922 in Niederschlesien geboren, stammte aus einer gut situierten Angestellten-Familie, besuchte die höhere Handelsschule und wurde Sekretärin. Sie heiratete 1939 einen Offizier, bekam im Krieg zwei Kinder und gab ihren Beruf auf. 1945 mußte sie die Flucht allein organisieren, da ihr Mann an der Front war. Sie floh vor der sich nähernden Front mit den Kindern ins Erzgebirge, wo sie sich „für alle Fälle bei Verwandten" mit ihrem Mann verabredet hatte. Er kam auch dorthin mit „selbst ausgefertigten Entlassungspapieren", wurde jedoch in der SBZ wegen seiner Offizierstätigkeit und wegen seiner Funktionen im Arbeitsdienst als Kriegsverbrecher eingestuft, mußte sich bei der sowjetischen Kommandantur wöchentlich melden und arbeitete im Uranbergbau unter schwierigen Arbeitsbedingungen. Die Schusters gingen deshalb 1946 in den Westen zu ihrer Schwester nach Bielefeld, wo sie blieb, während er sich 1947 in den Ruhrbergbau verpflichtete, zunächst in Lagern unterkam, dann in einem Heim und nach kurzer Zeit privat bei einer einheimischen Familie wohnte, die froh war, dafür die Deputatkohle von Herrn Schuster zu bekommen. Dorthin holte er seine Frau und die Kinder nach. Sie lebten zwei Jahre in einer „Nissenhütte", die Frau Schuster zu einem „kleinen Schmuckhäuschen" verschönte; danach wohnten sie in einer Zechen- und schließlich in einer Neubauwohnung, 1973 bezogen sie ein Haus, das sie aus Lastenausgleichsmitteln gebaut hatten; sie blieb ohne Erwerbstätigkeit, er wurde 1953 Steiger; 1973 ging er in Rente. Beide begreifen sich als „unpolitisch", waren anfänglich kurze Zeit in einem Vertriebenenverein, zu dem sie allerdings schon nach einem Jahr den Kontakt abbrachen, da „die nur in der Vergangenheit lebten" und „uns nichts brachten"; außerdem lebten sich ihre Kinder in die neue Heimat ein und begriffen sich nicht mehr als Schlesier. Die Schusters leben heute zurückgezogen.

Wie Herr Schuster arbeitete etwa die Hälfte der Vertriebenen und Flüchtlinge im Ruhrgebiet mindestens zeitweilig im Bergbau.

„Hier wohnen Menschen?" – Fremdes Ruhrgebiet

Die Meldung zum Bergbau brachte einige Vorteile: Alliierte bevorzugten bei der Entlassung aus der Gefangenschaft solche, die sich für den Bergbau verpflichteten; im Bergbau konnte man Schwerstarbeiter-Zulagen, Schnaps, Care-Pakete und einen sonst nicht üblichen Lohn erhalten; viele Jugendliche kamen deshalb, weil sie in den „typischen Flüchtlingsgebieten" keine Lehrstelle erhielten oder weil dort, meistens auf dem Lande, die Arbeitslosigkeit extrem hoch war.

So lag 1950 der Anteil der Vertriebenen an der Gesamtzahl der Arbeitslosen in Schleswig-Holstein bei 57,5 Prozent oder in Niedersachsen bei 41,3 Prozent, dagegen in NRW nur bei 12,9 Prozent. NRW – und darin noch einmal das Ruhrgebiet – nahm also eine Sonderstellung ein, weshalb es Arbeit suchende Flüchtlinge ins Revier trieb. Die Verpflichtung in den Bergbau war außerdem eine der wenigen Möglichkeiten, in das ansonsten durch scharfe Zuzugsregelungen abgeschnittene Ruhrgebiet zu kommen. Sie wurden dann „gemustert"; die Jungen und Kräftigen durften im Bergbau anlegen. Dadurch veränderte sich die Bevölkerungs- und Altersstruktur im Revier: Während z. B. in Essen noch 1951 auf 100 männliche nur 89,9 weibliche Vertriebene kamen, waren es bei den Einheimischen 108,9 Frauen auf 100

Männer; 50,7 Prozent der Vertriebenen waren zwischen 18 und 45 Jahre alt gegenüber nur 38,9 Prozent bei der sogenannten Stammbevölkerung.

Die meisten, nämlich 58,7 Prozent der Vertriebenen, arbeiteten berufsfremd im Revier, froh, überhaupt eine Arbeit zu bekommen, aber erschreckt von der Fremdheit des Industriereviers, wie besonders Leute aus ländlichen Herkunftsregionen feststellen:

„Den ersten Eindruck habe ich dadurch bekommen, als wir aus dem Fenster des Busses schauten, und ich sah die Hochöfen, die Feuerungen, die Feuer der Hochöfen. Und das war für mich so schockierend. Ich hab gesagt: ‚Das gibt's doch gar nicht!', wo ich also nur das Landleben kennengelernt habe. Ich hab gesagt: ‚Hier wohnen Menschen? Und hier ist Feuer? Was wird passieren, wenn Du jetzt zur Zeche kommst?'"

Das erzählt, heute lachend, Hans Rabe, der 1930 in Ostpreußen geboren, 1936 eingeschult und „Pimpf" bzw. sogar noch HJler wurde. Die Mutter – der Vater war gefallen – floh 1944 mit den Kindern von der Front nach Sachsen, was *„für uns Kinder eigentlich eine Reise"* war; dort kam Hans noch zum Landdienst und zu einer kurzen Ausbildung an der Flak in die Tschechoslowakei. Nach Kriegsende ging er allein zurück nach Sachsen, beendete die Volksschule, wurde Landarbeiter in Thüringen bis 1949, weil er *„jetzt der Ernährer der Familie"* war, denn die Brüder waren noch in Gefangenschaft. Wegen besseren Verdienstes ging er dann in den Erzbergbau, wo er von den Vorzügen des Ruhrbergbaus hörte und sich *„in den Westen zu einem Bruder nach Holstein machte"*; dort wurde er zunächst Landarbeiter, bis er 1951 in den Ruhrbergbau gehen konnte. Zunächst fand er nur Unterkunft in einem Lager, dann in einem Ledigenheim. Bis Anfang der siebziger Jahre arbeitete er als Hauer unter Tage, dann bei einem Kaufhaus als Lagerarbeiter. 1955 heiratete er eine Einheimische. Anfänglich ging er vor allem wegen der sozialen Kontakte in einen Heimatverein, den er jedoch nach wenigen Besuchen wieder verließ. Heute übernimmt Hans Rabe Patenschaften für Spätaussiedler gerade wegen seiner Kritik an der Politik der Vertriebenenverbände. Er ist Gewerkschaftsmitglied und SPD-Wähler.

Die Aufnahme im Ruhrgebiet wird sehr unterschiedlich geschildert, wenn auch letztlich mit eindeutiger Tendenz. Viele hatten zunächst große Fremdheitsgefühle, vor allem in der neuen Arbeit, in den Ledigen-Heimen („Bullenklöster" genannt), wo man zuerst nach den Aufnahmelagern unterkam, bei öffentlichen Festen usw. Die Männer fühlten sich, häufig getrennt von ihren Familien oder Freunden, die in alle Winde zerstreut waren, einsam. Aber die meisten meinen, daß die Aufnahme im Ruhrgebiet trotz vieler Hänseleien insgesamt sehr positiv gewesen war und man bald neue Lebenszusammenhänge fand.

Ein „Hauer" schildert seine Aufnahme durch einen alten Bergmann am ersten Arbeitstag: *„Der alte Kumpel sagte zur*

Blick in eine der vielen, auch für Flüchtlinge eingerichteten Notwohnungen, 1947 (Hauptstaatsarchiv NW, Düsseldorf)

Flüchtlingskinder. Im Hauptstaatsarchiv Düsseldorf archiviert mit der Bildunterschrift „Trotz Elend doch Freude beim Ostflüchtlingstransport"

*Begrüßung: ‚Glückauf. Wo kommst Du her?'
– ‚Ach, aus der Kalten Heimat.' Wir wurden immer ein bißchen veräppelt. ‚Vier Reck Schienen hinter Berlin' und so. Das waren die Redensarten, mit denen man schon mal einen Ostpreußen begrüßte. ‚Auch 'nen Gutshof gehabt?' (wegen der Lastenausgleichs-Anträge – d. Verf.) ‚Ja', ich gab dieselben dämlichen Antworten, die sie selber gegeben hätten. ‚Ja, auf dem Balkon und Schnittlauch und so.' Das war mehr trockenes Veräppeln. Echte Feindschaft gab's nur, wenn wir Jungen immer noch nicht die faschistischen Verbrechen glauben wollten, diese Massenmorde."*

August Kistner, Jahrgang 1926, stammt aus dem Sudetenland, ist evangelisch. Seine Mutter war Hausfrau, sein Vater gelernter Schuhmachermeister, später Vorarbeiter in einer Baumwollspinnerei. Albert besuchte die Volksschule, begann dann eine Lehre in derselben Baumwollspinnerei, die er jedoch abbrach. Dann meldete er sich zum Reichsarbeitsdienst, später zur Waffen-SS, war Kriegsteilnehmer bis zu seiner schweren Verwundung. Er kam mit einem Lazarettschiff nach Dänemark, erlebte dort das Kriegsende. Ende 1945 wurde er Kriegsgefangener in Paderborn, wurde nach Belgien verlegt, wo er 1946 entlassen wurde. Er kannte niemanden im Westen, machte Gelegenheitsarbeiten, besuchte einen Kriegskameraden in Hessen, bis er seine Familie wiederfand; im November 1947 verpflichtete er sich in den Ruhrbergbau, wurde in einem Lager untergebracht, dann in einem Ledigen-Heim; er betont die gute Aufnahme durch Einheimische; bis 1964 arbeitete er unter Tage als gelernter Hauer und Kolonnenführer. Anfänglich war er kurze Zeit in einer Heimat-Landsmannschaft wegen der „vielen alleinstehenden Frauen und Witwen". 1950 heiratete er jedoch eine Einheimische und bekam eine Zechenwohnung, die ihn an den Bergbau „in halber Leibeigenschaft" band. Nach seiner Kündigung aus gesundheitlichen Gründen wurde er Hilfsarbeiter und ist heute Rentner. Er war Gewerkschaftsmitglied, SPD-Wähler und bekam niemals Lastenausgleich, aber den Flüchtlingsausweis „A".

Der Tenor der Mehrheit der Befragten trotz der anfänglichen Hänseleien ist: "Wir sind mit der einheimischen Bevölkerung gut ausgekommen." Einige geben auch eine Erklärung: das Ruhrgebiet sei von je her ein „Schmelztiegel gewesen, der alle Menschen aufgenommen" hätte. Wenn gesagt worden sei, „Du bist ein Flüchtling, dann in einem nicht abweisenden Ton." Trotzdem gibt es eine Minderheit, die als „Pollacken" beschimpft worden ist.

In der Arbeit unter Tage gab es neben der immer wieder gelobten Kameradschaft auch viele Schwierigkeiten für die Neuen: die Mehrheit der Vertriebenen und Flüchtlinge kamen aus sehr unterschiedlichen Berufen; die meisten empfanden ihren neuen Beruf trotz der zahlreichen Vergünstigungen als sehr hart oder gar als Abstieg und versuchten schnell, einen „besseren" Job zu bekommen oder im Bergbau aufzusteigen; ungefähr die Hälfte der von uns Befragten besuchte eine Steigerschule. Krach gab es zwischen den eingesessenen, zumeist älteren, Kumpeln und den Neubergleuten vor allem um den Akkord – das Gedinge: die Neuen waren jung und kräftig, „klotzten ran" und schraubten die Gedingesätze hoch. Außerdem arbeiteten sie lieber im Einzel- als im Kameradschaftsgedinge. Sowohl Einheimische wie Flüchtlinge meinen daher, daß das Kameradschaftsgedinge u. a. von den Flüchtlingen kaputt gemacht worden sei. Auf der anderen Seite wird den Neubergleuten zugute gehalten, daß sie den alten militärischen Ton zwischen Steiger und Bergmann, der sich bei den Nazis und im Verhältnis zu Zwangs- und Fremdarbeitern noch verschärfte, positiv verändert hätten.

Größere Schwierigkeiten als mit der Arbeit gab es mit den Wohnungen und den Freundschaftsbeziehungen: die meisten männlichen Vertriebenen und Flüchtlinge lebten mindestens für ein Jahr in einem Lager oder einem Ledigenheim. Frauen versuchten möglichst schnell privat unterzukommen, um ihren „Ruf nicht zu gefährden". Und die Männer berichten von Prostitution – allein in NRW soll es 1949 20.000 Prostituierte gegeben haben, die sich um die Ankunftslager für Neubergleute konzentrierten und von denen 40 Prozent geschlechtskrank waren. Sie erzählten von einem Verhältnis von Mann und Frau in dieser Szene, die ihren gelernten und eigentlich akzeptierten Normen widersprachen:

August Kistner: „Wer drauf aus war und den Charakter hatte, konnte für 'ne Pulle Schnaps und 'nen Pfund Speck (Bergmanns-Ration) 'ne heiße Nacht haben."

Herr Pessel: „Für mich war das jedenfalls so schockierend. Ich kam von der Schule, ich war wohlbehütet und komme nun dahin (in ein Lager). Und auf einmal kommt der eine Kollege rein und lacht und lacht ... Tja, da waren Mädchen, die eben nichts zu essen hatten, die kamen dann ins Lager. Ja, und da haben die Jungs die dann festgehalten und haben die mit Schuhcreme eingeschmiert und haben sie dann rausgejagt, nicht. Und die haben sich dann natürlich amüsiert. Aber das war gang und gäbe hinterher. Ich meine, die Marken, die Fettmarken, die wurden dann eben gegen 'ne Nacht vertauscht, ja."

Siegfried Pessel wurde 1929 im Sudetenland geboren, ist evangelisch. Die Mutter war Hausfrau ohne Erwerbstätigkeit, der Vater Gastwirt und Kaufmann. Nach der Schule besuchte Siegfried eine Lehrerbildungsanstalt „für den Parteinachwuchs" der NSDAP; den 8. Mai 1945 hat er als Zusammenbruch empfunden. Im Februar 1946 wurde er mit der Familie ausgesiedelt („innerhalb einer Stunde mußten wir das Haus verlassen") in die Nähe von Fulda. Dort ging er auf das Gymnasium, brach es ab aus finanziellen Gründen und meldete sich in den Ruhrbergbau. Weil ihm die Arbeit zu schwer war, besuchte er nach zwei Jahren unter Tage mit großem Aufstiegswillen die Bergschule mit Erfolg. 1955 bis 1966 war er Steiger und Betriebsstudieningenieur; jetzt ist er in der Bergbauforschung tätig. 1954 heiratete er eine hessische Einheimische; er hat keinen Kontakt zu Vertriebenenverbänden, ist Gewerkschaftsmitglied und SPD-Wähler. Er selbst erhielt keinen Lastenausgleich, aber seine Eltern.

Viele unserer befragten Flüchtlinge fanden bald, häufig sogar einheimische, „anständige Mädchen", gründeten eigene Familien und lebten in Normen, die der „wilden Zeit" nicht mehr entsprachen.

Die meisten damals jugendlichen Flüchtlinge und Vertriebenen betonen, daß sie sich bald im Revier heimisch gefühlt hätten und einen „Normalisierungsprozeß" wie die Einheimischen auch erlebt hätten — nur um ein, zwei Jahre später, da man ja mit „Nichts in der Hand angefangen" hätte. Man habe noch härter gearbeitet als die Eingesessenen und es aus „eigener Kraft" zu etwas gebracht. Außerdem war das Revier als Immigrationsland toleranter als ländliche Gebiete mit alten gewachsenen Traditionen und Strukturen.

Neue Heimat?

Die Hauptelemente der trotz der ersten Fremdheitserfahrungen erstaunlich raschen Eingliederung der Vertriebenen und Flüchtlinge im Revier lassen sich grob folgendermaßen zusammenfassen: an erster Stelle stand der expandierende Arbeitsmarkt, in dem das Revier eine Sonderstellung einnahm; dann der beginnende schwierig-schöne Konsum, dessen Früchte man nur dank der Bergmanns-Vergünstigungen und dank einiger Doppelschichten erreichen und nur geschwächt genießen konnte; hinzu kam, daß die meisten sich bald an die neue Heimat banden durch Freundschaften und durch Familien-Gründung, vor allem dann, wenn der Partner ein/e Einheimische/r war.

Lastenausgleich — also eine Entschädigung für verlorenes Eigentum — haben nur die Älteren bekommen, so daß die alten Flüchtlinge, die besonders „integrationsunwillig" waren, materielle Bindungen eingingen, während diejenigen, die sich hier als Jugendliche schnell einlebten, auch keines materiellen Anreizes bedurften.

Trotzdem: es dürften nicht allein diese — besonders wichtigen — Gründe gewesen sein, weshalb die befragten Flüchtlinge von einem baldigen Einleben erzählen. Hinzu kommt noch, daß die meisten Jugendlichen sich schnell mehr als Arbeitnehmer denn als Flüchtlinge, mehr als Gewerkschafter denn als Vertriebene empfanden und mehr die Vorzüge des Bergmannes genießen wollten als die des „armen Flüchtlings".

Darüber hinaus gibt es eine ganz andere Dimension dieser Eingliederung, nämlich die Probleme der Einheimischen, die manchmal erstaunlich ähnlich wie die Schwierigkeiten der Flüchtlinge geschildert werden. Denn gerade im Ruhrgebiet hatten viele durch Betriebsverlagerungen, durch Evakuierungen, durch Kinderlandverschickungen oder — wie anderswo auch — durch Einziehung zur Front „Entwurzelungserfahrungen" hinter sich. Hier im Revier war die Wohnraumzerstörung besonders groß, ebenso wie die Zahl der Ziviltoten. Durch Evakuierung, Wegzug und Tod hatte sich die Bevölkerung Essens zwischen 1939 und 1945 auf 42,78 Prozent reduziert, in Duisburg auf 38 Prozent, in Bochum auf 52,9 Prozent, in Mülheim auf 64 Prozent, in Oberhausen auf 50 Prozent.

Wie stark neben dem hohen Frauenanteil an den Evakuierten der Anteil der Kinder und Jugendlichen war, zeigt das Beispiel Essens: hier gab es bei Kriegsbeginn 170.555 Kinder und Jugendliche unter 18 Jahren, im April 1945 waren es nur ca. 50.000!

Und welche Arbeiterfamilie hatte auf dem Schwarzen Markt etwas „Privates" anzubieten, was man nicht selbst hergestellt oder im Betrieb gemeinsam produziert hätte? Welche Familie hatte hier nicht tote Familienangehörige, gefallene Freunde oder bei der Evakuierung und anschließender „Flucht in die Heimat" (noch) vermißte Geschwister zu beklagen?

Trotz aller besonderen Probleme und Schwierigkeiten könnte daher ein weiteres und tiefgreifenderes Element der „Integration" der Flüchtlinge und Vertriebenen darin bestehen, daß sich auch die Einheimischen in eine neue Zeit mit neuen Anforderungen integrieren mußten. Eines wird jedenfalls in den Befragungen ganz deutlich: mit den Vertriebenen-Funktionären haben fast alle Interviewten nichts oder wenig im Sinn; sie waren selbst nur ganz kurz in irgendwelchen Heimatvereinen und hatten bald keine Rückkehrwünsche mehr. Vielleicht liegt hier der Hauptunterschied zu ihren Eltern . . .

Von der „schnellen Mark" zur „mobilen Einsatzreserve" Jugend und Arbeitsmarkt seit den fünfziger Jahren

Manfred Wannöffel, Hans Wupper

Zeche und Gemeinde (Stadtarchiv Bochum)

„Kohle" und Kohlen: bis weit in die Sprache hinein reicht die Vorstellung, im Kohlenrevier an der Ruhr sei eine „schnelle Mark" zu machen. Die „Kohle" – die Mark – liege förmlich auf der Straße, oder besser: gleich darunter, man brauche nur herzukommen und sie aufzusammeln. Und fast einhundert Jahre lang kamen sie, die hochmobilen jugendlichen Wanderarbeiter aus den Ost- und Westprovinzen des Deutschen Reiches. Sie ließen die hiesigen Dörfer wachsen und die Städte entstehen.

„Kohlemachen" basiert in der Tat auf realen Erfahrungen dreier Arbeitergenerationen im Revier. Und das Wort ist nicht die Erfindung irgendwelcher Proleten, die der deutschen Hochsprache nicht mächtig waren. Vielmehr ist Kohle Teil einer Alltagssprache der Unterschichten, die in hohem Maße kollektive Erfahrungen transportiert. Ein anderes Beispiel: Wer gebraucht nicht den Begriff des Kumpels?

Zunächst bezeichnet er den Bergarbeiterberuf, gleichzeitig aber auch eine freundschaftliche Beziehung zwischen Männern. Und wer die Arbeit vor Ort – im Streb also – kennt, der weiß auch, daß diese Maloche ohne kameradschaftliche Organisation im wahrsten Sinne des Wortes tödlich ist. Doch zurück zum Thema, zur „Kohle", zum „Kohlemachen", zur Arbeit also.

Die Sogwirkung des Reviers mit den entstehenden Zechen und den Fabriken der Eisen- und Stahlindustrie auf jugendliche Arbeiter hatte erst mit der ersten einschneidenden Kohlenkrise in den späten fünfziger Jahren ein Ende. Bis dahin war das regionale Wachstum – mit einigen Abstrichen in den zwanziger Jahren – ungebrochen und erreichte vor allem in der Zeit nach dem Zweiten Weltkrieg für knapp 15 Jahre wieder amerikanische Dimensionen.

Die mobilen Arbeiterschaften trafen dabei im Gebiet an der Ruhr auf ein gesellschaftliches Herrschaftsverhältnis, das – zunächst noch in der Entwicklung – doch von Anbeginn durch die ökonomische, politische und kulturelle Dominanz der Industrie bestimmt war. Dabei war der Herrschaftsanspruch umfassend. Er beschränkte sich keinesfalls auf die Kontrolle über die Lohnarbeit in den Produktionsstätten, den Zechen und Fabriken, sondern ging weit darüber hinaus auf die politische und sozial-räumliche Gestaltung der schnellwachsenden Gemeinden und der sich durch mehrere Eingemeindungswellen herausbildenden Städte.

Wer hier „Kohle" machen wollte, unterwarf sich somit nicht nur den – an militärischen Vorgaben orientierten – Arbeitsordnungen. Vor allem die von den Zechengesellschaften errichteten Arbeitersiedlungen und die integrierten Konsumeinrichtungen, die allesamt der Seßhaftmachung einer dann relativ privilegierten Kernbelegschaft dienen sollten, stellten insgesamt ein überaus dichtes Disziplinarnetz dar, das die hohe Mobilität eines Teils der jungen Arbeiterschaft auf ein überschaubares Muster reduzieren sollte, während der weniger privilegierte, noch nicht seßhafte Teil als Druckmittel für die Stammbelegschaften diente.

Dieses sich herausbildende Mobilitätsmuster ist charakterisiert durch ein enges Beziehungsgeflecht von Zeche und Gemeinde. Wenn ein Arbeiter aus Gründen der Lohnmaximierung die Zeche oder die Fabrik wechselte, so hatte er auch seine Wohnung, seine Siedlung, seine Nachbarschaft, oder besser: seinen gesamten Reproduktionsbereich zu verlassen. Diese deutlich regionalspezifische Form der Kontrolle zur Disziplinierung der Lohnarbeiter an der Ruhr bleibt bis zum Ende der fünfziger Jahre bestehen.

Auch nach Faschismus und Zweitem Weltkrieg schuf diese Herrschaftsform die grundlegenden Elemente sozial-räumlicher Mobilität, als es nun galt, Hunderttausende von Neubergleuten seßhaft zu machen. Wiederum erfolgte der Siedlungs- und Wohnungsbau unter der Regie des Montankapitals. Sie diktierten – nun allerdings unter parlamentarischer Kontrolle und unter Einbezug der neuen Arbeitnehmervertreter – die sozial-räumliche Bewegungsfreiheit im engen Verbund von Zeche und Gemeinde, so auch der Titel der bedeutendsten regionalsoziologischen Untersuchung aus den fünfziger Jahren. (Croon/Utermann 1959) Dieses Konzept der revierspezifischen Formierung der Lohnarbeit war allerdings in dieser Zuspitzung höchst widersprüchlich und bisweilen äußerst konfliktreich.

Zwar war dieses Herrschaftsverhältnis umfassend und alle Lebensbereiche übergreifend, doch war gerade dieses sichtbare Übermaß an Herrschaft die entscheidende Basis für die Herausbildung relativ stabiler sozialer Milieus; als Folge gemeinsamer Berufserfahrungen und ihrer Fortsetzung im überschaubaren nachbarschaftlichen Netz ähnlicher Lebenspraxen.

Die relative Resistenz der Ruhrarbeiter gegenüber den von der Schwerindustrie maßgeblich unterstützten Faschisten ist wissenschaftlich längst erwiesen und wird nicht zuletzt auf diese sozio-kulturelle Grundformation zurückgeführt. Die Überschaubarkeit der Arbeits- und Lebensverhältnisse, die manchem Zeitgenossen der „neuen Unübersichtlichkeit" der achtziger Jahre die Tränen der Romantik in die Augen treibt, beinhaltete wiederum Doppeltes: Neben den hier potentiell angelegten Solidarstrukturen und der Interessenhomogenisierung waren die Reproduktionsbedingungen eingeengt und nicht selten – und dies galt vornehmlich für die jugendliche Arbeitergeneration – ein Grund für individuelle Ausbruchsversuche. (Zimmermann 1983)

Hans Dieter Baroths autobiographische Notizen über das Leben als Jugendlicher in einer kleinen Bergbaugemeinde am nördlichen Rand des Reviers während der fünfziger Jahre vermitteln deutlich dieses doppelte Bild einer starken Verwurzelung im Arbeitermilieu und heftigen Träumen, diesem endlich zu entfliehen:

„In der Mitte des Ortes der gewaltige Pütt, alles überragend, auch die Kirchtürme, damit jeder sieht, wer hier in dem Ort den Takt bestimmt: Der Pütt, der langgestreckt und gewaltig in der Stadt liegt . . .

Einfach morgens wegfahren, vorbei an den verbeugten Figuren, die murrend zur Zeche gingen. An ihnen vorbei, ab in Richtung Süden . . . Gut, Mutter wird heulen, weil sie nicht weiß, was Freiheit bedeutet, sie kennt die Welt ja gar nicht. Hat sie schon mal die Alpen gesehen? Auf Postkarten. Hat sie schon mal den Rhein gesehen? Nein, hat sie nicht. Den Kölner Dom? Auch nicht. Nicht einmal das Sauerland . . .

Mit dem Fahrrad in Richtung Süden, wo es Wälder gibt, durch die man erst nach Tagen kommt. Wo es grüne Wiesen gibt, die an keiner Stelle durch eine Fabrik zerstört sind, wo es keine Fabriken gibt . . ." (Baroth, 1982, 193 f.)

Vor allem der relativ hohe Lohn als jugendlicher Bergmann in den Nachkriegsjahren – „die Kohle" – ließ den Traum immer konkreter werden. Aus dem Fahrrad wurde alsbald das Moped.

Doch Baroth endet realistisch und bleibt am und vor allem vor Ort. Denn so lange der Pütt den Takt der Gemeinde schlägt und das Lebensgefühl seiner Mitglieder vorherbestimmt, gibt es kein einfaches Entkommen. Auch ein Arbeitsplatzwechsel in die – in den fünfziger Jahren schon attraktivere – Eisen- und Stahlindustrie – im Verbundsystem in vieler Hinsicht mit dem Bergbau verknüpft – bot für die jungen Arbeiter keinen Ausweg aus der Enge des patriarchalischen Herrschaftsgefüges. In gewisser Hinsicht waren die Halbstarken – in der Regel Jugendliche aus der Arbeiterschaft – mit ihren Krawallen ab 1956 nur folgerichtig ein eruptives Ergebnis dieses traditionellen Kontrolltyps.

Als junger Arbeiter in der Montanindustrie, ausgestattet mit „jeder Menge Kohle", stieß man äußerst schnell an seine engen Grenzen. Diese individuell zu überschreiten, dafür sollte die „Kohle" nicht reichen; aber sie reichte aus für die wiederholten Besuche von amerikanischen Filmen in den Vorstadtkinos der anthrazitgrauen Bergbaugemeinden. Was James Dean den Jugendlichen im Revier als Amerikanismus bot, war allerdings nicht voraussetzungslos auf das regionale Prinzip von Zeche und Gemeinde übertragbar. Diese Voraussetzungen sollten erst durch die Krise der Kohlenwirtschaft zum Ende der fünfziger Jahre geschaffen werden.

Die Bergbaukrise, die im Jahr 1957 mit vereinzelten Feierschichten begann, erschöpfte sich keineswegs im Wegfall von Hunderttausenden von Arbeitsplätzen. Vielmehr bedingte das Zechensterben eine Auflösung des Abhängigkeitsverhältnisses des Stadtteiles – der Gemeinde – vom Großbetrieb und somit eine sozial-räumliche Neustrukturierung der Region. Die über einhundert Jahre gewachsene Vorherrschaft der Montanindustrie zeigte deutliche Risse. Die krisenbedingte und gewaltsame Auflösung von Zeche und Gemeinde besiegelte natürlich auch das damit einhergehende spezifische Sozialleben zwischen Arbeit und Nachbarschaft, das der Arbeiterschaft bisweilen eine eigenständige Gestaltung ihrer sozialen Lage gegenüber dem Montankapital erlaubte. Der Niedergang dieses revierspezifischen Formierungstyps erzwang eine ungeheure Mobilisierung der jüngeren Revierbevölkerung, während ein Großteil der Älteren – als die eigentlichen Träger der traditionellen Revierkultur – über Sozialpläne zusammen mit ihren Zechen stillgelegt wurde.

Diese historische Phase wird im folgenden am Beispiel Bochums illustriert, da diese Stadt zwischen 1957 und 1962 wie keine andere außerordentlich früh und hart von der Krise betroffen war. (Wupper/Schrooten/Krummacher 1986) Der Verlust von zunächst 20.000 Arbeitsplätzen im Bergbau – bis 1974 sollten es 45.000 sein – beschleunigte die Durchsetzung eines für das Ruhrgebiet neuartigen Mobilitätsmusters.

Zunächst waren es die vielen Reisebusse, die eine radikale Veränderung signalisierten: Pendlerströme von den Bergbaugemeinden – den Vorstädten – zu anderen Zechen in den Nachbarstädten. In kürzester Zeit verdoppelte sich die Zahl der Pendler in Bochum auf 20.000, um Mitte der sechziger Jahre bei 30.000 zu liegen. 1955 waren es gerade 4.000. Der Rhythmus von „Zeche und Gemeinde" hatte ganz offensichtlich seine Dominanz verloren.

Ein damals junger Mann, durch die Kohlenkrise arbeitslos geworden, erinnert sich an die Phase der beschleunigten Mobilisierung: *„Erstmal sind wir zu den chemischen Werken nach Hüls gefahren. Wir hätten da anfangen können. Und irgendwo haben da mal 'ne Annonce gelesen. Auf 'm Rückweg haben wir uns überlegt, komm fahr'n wir mal nach Opel in Bochum. Die stellen ja auch noch welche ein. Dann sind wir da hingegangen. Wir hatten ja Null Ahnung, wat da an Arbeiten passiert. Ich hab 'nur gesagt, wir möchten nicht allzu gerne ans Band. Dann haben sie gesagt: Ja, ihr könnt hier in der Inspektion anfangen. Da*

(Aus: Porträt ohne Pathos, Stuttgart 1959)

haben wir so gedacht, Inspektion? Wir wußten ja gar nicht, wat dat so bedeutet. Muß ja unheimlich wat Tolles sein; hört sich nach wat an. Ja, und 'en Tag später sind wir da angefangen... Also die Hauptsache war wegen Geld. Ja, da waren wir dann bei Opel. Kannten natürlich so 'ne Fabrik noch nicht. Da sind wir bei Opel erstmal nur so rumgelaufen. Waren erstmal unheimlich irritiert, weil wir so 'ne Fabrik von innen gar nicht kannten. Wat dat so für 'ne Hektik ist... Na ja, und dann mit dem Geld, dem ersten Monatslohn da auf einmal, so fast 1.000 Mark. Das war natürlich wesentlich mehr als ich vorher hatte. Da war für uns Feiertag... Die erste Opelzeit lief dann so, daß du praktisch nur den Job ohne große Inhalte machst. Tausende von Leuten arbeiten da, die irgendwie immer die gleiche Arbeit machen. Da war nirgendwo so 'n Ansprechpunkt, kein Kumpel, um dich zu motivieren, um da reinzuhauen. Also dat hatte ich wohl in ein Jahr auch raus. Hab' ich nur gedacht, verdienst' relativ gutes Geld und fertig, Arschlecken!"

„Kohlemachen" nach oder schon in der Bergbaukrise der sechziger Jahre unterlag ganz offensichtlich einem neuen Muster industrieller Herrschaft. Das Band wurde länger. Eine für das Revier neuartige Form der Kontrolle über die Lohnarbeit findet dabei ihren markantesten Niederschlag in der Ansiedlung der Adam Opel AG – Tochter des amerikanischen Multis *General Motors* im Mai 1960 – im Bochumer Osten. Aus heutiger Sicht ist Bochum eines der deutlichsten Beispiele dieses krisenbedingten Modernisierungsschubes. Das Auto wird in mehrfacher Hinsicht Symbol der in Bewegung geratenen Region. Nur wer jung und mobil ist, genug verdient und einen eigenen Wagen besitzt, hat Chancen, in dieser neuen „Ära" mitzuhalten.

In der Bochumer Automobilfabrik, wo in kürzester Zeit 20.000 Menschen Lohnarbeit finden, wird ab 1962 mit dem Kadett einer der bevorzugtesten PKWs der erst in den Anfängen stehenden Massenmotorisierung gebaut. Die durch die Bergbaukrise aufgemischte junge Arbeiterschaft der Region galt als Zielgruppe dieses Kleinwagens. Mit hohen „Opellöhnen" lockend, schaffte sich die Firma somit einen nicht unerheblichen Teil seines Absatzes selbst. Ein großer Teil der Produktion geht als Jahreswagen an die eigene Belegschaft.

Dieses von Henry Ford in den zwanziger Jahren in seiner Autobiographie „My life and work" propagierte, deshalb sinnigerweise „fordistisch" genannte Modell der Massenformierung festigte sich mit Opel nun auch im altindustriellen Revier.

„Kohlemachen" oder auch „Arschlecken" – gemeint ist offensichtlich: eine fordistische Sozialpolitik beschleunigt die Enteignung der Qualifikationen der unmittelbaren Produzenten, während die hohen Löhne auf eine stetige Durchkapitalisierung des Reproduktionszusammenhanges zielen. Opel und die Automobilindustrie stehen dabei als die Musterbeispiele der am Amerikaner Taylor orientierten Form industrieller Herrschaft: Massenarbeit, Fließfertigung, differenzierteste Arbeitsteilung und die Verwissenschaftlichung der sozialen Konflikte mit Stoppuhr und Lohntüte sind die grundlegenden Elemente dieser Herrschaftstechnik. Mit dem Taylorismus wurde die entscheidende arbeitsorganisatorische und technologische Basis für die Massenproduktion von Konsumgütern und damit für die Erschließung der Arbeitskräftereproduktion als neue Anlage – und Verwertungssphäre geschaffen. Die Arbeiterklasse wird nun erstmals in umfassender Form zum Konsument industriell erzeugter Massengüter.

Damit beschränkt sich der Taylorismus als Kontrollstrategie keineswegs auf die Fabrik, sondern geht weit darüber hinaus und wird ergänzt durch eine entsprechende außerbetriebliche, d. h. gesamtgesellschaftliche Rahmenplanung zur Steuerung und Erhaltung des Massenkonsums. In der Wirtschafts- und Finanzpolitik des Keynesianismus, wie sie in den entsprechenden Regierungswechseln infolge des sozialstaatlich-regulierten Schrumpfungsprozesses im Bergbau zunächst 1966 in Nordrhein-Westfalen und später im Bund mit der Großen Koalition zum Ausdruck kam, koppelten sich diese Faktoren der betrieblichen und gesamtgesellschaftlichen Regulierung. Die politischen Apparate verzichten auf Eingriffe in innerbetriebliche Machtverhältnisse, wollen jedoch über die Variation der Staatsausgaben ein gleichmäßiges Wirtschaftswachstum, Vollbeschäftigung und Geldwertstabilität garantieren, um so die Massenformierung über den Konsum gesamtgesellschaftlich abzusichern. Taylorisierte Massenarbeit und die Durchkapitalisierung des Reproduktionsbereiches sollen für die Lohnabhängigen die Hoffnung auf eine kontinuierliche Verbesserung ihrer materiellen Lebensverhältnisse schüren.

Auf der Basis einer lang andauernden stabilen Wirtschaftslage schuf dieses Modell die Grundlage für einen übergreifenden Klassenkompromiß, der erst zum Ende der siebziger Jahre von der Kapitalseite gekündigt werden sollte.

Ein ganz entscheidender Ansatzpunkt dieser Politik waren regionale Strukturanpassungen und die Schaffung infrastruktureller Produktionsvoraussetzungen. Die Region als Krisenmanagement wurde gleichsam Vorreiter wie Bewährungsprobe dieses Politikmodells, das die NRW-Landesregierung im Jahre 1967 wie folgt umschrieb: „Je mehr es uns gelingt, durch richtig bemessene, langfristig ausgerichtete Infrastrukturplanung die Voraussetzungen für eine kontinuierliche Entwicklung der Regionen zu geben, um so mehr können wir auf Wirtschaftsstrukturpolitik verzichten. Wir Landesplaner vertrauen darauf, daß die Wirtschaft, wenn wir ihr unsere öffentlichen Vorleistungen darbieten, diesen Rahmen vorteilhaft auszufüllen in der Lage und bereit ist." (Zit. n. Rommelspacher 1982, S. 34)

Hier ist die Entwicklung im Ruhrgebiet während der Bergbaukrise beispielgebend. Der Versuch einer Neuindustrialisierung des Reviers orientierte sich dabei an verschiedenen Mobilitätskonzepten. Im Mittelpunkt standen die räumliche und soziale Mobilität der jüngeren Bevölkerung sowie deren Mobilisierung für den Konsum. Die Auflösung des räumlich-sozialen Zusammenhangs von Produktion und Reproduktion und die damit einhergehenden mobilisierten Arbeitskräfte zwischen neuer Fabrik und Wohnort wurden in den sechziger Jahren so zum politischen Planungsziel einer Neustrukturierung der Lohnarbeit. Dabei koppelten sich in Bochum die staatlichen Infrastrukturleistungen zur Verkehrsplanung mit den Produktionsstrategien des amerikanischen Multis auf eine sehr anschauliche Weise.

Opel folgte fordistischen Prinzipien der Sozialpolitik; das Auto entwickelte sich – durch tayloristische Massenproduktion verbilligt – zum bevorzugten Objekt des Massenkonsums. Im Vergleich mit dem traditionell ansässigen Montankapital hat es Opel nicht mehr nötig, durch einen umfassenden Werkswohnungsbau eine getreue Stammbelegschaft an das Werk zu binden. Alle drei Werke des Automobilkonzerns liegen in unmittelbarer Nähe von in den sechziger Jahren gebauten Autobahnen. Denn für Opel war nicht etwa nur der Stadtteil oder Baroth's Gemeinde, sondern von vornherein das gesamte Revier das Einzugsgebiet seiner Belegschaft.

Regionale Verkehrspolitik im Revier avancierte so zu einer indirekten Form der Sozialpolitik, wobei der öffentliche Nahverkehr die regionale Entwicklung weit weniger geprägt hat als das Auto; festgehalten im Siedlungsschwerpunktkonzept des Siedlungsverband Ruhrkohlenbezirk (heute KVR) 1966: „Wenn Wohnungs- und Städtebau einem leistungsfähigen öffentlichen Verkehrsnetz zugeordnet werden, daß ein großer Teil der Bevölkerung in Fußgängerentfernung von Haltestellen wohnt, wird der einzelne Bürger beweglicher. Er hat mehr und bessere Möglichkeiten, in gut erreichbarer Nähe zwischen Arbeitsplätzen, Bildungsangeboten und spezialisierten Angeboten zum Einkauf und an Dienstleistungen auszuwählen. Seine tatsächliche Wahlfreiheit am Arbeitsmarkt, im Bildungsbereich und als Verbraucher wächst." (Zit. n. Rommelspacher 1982, S. 39 f.)

Da den politischen Apparaten in kapitalistisch verfaßten Gesellschaften keine geeigneten Mittel zur Verfügung stehen, politisch planend in die Arbeitsmärkte einzugreifen, reduzierten sich ihre Zielsetzungen auf den Ausbau der sozialen Infrastruktur und des Bildungswesens, um sich den wandelnden Bedingungen in der Industrie mit einem breitgefächerten Angebot an Qualifikationen anzupassen. So entwickelte sich das Revier zu Beginn der sechziger Jahre zum Zielobjekt der Bildungsplaner.

Die Gründung der ersten Universität an der Ruhr in Bochum 1964 steht beispielgebend für diesen Entwicklungstrend. Ihre Gründung folgt auch diesem neuen großindustriellen Typ der Ansiedlung. Der Pendleranteil unter den

Links oben: Lern-Fabrik mit Autobahn (Presseamt der Stadt Bochum, Freigegeben durch den Regierungspräsidenten Münster, Freigabe Nr. 10467/77)

Links unten: Das Adam Opel Werk I, Bochum Laer (Presseamt der Stadt Bochum)

Rechts oben: Kauf-Fabrik (Presseamt der Stadt Bochum, Freigegeben durch den Regierungspräsidenten Münster, Freigabe Nr. 8480/85)

Rechts unten: Wohnen und Arbeiten an der Autobahn (Presseamt der Stadt Bochum, Freigegeben durch den Regierungspräsidenten Münster, Freigabe Nr. 5213178)

167

Studierenden ist enorm und die Bochumer Hochschule hat wie keine zweite den Ruf, eine Lernfabrik zu sein.

Sollten entsprechend Opel weitere Betriebe mit moderneren Formen der wissenschaftlichen Betriebsführung, tayloristischer Technologie und Arbeitsorganisation das Revier neu industrialisieren, so waren weitere Institutionen zu schaffen, die eine verbesserte Aus- und Weiterbildung sowie die Umschulung der Montanarbeiter garantieren konnten. Dementsprechend ist die Erwerbsquote – das ist der Anteil der Erwerbspersonen an der gleichaltrigen Wohnbevölkerung – zwischen 1957 und 1980 vor allem bei den 15- bis 20jährigen ganz enorm zurückgegangen: Waren es 1957 bei der männlichen Jugend noch 80,7 Prozent – bei den Frauen lag der Anteil ein wenig niedriger bei 76,2 – war er bei den jungen Männern 1980 auf 48,5 zurückgegangen; bei der weiblichen Jugend lag er nur noch bei 41,4 Prozent. (Sinus-Institut 1983, S. 74)

Diese Mobilisierung für neue Formen der Lohnarbeit ging mit einer Mobilisierung für den Konsum einher. So war diese Kombination von tayloristischen Produktionskonzepten und Massenkonsum die Basis für eine weitere gravierende räumlich-soziale Veränderung der ehemals bedeutenden Bergbaustadt. Wieder zu Beginn der sechziger Jahre entstanden in Bochum großflächige Verbrauchermärkte und das Einkauf-Center – der Ruhrpark –, die weder an das Stadtzentrum noch an die einzelnen Stadtteile gebunden waren. Ihre Errichtung orientierte sich allein an einer verkehrsgünstigen Lage.

Diese Center sind in der Regel auf Gebieten entstanden, die vom Montankapital verlassen und mit enormen öffentlichen Mitteln wieder hergerichtet wurden. Diese neuen Konsum-Burgen haben nicht nur auf Dauer die Kaufkraft aus den Stadtzentren abgezogen, sondern sie waren neben den verschwindenden Zechen und neuen mobilisierenden Arbeitsstätten ganz entscheidend an der Auflösung einer zunächst an den überschaubaren Stadtteil gebundenen Alltagskultur beteiligt.

Das Wechselverhältnis von industrieller Massenproduktion (z. B. Opel), der damit einhergehenden Bildungsexplosion (z. B. Ruhr-Universität) und den neuen Formen des Massenkonsums (z. B. Ruhrpark) steht dabei nur exemplarisch für die Ära fordistischer Gesellschaftspolitik. Ein Modell der Massenformierung mit einem hohen Allgemeinheitsgrad, das regionalspezifische Sonderheiten – wie Zeche und Gemeinde – kolonialisiert. So erhält die Habermas'sche Formel von einer „Kolonialisierung der Lebenswelt" eine konkret sozial-strukturelle Basis. Eine Basis, die allerdings an stetiges ökonomisches Wachstum und stabile Massenkaufkraft gebunden ist.

Die weltwirtschaftliche Krisensituation ab Mitte der 70er Jahre stellte somit das gerade erst etablierte fordistische Modell grundsätzlich in Frage. Die Montanstädte an der Ruhr hatten entgegen den programmatischen, regionalplanerischen Zielvorstellungen der Neuindustrialisierung die seit Beginn der sechziger Jahre fortlaufenden Arbeitsplatzverluste und den damit einhergehenden Bevölkerungsschwund vornehmlich bei Jüngeren nie ausgleichen können.

Der Bergbau ist noch nicht ganz in Richtung Münsterland verschwunden, da trifft die nächste Branchenkrise die Region. Seit Mitte der siebziger Jahre war es der Stahlbereich, in dem Hunderttausende von Arbeitsplätzen abgebaut wurden. Diese Krise traf und trifft heute diese Region allerdings unter völlig veränderten politisch-ökonomischen Rahmenbedingungen. Die weltweite Rezession deutete trotz keynesianischer Globalsteuerung auf das Ende der seit dem Zweiten Weltkrieg längsten Wachstumsperiode in der Geschichte kapitalistischer Volkswirtschaften. Leere Kassen markieren das Auslaufen eines Modells, das die Regional- und Strukturprobleme aus den volkswirtschaftlichen Zuwächsen lösen wollte. Massenarbeitslosigkeit und insbesondere die Arbeitslosigkeit von Jugendlichen werden erstmals nach der Weltwirtschaftskrise in den dreißiger Jahren wieder zum eindringlichen gesellschaftlichen Problem.

Das Ruhrgebiet als altindustrielle Region liegt seitdem bis zu zehn Prozentpunkte über den Arbeitslosenquoten des Bundesgebietes. Städte der sogenannten nördlichen Emscherzone wie Castrop-Rauxel näherten sich zu Beginn des Jahres 1987 der 20-Prozent-Marke; Städte, deren Existenz von einem Unternehmen und deren Entscheidungen abhängen, wie Hattingen mit der Thyssen-Henrichshütte, erwarten eine Quote von 30 Prozent. Längst ist Massenarbeitslosigkeit im Revier zum Alltag geworden. Massenarbeitslosigkeit als Normalität gesellschaftlicher Entwicklung der achtziger Jahre deutet auf einen Bruch mit dem bisherigen Modell der Steuerung kapitalistischer Gesellschaften und auf den allmählichen Übergang zu einem neuen, erst in Umrissen erkennbaren „postfordistischen" Gesellschaftsmodell.

Nach Zeche und Gemeinde und Massenproduktion, Auto und Einkauf-Center unterliegt „Kohlemachen" in den achtziger Jahren deutlich veränderten Formen industrieller Herrschaft. Diese Veränderungen deuten auf eine Mobilisierung der Lohnarbeit, die ganz offensichtlich Massenarbeitslosigkeit, Armut und die damit einhergehende Spaltung des Arbeitsmarktes zur zügigen Durchsetzung neuer flexibler Beschäftigungsverhältnisse voraussetzen. Das Beschäftigungssystem ist Teil eines Sozialmodells, das die Absicherung abhängiger Arbeit zum Inhalt hat und das sich noch über die siebziger Jahre hinaus am

Leitbild des „Normalarbeitsverhältnisses" (Mückenberger 1986) orientierte. Als abhängige Beschäftigung hat dieses Normalarbeitsverhältnis mehrere Kriterien zu erfüllen: es muß dauerhaft, kontinuierlich, im (groß-)betrieblichen Zusammenhang, auf Vollzeitbasis und möglichst qualifiziert sein. Je mehr ein Arbeitsverhältnis diesem Leitbild entspricht, umso größer ist der sozialpolitische Schutz.

Dieser Schutz vor den „natürlichen" Risiken der Lohnarbeit ist ein doppelter: sowohl als unmittelbare Sicherung durch tarifliche und arbeitsrechtliche Bestimmungen, wie auch mittelbar durch die an die Arbeit angekoppelten Sicherungssysteme der Sozialversicherung, der späteren Rente zum Beispiel. Die Abkehr von diesem Modell erfolgte dergestalt, daß die Unternehmen unter den für sie durchaus günstigen Bedingungen der Massenarbeitslosigkeit zur Einführung weniger abgesicherter Arbeitsverhältnisse übergingen; Arbeitsverhältnisse, die sich von den Kriterien des Normalarbeitsverhältnisses immer weiter entfernen, wie die Befristung von Arbeitsverträgen, die Teilzeitarbeit oder die „kapazitätsorientierte variable Arbeitszeit" (Kapovaz), d. h. die Arbeit auf Abruf nach betriebswirtschaftlichen Gesichtspunkten.

Die zunehmende Verwilderung der Beschäftigungsverhältnisse wurde im Mai 1985 durch das Beschäftigungsförderungsgesetz juristisch nachvollzogen. Damit ist das Normalarbeitsverhältnis als rechtsleitende Vorstellung mehr als nur in Frage gestellt; befristete Arbeitsverträge bleiben nicht mehr die zu begründende Ausnahme; dazu erfolgte die Billigung von variabler Arbeitszeit und die Förderung von Leiharbeit. Ein Beispiel aus Thyssen-Duisburg:

„Ich erfahre, daß die August-Thyssen-Hütte (ATH) in Duisburg schon seit längerer Zeit die Stammbelegschaft abbaut und über Subfirmen billigere, willigere und schneller zu heuernde und auch zu feuernde Leiharbeiter einstellt. Seit 1974 wurden rund 17.000 Stammarbeiter entlassen, viele ihrer früheren Arbeiten machen jetzt Männer von Subunternehmen. Insgesamt hat Thyssen allein in Duisburg 400 solcher Firmen unter Vertrag . . ." (Wallraff 1985, S. 84 f.) Wallraff konnte mit seiner Beschreibung der Verhältnisse „ganz unten" große Teile der Öffentlichkeit schockieren; dabei sind sie nur ein besonders brutaler Ausdruck eines erkennbaren, umfassenden Angriffs auf das Normalarbeitsverhältnis.

Die Einbindung der Lohnarbeiterschaft in das Gesellschaftssystem verläuft ganz offensichtlich nicht mehr über zunehmende soziale Absicherung, sondern über das Prinzip Zuckerbrot und Peitsche, als abgestuftes System zwischen relativer Privilegierung als Kernbelegschaft in Hochtechnologiebereichen und der schwer auszumachenden Grauzone zwischen randständiger Beschäftigung als Zeit- oder Leiharbeiter und Arbeitslosigkeit. Von letzterem vornehmlich betroffen sind Beschäftigungsgruppen aus den Alt-Industrien des Reviers, Jobber in den nicht mehr rentablen industriellen Bereichen und schließlich, die aus dem offiziellen Arbeitsmarkt herausgefallenen Gruppen: die Dauerarbeitslosen, Kranke, Alte und Aussteiger, um nur einige zu nennen. Und natürlich Jugendliche, die erst versuchen, die Schwellen zum Arbeitsmarkt zu überwinden und dabei vielfach von vornherein außen vor bleiben; somit auch immer weniger in den Arbeitslosenstatistiken auftauchen.

Jugendliche ohne Ausbildungsplatz oder jugendliche Facharbeiter, an der zweiten Schwelle vor Eintritt in das Berufsleben arbeitslos, bilden seit geraumer Zeit für die Unternehmen eine bevorzugte flexible Gruppe und eine Qualifikationsreserve auf Abruf, die nicht zuletzt für die reibungslose Durchsetzung neuer Techniken und Produktionskonzepte genutzt werden kann. Die zunehmende Verengung des Blickfeldes auf die Arbeitslosigkeit von Jugendlichen verkennt die Veränderungen des Beschäftigungssystems für Jugendliche, die unter den Bedingungen der Massenarbeitslosigkeit eine Lehr- oder Arbeitsstelle angenommen haben, getreu dem Motto: Hauptsache Arbeit und weg von der Straße.

Die objektiven Spaltungstendenzen sind hier so weit vorangetrieben, daß sie gegenüber den Jugendlichen in den unzähligen Warteschleifen und Schlangen als privilegiert erscheinen, da sie zumindest einen sozialversicherungspflichtigen Status besitzen.

Die einschneidenden Veränderungen, die sich auf dem Ausbildungsmarkt vollzogen haben, beschränken sich dabei nicht auf die Novellierung des Jugendarbeitsschutzgesetzes 1984/85. Die hier fixierten Maßnahmen, z. B. die Verlängerung der täglichen Arbeitszeit auf 8 1/2 Stunden, die Verschlechterung der Arbeitsbefreiung nach der Berufsschule, die Vorverlegung des Beginns der Arbeitszeit und vor allem die Erleichterung weiterer Ausnahmen von Schutzvorschriften, deuten allerdings auf eine neue Stufe der Nutzung jugendlicher Arbeitskraft.

Die Arbeitsmarktlage in den achtziger Jahren führte so im Revier zu einer Neubewertung der Lehre als Sozialisationsinstanz. Der Abschluß in einem qualifizierten Lehrberuf wie als Energieanlagenelektroniker – dem heutigen Starberuf in der Industrie – oder als Schlosser wird zunehmend zur bloß formellen Voraussetzung für die Zuweisung einer Arbeitsstelle mit minimalen Aufstiegsmöglichkeiten, in den wenigsten Fällen jedoch in den erlangten Berufsqualifikationen. Denn die industriellen Großbetriebe des Reviers übernehmen die jungen Facharbeiter nur noch in Ausnahmefällen in eine berufsbezogene Tätigkeit und in der Regel lediglich in ein befristetes Arbeitsverhältnis. Immerhin, nach einer letztlich unüberschaubaren betrieblichen Warteschleife in der Produktion erscheint die Chance, vielleicht im erlernten Beruf zu arbeiten, als Aufstieg.

Dagegen sind die meisten jungen Arbeitnehmer mit Abschlüssen im klassischen Handwerk, wie Bäcker oder Frisöre, sowie ein Teil der Jugendlichen im kaufmännischen Bereich, z. B. Bürogehilfen und Verkäufer, oft von vornherein von jeglichem beruflichen Aufstieg ausgeschlossen. Diese Art von Lehrabschlüssen werden in der Regel zur notwendigen, selten jedoch hinreichenden Voraussetzung für die Teilnahme am offiziellen Arbeitsmarkt; allerdings für eine unqualifizierte, aber weitgehend noch sozialpolitisch abgesicherte Beschäftigung. Lehrabschlüsse verkümmern immer mehr zum Nachweis, in einer bestimmten Zeit bei schlechter Entlohnung Unterordnung, bisweilen Erniedrigung und die generellen disziplinarischen Anforderungen für eine Nutzung in fremdbestimmte Arbeit erworben zu haben. Industrielle Disziplin wird zum Vorteil auf einem mobilisierten Arbeitsmarkt; eine spezifische Disziplin, die Jugendliche aus den Warteschleifen nicht unbedingt aufzuweisen haben.

Die Jugendlichen ohne qualifizierten Abschluß in einem Lehrberuf bilden heute ein entscheidendes Rekrutierungsfeld für unstetige Beschäftigung. Nach langandauernder Arbeitslosigkeit sind sie oftmals zufrieden, überhaupt ein wenig „Kohle machen" zu können und sind damit eine strategisch bedeutende Gruppe für die Auflösung des Normalarbeitsverhältnisses. Die in den letzten Jahren sich stetig verschlechternde materielle Lage der Jugendlichen mobilisiert sie dazu, jede Form von Arbeit anzunehmen. 59 Prozent aller Leiharbeiter sind unter 30 Jahre alt. (Stark/Haar 1984)

Der Aufbau einer jugendlichen Qualifikationsreserve, die quasi spontan genutzt werden kann, sei es in einem befristeten Arbeitsverhältnis oder als randständiger Leiharbeiter, entspricht sehr nahe den Vorstellungen des Kapitals nach einer flexiblen Nutzung von menschlicher Arbeitskraft. Diese Situation auf dem regionalen Ausbildungsmarkt läßt natürlich die Einstellungen der Jugendlichen zur Lehre und Arbeit nicht unbeeinflußt.

Während ein Großteil versucht, durch die Hinnahme aller Disziplinaranforderungen individuell seine Position zu stabilisieren, erscheint einer steigenden Gruppe ihre Lage auch während der Lehre und ihre regionalen Berufsaussichten so hoffnungslos, daß sie mit zunehmender Gleichgültigkeit antwortet. Ihre Haltung ist individualisiert und resignativ. Regelmäßiges Einkommen ist das Zuckerbrot; die Peitsche ist die Arbeitslosigkeit.

Und dieses System der Angst und Ausgrenzung funktioniert. Jugendvertreter aus Bochumer Großbetrieben konnten berichten, daß provozierende Stilelemente jugendlicher Subkulturen, wie der Punk, in denen sich noch bis zu Beginn der achtziger Jahre etwas von der Null-Bock-Haltung ausdrückte, aus den Lehrwerkstätten verschwunden seien. Vorherrschend sei entweder eine resignierte oder angepaßte Bravheit.

Diese Grundhaltungen haben die Bedingungen gewerkschaftlicher Jugendarbeit enorm eingeschränkt. Jugendliche Auszubildende sind für kollektive Aktionen kaum noch zugänglich, da ihnen schon zu Beginn der Ausbildung klargemacht wird, daß nur die wenigsten und vor allem „die besten" eine Aussicht auf eine berufsbezogene, kontinuierliche Beschäftigung nach der Facharbeiterprüfung haben.

Möglich bleibt der Gang in die Produktion. Hier verstärkt sich die Tendenz zur Vereinzelung in der Fabrik, da die jungen Facharbeiter den unterschiedlichsten produktiven Abteilungen zugeordnet werden. Von den eigentlichen qualitativen Anforderungen an die Arbeit bleibt nur wenig übrig. Vorrangiges Ziel ist es nur noch, nicht am Band – „an der Kette" – oder auf Konti-Schicht arbeiten zu müssen. Die Dequalifizierung nach der Lehre ist der Schlüssel für die Beseitigung eventueller Motivationskrisen: um von der Kette loszukommen, ist man zu vielem bereit. Fast jede andere Arbeit in der Fabrik erscheint als Aufstieg; als minimaler Schutz vor dem regionalen Arbeitsmarkt, der als Alternative nur die Arbeitslosigkeit bietet.

Der jugendliche Massenarbeiter aus den siebziger Jahren, konsumorientiert, selbstbewußt und renitent, gehört endgültig der Vergangenheit an.

Unwiderruflich der Vergangenheit an gehören auch die Zechen und ihre Gemeinden sowie der Stahl und seine Standorte. Auf absehbare Zeit ist von einem weiteren ökonomischen Niedergang dieser Region mit allen sozialen und kulturellen Folgekosten auszugehen. Was bleibt und was sich in Umrissen abzeichnet, ist die Neuzusammensetzung der restlichen, integrierten Kernbelegschaften, formiert durch einen stabilen Sockel der Massenarbeitslosigkeit, der eher ansteigen als abnehmen wird.

„Kohlemachen" im Revier, diese Zeit ist für Lohnarbeiter ganz offensichtlich vorbei. Der Mythos von der schnellen Mark ist gewandert in das neue, südlichere Wunderland; in das „Technologie-Dreieck" um München – Nürnberg – Stuttgart. Wie kürzlich in den dortigen regionalen Zeitungen zu lesen war, sollen die ersten Reisebusse mit hoch motivierten, jugendlichen Wanderarbeitern gesichtet worden sein. Busse mit den Kennzeichen BOT, RE oder GE, organisiert von Arbeitsämtern im Revier. Denn hier ist die „Kohle" ausgegangen . . .

Dieter Jaekel:

„Das Ruhrgebiet ist mir lieb geworden..."
Erinnerungen

Als 15jähriger kam ich 1954 ins Ruhrgebiet. Bis dahin bin ich im ostwestfälischen Raum wohlbehütet aufgewachsen und habe es bis zur Untertertia an einem humanistischen Gymnasium gebracht. An Griechisch bin ich gescheitert. Meine Berufswahl erfolgte selbständig: wenn schon nicht mit dem Kopf, dann eben mit Muskeln ins Leben. Also wollte ich Bergmann werden!

Zu jener Zeit (fünfziger Jahre) holte sich der Bergbau viele junge Menschen aus allen Teilen der Bundesrepublik. Die meisten wurden in Lehrlingsheimen untergebracht. Und so fand auch ich mich mit rund 200 Kameraden in einem Bergbau-Jugenddorf des Jugenddorfwerkes Deutschland – Arnold Dannemann – wieder. Die Schachtanlage hieß „Haus Aden", und sie beschäftigte damals etwa 4.000 Arbeiter. Der Ort, Oberaden bei Lünen/Kamen, war zunächst keine typische Bergmannssiedlung. Immerhin – der „Pütt" war so alt wie ich: gerade mal erst fünfzehn Jahre. In Oberaden gab es drei Jugenddörfer: Römerberg und Sundern für Lehrlinge, ein Knappenheim und dazu noch ein Männerheim für erwachsene Ledige, Fremdarbeiter u. a.

Fünf Jahre blieb ich in Oberaden und meiner Zeche „Haus Aden" treu. Diese Jahre haben mich geprägt. Ich betrachte sie nicht als verloren. Im Gegenteil, ihnen verdanke ich die Fähigkeit, allein mit Problemen fertig zu werden; aber auch, Kontakte zu knüpfen, zu halten – hart und schwer zu arbeiten, ein Ziel zu verfolgen und zu erreichen, den Wert des Geldes zu schätzen und vieles andere mehr.

Aus jener Zeit sind ein paar Fotos geblieben – und mein Berichtsheft, welches wir Lehrjungs für die Berufsschule haben führen müssen. Meine Kameraden kamen aus Bayern, Westfalen und Niedersachsen. Kaum einer von ihnen ist heute noch im Bergbau tätig – ich auch nicht.

Es bildeten sich Cliquen. Die eine jagte lediglich dem Vergnügen nach: Tanz, Sauferei, Fußball; eine andere scharte sich um den Jugendvertreter im Betriebsrat. Ich gehörte zu einer Gruppe, die an eine gewisse Weiterbildung im musischen Bereich interessiert war. Wir fuhren zu den Ruhrfestspielen nach Recklinghausen, erlebten Oper und Operette in Häusern benachbarter Städte (Lünen, Dortmund, Gelsenkirchen) und beteiligten uns an musischen Wettbewerben, die das Jugenddorf veranstaltete.

Mit dem Fahrrad eroberte ich mir die Umgebung. Zunächst meine „Heimat" – Oberaden. Dann Dortmund, Hamm, das Sauerland – bis Koblenz fuhr ich am Wochenende. Im Urlaub gab's dann Touren mit Kameraden nach Holland, auf die Insel Fehmarn und in die Schweiz. Die absolute Spitze war eine mehrmonatige Fahrradtour mit einem Kameraden rund ums Mittelmeer. Wir beiden hatten für gute Leistungen auf der Zeche Urlaub erhalten.

Mein damaliger Berufsschullehrer, ein Erzgebirgler, meinte: „Wer einmal Grubenluft geschnuppert hat, den läßt der Bergbau nicht mehr los." Wir haben das zu jener Zeit nicht geglaubt. Heute weiß ich, er hatte recht. Die Atmosphäre unter Tage hat ihren eigenen Reiz. Schächte, lange, sich in der Ferne verlierende Strecken, Grubenwasser, Baue, Stein, Kohle, Staub – der schweißnasse, arbeitende Mensch: einmalig.

Ich hatte das Glück, daß mich mein Reviersteiger mochte. Er war mir fast ein Vater. In meiner freien Zeit half ich ihm im Garten, und unter Tage half er mir, die interessantesten Arbeiten ausführen zu dürfen. Auf diese Weise lernte ich das gesamte Grubengebäude der Zeche „Haus Aden" in seinem Untertagebereich kennen. Ich lernte aber auch, wie ein Revier zu führen ist. Da gibt es die jüngeren Steiger, Fahr- und Meisterhauer, Gedinge- und Schichtlohn, Gedingeschlepper und Hauer, Kohlenförderung, Vortrieb, Wasser- und Wetterführung, Sicherheit unter Tage, aber auch das gesellige Leben über Tage in der Freizeit: Familienfeiern, Jahresfeste, Hochzeiten – auch Trauriges, Beerdigung, tödliche Unfälle unter Tage, Rettungsaktionen, Verschüttungen, Feuer im Streb.

Das Ruhrgebiet ist mir lieb und „Heimat" geworden. Dem Bergbau habe ich längst, bis auf gelegentliche Grubenfahrten, den Rücken gekehrt. Aber ich gehe mit den Menschen um, wohne dort und verdanke ihnen so viel. Ich fühle mich als Teil des Ruhrgebiets, seiner Kultur, seiner großen Städte mit Bergmannssiedlungen, Grünanlagen, Kanälen, Schachtgerüsten und Eisenbahnanlagen – auch den Halden. Ich liebe das Ruhrgebiet. Auch die Schattenseiten kenne ich: Arbeitslosigkeit, Armut, Prostitution. Ich habe meine Jugend (15 bis 20) im Ruhrgebiet verbracht, ging „auf Schalke", zitterte um Borussia Dortmund und nehme heute teil an dem, was man Nordwanderung der Steinkohle nennt, was in Hattingen und Oberhausen passiert.

172

"Raser", "King" und "Messer Alfred"
Von den Halbstarken der 50er zu den Rockern der 60er und 70er Jahre

Hans-Jürgen von Wensierski

"Patches" verschiedener Rocker Clubs (1977-1982)

Aufstand im Adenauerland

Über Dortmund brach der Rock'n Roll-Rummel mitten im Weihnachtsgeschäft 1956 herein. Am 3. Dezember war der „US-Kleinholzfilm" „Außer Rand und Band" mit dem Heroe Bill Haley angelaufen und hatte den vorweihnachtlichen Nachkriegsfrieden gründlich gestört. Mehr als 1.000 Jugendliche lieferten sich eine ganze Woche lang Straßenschlachten mit der Polizei, stürzten Autos um, steckten Weihnachtsgirlanden in Brand und machten so darauf aufmerksam, daß für jugendlichen Protest in der Bundesrepublik offensichtlich eine neue Ära angebrochen war. Diese sogenannten Halbstarken-Krawalle, die in den Jahren 56 bis 58 die gesamte Republik überzogen, waren nämlich nicht etwa eine moderne Variante des angeblich zeitlosen Konflikts zwischen alter und junger Generation, zwischen Autoritätsanspruch und Gehorsamsverweigerung. Hier kündigten sich vielmehr neuartige Allianzen an, die geeignet waren, herrschende Wertvorstellungen in der konservativen und rigiden Adenauer-Republik grundsätzlich in Frage zu stellen.

Die Halbstarken wurden zu Vorreitern eines neuen jugendkulturellen Selbstbewußtseins, das sich nicht länger mit der vorherrschenden Orientierung an Fleiß und Sparsamkeit, Ordnung und Disziplin, Prüderie und sexueller Enthaltsamkeit identifizieren konnte. Statt dessen fanden sie in Rock'n Roll und Petticoats, mit James Dean und Elvis Presley die Symbole einer größeren Freizügigkeit, unbeschwerten Konsums und garantiert ungefährlicher Sexualität. Und weil mit diesen Wertvorstellungen nicht nur gutes Geld zu verdienen, sondern sie auch als Leitmotive der heraufziehenden Konsumgesellschaft brauchbar waren, fand der Protest der Halbstarken erstmals einen Verbündeten in der immer wichtiger werdenden Jugendkultur- und Freizeitindustrie.

Für den jugendlichen Protest blieb diese Entwicklung aber nicht folgenlos, denn die Halbstarken waren damit auch zu unfreiwilligen Trendsettern eines neuen industriell gefertigten und um seine kritischen Elemente beraubten Jugendtyps, dem Teenager, geworden, wie er etwa durch Peter Kraus repräsentiert wurde. – Eine Reihe von halbstarken Jugendlichen reagierte auf diese Vereinnahmungsversuche ihres Protests mit einer Veränderung ihres Stils. Aus ihnen wurden im Laufe der sechziger Jahre die Rocker.

„Wenn 50 Karren Gas geben" – James Dean Club I

„Zunächst waren wir nur die acht Leute. Das waren die Gründer. Durch das Mit-dem-Moped-durch-die-Stadt-fahren lernte man dann den und den kennen und die kamen hinterher alle zur Schlosserstraße runter, wo wir uns immer getroffen haben. Mit diesem Trupp sind wir dann zum „Ost-Büffet" hochgefahren, und dann mit der Stollenpark-Bande zusammen waren wir gut und gerne 35 Leute. Die waren so acht bis zehn Leute, also waren wir stärker als die; erstmal mitgliedermäßig und auch so. Ja und da sind die zu uns gekommen und haben gesagt: ‚Wir treten bei euch ein.' Bande war ja nicht mehr in, und wir waren ja ein Club. Das war ja populär und wollen mal sagen, Bande, das wollten die auch nicht mehr, denn sie standen ja auch in der Zeitung mit ihren Straftaten. Damit konnten sie sich ja wirklich nicht rühmen. Und so sind die dann zu uns in den Club reingekommen." (Werner Kullmann)

Die Erinnerungen Werner Kullmanns an die Gründungszeit des James Dean Clubs 1960 in Dortmund dokumentieren den Übergang von den typischen Halbstarken-Banden zu der neueren, moderneren Form der „Rocker Clubs". Deutlich wird hier, daß auf die Halbstarkenkrawalle der fünfziger Jahre eben nicht nur mit dem „Zuckerbrot" der kommerziellen Vereinnahmung à la Peter Kraus reagiert wurde. Für den allzu widerborstigen Nachwuchs gab es zunehmend auch die „Peitsche" von Justiz und drohender Kriminalisierung. Dabei landeten jetzt viele Delikte bereits vor dem Richter, über die noch einige Jahre zuvor im allgemeinen Chaos der Nachkriegszeit großzügig hinweggesehen wurde. Im rigiden Klima einer vor allem auf Ruhe und Ordnung bedachten Gesellschaft waren aus Dumme-Jungen-Streichen mit einem Mal Krawalle und Unruhen geworden.

Die Bildung von „Clubs" erscheint somit aber nicht nur als eine Entscheidung von Jugendlichen für eine moderne Form von Banden, wie sie durch die amerikanischen Vorbilder, z. B. in den Filmen mit Marlon Brando, auch hier bekannt wurden. – „Clubs" als Organisationsform waren auch noch unbelastet von den Vorurteilen der Erwachsenen. Monika Schütz berichtet, warum James Dean zum Vorbild der Gruppe wurde: *„Da war erst mal das Aussehen. Er war auch so ein Außenseiter gewesen. Die paar Filme, die er gedreht hat und die Autorennen, die er gefahren ist, das war so nach unserem Geschmack. Zum anderen war er ja auch noch jung gewesen. Und er hatte zu Hause auch so seine Probleme. Die gleichen Probleme, die wir im Grunde auch hatten. Die im Club waren, die hatten fast alle Probleme zu Hause. Da war kaum jemand, bei dem zu Hause alles glatt lief. Und weil wir in dem Sinne kein direkt gutes, verständnisvolles Zuhause hatten, fühlten wir uns in dieser Gemeinschaft wohler als zu Hause. Zu Hause war alles 08/15. Um 7 Uhr morgens mußtest du aufstehen und zur*

Schule gehen. 12 Uhr Mittagessen und dann um 4 Uhr Kaffeetrinken. Abends um 6 Uhr sozusagen ins Bett gehen. Und das wollten wir alles nicht. Wir wollten so ein bißchen Außenseiter sein. Wir wollten frei sein. Wir wollten, wollen mal sagen, unser Leben da schon leben, ne."

Diese erste Rockergeneration identifizierte sich noch mit den Idolen und Leitbildern der fünfziger Jahre. Marlon Brando hatte mit seinem Film „Der Wilde" den amerikanischen Prototyp einer Rockergruppe geschaffen. Seine „Wilden Engel" wurden zum Vorbild auch aller weiteren Rockergenerationen. Das Motorrad, Lederkleidung, kollektives Auftreten, heulende Motoren und die Flucht aus der Enge der Städte bildeten zukünftig die zentralen Elemente, aus denen sich der Rocker-Stil zusammensetzte. Brando als „Johnny" war der Typ, der einfach „die Schnauze voll" hat „von dem ganzen Zirkus, den man anstellen muß, um ein bißchen Geld zu verdienen" (Filmzitat) und statt dessen lieber mit seiner Gang auf dem Motorrad „ins Blaue" fährt.

Auch bei Monika Schütz wird diese unterschwellig aggressive Ablehnung einer von Konformität und rigider Arbeitsmoral geprägten Erwachsenen-Kultur deutlich. Dennoch wurde nicht Marlon Brando zum Leitbild für den Club, sondern James Dean. – Brando und Dean verkörperten jeder auf seine Weise die Rebellion gegen eine autoritätsfixierte, gefühls- und körperfeindliche Erwachsenenwelt. Während Brandos in schwarzes Leder gekleidete krude Männlichkeit bereits die aggressive Bereitschaft Jugendlicher symbolisierte, die eigenen Bedürfnisse auch gegen den Willen der Erwachsenen durchzusetzen, notfalls mit Gewalt, so erhielt der Protest in Deans Darstellung eher den individuellen oder sogar nach innen gekehrten Ausdruck einer sensiblen und leicht verletzbaren Sinnlichkeit. Mit seiner Fähigkeit, Schwächen und Gefühle

Mitgliedsausweis des James Dean Clubs

zu zeigen, wirkte er offensichtlich ermutigend gegenüber dem Unverständnis der Erwachsenen, die gegen Ende der fünfziger Jahre die jugendliche Gefühlswelt mit ihren Problemen und sexuellen Nöten noch völlig mißachteten. Gerade die Wahl des sensiblen James Dean als Leitbild einer doch anscheinend hartgesottenen Rockergruppe macht deutlich, daß sich die Motive dieser Rocker nicht in aggressiver Zerstörungswust und Krawallen erschöpften. Der „Club" hatte vor allem anderen auch das Bedürfnis nach Solidarität und Gemeinschaft zu befriedigen und eine Atmosphäre zu schaffen, „in der man sich wohler fühlte als zu Hause".

Andererseits war da aber noch der Mythos James Dean, der für die existenzialistische Formel des „live fast – die young" (lebe schnell – sterbe jung) stand. Der jugendliche Held, der die Extreme liebte, die Ausbrüche aus den Konventionen, die rasanten Autorennen, das exzessive Leben, und der dabei den frühen Unfall-Tod auf der Straße findet. Allerdings nur einen physischen Tod, denn erst der tödliche Verkehrsunfall macht aus dem Schauspieler eine Legende und ihn dadurch für seine Fans unsterblich. In James Dean fanden die Jugendlichen des Dortmunder James Dean Clubs ein Idol, das wie kein anderes jene Dialektik von exzessivem Leben und frühem Tod symbolisch zum Ausdruck brachte, die für den Rocker-Stil insgesamt bestimmend bleiben sollte.

Oben: Ausflug in die Borkenberge bei Dortmund, sechziger Jahre (Privatfoto)

Unten: Ausbruch aus der Enge der Städte (Privatfoto)

Oben: Der Dortmunder James Dean Club I. Anfang der sechziger Jahre (Privatfoto)

Unten: James Dean. Das frühverstorbene Ideal als zerknittertes Erinnerungsfoto im Fotoalbum

Kreidler Florett. Das Standard-Moped der ersten Rockergeneration (Privatfoto)

Auffällig am Rocker-Stil im allgemeinen und am James Dean Club insbesondere ist denn auch die Gegenwart und Thematisierung von „Tod", die gleichzeitig in einem unlösbaren Verhältnis zur Exzessivität der Aktion und der Symbolhaftigkeit des Stils steht. Für diese Rockerjugendlichen erscheint Tod nicht lediglich als abstrakte Metapher einer weit entfernten Zukunft, sondern als konkret erfahrbares Risiko des gegenwärtigen exzessiven Lebens. Auf einer realen und einer symbolischen Ebene wird der Rocker-Stil zur zwangsläufigen Konfrontation mit der Begrenztheit des Lebens: Real als Auseinandersetzung mit dem tatsächlichen, und recht häufigen Tod von Kollegen, die durch Motorradunfälle, Selbstmorde, aber auch Krankheit ums Leben kamen. Deutlich wird dies etwa an den Fotoalben der ehemaligen Rocker, in die auch Todesanzeigen oder Clubausweise der verstorbenen Kollegen geklebt sind und Kreuze, die deren Bilder kennzeichnen.

Die Konfrontation mit dem Tod läßt sich aber auch in den symbolischen Elementen des Stils nachweisen, etwa in Emblemen, Tätowierungen, Ritualen (z. B. bestimmte Mutproben) und Accessoires, wie z. B. jener Halskette mit Pistolenkugel, die auch James Dean immer trug und die zum wichtigsten Symbol der Clubmitglieder wurde.

„Wir waren 'ne Clique, wir waren schon zusammen aufgewachsen und groß geworden. Wir wurden dann immer älter und haben nach und nach Mopeds gekriegt. Ich hatte meins schon mit 16, aber noch 'ne Victoria, 'ne einsitzige. Und dann kam die Kreidler Florett. Die ersten zwei, drei, die ein bißchen Pulver hatten, kauften sich so eine. Als ich dann mit 18 von zu Hause wegkam und ein bißchen Geld in die Finger bekam, da hab ich schnellstens zugesehen, daß ich auch so eine kriegte. Wir haben uns dann schon immer in der Robertstraße getroffen mit unseren Karren: Straße rauf, Straße runter und um den Häuserblock. Und wieder hingestellt und gelabert. Und dann den kennengelernt mit 'ner Kreidler, den kennengelernt mit 'ner Kreidler und die Straße wurde immer voller... Auf jeder Stadtfahrt, die wir gemacht haben, haben wir wieder welche mitgeschleppt: kennengelernt und ‚komm mit!' Da wurde dann gefachsimpelt über die Mopeds: Wie kann man die frisieren und wo kriegt man das her: Also, das war schon echt gut!"* (Werner Kullmann) In dieser Erinnerung über Mopeds und Stadtfahrten deutet sich an, daß in der Entwicklung von Halbstarken der fünfziger Jahre zu den Rockern nach 1960 auch ein Wandel im Verhältnis zum eigenen Stadtteil und den sogenannten „sozialen Räumen" stattgefunden hatte. – Halbstarker Protest war vorwiegend ein Protest jugendlicher Arbeiter gewesen und zunächst beschränkt auf die typischen Arbeiterviertel, soweit sie noch existierten, wie den Dortmunder Norden rund um den Borsigplatz. So ist es kein Zufall, daß auch hier der James Dean Club seinen Anfang nahm. Für Monika Schütz, eine von sechs Frauen im ersten Club, gab es eben nur „James Dean und unser Borsigplatz". Diese Orientierung am Stadtteil erfüllte eine wichtige Funktion: Die Verteidigung eigener Territorien, also selbstbestimmter Räume, wie Clublokale oder bestimmte Treffpunkte, in die weder Erwachsene noch andere jugendliche Gruppen eindringen durften.

Die neuen Rocker Clubs blieben allerdings nicht länger auf einen Stadtteil fixiert. Vielmehr wurde der gesamte städtische Raum und später auch darüber hinaus das gesamte Ruhrgebiet zu ihrem Aktionsfeld und potentiellen Einzugsgebiet. Diese Entwicklung hing mit zweierlei zusammen. Zum einen mit einer sich verändernden sozialen Struktur der Städte: Die jugendlichen Rocker entstammten zwar immer noch überwiegend der Arbeiterschicht; diese wohnte in den sechziger Jahren aber längst nicht mehr nur in ausgesprochenen Arbeitervierteln. Der Wiederaufbau mit den Monstrositäten des Sozialen Wohnungsbaus hatte vielfach zu einer Zerstörung der alten Quartiere geführt. Die Rekrutierung der neuen Rocker Clubs mit Jugendlichen aus den unterschiedlichsten Stadtteilen spiegelt deshalb auch die Entwicklung wider, die die Wohnsituation der Arbeiter in ihren „Neuen Heimaten" genommen hatte.

In dem Expansionsdrang der Clubs drückten sich vor allem aber auch die Möglichkeiten aus, die die Konsumgesellschaft diesen Jugendlichen inzwischen zur Verfügung stellte. Das Moped wurde zum zentralen Stilmerkmal, um das sich alles drehte. Es sorgte für die notwendige Mobilität auf diesem großen Territorium der ganzen Stadt. Es wurde zum verbindenden Element zwischen den Jugendlichen aus ganz unterschiedlichen Stadtteilen, zum Symbol für gemeinsame Interessen und ein kollektives Lebensgefühl. Durch das „Frisieren" der Maschinen, das diese schneller und lauter machte, konnten die Erwachsenen provoziert, die Autorität der Polizei herausgefordert und die von beiden aufgezwungene Ordnung gebrochen werden. Vor allem aber war das Moped nicht nur ein Transportmittel, mit dem man ein bestimmtes Fahrziel erreichen konnte, sondern eine Art Droge, die einen in lustbetonte und geradezu rauschartige Zustände versetzen konnte: *„Und wenn wir dann losgefahren sind, und wir sind schon mit 30 bis 40 Mopeds losgefahren und die kamen dann noch mit 20 dabei, dann waren das 50 Mopeds! Das mußt du dir mal vorstellen, was das für ein Rausch war, wenn diese Meute zusammen war. Und wir haben dann auch unseren Spaß gehabt. An Ampeln sind wir bei „grün" stehengeblieben und wenn „rot" war, sind wir losgerauscht mit 'nem Mordstheater. Wenn 50 Karren Gas geben, und wir haben ja auch noch rumgejohlt und rumgeschrien, wir fühlten uns ja unheimlich, dann ist das schlimmer als ein Rausch. Man gibt selber Gas, Vollgas, und hört gar nicht, weil die anderen dasselbe machen. Das ist ein Gefühl, das mußt du mal erleben, das ist unheimlich. Das hat mich unheimlich beeindruckt. Wenn wir an der Ampel standen und da kam der Moment, wo wir alle losgefahren sind, egal ob bei „grün" oder „rot" und die drehten dann alle auf, ehrlich, das war 'ne Bombe."* (Werner Kullmann)

Die Expansion der Rocker-Clubs über ihre unmittelbaren Stadtteile hinaus hatte für das Image der Clubs schwerwiegende Folgen. Die Auseinandersetzungen, die die Jugendlichen führten, etwa in den Konkurrenzkämpfen zweier „verfeindeter" Clubs oder mit der Polizei, waren nicht mehr lediglich persönliche Auseinandersetzungen zwischen unmittelbar bekannten Personen der Nachbarschaft. Ein Großteil der Auseinandersetzungen fand nunmehr stets ein Echo in den Medien. Rocker waren zu einer öffentlichen Angelegenheit, für viele zu einem öffentlichen Ärgernis geworden. Wer die Schlagzeilen über die Clubs in den damaligen Tageszeitungen verfolgte („Schüsse knallten durch die Nacht"; „Rocker prügelten alten Mann zu Tode"), der konnte den Eindruck gewinnen, daß „Rocker" ein Synonym für das Böse und Kriminelle schlechthin war. Die Radikalität, die expressive Körperlichkeit und die Kompromißlosigkeit der Aktivitäten und Ansichten übte andererseits aber auch eine Faszination aus, die die Rocker immer wieder in den Mittelpunkt des öffentlichen Interesses rückte und stets für eine sensationell aufgemachte Schlagzeile gut war. Aus dieser Widersprüchlichkeit entwickelte sich bisweilen so etwas wie ein wechselseitiges Verhältnis, bei dem die Rocker zwar von der Presse benutzt wurden, andererseits aber aus dieser Öffentlichkeitswirksamkeit ihres Handelns auch einen Teil des eigenen Selbstverständnisses und -bewußtseins bezogen. *„Da waren sie auch noch vom Fernsehen da. Haben von uns 'nen Film gemacht und den auch im Fernsehen gezeigt. Mit unseren Mopeds mußten wir durch die Straßen fahren und 'ne Schlägerei simulieren. Wir sollten auch zeigen, wie wir uns begrüßen. Dann haben sie im Clublokal die ganzen Kabel verlegt und wir mußten reinkommen: „Hallo Freunde" und großes Spektakel und 'ne kleine Schlägerei inszenieren. All so'n Blödsinn. Das wollten die sehen. Wollten sehen, wie die ‚Halbstarken' leben, und das haben wir denen dann auch gezeigt."* (Werner Kullmann)

Ausbruch in die Unterordnung – Die Rocker-Bräute

„Wir Mädchen spielten im großen und ganzen nicht so 'ne große Rolle ... Die Jungs, die hatten ihre Vorrechte. Die hatten mehr zu sagen. Wir Mädchen standen im Hintergrund. Obwohl, dem einen hab ich 'n Hemd gewaschen. Also, das durfte ich denn auch, ne. Wir waren ja stolz, daß wir dabei sein durften. Da haben wir auch für die die Schuhe geputzt. Und wir haben auch den Laden sauber gehalten ... und wir hörten uns dann an, was die sich erzählten. Und wenn die uns dann 20 Pfennig für die Musik-Box gaben, dann haben wir auch genau die Platte geholt, die die hören wollten." (Monika Schütz)

Die Clubs waren ausgesprochen männlich dominiert. Die Frauen hatten lediglich untergeordnete Rollen zu spielen: Abwartende (bei Ausflügen), fürsorgende (emotional und als „Putzfrau") Haltungen und erotische Zulieferfunktionen waren gefragt. Außerdem hatten die Mädchen zu gehorchen. Dennoch ist damit die Bedeutung des Clubs für diese Mädchen nicht ausreichend erfaßt. Diese untergeordnete Rollenzuweisung beschreibt zunächst nur das Verhältnis innerhalb des Clubs. Im Verhältnis zur sozialen Außenwelt entsteht ein anderes, ein gebrochenes Bild. Gegen die Eltern, Nachbarn, Lehrer und Lehrherren war das Dasein als Rockerbraut (zumal Anfang der 60er Jahre!) auch ein enormer Widerstandsakt gegen das zugeschriebene klassische Mädchenbild: Aggressivität, Unordentlichkeit, Expressivität, „ordinäre" Sprache und Sexualität paßten nicht in das traditionale Rollenverständnis.

„Ich war so 14, als das anfing mit der Clique. Ich mußte immer meine Lederjacke verstecken. Mein Vater durfte die nicht sehen. Die Haare mußte ich immer zum Pferdeschwanz binden, und wenn ich dann abends um 6 Uhr aus dem Haus ging, dann hab ich die Klüngeln in den Keller geschmissen und hab mich im Keller umgezogen, dann ab auf die Mopeds. Damals waren wir so 15 Jungens und 6 Mädchen, haben immer so Mopedrennen gemacht. Wir in Fransenjacken. Da hatte ich mal 'nen engen Rock an und mußte mich deshalb beim King hintendrauf hinstellen, weil ich mich nicht setzen konnte. Der King sagte immer schon: Jetzt setz Dich endlich hin. Und jetzt wollte ich mich hinsetzen, und da machte es plötzlich ‚Krach'. Da saß ich da und hinten war mein ganzer Hintern zu sehen. Den Leuten fielen bald die Augen aus dem Kopf und wir hatten Spaß gehabt." (Monika Schütz) Die Gegenleistung für diese bereitwillig (Monika Schütz: „Wir haben es ja auch gerne gemacht.") erduldete Rolle des abwartenden Dienstmädchens, das während der Ausflüge der „Herren Rocker" das Clublokal in Ordnung hält, war die Schutzfunktion, die der Club gegenüber den Autoritäten der Erwachsenenwelt darstellte: In der Clique oder auch im Clublokal war man sicher vor den Nachstellungen der Eltern: „Zu Hause, da hat mein Vater mir gesagt: ‚Wenn ich da (ins Clublokal) noch mal hinkomme. Die ganze Halbstarkentruppe, die verwemse ich.' Dabei fuhr der jedesmal da vorbei. Aber der traute sich da nicht rein." (Monika Schütz)

Die Beziehungen zwischen weiblichen und männlichen Clubmitgliedern waren insgesamt recht eindeutig: Man betrachtete einander als Besitzstand. Innerhalb des Clubs waren diese Besitzverhältnisse geklärt. Unruhe konnte aber auftauchen, wenn fremde Frauen dazustießen und wagten, an dieser Ordnung zu rütteln. Bei der Lösung dieser Probleme bewiesen die Rocker-Mädchen dann durchaus Distanz zur passiven und erduldenden Haltung einer traditionellen Mädchenrolle: „Ich bin damals mit dem King gegangen, und wenn dann mal ein Mädchen kam, die wollte mit dem gehen, dann hat die was auf die Fresse gekriegt von mir. Wenn mal jemand Fremdes da war, dann paßten auch die anderen Mädchen schon mal auf. Da ging man sofort hin und sagte: hör mal zu! Wer bist du? Mit wem gehst du? Und wenn die sagte, ich hab hier keinen festen Freund, ja dann mußte sie sich woanders hinstellen. Das ist meiner, da hast du nichts mit zu tun, und wenn das nicht klappte, dann haben wir sie aufs Klo gelotst, und dann hat sie auf'm Klo Dresche gekriegt. Dann kam die nicht wieder." (Monika Schütz)

Am deutlichsten wird die Ambivalenz der Mädchenrolle im Club an der Gründung eines eigenen „Frauen James Dean Club", der als Teil des Gesamtclubs galt. Der Zusammenschluß signalisierte einerseits das Bewußtsein einer eigenständigen Rolle als Frau im Club und wohl auch eine Übereinstimmung in den gemeinsamen Interessen als „Rockerbräute", die nicht mehr länger von den Rocker-Herren ausgenutzt werden wollten. Andererseits blieb auch dieser zaghafte Versuch der Selbstbestimmung wieder in der Abhängigkeit von männlichen Clubmitgliedern verstrickt. Nicht nur, weil die männlichen Mitglieder weiterhin die attraktiveren Aktionen machten („Die Jungs, die hatten so ihr bestimmtes System, was sie machten. Und das hatten wir gar nicht", Monika Schütz); als Vorsitzender des Frauenclubs fungierte auch ein älterer Mann, der mit seinen 45 Jahren sowohl das Vertrauen der Mädchen genoß, bei den Jungen aber den Respekt, der nötig war, um gegen ihre Interessen Änderungen durchzusetzen. *"Der Sir Franz, der war hinterher der Boss von den Mädchen gewesen... vor dem hatten sie auch alle so 'n bißchen Respekt... Da hat der Sir Franz gesagt: So geht das nicht mehr weiter mit meinen Mädchen. Der hat denn auch dafür gesorgt, daß die mit in die Heide fahren durften."* (Monika Schütz)

Die Möglichkeiten dieser Rocker-Mädchen, gegen ihre Rolle aufzubegehren, blieben denn auch vorwiegend auf die Außenwelt beschränkt, auf „Frauen von außen", die eine Gefahr für den eigenen Typen darstellten, sowie auf die Autoritätsinstanzen wie Eltern, Lehrer oder die Polizei. Innerhalb der Clique stießen sie immer wieder schnell an Grenzen, die mit Rocker-eigenem „Humor" eisern verteidigt wurden: *"Die brauchten halt jemanden, der die Gitarre schleppte, irgendwas in der Richtung und so Nebensachen: Ofen anmachen und so. Wir hatten da so 'nen alten Bullerofen. Da weiß ich noch, da hab ich den Ofen mal nicht angemacht. Ich sagte, ich bin doch nicht euer Dienstmädchen. Da hatte jemand anders den Ofen angemacht und da setzten sie mich auf die heiße Ofenplatte hinterher, weil ich den Ofen nicht angemacht hatte."* (Monika Schütz)

„Rocker-Bräute" Anfang der sechziger Jahre (Privataufnahme)

„Da tobte das Leben" – James Dean Club II

1967 vollzieht sich ein Generationswechsel bei den Rockern, der sich auch in einer Umbenennung in „James Dean Club II" dokumentiert. Dieser Übergang ist indes nicht nur die Ablösung der älteren durch die Generation der jüngeren Geschwister. In ihm werden auch die unterschiedlichen Aufwachsbedingungen dieser beiden Generationen sichtbar: Die älteren, mit ihren Erfahrungen der Nachkriegszeit, den Trümmern, der materiellen Not, aber auch den seelischen Nöten, die sich aus der prüden Moral der „Bleiernen Zeit" der fünfziger Jahre ergaben. – Die jüngeren gehörten dagegen zu einer Generation von „Konsumkindern", deren Kindheits- und Jugenderfahrungen im wesentlichen durch Wirtschaftswunder und die wie selbstverständliche Existenz eines jugendorientierten Konsummarktes geprägt waren. In den Erinnerungen der ehemaligen Rocker wird dies deutlich am Wandel der Leitbilder und Idole, etwa am Beispiel von James Dean: *„Also, wie ich da den ersten Film gesehen hab, war ich enttäuscht. Was der für'n Kerl in dem Film abgegeben hat. Der hat ja immer wie so ein kleiner Dullmann gespielt, der sich wohl nie irgendwo durchsetzen konnte. Das war hier glaub ich dieser ‚Denn sie wissen nicht was sie tun'. Ich fand das ehrlich Kokolores. Aber dem seine Filme sind immer ein bißchen komisch gewesen, so die Rollen. Und so wie mit ‚Jenseits von Eden'. Der gefiel mir überhaupt nicht. Da hab ich überhaupt keinen Sinn drin gesehen in dem Film . . . Daß sie den zum Idol erkoren haben, der solche Rollen spielte. Warum die den genommen haben?"* (Martin Förster)

Auch wenn der Mythos bis in die Gegenwart hineinreicht, so war James Dean doch vor allem das Idol der fünfziger Jahre; einer Jugendgeneration also, die sich manchmal noch verzweifelt um die Aufmerksamkeit und Anerkennung durch die Erwachsenen bemühte. Für Martin Förster ist die Darstellung des Sensiblen und leicht Verletzbaren in den Rollen James Deans nur noch ein Zeichen von Schwäche. Försters Selbstbewußtsein, die eigenen jugendlichen Interessen in den sechziger Jahren vor allem durch Stärke und Durchsetzungsvermögen zu verwirklichen, spiegelt hier auch das Gefühl einer ganzen Generation, die sich bereits ihrer größeren Bedeutung in der Gesellschaft bewußt war: sowohl im gesamtgesellschaftlichen Rahmen, wie die Studentenbewegung bewies, als auch im lokalen Stadtteil in den Auseinandersetzungen mit den Erwachsenen und der Polizei, wie Martin Förster die Vorbilder im James Dean Club bewiesen.

Die Subkultur der Rocker war seit Beginn der sechziger Jahre zwar entscheidend durch die Medien und Kulturindustrie geprägt. Charakteristisch für diese jugendliche Gruppierung ist jedoch, daß die industriell vorgefertigten Idole und Stars von den Rockern gleichsam vom Himmel geholt und wieder in den unmittelbaren Erfahrungshorizont der eigenen sozialen Milieus eingeordnet wurden. So blieb James Dean zwar das Leitbild für den Club und verpflichtete damit auch zum Schutz dieses Vorbildes gegenüber anderen Clubs. Als Idol verlor er für diese Jugendlichen jedoch völlig an Bedeutung. Die Idole des zweiten und später auch des dritten Clubs waren nicht die synthetischen Helden der Medienindustrie, sondern die Vorgänger des eigenen Clubs: *„Ich muß ganz ehrlich sagen, ich hab als Vorbilder immer den Walla gehabt, dann noch den Trapper und natürlich den King, der ehemalige Präsident. Das waren für mich so die Vorbilder. Die waren auch immer regelmäßig da. Man konnte sich auch mit den Leuten unterhalten, als wir angefangen haben. Die waren da nicht so eingebildet. Obwohl sie zwar manchmal gesagt haben: ‚Euch kann man in der Pfeife rauchen'. Aber die waren auch stolz, daß wir das weitermachten."* (Rainer Olschewski)

Diese „Helden aus den eigenen Reihen" hatten gegenüber ihren „Kollegen" aus den Medien auch den Vorteil, daß sie leibhaftige Menschen waren, mit denen man reden und sich auseinandersetzen konnte. – Raser, King und Messer Alfred verkörperten im wahrsten Sinne des Wortes die Tradition des ersten Dean Clubs und damit auch dessen Machtanspruch und physische Überlegenheit in der regionalen Rockerszene. Sie waren aber auch lebendige Zeugen für die Abenteuer und Erlebnisse des Gründungs-Clubs. Beiden Aspekten kam für das Selbstbewußtsein und die Ziele der jüngeren Rocker und deren Selbstverständnis als legitime Nachfolger große Bedeutung zu. Den endgültigen Übergang vom ersten zum James Dean Club II markierten denn auch Schlägereien zwischen den alten und jungen Mitgliedern. Die körperliche Überlegenheit über die eigenen Idole unterstrich noch mal die Rechtmäßigkeit der Jüngeren als Nachfolger und stellte klar, wer künftig das Sagen hatte: *„Manch einer vom alten Club dachte da, er könnte 'ne große Lippe riskieren, aber da hat so mancher von einem von uns was auf die Nase gekriegt. Der Sigurd hat da ein paar Mann mal was auf die Gurke gehauen, und da wußten die, daß sie mit uns auch nicht so umspringen konnten."* (Martin Förster) Diese Auseinandersetzungen waren indes kein Angriff auf die Bedeutung der „Alten" als Idole und Vorbilder. Im Gegenteil: An deren Erinnerungen und Erzählungen über die „Schlachten von Gestern" mußten sich die Mitglieder des James Dean Club II auch weiterhin messen lassen. Die Tradition des Clubs wurde damit zum wichtigen Antrieb und Maßstab für zukünftige Aktivitäten.

Im Gegensatz zum Gründungsclub duldeten die Jugendlichen des James Dean Club II keine Frauen mehr als Mitglieder. Frauen hatten für sie lediglich den Stellenwert von Sexualobjekten, die man „anbaggern" konnte. In der verschworenen Gemeinschaft des Clubs aber galten sie als „Störfaktor" und als „Gefahr" für den Zusammenhalt untereinander. Darum schloß man Frauen von den Fahrten und Ausflügen generell aus. Die Nachfolgegruppe war statt dessen stärker als vorher geprägt durch die Betonung roher und manchmal gewalttätiger Männlichkeit, die sich oft in Schlägereien mit anderen Clubs oder auch der Polizei zu beweisen suchte: *„Da hatten wir in einer Kneipe an der Uhlandstraße 'ne Schlägerei gehabt. In der Kneipe hatte der Wirt die Polizei gerufen. Ich war da mit dem Hans zusammen. Und da stand dann ein Polizist da und einer da, und jeder von uns hat sich dann einen Polizisten vorgenommen; haben den richtig verhauen und sind dann beide zu dem Dritten hingegangen, und da sagte der mir dann: ‚Jungs, Jungs hört auf!' Aber da knallte es auch schon. Jetzt hatten wir aber nicht daran gedacht, daß draußen noch ein Vierter war. Normalerweise waren das vier. Der hatte über Funk dann Verstärkung geholt, und da kamen dann natürlich Polizisten von allen Ecken und Kanten, auch in Zivil. Ich seh' noch den Hans, hinten in so 'nem Raum, wie er draufschlägt, wie er sich verteidigt. Aber das waren so viele Polizisten, daß wir zwar am schlagen waren, aber die kamen so auf uns zu. Die hinten drückten die ersten, daß wir also förmlich vor den Tresen gedrückt wurden ... Da gab es dann ein halbes Jahr Bewährung drauf für mich."* (Kurt Teichert) Diese Schlägereien waren allerdings weniger der Ausdruck für eine sinnlose, zerstörungswütige Brutalität, sondern erfüllten wichtige Funktionen für den Club: Schlägereien waren die extremsten Situationen, in denen sowohl der Einzelne sein Einstehen für die anderen beweisen mußte, als auch die Gruppe sich zu ihrer Verantwortung für den Einzelnen bekannte. Viele Schlägereien zwischen zwei Clubs entstanden etwa deshalb, weil einem Mitglied Unrecht geschehen war. Der ehemalige Club-Boß dazu: *„Das Wichtigste waren wohl nicht die Schlägereien mit den Clubs. Das Wichtigste, was wohl unsichtbar dahinter war und was ich auch gefühlt hab' und die meisten anderen auch, das war dieses Zusammenhalten, dieses sich Verlassen können auf jemanden, was man in den Familien ja auch nicht fand. Man hatte eher zu einem fremden Menschen Vertrauen, als zu den eigenen Eltern. Und das war hier auch ganz stark. Dieses Gefühl, so paß auf, wenn wir jetzt dahin gehen: entweder kriegen wir alle die Jacke voll, oder eben keiner. Entweder wir oder die anderen. Das gab eine gewisse Art von Kraft, aber auch Abenteuer. Dieses Gefühl, wir gemeinsam unternehmen etwas. Man ist nicht allein auf der Welt."* (Kurt Teichert)

Die Motive für die Auseinandersetzungen mit der Polizei gingen allerdings über dieses Bedürfnis nach einem verläßlichen Gruppenzusammenhang hinaus. Für Kurt Teichert war „die Polizei unser Gegner, unser Feind". Sie erschien den Rockern als der institutionalisierte Machtanspruch der Erwachsenen über die Jugendlichen, dem sie, aufgrund selbst erlebter Willkür, jede moralische Rechtfertigung absprachen. Und auch personifiziert in Gestalt des uniformierten Polizisten konnte diese Macht und Autorität die Rocker nicht überzeugen: Uniform trugen die jugendlichen Rocker schließlich selber und körperlich überlegen waren sie ihrem Gegner zumeist auch. *„Also, im Polizeipräsidium waren wir öfter. Auch wegen Sachen, wo du gar nichts mit zu tun hattest ... Oder aus Schabernack haben die dich mitgenommen. Haben wir mal auf der Kirmes ein Bier getrunken und stehen da, wollen unsere Mopeds an der Radwache abholen. Auf einmal ein Bullenwagen: Bupp rein! Da fahren die mit uns hoch Richtung Präsidium. Wir mußten in die Tüte blasen, dann haben sie uns rausgeschmissen und wir konnten zu Fuß zurück zur Kirmes laufen. So richtiger Schabernack war das. Das hatten sie mit uns öfter gemacht. Deswegen hattest du zu der Zeit öfter auch mal Wut auf diese ‚zwei Meter grünen Stoff', wie wir früher immer gesagt haben."* (Martin Förster)

Die Freizeitsituation für Jugendliche gegen Ende der sechziger Jahre war zwar nicht mehr ganz so katastrophal wie im Jahrzehnt davor. Insbesondere in der Jugendarbeit hatte sich inzwischen das Konzept der ‚offenen Freizeitheime' durchgesetzt. Nichtsdestoweniger herrschten erhebliche Defizite und ganze Stadtteile waren noch bis in die siebziger Jahre hinein mit diesen Einrichtungen unterversorgt. Martin Förster erinnert sich zudem an die Schwierigkeit, überhaupt in diese Jugendzentren hineinzukommen: *„Hinterher bist du auch immer ins Fritz-Henßler-Haus gegangen. Das war ja eben das einzige, was es gab, wo mal ein bißchen Tanz war. Und wenn du dann reinkamst, in Levis-Hosen, Levis-Jacken; dann wurdest du früher ausgeschimpft: ‚Ihr mit euern Arbeiterklamotten kommt hier nicht rein'. 'ne normale Levis-Jeans und -Jacke und da machten die so 'nen Aufstand."* Zum wichtigen Freizeitangebot für diese Rocker wurde deshalb die Kirmes. Auf den Rummelplätzen war ihr Lärmen und Wildsein nicht nur geduldet, sondern wurde noch unterstützt durch die laute Musik, die rasanten Raupenfahrten und den ebenfalls rauhen Umgangston des Personals, den „Kirmesbremsern". *„Kirmes, da tobte das Leben. Das war einfach Spiel und frei sein. Da paßte auch wieder das Kostüm dazu, das wir anhatten. Die Kirmes mit ihren Clöwnchen und Clowns, mit ihren Farben. Da paßten natürlich auch wir als Clowns und Clöwnchen mit unseren Westen rein. Und vor allen Dingen auch die Möglichkeit der Begegnung: junge Menschen – fremde Menschen. Wovon man wußte, daß auf der Kirmes sich etwas sammelt, das auch damit einverstanden war. Wenn eine Frau, ein Mädchen zwei oder dreimal da gesehen wurde, dann konntest du davon ausgehen, die paßt dazu; die hat den Rummel gern. Also haben wir da leichte Kontaktmöglichkeiten gehabt."* (Kurt Teichert)

Im James Dean Club II entwickelte der Rocker-Stil spezifische Merkmale der '68er Jahre. Die Szene der Jugendkulturen umfaßte inzwischen ein breites Spektrum von Hippies, Gammlern bis zur Studentenbewegung, das es auch für die Rocker zunehmend nötig machte, sich von völlig andersgearteten subkulturellen Stilen abzugrenzen. Hippies etwa galten als *„Ausgeflippte und Rauschgiftjockeys, mit denen man nichts zu tun haben wollte"* (Martin Förster). Diese Auseinandersetzungen zwischen den Subkulturen, immer unterstützt durch den Einfluß der Medien, brachte jedoch auch eine größere Dynamik in die Entwicklung jugendkultureller Stile, sowohl was die räumliche Mobilität, als auch „Zweckentfremdung" typischer Stilmerkmale durch andere Subkulturen anging. Ein typisches Beispiel für diese Zeit ist etwa die „Entdeckung" des Rocker-Motorrades auch für eher Hippie-orientierte Mittelschichtsjugendliche im Gefolge des Films „Easy Rider", wobei das Motorradfahren allerdings seinen rockerspezifischen kollektiven und potentiell gewalttätigen Charakter verlor und statt dessen zum Synonym für Individualität und esoterisches Glücksgefühl wurde.

Von allen drei Clubs hatte der James Dean Club II die kürzeste Lebensdauer. Er existierte nur drei Jahre. Seine ehemaligen Mitglieder geben als Ursache für die Auflösung vor allem biographische Gründe wie Heirat und Familie an. Daß diese Gründe stärker als bei den beiden anderen Clubs den Zusammenhalt der Gruppe gefährden konnten, lag sicher daran, daß es keine Frauen im Club gab und damit an der Unfähigkeit dieser Gemeinschaft, auch emotionale Bedürfnisse der Jugendlichen nach festen Beziehungen und Sexualität im Rahmen des Clublebens befriedigen zu können.

100 Mann und ein Befehl – James Dean Club III

„Das waren damals so Leute, die hatten schon 'nen Club gegründet, aber wie der hieß, das weiß ich nicht mehr. Und da die wußten, daß wir früher mal den James Dean Club gehabt haben, wollten die mich damals überzeugen, daß wir den James Dean Club III machen. Nur, wie ich schon sagte, ich konnte das alleine nicht entscheiden. Ich sag: ‚Ich muß da schon die Alten fragen. Wenn ihr dann nachher mit patches (Abzeichen) rumlauft und so, dann gibt's Ärger.' Naja, und so ist dann nachher praktisch in Absprache mit den Alten dieser Dean Club III entstanden." (Rainer Olschewski) Zwischen der Auflösung des zweiten Clubs und der Entstehung des dritten im Jahre 1976 lagen sechs Jahre. Das wirft die Frage auf nach dem Band, das offensichtlich zwischen diesen zeitlich so weit auseinanderliegenden Jugendgenerationen bestand.

4 Rocker prügelten alten Mann zu Tode

Sie wollten sein letztes Geld für eine Vergnügungsreise

Erste Seite der „Bild am Sonntag" vom 23. 11. 1969

Die gesamte Clubgeschichte scheint ein kontinuierliches Bewußtsein von Solidarität und Zusammengehörigkeitsgefühl zu durchziehen, das sowohl die Vergangenheit mit einbezieht, als auch in die Zukunft gerichtet ist. James Dean steht dabei für eine organisierte Form von Solidarität und Gemeinschaft, auf die eine bestimmte Gruppe von Jugendlichen, insbesondere die Arbeiterjugendlichen des Dortmunder Nordens, quasi einen Anspruch hatten. Die Jüngeren fühlen sich dem Image der alten Clubs verpflichtet und die Alten fühlen sich verpflichtet, den Jüngeren diese Form von Solidarität und Gemeinschaft zu ermöglichen. Obwohl es kein „eingetragenes Warenzeichen" ist, ist die Benutzung des Namens „James Dean" tabu, bis die Alten ihre Genehmigung geben. Im dritten Club schließlich geht die Verbundenheit so weit, daß Rainer Olschewski, ein ehemaliges Mitglied des zweiten Clubs und gut zehn Jahre älter als die anderen, sich überreden läßt, neuer Präsident zu werden. Einerseits hält er sich zwar für zu alt (*„Ich war der Opa im Club"*), andererseits ist er aber auch geschmeichelt und fühlt sich dafür verantwortlich. Über ihn stellen die Jungen die Kontinuität der Clubtradition sicher, wie wieder am Leitbild James Dean deutlich wird:

„Der James Dean Club ist auch nie in Vergessenheit geraten. Auch in der Zwischenzeit, in den Jahren, wo nichts war. Ist also wirklich nicht tot gewesen . . . Aber die meisten konntest du fragen nach James Dean, die wußten gar nicht, wer das war. Da bin ich schon mal mit den Leuten, als im September (Todestag von James Dean!) die Filme kamen, ins Kino gegangen, damit die überhaupt mal wußten, wer das war. Das kannten die im James Dean Club III alle gar nicht. Die haben nur den Club gesehen: James Dean Club, da muß ich rein. Feierabend! Direkt ein Ideol war das für die nicht." (Rainer Olschewski)

Der Stil des neuen Clubs wird weiter entwickelt: Aus den Lederjacken mit dem einfachen Namenszug „James Dean" auf dem Rücken werden Kutten und „Colours", uniformähnliche Westen, mit Nieten besetzt und möglichst vielen Abzeichen von befreundeten Clubs oder auch Beutestücken von konkurrierenden Gruppen. Die „Colours" wurde neben dem Moped oder Motorrad zum wichtigsten Merkmal des Rocker-Stils, auf jeden Fall aber zum auffälligsten. Bisweilen erreichte die Identifikation mit diesem Kleidungsstück geradezu mythische Bedeutung, wenn etwa das ehemalige Mitglied Peter K. überzeugt war, „ohne meine Colours bin ich ein Nichts". Die „Colours" eignete sich damit hervorragend als Fetisch für eine symbolische Identität mit der Gemeinschaft. Einem Clubmitglied „die Jacke auszuziehen" war gleichbedeutend mit einer Kampfansage an den gesamten Club. Der größte Teil von Auseinandersetzungen zwischen konkurrierenden Clubs drehte sich denn auch um die „Colours": *Ich bekam mal einen Anruf abends um elf Uhr, daß man drei Leuten aus Castrop die Jacken ausgezogen hatte. Daraufhin sind wir zwei Tage später mit 90 Mann darunter gefahren. Die waren natürlich total entsetzt. Haben uns zwei der Jacken wiedergegeben. Es gab keine Keilerei und nichts, aber draußen war auf einmal eine Hundertschaft der Polizei vor der Tür. Rundherum verteilt. Wir haben bei uns natürlich Leute gehabt, die das Vereinslied ‚James Dean Germany' gesungen haben. Daraufhin sind zwei Polizeibeamte ausgeflippt und haben auf die Leute eingeschlagen. Ich hab dann dem zuständigen Leiter der Gruppe klipp und klar gesagt, wenn das nicht aufhört, werde ich das Kommando zum Gegenangriff geben, denn ich war der Meinung, da wir nichts getan haben, kann man uns nicht einfach eins aufs Maul hauen. Ich sag: ‚Das können sie sich überlegen. Wir kriegen zwar was aufs Maul, aber die Hälfte von euch geht mit'. Daraufhin ist er zu den Beamten und hat die da weggerissen."* (Rainer Olschewski)

Ende der siebziger Jahre: Rocker-Hochzeit (Privatfoto)

Die Entwicklung des Rocker-Stils zu regelrechten Uniformen symbolisierte auch eine Entwicklung zu mehr Militanz, die zunehmend die Auseinandersetzungen der Rockerclubs bestimmte. Diese Militanz bestand aber keineswegs nur auf Seiten der Rocker; auch in den Auseinandersetzungen mit der Polizei gegen Ende der 70er Jahre wurde deutlich, daß beide Seiten aufgerüstet hatten. Die Clubs, wie der James Dean Club III in Dortmund, waren zu Organisations-Monstren mit bis zu 200 Mitgliedern geworden. Dagegen stellte die Polizei dann ihre gut ausgerüsteten Hundertschaften: Der James Dean Club war zu groß geworden. Auf die Dauer konnte er so nicht bestehen.

Auch das Verhältnis zwischen den Jugendlichen hatte sich verändert. Der Club bestand aus zahlreichen Untergruppen, die oft nur zu bestimmten Aktionen zusammentrafen. Das Gefühl der Solidarität und Gemeinschaft wich dem Gefühl einer „Freizeit- und Action-Gruppe". Rainer Olschewski sagt dazu: „Das waren keine Kameraden mehr, höchstens noch Kumpels." Zunehmend wurde die Organisation von Aktivitäten wichtig und verhinderte so die Spontaneität, die immer ein wesentliches Element im Handeln der Rocker gewesen war. Jetzt reisten jeden Mittwoch die Bosse der einzelnen Zweigstellen aus dem ganzen Ruhrgebiet zur Präsidentensitzung in Dortmund an, um Aktionen zu planen.

In der Öffentlichkeit begann, wie schon einmal gegen Ende der sechziger Jahre, eine lebhafte Diskussion zum Thema Rocker. Die Zeitungen berichteten, Fernsehfilme wurden gesendet und mit dem James Dean Club in Dortmund fand eine Live-Sendung im Radio statt. Und wie bereits nach den Halbstarken-Krawallen in den fünfziger Jahren, reagierten die staatlichen Organe wieder nach dem bewährten Rezept von „Zuckerbrot und Peitsche": verstärkte Anstrengungen im Bereich der Jugendzentren einerseits, um die Jugendlichen dort einzubinden und so Alternativen zum Club zu schaffen; andererseits aber auch die fragwürdige und leichtfertige Kriminalisierung, die zwar letztlich zur Auflösung der Clubs 1980 führte, in den Zeiten der Massenarbeitslosigkeit für manchen Jugendlichen aber auch eine schwere Hypothek auf die Zukunft bedeutete.

Die Aktivitäten der Rocker waren, wie zuvor bei den Halbstarken, ein diffuser alltagsorientierter Protest, der sich vor allem gegen die Autoritätsansprüche staatlicher Institutionen richtete. Dessen Ziel war nicht die Veränderung gesellschaftlicher Normen und Regelsysteme, sondern lediglich die Anerkennung bestimmter Freiräume und Moratorien für eine genau definierte Sphäre jugendlicher Freizeit, in der die Rocker ihre hedonistischen und expressiven Bedürfnisse ausleben konnten. Diesem Anspruch standen allerdings nur zu oft die öffentlichen Ordnungs- und Moralvorstellungen, als auch die realen Bedingungen des urbanen Raumes im modernen Großstadtleben seit den sechziger Jahren entgegen, weshalb Motorradausflüge in unkontrollierte und unbewohnte Landschaften zu einem wesentlichen Merkmal der Rocker-Aktivitäten wurden.

Auch wenn die Herausforderung der staatlichen Autorität keine Infragestellung des Gewaltmonopols des Staates und der Ordnungsfunktion der Polizei war, so wurde deren Machtanspruch doch auch nicht per se akzeptiert, sondern mußte sich für die Rocker real und stets aufs neue behaupten. Damit kann dieser Protest der Rocker vor allem als Absage an einen konsensuell durch Einverständnis gesicherten Herrschaftsanspruch und damit als Absage an die symbolische Repräsentanz demokratisch legitimierter Macht verstanden werden (eine Tatsache, die den Rocker-Stil immer wieder auch für rechtsradikale Jugendliche interessant machte, ohne daß diese ihn aber je dominiert hätten).

Diese Haltung spiegelt sich im Rocker-Stil auch in der Entsprechung von symbolischer und realer Ebene wider. Weitaus stärker als in anderen Subkulturen (wie z. B. Punks), deren Stilbildungen vor allem vom ironischen Spiel mit der Bedeutung der Zeichen geprägt ist, macht der Rocker-Stil mit seiner eher auf Eindeutigkeit, Direktheit, Unmittelbarkeit basierenden „Bricollage" und den auf tatsächliche Militanz und realer Gewaltanwendung basierenden Aktionen ein gesellschaftliches Spannungsverhältnis aus Macht und Ohnmacht deutlich, in das diese jugendlichen Rocker unauflösbar eingebunden sind. Das bedrohlich anmutende Äußere, die martialische Uniform der Rocker ist nicht etwa nur symbolische Kompensation für die eigene gesellschaftliche Ohnmachtstellung als Jugendliche der Unterschicht, sondern ebensosehr der äquivalente Ausdruck für die tatsächliche militante Stärke der organisierten Rocker, die stellenweise in der Lage waren, staatlichen Autoritätsansprüchen Paroli zu bieten.

Die solcherart skizzierten Merkmale des Rocker-Stils, die die Entwicklung vor allem bis zur Mitte der siebziger Jahre kennzeichnen, machen deutlich, daß diese Subkultur nicht das homogene Gebilde einer homogenen Jugendgruppierung war, sondern eine Reihe von durchaus gegensätzlichen

Struktur-Elementen beinhaltete, die Jugendliche verschiedener Milieus und verschiedener Orientierungen, von jugendlichen Arbeitern bis zu kleinbürgerlichen Mittelschichten, von sozialdemokratischen Traditionen bis zu rechtsradikalen Jugendlichen, in sich zu binden hatte: Da waren die Gegensätze von Territorialität und expansivem Drang, von arbeiterkulturellen Elementen und den schichtenübergreifenden Einflüssen der Kulturindustrie, den hedonistischen Bedürfnissen und der hierarchisch autoritären Organisationsform, der Freizeitorientierung der Jugendlichen und der gesellschaftlichen Stigmatisierung der ganzen Person. Damit konnte der Rocker-Stil aber auch (ähnlich wie der Punk zu Begin der achtziger Jahre) zu einem wahren Reservoir für weitere Stilbildungen werden, die sich seit Ende der sechziger Jahre in Anlehnung an diese Subkultur entwickelten. Für einen eher an der Arbeiterkultur orientierten Stil stehen etwa die Fußball-Fan-Clubs, deren Stilbildung im Laufe der siebziger Jahre im selben Maße für jugendliche Arbeiter bedeutsam wurde, wie der Fußball durch Kommerzialisierung und professionellen Starkult seine Bezüge zur Arbeiterkultur verlor bzw. verleugnete. Die Gruppenstrukturen und Kleidung (ebenfalls „Kutten") dieser Fußball-Fan-Clubs dokumentieren deutlich den Bezug zum Rocker-Stil: Territorialität, Solidarität, männliche Dominanz und kollektives Auftreten stehen im Vordergrund.

Als eher schichtenübergreifende Form entwickelte sich rund um das Motorrad ein vielfältiges Spektrum jugendkultureller Ausdrucksformen. Diese reichen von mittelschicht-geprägten Motorradclubs bis zur sogenannten „Biker"-Szene. Die Biker-Szene versteht sich quasi als legitime Nachfolgerszene der Rocker, die diesen Begriff aber vor allem wegen der damit verbundenen Stigmatisierung vermeidet. Der wesentliche Unterschied liegt wohl vor allem in einem ausgeprägten kommerziellen Interesse verschiedener beteiligter Gruppen und dem Versuch, den motorradzentrierten und lustbetonten Freizeitaspekt des Rocker-Daseins in den Vordergrund zu stellen und nicht ein Protestmoment gegen gesellschaftliche Verhältnisse. Die „Biker"-Szene verfügt denn auch über eine differenzierte Infrastruktur mit eigenen Zeitschriften (z. B. „Biker News"), einem umfangreichen Versandhandel von Accessoires und Motorradzubehör. Dem Image und Geschäft abträglichöe Negativ-Schlagzeilen allzu gewalttätiger Rocker-Aktivitäten versucht diese Szene durch bundesweite Organisationsformen und Aktionen zu begegnen (vgl. Baumann 1985, S. 82 f.).

Aber auch diese verschiedenen subkulturellen Adaptionen und kommerziellen Varianten vermochten nicht, den Rocker-Stil gänzlich zu vereinnahmen oder gar aufzulösen. Über nunmehr drei Jahrzehnte hinweg entwickelten die jeweiligen Rockergenerationen statt dessen immer wieder ein ausgeprägtes Selbstbewußtsein, das es ihnen erlaubte, als wirkungsvoller Gegenpart der hegemonialen Kultur aufzutreten. Seine Wurzeln fand diese Identität dabei stets in vielfältigen Kollektivformen, solidarischem Umgang, sowie der Ausbildung einer eigenständigen „Tradition", die den Rocker-Stil in ein soziales Milieu einbetteten und sich als flexibel genug erwiesen, auch auf veränderte gesellschaftliche Bedingungen zu reagieren.

Das „halbamtliche" Organ der Biker-Szene, März 1986

Vom Pütt auf'n Platz?
Die Veränderung jugendlicher proletarischer Lebenswelten im Ruhrgebiet seit 1945

Alfred Bietau

Den Kindern, die hier aufwachsen, bleibt keine Qual und kein Schmutz mitleidig verhüllt. Kein Bettchen ist ihnen eigen. Auf Bänken und Kisten bereitet man ihnen allabendlich das Lager. Sie wissen, was das Leben für sie in Bereitschaft hat. Wundert man sich, daß zwischen verzweifelnden Erwachsenen und in so hoffnungslosem Elend Menschen heranwachsen, die für jede Art menschlicher Gesellschaft zur Gefahr zu werden drohen? (Georg Schwarz: So wohnen sie im Kohlenpott, 1931)

Wer sich mit Veränderungen proletarischer Lebenswelten im Ruhrgebiet beschäftigt, beginnt häufig mit den zwanziger Jahren, mit der Weimarer Republik, weil dort die Hochphase der deutschen Arbeiterkultur und Arbeiterbewegung studiert werden kann, wenn auch nicht ihre Wiege, die in dem letzten Drittel des vorherigen Jahrhunderts von dem Allgemeinen Deutschen Gewerkschaftsverein und der SPD gezimmert wurde. Der symbolische Titel „Vom Pütt auf'n Platz" assoziiert das, was Rolf Lindner die „Kultur der Arbeiterklasse" nannte, die sich in dem engen Milieu der Zechenkolonien in besonderem Maße herausbilden konnte. Sie war eine *Freizeitkultur* der bergmännischen und nachbarschaftlichen Feste und Feiern, der Bandoneum-, Laien-, Fußball-, Box-, Schach- und Taubenvereine; eine *politische Kultur* der Kneipenversammlungen, der Streik- und Widerstandsaktionen; sie war eine *„ökonomische Kultur"* des Alltagskampfes um höheren Lohn, der Utopie genossenschaftlicher Selbstverwaltung und Sozialisierung der Bergwerksbetriebe; sie war aber vor allem eine *Alltagskultur*, von der die Stärke der organisierten sozialistischen Arbeiterkultur immer abhängig war und mit der sie oft genug kollidierte. Die sozialistische Arbeiterkultur konnte auf ihrem Weg zum „neuen Menschen" (Max Adler 1924) oft nur den aufstiegsorientierten Teil der Arbeiterschaft organisieren, während die Masse generell, auch der Arbeiterjugendlichen, sich lieber in freien Vereinen und Straßencliquen sammelte und in die Arbeitersportvereine eher zum Sporttreiben ging als mit dem Ziel der sozialistischen Menschenbildung. Die Freiräume einer anarchischen Jugend auf der Straße gestalteten sich zwischen Gewalt, Kriminalisierung, harter, früher Arbeit, Alkohol, drohender Jugendfürsorge, aber auch Solidarität, dem gemeinschaftlichen Aushandeln von Regeln des Lebens und Überlebens, dem gemeinsamen Wandern, Zelten, Musizieren.

In diesem hochkomplexen Prozeß der kulturellen, politischen und ökonomischen Entstehung einer eigenständigen Arbeiterkultur und Arbeiterklasse bildeten sich Werte, Erziehungsstile, Reproduktionsformen heraus, die sich zu einer relativ homogenen Arbeitersozialisation zusammensetzten. Diese wiederum sorgte für eine Kontinuität in den Werten, Normen und Idealen zwischen den Generationen, machte die subkulturellen Erfahrungen reproduzierbar, die in Teilen – so die Generalthese dieses Beitrags – bis in die Gegenwart überdauerte, trotz einschneidender gesellschaftlicher Umwälzungen.

Die Aushöhlung der Arbeiterkultur

Die organisierte Arbeiter- und Arbeiterjugendbewegung, die sich erst in der Weimarer Republik aus der Verfolgung und den Fesseln der Kaiserzeit lösen und sich von den parteipolitischen Verwirrungen der SPD-Kriegspolitik erholen konnte, wurde ab 1933 verfolgt, verboten, zerschlagen.

Neben der politischen organisatorischen Zwangsauflösung zeichnete sich aber bereits Ende der zwanziger Jahre eine innere soziale und ökonomische Veränderung in den Lebenswelten der Arbeiter ab durch die beginnende Maschinisierung der Arbeit und die Anfänge eines an Aufstieg und Individualisierung orientierten Schulsystems, das zwischen die direkte Verbindung „Körperkraft – Arbeit am Hochofen oder unter Tage" eine Lehrzeit schob.

Einen weiteren Keil in den relativ homogenen Block der Arbeiterkultur aus Arbeiten, Wohnen, Freizeit trieben die Anfänge der Kulturindustrie durch das Radio und Kino. Neue sozio-kulturelle Möglichkeiten taten sich auch für Arbeiterjugendliche auf; sie wirkten zusammen mit den kulturellen Bestrebungen der sozialistischen Arbeiterbewegung nach Bildung und Aufstieg lockernd und lösend für den engen patriarchalisch-autoritären proletarischen Familienzusammenhang, dessen Werte noch stark aus ländlich-religiösen oder traditionellen bergmännischen Zusammenhängen herrührten.

Arbeiterjugendliche trafen nun in der Nachkriegszeit und den fünfziger Jahren auf eine historische Situation, in der ihre Stammkultur von innen und außen stark angegriffen war. Zur Verdeutlichung dieser Situation greife ich auf eine Studie über die Lage einer Zechengemeinde des nördlichen Ruhrgebietes (Datteln) zurück, die aus der Perspektive des Wiederaufbaus und den Erfordernissen der Wiederherstellung einer demokratischen Kultur das Leben von Arbeiterjugendlichen in einer Industriegemeinde reflektiert.

Die ersten Trikots nach dem Zweiten Weltkrieg wurden aus amerikanischer Bettwäsche hergestellt (Geschichtskreis Zeche Carl, Essen)

(Westfalenland vom 23. 5. 1958; Stadtarchiv Dortmund)

WESTFALENLA[ND]

Forscher waren unterwegs

Der jugendliche Bergmann heute
Wie die männliche Jugend in einer Zechengemeinde ihre Freizeit verbringt

Dortmund. Einundzwanzig Monate in einer fremden Gemeinde leben, abwechselnd im Bunker für Neubergleute, in Familienwohnungen bei Bergleuten und bei alteingesessenen „Bürgern", das ist praktische Sozialforschung. Vier Mitarbeiter der Sozialforschungsstelle der Universität Münster (in Dortmund) haben das getan, „um Freizeitprobleme der männlichen Jugend in einer Zechengemeinde" zu studieren. Ihre Erfahrungen liegen jetzt in einem von Dr. Kurt Utermann veröffentlichten Forschungsbericht vor. Was jene vier Sozialforscher an Material und Erfahrungen heimbrachten, kann als Querschnitt durch alle mittelgroßen Ruhrgebietsgemeinden gelten.

Bis zum Jahre 1900 war jene am nördlichen Rand des Ruhrgebietes gelegene Gemeinde mit ihren damals 4000 Einwohnern ein bäuerliches Dorf. Nachdem vor 50 Jahren eine Schachtanlage abgeteuft wurde, begann sich schlagartig das Gesicht dieser Gemeinde zu wandeln. Heute ist sie zur Stadt mit 25 000 Einwohnern geworden. 52 v. H. der männlichen Arbeitnehmer sind auf der Zeche beschäftigt, davon ein Drittel unter Tage.

Was fängt die Jugend einer solchen Bergarbeiterstadt mit ihrer Freizeit an? Das Schichtsystem der im Bergbau beschäftigten Jugendlichen unterbricht meist die von der Schule und von den Jugendgruppen her bestehenden Beziehungen und Freundschaften. Sie müssen durch neue kameradschaftliche Verbindungen ersetzt werden. Zwei Drittel der befragten Lehrlinge und Schüler sind Mitglieder in Jugendgruppen oder Vereinen. Ein Viertel von ihnen ist sogar Mitglied in mehreren Gruppen. Was sie dort suchen, ist „eine Befriedigung ihrer vielseitigen Interessen". Das fängt mit dem Fußball an und führt über Geländespiel, Singen, Basteln, Taubenzüchten bis zum Segelflugzeug- oder Paddelbooteigenbau.

„Vater muß schlafen"

Jugendliche, die in ihrer Freizeit im elterlichen Betrieb helfen müssen, haben wenig Erholung von ihrer Freizeit; starke Ermüdung durch die Arbeit lähmt die Unternehmungslust am Feierabend. Einige Jugendliche betreiben mit ihren Vätern gemeinsam ein Hobby in der Freizeit oder helfen beim Bau eines eigenen Hauses. Das geht jedoch nur dort, wo das Schichtsystem nicht einen Strich durch die guten Absichten macht. Ueberhaupt treibt das Schichtsystem viele Jugendliche in der Freizeit aus der Familie hinaus. „Vater muß ausschlafen", mahnt ständig die Mutter. So gehen die Jungen auf die Straße, ins Kino oder veranstalten Motorradrennfahrten.

Jugendliche, deren Eltern über ein eigenes Auto verfügen, mit dem die Familie gemeinsam sonntags fortfährt, haben weniger Kontakt zu den Jungen der Nachbarschaft, des Arbeitsplatzes oder der Schule als jene, die auch sonntags im Ort bleiben. Manche der Jugendlichen benutzen ihre Mußestunden, um etwas für die berufliche Fortbildung zu tun, die ihnen einen Aufstieg ermöglichen soll. An den Sonntagabenden halten sich vor allem die 14- bis 15jährigen Jungen häufig im Kreis der Familie auf, wo gemeinsam gespielt oder gelesen wird.

Das engere Zusammenwohnen in den Siedlungen wirkt sich bei den Jüngeren im allgemeinen förderlich auf die nachbarlichen Beziehungen aus, die Nähe von Wald- und Badegebieten, die der Jugendliche ohne Massenverkehrsmittel erreichen kann, begünstigt die Gemeinschaftlichkeit ihrer Unternehmungen. Die sozialen Beziehungen unter Jugendlichen während der Freizeit haben im Vergleich zu früheren Jahrzehnten kaum abgenommen.

Das etwa ist das Bild des jugendlichen Zechenarbeiters, das die vier Forscher gewannen.

Horst von Stryk (D. F.)

Der Attraktivitätsverlust des Bergmannsberufes für Arbeiterjugendliche im Datteln der fünfziger Jahre

Die Gemeinde bestand – grob gesprochen – aus zwei Bergarbeitersiedlungen, wovon eine tendenziell subproletarischen Charakter trug, weil dort traditionell die Masse der zugewanderten Neubergleute aufgesogen wurde und in den Fünfzigern die Heimatvertriebenen und einer Siedlung, die eher von Bergleuten der zweiten und dritten Generation bewohnt wurde und Bergleuten, die aus dem westfälischen Raum zugewandert waren. Hinzu kam das Altstadtviertel, das von Handwerkern, Kaufleuten, höheren Zechenbeamten und den Alteingesessenen bewohnt wurde und einige umliegende Bauernhöfe. Das ökonomische und berufliche Leben wird von der ortsansässigen Zeche bestimmt: „Etwa 55 Prozent der Väter arbeiten im Bergbau, die meisten auf der Ortszeche. Damit ist für mehr als die Hälfte der Jugendlichen der gegenwärtige soziale Status ihrer Familie an das wirtschaftliche Gedeihen des Bergbaus, (...) gebunden. (...) Über die Hälfte der Jugendlichen wohnt in den Siedlungen, 40 Prozent in Wohnungen, die der Zeche gehören. Alle diese Jugendlichen wachsen im Bannkreis der Zeche auf. Der entscheidende Teil ihrer Umwelt und damit ihr ganzer Vorstellungskreis, wird durch die Zeche geprägt." (Croon-Utermann 1958, S. 191)

Trotzdem ist Datteln in den fünfziger Jahren bereits eine Gemeinde, in der die industrielle und kulturelle Modernisierung schon relativ weit fortgeschritten ist, weil etwa 40 Prozent der Arbeitsplätze in der aufstrebenden, weniger patriarchalisch organisierten Metall-, Chemie- und Bauindustrie erreicht werden konnten. In den Nachbargemeinden stehen bis zu 80 Prozent der Väter und damit der Familien bei den Zechen in Arbeit und Brot. Die weiter oben angedeuteten beginnenden Differenzierungen in der Arbeiterkultur, vor allem das Aufstiegsstreben, scheinen in den fünfziger Jahren bereits weiter fortgeschritten. „Dieses Streben, selbst weiter zu kommen, die Kinder ‚etwas werden' zu lassen, findet Anerkennung, aber auch Kritik in Kreisen der Bergleute wie auch der Bewohner der Innenstadt. Es gibt noch *einige wenige* (Hervorh. d. Verf.) Bergleute, denen es als ein ‚Verrat an der Arbeiterklasse' erscheint, wenn ein Bergmann seinen Sohn auf die Ober- oder Mittelschule schickt, ihn vielleicht studieren läßt." (ebenda S. 113) Nicht nur die Angst vor dem Bergmannstod, sondern auch der Wandel in der sozialen Wertschätzung dieses Berufs in der Arbeiterklasse selbst, die sich zunehmend in „Gelernte" und „Ungelernte" ausdifferenzierte, führte zu einer Abwertung des Bergmannsberufs, der sich in vielfältigen Alltagsredewendungen niederschlug: „Du kriegst Senge, daß du nicht sitzen kannst, wenn du hingehst!", „Meinem Sohn würde ich die Hände abhacken, wenn er in den Pütt ginge." „Zur Zeche gehen, das ist kein Beruf, da kann man immer noch ankommen.", „Pütt ist Pütt, tiefer geht's nicht.", „Zur Zeche gehen die, die für eine Lehrstelle nicht in Frage kommen." (ebenda S. 206, 207)

In den Berufswünschen (männlicher) Jugendlicher in Datteln der Nachkriegszeit spiegelt sich diese veränderte Wertschätzung des Berufsbildes des Bergmanns eindeutig wider: „Für die Jugendlichen, die von 1945 bis 1952 im Alter von 14 bis 15 Jahren die Schule verließen, drückt sich dieser Wandel darin aus, daß jeweils 80 bis 90 Prozent der Lehrstellenfähigen (alle Jugendlichen, die sechs oder mehr Schuljahre erfolgreich bestanden; d. Verf.) – auch 80 bis 90 Prozent der Bergmannssöhne, eine Lehrstelle im handwerklich gewerblichen oder kaufmännischen Beruf anstrebten und nur etwa 7 Prozent Bergmann werden wollten." (ebenda S. 199)

In den allermeisten Fällen trugen die Familien diese Entscheidung mit. Die Willensentscheidung „für oder gegen die Zeche" fiel also eindeutig gegen die Zeche, und damit gegen den Status des Hilfsarbeiters aus. In der Realität aber wurde dieser Wunsch gebrochen, denn nur die Hälfte der Bergmannssöhne und 75 Prozent der anderen erreichte die angestrebte handwerklich-gewerbliche Lehrstelle.

Vom Knappen zum Industriearbeiter?

Der starke Wunsch nach einer handwerklich-gewerblichen Lehre und dessen häufige Enttäuschung passen nur dann zu der trotz allem vorgefundenen hohen Berufszufriedenheit, wenn an den Beruf weniger qualitativ-inhaltliche Interessen geknüpft werden, er keine kollektive Tradition und Identität mehr verbürgen muß, sondern sich dem abstrakten Leistungs- und Konsumprinzip der industriellen Gesellschaft verdankt. „Das Ziel, das hinter dem allgemeinen Streben, ‚etwas zu lernen', steht, ist nicht der Handwerksgeselle, sondern der ‚Gelernte', der Facharbeiter und moderne Industriearbeiter, dessen Lebensform durch die innere Unabhängigkeit von besonderen persönlichen Verpflichtungen, durch die Sicherheit des Arbeitsplatzes und der Lohnhöhe, durch geregelte ausgedehnte Freizeit und persönliche Aufstiegschancen bestimmt ist. Es ist ein durch die industrielle Gesellschaft gekennzeichnetes Ziel." (Croon/Utermann 1958, S. 211) Diese Äußerungen behaupten, daß sich die Reproduktion einer ganzen Kultur, der Arbeiterkultur, auf grundlegend andere Werte und Ziele umstellt: von der patriarchalisch-berufsethischen Orientierung zur Leistungsgesellschaft, Familien-, Milieu- und Klassenabhängigkeit würden sich zu Individualisierung innerhalb einer vereinheitlichten Leistungsgesellschaft wandeln. Dementsprechend fallen diejenigen, die diese sozio-kulturelle und ökonomische Wende nicht mitvollziehen, aus dem Blickfeld, sie werden als rückständige, latent pathologische Einzelfälle ausgegrenzt. „Bei einer kleinen Gruppe, die keine stärkere Bindung an den Beruf zeigt, werden mangelhafte Leistung und fehlender Leistungswille sichtbar (...)." Aber man merkt auch, daß diese Einstellung Ausstrahlung einer Ungeordnetheit des persönlichen Lebens überhaupt sein kann." (Croon/Utermann 1958, S. 213 u. 214)

Wenn die Kinder der Bergarbeiter im Einleitungszitat von 1931 generell als Bedrohung für „jede menschliche Gesellschaft" angesehen und aus der Normalität ausgegrenzt wurden, so sind es nun die „kleinen Gruppen von Jugendlichen", die den Wandel zum modernen Industriearbeiter nicht bruchlos mitvollziehen. Das sind aber genau die Jugendlichen, die in den folgenden Jahrzehnten immer wieder als jugendliche Straßencliquen, Halbstarken- oder Rockercliquen auftreten und der nivellierten Mittelstandsgesellschaft die „andere Kultur", die nicht domestizierte Alltagskultur der Arbeiter, wenn auch in vielfältig gebrochener Form, entgegenhalten. Das schwer integrierbare Potential an jugendlichen Straßencliquen, „Eckenstehern", „Industriefaltern" und „Halbstarken" findet im für die fünfziger Jahre typischen Weltbild höchstens als Randnotiz oder Fußnote Platz.

„So war es bei einem Jugendlichen aus einer wahrhaft ‚losen' Familie, Jazz-Fan und Muster eines ‚Freizeitaktivisten' auf der unteren Ebene: aus der Zeche und Gemeinde möchte er fort und bezeichnend die Tätigkeit eines ‚Beifahrers' ausüben, (...). Ähnlich zwei Jugendliche, deren Väter gefallen sind: der eine ist unter Familieneinfluß zur Zeche gekommen und nicht nur mit dem Beruf zerfallen, sondern auch menschlich abgesackt und einer flachen Vergnügungssucht anheimgefallen;" (Croon/Utermann 1958, S. 214)

Zwischen befriedeter Freizeitkultur, Jugendsubkultur und Stammkultur

Analog zur Auflösung arbeiterkultureller Zusammenhänge im sich wandelnden Berufsleben ergibt sich auch im Freizeitleben die Tendenz zur klassenübergreifenden allgemeinen demokratischen Mittelschichtskultur. (vgl. Croon/Utermann) Diese Sichtweise wird gestärkt durch die Tatsache, daß der Faschismus die eigenständigen Arbeiterorganisationen gerade auch im Freizeit- und Sportbereich zerstört hatte.

Dadurch mußten auch die Arbeiterjugendlichen Dattels in die bestehenden bürgerlichen Sportvereine eintreten, wodurch sich nach dem Zweiten Weltkrieg eine entsprechende Vermischung der Mitglieder in den Vereinen ergab. Hinzu kam die nach dem Krieg von der SPD herausgegebene Devise, keine spezifischen Arbeitersportvereine wieder aufleben zu lassen, sondern die Politik der Integration der Arbeiterklasse in die bürgerliche Gesellschaft aus der Weimarer Republik weiter zu verfolgen. Je genauer jedoch das Vereinsleben der Jugendlichen beschrieben wird, desto stärker löst sich das Bild einer allgemeinen „Verbürgerlichung" auf. Das Hauptunterscheidungsmerkmal dafür, mit wem Jugendliche der fünfziger Jahre ihre Freizeit verbringen, sind Schule, Herkunft, Wohnort und die „allgemeinen Lebenswerte", also die kulturellen Orientierungen. Die Jugendlichen der Zechensiedlungen blieben auf der Straße unter sich, wie die Mittel- und Oberschüler im Bereich der Altstadt blieben. Die Hauptfreizeitbeschäftigung der Arbeiterjugendlichen besteht darin, in Straßencliquen Fußball zu spielen oder in die Kinos des Ortes zu gehen: „Zum Gemeinsamen gehört vielfach der Kinobesuch, denn zusammen geht man in die Kinos der Innenstadt, sieht zusammen im Vorraum die Aushänge, prüft sie und geht dann zusammen in die Vorstellungen, um ggf. einen gemeinsamen Bummel anzuschließen. (...) Über 40 Prozent der Berufstätigen sind regelmäßige Kinobesucher, sie gehen wöchentlich oder mehrfach in der Woche hin, können also keine rechte Auswahl treffen."

Das Interesse der bürgerlich-industriellen Gesellschaft nach Einbindung der Jugendlichen in kontrollierbare Vereine, vor allem Sportvereine, zeigt durchaus klassenspezifische Unterschiede: waren bei den Oberschülern 80 Prozent in Vereinen organisiert, so nahm diese Zahl über die Mittelschüler (ca. 65 Prozent) zu den Volksschülern mit ca. 50 Prozent kontinuierlich ab. Eine weitere Ausdifferenzierung der Vereinszugehörigkeit der Volksschüler, die mit den Siedlungsjugendlichen fast identisch sind, zeigt zudem, daß die Hauptintegrationskraft dort der Fußballverein inne hat, gefolgt vom Boxclub, Zechenkanuverein, Segelflugverein, sowie zusammen mit den Vätern: Taubenzucht-, Bandoneon- und Akkordeonverein. Entgegen der allgemeinen integrationistischen Ideologie der Wiederaufbauphase in Deutschland wird deutlich, in wie starkem Maße in der Freizeit neben den kulturindustriellen Angeboten eine Orientierung an Traditionen der Arbeiter-Alltagskultur vorhanden ist. Fußball und Boxen als die Sportarten, die die proletarische Männlichkeit, Stärke und Härte, aber auch Kooperation (insbesondere beim Fußball) zum Ausdruck bringen, dominieren eindeutig. Daneben leben auch die traditionellen Arbeiterfreizeit- und Musikvereine weiter. Zudem wird die Unterscheidung in aufstiegsorientierte Lehrlinge („Handwerker der Innenstadt"), die sich stark an katholische Jugendvereine anlehnen und ungelernte, subkulturorientierte (Berg-)Arbeiterjugendliche ersichtlich, die den für die bürgerliche Gesellschaft „problematischen" Teil der Arbeiterjugend zwischen Kino, Kneipe und Fußball ausmachen. Für letztere hat das Eingangsbild „vom Pütt auf'n Platz" nach wie vor mehr als nur symbolische Bedeutung.

Fußball als Ausdruck einer Lebenswelt

Welche organisierende Kraft gerade der Fußballsport für die Arbeiterjugend im Revier noch in den fünfziger Jahren hatte, beschreibt Rolf Lindner in seinem Buch „Sind doch nicht alles Beckenbauers." Der zumeist selbstangelegte Aschenplatz am Rande der Zechensiedlung war mehr als nur ein Platz zum Sporttreiben. Er war auch der Ort, an dem sich die jungen Kumpels über Tage in ihrer Freizeit wiedertrafen, in dem typischen proletarischen Zusammenhalt aus Arbeit, Wohnen und Freizeit. Die großen Vereine wie FC Schalke 04, SV Sodingen oder STV Horst-Emscher boten Identifikationen für den Traum des Aufstiegs bzw. Durchsetzungsvermögens einer ganzen Klasse und ihrer Kultur. Sie kamen aus und fanden ihre Basis in den hunderten von Vorortvereinen und wilden Mannschaften des Ruhrgebiets, in der „Vernarrtheit" der männlichen Jugendlichen in ihren Freizeitsport Fußball. Ob Arbeitersportvereine, die katholische Deutsche Jugendkraft (DJK) oder die Zechenvereine (z. B. TUS Helene 28, Altenessen) oder Ruhrgebietsvereine des Westdeutschen Spielverbandes, fast alle entstanden aus Straßenmannschaften im Umfeld der Zechenkolonien.

Die Vereinsmitglieder, deren Familien und Nachbarn halfen gemeinsam beim Besorgen von Sportkluften, Fahrzeugen für Auswärtsspiele, dem Nähen von Vereinsfahnen und beim eigenhändigen Aufbau der Trainings- und Spielplätze. Das Baumaterial stammte nicht selten von der jeweiligen Zeche, aus deren Wohnkolonien die meisten Spieler kamen.

Dieser Entstehungszusammenhang und die lebensweltliche Einbettung der Ruhrgebietsvereine galt für die kleinen wie für die großgewordenen Vereine; alltags arbeitete man im Pütt zusammen, am Wochenende spielte man zusammen oder feuerte vom Rand aus an.

Oben: Sommerfest der „Sportfreunde Altenessen", 1949 (Geschichtskreis Zeche Carl, Essen)

Unten: Jugendmannschaft der „Sportfreunde Altenessen 1918", um 1965. (Geschichtskreis Zeche Carl, Essen)

Ebenso war der Leistungsunterschied zwischen den Großen und Kleinen tatsächlich geringer: Ein „Tus Helene" konnte „Rot-Weiß-Essen" schlagen oder der FC Schalke 04 hatte Angst vor einem BV Altenessen 06. Eine Mannschaft, die aus nur einer Zechenkolonie kam, wurde Gaumeister von Westfalen. Erfolg und (zunächst nur) sportlicher Aufstieg waren realistische Möglichkeiten. Trotz der Auflösung der Arbeitersportvereine und der DJK-Vereine im Faschismus und der personellen Ausdünnung durch den Krieg konnte 1946/47 an die alten Traditionen angeknüpft werden.

Nicht nur der Spielbetrieb wurde wieder aufgenommen, sondern auch die lebensweltlichen Traditionen hatten bis in die fünfziger Jahre Bestand. Ein Spieler der ersten Stunde des TUS Helene 28 erinnert sich 1986: *„Komm, wir wollen ganz ehrlich bleiben, TUS Helene hat ganz schwere, bittere Zeiten durchgemacht, (...) und trotzdem war die Begeisterung im Verein groß. Die Jungens haben zusammengeklebt wie Pech und Schwefel, die haben gespendet und Spenden gesammelt, um Kluften zu kaufen und Reisen zu machen, andere zu unterstützen, sich gegenseitig zu helfen. Und vor allen Dingen, das war natürlich die große Stärke, hier wurde immer sehr großen Wert auf Nachwuchsarbeit gelegt und so gab es auch die Situation, daß ganze Generationen bei uns waren, daß der Vater später seine Söhne anmeldete und der Sohn wieder seine Kinder. So waren also Enkelkinder, Väter und Opas gleichzeitig im Sportverein, was natürlich den Verein unheimlich stärkt."*

Bedenkt man, daß Hunderte dieser Vereine auch noch Handball-, Schwimm-, Box-, Kanu- und Turnabteilungen unterhielten bzw. entsprechend spezialisierte Arbeitervereine

---

80 Jahre Vereinsgeschichte

Am 6. Mai 1906 wurde der Ballspielverein Altenessen gegründet. Diesem Gründungstermin ging eine langjährige Entwicklung voraus, die auch deutlich macht, mit welchen Schwierigkeiten der Fußballsport in den frühen Zeiten dieses Jahrhunderts zu kämpfen hatte. Es gab zu dieser Zeit keine besonderen Sportanlagen, die für den Fußballsport geeignet waren. Dieser „neuen" Sportart stand man anfänglich verständnislos und ablehnend gegenüber. Dies führte so weit, daß man das Fußballspiel als verdammenswerte Ausländerei ansah und den Jugendlichen das Spiel verbot. Trotzdem spielte man Fußball auf Straßen und Plätzen.

Nach ersten lockeren Zusammenschlüssen wurden dann Straßenclubs und Schülervereine gegründet. So ist überliefert, daß im Jahre 1903 Schüler des Altenessener Gymnasiums eine Mannschaft bildeten, die als Pioniertruppe des Altenessener Fußballsports angesehen werden kann. Dieser Verein löste sich allerdings bereits ein Jahr später auf. Für die Geschichte des BVA 06 war die Entstehung und Existenz eines Straßenclubs von besonderer Bedeutung, der sich unter der Bezeichnung „Regilia" an dem St.-Johannes-Kirch-Platz bewegte. Dieser Straßenclub war im Volksmund auch unter dem Namen „Spitzclub" bekannt, weil die Gebrüder Spitz in der Böhmerheide Eigentümer des einzigen Spielballes waren.

50 Jahre Sportfreunde Altenessen 1918

---

existierten, so wird das Ausmaß ersichtlich, in dem Jugendliche am Freizeitsport im Rahmen ihrer Lebenswelt teilnahmen. Der arbeitersubkulturelle Zusammenhang zwischen Zeche, Kolonie, Sportplatz und Straße erlitt jedoch im Verlauf der fünfziger und vor allem in den sechziger Jahren im sozio-kulturellen und ökonomisch-beruflichen Bereich unübersehbare Einbrüche.

Ökonomische und berufliche Veränderungen in den sechziger Jahren

Der gesellschaftliche Anspruch des Aufstiegs der Arbeiterjugend durch einen individuellen Werdegang in einer Lehrzeit konnte für viele nicht eingehalten werden. Die Jugendlichen hatten jedoch trotzdem immer noch das Faustpfand in der Hinterhand, notfalls doch auf der Zeche anzukommen. Diese Möglichkeit wurde in der Zeit der zehnjährigen Kohlenkrise von 1958/59 bis 1968/69 unrealistisch. Der Ölboom und die entsprechende Umstellung der Energiewirtschaft führte schon zwischen 1958/59 und 1964 zur Stillegung von 37 Großzechen und 131 Kleinzechen, wovon allein im Ruhrrevier 53.000 Bergleute direkt betroffen waren. (Abelshauser 1984, S. 108) Durch verschiedene Sozialpläne und Unterstützungsmaßnahmen konnte jedoch eine Massenarbeitslosigkeit vermieden werden. Die expandierenden Stahl- und Chemieindustrien, vor allem aber die Automobilindustrie konnten im allgemeinen wirtschaftlichen Aufschwung die Arbeitskräfte absorbieren. Das wurde im Abschwung seit 1967 zunehmend schwieriger. Ministerpräsident Heinz Kühn vor dem Deutschen Bundestag am 8. 11. 1967: „Es gibt zahlreiche Städte, bei denen der Anteil der Beschäftigten des Steinkohlenbergbaus an der Zahl der in der gesamten Industrie Beschäftigten 50 bis 75 v. H. beträgt. Kein Wunder, daß in vielen

Orten des Reviers gegenwärtig die Stimmung einer belagerten Stadt herrscht. Wenn die schwarzen Fahnen der Stillegung an den Fördertürmen hochgehen, dann ist das so, als ob die weiße Fahne der Kapitulation über einer Stadt hochgeht. Das rührt an das Lebensgefühl aller Menschen dieser Städte." (Abelshauser 1984, S. 109) Klar wird, daß die noch junge Identität einer ganzen Region in die Krise gerät, daß Lebenszusammenhänge massiv umgelenkt werden müssen. In unserem Zusammenhang bedeutet das, daß der in vielen Gemeinden immer noch dominante Zusammenhang von Zechenarbeit, Wohnen und Freizeit historisch überholt wird. Die Umwandlung der Berufsstruktur (Handel, Gewerbe, Chemie-, Metall-, Elektroindustrie) bringt den kulturellen Wandlungsprozeß zum „freien Industriearbeiter" (Croon/Utermann) ein großes Stück weiter. Die Bedingungen für eine traditional-patriarchalische Sozialisation und kulturelle Reproduktion lösen sich auf. Parallel dazu entwickelt sich die Konsum- und Kulturindustrie sprunghaft mit ihren Stützpfeilern Luxusgüter, Fernsehen, Haushaltsgeräte, Auto. Die Kommerzialisierung aller Lebensbereiche und damit die kulturelle Auflösung solidarischer, nachbarschaftlicher, zum Teil an Selbstversorgung orientierter Lebenswelten schreitet scheinbar unaufhaltsam voran.

Fußballfans zwischen Entfremdung und kultureller Wiederaneignung

Diese Kommerzialisierung aller Lebensbereiche traf auch den Fußballsport. Er hatte zunehmend mit den Errungenschaften der Kultur- und Freizeitindustrie wie Fernsehen, Musikveranstaltungen und Show-Business zu konkurrieren. Die Entwicklung zu Individualisierung, Leistungsorientierung und Konsum im privaten und beruflichen Leben zwang die Fußballvereine in eine Professionalisierung ihrer Vereinsorganisation, zu Stadionausbauten und dem Unterhalt teurer, zusammengekaufter Mannschaften, um im Kampf um die Zuschauer immer Spitzenleistungen bieten zu können. Die Schere zwischen großen, reichen Profivereinen und kleinen, informell organisierten Amateurvereinen ging immer weiter auseinander. Den kleinen Vereinen wurden regelmäßig die besten Spieler weggekauft, so daß der sportliche Erfolg ausblieb, bzw. sie nicht mehr über den Rahmen der Kreis- oder Bezirksligen hinauskamen. Dadurch wurden sie wiederum von den zunehmend überlebensnotwendigen Werbeeinnahmen abgekoppelt, konnten ihre Plätze nicht zu Stadien ausbauen, wurden unattraktiv für die Zuschauer, von denen sich viele als Konsumenten einer guten Unterhaltung verstanden.

Analog zu diesem Prozeß entwickelten sich auch die Fußballfans. Die Masse der Fans gruppierte sich um die übrigbleibenden Großvereine (z. B. Rot-Weiß- und Schwarz-Weiß-Essen für eine 700.000 Einwohner-Stadt), wobei sie sich faktisch von dem Verein als Großorganisation und den Spielern entfernten. Ihr Fan-Sein nahm zunehmend idealisierende, imaginäre, abstrakte Formen an. „Auf Schalke" wurden nicht mehr die Kumpels von nebenan angefeuert, sondern man jagte abstraktem Erfolg nach und jubelte ihm zu. Auf der anderen Seite aber hielten sich massenhaft Arbeitervereine in den unteren Amateurklassen, die nach den alten informellen, lebensweltlichen Regeln weiter existierten.

Das Bedürfnis Jugendlicher, Fußball zu spielen, blieb ein Massenbedürfnis, das sie überwiegend in den kleinen Vereinen befriedigten. Das Bedürfnis nach gemeinsamer Freizeit unter Gleichgesinnten, nach Kommunikation und Geselligkeit erfüllten diese Vereine auch weiterhin. *„Ja, das war eine schöne Zeit, das ist heute verschwunden, heut wird Fußball gespielt, da gehen sie hin, die Bundesliga, die kommt im Auto umgezogen, steigt auch wieder in ein Auto und fährt weg, die haben noch nicht mal Zeit unter die Brause zu gehen, das ist doch kein Sport mehr, keine Geselligkeit mehr. Wir blieben früher beim Gegner und der Gegner blieb hier. Früher wurde das Sommerfest gefeiert, vor allen Dingen Stiftungsfeste, die werden ja heute auch noch gefeiert. Zur Zeit haben wir ein Fest im Jahr, früher waren Karneval, Sommerfest, Herbstfest, Weihnachtsfeier und zwischendurch nach jedem Spiel blieb man wie 'ne Familie zusammen. Im Vereinslokal, beim Heimspiel da blieb der Gegner auch mit Anhang da und da wurde getanzt und da wurde Musik gemacht. Die ersten Jahre nach dem Zweiten Weltkrieg, da war unser Vereinslokal, das hieß das kleine Casanova, da war wirklich jeden Sonntag richtig was los."* (Ein ehemaliger Spieler des TUS Helene 28)

Fußball organisierte in den sechziger Jahren nicht mehr die Lebenswelt der männlichen Arbeiterjugendlichen, er blieb aber ein symbolisches Objekt, an das sie ihre objektiv z. T. überholten kulturellen Werte der Arbeiterklasse „Männlichkeit, Stärke, Körperlichkeit" knüpfen konnten. Trotz lebensweltlicher Auflösungserscheinungen leben diese Werte sozusagen symbolisch überhöht weiter und drängen zu einer Artikulierung. Dieser Entfremdungs- und gleichzeitige Wiederaneignungsprozeß von Traditionen kann auf die allgemeine kulturelle Bedeutung von Straße und Wohnviertel übertragen werden.

Die Befriedung der Straßen – Straßencliquen in den sechziger Jahren

Die Straßen und öffentlichen Plätze als traditionale Orte für Cliquen von Arbeiterjugendlichen wurden zunehmend symbolisch besetzt vom Einkauf und Verkehr. Unkontrollierte Räume wurden als Orte der Bedrohung des Konsum- und Leistungskapitalismus verengt. Die oft sprachlose und in schwer deutbaren oder bedrohlichen Formen sich äußernde Unzufriedenheit und kulturelle Entwurzelung vieler Arbeiterjugendlicher äußerte sich in der Zunahme von Straßencliquen und fand ihre spektakulären Spitzen in den Halbstarken- und Rockerbanden.

Zwar leben auch die schlechter integrierbaren Teile der männlichen Arbeiterjugend nicht mehr in „hoffnungslosem Elend", doch scheint ihnen immer noch der Fluch, „für jede Art menschlicher Gesellschaft zur Gefahr zu werden", (G. Schwarz, 1931) anzuhaften. Denn ähnlich drohend warnt der Stadtjugendpfleger Stein aus Essen 1968: „Wenn wir die Entwicklung nicht stoppen können, dann kann es uns passieren, daß wir uns in absehbarer Zeit nicht mehr auf die Straße trauen können." Etwa 150 Jugendbanden mit ungefähr 3.000 Mitgliedern allein in Essen geben Zeugnis ab von der Größenordnung jugendsubkulturellen Straßenlebens. Gewalt, Aggressionen, aber auch Wünsche nach Freiheit und Ungebundenheit werden sichtbar, wofür das Moped zum beherrschenden Symbol wird. Die Jugendlichen verteidigen ihre Form des Freizeitverhaltens, ihre Härte und Männlichkeit unterstreichende Kleidung und ihre provokativen Umgangsformen gegen ein stilisiertes mittelschichtorientiertes Feindbild der Erwachsenenwelt und der

Das kulturelle Leben in der Siedlung sperrt sich gegen den Zeitgeist (Werner Thole)

*Mitglieder eines Essener Motorradclubs demonstrieren
für eigene Clubräume, 1968 (Manfred Vollmer)*

> **Stadt Essen** - 16 -
>
> **Arbeitskreis kennt schon 150 Jugendbanden in Essen:**
>
> ## Auf der Straße kann der Boß für gar nichts garantieren
>
> **Vergewaltigung, Diebstahl und Körperverletzungen gehen auf ihr Konto**
>
> „Willst du was!" Provozierend fragt der 17jährige mit Nietenhemd, ausgefransten Blue Jeans und zerzausten Haaren den jungen Mann, der mit seinem Mädchen auf den nächsten Tanz wartet. Der will gar nichts. Er sieht weg, so als habe er nichts gehört. Da zuckt die Faust des anderen hoch. Einmal, zweimal trifft sie den Tänzer am Kopf. Blut strömt aus der Nase und tropft aufs weiße Hemd. Die erschrockene Freundin stützt ihren Kavalier, als er zum Platz zurücktaumelt. Die Umstehenden sind ratlos. Einige Mädchen nehmen ihre Taschen und gehen. Die Stimmung ist plötzlich auf dem Nullpunkt. Nur der junge Schläger scheint zufrieden. Lässig schlendert er zu seinen Begleitern, die den Vorfall teilnahmslos beobachtet haben. Vorfälle wie dieser — letzten Samstag in einem Jugendheim der Stadt — häufen sich in jüngster Zeit. Mit dem Rock 'n' Roll, im Augenblick wieder populär wie selten, kommen — scheint es — auch die Rocker wieder. Immer mehr Jugendliche rasen in Banden auf knatternden Mopeds durch Essens Straßen.

Westdeutsche Allgemeine Zeitung vom 17. 8. 1968

„angepaßten" Jugendlichen. „Wenn die uns aber ansehen wie die letzten Menschen, dann wird bei uns schon einmal einer wild." Kulturellen und ökonomischen Modernisierungen zum Trotz kreieren sie ein Gesetz der Straße, das zum gegebenen historischen Zeitpunkt als überholt, antiquiert, unzivilisiert geächtet wird. Nicht mehr eingebunden in eine Lebenswelt aus harter, männlich-körperlicher Arbeit, Siedlungsleben und gemeinsamer Freizeit, halten sie doch an den nun frei schwebenden überkommenen Werten und Regeln fest und versuchen sie im Freizeitbereich um so extensiver auszuleben. Vorbilder sind nicht die Väter oder die Stärke der Klasse, sondern zunehmend kulturindustriell geformte Helden wie James Dean, Elvis Presley oder Film-Rockerbanden, die als universal verbreitbare Folie eines subkulturellen Stils dienen können. Ihre Ideale und Wünsche nach anarchischer Freiheit („Faustrecht"), Stärke, Körperlichkeit, männlicher Härte und sexueller Dominanz werden nicht von den Medien produziert, sondern finden dort nur Bilder vor, an die sie ihre Bedürfnisse heften können. Dabei greifen sie nur das heraus, was in ihren Stil paßt, nehmen die „weichen" Elemente in Figuren wie James Dean oder Elvis Presley nicht wahr.

Ihr subkultureller Stil soll möglichst aus der Öffentlichkeit herausgehalten werden, einerlei ob durch Polizei oder Sozialarbeit. Die Straße als verlorengegangener sozialisatorischer Ort birgt anscheinend nur noch unkontrollierbare Gefahren. Da sie in bestehende Jugendfreizeitheime nicht integrierbar sind, weil sich ihre Regeln mit denen der Sozialarbeit und anderer dort anzutreffender Jugendlicher nicht vertragen, versucht man ihnen eigene Räume in einem Jugendclub zu besorgen. Dort, so hofft man, könne man unter Ausschaltung möglichst vieler Außeneinflüsse einen Einfluß auf diese Cliquen gewinnen.

Der Mythos der Arbeitersubkultur in den achtziger Jahren: Die Mausegattclique

Eine ganz normale Straßenclique der frühen achtziger Jahre lebt sicher unter anderen gesellschaftlichen Bedingungen als die Mopedcliquen der sechziger oder ihre Vorläufer in den fünfziger oder zwanziger Jahren. Was sie vor allem mit ihren frühen Vorläufern verbindet, ist ihr Wohnzusammenhang in einer ehemaligen Zechenkolonie und ihrem Umfeld.

Die Jugendlichen der Mausegatt-Siedlung spalten sich gemäß der sozialen Situation der Arbeiterklasse in den siebziger und achtziger Jahren in den größeren Teil einer angepaßten, an Lehrzeit und Kulturindustrie orientierten Gruppe und eine „wilde Straßenclique" auf. Verbindende Elemente der verschiedenen Gruppen von Jugendlichen sind jedoch die großen Siedlungsfeiern (Sommerfest, Osterfeuer etc.) und der Fußballsport. Zeigt die Teilnahme der Jugendlichen an den Siedlungsfesten ihre Identifikation mit dem Wohnmilieu, so beweist die Tatsache, daß mindestens drei Fußballgruppen aus den beiden Siedlungsstraßen regelmäßig mit- und gegeneinander spielen (zum Teil täglich!) den fast ungebrochenen Reiz des Fußballs für Arbeitersöhne – und teilweise auch für die Töchter.

Ist die Mehrheit der Siedlungsjugendlichen in Schule, Lehre und umliegenden Sport- und Geselligkeitsvereinen (Karnevalsverein etc.) integriert, so knüpft die „wilde Siedlungsclique", die aus einem Kern von sechs bis acht männlichen Jugendlichen besteht, an die Traditionen arbeitersubkultureller Straßencliquen an. Sie heben sich gegen den normalen Alltag der meisten Siedlungsjugendlichen ab, verkörpern aber mit ihrer Härte, Männlichkeit und Cleverneß, durch ihre Provokationen und Diebstähle oder ihre ständigen Alltagsflips und Unternehmungen das Ideal vieler männlicher Jugendlicher, die aus familialen Gründen sich (noch) so viel nicht trauen. Sie beleben die Atmosphäre des Spielplatzes, sie organisieren Zeltfeten im angrenzenden Waldgebiet und Fußballspiele, sie liefern die interessantesten Geschichten von Schlägereien, Kaufhausdiebstählen und dem Entwischen vor der Polizei, sie wirken bewundernswert erwachsen, wenn sie zur nächsten Gerichtsverhandlung vorgeladen werden und sie finden es spannend, lustig davon berichten zu können. Kurz gesagt, sie verkörpern das Gruppenideal vieler Jugendlicher dieser Siedlung und führen vor, was man alles machen kann und wie die Umwelt und die sozialen Institutionen (Gericht, Gerichtshilfe, Sozialarbeiter, Polizei usw.) darauf reagieren. Sie zeigen, wie man eine hochangesehene subkulturelle Karriere mit Spaß und Abenteuer inszenieren kann, aber auch, wo die Grenzen sind: an der drohenden Gefängnisstrafe oder der Heimeinweisung. Ihr Vorbild ist die Clique der älteren Brüder, von

Eine ehemalige Zechensiedlung in Mülheim a. d. Ruhr

Alt und Jung vereint, Siedlerfest 1984 (Werner Thole)

denen sie die Worte einer arbeitersubkulturellen Karriere lernten, aus deren Schatten sie ausbrechen, die sie möglichst noch an Härte und Einfallsreichtum übertreffen wollen.

Ihre angedeuteten Selbstideale der Männlichkeit und Stärke, ihr Bedürfnis, früh erwachsen zu werden und ihre spezifische Liebe zu Freiheit und Freizeit in der Clique koppelt sie von normalen Schulkarrieren ab. Schule als die Verteilungsinstanz von Lebenschancen geht mit ihrer Dominanz von Selbstdisziplin, Reflexivität und abstrakter Leistungsorientierung nach wie vor an den Bedürfnissen solcher Jugendlicher vorbei. Höchstens wird sie als Treffpunkt von Freunden oder Freundinnen angesehen oder als Ort, um Späße zu machen, mit erwachsenen Autoritäten Kräfte zu messen. Auf jeden Fall sollte die Schulzeit jedoch so weit wie möglich eingeschränkt werden.

Die Jungen dieser Clique wünschen sich die alten Zeiten einer arbeiterjugendtypischen Normalbiographie wieder, in der nach der 7. oder 8. Klasse der Volksschule die Lehrzeit und danach mit 16./17. Jahren die Berufsarbeit beginnt. Die Stärken und Chancen kultureller Modernisierung mit den Attributen der Individualisierung, Differenzierung biographischer Möglichkeiten, verlängerter Freiräume für Suchbewegungen und kulturelle Stilsuche scheinen diesen Jungen eher fremd zu bleiben. Dem, was die Schülerrolle ausmacht: Abhängigkeit, Unselbständigkeit, Status des Noch-nicht Wissenden, Gebundenheit an Systemregeln setzen sie ihren Wunsch nach frühem Erwachsensein gegenüber.

Michael: *Früher, früher war dat doch viel leichter. Aber 100 pro (100prozentig). Nur bis 8. Schuljahr oder wat, bis 14 Jahren nur zur Schule gehen ey. Ja und mehr Arbeitsstellen waren da früher, stimmt et oder hab' ich Recht?!*

Rolf: *Genau*

Michael: *Klar, und ab 14 schon rausgehen, aus'm achten oder siebten oder wat.*

Rolf: *Wat et heut' alles gibt, Informatik und noch mehr so'n abgefuckten Scheiß.*

Rolf: *Ich war da, ich war bei Mannesmann, hab Praktikum gemacht, echt, war ich einen Tag anne, wie hieß die, Waagerechtstoßmaschine (kichern), Ich konnt nich mehr.*

Christoph: *Ja, haben wir auch.*

Rolf: *Da hättste dir mal 'ne Alte vorstellen müssen und dann so'n Vibrator dran. Waagerechtstoßmaschine. Wir brauchten nur dat Ding einspannen, und dann 'ne halbe Stunde hat dat gebraucht, um so'n Stück, also den Dreck abzumachen. War nur zum Dreckabmachen da dat Ding, also haben wir dran gearbeitet. ¾ Stunde, halbe Stunde hat dat gebraucht und fünf Minuten mußten wir dat wieder umdrehn ey. Wat'n Scheiß. Da setzte dich daneben und fängst an zu pennen.*

Christoph: *Mußte nur eins, zwei Hebel stellen, ey, dat andere macht der schon alleine ey.*

Rolf: *Ja, sitze 'ne halbe Stunde daneben, kannste 'n Porno lesen oder wat. Kannste dir einen runnerkloppen. Is wahr. (kichert) An 'ner anderen Drehmaschine oder wat, da mußte ab und zu mal 'nen anderen Hebel verstellen, aber sonst brauchste nix tun inne Dreherei, echt.*

Christoph: *Hm*

Michael: *Darfste einen Hebel mehr verstellen.*

Rolf: *Echt ey ... Is für'n faules Schwein.*

Beruf? – Schnelles Geld und viel Freizeit

Obwohl sie in der Schule alles dafür tun, keinen oder einen schlechten Abschluß zu bekommen, halten sie wie schon die Jugendlichen im Datteln der fünfziger Jahre am Ziel einer Lehre fest. Dies ist heute um so wichtiger, weil wegen der strukturellen Arbeitslosigkeit nicht mit einem problemlosen Hilfsarbeiterjob auf einer Zeche oder anderswo gerechnet werden kann. Eine Lehre garantiert zwar keineswegs eine Arbeitsstelle, keine Lehre garantiert aber fast zwangsläufig Arbeitslosigkeit oder zumindest eine ökonomische und soziale Abkopplung von einer einigermaßen gesicherten Lebensperspektive und vom durchaus angestrebten schnellen Konsum. Den Widerspruch zwischen dem eigenen Abkoppeln vom Statusverteilungssystem Schule und dem Wunsch nach einer Lehre lösen sie, indem sie auf die traditionale Kraft der Familie und der Lebenswelt hoffen: Eltern, Verwandte und Nachbarn sollen ihnen über „Beziehungen" zu einer Lehrstelle verhelfen. Vom Arbeitsamt und der Berufsberatung erwarten sie nichts. Was gemeinhin als „höherer Sinn", als Anspruch der Selbstverwirklichung in der Arbeit formuliert wird, ist für diese Jugendlichen kein Thema. Wenn in der Arbeit Sinn gesucht wird, dann noch am ehesten die Möglichkeit, Männlichkeit, Härte, Kraft und Geschicklichkeit im Beruf ausleben zu können. Diese für sie verbindlichen Werte und Ideale lassen sich jedoch in der Realität zunehmend weniger auch in den Industrieberufen wiederfinden. Rationalisierung und Maschinisierung sind zur „Computerisierung" des Arbeitsplatzes fortgeschritten. Diese Tendenz erleben die Jugendlichen nicht als Erleichterung, sondern als Substanzverlust, der nur Langeweile und Unzufriedenheit hinterläßt. Mit dieser Reduzierung beruflicher Arbeitskraft scheint auch die sexuelle Kraft in Frage gestellt zu werden. Die Maschinen nehmen der Arbeit den traditionellen Sinn kultureller Vergewisserung von Kraft und Stärke und damit auch allgemein die männliche Potenz.

In Rolfs Bild (vgl. Interview) steckt unbewußt viel Wahrheit, wenn man bedenkt, wie identitäts- und persönlichkeitsstiftend gerade die „harte Arbeit" im Selbstbild der Arbeiter war. Eine auf Körperlichkeit gegründete Überlegenheit schmilzt in allen Bereichen dahin. Facetten einer neuen Identität sind für diese Jugendlichen nicht in Sicht. Auf der Arbeit dazu verdammt, ein „faules Schwein" zu sein, gerät auch die patriarchalische Familienherrschaft ins Wanken. In der Freizeit und in der Clique muß die verlorene Überlegenheit wieder angeeignet werden.

Fußball, Frauen, Prügeln

Gilt für diese Jugendlichen auch der Zusammenhang „vom Pütt auf'n Platz" in dieser engen Verbindung nicht mehr, so kann man ihn aber variieren zu „von der Arbeit auf den Bolzplatz", wobei Schule auch als Arbeit, als nicht freie Zeit empfunden wird. Täglich treffen sich viele Siedlungsjugendliche auf den siedlungsnahen Bolzplätzen, jüngere und ältere Jugendliche, Siedlungsjugendliche und Stadtteiljugendliche. Fußball bündelt in hohem Maße die Freizeitinteressen, überwiegend in selbstorganisierter Form: Alltagsbolzen, Turniere, Pokale ausspielen. An den großen Siedlerfesten (Sommerfest) spürt man einen Hauch der generationenverbindenden Bedeutung des Fußballs, wenn die Eltern der Jugendlichen an der Aschenbahn des alten Arbeitervereinsplatzes „Heimaterde" stehen und ihre „Jungs" anfeuern.

1983 gründete die Siedlungsclique eine Mannschaft, die sich in das im Ruhrgebiet weit verzweigte Netz der wilden Thekenmannschaften einreihte. Hier ergänzen die Jugendlichen ihre Härte und ihr Zusammenspiel auf dem Platz und vervollständigen ihre männliche Kneipensozialisation in der gemeinsamen gemütlichen Runde an der Theke. Demgegenüber verblaßt die Integration in dem angesiedelten Fußballverein: Fußball soll ganz nach ihren Bedürfnissen gespielt werden, Training als Zwang und Pflicht sowie autoritäre Jugendleiter werden nicht akzeptiert, man geht (wie in der Schule) einfach nicht mehr hin. Nebenbei sind sie „Fans" von Bundesligavereinen, sehen jede Sportschau und organisieren Tip-Gemeinschaften bei europäischen Pokalwettbewerben, wenn eine deutsche Mannschaft mitspielt. Im Stadion selbst sind sie jedoch selten. Das nähme ihnen zu viel Zeit von ihren Wochenenden. Lieber schauen sie sonntags ihren Kumpels, die im Vorortverein spielen, zu.

Zwei fast ebenbürtige Bereiche zur Vergewisserung ihrer Männlichkeit und Kraft liegen unentscheidbar in der Zwickmühle der Bedürfnisse: Fußball und Sexualität. Sie greifen in der Geschlechterbeziehung auf traditionelle patriarchalische Formeln zurück vom polygamen Mann und der monogramen Frau, vom männlichen „Hörner-Abstoßen" und dem weiblichen Tugendzwang; kurz gesagt: ihr Frauenbild schwankt zwischen versorgender Mutter und dem sexuellen Objekt Hure. Die Dominanz im Geschlechterverhältnis ist sozusagen die verzweifelt verteidigte letzte Bastion im Abwehrkampf gegen die Bedrohungen ihrer Männlichkeitsvorstellungen durch Veränderungen in den Berufsstrukturen und der soziokulturellen Aufwertung und Emanzipation der Frau.

Die Frau ist es aber auch, die ihre „freie, wilde" Jugendphase beendet. Der Eintritt in die Normalität von Beruf, Familie, Heirat ist einerseits ihr Wunsch, andererseits als Freiheitsverlust gefürchtet. Um sich nicht selbst den Anpassungszwängen der Normalität zu unterwerfen, bekommen die „feste Freundin" und später die Frau die Funktion, sie „ans Haus zu binden", sie von der Straße zu holen. Was für die Straßenclique der sechziger Jahre am Ende des Zeitungsartikels als Hoffnung festgehalten wurde, daß Frauen (also private Beziehungen) genau das erreichen, was die öffentliche Sozialisationsinstanz „Sozialarbeit im Jugendheim" nicht schafft, nämlich den männlichen Arbeiterjugendlichen ihre öffentliche Bedrohlichkeit zu nehmen, hat für die Frauen fatale Folgen. Sie werden es immer „Schuld" bleiben, die Jungen von der Clique, von der Straße, von der Freiheit getrennt zu haben.

Andererseits sehen die Jungen in einer „festen Freundin" auch die Möglichkeit, die Gefahr einer kriminellen Karriere als Folge ihres Straßenlebens zu mindern: Klauen, Prügeln, Randalieren sind beliebte Beschäftigungen zur Vertreibung der Langeweile durch Abenteuer, Nervenkitzel, Provozieren von und Entkommen aus der Gefahr. Wie es in der Charakterisierung der Clique als traditionelle Straßenclique beschrieben wurde, sind sie das genuine Klientel der Sozialarbeit und Jugendpolizei. Sich dem sozialisatorischen Zugriff der Institutionen Schule, Jugendheim, z. T. auch Familie entziehend, wandern sie auf dem schmalen Grad zwischen Kriminalisierung und „die Kurve kriegen", d. h. in die Normalität einer Arbeiterbiographie sich einzufädeln. Die Frau und die Familie bekommen dabei die Hauptlast ihrer Nachsozialisation zur Anpassung aufgebürdet. Die gesellschaftliche Integration behält den Geruch des Erzwungenen und damit die Basis für Aggressivität bei.

Vom Bebop über'n Beat zum Punk
Jugendliche Musikkulturen im Revier nach 1945

Heinz-Hermann Krüger, Peter Kuhnert

„. . . ganz einfach aus der Freude am Jazz heraus" – die jugendlichen Jazzfans der fünfziger Jahre

In der Zeit des Faschismus war das Spielen und Hören von Jazz-Musik verboten und von der offiziellen Ideologie als „Nigger-Musik" und „Jüdisch" stigmatisiert. Zwar spielten europäische Big-Bands schon in den Kriegsjahren in Großstadt-Cafés Swing-Musik, die mit deutschen Titeln getarnt wurde, und an den Oberschulen gab es Cliquen von Gymnasiasten, die heimlich Jazz-Musik bei den „Feindsendern" im Radio hörten. Aber all diese Aktionen mußten heimlich erfolgen. Sie waren ständig durch die Kontrollen der Gestapo bedroht und, wer auffiel, mußte mit Gefängnisstrafen rechnen. Schon bald nach Einzug der Alliierten 1945 änderte sich im Westen Deutschlands diese Situation. Zwar spielten die deutschen Radiosender auch in den ersten Jahren der Nachkriegszeit nur selten, und dann zumeist erst am späten Abend, Jazz-Musik. Denn bestimmt durch die Tradition des Faschismus und eines allgemeinen konservativen Kulturbewußtseins war Jazz in den ersten Jahren der Bundesrepublik noch verpönt. Doch dafür boten die Radiosender der Besatzungsmächte, im Rhein-Ruhr-Gebiet war dies der BFN, dem kleinen Kreis von jazzbegeisterten Jugendlichen die Möglichkeit, ihre Musik zu hören. *„Eine ganz berühmte Sendung in den Nachkriegsjahren war im BFN der 1700-Club, der nachmittags um fünf Uhr anfing und den*

Gisela Häuser und das Glen Buschmann Quintett 1955 im Fritz-Henssler-Haus, Dortmund (Privatarchiv Glen Buschmann)

„Idiots", Punk-Band aus Dortmund (Privatfoto: Idiots)

Ted Heath dann mit dem „bakerloo non stop" eröffnete, da waren wir natürlich alle am Apparat." (Lothar Dietrich)

Bereits in den ersten Nachkriegsjahren wurden in Frankfurt und Düsseldorf die ersten Hot-Clubs gegründet, die sich am Vorbild des in Paris schon in den 30er Jahren entstandenen „Hot-Club de France" orientierten. 1949 kam es dann auch zur Gründung des Hot-Clubs Dortmund, Initiator Lothar Dietrich erinnert sich: *„Den Hot-Club habe ich ins Leben gerufen, ganz einfach aus der Freude am Jazz heraus. Da hatte ich mir Gedanken gemacht, wie man die Dortmunder Jazz-Leute zusammen bekommen könnte, aber auch aus einem gewissen Eigeninteresse heraus. Da der Gastwirt des für das erste Treffen vorgesehenen Lokals abgesagt hatte und ich so schnell nichts anderes organisieren konnte, da habe ich dann schnell noch einmal eine redaktionelle Notiz in den Dortmunder Zeitungen aufgegeben, daß sich Jazz-Interessenten um 19.30 an der Normaluhr am Rheinlanddamm treffen sollten. Da kamen so 127 Leute insgesamt zusammen. Da habe ich dann gefragt, wo wir hingehen können, und dann schlug jemand einen Gasthof vor, und da sind wir dann wie die Heuschrecken eingefallen. Dort haben wir dann Geld eingesammelt und die Adressen, um für weitere Treffen einladen zu können. Diese fanden dann in den fünfziger Jahren wöchentlich in unterschiedlichen Gaststätten statt, eine Zeitlang tagten wir auch in den Räumen der VHS."*

Der Dortmunder Hot-Club setzte sich fast ausschließlich aus Jugendlichen im Alter zwischen 17 und 23 Jahren zusammen, zumeist Gymnasiasten und Studenten. Die Aktivitäten des Clubs konzentrierten sich zunächst vor allem auf Referate und Diskussionen über die Geschichte und die verschiedenen Varianten des Jazz. *„Wir lernten erst dadurch den Jazz richtig kennen. Wir mußten uns ja da erst mühsam durchmogeln. Wir*

hörten Dixieland und hielten das für den letzten Schrei, obwohl der musikhistorisch schon 30 Jahre passé war. Wir hörten Benny Goodman's Swing und wußten nicht, daß das schon 15 Jahre passé war. Dann mußten wir uns einhören in den Bebop der vierziger Jahre von Dizzy Gillespie und Charkie Parker, der ja völlig neue Hörgewohnheiten von uns verlangte. Dagegen war der west-coast-Jazz und der cool-Jazz der fünfziger Jahre mit seiner abgeklärten und kühlen Musik für unsere Hörgewohnheiten schon leichter aufzunehmen." (Lothar Dietrich)

Darüber hinaus gab der Dortmunder Hot-Club in den fünfziger Jahren eine eigene Zeitung, den „Westjazz", heraus, der kostenlos an die Mitglieder und die Rundfunkanstalten verteilt wurde, organisierte Fahrten zu Jazz-Konzerten in andere Städte und führte in den Jahren 1956 und 1957 den sog. deutschen Jazz-Saloon durch, mit dem Ziel, den Jazz mit anderen modernen Kunstformen zu verbinden.

Mit dem Jazz verbanden die Clubmitglieder die Vorstellung von einem kulturellen Liberalismus, der sich gegen das politisch restaurative Klima und die Unkultur des Konformismus der Gesellschaft der Adenauer-Ära wandte: *„Jazz war für uns Ausdruck eines freien Lebensgefühls, eines Lebensgefühls, das für alles stand, an das wir glaubten: Liberalität, Überwindung von Rassenschranken und Überwindung einer ungerechten gesellschaftlichen Ordnung."*

Protestszene war die Jazz-Szene insofern, als sie liberaler war und sich von der bürgerlichen Wohlanständigkeit und dem kulturellen Konservatismus der Gesellschaft der fünfziger Jahre abgrenzte. Der Einfluß der französischen Existenzphilosophie auf die Lebensvorstellungen und den Lebensstil der Jazz-Musiker und ihrer jugendlichen Anhänger war hingegen recht unterschiedlich. Da gab es zum einen den Typus des jugendlichen Jazzfans, wie z. B. Lothar Dietrich, der Sartre und Camus lediglich gelesen hatte, weil „sie zum normalen Bildungsprogramm damals gehörten" und der zum Jazz-Konzert „eben Ringelsocken und Schuhe mit so dicken, weißen Kreppsohlen trug". Zum anderen gab es Jugendliche wie Achim Schreiber, die nicht nur Jazzfans waren, sondern sich in ihren Lebensvorstellungen und ihrem Lebensstil als sog. Existentialisten verstanden: „*Wir haben uns ja als Jugendliche praktisch als Existentialisten gefühlt. Das war praktisch der erste Ausweg. Wir haben viel Sartre gelesen. Und Sartre hat uns fasziniert. Das war so'n Idol, an dem wir uns ausrichteten. Existentialismus als Philosophie hat uns und mir sehr nahe gelegen. . . . Ich habe mich auch selbst so gekleidet. Ich habe eine Baskenmütze getragen und die Kleidung möglichst schlabberig gehalten. Über den Existentialismus als Einstieg habe ich eine andere Denkrichtung bekommen. Ich habe nicht mehr gefragt, wo bleibt das Gute, Wahre, Schöne, sondern ich bin meine Freiheit."*

Glen Buschmann (Klarinette), Johnny Boes (Schlagzeug), Wolfgang Schulz (Geige) und Peter Buschmann (Gitarre) 1949 bei einer Jamsession in Dortmund (Privatarchiv Glen Buschmann)

Gehörte zur Kerngruppe der sogenannten Existentialisten in den fünfziger Jahren immer nur eine ganz kleine Minderheit von Jugendlichen, so fand der Typus des jugendlichen Jazzfans vor allem in der zweiten Hälfte der fünfziger Jahre eine starke Verbreitung. In der Nachkriegszeit noch von der älteren Generation als „Urwaldmusik" stigmatisiert, erlebte der Jazz im Laufe der fünfziger Jahre den Durchbruch. Im Radio wurden täglich gleich mehrere Jazz-Sendungen ausgestrahlt. In keinem europäischen Land erschienen in diesem Jahrzehnt so viele Einführungen in die Jazz-Musik wie in der Bundesrepublik. Die wachsende Begeisterung vornehmlich der Gymnasiasten und Studenten für die Jazz-Musik machte die jugendlichen Jazzfans auch als Konsumenten für die Ende der fünfziger Jahre allmählich expandierende Jugendfreizeitindustrie interessant. Als Beispiel dafür kann man die ab 1959 erscheinende Zeitschrift „Twen" anführen, die die Jazztrompete zu ihrem Symbol erkor. Besonders beliebt bei den jugendlichen Jazzfans waren einerseits jene Varianten des cool-Jazz, den Musiker wie Dave Brubeck durch Adaption klassischer europäischer Musikformen verkunstet und damit für ein breites Publikum akzeptabel gemacht hatte. Die andere Richtung von Jazz-Musik, die von vielen Jugendlichen Ende der fünfziger Jahre favorisiert wurde, war der traditionelle Jazz, der Dixieland.

An vielen Oberschulen und in Jugendheimen des Ruhrgebiets entstanden in dieser Zeit Amateurbands, die Dixieland oder Skiffle spielten. Und die Jugendämter verschiedener Ruhrgebietsstädte führten Anfang der sechziger Jahre sogenannte Jazz- und Skiffle-Jamborees durch, auf denen die besten Jazz- und Skiffle-Gruppen aus der Region auftreten konnten. Mit der Durchführung solcher kommunal organisierten Jazzwettbewerbe, mit denen oft ein Jugendtanznachmittag verbunden war, versuchte man den als „jugendgefährdend" etikettierten Jazz-Kellern ein sozialpädagogisch kontrolliertes Korrektiv gegenüberzustellen. (vgl. Krüger 1985)

„Chris Barber and his band": Autogrammstunde
(Stadtarchiv Dortmund, Best. R. Düdder)

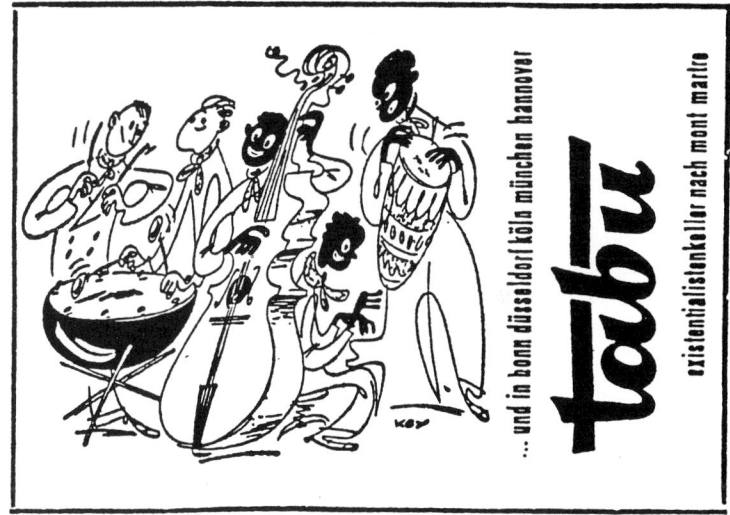

Oben: Konzertankündigung (Stadtarchiv Dortmund)

Unten: Anzeige im „Jazz Podium" 1954/1955

„Hey, ich will so tanzen wie Mick Jagger" – die jugendlichen Beatfans der sechziger Jahre

Aus der Tradition des Skiffle, der Folklore-, Jazz- und auch Blueselemente verbindet, entwickelte sich dann der Beat. In den Kellern, Hinterhofschuppen und Eckkneipen englischer Industriestädte, vor allem im Ballungsgebiet der Mersey-Side, spielten Jugendliche, u. a. auch die späteren Beatles, in Skiffle-Gruppen, die den Beat im Nachspielen von Rock'n Roll und Bluestiteln entwickelten. Nachdem der aggressive und erotisch aufgeladene Rock'n Roll von Chuck Berry, Bill Haley und Elvis Presley seit den späten fünfziger Jahren vom kommerziell geglätteten „Highschool-Rock" eines Pat Boone und einem recht zahmen Rock'n Roll-Verschnitt, dem Twist, abgelöst worden war, erlebte der Rock im Beat aus Liverpool ab 1962 eine neue Blüte.

Bis zum Erscheinen der ersten Single der Beatles am 4. 10. 1962 wurde die Beatszene aber noch von reinen Instrumentalgruppen wie den Shadows, Tornados und Eagles beherrscht, ehe sich dann immer mehr die „mersey-beat"-orientierten Bands aus Liverpool und die an die Rhythm and Blues-Tradition von Chris Barber und Alexis Corner anknüpfenden Bands wie die Rolling Stones durchsetzten. Allein im Raum Liverpool entstanden in kurzer Zeit fast 400 Beatbands, in denen z. T. schon 12- bis 14jährige Jungen spielten, die sogar öffentlich auftraten (vgl. Shaw 1983, S. 143–149). Spätestens nach den legendären Auftritten der Beatles im Hamburger Star-Club setzte sich der Beat auch in der Bundesrepublik durch, besonders im Ruhrgebiet, einem der Mersey-Side sehr ähnlichen industriellen Ballungsraum. Hier entstanden bis Mitte der sechziger Jahre über 1.000 Amateurbands, deren Fangemeinde in die Hunderttausende ging.

„The Crashers" aus Herten Mitte der sechziger Jahre (Privatarchiv Michael Polubinski)

Anders als beim Rock'n Roll der fünfziger Jahre, in dem vor allem die Arbeiterjugend ein Medium fand, um ihr Unbehagen gegen die konformistische Enge und den Mief der Gesellschaft der Adenauer-Ära zu artikulieren, begeisterten sich für den Beat auch mehr und mehr Mittelschichtjugendliche. In einer Gesellschaft, in der nun scheinbar unbegrenzter Konsum, die sogenannte Freß- und Reisewelle und eine unerschütterliche Fortschrittsgläubigkeit das politische und kulturelle Klima bestimmte, bot der Beat neue Orientierungsmuster für jugendlichen Widerspruchsgeist. Da sich auch Anfang der sechziger Jahre noch viele Jugendliche keinen eigenen Plattenspieler leisten konnten, blieb das Radio, mit denen man die „heißen" englischen Sender empfangen konnte, das zentrale Medium, um Beat-Musik zu hören. Dazu berichtet Thomas Kuhn, ein ehemaliger Beatfan aus Recklinghausen: *„Wir haben sogar unsere Radios in die Schule mitgenommen, um samstags die englische Hitparade hören zu können. Und dann gab es schon mal ein paar Verweise, wenn man zu spät aus der Pause zurückkam. Später hörten wir auch über Mittelwelle die Piratensender wie Radio Caroline oder Radio London, was unsere wichtigste Quelle wurde, denn die haben immer die absoluten Knaller gespielt."*

Das „voll aufgedrehte" Radio wurde für die jugendlichen Beatfans zum ständigen Begleiter, der nicht nur für Unterhaltung beim Treffen an der Straßenecke in der Zechensiedlung diente, wo man Bier trank und Zigaretten rauchte, es diente auch zur Kontaktaufnahme mit dem anderen Geschlecht: *„Du hast dich oft vor den Fenstern deiner geliebten Klassenkameradinnen getroffen und dann voll aufgedreht. War ganz lustig, das* neue Minnespiel ‚Werben mit Kofferradios'. Dann kam aber meistens schon der Alte raus, und dann konntest du Flitzen gehen." (Thomas Kuhn)

Die Lieblingsgruppen der jugendlichen Fans waren neben den Beatles Gruppen wie Gerry and the Pacemakers, die Rolling Stones, die Yardbirds, die Kinks, die Who, die Small Faces oder die Pretty Things. Die oft rebellischen Texte der Beat-Bands blieben vielen Jugendlichen allerdings verschlossen, da der Englischunterricht als Pflichtfach in der Volksschule noch nicht eingeführt war. Dennoch artikulierte sich in Songs wie „My Generation" von den Who oder „Wild Thing" von den Troggs das Unbehagen und der diffuse Protest von Teilen der Jugendgeneration gegen die Konsum-, Leistungs- und „Wir sind wieder wer"-Mentalität der bundesrepublikanischen Gesellschaft der sechziger Jahre. „Jemand von uns hatte die Troggs gehört und das Wort „wild". Na gut, dann sind wir eben wild und dann haben wir so'n bißchen den Hallas gemacht." (Thomas Kuhn)

Neben der Identifikation mit der Beat-Musik waren die langen Haare das zweite zentrale Stilmerkmal der jugendlichen Beatfans der sechziger Jahre, die in der Regel Konflikte im Elternhaus, in der Schule oder auf der Arbeit auslösten. „Lange Haare waren solche, die über den Hemdkragen gingen, und der war damals ziemlich hoch. Wichtig war für uns das Brechen des Faconschnitts. Und wenn du dann vom Friseur wiedergekommen bist, schrie der Alte ‚Wat, für 5 Mark?! Ich seh überhaupt nichts'. Und dann hast du erstmal eine Ohrfeige gekriegt." (Andreas Meyer) Angeheizt wurden diese aggressiven Reaktionen der Erwachsenengeneration noch durch die Presseberichterstattung über die Beatkonzerte, wie z. B. über einen Auftritt der German Blues Flames, einer der bekanntesten Amateurbands des Ruhrgebiets in den sechziger Jahren. „Plötzlich Unruhe in dem schon unruhigen Parkett (schließlich sind auch 12- bis 13jährige Kinder darunter). Der Grund: ein hochbetollter Jüngling (hat nichts mit Gage zu tun, sondern mit einem pilzköpfigen Haarwunderwerk, dem die helfende Friseurschere fehlt) tollt gliederschlenkernd wie toll durch die Stuhlreihen." (Zit. nach Batke 1986, S. 85) Die jugendlichen Beatfans versuchten ihre Nähe zur Beat-Musik und den geliebten Stars nicht nur in der Frisur, sondern auch in der bevorzugten Kleidung zu demonstrieren. „Wir trugen manchmal Klamotten, die richtig schockig waren, gelbe Socken, grüne Hose, rote Schuhe ... Und in der Festlandhalle bei Konzerten rannten Typen rum, die trugen so einen roten Samtanzug wie die Kinks." (Thomas Kuhn)

Eines der Zentren der Beatmusikkultur im Ruhrgebiet war in den sechziger Jahren die Stadt Recklinghausen. Dort organisierte Jugendpfleger Kurt Oster in der Nachfolge der Jazz- und Skiffle-Jamborees ab 1964 Beatfestivals, an denen sich hunderte von Bands beteiligten, einige kamen sogar aus Spanien und Belgien. (Vgl. Batke 1986, S. 36) Für die Organisatoren des Jugendamts stand damals der Aspekt des Jugendschutzes im Vordergrund und dementsprechend steif und förmlich waren die ersten Festivals auch organisiert. „Damals mußte man noch in der Vestlandhalle an langen Tischen sitzen, es gab noch nicht einmal eine Tanzfläche. Vor sich die Cola (Alkohol war ja streng verboten), Anzüge an und die Mädels in Ausgehkleidern, es war alles ziemlich spießig." (Thomas Kuhn)

Dieser streng institutionalisierte Rahmen der Jugendbälle lockerte sich im Verlaufe der 60er Jahre etwas auf, und die jugendlichen Fans nutzten die Möglichkeit, ihren Beat auf den Festivals zu hören, wo neben wenigen Top-Acts zumeist unbekanntere Amateur-

Oben: Vestlandhalle Recklinghausen, Beatkonzert Mitte der sechziger Jahre. In der Mitte Kurt Oster, Organisator der Konzerte (Privatarchiv Gisela Baker)

Unten: Pressefoto der „Muskeltiere". Die Gruppe siegte 1965 beim Beatfestival in Borken (Privatarchiv Tom Klatt)

bands aus der Region spielten. Dabei war die jugendliche Beatgemeinde der sechziger Jahre von Anfang an in zwei Lager gespalten: Die Beatles- und die Stones-Fans, die sich auf den Konzerten gegenseitig „anmachten" und die Bands der Gegenseite heftig ausbuhten. *„Meistens haben auf den Festivals die Schmalzbands gewonnen, die am besten die Beatles nachspielen konnten, worauf wir nicht standen, auf diese Harmoniegesänge und den seichten ‚Dudelscheiß'. Und dann hast du darauf gewartet, daß eine Band kommt, die endlich mal ein härteres Rhythm- and Blues-Stück spielt."* (Andreas Meyer) Charakteristisch für die Beatmusikkultur der sechziger Jahre war auch die enge Verbindung zwischen Musikern und Fans: *„Die Red-Stones aus Marl ohne uns als Fans, das wäre nicht gegangen ... so zur Band zu gehören, das war wichtig und verschaffte einem auch Ansehen bei den Bräuten."* (Thomas Kuhn)

Das Konzert der Kinks 1965 in der Vestlandhalle war der Anfang vom Ende eines starr durchorganisierten Beatfestivalmusters, das den vielen lokalen Amateurbands zwar ideale Voraussetzungen für das Bekanntwerden vor einem größeren Publikum bot, aber zunehmend in Widerspruch zum aufkeimenden Protestpotential unter den Jugendlichen geriet, die nicht nur brav ihre Wählerstimmen für die Bands abgeben wollten. *„Als hier 1965 die Kinks gespielt haben, da war hier die Sau los, 4.000 bis 5.000 Leute standen da wie die Heringe in der Büchse, es war gerammelt voll ... Und es gab Zoff, als der Manager der Kinks den Oster von der Bühne schmiß und Stühle zu Bruch gingen, ... aber die Kinks waren knallhart, saugut, unglaublich ... so was Fetziges, so was Wildes, alle waren am Brüllen und Kreischen, da hat der Mob getobt."* (Thomas Kuhn) Aber nicht nur unter den Beatfans begann es zu rumoren, sondern auch den Amateurmusikern und solchen, die es noch werden wollten, wurde der Festivalrahmen zu eng, und es gab schon mal den einen oder anderen „rein provokativen Auftritt" einer Band, der eher als ein Happening, denn als ein ernstzunehmender Musikbeitrag gedacht war: *„Wir haben uns dann auf dem Beatfestival mit dem längsten Bandnamen angemeldet, der wohl je existiert hat ... Und sind mit 14 Leuten aufgetreten, von denen kaum einer spielen konnte, aber wir sahen aus wie der wildeste Haufen überhaupt, total bunt angezogen und alle lange Haare, einer sah aus wie Jimmy Hendrix, und wir landeten bei der Jury von 42 Bands auf Platz 41, beim Publikum hingegen auf Platz 3."* (Thomas Kuhn)

Die große Zeit des Recklinghauser Beat-Festivals war Ende der sechziger Jahre vorbei. Zur sterilen Atmosphäre der Vestlandhalle, in der z. B. bei Konzerten von Gruppen keine Lightshows erlaubt waren, war eine attraktive Konkurrenz entstanden: Moderne Discos mit Filmapparaten, Strobolight, Psychodelic-Light-Show, in denen auch Live-Auftritte von Bands stattfinden konnten. Diese Entwicklung verlief parallel zum Niedergang einer kreativen, eigenständigen Beatmusikkultur in der Bundesrepublik und den westlichen Nachbarländern. Die Rockmusik wurde perfekter, aber auch glatter und konsumierbarer. Superstars dominierten die Szene, die für den einfachen Fan in unerreichbaren Welten zu leben schienen und den Fans auch nicht mehr jenen hohen Grad an Identifikation ermöglichten wie die „alten" Rockhelden der sechziger Jahre. *„Die Beatzeit war ein Rückhalt für mich, die hat mich total geprägt; die Beatles und die Stones, das waren Idole für uns – man sah und hörte die und sagte sich: ‚Hey – ich will tanzen wie Mick Jagger!' Du dachtest, das was die auf der Bühne machen, so leben die auch."* (Thomas Kuhn)

H. J. von Wensierski:

Ruhrgebeat
Briefe jugendlicher Beatfans an das Jugendamt

Mitte der sechziger Jahre gab es im Ruhrgebiet mehrere Hundert jugendliche Beat-Bands. Dreh- und Angelpunkt dieser Szene war Recklinghausen mit seinen regelmäßigen Beat- und Jugend-Bällen. Die Ausschnitte aus Briefen an den Organisator Kurt Oster, Jugendpfleger der Stadt Recklinghausen, illustrieren, welche Bedeutung die Beat-Musik für die beteiligten Jugendlichen gehabt hat, mit welchen Problemen und Schwierigkeiten sie zu kämpfen hatten, aber auch, aus welchen Motiven sie „Beat" spielten. Eindringlicher als jede Analyse überliefert sich in diesen Texten die Beat-Atmosphäre und der Zeitgeist der sechziger Jahre.

„Die Pubertät liegt bereits hinter uns"
Biographische Notizen

H. G. Wallbaum ist der Gründer unserer Band. Wir begannen mit Wandergitarren und Waschbrett. Von unserem Taschengeld kauften wir uns nach und nach die nötigen Instrumente und die Verstärkeranlage. Wir hatten bisher fünf Auftritte in Hervest-Dorsten, Gladbeck und Westerholt. Das Lieblingsgetränk aller ist Milch. Von der Langspielplatte, die unser Schlagzeuger am letzten Sonntag vom Stadtjugendring geschenkt bekam, haben wir in dieser Woche noch ein Stück einstudiert. Wir beginnen unseren Auftritt mit diesem Stück.
The Moondogs

Bei der Gründung der Band lernten alle zum ersten Male ihr Instrument kennen. Mitte Dezember 1965 (vor sieben Wochen) versuchte sich unser Rhythmus-Gitarrist zum ersten Mal überhaupt auf einem Tasteninstrument (Orgel). So auch beim Festival '66.
The Electronics

„Wir sind vom Beatgedanken besessen"
Sorgen und Probleme

Sie werden sich vielleicht noch an uns erinnern können. Wir wenden uns heute mit einer großen Bitte an Sie. Uns fehlt leider ein geeigneter Übungsplatz. Würden Sie sich bitte dafür einsetzen, daß uns irgendein Keller oder Raum in dem Jugendheim an der Marienstraße zur Verfügung gestellt wird. Bis heute war es uns leider nicht möglich, mehr als alle 14 Tage zwei Stunden zu proben. Da wir aber so von dem Beatgedanken besessen sind, können und wollen wir einfach nicht damit aufhören.

Sie werden sicher Verständnis für unseren Wunsch aufbringen, da wir Sie als Berater und Jugendpfleger kennen und schätzen gelernt haben. Durch Ihre positive Antwort würden Sie uns das größte Weihnachtsgeschenk bereiten. Es verbleiben mit freundlichen Grüßen
The Earls

Wir haben vor, eine Tournee durch Deutschland zu starten. Hierzu muß man einen Anfang haben, und den zu finden ist nicht sehr leicht. Deshalb bitten wir um Verständnis und Rücksicht. Wir dachten an ein Gastspiel mit gleichzeitigem Tanz. Die Unkosten, also Vergnügungssteuer usw. müßte dann die Stadt opfern. Wir wollen nur für 75 Prozent des Eintrittsgeldes spielen und nicht mehr. Dabei läge das Eintrittsgeld etwa bei 2.50 DM. Vielleicht läßt sich da etwas machen. Wir sind gerne bereit, einen Tag persönlich vorzusprechen. Trotzdem bitte ich um Rückantwort.
The Archies

„Sehr geehrte Stadtverwaltung – Guten Tag Herr Oster"
Anmeldungen zum Beatfestival

Sicher werden Sie oft Briefe dieser Art bekommen, in denen man Ihnen von einer Band schreibt, die unbedingt mal zu einem Jugendball spielen muß.

Ich kann mir auch leicht die Chance ausrechnen, die mein Brief hat beachtet zu werden. Aber dennoch schreibe ich Ihnen, weil Sie doch bestimmt an einer jungen talentierten Band interessiert sind. Da Sie mir bezüglich des Talents nicht genügend Objektivität einräumen werden, darf ich folgendes anführen: Einige Bands aus der näheren Umgebung haben neidlos zugegeben, daß unsere Band besser ist, obwohl sie noch gar nicht so lange besteht. – Im übrigen können Sie sich ja am besten selbst überzeugen, kommen Sie doch einmal zu uns. Da Sie dazu sicher kaum Zeit finden werden, möchte ich Ihnen vorschlagen, schreiben Sie uns, was Sie gern gespielt hätten. Wir spielen es auf ein Tonband und schicken es Ihnen zur Begutachtung. Oder wenn Sie es erlauben, kommen wir einmal zu Ihnen zu einer persönlichen Rücksprache. Wir sind mit jeder Regelung einverstanden. Ich möchte Sie nochmals herzlichst bitten, hören Sie sich die Band erst einmal an und urteilen Sie. Ich bin sicher, auch Sie werden nicht enttäuscht sein. Es lohnt sich bestimmt. In zuversichtlicher Erwartung Ihr ergebenster
The Hectics

Gestatten Sie, daß wir uns vorstellen: „The Gentlemen"

Unsere Band besteht aus 5 Mitgliedern, und wir besitzen eine eigene Verstärker- und Echohallanlage. Trotz unserer relativ kurzen Zusammenarbeit von ca. 3 Monaten haben wir schon 7 öffentliche Tanzveranstaltungen gegeben.

Wir würden uns freuen, wenn Sie uns die Möglichkeit geben würden, uns am Jugendball in der Vestlandhalle zu beteiligen. Inzwischen empfehlen wir uns Ihnen mit vorzüglicher Hochachtung
The Gentlemen

„Das Entsetzen wuchs in ihren Augen mit jedem Trommelschlag" – Punk rules o.k.!

Eine neue Musikrichtung innerhalb des Rocks kann nur dann entstehen und sich durchsetzen, wenn der bis dahin vorherrschende Musikstil entweder keine neuen ausreichenden kreativen Impulse mehr besitzt oder vom Publikum nicht mehr akzeptiert wird. In den Jahren 1967 bis 1971 hatten sich die Produktions- und Konsumptionsformen der Rockmusik kontinuierlich perfektioniert. Die sogenannten Supergruppen wie Genesis, ELP, Pink Floyd, Yes u. a. produzierten in zeitraubender Studioarbeit Musik für teure Stereoanlagen und konnten mit ihrem Trend zur schüchternen Innerlichkeit die Lebenslage und das Lebensgefühl eines großen Teils der Jugend nicht mehr erfassen. Daran konnte auch der Aufstieg der „Teeny-Stars" wie T. Rex, Slade, Sweet oder Gary Glitter wenig ändern, orientierte sich diese Musik doch extrem am Geschmack von sehr jungen, vor allem weiblichen Popfans. Im Sommer 1976, als der Punk seinen Siegeszug in England begann, war nicht nur die britische Popszene an einem Tiefpunkt.

Die von Malcolm McLaren, dem Manager der Sex Pistols, erdachte Idee einer neuen Musik, die Elemente des Glam-Rock, des amerikanischen Proto-Punk (The Ramones etc.), des Pub-Rock und des Reggae rigoros zusammenwürfelte, löste, skandalträchtig inszeniert, eine Lawine von Publicityrummel aus. Die Sex Pistols mit Johnny Rotten als Sänger und dem noch zu Lebzeiten zur Legende gewordenen Sid Vicious beleidigten nicht nur die Queen („God save the Queen and her fashistic regime"), beschimpften einen Fernsehshowmaster als „greatest and damned fucker" und zogen den Haß von Bürgerinitiativen auf sich, die ihre Töchter und Söhne vor dem Schlimmsten bewahren wollten. Vielmehr leiteten sie auch die Geburt einer neuen Musikkultur ein. 1976/77 entstanden, ähnlich wie in der Beat-Ära der frühen sechziger Jahre, diesmal nicht in Liverpool, sondern in der Metropole London als Zentrum, täglich neue Bands, die in kleinen Kellerkneipen oder Pubs live auftraten und innerhalb kurzer Zeit ein alternatives Informations- und Verteilernetz mit eigenen Zeitschriften (fanzines) und Mini-Schallplatten-Labels (Rough Trade etc.) aufgebaut hatten. *„Da hörtest du auf einmal diese unglaublich schnelle Punkmusik im Radio und dachtest dir, was 'ne geile Musik, aber der Sänger kann gar nicht singen und das kannst du auch nicht – also warum nicht schnell mal eine Band gründen und ein Star werden?"* (Dave Winter)

Inspiriert vom „Drei-Akkorde-Mythos" – jeder Punk sollte auch Musiker sein können – gründeten sich im Revier eine Vielzahl von Punkbands, die sich anfangs, was sich auch in ihrer Namensgebung dokumentierte, z. B. Male (Düsseldorf) oder Neat (Dortmund), noch stark an großen englischen Vorbildern wie den Sex Pistols, Clash, Stranglers, Sham 69, The Dammed etc. orientierten, später aber auch selbstbewußt mit deutschen Namen und Texten aufwarteten, die vor allem den Hauptgegner der jungen Punks provozieren sollten: das waren die Hippies, womit nicht nur die Restexemplare der schulterlang behaarten Überbleibsel vergangener Zeit gemeint waren, vielmehr auch alle anderen, die mit den neuen Tönen nichts anfangen konnten. In Hagen z. B. wollten hardcore-Punkbands wie Gaskammer, Hemmungslose Erotik, Stur oder Frontal dem Kulturreservat aus Folk-Club und „ewigem Hippietum" ein Ende bereiten: *„Dann habe ich mit Odysseus ‚Frontal' aufgemacht. Horrible Horn spielte Gitarre und die Auftritte waren immer das reinste Chaos. Bei ‚Rock gegen Rechts' mußten wir mit so Hippiebands zusammen auftreten. Wir waren, wie immer, ordentlich beschickert, hämmerten einfach auf den Geräten rum. Odi jammerte sich einen ab und nach ein paar Minuten haben sie uns von der Bühne geholt. Vorher aber hast du unten bei den ganzen Langhaarigen gesehen wie das Entsetzen in ihren Gesichtern wuchs mit jedem Trommelschlag, die Augen immer größer wurden."* (Jörg Fischer)

Die aggressiven Texte der Punksongs mußten für viele alte Popfans provokant wirken, beschäftigten sie sich doch ausdrücklich mit der grauen Konsum- und Betonkultur direkt vor der Haustür, während die Rocksongs der siebziger Jahre fast nur noch von der Rockmusik selber handelten. Bei den professionellen Rockbands waren „Musik, Geld und Publikum längst zu einer heiteren Welt von Männerkameradschaft, Loyalität und kraftvollem Charme verschmolzen". (Frith 1981, S. 201) Punk konzentrierte sich auf das Verhältnis zwischen Individualismus und Kollektivismus, zwischen Unterprivilegierten und Privilegierten, zwischen Überleben und Langeweile und verkündete in seiner eigenwilligen Art schlimmste Vorhersagen schärfster Sozialkritiker und feierte mit heroischen Spottgebärden den Tod der Gemeinschaft und traditioneller Bedeutungsformen (vgl. Frith 1981, S. 256; Hebdige 1983, S. 72): „Alle Vollidioten tagein tagaus, sie wissen, sie kommen hier nie mehr raus..." (KFC 1980) Die industrielle Reproduktionstechnik und das ökonomische Verwertungsinteresse hatten der Rockmusik bis zum Punk viel von der Aura des Echten und der Authentizität sowie von der Unmittelbarkeit – „dem Hier und Jetzt" – genommen: „Die zweite Hälfte des Himmels könnt ihr haben, das Hier und das Jetzt das behalte ich!" (Fehlfarben 1980)

Im Kontrast dazu stellten die Musiker und engagierten Punkfans in kurzer Zeit eine fast autark funktionierende neue Musikkultur auf die Beine, die zumindest für einige Jahre in einer ansonsten geschlossenen Musikvermarktungsindustrie überleben konnte. Die unabhängigen Labels, die sich um das Jahr 1980 allerorts in der Bundesrepublik gründeten und sich schon in ihrem Namen wie Rondo, Zensor, No fun, Zick Zack u. a. von ihren kommerziellen Konkurrenten unterschieden, hatten primär das Ziel, auch die schiefsten und schrillsten Töne zu verbreiten, d. h. ohne den Druck der Anpassung an hohe Verkaufszahlen und breite Geschmacksrichtungen, jungen Punk- oder Avantgardebands zumindest einen regionalen Bekanntheitsgrad zu ermöglichen. Typisch für die Punk-Schallplattenproduktion war der sogenannte Sampler, eine LP mit vielen verschiedenen Gruppen entweder aus einer Stadt (oder Region) oder einer bestimmten musikalischen Richtung, z. B. Hardcore Punk, Fun Punk: *„Der erste Sampler, den wir gemacht haben, hieß ‚Alles aus Hagen' mit 17 Gruppen, von denen einige dabei waren, die konnten nicht einmal richtig ihre Instrumente halten, aber die haben trotzdem etwas Wahnsinniges rübergebracht. Das war für mich ein Ausdruck von dem, was gerade passierte, wo gerade Leute rumwurschtelten und ihr Instrument quälen und rausprügeln und sich selbst ausdrücken wollen."* (Klaus Mittler)

Die Geschichte der Punks der ersten Stunde im Revier war zudem untrennbar mit der Erfahrung des „kollektiven Hausverbotes" verbunden. Eine kleine Rangelei, eine Fehlinterpretation des aggressiv-lustigen Pogo-Tanzes oder einfach der Protest gegen die langweilige Hippiemusik genügte oft, um die ungeliebten Gäste aus der Kneipe, dem Jugendzentrum oder der Disko zu verbannen. Für eine Dortmunder Punkclique bedeutete das Hausverbot allerdings nicht den Rückzug in die Privatwohnungen, sondern leitete eine konstruktive Gegenreaktion ein: *„Nachdem wir aus dem ‚Keller' (Disco) rausgeflogen waren, haben wir uns im Dortmunder Norden selbst eine Disco eingerichtet, sind mit Anlage und Platten da jeden Sonntag mit 40 bis 50 Leuten ins ‚Haus Lessing', einem üblen Laden der Steinplatzszene (Penner/Nutten) reingegangen und haben dort sogar Konzerte gemacht mit den Close und Neat. Da waren dann immer auch ein paar Nutten drin und die haben wie die Wilden rumgetanzt."* (Ulli Pfleger)

Das Zusammengehörigkeitsgefühl der Punks im Revier ließ Lokalrivalitäten kaum aufkommen und überregionale Punkkonzerte zu freundschaftlichen Wiedersehensfesten werden, was sowohl für die Fans wie für die Musiker galt. Dabei standen die Punks in der Tradition guter alter englischer Rockmusik, bei der die Sänger der Bands sich musikalisch stark auf die Perspektive der Fans einstellen und sich in einem ständigen direkten Austausch mit den oft laut „mitgrölenden Fans" befinden. Die Punkkonzerte waren alles andere als Selbstdarstellungsgelegenheiten egozentrischer Künstler, sondern eher orgienhafte Spektakel, bei denen sich jeder als „Star des Abends" fühlen konnte, ob auf oder vor der Bühne. Auf der oft längeren Anreise zu den Konzerten brachten sich nicht nur die Fans, sondern auch die Musiker oft mit reichlich konsumiertem Bier erst einmal in die richtige Stimmung. Die Bands spielten oft länger als geplant, denn ihre Fans ließen sie oft einfach nicht von der Bühne, und erst ein durchgehauener Verstärker oder ein verletzter Musiker, der z. B. ins Schlagzeug oder von der Bühne fiel, konnte den fröhlich-chaotischen Auftritten ein vorzeitiges Ende bereiten.

Parallel zur authentischen Punkmusikszene hatte sich etwa ab 1979 bundesweit die Neue Deutsche Welle (NDW) in Anlehnung an den amerikanischen New Wave verbreitet, die zunächst nur die deutsch gesungenen Songtexte hervorheben wollte, später aber immer mehr zu einer ganz bestimmten Musikrichtung wurde. Innerhalb der NDW wurde Punk zunehmend zum bloßen Accessoire einer neuen Mode, die geprägt von sauberer Künstlichkeit und Elektronik anfangs noch recht witzig bundesdeutsche Altschlager parodierte oder wie Ideal z. B. die „Eiszeit" dieser Kultur beschwor, dann aber zunehmend zu einer immer seichteren und belangloseren Musikrichtung wurde. *„Diese Kommerzialisierung und Verflachung kam durch die Musikpresse und Plattenindustrie, die ab '80 voll einstiegen und viele Bands nutzten das, um von ihrem Hartpunk-Image runterzukommen. Ja so Gruppen wie Ideal oder Extrabreit, das kannst du einfach besser konsumieren, da brauchst du nicht auszu-*

sehen wie ein Punk um das zu hören und dann dieser Marcus: ‚Ich will Spaß, ich geb Gas' – ein Ungeheuer!" (Eva Groll)

Die Neue-Deutsche-Welle-Bewegung, für die zunächst kennzeichnend war, auch die unterschiedlichsten musikalischen Ausdrucksformen auf gemeinsamen Festivals zu integrieren und so eine Vielfältigkeit und Entwicklungsmöglichkeit dieser Musikkultur zu gewährleisten, zerfiel ab 1981 in verschiedene Fraktionen. Das waren auf der einen Seite die schon von vornherein auf kommerziellen Erfolg programmierten Gruppen oder solche, die jetzt schnell auch noch Popstar werden wollten und auf der anderen Seite die sog. hardcore Punkbands bzw. die avantgardistisch-experimentell orientierten Bands. Freunde von früher waren auf einmal unversöhnlich in zwei Lager gespalten. *„Ich gehe zum Bahnhof, da kommt mir auf einmal der Kleinkrieg (Musiker von Extrabreit) mit einem Mercedes 450 entgegen, das waren so Ärsche geworden, machten einen auf King Lui, diese abgewichsten Säcke, ich konnte diese Musik nie leiden, diese Piepsstimme von Kai Hawai hörte sich an wie ein Eunuche, furchtbar!"* Nicht nur Jörg Fischer, Mitglied einer hardcore-Punkband, fühlte sich von den einstigen Mitstreitern für eine andere Musikkultur verraten. Viele New-Wave-Punkfans zeigten sich enttäuscht, wanderten doch immer mehr Idole von einst wie z. B. Fehlfarben von den independent-labels zu den großen Plattenfirmen (vgl. Döpfer/Garms 1984, S. 28). Viele Bands lösten sich in dieser Phase auf oder änderten ihren Namen, um nicht Teilnehmer an der „Neuen Deutschen Peinlichkeit" (NDP) zu werden. Gerade die avantgardistisch orientierten Bands blieben ihren Ansprüchen treu, den Punk auch als Symbol für die Infragestellung überkommener Hörgewohnheiten zu begreifen. *„Ich wollte normale Musik in Frage stellen und das, was hinter der hintersten schrägsten Schublade meines Gehirns ist, ausdrücken, ich wollte den Wahnsinn dieser Welt in Musik und Texte packen."*

Diesen von Klaus Mittler, Mitglied der Hagener Band „1. Weibliche Fleischergesellin nach '45", formulierten Anspruch versuchten eine ganze Reihe von deutschen Gruppen wie Einstürzende Neubauten, die tödliche Doris, Krupps, Abwärts, Deutsch-Amerikanische Freundschaft o. a. zu realisieren. Leitspruch dieser Bands war „je verrückter, desto besser". Die Punk-Avantgarde stellte die Auffassung in Frage, daß Musik als eine Art emotionaler Code fungiert und man individuelle Sensibilität am musikalischen Produkt festmachen kann. Sie bezweifelten die Natürlichkeit der musikalischen Sprache und propagierten gerade die Künstlichkeit ihres Stils. (Vgl. Frith 1981, S. 73–74) Die empfundene Leere des Großstadtlebens und die Angst vor der globalen Katastrophe wurde in anstrengenden Geräuschkollagen und surrealistischer Sprachartistik ausgedrückt. Viele gerade unbekannte Gruppen wie z. B. „Arbeit und Auto", die überzeugt waren, daß diese „Gesellschaft zwar keinen Glauben und Sinn mehr hat, aber Auto und Arbeit", ging es manchmal bei ihren Auftritten aber auch nur um den situativen Spaß, wobei auch die linke, alternative Szene, aus der viele Bandmitglieder kamen, nicht mit beißender Kritik verschont wurde: *„Ich komme aus dem Urlaub, alles mies und Regen, Bullenkontrollen an allen Wegen, Rudolf Augstein raucht seinen Shit, Franz-Josef trinkt sein Bier und was trinken wir, Kaffee aus Nicaragua."* (Klaus Mittler)

Der Niedergang dieser Avantgarde-Richtung der Neuen Deutschen Welle war allerdings schon vorprogrammiert. Teilweise lag dies an der Enteignung origineller Ideen dieser Bands durch die Kommerzgruppen, andererseits aber auch am Problem und dem Stress, permanent das enfant terrible der Musikszene zu sein. Selbst die hardcore-Punkszene mußte die schmerzhafte Erfahrung machen, daß die „Revolution manchmal auch ihre Väter frißt". Die Aufspaltung der Punkszene war 1982/83 praktisch abgeschlossen, und die alten Punkbands wurden jetzt nicht mehr mit einem gemischten Publikum konfrontiert, sondern mit knallharten „Pogoisten". *„Das war, glaube ich, 1983, da haben wir im Bunker in Herne gespielt und da gab es schon Randale beim Einlaß, als die ‚Schmuddelpunks' nicht die 4,00 DM Eintritt für 3 Gruppen zahlen wollten. Vor der Bühne schlugen die dann mit Ketten und Bierflaschen um sich und machten damit andere Punks fertig. Wir schrien von der Bühne: ‚Ihr asozialen Schweine hört damit auf!' Mit ein paar Freunden aus Dortmund haben wir diese Ätztypen dann rausgeprügelt und draußen gab es dann erstmal 'ne richtige Massenschlägerei."* (Ulli Pfleger) Die Musiker der Clox aus Dortmund mußten die Erfahrung machen, daß inzwischen eine neue Generation junger Punks herangewachsen war und eine Reihe gewalttätiger Jugendlicher nun zur Szene gehörten, denen es mehr um harte Schlägereien und Randale als um harte Musik und Pogo ging. Die alten 78er-Punks hatten für diese, wie sie es nannten, „Antipunks" kein Verständnis mehr, und ihre Motivation, für brutale Schläger noch die Animiermusik zu spielen, sank beträchtlich.

Das endgültige Ende für den Punk als richtungsweisender Musikstil kam spätestens Mitte der achtziger Jahre, als zum Teil rechtsradikale Skinheads die Konzertsäle dominierten, die außer ihrer eigenen Gruppe nur noch Feinde kannten, die es niederzumachen galt. Der Punk zerfiel in viele Ableger von geglätteten New-Wave-Varianten bis zur brachialen Oi-Oi-Oi-Musik der Skinheads. Gerade am Beispiel des Punks läßt sich recht anschaulich die These illustrieren, daß Rockmusik immer nur für kurze Zeit in der Lage ist, die Werte bestimmter Jugendsubkulturen zu repräsentieren, bevor sie in Prozessen kommerzieller Vereinnahmung wieder auf ihren reinen Unterhaltungswert reduziert wird und damit ihren identitätsstiftenden Charakter verliert. (Frith 1981) *„Wir haben hart dafür gekämpft und waren wirklich an unserem Höhepunkt angelangt, und dieser Höhepunkt hat genau einen Tag gedauert und dann ging es nur noch bergab."* (Dave Winter) Die Punkmusiker im Ruhrgebiet, wie etwa Dave Winter von den CIOX, waren vielleicht wirklich nur „Helden für einen Tag", aber sie sind heute nicht zu verbitterten und zynischen Kommentatoren neuer Musikstile geworden, vielmehr spielen einige von ihnen in neuen Bands, die den Beat der sechziger Jahre weiterzuentwickeln suchen. *„Punk ist eine schöne Erinnerung für mich, geile Zeiten, in denen wir viel gelacht haben. Aber wenn ich heute noch so rumlaufen würde wie früher, käme ich mir ja vor wie einer von diesen Hippies, die immer noch so drauf sind wie vor 15 Jahren – ich wäre dann so'n moderner Hippie oder sowas."* (Ulli Pfleger)

„Skorbut", Dortmunder Punk-Band während eines Auftritts 1982 (Privatfoto: Peter Fuchs)

Die Immigranten der vierten Welle
Ausländische Jugendliche im Revier

Klaus Klemm

Heute, angesichts der überdurchschnittlich hohen Arbeitslosigkeit im Ruhrgebiet, mag es erstaunlich klingen: Diese Region mit ihrer Industrie im Umbruch war hundert Jahre lang ein Zielgebiet der europäischen Arbeitsmigration. Dreimal war es der Arbeitskräftemangel, der diese Wanderung in Gang hielt; einmal die schnellen Spätfolgen der verbrecherischen „Volk-ohne-Raum"-Politik. Immer aber verließen Menschen ihre Heimat, weil sie zu Hause keine Arbeit fanden, weil man sie verschleppte oder aber vertrieb: Zuerst – etwa seit 1880 – waren es die „Ruhrpolen", die vom Ruhrgebiet aus angeworben wurden, um dem „Leutemangel" in dieser expandierenden Industrieregion abzuhelfen. Dann, während des zweiten Weltkriegs, waren es die „Fremdarbeiter", die – erbeutet von deutschen Heeren – die Kriegsmaschinerie des Deutschen Reiches mit in Gang halten mußten. Nahezu nahtlos daran anschließend kamen dann nach 1945 die Flüchtlinge und Vertriebenen aus den deutschen Ostgebieten und der sowjetisch besetzten Zone, später dann der DDR – auch sie sehr bald willkommen und gesuchte Arbeitskräfte im Wirtschaftswunderland. Als deren Zustrom dann mit dem Bau der Berliner Mauer 1961 endgültig versiegte, hatten die Leutewerber schon die nächste Quelle aufgetan: Seit Ende der fünfziger Jahre und vor allem in den sechziger Jahren kamen immer mehr Arbeitskräfte aus dem Mittelmeerraum – „Gastarbeiter" hießen sie jetzt. (Herbert 1986)

Beim Erledigen der schulischen Hausaufgaben (Ingrid Weidig-Bödeker)

Türkische Jugendliche aus Duisburg-Hüttenheim auf dem Arbeitsamt Duisburg (Ingrid Weidig-Bödeker)

Ein Land der Fremden

Sie alle, die da ins Ruhrgebiet kamen, hatten eines gemeinsam: Ihre Hoffnung im „Land der Hoffnung" war die auf Rückkehr. Sie alle kamen, weil sie hinter den Fabriken oder den Armeen herziehen mußten. Und so waren sie in ihrer Außenwahrnehmung wie in ihrer Selbstwahrnehmung Fremde. Ihr Geschick, mit dem sie in einer sehr alten Tradition europäischer Geschichte stehen, ist umgangssprachlich durch die Worte „Barbaren" und „Elend" markiert. Das Wort *barbaros*, altgriechischen Ursprungs und bei Homer zunächst lautmalerisch für die unverständliche Sprache der Karer angewendet, benutzte die griechische Antike zur abwertenden Beschreibung äußerer Feinde: So galten, etwa bei Aischylos, die persischen Feinde als Barbaren. Von da an entfaltete sich der abwertende Gebrauch des Begriffs. Barbaren waren die Andersartigen, die Fremdsprachigen, die Ungläubigen, die Rückständigen, die roh Unzivilisierten. Fremd zu sein bedeutete in der europäischen Geschichte bis auf den Tag allzuoft zugleich auch für „barbarisch" gehalten zu werden. Dabei diente die Fremdheit der Anderen, ihr Barbarentum, oft genug zur Rechtfertigung der Vorrechte, die der „Zivilisierte" gegenüber dem „Barbaren" in Anspruch nahm. (Borst 1972) Gleichsam spiegelbildlich dazu verhält sich der Begriff „Elend", der auf das althochdeutsche „elilenti" und das mittelhochdeutsche „ellende" zurückgeht: „ellende" aber meint Ausland, Verbannung, Not. (Kluge 1967) Die Etymologie verweist uns hier auf einen nahezu konstanten Wahrnehmungszusammenhang: So wie der Fremde als „Barbar" wahrgenommen wird, so erlebt er sich selbst in der Fremde als „Elender".

Viele Fremde sind im Verlauf der vier „Wellen" ins Ruhrgebiet gekommen, so viele, daß es schon reizen würde, einmal nachzurechnen, wer eigentlich im Ruhrgebiet immer schon war und wer zugewandert ist. So wie eine französische Zeitung einmal vorgerechnet hat, daß, wenn man es genau nehme, alle Franzosen irgendwann einmal eingewandert seien, so könnte sich ergeben: Das Ruhrvolk, ein Volk von Immigranten. Nachzählen können wir dies nicht mehr, aber es genügt uns auch festzustellen, daß die Aufnahme von Fremden mit all den begleitenden Umständen ein Charakteristikum des Ruhrgebiets war und ist.

Während sich die ersten drei „Wellen" nur noch mühsam historisch rekonstruieren lassen, ergibt eine Analyse der Situation der „Gastarbeiter" im Revier und vor allem der ihrer Kinder ein recht präzises Bild. Gleichsam der Rahmen dieses Bildes ist die bundes- und landesweite Situation:

In der Bundesrepublik leben etwa 4,4 Millionen Ausländer, weniger als 2 Millionen unter ihnen als Arbeitnehmer, die übrigen als nichterwerbstätige Familienmitglieder. Allein dieser Verweis macht deutlich, daß Ausländer in der Bundesrepublik längst nicht mehr „rotierende" Arbeitskräfte, sondern daß sie fester Bestandteil der Wohnbevölkerung geworden sind. So kann es auch nicht wundern, daß über 60 Prozent von ihnen schon länger als 10 Jahre hier leben. Auch wenn ihr „Land der Hoffnung" nach wie vor ihr Herkunftsland ist, sie und wir müssen uns auf einen dauerhaften Aufenthalt einstellen. Erst recht gilt dies für ihre Kinder: Mehr als 26 Prozent der 4,4 Millionen Ausländer sind unter 18 Jahren, bei der deutschen Bevölkerung sind es weniger als 20 Prozent.

*Eingebunden zwischen mitteleuropäischen und
vorderorientalischen Kulturtraditionen... (Ingrid
Weidig-Bödeker)*

Türkische Mädchen in der Koranschule (Ingrid Weidig-Bödeker)

Die Immigranten und ihre Kinder

Unter den Bundesländern ist Nordrhein-Westfalen, entsprechend seinem demographischen Gewicht, das Land mit den höchsten Ausländerzahlen: 1,3 Millionen ausländischer Bürger leben hier, fast eine halbe Million unter ihnen stammen aus der Türkei, gut 140.000 aus Italien, gut 130.000 aus Jugoslawien, die anderen aus Griechenland, Spanien, Portugal und neuerdings auch aus Nordafrika und Asien. Generell nimmt ihre Zahl z. Z. weder im Bundesgebiet noch in Nordrhein-Westfalen ab: Nach einer stärkeren Rückwanderungsbewegung 1983 und 1984 erleben wir seither wieder einen leichten Anstieg der Zahlen ausländischer Bürger in Nordrhein-Westfalen. Ihr Anteil an der gesamten Bevölkerung beträgt z. Z. fast 8 Prozent; der Anteil der Geburten ausländischer Kinder an allen Geburten liegt aber darüber: Er beträgt etwa 11 Prozent.

Wie in allen Bundesländern, so findet sich auch in Nordrhein-Westfalen eine starke regionale Konzentration der ausländischen Bevölkerung – historisch entstanden durch die regionale Konzentration der für Ausländer zugänglichen Arbeitsplätze: Das Ruhrgebiet (in der Abgrenzung, die etwa der des „Siedlungsverbandes Ruhrkohlenbezirk" zugrunde lag) ist eine der deutschen Regionen mit hohen Anteilen ausländischer Arbeitnehmer. Von den 50.000 Geburten, die 1985 im Ruhrgebiet gezählt wurden, waren 6.000 ausländische Geburten. In einzelnen Städten lag der Anteil ausländischer Geburten weit über Bundes- und Landesdurchschnitt: 20 Prozent der Neugeborenen in Duisburg, 19 Prozent in Gelsenkirchen, 17 Prozent in Herne hatten ausländische Nationalität.

Da dies schon seit Jahren so ist, gibt es im Ruhrgebiet inzwischen etwas mehr als 100.000 ausländische Schüler. An den

Grund- und Hauptschulen dieser Region stellen sie 20 Prozent aller Schüler, in Duisburg und Gelsenkirchen in etwa ein Drittel. Mehr als die Hälfte unter ihnen – dies liegt an den unterschiedlichen Familiengrößen in den einzelnen „Gastarbeiternationen" – stammen aus der Türkei. Die Wahrscheinlichkeit, daß die überwiegende Mehrheit all dieser Kinder und Jugendlichen in der Bundesrepublik aufwachsen und auch bleiben werden, rechtfertigt einen Versuch der Beschreibung der für sie so wichtigen „Schulkarrieren".

Zwei Typen von Karrieren fallen dabei auf: Die eine Karriere, die nach wie vor gewichtigste, führt die Kinder und Jugendlichen auf einem von Mißerfolgen gepflasterten Weg zurück in ihre Ausgangssituation als Angehörige sowohl der sozialen Unterschicht als auch der ethnischen Minorität. (Klemm 1979) Die andere Karriere, die quantitativ an Bedeutung gewinnt, bereitet einerseits sozialen Aufstieg vor, verbindet dies aber mit einem Prozeß der Herauslösung aus der Herkunftsethnie.

Karrieren des Mißerfolgs

Die nach wie vor „normale" Biographie der Kinder ausländischer Arbeitnehmer im Ruhrgebiet läßt sich durch eine nahezu klassische Wegbeschreibung skizzieren: Die Mehrheit der ausländischen Kinder besucht keinen Kindergarten (in Nordrhein-Westfalen besuchen acht von zehn deutschen, aber nur vier von zehn ausländischen Kindern den Kindergarten); sie alle gehen, aber eben häufig schlechter vorbereitet als die gleichaltrigen deutschen Kinder, zur Grundschule; der überwiegende Teil von ihnen wechselt nach der Grundschule zur Hauptschule (etwa 60 Prozent aller ausländischen, aber 80 Prozent aller türkischen Kinder); die Mehrheit der Hauptschüler erreicht inzwischen auch einen Hauptschulabschluß (aber immer noch etwa 25 Prozent von ihnen verläßt die Hauptschule ohne Abschluß). Gleichwohl erfolgt der große Einbruch dann im Anschluß an die Hauptschule: Nur jeder zweite ausländische Jugendliche besucht eine Berufsschule, von denen hat wiederum nur der kleinere Teil einen Ausbildungsplatz, so daß insgesamt nur jeder fünfte ausländische Jugendliche einen Beruf erlernt. Oft genug sind dies auch noch Berufe, die auf dem Arbeitsmarkt keine Berufsperspektiven erschließen.

Diese Normalbiographie eines ausländischen Jugendlichen bereitet ihn geradezu für die Arbeitslosigkeit vor: Unter den etwa 500.000 jugendlichen (registrierten) Arbeitslosen sind ausländische Jugendliche mit etwa 60.000 überrepräsentiert, zumal dann, wenn man berücksichtigt, daß gerade sie häufig gar nicht in den Statistiken der Arbeitsverwaltung geführt werden. So wundert es nicht, daß 78 Prozent der jugendlichen ausländischen Arbeitslosen ohne Arbeitslosenunterstützung leben müssen. (Rhein. Journalistenbüro 1986) Am Ende dieser Karriere sind ausländische Jugendliche – wie ihre Eltern – ausgegrenzt, an den Rand der Gesellschaft gedrückt, ohne Recht, ohne Arbeit und eben auch ohne eigenes Geld.

Die „Erfolgreichen"

Daneben aber etabliert sich, gerade auch in Ruhrgebietsstädten wie Essen, ein zweiter „Karrieretyp": Nach dem Besuch des Kindergartens und nach einer erfolgreichen Grundschulzeit wechseln die ausländischen Kinder dieser Gruppe zu Realschulen und Gymnasien über (in Nordrhein-Westfalen tun dies etwa 22 Prozent) und erreichen dort den mittleren oder sogar den studienberechtigten Schulabschluß (immerhin erwarben 1986 in Nordrhein-Westfalen etwa ein Drittel aller ausländischen Schüler die Fachoberschul-, die Fachhochschul- oder die Hochschulreife). Damit haben sie mittelfristig eine günstige Grundlage für eine erfolgreiche Einmündung in berufliche Ausbildung und in Erwerbstätigkeit. Der Preis, den allerdings vor allem die Gymnasiasten unter ihnen dafür zahlen, ist hoch: Mehr noch als ihre weniger erfolgreichen altersgleichen Landsleute müssen sie sich auf den Prozeß der Assimilation einlassen. Zwei Indikatoren aus ihrem Schulleben verdeutlichen dies: Während etwa 70 Prozent aller ausländischen Hauptschüler in Klassen mit Ausländeranteilen, die über 25 Prozent liegen, lernen, sind sie in ihren Lerngruppen zumeist vereinzelt (nur 15 Prozent von ihnen lernen in Gruppen mit mehr als 25 Prozent ausländischer Gymnasiasten). Diese Isolation setzt sich bei der Teilhabe am muttersprachlichen Unterricht fort: Während 80 Prozent aller ausländischen Hauptschüler regelmäßig am muttersprachlichen Unterricht teilnehmen können (3,1 Stunden je Woche), gilt dies nur für 10 Prozent der Gymnasiasten (2,1 Stunden je Woche).

Der Preis des sozialen Aufstiegs ist der Verzicht auf die Pflege und die Entfaltung der ethnischen Identität. Das Muster, nach dem unsere Gesellschaft den Aufstieg aus unterprivilegierten Schichten zuläßt, wiederholt sich hier: Die Verleugnung der Herkunft als Eintrittskarte. Ob dies aber reichen wird, dies bleibt auch bei den „erfolgreichen" ausländischen Jugendlichen offen, denn seinem Rechtsstatus nach bleibt er Ausländer, ist er kein Bürger, hat er nicht teil an Bügerrechten.

Dieses doppelte Muster der Reproduktion von Benachteiligung durch Rückverweisung in die soziale Unterschicht und in die ethnische Minorität bzw. der Assimilation bei Aufgabe der ethnischen Identität findet sich in den in dieser Hinsicht besonders entwickelten Ruhrgebietsstädten eher noch deutlicher: In Dortmund z. B., wo die Anteile der ausländischen Schüler in einzelnen Stadtteilen über 40 Prozent steigen (Innenstadt-Nord), gibt es einerseits ebenfalls die ausländischen Schüler, die sich mit dem Hauptschulweg wenig berufliche Perspektive erschließen. Ihr Anteil an allen ausländische Schüler weiterführenden Schulen beträgt aber nur noch 41 Prozent. Dort, in Dortmund, wechseln immerhin schon 17 Prozent zu Realschulen, 28 Prozent zu Gesamtschulen und 14 Prozent zu Gymnasien. Auch in Dortmund gibt es an Realschulen und Gymnasien so gut wie keinen muttersprachlichen Unterricht. Damit werden auch hier gerade den „erfolgreichen" ausländischen Jugendlichen die Rückkehrperspektiven verkürzt, ohne daß die berufliche Zukunft und damit überhaupt die Zukunft im Ruhrgebiet gesichert wäre.

Für beide Gruppen ausländischer Jugendlicher, für die, die bei der schulischen Vorbereitung auf ein Erwerbsleben erfolglos bleiben wie für die, die dabei Erfolg finden, bleibt ihr Leben in der Bundesrepublik in weiten Bereichen ein Leben ohne Hoffnung, zumal in einer Region wie dem Ruhrgebiet, in der der Abbau von Arbeitsplätzen die Konkurrenz um die verbleibenden Plätze verschärft. In dieser Konkurrenz ist die Versuchung für all die, die schon etwas länger zum Ruhrvolk zählen, groß, die Fremdheit der Leute der vierten Welle gegen sie einzusetzen. Bis zum Haß.

Für ein paar Jahre kam ich hierher.
Dann träumte ich hier,
und als meine Träume sich nicht verwirklichten
blieb ich hier.
Was ist für mich schwer,
hier zu bleiben oder zurückzukehren?

Schafe und Lämmer kamen nach mir,
und wir haben zusammen geträumt.
Die Probleme wurden mehr und mehr.
Ich habe mich daran gewöhnt hier zu sein.
Was ist für mich schwer,
hier zu bleiben oder zurückzukehren?

Ich habe die Nase voll von der Arbeit,
vom Rassismus, von der Arbeitslosigkeit,
von der Ausländerfeindlichkeit, von. . .
Die Jahre sind vergangen,
hier wurde mein zweite Heimat.
Was ist für mich schwer,
hier zu bleiben oder zurückzukehren?

Mein ganzes Leben ist in diesem Land vergangen.
In diesem Land haben sich die Farben meiner Haare geändert.
Werden auch die, die nach mir kommen so bleiben,
wird das System auf dieser Erde sich nicht ändern.
Was ist für mich schwer,
hier zu bleiben oder zurückzukehren?

Bir kaç senedir diye geldim buraya.
Hayaller kurdum ben burada.
Hayallerim gerçeklesmeyince kaldım ben.
Kalsammı zor gitsemmi zor?

Koyun kuzu geldi arkamdan.
Hayaller kurduk biz birarada.
Sorunlar çogaldı birarada.
Ben alıstım buraya birarada.
Kalsammı zor gitsemmi zor?

Isten ve issizlikten bıktım artık.
Yabancı düsmanlıgından bıktım artık.
Seneler geçti aradan artık.
Burası oldu benim ikinci vatanım artık.
Kalsammı zor gitsemmi zor?

Ömrüm geçmis bu vatanda.
Saçlarımın rengi degismis bu Vatanda.
Bundan sonrakiler böylemi kalacak.
Dünvadaki düzen böylemi kalacak.
Kalsammı zor gitsemmi zor?

Sevket Aslan

„Ich habe die Nase voll. . ." Gedicht von Sevket Aslan

Ein „Apo-Opa" erzählt...
Die Bochumer Studentenbewegung

Daniel Rieser

Die Springer-Blockade und die Kampagne gegen die Notstandsgesetze

Am 30. 6. 1965 wurde die Ruhruniversität Bochum als erste Universität im Ruhrgebiet feierlich eröffnet. Verständlicherweise dauerte es einige Zeit, bis sich politische Studentengruppen und eine funktionierende Interessenvertretung herausbildeten. Auf die Erschießung von Benno Ohnesorg am 2. Juni 1967 anläßlich einer Demonstration gegen den Schah von Persien in Berlin reagierte der Allgemeine Studentenausschuß (Asta) mit einem Trauermarsch am 6. 6. 1967 in der Bochumer Innenstadt, an dem sich mehr als 1.500 Studenten (über 30 Prozent der Gesamtheit) beteiligten. Zu Zwischenfällen kam es nicht. Dies kann als Zeichen für das beachtliche Interesse vieler Studenten an den Berliner Ereignissen gewertet werden, allerdings ohne daß die Bereitschaft zu ähnlicher Militanz erkennbar gewesen wäre.

Innerhalb eines knappen Jahres entwickelte sich die Studentenbewegung auch in Bochum in schnellem Tempo. An der Ruhruniversität hatten sich inzwischen drei linke Gruppen etabliert: SHB (Sozialistischer Hochschulbund), HSU (Humanistische Studentenunion) und der SDS (Sozialistischer Deutscher Studentenbund). Diese hatten die theoretische Diskussion, die hauptsächlich vom Berliner und Frankfurter SDS vorangetrieben wurde, für sich aufgearbeitet.

Als am Gründonnerstag, dem 11. 4. 1968, die Nachricht telefonisch in die Asta-Baracke übermittelt wurde, daß Rudi Dutschke in Berlin durch drei Pistolenschüsse schwer verletzt worden war, versammelten sich sofort einige Studenten und Assistenten, zu denen später auch zwei Professoren hinzukamen, um über das weitere Vorgehen zu beraten. Es wurde beschlossen, noch am gleichen Abend einen Schweigemarsch in der Innenstadt durchzuführen. Da die Zeitspanne bis zur Demonstration sehr kurz war und die meisten Studierenden über Ostern nicht in Bochum waren, nahmen nur ungefähr 150 Personen daran teil. Nach der Demonstration traf sich wieder eine kleine Gruppe in der Asta-Baracke. Die Mitternachtsnachrichten brachten Berichte über den Sturm der Berliner Studenten auf das Springer-Hochhaus. Es wurde beschlossen, die Auslieferung der Springer-Zeitungen in der folgenden Nacht in Essen zu verhindern.

Am Karfreitag wurde wie selbstverständlich die Baracke der Studentenschaft Aktionszentrum der Protestbewegung gegen das Dutschke-Attentat. Der Bochumer Oberbürgermeister, ein SPD-Mitglied des Bundestages, der Rektor und einige Professoren eilten herbei, um sich mit den Studenten zu solidarisieren. Gemeinsam wurde eine Kundgebung für Samstag organisiert. Am Karfreitag trafen nach und nach die Demonstranten aus verschiedenen Städten vor der Druckerei des Springer-Konzerns in Essen ein, die die Auslieferung der Springer-Zeitungen in Essen verhindern wollten. Mit der Zeit schwoll die Zahl auf 2.000 an. Die Polizei setzte Wasserwerfer ein, die Demonstranten errichteten ihrerseits Barrikaden. Kurz vor vier Uhr früh zog die Polizei ab. In Sicherheit gewiegt und durch die Kälte und die Übermüdung lustlos geworden, gingen daraufhin auch viele Demonstranten nach Hause. Als es nur noch ungefähr 100 waren, brachen kurz vor 5.00 Uhr früh die Lastwagen durch und die Springer-Zeitungen wurden doch noch ausgeliefert.

Trotz der Ausschreitungen in der Nacht von Freitag auf Samstag fand die Kundgebung am Samstagmittag statt. Es sprachen der Oberbürgermeister, ein Mitglied des Bundestages, der Rektor, zwei Professoren, ein Vertreter des DGB und der Asta-Vorsitzende. Alle Redner verurteilten das Mittel des politischen Mordes und solidarisierten sich mit den Studenten. Während dieser Tage hatte sich eine völlig neue Entscheidungsstruktur herausgebildet. Der Asta fällte keine einsamen Beschlüsse mehr, sondern es wurde unter den Anwesenden abgestimmt, wobei es jedem Interessenten freigestellt war, sich an den Diskussionen und Entscheidungen zu beteiligen. Innerhalb dieses Rahmens kam dem Asta die Aufgabe zu, Informationen zu verbreiten, Aktionen zu initiieren und, falls sie angenommen wurden, ihre Durchführung zu organisieren.

Direkt nach der Springer-Blockade entwickelte sich die „Ruhraktion", wie sich die Kampagne gegen die Notstandsgesetze nannte. Die Große Koalition zwischen CDU und SPD hatte beschlossen, das Grundgesetz in wichtigen Punkten der inneren Sicherheit zu ergänzen, wozu eine Zweidrittel-Mehrheit im Parlament erforderlich war. Die FDP konnte diesem Vorhaben nur wenig entgegensetzen, und so entwickelte sich die Außerparlamentarische Opposition, die APO. Zunächst wurde auf einem Teach-In am 14. 5. 1968 nach einer endlosen Diskussion über die Frage, ob der Zugang zur Universität durch Streikposten blockiert werden solle, ein „Informationsstreik" beschlossen. Am 16. 5. 1968 um 8.00 Uhr fanden sich knapp 10 Studenten ein, um die Vorlesungen umzufunktionieren und über die Notstandsgesetze zu diskutieren. Um 8.30 Uhr begann eine Vorlesung der Wirtschaftswissenschaftler mit ungefähr 300 Hörern. Eine Gruppe von 10 Streikenden versuchte, mit dem Professor und den Studierenden zu diskutieren. Der Professor war dazu nicht bereit und drohte Disziplinarmaßnahmen an. Als die Gruppe trotzdem blieb, wurde sie von einigen Studenten

Demonstration gegen den Vietnam-Krieg in Bochum 1969 (Manfred Scholz)

hinausgedrängt. Die Gruppe holte Verstärkung, und da viele Hörer eine Diskussion über die Notstandsgesetze forderten, wurde die Vorlesung abgebrochen.

Die Zahl der aktiv Streikenden war inzwischen auf mehr als das Doppelte angestiegen. In mehreren großen Vorlesungen, vor allem bei den Juristen, erklärten sich die Professoren bereit, von ihrem Thema abzugehen und über die Notstandsgesetze zu diskutieren. Im größten Hörsaal fand ein permanentes Teach-in statt, an dem bis zu 1.000 Studierende teilnahmen. Die Notstandsgesetze wurden Artikel für Artikel besprochen. Kleine Gruppen von Streikenden gingen in alle Vorlesungen und forderten die Dozenten und Studierenden auf, zum Teach-in zu kommen. Diese Aktion hatte Erfolg, es fand kaum eine Lehrveranstaltung statt. Das Konzept des „Informationsstreiks" hatte sich für die Streikenden bewährt. Es war ihnen gelungen, den normalen Lehrbetrieb lahmzulegen und eine große Anzahl von ihren Kommilitonen über die Artikel der Notstandsgesetze zu informieren. Am gleichen Abend wurden auf einer weiteren Vollversammlung die Ausweitung der Ruhraktion beschlossen und acht Arbeitsgruppen gebildet (u. a. Kontaktgruppen zu Gewerkschaftlern, zu Schülern, zur Stadt und zu den Kirchen). In der Ruhraktion war der SHB eindeutig im Übergewicht, der SDS war in Bochum quantitativ und qualitativ nicht so stark wie an anderen Universitäten. Die Mensa wurde den Gruppen als Tagungs- und Arbeitsraum zur Verfügung gestellt. Tag und Nacht wurden hier Besprechungen durchgeführt, Flugblätter entworfen und gedruckt, Transparente gemalt usw. Die Zahl der aktiven Teilnehmer schwankte zwischen 200 und 400. Die „Gruppe Betriebe" verteilte täglich Flugblätter vor den Werkstoren und agitierte mit dem Megaphon. Die meisten Flugblätter waren gemeinsam mit Jugendvertretern und Arbeitern der beiden größten Bochumer Stahlwerke geschrieben worden. In vielen Schulen hatte die Schulleitung Diskussionen über die Notstandsgesetze erlaubt. Die Schülermitverwaltung vieler Schulen beteiligte sich aktiv an der „Gruppe Schulen". In der Stadt wurde täglich ein Informationsstand errichtet, an dem die Passanten agitiert werden sollten. Es wurden auch Flugblätter in Stadtvierteln verteilt und Filme in Kneipen gezeigt. Auf einer Vollversammlung am 20. 5. 1968 wurde ein „Aufruf zum Generalstreik" angenommen, in dem es hieß:

„Schon einmal hat ein deutsches Parlament sich selbst den Todesstoß versetzt. Mit dem Ermächtigungsgesetz von 1933 begannen die furchtbaren Jahre nationalsozialistischer Willkür. Mit den Notstandsgesetzen von 1968 droht uns erneut die Entmündigung des Staatsbürgers. Uns bleibt noch ein letztes Mittel, unseren Willen deutlich zu machen: der STREIK. Wir rufen alle deutschen Arbeiter, Angestellten, Beamten, Schüler und Studenten zu einer Welle von Warnstreiks auf, die in einem Generalstreik am 27. Mai ihren Höhepunkt erreicht. Wir erwarten von den Gewerkschaften, daß sie diesen Streik nicht behindern. Alle verantwortungsvollen Staatsbürger und alle politischen Institutionen dieses Landes sind aufgerufen, sich unserem Appell anzuschließen. Der Streik ist ein letztes Mittel, unsere freiheitlichen Grundrechte zu behalten." (BSZ Nr. 25 vom 30. 5.1968)

Bezeichnend ist der Passus über die Gewerkschaften. Schon seit längerer Zeit hatten offizielle Gewerkschaftsvertreter immer wieder betont, daß sie nicht bereit seien, mit außerparlamentarischen Aktionen gegen die Notstandsgesetze vorzugehen. An der Basis der Gewerkschaften bestanden jedoch Kräfte, die solche Aktionen befürworteten und auf diese wollte sich die Ruhraktion stützen. Die „Welle von Warnstreiks" blieb aus. Die Autoren des „Aufrufs zum Generalstreik" hatten offensichtlich das Kräfteverhältnis in den Gewerkschaften nicht richtig eingeschätzt. Trotzdem fand am 25. Mai eine Versammlung mit über 200 Vertrauensleuten statt, um den angekündigten Streik am 27. Mai vorzubereiten. Für diesen Tag war auf einer Vollversammlung beschlossen worden, auch an der Universität einen Streik durchzuführen.

Am Morgen des 27. Mai verbarrikadierten 100 bis 200 Studierende die drei Haupteingänge der Universität. Es kam zu heftigen Diskussionen mit Studenten, die sich in ihrer Freiheit eingeschränkt sahen. Einige Studierwillige gelangten durch Hintereingänge in die Gebäude und unterstützten von innen ihre Gesinnungsgenossen. Der Druck wurde schließlich so stark, daß sich die Streikposten zurückziehen mußten. Die Gewaltanwendung bei dieser Auseinandersetzung beschränkte sich auf Rempeleien. Eine Tageszeitung behauptete zwar, ein Professor sei von einer Studentin in seine Sitzfläche gebissen worden, aber dieser Vorfall wurde nie geklärt. Nach dieser Niederlage für die Befürworter der Streikposten kam die Nachricht aus der Stadt, daß Arbeiter ihre Betriebe verlassen hatten und in die Stadt marschierten. Vor dem IG Metall-Haus trafen sich ca. 600 Arbeiter aus den Stahlwerken Bochum, ca. 400 Arbeiter aus dem Bochumer Verein und ca. 1.000 Schüler und Studenten. Die Organisation war mangelhaft; nur die Studenten hatten einen Lautsprecher, und es herrschte allgemeine Unklarheit über das Vorgehen. Von den Arbeitern meldete sich kaum einer zu Wort. Ungefähr 200 kehrten sogar in ihren Betrieb zurück. Im IG Metall-Haus hieß es, der Vorstand sei nicht anwesend. Darauf zogen die Demonstranten zum Haus des DGB-Kreisvorstandes in Bochum, um vom Kreisvorsitzenden eine Stellungnahme zu den Notstandsgesetzen zu fordern.

SDS-Bochum,31.1..1969

WER TREIBT DIE TECHNOKRATISCHE HOCHSCHULREFORM VORAN?
Unter a nderen:DBERWWISSENSCHAFTSRAT!

Er wurde 1957 durch ein Verwaltungsabkommen des Bundes mit den Ländern gegründet.Er setzt sich aus 16Professoren,17Ministerialbeamten und 6 "anerkannten Persönlichkeiten des öffentlichen Lebens"zusammen.Diese "sechs"sind ausschließlich Konzernvertreter:
Prof.Wurster,Vorsitzender des Aufsichtsrates der BASF;Heinrich Tröger,Aufsichtsratmitglied des zur Thyssengruppe gehörenden Deutschen Edelstahlwerke;H.L.Merkle,Vorsitzender der Geschäftsführung der Bosch GmbH;Prof.Goeschel,Vorstandsmitglied der Siemens-Schukkertwerke,Erlangen;O.A.Friedrich,Vorsitzender des Vorstands der Phoenix-Gummiwerke AG,Aufsichtsratmitglied der Siemens und Halske AG; Prof.V.Achter,Geschäftsführer der V.Achter Tuchfabrik.

DIE TECHNOKRATISCH'FASCHISTISCHE HOCHSCHULREFORM IST DIE REFORM DER KAPITALISTISCHEN MONOPOLE!!!

Es ist Zeit,in den Spiegel "Universität" zu schauen,darin die Zuckungen 8 die widerspruchsvollen Bewegungen,die Versuche sie zu lösen - e iner sich auf allerhand vorbereitenden,sich einübenden a utoritären Gesellschaft zu suchen.Die Universität ist zum Fronta bschnitt geworden: nachdem das Wirtschaftssystem gesichert,durch Liquidation,Zähmung und Unterwerfung der meisten relevanter innenpolitis chen Gegner jede Alternative beina he a usgeschlossen ist, g ilt es,Sorge zu tragen,daß dies "Friedenswerk" auch durch Krisenzeiten daure.Da zu dient die Notstandsgesetzgebung,dafür wurde das Konz ept der "formierten Gesellschaft" entworfen!

Wir wollen keine formierte Universität!!!

Wir müssen deshalb die Ausbildungsfabriken des Systems noch weita us entschiedener bekämpfen!
Wir haben Fehler gemacht: Während wir noch die stinkende Leiche der feudalen Ordinarienuniversität berannten, sprechen die Herrschenden längst von der "Industia lisierung" der Universität und meinen d amit die faschistische Formierung der Untertanenfabriken.

WIR MÜSSEN AUS UNSEREN FEHLERN LERNEN!!!

Wir müssen gemeinsam eine neue Strategie entwickeln,die uns den Kampf an den Universitäten bestehen läßt. Deshalb:
DIENSTAG? 4.2.,15 Uhr, politsession des SDS in 03/300!

Einladung des SDS-Bochum zu einer „politsession" gegen die „feudale Ordinarienuniversität" (1969)

Oben: Nicht nur radikaldemokratische, sondern auch Studentenorganisationen, die den Corps-Geist wachzurufen erhoffen, mobilisieren.

Unten: Flugschrift des Ring Christlich-Demokratischer Studenten, Bochum, gegen die „Radikalisierung" der demokratischen Studentenschaft. Anlaß war der Tod des Studenten Benno Ohnesorg, erschossen von dem Polizeiobermeister Karl-Heinz Kurras während einer Demonstration gegen den Schah von Persien am 2. Juni 1967.

Merkblatt über das Corps Neoborussia-Berlin zu Bochum

BOCHUM Industriestadt Westfalens im Herzen des Ruhrgebietes, Stadt der Ruhr-Universität. Sitz unseres Corps, das am 10. Juli 1838 zu Berlin gestiftet wurde, seit dem 15. 4. 1967.
Unsere Anschrift: Bochum-Werne, Werner Hellweg 433, Tel. 2 49 19. Unser Haus liegt etwa in der Mitte zwischen der Ruhr-Universität und der neuen Universität Dortmund.

Wir Neupreußen sind eine Gemeinschaft auf Lebenszeit
Zufällige, flüchtige Bekanntschaften genügen uns nicht. Unsere freundschaftliche Verbundenheit soll ein ganzes Leben andauern. Wir erreichen die Erlebnisgemeinschaft durch das Zusammenleben auf dem Corpshaus, durch gegenseitiges Vertrauen und gegenseitige freimütige Kritik.

Wir Neupreußen stellen das Studium an die erste Stelle
Wir erstreben pünktliche Examina. Wir beraten und helfen uns gegenseitig bei der Planung und Durchführung des Studiums. Wir nehmen nicht nur unser eigenes Studium ernst, sondern auch das unserer Corpsbrüder.

Wir Neupreußen machen unser Haus zu einem Mittelpunkt geselligen und kulturellen Lebens
Prominente Persönlichkeiten aus Kunst, Politik und Wissenschaft sprechen und diskutieren mit uns. Unsere gesellschaftliche Veranstaltungen und Tanzfeste erfreuen die Damen, unsere Gäste und uns. Der SC-Ball ist ein gesellschaftliches Ereignis.

Wir Neupreußen treiben Sport
Wir schwimmen, wandern, laufen Ski und spielen Tennis. Wir fördern jede sportliche Betätigung unserer Corpsbrüder.

Wir Neupreußen fechten
Die Mensur ist für uns ein gemeinschaftbildendes Element. Sie ist uns ein geeigneter Weg zur Aneignung von Selbstbeherrschung, Mut, Ausdauer und Einsatzbereitschaft. Sie dient der charakterlichen Festigung. Das Training macht uns körperlich fit und ist ein guter Ausgleich zum Studium.

Wir Neupreußen wohnen und essen im eigenen Corpshaus
Wer es will, für den entfällt die schwierige Zimmersuche, die teure Bude. Er kann billig und gut im eigenen Haus essen und wohnen.

Das demokratische Prinzip ist das Fundament unserer Convente
Der Corpsburschen-Convent ist die Versammlung aller Aktiven und Inaktiven des Corps. Die Alten Herren haben kein Stimmrecht. Der Convent wählt den Senior und die übrigen Chargen zu seiner Mitte.
Er beschließt die Aufnahme eines Bewerbers. Er übt Kritik an den Corpsbrüdern. Er beschließt über die Gestaltung des Corpslebens. Jeder Corpsbruder hat eine Stimme. Alle Stimmen zählen gleich. Unser Corpsburschen-Convent entscheidet seit nunmehr 130 Jahren nach Stimmenmehrheit.

Wir Neupreußen bekennen uns zu Humanität und Toleranz
Haltung und Anstand, Achtung gegenüber anderen, Erziehung an uns selbst und das Erstreben einer umfassenden, allgemeinen Bildung sind wesentliche Inhalte unserer Betätigung. Wir nehmen keinen Einfluß auf die religiöse, weltanschauliche und politische Einstellung unserer Mitglieder.
Von jedem Corpsbruder fordern wir aber politisches Interesse und persönlichen Einsatz in der Hochschulpolitik.

Wir Neupreußen fühlen uns wohl auf unserer Kneipe
Wir sind gesellig, wir feiern oft-fröhliche Feste. Aber ein jeder trinkt nur, was er will und soviel es ihm Spaß macht. Es gibt keinen Trinkzwang.

Innenziel
unseres Corps ist die menschliche und charakterliche Bildung unserer Corpsbrüder und die Schaffung ...hen andauernden Gemeinschaft.

...Demokratie und der Einsatz
...zur Freiheit

RCDS
RING CHRISTLICH-DEMOKRATISCHER STUDENTEN
AN DER RUHR-UNIVERSITÄT BOCHUM

Die Art der Berliner Demonstration geht weit über das vertretbare Maß freier Meinungsäußerung hinaus.

Der RCDS verurteilt den Mißbrauch des Demonstrationsrechts durch die Berliner Studenten. Diese Vorfälle stellen den vorläufigen Höhepunkt einer bewußten Radikalisierung dar, die nun zum tragischen Tod eines jungen Kommilitonen führte.

Der RCDS verurteilt, daß sich Angehörige der Berliner Polizei zu Gewaltmaßnahmen hinreißen ließen, die durch die Eskalation der Mittel den TOD des Demonstranten verursachten.

Der RCDS bedauert, daß der SDS unserer Hochschule den Tod eines Kommilitonen bei den Demonstrationen in Berlin zum Anlaß genommen hat, um die eigene politische Konzeption in propagandistischer Weise und durch eine Entstellung von Begriffen in die Studentenschaft zu tragen.

Der Kreisvorsitzende erklärte sich erst nach längerem Drängen bereit, eine Stellungnahme abzugeben. Er bekräftigte die Ablehnung der Notstandsgesetze durch den DGB, wies allerdings auf den Beschluß des DGB-Vorstandes hin, in dem Streiks abgelehnt wurden. Ein politischer Streik gegen die Notstandsgesetze stelle eine Nötigung des Parlamentes dar. Er forderte die Anwesenden auf, Briefe an ihre Abgeordneten zu verschicken. Damit erntete er jedoch nur Pfiffe und Heiterkeit bei den Demonstranten. Ohne Gegenstimme wurde ein Antrag angenommen, am nächsten Tag um 10.00 Uhr den Streik fortzusetzen. Viele Schüler und Studenten begleiteten die Arbeiter zurück zu ihren Werken.

Diese erste gemeinsame Demonstration von Arbeitern, Schülern und Studenten wurde als großer Erfolg empfunden. Noch am gleichen Nachmittag beschloß der DGB-Kreisvorstand, am nächsten Tag um 14.00 Uhr eine Protestkundgebung gegen die Notstandsgesetze auf dem Husemannplatz durchzuführen. Ein Streikaufruf für die Mittagsschicht war damit jedoch nicht verbunden. An der Universität fand am Nachmittag eine Vollversammlung statt, die mit großer Mehrheit für die Fortführung des Streiks votierte.

Die Protagonisten der Ruhraktion konzentrierten ihr Handeln darauf, möglichst viele Arbeiter für den Kampf gegen die Notstandsgesetze zu gewinnen. Ihre Erwartungen wurden jedoch enttäuscht. Trotz massiver Agitation vor den Betrieben verließ kein einziger Arbeiter seinen Arbeitsplatz. Der DGB hatte ja gar nicht zu einem Streik, sondern nur zu einer Kundgebung aufgerufen. Zudem machte er seinen Einfluß auf den Vertrauensleutekörper geltend, um eine Wiederholung der Ereignisse des vorhergehenden Tages zu verhindern. Die Betriebsleitungen hatten ihrerseits hart durchgegriffen. Die Stempelkarten der Streikenden vom 27. 5. 68 waren zurückbehalten, und es war mit Entlassung gedroht worden, falls sich eine solche Aktion wiederholen sollte. Innerhalb der Arbeiterschaft war die Kampfbereitschaft nicht so groß, daß sie diesem Druck widerstanden hätte; es gab auch keine organisierte Führung, die in der Lage gewesen wäre, die Aktionen gegen die Notstandsgesetze anzuführen. Zur Kundgebung um 14.30 Uhr erschienen viele Arbeiter aus der Frühschicht, aber es waren insgesamt nicht so viele wie am Vortag. Der Kreisvorsitzende wiederholte im wesentlichen seine Stellungnahme. Auf die erfolgreichen Versuche der Werksleitungen, einen erneuten Streik zu verhindern, ging er nur kurz ein. Der Asta-Vorsitzende kritisierte das Vorgehen des DGB-Kreisvorsitzenden und rief zu weiteren Aktionen auf.

Doch die Mehrheit der Sympathisanten der Studentenbewegung war nicht mehr zu mobilisieren. Es fanden noch zwei Aktionen statt, bei denen die Aktivisten in die Betriebe eindrangen und versuchten, die Arbeiter herauszuholen, was jedoch mißlang. Als am 30. 5. 68 die Nachricht von der Annahme der Notstandsgesetze mit 384 Ja- zu 100 Neinstimmen eintraf, weitete sich die Enttäuschung auch auf die Aktivisten der Ruhraktion aus. Diese löste sich daraufhin vollständig auf. Es fand nicht einmal mehr eine Vollversammlung statt, um die Lehren aus diesen zwei hektischen und ereignisreichen Wochen zu ziehen.

Die Schwester von Angela Davis, Tanja Davis, während einer Solidaritätsveranstaltung „Freiheit für Angela Davis" am 18. 10. 1971 im Jugendzentrum Papestraße, Essen (Manfred Vollmer)

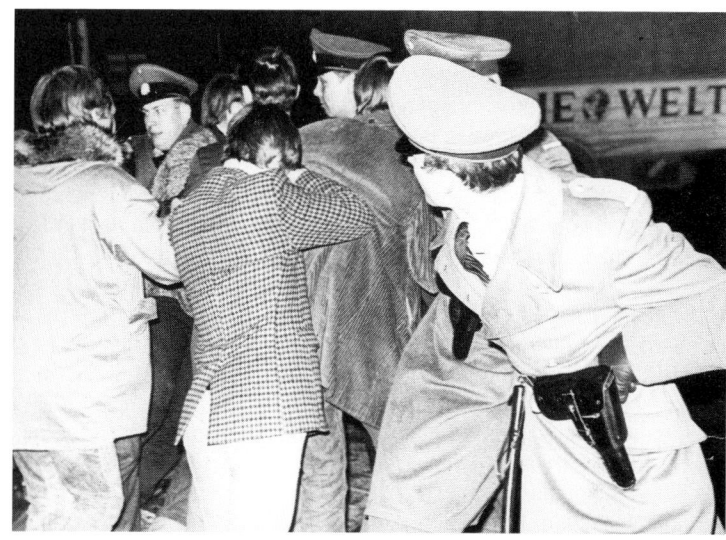

Oben: Rudi Dutschke auf der Veranstaltung am 4. 2. 1968 in der Aula der Baugewerbeschule in Essen (Manfred Vollmer)

Unten: Ostermarsch in Duisburg am 13. 4. 1968 (Manfred Scholz)

Studenten aus dem ganzen Ruhrgebiet versuchten am 12. 4. 1968, die Auslieferung von Springer-Zeitungen in Essen zu verhindern. Polizeibeamte schützen und ermöglichen die Auslieferung (Manfred Scholz)

Die Kampagne zur Demokratisierung der Hochschule

Nach dem Zusammenbruch der Aktionen gegen die Notstandsgesetze fand eine Zurückbesinnung auf die Hochschule statt. Der neue Asta, aus zwei SHB- und zwei HSU-Mitgliedern bestehend, forderte die Drittelparität in allen universitären Gremien als realistische Zwischenetappe. Als erste Aktion zur Durchsetzung dieser Forderung wurde in der Senatssitzung vom 2. 12. 68 der Antrag auf Herstellung der Öffentlichkeit gestellt. Als dieser nicht angenommen wurde, stimmten die auf dem Flur wartenden Studierenden über ein Go-In ab: 51 waren dafür, 27 dagegen. Als die Studierenden in den Saal drangen, vertagte der Rektor Prof. Biedenkopf die Senatssitzung.

Danach spitzte sich die Situation insbesondere an der sozialwissenschaftlichen Abteilung zu. Die Fachschaftsvertretung wurde aufgelöst und die Vollversammlung zum einzig legitimen Organ erklärt. Um die Handlungsfähigkeit zu erhalten, wurden Komitees gebildet, die jederzeit abgewählt werden konnten.

Auf Beschluß der Vollversammlung wurden am 16. 12. 68 mehrere Institutsräume besetzt, um über genügend Räumlichkeiten für die eigene Arbeit zu verfügen. Soweit die Räume abgeschlossen waren, wurden sie aufgebrochen. Am nächsten Tag waren die Diensträume von der Hochschulverwaltung wieder abgeschlossen worden und mußten, nach einem Vollversammlungsbeschluß, ein zweites Mal „befreit" werden. Um eine erneute Schließung der Räume zu verhindern, blieben sie über nacht besetzt. Als bekannt wurde, daß die Polizei mit drei Hundertschaften im Anmarsch war, stellte sich unter den etwa 20 Besetzern die Frage, ob die Konfrontation mit der Polizei gesucht werden sollte oder nicht. Das Kräfteverhältnis und die taktische Situation wurden als so ungünstig beurteilt, daß das zufällig am gleichen Abend tagende Studentenparlament herbeigeholt wurde, während das Dekanat von den Besetzern geräumt wurde.

Als die 300 Polizisten die acht Stockwerke hochgestiegen waren (die Aufzüge waren vorsorglich von der Verwaltung stillgelegt worden) und der Einsatzleiter den Hörsaal betrat, hatte das Studentenparlament gerade den Beschluß gefaßt, auch uniformierte Gäste zuzulassen. Der Einsatzleiter wurde gebeten, sich vorzustellen, ohne Megaphon zu sprechen und die Rednerliste zu beachten, im übrigen aber an der Parlamentsarbeit teilzunehmen. Etwas verunsichert forderte der Einsatzleiter die Anwesenden dreimal auf, den Saal zu räumen. Als schließlich klargestellt wurde, daß das Dekanat leer stehe und der Räumungsbefehl somit hinfällig sei, blieb der Polizei nichts anderes übrig, als sich zurückzuziehen.

Anschließend erschien der Rektor und diskutierte mit dem Studentenparlament über die Polizeiaktion. Er erklärte, „daß er immer dann zu einem solchen Schritt gezwungen sei, wenn Studenten Räume der Universität mit Gewalt besetzen, die, wie Diensträume der Universitätslehrer oder der Universitätsverwaltung, nicht für den Lehrbetrieb vorgesehen seien". Die Anwesenden gaben sich damit nicht zufrieden, und als der Rektor schließlich fragte, was sie denn an seiner Stelle gemacht hätten, antwortete ihm eine Studentin: „Ich wäre an Ihrer Stelle zurückgetreten."

Auf einer Vollversammlung am nächsten Tag wurde über das weitere Vorgehen diskutiert. Angesichts des unerwartet harten Eingreifens des Rektors und der nahen Weihnachtsferien wurde auf weitere gewaltsame Besetzungen verzichtet.

Im neuen Jahr wurden den Studierenden tatsächlich sechs Räume für eine ganztägige Nutzung innerhalb der sozialwissenschaftlichen Abteilung zur Verfügung gestellt. Einerseits ist dies als Erfolg der Studierenden zu werten, andererseits ging die Rechnung von Prof. Biedenkopf auf, die Studierenden auf diese Weise zu beschäftigen und zu befrieden. Bis zum Semesterende blieb die Situation ruhig. Die studentischen Arbeitsgruppen arbeiteten mit unterschiedlichem Erfolg. Aus ihnen entstanden ein Teil der Basisgruppen, die ab Sommersemester 1969 aktiv werden sollten.

Auf gesamtuniversitärer Ebene wurde die Auseinandersetzung mit dem Rektor Prof. Biedenkopf auf Vollversammlungen geführt. Der Asta erkannte jedoch bald, daß die Hochschulgesetzgebung des SPD-regierten Landes NRW stärkere Einschränkungen studentischer Mitbestimmung vorsah als der Verfassungsentwurf des CDU-Mitglieds Biedenkopf. Es kam sogar zu einer Übereinstimmung zwischen Asta und Rektorat in der entscheidenden Frage der drittelparitätischen Zusammensetzung des Universitätsparlaments. Obwohl SDS und der neugegründete marxistische Studentenbund Spartakus die Politik des Asta als opportunistisch kritisierten, stimmten die Studentenvertreter am 16. 6. 69 für den Entwurf der neuen Verfassung der Ruhr-Universität. Diese bekannte sich in ihrem ersten Abschnitt ausdrücklich zur „gesellschaftlichen Funktion" der Universität, zum „kritischen Auftrag der Wissenschaft in Staat und Gesellschaft" und zur „politischen Verantwortung der Wissenschaft".

Diese neue Verfassung ist ohne Zweifel als großer Erfolg der Studentenbewegung in Bochum zu werten. Doch es zeigte sich bald, daß die eigentlichen Entscheidungen auf höheren Ebenen, nämlich Land und Bund, getroffen wurden, und daß es sehr viel schwieriger war, Druck auf die Landes- und Bundesregierung auszuüben. Trotz mehrerer Aktionen wurde am 16. 4. 70 schließlich das Hochschulgesetz des Landes NRW verkündet, das gegenüber der Verfassung der Ruhr-Universität einen erheblichen Rückschritt bedeutete.

Zersplitterung der Avant-Garde und Abschwung der Studentenbewegung

Auf der 23. Delegiertenkonferenz des SDS vom 12. bis 18. 9. 68 verschärften sich die Widersprüche zwischen der „traditionalistischen" und der „antiautoritären" Richtung. Kurz darauf, am 22. 9. 68, wurde die DKP auf nationaler Ebene, am 28. 10. 68 die Ortsgruppe Bochum-Querenburg gegründet. Zur Gründungsversammlung wurden nur zwei Mitglieder des SDS zugelassen. Diese beiden Mitglieder wurden aus dem SDS ausgeschlossen; sie gründeten im Januar 1969 eine eigene Gruppe, die sich marxistischer Studentenbund (MSB) Spartakus nannte.

Zunächst verfolgte der SDS-Bochum weiterhin eine antiautoritäre Linie: „Nicht Mitbestimmung an der Fremdbestimmung, sondern Selbstbestimmung, und das heißt zunächst: Studentenkontrolle!" Als Folge der Entwicklung auf nationaler Ebene – der SDS-Bochum hinkte immer etwas hinterher – erfolgte im Sommersemester 1969 die Abkehr von der antiautoritären Phase. Jetzt komme es darauf an, revolutionäre Basisarbeit zu leisten und diese mit den internationalen Kämpfen zu verbinden: *„Allein die Verbindung des internationalen Klassenkampfes mit dem konkreten Kampf der Arbeiterklasse in den Metropolen kann eine erfolgreiche revolutionäre Entwicklung bei uns garantieren. Wenn die sozialistische Studentenrevolte sowohl in ihrem Anspruch als auch in ihrer Praxis dieses Element aufnimmt, kann die Organisation des Widerstandes in den Metropolen gelingen."* (Flugblatt des SDS, ohne Datum)

Die „antiautoritäre Erziehung" wurde kritisiert, weil sie eine klassenlose Gesellschaft voraussetze. Da wir in einer Klassengesellschaft leben, komme es darauf an, den Kindern sozialistische Normen zu vermitteln, um sie auf ihren späteren Kampf vorzubereiten. Die Parole lautete jetzt: „Von der antiautoritären zur sozialistischen Erziehung." Der Bochumer SDS übernahm das Konzept der „Rekonstruktion der Arbeiterbewegung". Es wurde die Forderung nach „Arbeiterkontrolle" als Gegenstück zur Mitbestimmungsforderung der Gewerkschaften aufgestellt, um „einzelne Bereiche aus der Herrschaftspyramide herauszubrechen".

Konsequenterweise proklamierte der SDS jetzt offen die Abwendung von der Hochschule und löste sich dadurch immer mehr von der Basis der Studierenden ab. Ein Teil der Aktivisten der Studentenbewegung engagierte sich in verschiedenen Organisationen, die wie Pilze aus dem Boden schossen: SDS/ML, KSB/ML, KPD/ML, Rote Garde, Junge Garde, Revolutionäre Kommunistische Jugend, Anarcho-Syndikat usw. Alle erhoben den Anspruch, die einzig richtige Linie zu verfechten und bekämpften sich dementsprechend. Die einen orientierten sich an Mao-tse-tung und der Kulturrevolution, andere mehr an Enver Hodscha's Albanien, wieder andere an verschiedenen Formen des Trotzkismus. Keiner Gruppe gelang es, an der Universität und auch außerhalb nennenswerte Erfolge zu verbuchen. Statt dessen konnten sich an der Ruhr-Universität vornehmlich unabhängige linke Gruppen wie zunächst der SHB, dann die SAG (Sozialistische Abteilungsgruppen) und schließlich die Basisgruppen durchsetzen. Aber die Zeiten der großen Massenmobilisierungen und der Einflußnahme auf das politische Geschehen – wenn man denn die Hochphase der Studentenbewegung so kennzeichnen will – waren vorbei.

Vom verspäteten Aufbruch zum forcierten Ausbruch
Jugendliche Gegenkultur im Ruhrgebiet

Werner Helsper

Mülheimer Freak-Szene Anfang der 70er Jahre
(Foto: Klaus Siepmann)

„2.000 Hippies an der Ruhr", so die Schlagzeile der „Westdeutschen Allgemeinen Zeitung" (WAZ) vom 21. September 1968 in Ankündigung der 1. Essener Songtage, sollten Essen für kurze Zeit zu einer europäischen Metropole in Sachen Protest und Untergrund verwandeln. Auch der „Teufel" sollte kommen, geladen als Anarcho-Conferencier für die Protest-Show, Gastspiel der Metropole Berlin an den Ufern der Ruhr.

Dieses Protest-Spektakel, das mit seinen „Pöbeleien" und Provokationen gegenüber dem Essener Oberbürgermeister anläßlich des offiziellen „Protest-Empfangs" und den mehr vermuteten als realen sexuellen Ausschweifungen und „Schweinereien" für heftige öffentliche Auseinandersetzungen sorgte, steht für zweierlei: Zum einen für die sprunghafte Ausdehnung einer jugendlichen Protestbewegung, die einen kulturellen Bruch mit den zentralen Werten Wirtschaftswunder-Deutschlands, den deutschen Tugenden von Leistung, Fleiß und Ordnung vollzog, das idealisierte Amerikabild in Frage stellte, dem Demokratieverständnis der Bundesrepublik mit immer größerer Skepsis begegnete und sich bis in die letzten Winkel der Provinz auszudehnen begann. Zum zweiten stehen die Song-Tage aber auch für die Provinzialität der Ruhr-Metropole selbst, die in der Protest-Show das gegenkulturelle Leben entfaltete, das sich doch eher vermissen ließ.

Natürlich gab es 1968 auch Hippies an der Ruhr, aber unter den Rauchfahnen der Schlote und in Hörweite der Schwerindustrie hatten es „Blumenkinder" nicht leicht. Für den kulturellen und politischen Jugendprotest am Ende der sechziger Jahre im Revier sind so vor allem zwei Aspekte festzuhalten: die Verspätung und Abschwächung der Jugendrevolte und der – darauf deutet vieles hin – im wesentlichen „plebejische" Charakter der „Bürgerkinder-Revolte".

Der verspätete Aufbruch der Gegenkultur im Revier

War die Entwicklung des gegenkulturellen Protestes, der Schüler- und Studentenrevolte gegenüber den internationalen Zentren in der Bundesrepublik verspätet, so stellt Herbert Lederer, eines der führenden Mitglieder des traditionalistischen SDS-Flügels, 1967 von Köln ins Ruhrgebiet zurückkehrend, fest: *„Der beginnenden Studentenbewegung in ihren Hochburgen, in Berlin und Frankfurt zum Beispiel, hinkten wir ja im Grunde um Jahre in unseren Zentren hinterher im Ruhrgebiet."* Die Gründe liegen auf der Hand: Weder besaß das Ruhrgebiet, wie etwa Berlin oder München, eine künstlerisch-avantgardistische Tradition der Bohème, in deren Gefolge bereits Anfang der sechziger Jahre in München die Künstlergruppe SPUR das Zeitalter und die Revolution der „Gaudi" gegen den „Mief" und die Restauration der Adenauer-Ära proklamierte und die „Schwabinger Krawalle" bereits 1962 die gegenkulturellen Proteste der Sechziger ankündigten. Noch gab es im Revier eine universitär-intellektuelle Tradition, kritische Theorie-Zirkel mit Magnetwirkung und kritischer Ausstrahlung wie etwa in Frankfurt. Zugleich fehlte damit, abgesehen von den 1968 gut 4.000 Studenten der 1965 gegründeten Ruhr-Universität Bochum, ein studentisches Milieu, wie es etwa auch in den kleinen traditionellen Universitätsstädten, etwa Göttingen und Marburg, bestand, in dem sich seit Mitte der sechziger Jahre ein Freiraum intellektuellen und lebenspraktischen Experimentierens entfaltete.

Der Humus, auf dem der antiautoritäre Protest gedieh, war im Revier eher dünn. Die daraus resultierende Verspätung des studentischen Protestes etwa zeigt sich in der erst 1968 erfolgenden SDS-Gründung in Essen, die zu einem Zeitpunkt stattfand, als die Auflösungstendenzen und Flügelkämpfe sich im überregionalen SDS bereits deutlich ankündigten und dessen Ende ahnen ließen. Vor allem aber wirft der Hergang der Essener SDS-Gründung, mit zudem deutlich traditionalistischer Ausrichtung, ein bezeichnendes Licht auf die Ruhrgebietssituation, wie Herbert Lederer, damals Vorstandsmitglied des SDS, berichtet: *„Ja, hier in Essen gab's die Ingenieurschule, Folkwang, wo wir 1968 auch einen SDS gründeten. Ja, das sag ich ganz offen, das war eine Dependance der Kölner, die Essener. Ich arbeitete jetzt zum Teil in Essen, hatte aber meine politische Basis vorwiegend noch in Köln. Und das erste, was wir versuchten, war dann, auch hier in Essen einen SDS ins Leben zu rufen. Der ist dann auch recht schnell entstanden. Ein sehr kunterbunter, ein sehr netter SDS, weil es war so eine Mischung aus einigen sehr lieben „verrückten", aber auch sehr den Arbeitern verbundenen Künstlern, also Schülern der Folkwangschule und einigen Leuten der Maschinenbauschule auch, die sehr untheoretisch waren, aber sehr solide und bodenständig."*

Dieser Mangel an politischer Studentenkultur und universitären Zentren im Ruhrgebiet wirkte sich auch hemmend auf die Entstehung einer Schülerbewegung aus. Während gezielte Versuche des SDS, Anfang Januar 1967 eine Schülerbewegung zu initiieren, fehlschlugen, bildeten sich ab Februar zunehmend kritische Schülergruppen, und zwar in engem Austausch mit studentischen und universitären Zirkeln: So in Berlin die Unabhängige Schülergemeinschaft Berlin (USG) und in Göttingen der Unabhängige Sozialistische Schülerbund (USSB), die die Demokratisierung von Schule und Gesellschaft, Unterrichtsreformen, die Abschaffung rigider Autoritäts- und Disziplinierungsverhältnisse, schließlich politische und vor allem sexuelle Aufklärung und Befreiung forderten. Ab Ende Februar fanden in Frankfurt Treffen der sich schnell ausbreitenden Schülergruppen statt, die schließlich am 17. Juni 1967 zum Zusammenschluß im Aktionskreis Unabhängiger und Sozialistischer Schüler (AUSS) führten. Auch wenn sich ab Sommer 1967 im Ruhrgebiet vereinzelt kritische und unabhängige Schülergruppen bildeten, etwa am 26. 6. 1967 das Aktionszentrum unabhängiger Schüler (AUS) an der Alfred-Krupp-Schule in Essen, so wirkte sich die fehlende universitäre Unterstützung und Anregung doch hemmend aus, wie einer der frühen Aktivisten und schillerndsten Figuren des Essener Schülerprotestes, Peter W., feststellt: *„An antiautoritärer organisierter Bewegung gab es nichts! Absolut nichts! Es gab kleine Grüppchen und Diskussionskreise und diverse andere Sachen, aber nichts halbwegs organisiertes."*

Die beginnende Gegenkultur des Reviers und ihr „plebejischer" Charakter

Aber die Anfänge des politischen und kulturellen Jugendprotestes sind nicht nur verspätet und *„nie mit der Wucht wie woanders"*, so ein ehemaliger jugendlicher Protestler, im Revier angekommen, sondern das „Flair" des Protestes scheint auch ein anderes gewesen zu sein als in den Hochburgen: weniger intellektuell, ästhetisierend-rebellisch und bürgerlich-antiautoritär, sondern „robuster" und „erdnäher", „plebejischer", um mit dem Begriff proletarisch keine falschen Assoziationen aufkommen zu lassen. Darauf lassen viele Fremd- und Selbstcharakterisierungen ehemaliger jugendlicher Protestler des Reviers schließen. So charakterisiert Konrad, Revier-„Poet" und Autor eines Szene-Romans, die Revier-Subkultur am Ende der sechziger Jahre als einen Zusammenhang, auf den die gängigen Protestklischees nicht zutreffen: Weder sind es die „schönen Langhaarigen" noch die „klugen Politleute", die mit „Emsigkeit im Theoriehäkeln" beschäftigt sind.

Für Herbert Lederer ist der Eindruck, daß die Aktivisten der Studenten- und Schülerbewegung, die aus dem Revier stammten, weniger antiautoritär-avantgardistisch und eher an den Traditionen der Arbeiterbewegung orientiert waren, kein Zufall, wie er in Rekurs auf die eigene Geschichte verdeutlicht: *„Also das ist kein Zufall, ich will das jetzt nicht übertreiben, aber zum Beispiel fiel ich in Köln auch bei diesem SDS durch meine ziemliche Normalität auf. Das gefiel denen irgendwie. Ich war zum Beispiel damals auch mehrere Jahre aktiver Fußballer bei Rot-Weiß-Essen und lebte auch richtig in diesem Verein mit. Und sprach zum Beispiel damals bereits eine ganz andere Sprache, als viele derjenigen, die ich später im SDS kennenlernte. Ich habe auch nie versucht, ein Arbeiter zu sein. Aber ich hatte nie große Schwierigkeiten, mit denen zusammen zu leben oder auch lustig zu sein. Und das stellte sich allerdings später heraus, daß das für viele von uns zutraf, die im Ruhrgebiet großgeworden waren, daß die zum großen Teil auch nicht so elitär abgehoben waren."*

Unterstützt wird diese Einschätzung, wenn auch differenzierend auf die stärkere Abgrenzung bürgerlicher Jugendlicher des südlichen Ruhrgebietes hingewiesen werden muß, durch die wesentliche Bedeutung des „Club International". Im Unterschied zu den reinen Studenten- und Schülerzirkeln vieler Universitätsstädte stand der „Club International", dessen Gründungsgeschichte in die erste Hälfte der sechziger Jahre zurückreicht, weit stärker in der nichtstudentischen Tradition der Außerparlamentarischen Opposition, in Anknüpfung an die „Kampf dem Atomtod"-, die anschließende Ostermarsch-Bewegung und die Traditionen der Arbeiter- und Naturfreundejugend. Dies verdeutlichen die Erzählungen einer der Mitbegründerinnen: *„Mein Vater war Stahlprüfer, son richtiger Malocher, also so Arbeiterfamilie. Und mein Vater war auch immer organisiert, war in der KPD bis zum Verbot. Ja und da war ich ja noch Kind. Also, das sagte ich schon, daß ich in einem politischen Elternhaus aufgewachsen bin und sehr viel Arbeitergeschichte erzählt bekommen habe. Damit bin ich groß geworden und war dadurch auch schon früh engagiert. Als ich die Lehre anfing, bin ich in die Gewerkschaft eingetreten. Und da lief auch gleichzeitig schon durch den Verwandtschafts- und Bekanntenkreis, den wir hatten, waren viele Verfolgte im Nazi-Deutschland und Widerstandskämpfer bei, die auch Kinder hatten so in meinem Alter, da entstand das Interesse was zu machen hier in Essen, irgendwas aufzuziehen, wo sich Jugendliche treffen konnten und was nicht einfach nur so'n Wanderclub oder son Quatschverein sein sollte, sondern wo Themen, die interessierten, und auch politische Themen diskutiert werden konnten. Und das war erst mal ein kleiner Kreis, viel so Kinder von Widerstandskämpfern, so VVN gab es ja, also die hatten da eine Jugendgruppe aufgezogen, aber wenn man so 15, 16 ist und dann die ganz Alten, irgendwie wollten wir was anderes machen. Also Anfang der sechziger Jahre ist der dann entstanden der Club, aus diesem Kreis von jüngeren Leuten von Widerstandskämpfern, von Gewerkschaftskollegen, Schülern. Und die Idee war, auch Themen zu diskutieren, die andere, also Jungsozialisten, Falken oder auch die Gewerkschaftsjugend nicht anpackten, oder auch die Naturfreunde, da* war ich auch drin. Der Kreis wurde dann unwahrscheinlich schnell groß, und da haben wir uns bestätigt gesehen in unserer Idee, daß hier in Essen zumindest für sowas eine Lücke war. Es war ja nix! Wir haben, wenn ich so an Themen denke, zum Beispiel über die Pille, über Abtreibung, das waren Wahnsinnsdiskussionen. Und die haben wir da geführt, voll. Und Plakate dafür selber gemalt, im Wohnzimmer meiner Eltern haben wir die gemacht und dann kleben gegangen. Es war alles so richtig bunt. Wir haben über alles diskutiert, was Jugendliche so kratzte, auch eben das Privat-Intime und Themen auch, wo wir dachten, das müßte Jugendliche eigentlich kratzen, wie zum Beispiel der Vietnamkrieg."

Vor diesem Hintergrund wurde der Club International, wobei es an verschiedenen Orten des Reviers vergleichbare Gründungen gab, zu einem anfänglich nichtstudentischen Kristallisationspunkt für Diskussionen und Aktionen der jugendlichen außerparlamentarischen Opposition im Revier. Keineswegs straff organisiert, vielmehr ein eher lockerer Zusammenhang, integrierte er sowohl Lehrlinge, Gewerkschaftsjugendliche und zunehmend auch Schüler und Studenten und ermöglichte damit Vermischungen und Durchdringungen, die in den rein gegenkulturellen Strömungendes Studenten- und Schülerprotests eher abgeschnitten waren. Dabei war der Club International, der sich in den Räumen des städtischen Jugendzentrums traf, auch ein Kristallisationspunkt des entstehenden Studenten- und Schülerprotestes. So berichtet einer der Mitbegründer der AUS der Alfred-Krupp-Schule von der politisierenden Bedeutung des Clubs und davon, daß der AUS eine Art „Schülerfiliale" des Clubs International gewesen sei, von dem wichtige Impulse ausgingen und der ein „geistiger Schmelztiegel" gewesen sei.

Diskjockeywettbewerb im Jugendzentrum Papestraße Essen, veranstaltet vom Club International (Foto: Klaus Rose)

Links: Veranstaltungshinweis Club International Essen

Anstöße und Ursachen des Schülerprotestes im Revier

Letztlich dürfte es sehr schwierig sein, übergreifend „die" Anlässe für das Entstehen oppositioneller Schüler- oder auch Lehrlingsgruppen im Revier zu bestimmen. Es sind vielmehr spezifische lebensgeschichtliche Hintergründe, die jeweilige soziokulturelle Verankerung und die familiale Sozialbiographie, die das Entstehen von Protesthaltungen erst verständlich werden lassen. Zudem bestand eine Durchdringung der „großen" politischen Themen mit den alltäglichen Erfahrungen Jugendlicher in Familie und Schule, gab es Anstöße durch politisierte „Apo"-Lehrer oder politische Gruppierungen wie den Club International, spielte die mediale Vermittlung der Protestaktionen bis in die Wohnzimmer hinein eine wesentliche Rolle, und dies alles in Durchdringung mit adoleszenter Aufbruchsstimmung, mit subjektivem Leiden und persönlichen Konflikten. In den großen politischen Themen des Protests klang so oft, untrennbar miteinander verwoben und die Emotionalität der moralischen Entrüstung erst herstellend, die subjektive lebensgeschichtliche Melodie von Unterdrückung und Einengung mit. *„Der zentrale Punkt war also so eine kulturelle Sache eigentlich, am Rande nur eine politische Sache. Ich hätte genausogut den Protest gehabt, wenn meine Lehrer Kommunisten gewesen wären. Dann wäre es gegen den Stalinismus gegangen. Diese verformten und verkrusteten psychosozialen Verhaltensweisen, darum ging es eigentlich. Das mit dem Faschismus, das paßte dazu, aber wenn ich damals in der DDR gelebt hätte, ich glaube, ich hätte das gleiche gesagt. Das ist die gleiche Denkweise und Haltung, die da vorliegt: rigide, unterdrückerisch und einengend und die freie Entfaltung des Menschen beschneidend in jeder Hinsicht."*

Einen wesentlichen Hintergrund für diese verkrusteten und erstarrten Verhältnisse bildete die Familie der fünfziger und sechziger Jahre. Neben zwanghaften Ordnungs- und Pünktlichkeitsvorstellungen und immer deutlicherem Aufstiegs- und Leistungsdruck existierten die offenen, zumeist aber subtilen Mechanismen familialen Psychoterrors, in Form der Erzeugung von Schuldgefühlen und schlechtem Gewissen, wenn die Jugendlichen den idealen, vor allem aber sozial normalisierten und unauffälligen Bildern der Eltern nicht entsprachen, wenn die höfliche und propere Erscheinungsform der Kinder Risse erhielt, deren Sinnbild die erstarrte Fassade des Sonntags-nachmittags-Familienspaziergangs-Rituals war, hinter dem der unaufgearbeitete familiale „Dreck" gammelte, der zum Entsetzen der männlichen und weiblichen Familienoberhäupter sich dann auf den öffentlichen Plätzen herumzutreiben begann.

Demgegenüber gab es aber auch Kontinuitäten, das Anknüpfen von Jugendlichen etwa an die kirchlich-oppositionellen Traditionen oder an die sozialistische Opposition der Eltern, wie etwa bei den jugendlichen Gründern des Club International.

Demgegenüber scheinen im Ruhrgebiet die bildungsbürgerlich-liberalen, Auseinandersetzung und Freiraum gewährleistenden Elternhäuser selten gewesen zu sein. Zwar berichten Protestschüler des Essener AUS von einer relativ freiheitlichen Erziehung, oft in gehobenen Angestellten- oder Beamtenfamilien, doch ist auch dieser Erziehungskontext eher durch „Enge" gekennzeichnet, durch Scheu vor Konflikt, Auseinandersetzung und allem Politischen. So erfolgte die politische Entwicklung zumeist in „Absetzung": *„Also Absetzung, es war Absetzung! Mein Vater oder meine Eltern, die haben sich damals politisch nicht interessiert, geschweige denn engagiert. Da stand bei meinem Vater der Beruf im Vordergrund, bei meiner Mutter nur die Familie. Und das war ein enger Rahmen, ein zu enger Rahmen! Und ich wollte doch sehen, was ist insgesamt im Land, in der Gesellschaft los und mich da einbringen und einbauen in die Veränderungsprozesse. Ich mußte das nicht alles in Kampf mit ihnen machen, aber es war so, daß das nicht ihr Leben war."*

Diese Enge, die Scheu vor Politischem und der Rückzug auf Familie oder Beruf aber war eingebunden in ein wohl dominantes Klima des Verschweigens, der Tabuisierung und Verleugnung, hinter dem der unverarbeitete Schrecken der faschistischen Ära, die subjektive Verstrickung mit diesem Teil deutscher Geschichte und die Leiden von Krieg, Flucht und Tod standen. Einer der Duisburger Protestschüler berichtet, daß er bis zum Alter von 15 Jahren nichts von der faschistischen Verstrickung seiner Familie wußte: *„Ich hab selbst damals zu der Zeit, als das anfing bei mir mit dem Protest, von der Rolle meiner Familie im ‚Dritten Reich' so gut wie nichts gewußt. Ich wußte nicht, daß Leute verurteilt worden waren nach '45, daß die hohe Posten bekleidet hatten."* Über einen kritischen, sozialdemokratischen Deutsch- und Geschichtslehrer, „der einzige lichte Punkt in einer sonst ganz reaktionären Schule", ergaben sich für ihn erste Anstöße sich mit dem Faschismus und seiner Familie auseinanderzusetzen: *„So dieser Lehrer, der sich mit Nationalsozialismus auseinandersetzte und der merkwürdige Texte in Deutsch las, wo es auch viel ums ‚Dritte Reich' ging und damit dann so ein langsames Mitkriegen, daß in meiner eigenen Familie Belastendes aus der Zeit vorhanden war. So ganz langsam* *kriegte ich dafür Interesse, obwohl die ganz großen Hämmer, die kamen erst nach der Unterzeichnung der Ostverträge, weil da neue Belastungsmaterial geliefert wurde und da sind dann auch Leute aus meiner Familie sehr schwer belastet worden und zum Teil auch verurteilt worden. Da kam das erst so richtig, aber damals wurde mir das schon ansatzweise klar, als ich merkte, ich bin in einer Familie drin, die hat da nicht nur irgendwie mitgemacht, sondern die hatte wirklich eine faschistische Vergangenheit. Mein Vater war, Gott sei Dank, nichts Größeres. Trotzdem hab ich ihm unterstellt, er hätte Judentransporte gemacht. War damals schon sehr herb."*

Diese konkreten, unmittelbaren Erfahrungen des Verschweigens ließen ein umfassendes Mißtrauen gerade auch gegenüber den Legitimationsgrundlagen, dem Demokratieverständnis und den zentralen Werten der gesellschaftlichen Ordnung entstehen. Überregionale Ereignisse, wie etwa der Vietnamkrieg oder die Notstandsgesetze, übernahmen in dieser Situation wachsenden Mißtrauens Jugendlicher oft die Rolle einer Initialzündung.

Schülerprotest in Essen
Das AUS als Modernisierungs- und Aufklärungsbewegung

Schüler-Protest – um Mißverständnissen vorzubeugen – bedeutet, daß die Schule als alltäglicher Erfahrungsraum Jugendlicher in den sechziger Jahren zu einem wesentlichen Kristallisationspunkt ihres Protestes wurde. Zugleich waren diese Jugendlichen aber auch am kulturellen Protest beteiligt, ließen sich die Haare wachsen, trugen Gammeljeans und Parkas, gründeten Bands und machten ihre ersten Erfahrungen mit Hasch und Trampen. Und zugleich waren sie auch an außerschulischen Aktionen beteiligt, an Vietnamdemonstrationen, Ostermärschen, an der Springer-Blockade Ostern 1968 in Essen oder den ersten Rote-Punkt-Aktionen gegen die Erhöhung der Fahrpreise in Form von Sitzblockaden auf den Straßenbahnschienen.

Die Schule – und hier insbesondere die traditionellen Gymnasien – waren aber in besonderer Weise Gegenstand der Kritik: Wurde schon für die Gesamtgesellschaft die Realisierung der Demokratie bezweifelt, so für die Schule mit ihrem „besonderen Gewaltverhältnis", der Einschränkung demokratischer Rechte wie etwa der freien Meinungsäußerung, Versammlungsfreiheit und der Beschränkung von Mitbestimmungsmöglichkeiten erst recht. Die Schule erschien als Ort überkommener Autoritätsverhältnisse, die nicht zum kritischen Denken und demokratischen Bürger, sondern eher zum Untertan erzog. Aber auch die Unterrichtsinhalte und -formen erschienen angesichts der Wissenschafts- und Technikeuphorie der sechziger Jahre grundlegend veraltet. So liest sich das Grundsatzprogramm des Aktionszentrums Unabhängiger Schüler an der Alfred-Krupp-Schule in Essen wie ein Modernisierungs-, Aufklärungs- und Verwissenschaftlichungskatalog: Es wurde eine wissenschaftliche Orientierung der Unterrichtsinhalte gefordert und eine Aktualisierung der Inhalte etwa im Deutsch- und Geschichtsunterricht verlangt. Vor allem die Forderung nach Abschaffung des Religionsunterrichtes löste, nicht zuletzt wegen der Bedeutung des Katholizismus im Revier, immer wieder heftige Kontroversen zwischen Schülern, Lehrern und Eltern aus.

Im Anschluß an eine Fragebogenaktion des Frankfurter AUSS, der – ganz im basisdemokratischen Sinne – die unmittelbar Betroffenen, also die Schüler, nach ihrer Meinung über die schulischen Verhältnisse, Religionsunterricht und Sexualaufklärung befragte, fanden auch Fragebogenaktionen etwa in Gelsenkirchen und Essen statt. Vor allem die Fragen zur Abschaffung des Religionsunterrichtes und zur Einstellung der Schüler zur Sexualaufklärung in Schulen, wobei auch 14-, 15jährige aufgefordert waren, eigenständig ihre Meinung zu äußern, stießen auf heftigste Kritik von Seiten der Lehrer, Eltern, aber auch Schüler. So verbot etwa die Schulpflegschaft der BMV, eines katholischen Mädchengymnasiums in Essen, die Durchführung der Befragung, da keine Infragestellung der religiösen Grundwerte und Unruhestiftung geduldet werden könnte. Dies wiederum provozierte auf Seiten des AUS, das mit dem AES (Arbeitskreis Essener Höherer Schüler) an der Frageaktion beteiligt war, eine Protestaktion vor der BMV-Schule, bei der die BMV-Schülerinnen aufgefordert wurden: „Wehrt euch gegen die, die aus der Schule ein Grab machen wollen! Verweigert euch denen, die aus euch Objekte machen wollen, zu nichts weiter bestimmt als zu funktionieren. Fordert Mitbestimmung, analysiert die Institution, die euch prägt! Steht ihr kritisch gegenüber und meldet eure Kritik an!"

Die Kritik und die Forderungen der AUS-Schüler nach Demokratisierung, Wissenschaftlichkeit, rationaler und gleichberechtigter Auseinandersetzung, nach Transparenz und einer Modernisierung der Inhalte erscheinen im nachhinein eher harmlos, eher als Einforderung gesellschaftlich überfälliger Reformen denn als „Revolte". An keiner Stelle wird schulisches Lernen grundlegend in Frage gestellt, sondern es geht um seine Demokratisierung. Der Schülerprotest des AUS war somit ein „Kampf" um die Schule, um ihre Reform und Modernisierung und kein Kampf gegen sie.

Trotz der tendenziell auch antiautoritären Elemente des AUS, etwa einem „Blockflöten-Happening" vor dem Lehrerzimmer, „Laugh-Ins" im Unterricht oder dem Verbarrikadieren von Räumen mit Schulmobiliar, blieb die Reaktion der Schule vorsichtig. Teilweise wurden die Forderungen durch reformorientierte Lehrer Ende der sechziger Jahre integriert, vor allem aber wurde eine offene Konfrontation und Sanktionierung vermieden. Einer der AUS-Schüler, übrigens zugleich einer der besten Schüler Nordrhein-Westfalens, schildert die Reaktion der Schule: „Die haben uns so ein bißchen wie ein rohes Ei behandelt. Vielleicht war hier und da so'n Unverständnis, warum gerade bei uns sowas auftritt, gerade auch mir gegenüber als sehr gutem Schüler, aber ich könnte nicht behaupten, daß die sich unfair verhalten hätten. Da ist mir nichts Negatives in Erinnerung geblieben. Da ist nicht mit besonderen Disziplinarmaßnahmen reagiert worden. Aber das hat uns wahrscheinlich auch geschützt, daß die nicht sagen konnten, das sind irgendwelche renitenten Schüler, die keine Leistung bringen. Die, die mitgemacht haben, waren nicht die Schlechtesten."

Nicht nur den Ernährer spielen

Eltern, die ihre Töchter auf die B.M.V.-Schule schicken, haben sich für eine religiöse Erziehung ihrer Kinder entschieden. Es steht niemandem zu, am wenigstens ein paar kaum flügge gewordenen Schülern, diesen elterlichen Entscheid in Zweifel zu ziehen.

Politischer Unterricht und sexuelle Aufklärung können, wenn sie nicht in rechtem Maß zuteil werden, eher zersetzend als fördernd wirken. Das rechte Maß kann nur von verantwortungsbewußten Eltern und erfahrenen Pädagogen bestimmt werden, nicht aber von unerfahrenen Schülern.

Es ist zwar derzeit „große Mode", sexuell beschlagen zu sein, aber muß man denn immer in der großen Herde einhertrotten? Die AES sollte etwas tun, was dem Alter der Schüler angemessen und zu deren Vorteil ist. Sie wird dann jederzeit die Unterstützung auch ihrer Eltern finden.

Unsere Töchter und Söhne sollten aber wissen, daß Eltern im besten Sinne des Wortes nicht daran denken, sich ihrer Verantwortung, die ihnen naturgemäß gegenüber ihren Kindern obliegt, zu begeben und schließlich nur noch als Ernährer zu fungieren.

Westdeutsche Allgemeine Zeitung vom 9. Oktober 1969

SCHÜLER ALLER KLASSEN VEREINIGT EUCH!

der ruf nach demokratisierung der schulen
erschallt in der BRD.
die lehrer versuchen, ihn durch die errichtung
der scheindemokratischen institution SMV
zu unterdrücken!
das soll ihnen nicht gelingen !!!
schüler des burggymnasiums seid nicht so
feige zu duckmäusern! euch kann nichts
geschehen. dafür sorgen wir.
sagt eure meinung frei und offen im unterricht!
lest Pardon und Konkret!
tragt meinungsplaketten!
schließt euch in einem arbeitskreis unabhängiger und sozialistischer schüler (AUSS)
zusammen!
nur geschlossen seid ihr stark!

SCHÜLER ALLER KLASSEN VEREINIGT EUCH!

KOMMUNE III

Aus: Der Kommunarde 0 (1967)

Der „Fall" Peter W.: Zwischen Mao und Kruzifix

Das Beispiel Peter W. steht für die deutlichste Eskalation des Schülerprotestes in Essen. Idealtypisch wird an seiner Lebensgeschichte deutlich, wie der kulturelle Bruch der sechziger Jahre als Modernisierungsschub wirkte. Keineswegs untypisch für das Revier – und gerade darin wieder eher atypisch für den Protest der Bürgerkinder – ist der Familienhintergrund: Der Aufstieg des Vaters vom Krupp-Schlosser zum Tanzschullehrer und eine, vor allem über die Mutter vermittelte, starke Verankerung im Katholizismus. *„Mein Vater war ja vorher Schlosser, war ein Prolet im Prinzip, auch vom ganzen kulturellen Background. Wie die Wohnung eingerichtet war, wie er sich benommen hat, das war ein Malocher nach wie vor und die waren sehr katholisch. So nicht der röhrende Hirsch an der Wand, eher so der röhrende Jesus am Kreuz."*

Während durch den frühen Tod seines Vaters, Peter W. war gerade 10 Jahre alt, einerseits Freiräume eröffnet wurden, wurde er zum gleichen Zeitpunkt auf ein Gymnasium mit humanistisch-katholischer Tradition, das Burggymnasium als „Elitegymnasium" Essens, überwiesen, wobei das ausschlaggebende Motiv seiner Mutter ihr Wunsch war, Peter solle Priester und *„schön streng erzogen werden durch das Burggymnasium"*. Einerseits fühlte er sich in dieser Schule, in der Lehrer immer wieder betonten, sie seien „die zukünftige Elite des Landes", fremd. Andererseits aber identifizierte er sich auch mit den Bildungsidealen und der katholischen Tradition der Schule, die an den familiären Katholizismus anschloß und ebenfalls von seinem eigenen Leben voll Besitz ergriffen hatte: *„Ich hab die Sachen, diesen humanistischen Kram da am Burggymnasium, den hab ich ernst genommen. Das war das besondere an meiner Entwicklung. Ich bin nicht in Discos gegangen oder im Park rumgehangen. Ich bin in die Volkshochschule gegangen und hab Kurse gemacht, mit 14 fing das so an. Ja, ja, und ich bin nach Rom gefahren und hab mir die Altertümer angeguckt. Ich hab mich interessiert für das, was ich an der Schule lernte. Ich hab das klassische Bildungsideal, was da vermittelt wird, ernst genommen für mich. Ich stand da voll hinter, auch hinter dem katholischen Glauben. Jeden Morgen Kirche vor der Schule. Um vier Uhr aufgestanden jahrelang! Und dann erstmal beten und Rosenkranz und Yoga gemacht, so zu Hause. Jeden Morgen das Programm und dann anschließend zur Kirche gegangen und dann zur Schule. Und Rosenkränze beten und natürlich Sünde! So die ganzen zehn Gebote, über Lügen, Stehlen bis dahin, daß Onanie schädlich ist. Alles durch! Und Sexualität voll unterdrückt natürlich, so in der Pubertät, voll unterdrückt. Da wurde nie drüber gesprochen, das war tabuisiert. Was üblich war in der katholischen Kirche. Voll tabuisiert. Höchstens: Das darf man nicht machen! Feierabend!"*

Dieser Involviertheit in humanistische Bildungsideale und asketischen Katholizismus, die sich zu einer Pubertätsaskese verdichteten, entsprach auch eine politische Haltung: *„Das war nicht nur auf das Religiöse bezogen, diese Einstellung, sondern das war auch politisch. Ich wollte CDU-Mitglied werden mit 15. Das war nicht nur eine religiöse, das war eine Komplett-Weltanschauungssache. Voll hinter der Gesellschaft gestanden."* Mit 13 Jahren begann bei Peter W. eine rationale Auseinandersetzung „über das rein kindliche Übernehmen der Glaubensinhalte hinaus". Angesichts naturwissenschaftlicher Erkenntnisse befragte er die religiösen Inhalte auf ihren Wahrheitsgehalt, interessierte sich für andere Religionen und befragte die offizielle Kirche auf die Realisierung ihrer christlichen Ideale hin. *„Das war ein Prozeß, der über Jahre ging, mit den Religionslehrern, den Patres."* Als die Skepsis immer grundlegender wurde, die Antworten ihn immer weniger zufriedenstellten, letztlich nur noch das „allerallgemeinste Prinzip übrigblieb", er die Geschichte der offiziellen Kirche immer kritischer sah, schließlich mit dem 2. Juni sein Bild der Bundesrepublik, als „dem demokratischsten Staat aller Zeiten", für ihn „fundamental zusammenbrach", „da trat ein grundsätzliches Mißtrauen an den Tag": *„Also dieser Emanzipationsprozeß, das kippte dann alles mit 17 Jahren um und dann hab ich mich dagegengestellt. Und dann brach so das ganze Gebäude zusammen. Also mein ganzes Glaubenssystem wurde erst so gedehnt, und gedehnt und dann kippte das um. Und dann war eine große Leere da und natürlich ein Gefühl, vorsichtig ausgedrückt, falsch geleitet worden zu sein, härter ausgedrückt, betrogen und verschaukelt worden zu sein. Und das brach sich Bahn, war wie so ein Damm, der dann bricht. Also innerhalb der Schule hab ich mich dann extrem exotisch angezogen. Früher bin ich immer mit Schlips und Kragen rumgelaufen und jetzt hippiemäßig, Hippiebewegung, Flower-power, Blumenhemd, Meinungsknopf getragen, Ketten um den Hals, Rosenkranz natürlich, so stilisiert und dann lange Haare, in Amsterdam dann Pelzmantel gekauft, so 'nen alten mit dickem Kragen, so richtig provokativ."*

Diese Enttäuschung, das grundlegende Mißtrauen, die Leere angesichts des Zusammenbruchs seiner tradierten Überzeugungen, was ihn besonders traf, weil er „ja geglaubt hatte an die alte Welt", richtete sich als Protest, Provokation und „Probe aufs Exempel" gegen das Gymnasium, das für ihn alle alten Werte verkörperte und von dem er sich gerade deswegen „verschaukelt" fühlte.

Angeregt durch den Film „Katz und Maus", erschienen Peter W. und ein Freund zur Schulfeier am „Tag der Heimat" mit dem Eisernen Kreuz. In einer tagebuchartigen Niederschrift der damaligen Ereignisse berichtet er: *„alljährlich wird zu diesem zeitpunkt der sogenannte ‚Tag der Heimat' gefeiert. regelmäßig wurde da in langen reden der rechtsanspruch auf die ehemaligen deutschen ostgebiete bekräftigt. für 20 DM kaufte ich mir vorher ein eisernes kreuz erster klasse aus dem zweiten weltkrieg, auf dem noch ein hakenkreuz zu sehen ist. dies wollte ich auf der feier, an der alle schüler verpflichtet sind teilzunehmen, demonstrativ tragen. da mit den schülern nicht offen über die behandelten probleme gesprochen wurde, sondern sie gezwungen wurden, an einseitig ausgerichteten pflichtübungen teilzunehmen ohne die möglichkeit zu haben, ihre eigene meinung zu sagen, wollte ich durch diese provokation ein sachgespräch erzwingen."* Ohne daß ein Gespräch mit ihnen geführt worden wäre, wurde den Jugendlichen, obwohl sie das EK I auf die Aufforderung eines Lehrers hin ablegten, eine Lehrerkonferenz und der Ausschluß von einer Klassenfahrt angedroht. Peter W. schildert beispielhaft die Reaktion eines Lehrers und – kennzeichnend für seine kritisch-aufklärerische Haltung – analysiert und kommentiert er sie zugleich: *„vorher hatte Herr S. die ganze stunde damit verbracht, uns klarzumachen, daß wir übel gehandelt hätten. wir sollten doch bedenken, daß der staat, den wir angriffen, uns ernähre. wir sollten erst einmal all das durchgemacht haben, was er alles erlebt hätte. er habe 60 km vor Moskau in sibirischer kälte gestanden. er: ‚leisten sie erst einmal etwas, dann sind sie für mich ein gesprächspartner, als ich so alt war wie sie stand ich an der front.' Als letzter habe er verwundet einen wagen auf der flucht erwischt. das infanteriesturmabzeichen habe man erst dann erhalten, wenn man drei angriffe überlebt habe. deshalb sollten wir uns hüten, solche zeichen zu verunglimpfen. wir aber würden noch nicht verheilte wunden wieder aufreißen. hier scheint mir eine wurzel für die verhaltensweisen der lehrer zu liegen. aufgrund ihrer unbewältigten vergangenheit sind bei ihnen schuldkomplexe entstanden. in der tat, ohne echte schuld, haben sie eine schwarz-braune vergangenheit. sie wurden ja in solchen systemen erzogen und stellen nur das produkt dieser ordnung dar. jedoch hatten zumindest einige der lehrer eine gewisse redliche gesinnung. sie hatten wohl die gleichen humanistischen ideale wie wir, doch hatten sie anerzogen bekommen, diese mit der reaktionären ordnung in einklang zu bringen. sie können es nun nicht verkraften zu hören, daß sie alles falsch gemacht haben sollen."*

Als Reaktion auf diese Erfahrungen verfaßt Peter W. eine Schrift mit dem Titel „Über die Freiheit eines Schülers", die er dem Direktor überreicht. Darin begründet er die Störung am „Tag der Heimat" damit, daß für ihn das Eiserne Kreuz Symbol des Militarismus, Heroen- und Deutschlandtums sei, Werte, die für ihn verabscheuungswürdig seien und die der heutigen Jugend nichts mehr zu sagen hätten. Zugleich klagte er sein Recht auf freie Meinungsäußerung ein und kritisierte die Vorgehensweise der Schule als Ausdruck einer autoritären Ordnung. Darauf reagierte die Schule mit der Aufforderung an die Eltern, ihre Söhne „freiwillig" von der Schule zu nehmen, da sonst ein offizieller Verweis ausgesprochen werde. Während die Eltern, eingeschüchtert, zustimmten, sprachen Peter W. und sein Freund selbständig beim Kultusministerium vor und erhielten grünes Licht für ihr Verbleiben auf der Schule. Vor diesem Hintergrund, ohne dem Direktor allerdings das Ergebnis ihres Düsseldorfer Gesprächs mitzuteilen, suchten sie am darauffolgenden Tag eine Aussprache mit dem Direktor, die Peter W. folgendermaßen schildert: *„Wir haben versucht, mit ihm inhaltlich zu reden. Und da, daran kann ich mich gut erinnern, war ich total entsetzt! Darüber, was da für Meinungen bei ihm rauskamen im politischen Bereich. Ich war total entsetzt, hätte ich nicht für möglich gehalten. Total reaktionäres Gedankengut. Ich hab daran ja gar nicht richtig geglaubt, als ich das in der Schrift geschrieben hab. War ja eigentlich, um zu provozieren, um denen klar zu machen, das ist kein Schülerulk. Und das bewahrheitete sich bei dem Punkt für Punkt."*

Obwohl Peter W. erst einmal an der Schule bleibt, *„übrigens eine schwere Niederlage für die"*, bestätigen ihm diese Erlebnisse seine grundlegende Skepsis gegenüber dem, an das was er einst „voll" geglaubt hat. Seine schlimmsten Befürchtungen treffen zu: Er ist wirklich betrogen worden. Daraus resultiert eine Fortsetzung des Protestes: *„So wie ich damals das System konsequent vertreten hab, so war ich jetzt konsequent dagegen."*

Zwei Monate später erscheint die Null-Nummer des „Kommunarden", in der er das Streikrecht für Schüler fordert und die Schüler des Burggymnasiums zu freier Meinungsäußerung, zum Lesen von „Pardon" und „Konkret", zum Tragen von Meinungsknöpfen und einer AUSS-Gründung aufrief. In einem daraufhin anberaumten Gespräch mit dem stellvertretenden Direktor wirft dieser ihm vor, Kinder zum Lesen obszöner und moralisch verwerflicher Zeitschriften aufgefordert zu haben, worüber sich auch zahlreiche Eltern bei der Schulleitung beschwerten. Als Reaktion darauf verteilt Peter W. am 6. Februar 1968, fast zwei Monate später und kurz vor dem Abitur, in 100 Exemplaren den „Kommunarden", der sich ausschließlich dem

Thema „Sexuelle Revolution der Schüler" widmete. Diese Schrift löste auf Seiten der Eltern und der Schule heftigste Reaktionen aus, die so weit gingen, daß die Elternschaft die Maßnahme eines Schulstreiks gegen den Verbleib Peter W.s am Burggymnasium erwog. „*Da waren ein paar Pardon-Sachen abgeschrieben und so ein paar AUSS-Geschichten, an sich ein harmloser Artikel, wirklich sehr harmlos aus heutiger Sicht! Aber der hat eingeschlagen wie eine Bombe. Das brachte irgendwie symptomatisch die ganze Sache auf den Punkt. Und das war ja auch die katholische Tradition da, diese katholische Kirche da im Hintergrund, die ja all das repräsentierte, was ich jetzt ablehnte. Diese abendländische Kultur und die Doppelmoral. Und die katholische Kirche, und die war ja für die Schule unheimlich wichtig, die stand ja für Unterdrückung der Wahrheit und für Sexualunterdrückung.*"

Wie „harmlos" die Zeitschrift letztlich war, zeigen die folgenden Formulierungen, in denen unschwer eine fast traditionale Haltung Peter W.s zur Sexualität durchschimmert, wenn er im Anschluß an seine Forderungen zur Sexualaufklärung schreibt: „*diese erziehung müßte in der sexta beginnen und in der prima enden. dann hätte man menschen erzogen, die wohl kaum in die bürgerlichen puffs gingen, die gelöst und unbefangen in der sexualität einen wert erblickten. diese menschen dächten gar nicht daran, freie liebe zu leben. gerade weil ihnen die sexualität unverschlossen ist, zieht sie sie nicht mehr so an, sondern läßt sie mehr auf andere eigenschaften achten. außerdem ist es eine tatsache, daß gerade die jugend am meisten von treue hält. seitensprünge werden prozentual am meisten von den 40- bis 50jährigen gemacht, von der generation der treuepredigenden lehrer.*"

Die Schule reagiert auf den „Kommunarden" mit einer schnellen Entlassung. Nachdem aufgrund eines Formfehlers der Schule Peter W.s Rückkehr an das Burggymnasium gerichtlich angeordnet wird, erfolgt wenige Tage später, am 5. März 1968, eine erneute Anordnung der Schule zur sofortigen „Vollziehung der Entlassungsverfügung", die vor allem mit der Gefährdung der Mitschüler begründet wird: „*Hiernach hat Ihr Sohn Peter planmäßig und in immer schärferer Form die Schule und ihre Lehrer provoziert sowie trotz wiederholter eindringlicher Abmahnungen versucht, die Mitschüler, insbesondere auch die jüngeren Schüler, für seine Vorstellungen über sexuelle Aufklärung und sexuelles Verhalten zu gewinnen, wodurch er nach einhelliger Auffassung der Konferenz viele jüngere Mitschüler, die ihrer Entwicklung nach für die Erörterung solcher Probleme noch nicht reif sind, gefährdete.*" (Schreiben der Schule vom 5. März 1968) Zudem, so stellt die Schule fest, zeige sich „*auch in anderen Klassen ein (...) auffallend aggressives Verhalten (...) Vorfälle dieser Art und in dieser Häufung hat es bisher am Burggymnasium nicht gegeben.*" Auch diese Entlassung wurde schließlich in einem gerichtlichen Verfahren rückgängig gemacht,

Der Kommunarde (Titelblätter)

wobei sich Peter W. allerdings verpflichten mußte, in der verbleibenden Zeit bis zum Abitur keinen neuen „Kommunarden" mehr zu verteilen.

Daß die Auseinandersetzung zwischen Peter W. und dem Burggymnasium in dieser Form eskalierte und sich durch die Reaktion der Schule zusehends verschärfte, ist kein Zufall: Vielmehr stießen hier ein Schüler, der den Weltbildzerfall, die Sprengung normativer Ordnungen und tradierter Glaubensinhalte in seiner eigenen Lebensgeschichte als Modernisierungsschub und Sinnkrise erfuhr und jene, schon längst nicht mehr so festgefügte und gerade dadurch auf Reflexion, Infragestellung und Kritik abwehrend oder ausgrenzend reagierende normative Ordnung der humanistisch-katholizistischen Schule, sozusagen das „alte Selbst" Peter W.s, antagonistisch aufeinander. „Alte Welt" und rationalistischer Aufbruch begegnen sich in einer Person und externalisieren sich im Konflikt zwischen Peter W. und dem Burggymnasium. In seinen Forderungen nach rationaler Auseinandersetzung, nach gleichberechtigter Diskussion und wissenschaftlicher Fundierung spielt sich, lebensgeschichtlich für ihn im Fokus des Burggymnasiums gebündelt, ein Aufklärungsschub gegen unbefragte Traditionen und Weltbilder ab. Auch bei Peter W. steht der Schülerprotest, stehen die Anfänge der gegenkulturellen Bewegung im Revier noch ganz im Zeichen eines „Aufbruchs der Moderne", wenn sich historisch übergreifend auch längst antimodernistische Strömungen zeigen und sich eine „Entzauberung der Entzauberung" schon lange ankündigt.

Vom Indianerspiel zum Überlebenstraining in der Stadt – Ausblick auf die Achtziger

War der Beginn jugendlicher Gegenkultur in den Sechzigern vor allem eine Modernisierungsbewegung, so ist der Protest der siebziger Jahre vor allem ein antimodernistischer, der schließlich im Zeichen einer „katastrophalen" Moderne Züge eines postmodernistischen Protestes gewinnt. Allerdings ist diese „Periodisierung" nicht starr zu verstehen, denn diese „Idealtypen" jugendlichen Protestes bestehen nach wie vor nebeneinander, und die zeitlichen Einordnungen geben lediglich dominante oder neue Entwicklungen wieder.

Dieses Nebeneinander verschiedener Strömungen charakterisiert schon die späten sechziger Jahre, denn neben der kritisch-aufklärerischen Modernisierungsvariante bestehen bereits deutliche antimodernistische Ausbruchswünsche. Eine Linie der frühen jugendlichen Gegenkultur führt ab 1969 verstärkt in neue oder bereits bestehende politische Organisationen, etwa reformorientierte sozialdemokratische Gruppierungen, die 1968 neugegründete SDAJ oder entstehende maoistische Organisationen.

In diesen Varianten setzte sich mit unterschiedlicher Gewichtung der modernistische Protest in einer traditionalistischen Orientierung an nationalen oder internationalen Modellen der Gesellschaftsveränderung fort. Das machtpolitische Paradigma des Kampfes um die Staatsmacht und die in verschiedenen Varianten fortgeschriebene Utopie der Arbeits- und Industriegesellschaft traten auf Kosten der kulturkritischen und antiautoritären – im Revier ohnehin nur schwach ausgebildeten – Elemente in den Vordergrund. Dies hatte auch subjektive Hintergründe, wie Peter W. verdeutlicht: *„Anfang 69 war dann der Umschlag auf den harten Mao-Trip. Aus dem Frust dieser antiautoritären Bewegung schlug das Pendel zurück in eine totale Organisierung: Partei mußte her! Die straffe Organisation! Und die Veränderung vorher, die saß nicht tief genug. Also die autoritäre Erziehung, die kam dann wieder hoch."*

Neben dieser Linie entwickelte sich zusehends eine psychedelisch-antirationalistische Subkultur, die in ihren politisierten Teilen an die „Haschrebellen" und „Yippies" anknüpfte, zu einem großen Teil aber die „Reise nach innen" antrat, in Form zunehmenden Drogengebrauchs und/oder einer Orientierung an transzendentellen-spiritualistischen Strömungen und Ashramkult. Dieser „Reise nach innen" entsprach die Reise in archaische Kulturen. Es war der Beginn der Insel-Ausstiegs-Träume, der Utopien des Landlebens im Einklang mit der Natur und damit der Beginn der Alternativbewegung, die den Siebzigern ihren Stempel aufdrücken sollte. Wo die großen Fluchten aus der technisierten Zivilisation nicht möglich waren, sollten es wenigstens kleine sein, in Form von Wohngemeinschaften, Teestuben und Kommunikationszentren, in denen – so „ZERO", eine Mülheimer Alternativzeitung der frühen siebziger Jahre – die „Brüder und Schwestern" eine friedliche Familie oder „Sippe" werden, bei Räucherstäbchen, Tee und Shit zusammenhocken, Kreativität und Phantasie verwirklichen und einen Teil der „Love-Society" bilden sollten.

Vor allem der Kampf um Kommunikations-, später um autonome Jugend- oder Kulturzentren entwickelte sich zu einem wesentlichen Schauplatz der jugendlichen Gegenkultur, der im Zuge der ökonomischen Strukturkrise, mit einem Höhepunkt in den Besetzungen Anfang der 80er Jahre, die Gestalt eines „neuen" Kampfes um die stillgelegte Fabrik oder Zeche annahm und

Jugendlicher Sprecher der Berliner-Platz-Szene verliest die Forderung nach einem Kommunikationszentrum in der besetzten Pauli-Kirche (1971) (Foto: Jürgen Küpper)

zugleich in die Entfaltung jugendlicher Gegenkultur während der siebziger Jahre im Revier eingebettet war, Ausdruck des Ausbaus der Bildungsinstitutionen und der Entstehung eines von Erwerbsarbeit freien postadoleszenten Milieus.

Am Beispiel der jugendlichen Gegenkultur in Mülheim und der 15jährigen Auseinandersetzung um ein autonomes Jugendzentrum läßt sich aber die interne Veränderung des gegenkulturellen Milieus verdeutlichen: Die Entwicklung geht vom gespielten „Indianer-auf-Ruhr" der frühen Siebziger über das Stadtindianer-Gefühl der Spätsiebziger zum Überlebenstraining in der Stadt der achtziger Jahre.

Die frühen Siebziger – Station I: Der „Hippie-Yippie-Freak", „möglichst zerschlissen, möglichst in einer Kommune, mit diesem transzendentalen Touch, ein bißchen okkult und magisch-mystisch", suchte den Ausbruch in die Fremde, in die fernöstlichen Religionen oder die archaische Indianerkultur. Für die Daheimgebliebenen nahm dieser Ausbruchswunsch die Gestalt des Indianersommers der Hippie-Szene an, in der Inszenierung des Ausbruchs-Traums in den städtischen Grünzonen – der Hippie als Indianer-Statist: *„Es passierten auch so Sachen, das ging dann quer durch die Szene, es fanden Anfang '70 auch die Karl-May-Festspiele statt, so über den Sommer weg und dann wurden Statisten gesucht, so als Indianer. Und was dann passierte war, daß diese ganze Hippie-Szene da einlief und dann haben die sich ihre vierzig Indianer rausgesucht, alle möglichst exotisch und das lief dann über sechs Wochen mit diesem Indianerfeeling."*

Die Spätsiebziger – Station II: War es zuvor der antimodernistische Ausbruch in das Archaische, so nahm dieser Ausbruch in den Endsiebzigern eher die Gestalt eines

Aus „Zero" (1971) Mülheimer Alternative-Szene-Zeitung

BOTSCHAFT AN DIE NEUE WELT

Unsere Zeit ist gekennzeichnet vom Aufbruch des Menschen in den Weltraum. Gleichzeitig – nur weitaus ruhiger – treten immer mehr Menschen die Reise in den inneren Raum an, den Raum jenseits der Materie. Sie haben erfahren, dass die äusseren, sichtbaren Ereignisse nur Auswirkung der Ereignisse im Reich des Geistes, des Bewusstseins darstellen. Es sind einige, die den Geist in sich tragen und es werden immer mehr.

Wir müssen in dieser Zeit unsere kosmische Aufgabe erkennen: Licht hinein zutragen in das Dunkel der ihrer selbst nicht bewussten Materie. Wir müssen die unbegrenzten Möglichkeiten der Erkenntnis & des Tuns sehen, die uns offenstehen. Wir fühlen die Bewegung, die sich in uns & ...

Werte der Hopi

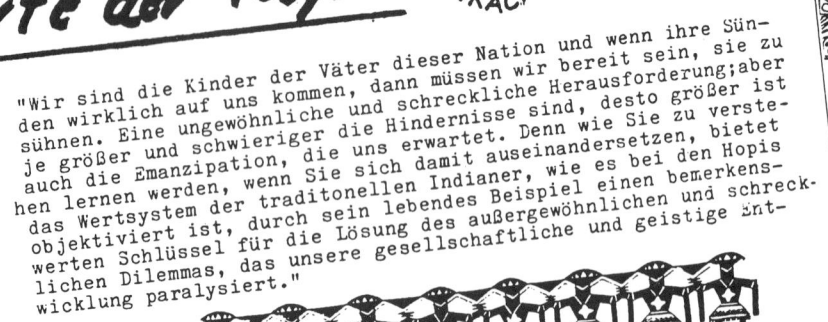

Hopi-Symbol für: Land & gutes Leben

"Wir sind die Kinder der Väter dieser Nation und wenn ihre Sünden wirklich auf uns kommen, dann müssen wir bereit sein, sie zu sühnen. Eine ungewöhnliche und schreckliche Herausforderung; aber je größer und schwieriger die Hindernisse sind, desto größer ist auch die Emanzipation, die uns erwartet. Denn wie Sie zu verstehen lernen werden, wenn Sie sich damit auseinandersetzen, bietet das Wertsystem der traditonellen Indianer, wie es bei den Hopis objektiviert ist, durch sein lebendes Beispiel einen bemerkenswerten Schlüssel für die Lösung des außergewöhnlichen und schrecklichen Dilemmas, das unsere gesellschaftliche und geistige Entwicklung paralysiert."

Einbruchs des archaisch Fremden in die durchrationalisierte Moderne an. Unter den entstehenden autonomen jugendlichen Gruppierungen in Mülheim, einem Teil der „Löwenhof"-Besetzer von 1980, trat der „Stadtindianer" auf, der Fremde und „Wilde" in den durchkapitalisierten Einkaufsstraßen, im Kampf um die Wiedergewinnung von Lebensräumen: „In jeder größeren Stadt im Ruhrgebiet gibt es Einkaufsstraßen. (...) In diesen Häuserschluchten bewegen sich täglich tausende Menschen, geleitet und gelenkt von einem unsichtbaren Puppenspieler, dem Kommerz. Und dann gibt es nochwas, nämlich uns! Wir sind die ‚Typen, die da rumhängen'. In den Stunden zwischen 9h und 19h ist der Stadtkern ein buntes Menschengewimmel. Alles scheint zu leben. Scheint! Doch schließen sich jene Pforten des allmächtigen Kaufglücks, so bleibt ein schäbiges graues Tal zurück. (...) Wieviel ‚Kommunikation' ist uns genommen worden, weil die Stadt(verwaltung) lieber dem Interesse der Geschäftemacher nachgibt. (...) Die Straße soll leben, soll Freiraum sein. Wir sind enteignet und entrechtet worden! Da kommen die ‚Weißen', die Kolonisten, die Ausbeuter und Geschäftemacher und erobern unseren Lebensraum, fangen an, uns zu vertreiben. Wir sind Indianer, die des Landes beraubt werden. Und als Stadtindianer müssen wir gegen diese Weißen kämpfen."

Die Achtziger – Station III: In den Achtzigern ist der Kampf um Raum illusionslos geworden: „Wenn wir schon keine Zukunft haben, dann wollen wir wenigstens ein autonomes Jugendzentrum." Es ist die Zuspitzung des Kampfes der Stadtindianer, der im fortgeschrittenen Stadium einer katastrophalen Moderne Züge eines alltäglichen Überlebenstrainings gewinnt: Kampf in der neuen Wildnis des durchrationalisierten Raumes. Das Archaische und „Wilde", auf das der antimodernistische Ausbruch zielte, ist als die verborgene Wahrheit der industriellen Zivilisation in die Moderne zurückgekehrt. Das Überlebenstraining in der neuen Wildnis gewinnt apokalyptische Züge: Nur die Härtesten werden überleben! Die Direttissima durch den formierten Alltag wird zur Abenteuer-Expedition, zur Herausforderung im physischen und psychischen Sinne und bricht darin zugleich die Langeweile des formierten und entqualifizierten Alltags. So berichtet ein Mitglied der „Hapus", der „Härte-Punks", einer Mülheimer Besetzergruppe im „Klassenberg" 1985/86:

„Wir haben viele Spiele erfunden, so Linienspiel. Also erst wird eine Stadtkarte ausgelost und darauf wird ein Geodreieck geworfen und der erste Zentimeter, das ist die Strecke. Die wird eingezeichnet und die muß man gehen. Eine Gruppe ist direkt gescheitert, weil die zur Hälfte durch den Rhein mußte auf der Linie, von der darf man ja nur drei Meter abweichen mit dem Kompaß. Einen Tag hatte man Zeit das zu schaffen, durfte aber nicht mehr von vorn anfangen. Man mußte durch Häuser klettern, fragen, ob man durch das Fenster und hinten wieder rausklettern kann. Sonst mußte man das Haus eben überklettern oder irgendeinen Weg durch finden. So Sachen sind uns eingefallen. Dafür gab es Härtepunkte. Das waren Kärtchen, da stand drauf, für die Aktion gibts soundsoviel. Und für 11 Härtepunkte gab es einen immerwährenden, der niemals ausgelöscht werden kann. Alle anderen verfielen nach 7 Monaten. Und die Härtepunkte gab's, weil, das ist nun mal hart! Wir hießen ja auch Härte-Punker und Härte, weil die Aktionen ja hart waren und weil sowieso alles die Härte ist. Und die anderen von den Hapus, die machen jetzt Überlebenstraining, Brückenklettern und Häuserwände hoch."

Forderung Mülheimer Jugendlicher 1981 (Foto: Erich Dorau)

Abriß des von Jugendlichen besetzten und als autonomes Jugendzentrum geforderten Löwenhofes in Mülheim 1980 (Foto: Erich Dorau)

„Wir haben uns auf den Weg gemacht"
Notizen zur Frauenbewegung im Ruhrgebiet

Irmhild Kettschau / Elke Nyssen

Frauendemonstration in Düsseldorf, 1980
(Privataufnahme: Barbara Scholz)

Über die Frauenbewegung im Ruhrgebiet ist wenig bekannt, wenig veröffentlicht worden. Wie überall haben sich auch die Frauen im Revier für die Anliegen der gesamten Frauenbewegung eingesetzt, wie Abschaffung bzw. Änderung des § 218, gleicher Lohn für gleiche Arbeit, gegen Gewalt in der Ehe, für eine bessere Ausbildung von Mädchen. Auch im Ruhrgebiet gab es die Auseinandersetzung zwischen den autonom-feministischen und feministisch-sozialistischen Frauen, die Auseinandersetzung über die richtige Theorie, die richtige Strategie zur Frauenbefreiung. Und dennoch unterscheidet sich die Frauenbewegung hier von derjenigen in den Zentren, in Köln, Frankfurt, Berlin und anderswo.

Die Frauenbewegung im Ruhrgebiet ist nicht als genuine Frauenbewegung entstanden, sondern über Umwege aus anderen gesellschaftlichen Problembereichen. Stärker als anderswo hat sich die Frauenbewegung im Ruhrgebiet in der Auseinandersetzung mit den konkreten Lebensbedingungen „vor Ort" entwickelt. Anders als anderswo wurde und wird die Frauenbewegung im Ruhrgebiet nicht vorrangig getragen von jüngeren und intellektuellen Frauen.

Um die Besonderheit, die Stärken, aber auch die Begrenzungen der Frauenbewegung im Revier zu verstehen, ist ein kurzer Rekurs auf den spannungsvollen Frauenalltag in der Region notwendig.

Das Ruhrgebiet als Lebensraum

Der Haushaltsführung in den Kolonien des Werkswohnungsbaus der Schwerindustrie lag bis in die fünfziger Jahre eine doppelte Ökonomie zugrunde: das Geldeinkommen der Männer wurde durch das von den Frauen erwirtschaftete Naturaleinkommen ergänzt. Auf dem zur Wohnung gehörenden Land bauten sie Gemüse und Kartoffeln an, hielten Ziegen, Schweine, Hühner und Kaninchen und erzeugten so einen erheblichen Teil der Nahrungsmittel für die Familien; hiermit verbunden war eine umfangreiche Vorratshaltung durch Säuern, Pökeln, Dörren, Räuchern und später auch Einkochen. Die Stellung der Frauen in den Berg- und Stahlarbeiterfamilien war so wesentlich gekennzeichnet durch die Rollenergänzung der Ehegatten bei der Sicherung des Lebensunterhalts der Familien. Die Hausarbeit umfaßt noch bis in die fünfziger Jahre eine marktunabhängige Güterbeschaffung und -erzeugung. Frauenarbeit in den Kolonien des Ruhrgebiets war auch öffentliche Arbeit: nicht nur Gartenarbeit und Viehhaltung, sondern auch die Besorgung der Wäsche (Waschhäuser) und die Vorratshaltung geschahen im öffentlichen Raum der Kolonie, im Kontakt und in Kooperation mit anderen Frauen (und Kindern).

Die Privatisierung der Hausarbeit und damit ihre Umdefinition in Nicht-Arbeit geschieht im Ruhrgebiet später als in anderen Regionen, die einen urbaneren Verlauf der Industrialisierung genommen haben. Frauenarbeit im Ruhrgebiet umfaßt schließlich die vordringliche und alleinige Sorge der Frauen für die Familie. Bedingt durch die Schichtarbeit der Männer bleibt den Frauen nicht nur die Arbeit, sondern auch die Verantwortung für die Haushaltsführung und die Kinder überlassen; dies schließt auch – wie oft berichtet und auch karikiert – die Zuständigkeit der Frauen für die Verwaltung des Haushaltseinkommens ein.

Frauenleben im Revier steht traditionell unter dem Spannungsbogen der Zuarbeit zu einer männlich-patriarchal strukturierten Erwerbsarbeitswelt und der eigenen häuslichen Versorgungsmacht. Nicht nur die Zechen, sondern in ihren Anfängen auch die Stahlwerke und Zulieferindustrien waren ständisch-patriarchal organisiert. Dem entsprach auch die männliche Dominanz in Politik und Öffentlichkeit; Vereine, Parteien und Gewerkschaften im Revier sind bis heute „Männersache". Die körperlichen und seelischen Belastungen und die Gefährlichkeit, aber auch der Ertrag der Arbeit der Männer brachten ihnen Achtung und Vorrangstellung in der Familie und der Lebensgemeinschaft der Arbeitersiedlungen. Aber: die Frauen waren für das Leben außerhalb von Hochöfen und Kohlestollen zuständig. Sie teilten das Geld ein, sie ernährten und versorgten Mann und Kinder, sie mußten bei Krankheit, Unfall, Invalidität oder Tod des Mannes Haushalt und Familie weiter führen, sie lebten täglich im informellen Kommunikationsnetz der Siedlung und planten für den Mann mit Hilfe einer Übersicht seines Wechselschichtrhythmus in der inneren Tür ihres Küchenschrankes. Frauen besaßen Versorgungsmacht. Die Arbeitsbedingungen der Männer änderten sich – auch aufgrund von Arbeitskämpfen –, die Arbeitsbedingungen der Frauen blieben lange gleich. Die spezifische industrielle Besiedlungsweise des Ruhrgebietes implizierte eine Übernahme ländlicher Lebensweisen, nun allerdings vordringlich für das Arbeiten und Leben der Frauen. In ihren Grundelementen lange unverändert, übernahm die weibliche Subsistenzproduktion dabei immer neue Funktionen für die Lebenssicherung der Familien. So hat sie zum Beheimaten der Zugezogenen, zum Zurechtfinden unter den neuen Lebensbedingungen beigetragen, sie half, infrastrukturelle Defizite auszugleichen, Beschäftigungs- und Einkommensrisiken zu überwinden, Kriegseinwirkungen (1. und 2. Weltkrieg mit Versorgungskrisen und Kriegsdienst der Männer) zu mildern. Erst nach dem Zweiten Weltkrieg, im Zuge von Wiederaufbau und Wirtschaftswunder, verbreitete sich die „moderne" marktabhängige Form der Haushaltsführung auch im Ruhrgebiet: die

Einkommen stiegen, die Produkte für den Massenkonsum verbilligten sich – die Ställe und anderen Nebengebäude in den Kolonien wurden in Badezimmer verwandelt und die Gartenarbeit wurde zum „Hobby".

Erst die Ablösung der weiblichen Subsistenzarbeit schuf auch im Revier die Hausfrau, deren Arbeitsleistung im Familienhaushalt zurücktritt hinter die männliche Erwerbsarbeit. Mit dieser Entwicklung war verbunden, daß Einkommensverluste der Männer nicht mehr durch Eigenproduktion ausgeglichen werden konnten. Die schwerindustrielle Monostruktur bei gleichzeitig unzureichend ausgebildeter Infrastruktur brachte aber einen Mangel an Erwerbsarbeitsplätzen für Frauen mit sich, wodurch Frauen die Möglichkeit des Einkommenserwerbs erschwert blieb: ist ihr Lebensunterhalt in der Familie nicht mehr gesichert, so sind sie auf Zuverdienst in ungeschützten Arbeitsverhältnissen oder auf staatliche Unterstützungsleistungen angewiesen.

Die Nachkriegsentwicklung des Ruhrgebiets – die konjunkturelle Blüte der fünfziger Jahre und die in den sechziger Jahren beginnende Strukturkrise – hatten einen tiefgreifenden Einfluß auf die Lebensbedingungen der Frauen. Neben der Ablösung der traditionellen Form der Haushaltsproduktion war damit auch die zunehmende materielle und soziale Unsicherheit der Familienverhältnisse verbunden. Die späte – und bisher unvollkommen gebliebene – Modernisierung der Region ließ die ausschließliche Orientierung der Frauen auf die Familie zunehmend fragwürdig werden, zugleich fehlten ihnen jedoch die Möglichkeiten, zufriedenstellende Alternativen zu entwickeln.

Arbeiterbewegungen im Reproduktionsbereich

Daß die Stabilität des Wirtschaftswunders trügerisch ist, wurde in den späten sechziger Jahren deutlich. Einsetzende Krisen brachten Bewegung in die scheinbare Friedhofsruhe der Nach-Adenauer-Republik. Zudem stellten junge Intellektuelle der 68er Studentenbewegung neue und radikale Fragen nach der Demokratie und dem Sinn und der Berechtigung gesellschaftlicher Strukturen.

Was geschah im Ruhrgebiet? Hier hatte die Montankrise schon begonnen. Die Identität der Region in der Sicherheit der rauchenden Schlote begann zu bröckeln. Zudem hatte der Krieg und die Nachkriegsprosperität bereits tiefe Spuren in den Lebenszusammenhängen hinterlassen. Alte Selbstverständlichkeiten waren fragwürdig geworden; der Wiederaufbau der Ruhrgebietsindustrien und -städte hatte die Gefahr vollständiger Kommerzialisierung der Lebensverhältnisse mit sich gebracht. Auch im Ruhrgebiet herrschte in den späten sechziger und frühen siebziger Jahren Aufbruchstimmung. Es begann der bis heute nicht beendete Kampf der Arbeiter um ihre Arbeitsplätze, und es begannen neue Auseinandersetzungen um die Lebensbedingungen in der Region. Erstmals in der Geschichte der Bundesrepublik kam es zur Entstehung von Arbeiterinitiativen im Reproduktionsbereich.

Sie setzten sich auseinander mit den Bedingungen des Wohnens und der infrastrukturellen Versorgung der Wohngebiete, sie kämpften gegen den drohenden Abriß der Arbeiterkolonien. Während noch 1972 im Ruhrgebiet keine einzige Arbeiterinitiative bekannt und der Anteil von Arbeitern in bestehenden Bürgerinitiativen mit vier Prozent verschwindend gering war, kam es allein in den Jahren von 1973 bis 1975 zur Bildung von 31 Arbeiterinitiativen (Boström/Günter 1975, S. 9), die um den Erhalt der Kolonien kämpften, und zur Gründung von zahlreichen Initiativen in anderen Wohnbereichen. Diese „zu nahe 100 Prozent" aus Arbeitern und ihren Familien bestehenden Initiativen entwickelten sich unabhängig von den klassischen gewerkschaftlichen und politischen Organisationen der Arbeiterschaft, die den Reproduktionsbereich als Ort sozialer Auseinandersetzungen vernachlässigt hatten.

Die Stärke der Arbeiterinitiativen, die sich gegen die Interessen der Wohnungsbesitzer ganz überwiegend in zähen und leidenschaftlichen Kämpfen durchsetzten, resultierte sicher zum einen aus der unmittelbaren Betroffenheit durch die Bedrohung ihrer Lebensverhältnisse, zum anderen basierte sie auf der Mobilisierung des traditionellen Sozialgefüges, speziell in den Kolonien. Die Initiativen schufen sich mit den monatlichen „Schulungen" und mit dem „Ruhrvolksblatt" eine eigene Kommunikations- und Informationsstruktur; Wissenschaftler der Revierhochschulen engagierten sich als Berater, Journalisten unterstützten den Kampf der Arbeiterinitiativen, indem sie in den Medien ausführlich berichteten.

Frauen waren an den Arbeiterinitiativen deutlich mehr beteiligt als in Parteien und Gewerkschaften. In einigen Fällen waren sie es, die bei Versammlungen sprachen, Interviews gaben, mit Politikern verhandelten und die Entwicklung der nächsten Schritte vorantrieben. Meistens jedoch dominierten die Männer. Zwar hatten Frauen überall einen wichtigen Anteil an der Arbeit der Initiativen: Sie führten Gespräche mit Nachbarn und Nachbarinnen, sie organisierten Feste, sie machten den anderen Mut und waren oft radikaler als die Männer. Aber wenn es um Auftritte in der Öffentlichkeit ging, um die Darstellung der Initiativen nach außen, traten die Männer in den Vordergrund. Dieser Widerspruch zwischen der Kompetenz und dem Engagement der Frauen und ihrer mangelnden öffentlichen Anerkennung führte 1976 zur Bildung der Arbeitsgemeinschaft „Frauen aus Dortmunder Stadtteilinitiativen", dem im Revier ersten eigenständigen Zusammenschluß von Frauen aus der Arbeiterschicht jenseits der traditionellen Organisationsstrukturen. Die Arbeitsgemeinschaft setzte sich zum Ziel, gemeinsam zu überlegen, „wie wir unsere Interessen und damit auch diejenigen anderer Frauen vertreten, unsere Ängste und Vorbehalte gegeneinander und damit auch z. B. gegenüber Nachbarinnen abbauen können. Nur so wird es möglich, andere Frauen in die Arbeit miteinzubeziehen, um mit ihnen gemeinsam Frauenbelange im Wohnbereich und im Stadtteil zur Sprache und zur Geltung zu bringen." (Janssen 1979, S. 124)

Frauenbewegung im Ruhrgebiet

Die Frauenbewegung im Ruhrgebiet hat viele Facetten, umfaßt viele Gruppen. Wir können sie hier nicht alle näher beschreiben, wollen sie aber wenigstens nennen, um die Vielfalt der Frauenbewegung zu verdeutlichen. Da sind die Frauen in den Gewerkschaften, die nicht nur für gleichen Lohn für gleiche Arbeit kämpfen, sondern auch für mehr Fraueneinfluß in der Gewerkschaft. Zu nennen sind die Frauen in den Parteien. Frauen in der SPD ertrotzen von der SPD-Landesregierung eine weibliche Frauenbeauftragte. In vielen Kommunen und z. T. auch in den Landschaftsverbänden wurden Gleichstellungsstellen eingerichtet, die nach den ersten vorliegenden Berichten von vielen Frauen besucht, befragt, um Hilfe angegangen wurden. Viele Volkshochschulen richteten auf Drängen von Frauen hin Frauengesprächskreise und spezielle Weiterbildungsangebote für Frauen ein. Wie überall im Bundesgebiet gibt es auch im Ruhrgebiet Frauenhäuser für mißhandelte Frauen. Frauen aus der Frauenbewegung versuchen gemeinsam mit ausländischen Frauen, deren Situation zu verbessern. Auch im Ruhrgebiet gibt es inzwischen Pfarrerinnen. Noch sind sie selten, aber in den evangelischen Kirchen vor Ort wird die „Frauenfrage" diskutiert. Zu nennen ist die Frauenfriedensbewegung, deren Tradition bis in die fünfziger Jahre zurückgeht. Bei allen Unterschieden im Selbstverständnis, in der politischen und theoretischen Ausrichtung und in den Praxisfeldern ist diesen Frauengruppen eines gemeinsam: Es waren zuerst Aktivitäten in anderen gesellschaftlichen Problembereichen, die die Frauen zusammenführten, und erst in diesem Prozeß bildete sich das Problembewußtsein heraus, als Frau besonders, anders, schärfer betroffen zu sein von gesellschaftlichen Krisen.

Neben den genannten Frauengruppen gab es aber auch vielfältige autonome Frauengruppen, die sich bereits bei ihrer Gründung als genuine Frauengruppen definierten, z. B.: die Gruppen, die um die Abschaffung bzw. die Reform des § 218 kämpften. Im folgenden wollen wir drei Ausprägungen der Frauenbewegung vorstellen und an ihnen die Besonderheiten der Frauenbewegung im Ruhrgebiet verdeutlichen, und zwar die Mönninghoff-Frauen als Beispiel dafür, wie Arbeiterfrauen aktiv werden und was das bewirkt; die Frauengruppe aus dem Dortmunder Stadtteil Huckarde als Beispiel dafür, wie Stadtteilfrauen aktiv werden und was sie erreichen können; und die Frauenforen im Revier als Beispiel dafür, wie Wissenschaftlerinnen, Frauen aus dem Bereich der Weiterbildung und Familienfrauen aktiv geworden sind.

Die Frauen von Mönninghoff

243

„‚Keiner schiebt uns weg': Mönninghoff-Frauen sind aktiv", so überschrieben Tina Flügge und Heiderose Kilper für die Initiative der Mönninghoff-Frauen den gemeinsamen Kampf der Frauen und Männer um den Erhalt der Arbeitsplätze in Hattingen. Anfang 1984 ging die Metallwarenfabrik Mönninghoff in Hattingen in Konkurs, 791 Arbeiter und Angestellte sollten entlassen werden. Die Belegschaft widersetzte sich. Die Arbeiter besetzten das Werk und entwickelten Pläne, die Firma in eigener Regie weiterzuführen. Die Pläne, wenngleich wohl kalkuliert, mußten scheitern; denn „Unser Beispiel könnte ja Schule machen!" (so der Titel des Buches über den Arbeitskampf bei Mönninghoff).

Auf Initiative der Männer trafen sich im Februar 1984 120 Ehefrauen zu einer Informationsveranstaltung über den Arbeitskampf. Spontan beschlossen die Frauen, zwei Tage später nach Düsseldorf zu fahren, um vor den Banken, die Mönninghoff die Finanzen entzogen hatten, zu demonstrieren und sich für die Gründung einer Auffanggesellschaft einzusetzen. Die Solidaritätsaktionen der Mönninghoff-Frauen liefen weiter, sie machten Informationsstände in Hattingen, sammelten Unterschriften, verkauften Kaffee und Kuchen für die Spendenkasse und führten eine Versammlung mit dem Stadtdirektor von Hattingen durch. *„In diesem Gespräch kam (...) seine ganze Einstellung gegenüber uns als Frauen zum Ausdruck. Er hat gedacht, da sitzen so ein paar doofe Weiber, denen erzählste jetzt mal, was du alles so drauf hast. Und dann kamen die konkreten Fragen, und da ist er ins Schleudern geraten. Er konnte ja nicht wissen, daß wir uns gut vorbereitet hatten."* (Flügge/Kilper 1985, S. 69).

Der Solidaritätskampf der Frauen von Mönninghoff bewirkte zum einen eine allgemeine Politisierung der Frauen, er machte den

Frauen aber darüber hinaus ihre spezifische Situation als Frauen bewußt und stärkte ihr Selbstbewußtsein; denn die Aktivitäten der Mönninghoff-Frauen beschränkten sich nicht auf den Kampf um den Erhalt der Arbeitsplätze ihrer Ehemänner. „Frauen von uns sind zu Veranstaltungen zum Internationalen Frauentag nach Essen, nach Mülheim gefahren und haben am ersten bundesweiten Treffen betrieblicher Fraueninitiativen in Oberhausen teilgenommen. Wir haben über unseren Kampf berichtet und haben dabei eine Welle der Solidarität erlebt. Wir haben mit Vertreterinnen der Hoesch-Fraueninitiative diskutiert." (a. a. O., S. 65)

Das Engagement der Frauen hatte auch Auswirkungen auf die Beziehung zu den Männern. Waren die Männer zuerst auch über die Aktionen der Frauen begeistert, so waren sie doch nicht bereit, „Aufgaben im Haushalt zu übernehmen oder abends auf die Kinder aufzupassen, damit die Frauen zur Versammlung konnten." (a. a. O., S. 68) Die Mönninghoff-Frauen beschlossen, auch nach dem endgültigen Scheitern der Werksbesetzung als Frauengruppe zusammenzubleiben. Sie trafen sich noch über einen längeren Zeitraum regelmäßig.

Ähnlich wie 1984 die Frauen in Hattingen den Arbeitskampf ihrer Männer solidarisch unterstützten und über diese Unterstützung sich dann als Frauengruppe konstituierten, hatten schon 1975 die Ehefrauen von Erwitter Zementarbeitern durch Demonstrationen, Unterschriften-Sammeln u. ä. den Arbeitskampf ihrer Männer, die fristlos entlassen worden waren, mitgetragen. Auch die Erwitter Frauen bildeten eine Frauengruppe. Sie erfuhren solidarische Unterstützung durch die Frauen-Aktion Dortmund (FAD), die maßgeblich an der Initiierung und der Arbeit der Erwitter Frauengruppe beteiligt war.

Bedrückende Aktualität bekommt der Kampf der Mönninghoff-Frauengruppe und der Arbeiter angesichts der jüngsten drohenden Entlassung von 3.000 Beschäftigten auf der Henrichshütte in Hattingen. Hattingen ist nicht nur als Stahlstandort gefährdet – bei einer Arbeitslosenquote von dann 30 Prozent wird Hattingen neben Oberhausen zum Armenhaus der Republik.

Und wieder machen auch die Frauen mobil. Die Traueninitiative Henrichshütte kämpft um ihre und die Existenz ihrer Männer. Sie formulierte eine Resolution an den Vorstand der Thyssen AG, zu der die Henrichshütte gehört, sie demonstrierten mit ihren Kindern in Duisburg-Hamborn, dem Sitz der Thyssen AG. (Vgl. FR vom 7. 3. 1987, S. 3)

In der Bewegung dieser Frauen lebt eine alte Tradition des Ruhrgebiets fort: Frauen haben seit jeher ihre Männer in den Arbeitskämpfen solidarisch begleitet. Im Gegensatz zu den fünfziger und zwanziger Jahren, in denen sich die Aktionen der Frauen auf die Unterstützung der Männer beschränkten, kam es in den siebziger und achtziger Jahren darüber hinaus zu einer eigenständigen Politisierung und zur Thematisierung einer besonderen Betroffenheit der Frauen als Frauen.

Flugblatt des Frauen-Aktionskomitees Mönninghoff

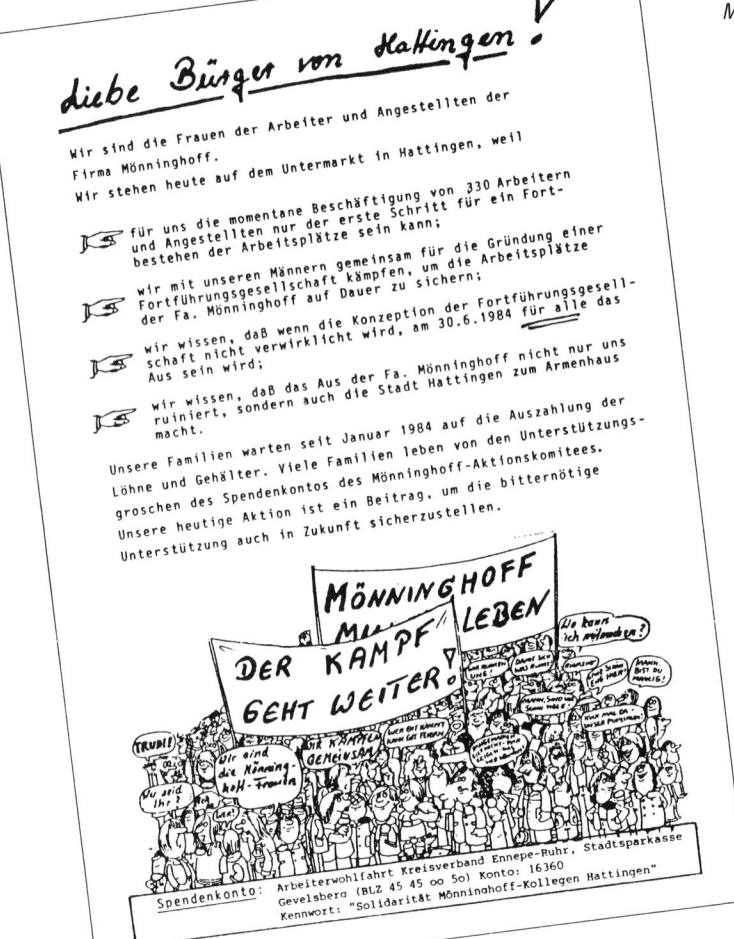

Das Frauenzentrum in Huckarde

Huckarde ist ein Stadtbezirk im Dortmunder Nordwesten, dessen Gesicht bis heute durch die 1980 geschlossene Zeche und die Kokerei geprägt ist. Neben dem Bergbau sind das Stahlwerk und die Brauereien die wichtigsten Arbeitsplätze der Huckarder Männer. Im Zuge der andauernden Krise im Kohle- und Stahlbereich sind Arbeitslosigkeit und Kurzarbeit, Frühverrentungen, aber auch Umsetzungen auf andere Zechenstandorte Probleme, von denen die Huckarder Arbeiter und ihre Familien – nun schon seit vielen Jahren – betroffen sind. Die sozio-kulturelle Struktur des Stadtbezirks ergibt sich nach wie vor aus dem Überwiegen der Arbeiterschaft in der Bevölkerung des Stadtbezirks. Bis heute ist sie gekennzeichnet durch tradierte „ruhrgebietstypische" Lebensweisen; wichtige Kulturträger sind die Gewerkschaften und die zahlreichen Vereine. Ein großer Teil der heutigen Wohnbebauung in Huckarde entstand als industrienaher Werkswohnungsbau, und zwar nicht in der Form der Kolonie mit einzeln stehenden Häusern, sondern im „Gartenstadt"-Charakter: Häuserreihen, deren Anordnung Platz läßt für Flächen, die als Gärten oder anders genutzte halböffentliche Zonen dienen können. Verdichtete Neubebauung („Hochhäuser") gibt es in Huckarde nicht.

Die Lebensbedingungen der Frauen in Huckarde sind auf der einen Seite durch die materiellen und sozialen Probleme geprägt, die mit dem Rückgang der Beschäftigung und der hohen Erwerbslosenquote der Männer verbunden sind; auf der anderen Seite durch das Fehlen von Erwerbsarbeitsmöglichkeiten für Frauen, obwohl der Strukturwandel auch im Stadtbezirk Huckarde zu einem zuneh-

Huckarder suchen neues Domizil

Bahnhof für Frauen?

Huckarde. Seit März bemühen sich die Mit „Frauenzentru die ihr Domizil Beringer-Straße Räume in dem Huckarde-Nord ge", berichtet So Wagener, Vors im Frauenzentru sere Räume für d Angebote, die w erweitern wollen.

Eingerichtet w auf den rund 500 tern des Huckard net, neben einer Hausa tur, in der kurzfr haltshilfen vermit sollen, eine Lehr mehrere Werkrau

Westfälische Rundschau vom 27. Mai 1986.

Huckarder Treff öffnet zum Programm-Auftakt die Türen

Geschichte wird im Frauen-Café lebendig

An Frauen, die lange aus dem Beruf heraus waren und nun wieder arbeiten möchten oder müssen, richtet

Ruhr-Nachrichten vom 11. Januar 1986

Aus dem Programmblatt des „Frauencafes Huckarde", 1/1984

UNSERE ANGEBOTE auf einen Blick

MONTAG 15⁰⁰ - 18⁰⁰ Uhr Gruppe der Alleinerziehenden
14-tägig, Beginn: 3.9.84

DIENSTAG 20⁰⁰ - 22⁰⁰ Uhr Frauendämmerschoppen (1. Dienstag im Monat)
" " Frauengesprächskreis:
" Frauen, die allein leben "

MITTWOCH 9⁰⁰ - 12⁰⁰ Uhr Beratung in Sozialhilfefragen
Formularhilfe + Umgang mit Ämtern
15⁰⁰ - 18⁰⁰ Uhr Offenes Treffen mit Handarbeiten

DONNERSTAG 15⁰⁰ - 18⁰⁰ Uhr Offener Gesprächskreis bei Kaffee + Kuchen
20⁰⁰ - 22⁰⁰ Uhr " Café-Gruppe "

FREITAG 17⁰⁰ - 19⁰⁰ Uhr Rollenspielgruppe
Beginn: 17.8.84

menden Bedarf an Frauenarbeitsplätzen geführt hat. Im öffentlichen Leben des Stadtbezirks spielen Frauen nach wie vor eine untergeordnete Rolle, als Hausfrauen und Mütter dagegen sind sie gefordert, im privaten Bereich für den Erhalt der Familien, für Spannungsausgleich und die Abwehr des sozialen Abstiegs zu sorgen.

In dieser modernen Form der Hausarbeit sind Frauen isoliert und wenig anerkannt – zumal wenn sie nicht in einer „vollständigen" Familie leben. In Huckarde gibt es aber inzwischen – wie anderswo – viele ledige oder geschiedene Mütter, deren Integration in die traditionell-patriarchalischen Strukturen des Stadtbezirks auf besondere Schwierigkeiten stößt. So stellen sich in Huckarde – als einem Beispiel für einen von der Schwerindustrie geprägten Lebensraum des Ruhrgebiets – die aktuellen Fragen des Frauenlebens und der Frauenbewegung (wie z. B. menschenwürdige Gestaltung der Schwangerschaftsunterbrechung, Schutz vor Gewalt gegen Frauen, Beteiligung der Frauen am Erwerbsleben und am öffentlichen Leben) in besonderer Schärfe. Die Probleme sind geprägt durch die besondere Dringlichkeit ihrer Lösung und durch Rahmenbedingungen, die eher auf Beharrung als auf Erneuerung angelegt sind.

Im Rahmen eines Projektes zur stadtteilbezogenen politischen Bildungsarbeit der Volkshochschule Dortmund kam es im Jahr 1975 erstmals zur Einrichtung eines Gesprächskreises für Frauen in Huckarde, der zusammen mit dem Eltern-, besser Müttergesprächskreis, im selben Projekt den Beginn der „anderen Frauenbewegung", der Frauenbewegung vor Ort, bedeutete. In diesen Gruppen arbeiteten engagierte junge Wissenschaftlerinnen zusammen mit Huckarder Hausfrauen. Ansetzend an den Erfahrungen des Alltagslebens im Stadtteil und dem Austausch über die gemeinsame Betroffenheit von gesellschaftlichen Problemen, suchten sie nach Wegen, ihre Handlungsmöglichkeiten und Handlungskompetenzen im „privaten" und im gesellschaftlichen Bereich zu erweitern. Als 1976 eine der evangelischen Pfarrstellen in Huckarde mit einer Pfarrerin besetzt wurde, begann auch im Rahmen der ev. Gemeindearbeit eine explizit auf Frauen bezogene Bildungsarbeit. In den folgenden Jahren entwickelten und differenzierten sich die Frauengruppen und ihre Arbeitsformen. So kam es z. B. 1978 zu einer großen Demonstration von Frauen und Jugendlichen, die von den Frauen des Elterngesprächskreises vorbereitet wurde und die sich für dezentrale, selbstverwaltete Jugendzentren im Stadtbezirk einsetzte.

In den Jahren ihres Engagements haben die Huckarder Frauen vor allem eines gelernt: sie nahmen die Auseinandersetzung um ihre Lebensbedingungen selbst in die Hand, und sie wußten nun, daß Frauen gemeinsam etwas erreichen können. Sie schlugen jetzt nicht den Weg der politischen Forderungen und des Versuchs der Durchsetzung ihrer Interessen in den traditionellen politischen Strukturen ein, sondern sie nahmen die Diskussion darüber auf, was sie selbst tun könnten, um ihre Lage zu verbessern.

1980 kam es durch die Initiative der Gruppe der alleinerziehenden Frauen aus der evangelischen Gemeindearbeit zur Bildung eines Arbeitskreises Huckarder Frauen, der sich die Errichtung eines Cafés für Frauen im Stadtbezirk zum Ziel setzte. Im selben Jahr gründeten die Frauen den Verein „Frauenzentrum Huckarde 1980" e. V. – 1981 wurde das Frauencafé in einem ehemaligen Gemüseladen im Huckarder Norden eröffnet.

Der Verein Frauenzentrum Huckarde verfolgt ganz grundsätzlich das Ziel, einen Beitrag zur Verbesserung der Lebenssituation der Frauen im Dortmunder Nordwesten zu leisten. In der Arbeit des Vereins haben sich vier Schwerpunkte entwickelt:

– Aufgabe des „offenen Bereichs" ist es, *Kontakt- und Kommunikationsräume* für Frauen mit ihren Kindern zu schaffen. Hiermit soll dem Defizit an öffentlichen Räumen, in denen sich Frauen mit ihren Kindern entspannt aufhalten können, begegnet werden. Darüber hinaus geht es um den Versuch, nachbarschaftliche Kommunikationsstrukturen wieder zu beleben. Der „offene Bereich" dient aber auch dazu, Frauen mit den übrigen Angeboten des Zentrums bekannt zu machen und sie zu ermutigen, ihre Anliegen und Wünsche zu formulieren und eigene Ideen zu entwickeln und umzusetzen.

– Neben dem „offenen Bereich" hat der Verein einen *Informations- und Beratungsdienst* entwickelt: er bietet Einzelberatung, Einzelfallhilfe – einschließlich sozial-pädagogischer Krisenintervention – sowie Gruppenberatungen und Informationen an. Ein großer Bedarf besteht vor allem nach Beratung in Fragen des Sozialhilfebezugs, der Arbeitslosigkeit und in Ehe- und Familienfragen.

– Im Frauenzentrum gibt es ein umfangreiches *Bildungsangebot* für Frauen. Im Zentrum treffen sich verschiedene Selbsthilfegruppen, z. B. die Gruppe der alleinerziehenden Frauen. Daneben gibt es Kurse, Seminare und Gesprächsgruppen zu unterschiedlichen Themenbereichen des Alltagslebens der Frauen. Zielen diese allgemeinbildenden Angebote ganz generell auf die Ermutigung zum Neu- und Weiterlernen, die Erweiterung der Handlungskompetenz und die Persönlichkeitsentwicklung der Teilnehmerinnen, so ist in letzter Zeit als weiterer Schwerpunkt die berufsvorbereitende und berufsqualifizierende Weiterbildung dazu gekommen. Mit dem Lehrgang „Ausbildung zur Hauswirtschafterin" wird, anknüpfend an die Qualifikationen und Kompetenzen, die die Frauen bei der Führung ihres eigenen Haushalts erworben haben, angestrebt, erste Voraussetzungen für verbesserte Chancen des Berufszugangs für Frauen zu schaffen.

– Ein wichtiges Ziel des Frauenzentrums in Huckarde war von Anfang an die *Schaffung bezahlter Arbeitsplätze* für Frauen. Während aber zunächst an Möglichkeiten des Zuverdienstes für Hausfrauen gedacht war, stehen jetzt die Bemühungen um die Einrichtung sozialversicherungspflichtiger, regulärer Arbeitsverhältnisse im Vordergrund. Derzeitig beschäftigt der Verein zwei Frauen, die vorher Sozialhilfeempfängerinnen waren, auf – staatlich finanzierten – Vollzeitarbeitsplätzen, und etwa zehn Frauen sind bezahlt nebenberuflich tätig, allerdings noch unter der Sozialversicherungsgrenze.

In der Weiterentwicklung der beruflichen Qualifizierung und der Schaffung von Erwerbsmöglichkeiten für Frauen sieht der Verein eine seiner wesentlichen zukünftigen Aufgaben.

Frauenforen und Frauenstudium

Das größte Weiterbildungsangebot für Frauen im Ruhrgebiet sind die Frauenforen im Revier, die seit 1979 im Abstand von zwei Jahren an der Universität Dortmund stattfinden. Das 1. Frauenforum stand unter dem Motto „Frauen begreifen ihren Alltag". Es kamen etwa 5.000 Frauen im Alter von 20 bis 75 Jahren, unter ihnen Hausfrauen, Angestellte, Lehrerinnen, Frauen, die aktiv in der Stadtteilarbeit sind. Es gab über 100 Veranstaltungen, die sich speziell mit der Lebenssituation von Frauen im Revier auseinandersetzten.

Dieser Erfolg läßt sich zweifellos auf das Konzept der Frauenforen zurückführen. Wissenschaftlerinnen aus Dortmunder Hochschulen und Frauen, die in der Weiterbildung im Revier arbeiteten, besuchten 1976 die Berliner Sommeruniversität, eine einwöchige Hochschulveranstaltung von Frauen für Frauen. Eine Veranstaltung dieser Art hatte es in der Bundesrepublik noch nie gegeben. Sie brachten von dort die Idee mit, eine ähnliche Veranstaltung für die Frauen im Ruhrgebiet zu organisieren, aber von Anfang an war klar, daß das Frauenforum einen besonderen regionalen Charakter haben und weniger akademisch sein sollte. So wurden Frauen aus den Stadtteilen angesprochen, der Lebenszusammenhang und die Alltagserfahrungen der Ruhrgebietsfrauen wurden thematisiert.

Exemplarisch wollen wir dazu aus der Ankündigung für die Veranstaltung „Was bringt uns (Frauen) die Arbeitszeitverkürzung (der Männer)?" zitieren: „Im Stahlarbeiterstreik zur Jahreswende 1978/79 wurde erstmals das Mittel des Arbeitskampfes für die Durchsetzung der Forderung nach Arbeitszeitverkürzung eingesetzt. (...) Die streikenden Männer wurden von ihren Frauen tatkräftig unterstützt. Aber: Von niemandem wurde öffentlich darüber gesprochen, was die Arbeitszeitverkürzung für die Frauen und die Familien bringt. (...) Wenn die Männer sich besser von der Arbeit erholen sollen, wer bereitet ihnen ein erholsames Zuhause? Bedeutet die Arbeitszeitverkürzung so Mehr-Arbeit für die Frauen durch steigende Ansprüche an ihre Leistungen im Haushalt? Wie kann die Arbeitszeitverkürzung so genutzt werden, daß beide, Frauen und Männer, etwas davon haben? (...) In der Arbeitsgruppe wollen wir gemeinsam über diese Fragen sprechen. Wir wollen herausfinden, wodurch auch heute schon die Freizeit des Mannes und die Freizeit der Frau sich voneinander unterscheiden (...) Wege für die Beteiligung der Hausfrauen an einem solchen Fortschritt wie der Verkürzung der Arbeitszeit herauszufinden, sollte das Ziel unserer Arbeitsgruppe sein". (dokumentation des 1. frauenforums im revier, 1982, S. 340 f.) Während des 1. Frauenforums im Revier fanden gleichzeitig Streiks der Stahlarbeiter zur Arbeitszeitverkürzung statt. Die Teilnehmerinnen des Frauenforums unterstützten den Arbeitskampf durch Spenden und öffentliche Solidaritätsbesuche.

Die folgenden Frauenforen standen unter den Rahmenthemen „Frauen und Gesundheit" (1982), „Frauenleben – Frauenarbeit 1984. Welche Wende wollen wir?" und „Frauen, Kunst und Alltagskultur" (1986). Nach dem Regierungswechsel von 1982 in Bonn stand vor allem das 3. Frauenforum mit der Frage „Welche Wende wollen wir?" unter der Perspektive der Erwerbslosigkeit von Frauen im Ruhrgebiet, wie die Titel vieler Veranstaltungen verdeutlichen: „Arbeitsplätze im Ruhrgebiet – Für Frauen Mangelware"; „Frauenerwerbstätigkeit – Eine Herausforderung der 80er Jahre"; „Frauenerwerbslosigkeit und ihre Wirkung auf die Familie"; „Mit dem Einkommen auskommen? Hausarbeit unter veränderten wirtschaftlichen und sozialen Bedingungen"; „Sozialhilfe = Soziale Hilfe?"; „Die Peitsche und das Zuckerbrot. Was steckt in der freundlichen Familienpolitik?"; „Arbeiterfrauen machen mobil". Die betroffenen Frauen führten teilweise selbst Seminare durch, so z. B. die „Gruppe erwerbsloser Frauen" und die „Aktionsgemeinschaft Bergarbeiterfrauen gegen Zechenstillegung".

Viele Frauen wollten nach dem 1. Frauenforum 1979 gemeinsam weiterarbeiten, sich gemeinsam – und zwar über die Frauengesprächskreise hinaus – weiterbilden. So entstand eine Initiativgruppe von Teilnehmerinnen des Frauenforums und von Wissenschaftlerinnen Dortmunder Hochschulen, die Konzeptionen für ein kontinuierliches universitäres Weiterbildungsangebot für Frauen erarbeitete. Sie nahm Kontakte mit Frauen im Weiterbildungsbereich auf, erwärmte die Leitung der Dortmunder Pädagogischen Hochschule mühsam für dieses Projekt und führte langwierige Verhandlungen mit dem Wissenschaftsministerium und dem damaligen Frauenbeauftragten in Düsseldorf. Das Weiterbildungsprojekt „Frauenstudien" wurde erkämpft. Ohne das Engagement Dortmunder Wissenschaftlerinnen wäre dieses Projekt nicht zustande gekommen.

Im Wintersemester 1981/82 nahmen die ersten Frauen ihr Studium als Gasthörerinnen an der Universität Dortmund auf. Inzwischen sind es weit über 300 Frauen. Was ist das Besondere an diesem Projekt? Das „Frauenstudium" ist das einzige universitäre Weiterbildungsangebot in der Bundesrepublik, an dem Frauen ohne „normale" Hochschulzugangsberechtigung teilnehmen können. Es wurde 1986 von der Bund-Länder-Kommission für das Bildungswesen als Modellversuch anerkannt. Die Qualifikationen, die Frauen nach mehrjähriger Führung eines Familienhaushalts erworben haben, wie Organisieren, Erziehen, Krankenpflege, Schulaufgabenhilfe, Arbeit im Stadtteil oder im Ehrenamt werden einer beruflichen Ausbildung gleichgestellt und berechtigen zur Teilnahme an dem universitären Weiterbildungsangebot „Frauenstudium". Dieses will Frauen mehr Kompetenzen vermitteln, ihre eigene Lebenslage zu analysieren und im Stadtteil, in der Weiterbildung, in der Politik

Plenumveranstaltung, 4. Frauenforum im Revier, Universität Dortmund 1986

tätig zu sein. Die Frauen besuchen eigens für sie konzipierte Seminare, aber auch die regulären Veranstaltungen vieler Fächer wie Soziologie, Philosophie, Erziehungswissenschaft, Hauswirtschaftswissenschaft, Raumplanung, Geschichte, Deutsch usw. Zum Abschluß ihres Studiums machen die Frauen eine Prüfung, für die sie ein Zertifikat erhalten. Die Prüfung ist zwar ein Nachweis über den gegenwärtigen Wissensstand, Studium und Prüfung sind jedoch derzeit noch nicht der universitären Ausbildung gleichgestellt. Auch die Zukunftswerkstatt Dortmund ist aus dem Projekt entstanden. Die Zukunftswerkstatt zielt langfristig auf die Schaffung von bezahlten Erwerbsarbeitsplätzen für Frauen in kollektiv organisierten Kleinbetrieben, z. B. im Bereich EDV, Reisebüro und Textilgestaltung.

Das Frauenstudium ist eine Tochter der Frauenbewegung im Revier und von Dortmunder Wissenschaftlerinnen. Und es wirkt auf die Töchtergeneration. Durch die Anwesenheit von Familienfrauen in universitären Seminaren wird ein Lernen zwischen den Generationen möglich, wie es in dieser Form sonst nicht gegeben ist. Die Erfahrungen der Mütter werden emotionsfreier weitergegeben, als dies in der Familie möglich ist. Sie werden tradiert, öffentlich und ernstgenommen.

Zwischenbilanz: Statt eines Schlußwortes

Die Frauenbewegung im Ruhrgebiet, die ihren Anfang in den frühen siebziger Jahren genommen hat, stand seit ihrem Beginn unter dem Vorzeichen der krisenhaften Entwicklung der Region und der härter werdenden Auseinandersetzung um Arbeits- und Lebensbedingungen. Als ihre wohl bedeutendste Stärke kann gelten, daß sie eine Bewegung der Frauen „vor Ort", darunter der Arbeiterinnen und Frauen aus Arbeiterfamilien, umschließt. Die Formen der Frauenbewegung im Ruhrgebiet sind selten spektakulär gewesen, aber ihre Auswirkungen veränderten Bewußtseinsstrukturen und Lebensbedingungen. So konzentrieren sich hier auch die Auswirkungen der Frauenbewegung auf die Mädchenarbeit auf konkrete Verbesserungen der alltäglichen Lebensbereiche, so z. B. durch Ausbildungs- und Arbeitsprojekte, getrennte Mädchengruppen in Jugendfreizeiteinrichtungen, durch Zusammenarbeit von Frauenbeauftragten und Lehrerinnen in Curriculumfragen.

Gemessen an den Aktivitäten der Frauenbewegung in den Zentren blieb das Ruhrgebiet Provinz. Die großen Auseinandersetzungen um den Anteil der Frauen in Kunst und Wissenschaft, in Öffentlichkeit und Politik wurden hier häufig später und entlang anderer Fragestellungen geführt. Es waren die ruhrgebietsspezifischen Probleme wie Mangel an Erwerbsmöglichkeiten für Frauen und Verschlechterung der Lebensbedingungen, die die Frauen „vor Ort" aktiv werden ließen und die ihnen ihre besondere Betroffenheit als Frau verdeutlichten. Diese „andere" Frauenbewegung besitzt in ihren Arbeitsformen, Inhalten und mit ihren Erfahrungen bundesweite Ausstrahlung. So sind mit dem Stadtteilbezug, der Orientierung an den alltäglichen Lebensbedingungen, der Zusammenarbeit von Frauen aus unterschiedlichen sozialen Schichten zentrale Anliegen der neuen Frauenbewegung in dieser Region in Ansätzen verwirklicht. Doch – es würde sich lohnen, die Geschichte der Frauenbewegung im Ruhrgebiet zu schreiben.

Peter Kuhnert

„Ich hab' nun mal 'ne ganze Ecke meines Lebens auf dem Gitter verbracht"
Punks im Revier

Punk: eine, wenn nicht die prägnanteste und bedeutsamste Jugendsubkultur der siebziger und achtziger Jahre, entstand nicht zufällig in den britischen Industrievorstädten von London, Liverpool, Manchester und Glasgow. Dies lag zum einen an der typisch englischen Tradition von Jugendkulturentwicklung, die im Gegensatz zu den USA nicht auf dem Mythos von Gemeinschaft (Amerika erfand die Hippies), sondern auf dem Mythos des Andersseins beruhte (Vgl. Frith 1981, S. 249), zum anderen an der sozialen und kulturellen Situation, mit der viele britische Jugendliche konfrontiert wurden, wie der sich herausbildenden höchsten Arbeitslosenquote Jugendlicher seit der Zeit vor dem Zweiten Weltkrieg und einer hedonistischen Konsum- und Freizeitkultur, die den Begriff Jugend zum vorrangigen Werbe- und Verkaufsträger für sich vereinnahmt hatte. (Vgl. Brake 1981, S. 95) Der Angriff des Punk auf die etablierte Gesellschaft, seine Provokation der dominanten Kultur war symbolisch und äußerte sich neben der Musik im Stil. Punk sprach zwar zunehmend arbeitslose Jugendliche an, war aber nie eine reine Arbeitersubkultur. Dafür spricht allein schon seine primär auf die Idee der Kreation eines neuen jugendkulturellen Stils gerichtete „Entstehungsgeschichte": *„Die ganze Punksache, das waren am Anfang nur so 100 Leute, die kamen alle aus einem Londoner Stadtteil, waren außergewöhnlich und ausgeflippt, viele kamen von der Kunstschule oder aus der Mittelklasse und liefen als lebende Litfaßsäule rum für ihre Kunstwerke – denn das waren die verrückten Frisuren, grell geschminkten Gesichter und selbstgemachten T-Shirts etc."* (Dave Winter)

Tatsächlich waren die Protagonisten der Punkidee Bernhard Rhodes, Malcolm McLaren, Manager der Sex-Pistols, in den sechziger Jahren auf Kunsthochschulen und verstanden sich als Situationisten, denen es ähnlich wie den Punks um die Praxis des Alltags und die Ästhetik der Langeweile ging. (Vgl. Frith 1981, S. 255) McLaren wollte die passiv erlebte Realität der Konsumenten in eine aktive Situation verwandeln, Zwangsstrukturen entlarven und etablierte Spielregeln außer Kraft setzen.

Als 1976 in England die Punkwelle begann, war für viele englische Jugendliche die gesellschaftliche Krise bereits allgegenwärtig spürbar. Die Punks antworteten nicht nur auf die Krise (Arbeitslosigkeit, neue Armut, Umweltzerstörung, atomare Bedrohung etc.), sondern dramatisierten sie, übersetzten das Gerede von der Krise in greifbare, sichtbare und schlagkräftige Begriffe. Für ihre Kleidung benutzten oder verfremdeten die Punks Accessoires von der Sicherheitsnadel bis zum Hakenkreuz. Die getragenen Sachen schienen teilweise direkt aus der Mülltonne zu kommen, und die Mimik, Gestik und Körpersprache ließen keinen Zweifel daran, daß man dieser Gesellschaft krass (Crass: Name einer Punkband) zeigen wollte, was sie sowieso über einen dachte: ihr seid der Abschaum (Scum).

Punk meets Germany

Mit ein bis zwei Jahren Verspätung erreichte der Punk auch die Bundesrepublik, und neben den Metropolen Berlin und Hamburg waren besonders industrielle Regionen wie das Rhein-Ruhr-Gebiet Zentren der neuen subkulturellen Bewegung. Viele Jugendliche, wie der damals (1978) 15jährige Jörg Fischer, die schon von der neuen schnellen und aggressiven Musik aus England begeistert waren, kamen dabei eher zufällig mit Punk in Berührung: *„Ich geh' so die Kampstraße lang und da war so 'ne Wäscherei mit schwarzen Marmorplatten und* *da stand ganz groß in Weiß: ‚Es gibt Punks in Hagen!' und ich bin so abgefahren . . . das war das Schlüsselerlebnis, um mit den Leuten in Kontakt zu kommen."* (Jörg Fischer)

Nicht nur in Hagen, sondern in fast allen Revierstädten tauchten immer mehr dieser Punkgrafittis auf. Darüber hinaus wollten die Punks der „no future"-Gesellschaft, die immer mehr Jugendlichen keine oder nur noch miserable Zukunfts- und Berufsaussichten bot, den Spiegel vorhalten, die Verhältnisse zum Tanzen bringen, indem man ihnen ihre eigene Melodie vorsang. Es ging ihnen um die Demaskierung gesellschaftlicher Normalität, unter der das Grauen und das Elend moderner Industriekulturen fast perfekt verborgen ist: Parolen wie „Zurück zum Beton – Für die nukleare Totalsanierung" oder Songtexte wie „Abitur, Abitur – Job bei der Müllabfuhr" (Beton Combo) zeigten die sarkastische und illusionslose Haltung innerhalb der neuen Subkultur.

Zur Subkultur der Punks gehörten Jugendliche aus allen Schichten. Schüler, auch Gymnasiasten, Auszubildende, Studenten, junge Arbeiter und arbeitslose Jugendliche fanden sich in den verschiedenen Punkcliquen wieder. Dabei kristallisierten sich vor allem zwei Szenen heraus. Eine engagierte Musiker- und Kunstszene, für die Punk erst einmal ein neues interessantes und avantgardistisches ästhetisches Ausdrucksmittel war und eine alltagsorientierte Punkszene, für die Punk vorrangiger Lebensstil wurde. In diesen Cliquen waren viele arbeitslose Jugendliche, von denen eine Reihe auch schon negative Erfahrungen mit der eigenen Bildungskarriere gemacht hatten: *„Erst war ich für zwei Jahre auf 'em Gymnasium und da hat das aber mit den Noten nicht so hingehauen, wie ich mir das so vorgestellt hatte, lag aber auch an den Lehrern, die alles so alte Faschos waren, und ich bin dann mit sage und schreibe 5 Fünfen zur Hauptschule abgegangen."* (Jörg Fischer)

Die Schwierigkeiten in der Schule oder am Arbeitsplatz wurden noch durch andere Probleme ergänzt, z. B. im Elternhaus oder in Beziehungen. Die positive Orientierung an einer subkulturellen Bezugsgruppe bedeutete für Punks erst einmal eine Aufwertung des angeschlagenen Selbstwertgefühls und wurde für sie zu einer wichtigen außerfamiliären Sozialisationsinstanz. (Vgl. Brake 1981, S. 25/26)

Das wichtigste Erkennungsmerkmal der Punks, was auch eine unabdingbare Voraussetzung für die Cliquenzugehörigkeit bedeutete, war ihre Kleidung, mit der sie sich von der orthodoxen „Kleidungskultur" provokativ absetzen wollten. Besonders für die Anfangsphase der Punkbewegung waren erhebliche Anstrengungen nötig, um dem Outfit eines „original Punk" halbwegs nahe zu kommen: *„Es gab ja damals noch nicht diese second-hand-Läden wie heute und man mußte so wirklich von Opa und Tante die Klamotten besorgen, sich Stoffarben kaufen und ich hab' dann reihenweise T-Shirts gemacht, und weil ich 'ne Nähmaschine hatte, kamen auch alle zu mir, denen ich die Hosen enger machte."* (Eva Groll) In einer Art Collagentechnik wurde der neue Kleidungsstil sehr phantasievoll entwickelt. Selbst scheinbar harmlose Accessoires wie grauer Anzug, Hemd, Krawatte und kurze Hose wurden ihrer ursprünglichen Konnotationen beraubt (Effektivität, Einhalten der Hierarchie etc.) und in leere Fetische verwandelt, zur grotesken Parade bürgerlicher Normativität und „Anpassungsneurose" degradiert. (Vgl. Hebdige 1983, S. 96)

Für viele junge Punks bedeutete ihr kompromißloses und provokantes Äußeres zugleich, den ständigen Anfeindungen einer schockierten Erwachsenenwelt ausgesetzt zu sein. Eine junge Dortmunder Punkerin mußte sich z. B. jeden Morgen vor Arbeitsbeginn erst einmal die grüne Farbe aus ihren Haaren waschen, um nicht ihre Lehrstelle bei einer großen Stahlfirma zu verlieren. In einigen Familien führte die subkulturelle Orientierung der Kinder sogar zum völligen Bruch mit den Eltern, besonders dann, wenn diese durch die Hetzartikel der „Boulevard-Presse" in ihrer ablehnenden Haltung noch unterstützt wurden: *„Ich komme rein, sitzt mein Vater am Tisch mit Kaffee und Bildzeitung, in der damals viel Horror über Randale mit Punks stand; so auch an diesem Tag, und auf einmal sehe ich nur noch den Kopp von meinem Ollen rot anlaufen und brüllen: ‚Scheiß Punker!', und ich sagte nur: ‚ich geh' jetzt wohl lieber'."* (Jörg Fischer)

Besonders problematisch gestaltete sich oft auch die Nachbarschaft von Punks und Normalbürgern, die nicht selten in Handgreiflichkeiten endete, weil zwischen den Wertvorstellungen beider Seiten mehr als Welten zu liegen schienen. Entsprechend kam es zu mancher Überreaktion, die schon hysterische Züge trug: *„Damals (1977) war ja diese Terroristensache und ich hieß mit Nachnamen XY und eines morgens standen da zwei ‚Zivis' und ein Haufen Grüne und hielten mir 'ne Polizeimarke unter die Nase und sagten, wir hätten hier wohl ein terroristisches Nest. Die haben erst mal unsere Bude auf den Kopf gestellt. Den Hinweis hätten sie von Bürgern, die natürlich unsere Nachbarn waren, für die wir sowieso nur Asoziale und Chaoten waren."* (Eva Groll)

Pogo on ~~Deutschland~~ Fuck of Nazis Ⓐ

Nazi
ALLE
VERMIETER
IGGY
RIOTS
Oedenburger
26.50
Attack
Alternatives

Punk als auffällige Subkultur griff den sozialen Konsens, der durch autoritäre Kodes geformt ist, an und wurde somit zu einer mächtigen Provokation für eine Ruhe- und Ordnungsmentalität. (Vgl. Hebdige 1983, S. 83) Nicht nur das Hervorzerren des Verdeckten, das Herausschreien des alltäglichen Wahnsinns der Zerstörung, die Umklammerung durch die soziale Krise, sondern auch das provokante lustbetonte Auftreten von Punks in der Öffentlichkeit, das primitive Ängste weckte, waren zentrale Charakteristika dieser Subkultur. Demzufolge war Punk zu allererst einmal eine Straßenbewegung, eine städtische Subkultur, die sich den öffentlichen Raum wieder aneignete und sich nicht in den Vorortgettos moderner Industriestädte verstecken ließ. Die erste Hagener Punkclique traf sich regelmäßig an einem der sinnentleerten, funktionalen Plätze einer modernen Provinz-Großstadt, die nicht zum Verweilen geplant sind, sondern dem reibungslosen Durchschleusen von Käufergruppen und Passanten dienen: Einer schmalen Passage zwischen einem Kaufhaus und dem Rathaus: *„Erst waren wir bei den Stadtwerken auf 'em Gitter, weil da warme Luft rauskam und du im Winter keinen kalten Arsch bekamst. Sind dann aber umgezogen zum Hortengitter, weil das näher am Supermarkt war und es dort Felskrone (Biersorte) schon für 65 Pfennig die Flasche gab."* (Jörg Fischer) Die Punks der frühen achtziger Jahre hatten meist an solch „unwirklichen" Stellen wie Lüftungsschächten, Rolltreppen, Betonmonumenten in Fußgängerzonen etc. ihre Treffpunkte, womit sie die gesellschaftliche Funktion dieser Räume ad absurdum führten.

Seite 252 und 253: Punks (Fotos von Idiot Records, Michael Reuter und Frank Krispin)

Die Hagener Gitter-Punks waren am Anfang eine geschlossene Clique, und es galt als eine gewisse Ehre, „dazu zu gehören". Die neue subkulturelle Identität der Jugendlichen äußerte sich nicht nur in ihrer Kleidung und ihrem Verhalten, sondern schon in dem neuen Namen, den jedes Gruppenmitglied sich selbst gab oder von den anderen verliehen bekam. Die Namensgebung entzog sich dabei wie Punk allgemein jeglicher verallgemeinerbarer Sinngebung und entstand spontan, hatte mit dem Aussehen, der Vergangenheit oder aber einfach einer verrückten, situativen Idee zu tun: Opa, Mutter, Odysseus, Der Schuh, Bauer, Uhnke, der Grüne, Stachel, Bürste, Descartes, Langhaar, Zisse, der Künstler oder einfach Müller. *„Da standen Opa und Descartes vor dem besetzten Haus in der Bismarckstraße und sagten zu mir: ‚Paß mal auf, das ist der neue Spießerschreck!' Sie setzten dann gleichzeitig die Bierpullen an und röhrten sich mit 'nem tierisch lauten ‚Gurgler' in einem Zug die Suppe runter. Das war dann der sogenannte ‚Schreischluck'."* (Peter Keller)

Der Punkstil besaß gleichermaßen kreative wie provokante Elemente, und das Perverse und Anormale war unter Punks sehr beliebt, wobei besonders die verbotene Bildersprache sexueller Fetischismen effektvoll eingesetzt wurde. Das ganze Sado-Maso-Zubehör (Riemen, Strapse, Ketten, Gummimasken etc.) wurde aus den Geheimfächern bürgerlicher Schubladen und Pornoshops auf die Straße „gezerrt", und selbst der schmutzige Regenmantel als alltägliches Symbol sexueller „Abartigkeit" wurde stilistisch benutzt. Das schamlose Auftreten der Jugendlichen führte natürlich zu Konfrontationen mit vielen Bürgern, von denen viele in ihrem grauen Arbeitsalltag nicht an latente Wunschphantasien und erotische Bedürfnisse erinnert werden wollten. Die harte Punkszene enttabuisierte auch die Bereiche des Alltagslebens, über die sonst höchstens in angeheiterter Stimmung gesprochen wird, wie z. B. das sich Übergeben bei Übelkeit, was sich auch schon im Namen einiger Punkbands wie Rotzkotz oder Kotzbrocken dokumentierte. Eine Dortmunder Punkclique schockierte dabei besonders gerne Hippies: *„In der Disko hatten die Hippies eher Angst vor uns, für die waren wir so komische Monster, die da wild rumsprangen, sich gegenseitig die Köpfe blutig schlugen und sich anrotzten. Einmal im Keller (Discothek) kotzte ein Kumpel auf der Tanzfläche einem anderen voll auf die Birne und der schrie noch: ‚Geil Mann!' Da haben die Hippies echt den Horror gekriegt."* (Frank Meurer)

Der Tanzstil der Punks – Pogo – hatte nichts mehr gemein mit den üblichen Discotänzen, bei denen es meist darum ging, möglichst viele schöne Tanzfiguren zu produzieren oder in ekstatischer Selbstversunkenheit die wallende Haartracht zu schütteln. Im Pogo verbarg sich die körperliche Ablehnung der gesellschaftlichen Zustände. Hinter der auch als „mutant-dance" („Tanz debil – ganz debil"! Einstürzende Neubauten) bezeichneten Tanzform steckte die ehrliche Entlarvung der eigenen Krüppelhaftigkeit und die der anderen, die diese hinter geglätteter Fassade unauffällig verbargen. Für viele der jungen Punks stand aber sicherlich der Lustaspekt dieses wilden und schnellen „Rempeltanzes" im Vordergrund: *„Wir haben Unmengen an Bier verdrückt und dann wurde richtig schöner Pogo getanzt mit sich gegenseitig ordentlich durchschütteln, durch die Menge fetzen, gut auch Rempeln, aneinander hochspringen, sich hinwerfen, wieder aufgehoben werden, aber ohne den anderen niederzumachen . . . Das war irgendwie ein Abbau von irgendwelchem Scheiß."* (Harry Hartmann)

Der stark nach außen gerichtete Stil der Punks und ihr provokantes Verhalten bot natürlich eine gute Angriffsfläche für die Medien. Dem Punk erging es dabei nicht anders als anderen Subkulturen, die fortwährend dem Versuch der Wiedereingliederung in die Gesellschaft unterliegen. Dieser Prozeß verläuft auf zwei Ebenen: einmal werden die subkulturellen Zeichen (Kleidung, Musik etc.) in massenhaft produzierte Objekte verwandelt, zu Waren geformt („Der Kaufhof macht den Punk zum Prunk"), zum anderen findet eine Etikettierung abweichenden Verhaltens durch herrschende Gruppen (Polizei, Justiz, Medien) statt. (Vgl. Hebdige 1983, S. 85) Die bürgerliche Presse der Bundesrepublik versuchte, schon mit dem Auftauchen der ersten Punks in deutschen Großstädten durch reißerisch aufgemachte Berichterstattung gerade das Exotisch-Besondere und die horrorhaft und gewalttätig erscheinenden Aspekte der neuen Subkultur hervorzuheben. Das Beispiel des Wochenmagazins „Der Spiegel" spricht für sich. In Heft 4/1978 lautete der Titel eines seitenlangen „Punkrundumschlags": „Punk-Kultur aus den Slums: brutal und häßlich". Die Medienberichterstattung gerade über auffällige Subkulturen zeugt von historischer Kontinuität, denn ob Halbstarke in den fünfziger Jahren, Rocker in den sechziger Jahren oder Punks in den siebziger und achtziger Jahren, aufgebauschte Berichte, die die Jugendlichen durch Wiederholung stereotyper Anschuldigungen als gefährliche und gewalttätige Gruppierungen diskriminieren, sind die Regel. Die Hagener Gitterpunks bekamen diese zunehmende Progromstimmung dann auch „leibhaftig" zu spüren. *„Dann kamen immer mehr so Rentner und Vollfertige zum Gitter und schrien einen zusammen: ‚Euch Verbrecher sollte man wie bei Adolf gleich ins Arbeitslager stecken!' oder: ‚In der Gaskammer seid ihr am besten aufgehoben!'* (Jörg Fischer) Während es in Hagen meist noch bei kleineren Rangeleien und verbalen Ausbrüchen des Volkszorns blieb, mußten jugendliche Punks in den „Punkmetropolen" Berlin und Hamburg sogar um ihr Leben fürchten. Mitglieder von Bürgerwehren und rechtsradikale Schläger zertrümmerten dort regelmäßig Punklokale und überfielen in Ku-Klux-Klan-Manier Jugendliche, die sie dann mit schweren Knochenbrüchen und Kopfverletzungen auf der Straße liegen ließen. (Vgl. Penth/Franzen 1982, S. 182/183) Die Hagener Gitter-Punks mußten, als „gefährliche Jugendgang eingestuft, schon bei Gesetzesverstößen in ihrem näheren Umfeld mit kollektiven Festnahmen durch die Polizei rechnen, deren täglichen Personenüberprüfungen („Persos sehen") sie sowieso ausgesetzt waren: *„Hinterher genügte es schon, öffentlich eine Flasche Bier zu trinken, damit sie einen mitnahmen."* (Jörg Fischer)

In mehreren deutschen Großstädten hatte die Polizei längst sogenannte Punkerkarteien angelegt, deren Rechtmäßigkeit heftig umstritten war. So wurden z. B. in Hamburg bis Mitte 1980 allein 450 erkennungsdienstliche Behandlungen durchgeführt, wobei man auch die Spitznamen und Tätowierungen der Punks registrierte. Nicht anders erging es den Hagener Punks, die auf dem Weg zur ED-Behandlung das eine oder andere Mal die Erfahrung machen mußten, daß Polizeibeamte schon mal die Nerven verlieren können: *„Das gipfelte darin, als sie uns mit dem Mannschaftswagen zur Prentzelstraße (Polizeiwache) hinfuhren, daß sie uns androhten, uns umzubringen und ‚auszurotten', wie sie sagten, ‚euch machen wir fertig, euch machen wir alle ... ihr seid schlimmer als die schlimmsten Penner, ihr seid die letzten Säue', ... und die Uhnke (Punkmädchen) fing dann immer an zu flennen."* (Jörg Fischer)

Der Abschied vom „braven Mädel". Weibliche Punks

Zum harten Kern der Gitter-Punks zählten auch Mädchen, die überhaupt innerhalb der Punkbewegung keine untergeordnete Rolle wie in anderen Subkulturen, wie etwa den Rockern, einnahmen. Bei Auseinandersetzungen mit der Polizei oder Bürgern waren sie immer dabei und galten bei allen Gruppenaktivitäten als gleichberechtigte „Kumpels": *„Die Mädchen gehörten einfach irgendwie dazu, die Frauen waren für mich wie Kumpels. Mit denen konntest du einfach was unternehmen, ohne daß sie gleich dachten, du willst sie flachlegen."* (Harry Hartmann) Selbst quantitative Studien bestätigen, daß sich ebensoviele Mädchen (3 Prozent) wie Jungen (2 Prozent) als Punks verstanden bzw. mit dieser Subkultur sympathisierten (Mädchen 15 Prozent und Jungen 16 Prozent). (Vgl. Shell 1981, S. 77) Die aggressiv und provokativ auftretenden Punkmädchen entlarvten Begriffe wie Liebe, Zärtlichkeit, Zweierbeziehung als romantischen Mythos, den es ebenso zu zerstören galt wie die gängigen Vorstellungen von Weiblichkeit: *„Kann mich noch dran erinnern, daß ich mal mit 'ner Freundin zu 'nem Konzert losgezogen bin und ich sagte: ‚guck mal der Süße da mit den gestreiften Haaren!', und zack hat man sich den gegriffen, das lief alles so auf einer Ebene ab."* (Susanne Strom) Die Entscheidung, „Punkerin" zu sein, hatte allerdings für Mädchen weitergehendere Folgen als für Jungen, weil sie nicht nur den Männerhaß auf sich zogen – „so wie du aussiehst sollte man dir mit Säure das Gesicht zerschießen!" (Vgl. Penth/Franzen 1982, S. 182) – sondern auch von anderen Mädchen gemieden wurden: *„Für die anderen Mädchen aus meinem alten Freundeskreis galt ich* *hinterher als total abgesackt und asozial. Die haben dann nicht einmal mehr mit mir gesprochen."* (Eva Groll)

Für weibliche Punks gab es neben dem sozialen Ausstieg aus der bürgerlichen Normalität noch zusätzlich einen Geschlechtsrollenausstieg; den endgültigen Abschied vom „braven Mädel", das sich primär über Männer definiert und auch sexuell dem patriarchalischen Herrschaftsanspruch ständige Demutsleistungen zu offerieren hat: *„In dieser Gesellschaft zählt einfach Macht und Power, was sich halt auch in der Sexualität widerspiegelt. Es gilt einfach mehr, wenn man möglichst viel spritzen kann, das andere ist eben unwesentlich. Aber daß sich Mädchen sowatt gefallen lassen, darüber bin ich angewidert und enttäuscht und das mit sich machen lassen und dann noch auf 'ne Frauengruppe zurückgreifen müssen."* (Anne Mercks) Die Aussage der jungen Punkerin aus einer Revierstadt macht den Konflikt deutlich, in dem viele Mädchen aus der Punkszene stecktne. Anne M. unterscheidet zwei verschiedene Formen männlicher Orientierung. Die eine besteht aus dem „ständigen Kreisen" um den Mann und wird von ihr heftig kritisiert, und die andere, die sie „gar nicht so schlecht" findet und für sich angenommen hat, ist gekennzeichnet von Aktivität, Abenteuerlust, Stärke, Durchsetzungsvermögen etc. Eine eindeutige geschlechtliche Identifikation, eine geschlechtliche Identität wird so unmöglich und ein Dilemma „geschlechtlicher Neutralität" offenbart sich. *„Ich fühl' mich nicht als ganzes Wesen. Ich fühl mich als unheimlich zerrissenes aufgeschlitztes ... teilweise als halbverblutetes und teilweise auch ganz schön lebendiges Wesen, voller Widersprüche und in überhaupt keinen Rahmen zu pressen."* (Anne Mercks)

Die Punkmädchen waren keine Feministinnen. Die feministische Ideologie wirkte auf sie zu intellektuell und wirklichkeitsfremd, zu passiv, denn sie wollten keine Opfer sein, sondern Täter. Der sozialisatorische Einfluß von Punksubkulturen auf Mädchen sollte keinesfalls unterschätzt werden, selbst wenn viele Mädchen später nach ihrer Cliquenzeit wieder in ihre herkömmlichen Rollenmuster zurückfielen. Einige der ehemaligen männlichen Punks denken jedenfalls heute noch wehmütig an ihre Cliquenfreundinnen zurück: *„Die Mädchen bei uns waren total eigenständig und selbständig, die waren absolut toll, ich fand die wahnsinnig gut, die haben ein totales Selbstbewußtsein ausgestrahlt."* (Harry Hartmann)

Punk is dead, but not over. Auflösung eines Stils

Punk beeinflußte nicht nur die Sozialisation von Mädchen, sondern hatte auch Einfluß auf die Werte und Normen von Jugendlichen in anderen Subkulturen, indem er entweder Stilformen modifizierte, z. B. den gesamten Diskostil, der Anfang der achtziger Jahre cooler und härter wurde, oder Jugendlichen Möglichkeiten bot, ihre Unzufriedenheit innerhalb politischer Szenen zum Ausdruck zu bringen: *„Ich hatte einfach keinen Bock mehr auf diese lustfeindliche, rigide linke Politik und diesen komischen Moralismus von wegen guter Revolutionär oder gleich Reaktionär. Wir hörten dann fast nur noch Punkmusik und es war richtig befreiend zu sagen: Politik ist Scheiße."* (Peter Keller)

In der Zeit von 1977 bis etwa 1982/83 war Punk der jugendkulturelle Stil, der sich am intensivsten mit der Alltagsrealität auseinandersetzte und immens politisch war. Die jungen Punks sahen der Realität illusionslos ins Gesicht, und „no future" hieß auch, keine Angst mehr vor der Zukunft zu haben, sich trotz miserabler Perspektive tagtäglich auf die Konfrontation mit der Ordnungs- und Staatsgewalt einzulassen. Die Trivialisierung sowie die massive kommerzielle Vereinnahmung dieses Lebensstiles durch Presse und Jugendfreizeitindustrie bzw. die Stigmatisierung dieser Jugendlichen zur ultrabrutalen Gewaltszene waren entscheidende Faktoren, die zur Auflösung der Punksubkultur führten. Dazu kam die generative Spaltung der Punkszene. Die alten Punks von 1977/78 konnten nur noch wenig mit den Nachfolgern von 1982/83 anfangen, die den Punkstil eben zum Teil nur über die verzerrte mediale Vermittlung kennengelernt hatten.

Eine Dortmunder Punkclique, die sich an der Organisation und Durchführung eines großen Hard-core-Punkkonzerts mit der US-Kult-Punkband Dead Kennedys am 8. Dezember 1982 in Recklinghausen beteiligte, mußte die Erfahrung machen, daß viele der neuen Punks mittlerweile ganz anderes im Sinn hatten als sie: *„Im Musikpalast Recklinghausen, das war nur noch Horror ohne Ende. Diese sogenannten Punks haben die Toiletten zertrümmert, sind mit zerbrochenen Spiegelscherben durch die überfüllte Halle gelaufen und ein Scheißkerl hat mit einer Wasserpistole, die mit Domestos gefüllt war, rumgespritzt; das bekamen Leute in die Augen und mußten ins Krankenhaus. Hinterher haben sie sogar ein riesiges Loch in die Wand zur Garderobe geschlagen und Jello Biafra (der Sänger der Dead Kennedys) bekam sogar voll eins aufs Maul gehauen als er den Mob beruhigen wollte."* (Dave Winter)

Die alten Punks der späten siebziger Jahre zogen sich entweder enttäuscht aus den Cliquen zurück oder wechselten die Subkultur, wurden Teilhaber an den neuen rein medial vermittelten Stilen. Diejenigen, die dem alten Hardcore-Punkstil noch halbwegs treu blieben und auf das provokante Auftreten in der

Öffentlichkeit nicht gänzlich verzichten wollten, „machten sich den Schädel", schoren sich Glatzen, wurden die neuen Skinheads der achtziger Jahre: *"So ab 1982 hatten die DO-Skins keinen Bock mehr auf dieses Pennerimage der Punks, die wollten was neues, was sauberes schaffen, wo die Leute auch wieder zusammenhielten. Das waren auch keine Faschos, denn die Skins waren ja auch noch immer mit uns zusammen."* (Ulli Pfleger) Die einstige mehrere tausend Jugendliche zählende Punk-Subkultur war 1984 praktisch nicht mehr existent, und selbst die Presse vermutete „das Ende der Bewegung", wie z. B. in Köln, wo Punks nur noch Touristenattraktionen waren, die sich am Kölner Dom für fünf Mark ablichten ließen. (Vgl. Kölner Stadt Anzeiger v. 25./26. August 1984) Punk als Bewegung, die ihre Treffpunkte durch Selbstzerstörung (wie in Recklinghausen) oder durch die „Penner- und Punkerverbote" für viele Fußgängerzonen (was z. B. in Wuppertal 1982/83 zu mehreren Demonstrationen führte) verlor, ist bereits Historie. Die sich heute noch als Punk verstehenden Jugendlichen und jungen Erwachsenen sind bereits die dritte Generation der Subkultur, das letzte Aufgebot einer Jugendrebellion, die „Neuen Penner", deren Bestreben nur noch darin besteht, sich – egal mit welchen Drogen – umfassend „dicht" zu machen, sich „fertig zu machen". (Vgl. „Tempo", April 1987, S. 44–51)

Bevor die Punksubkultur sich praktisch auflöste, mußten die Hagener Gitter-Punks schon die Erfahrung machen, daß nicht alle Punker ihre Cliquenmitgliedschaft so ernst nahmen, wie z. B. Jörg Fischer, der mehrere Jahre „treuer" Punkanhänger blieb: *"Ich hab' nun mal 'ne ganze Ecke meines Lebens auf dem Gitter verbracht, und ich hab' sie kommen und gehen sehen. Die kamen als Sid Vicious und liefen hinterher als die letzten Heinzelmänner rum... schlimm, ehrlich schlimm..."* (Jörg Fischer) Das Engagement von einzelnen Jugendlichen in Subkulturen ist immer unterschiedlich. Für den einen gehört die Cliquenzeit zu den bedeutsamsten Momenten seines Lebens, ist eine zentrale biographische Entwicklungsphase, und für den anderen nur ein kurzes Eintauchen in eine exotische Welt, die ihm eine zeitlich begrenzte Ablenkung und Erleichterung gegenüber der grauen Alltagsrealität verschafft. (Vgl. Hebdige 1983, S. 111) Für viele Punks aus der Gitterszene war ihre eigene Clique „wie eine kleine Familie", über die noch heute mit Stolz und wenig distanziert berichtet wird. Sie grenzen sich dabei deutlich von den ehemaligen, heute völlig angepaßten oder ins rechte Fahrwasser von Nazi-Skins geratenen Cliquenmitgliedern ab, die für sie zu „verdammten Köpfen" geworden sind. Obwohl sie jetzt ein fast „ordentliches Leben" führen, geregelter Arbeit nachgehen und teilweise verheiratet sind, wollen sie ihre Punkzeit nicht verdrängen oder vergessen, die sie auf ihrer Haut teilweise sogar mit punkigen Tätowierungen „verewigt" haben:

"Wir stehen auch zu unseren Tätowierungen, dem Totenschädel mit Irokesenfrisur; wenn wir vielleicht später so 'n Spießer, so 'n Hohlschädel geworden sind, der nur noch Bock auf Knete hat, sehen wir uns dann auf den Arm und wissen was Sache ist." (Harry Hartmann)

Punk-Fanzine

Die Explosion der Stile
Birgit Richard

Gruftie

Punk leitet mit Beginn der achtziger Jahre eine neue Stilentwicklung ein. Aus Punk entsteht New Wave als „entschärfte" und zugleich weiterentwickelte Form. Einzelne Segmente des Punk werden hervorgehoben und bilden sich zu eigenen Stilrichtungen aus; z. B. zu den *Psychos, Gothic Punks, Wavern, Grufties*. Die neuen Stile entstehen aus der Kombination von historischen Zitaten mit aktuellen Elementen.

Die Grenzen zwischen den Stilen sind diffus. Die Tendenz zur Ausdifferenzierung und Vermischung führt zu Versuchen, sich durch äußere Erscheinungsmerkmale noch deutlicher voneinander abzugrenzen. Haartracht und Kleidung werden bestimmend. Sie bilden die Grundlage für Typologien, nach denen sich die Zuordnung und Zugehörigkeit zu den einzelnen Stilen richtet. Diese Orientierung am Äußerlichen muß vor allem als Reaktion auf die immer schnellere Vereinnahmung „authentischer" kultureller Praxen durch die Konsumindustrie verstanden werden. Sie ist ein Versuch der Rettung von Individualität.

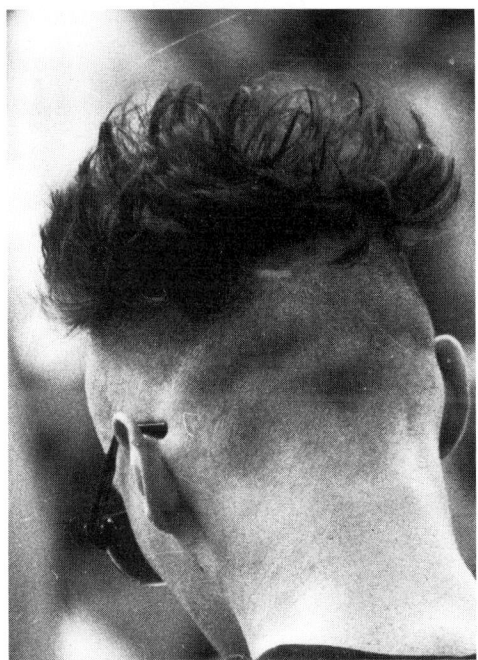

Oben: 86er-Punk („Nachbau" des 77er-Modells)

Unten links: „Entschärfter" Irokesenschnitt

Unten rechts: Waver (?)

260

Gothic Punk (?)

New Hippie (?)

? – ?

Oben: Gestylte Grufties (?)

Unten: Waver

Rockpalast, (Geier) Sturzflug und was noch?

Peter Lüschper

Werner Barowski, Bassist der Gruppe „Geier Sturzflug"
(Jochen Eckel)

megaszene

Antworte keinem Rockmusiker im Ruhrgebiet, der dich nach deiner Meinung zu einem seiner neuen Stücke fragt, auch wenn du dir das Schmunzeln ob seiner offensichtlich eintönigen Musikalität nur schwerlich verkneifen kannst, nur: „Ist ja ganz nett, aber . . ." Deine, wenn auch konstruktiv gemeinte, Kritik ist so unangebracht, wie wenn du Peter Rüchel hättest zu Rockpalast-Zeiten davon überzeugen wollen, daß Bruce Springsteen nicht das „Maß der Dinge" ist. Sie hätten und würden es dir eh nicht glauben. Warum auch?

Was in der Rockmusik allein zählt, ist der Glaube und das Engagement an und für sich. Alan Bangs formulierte das in seinem Abgesang auf den Rockpalast so: „Peters absolute Überzeugung von dem, was er tut, ist auch das, was ihn von denen unterscheidet, die ihn im Laufe der Jahre immer wieder kritisiert haben. Er wenigstens weiß, woran er glaubt, seine Kritiker dagegen wissen nur, woran sie nicht glauben." (Bangs 1985, S. 148)

Auch wenn die grundsätzliche Frage gestellt werden muß, was die kommerzielle Rockmusik und das Rockmusikmachen im Ruhrgebiet überhaupt miteinander verbindet, und diese Frage soll im Verlauf dieses Beitrages noch ausführlich behandelt werden, ist eine Kritik der Macher der Rockmusik, ob primär oder sekundär, solange sinnlos, wie die Rockmusik nicht als ein gleichwertiger Bestandteil unserer Kultur angesehen wird.

Die mißverstandenen Musiker? Mitnichten. Bisher macht sich in der Bundesrepublik ja kaum jemand die Mühe, Rockmusikmachen zu verstehen. Wie sollen dann die Musiker verstanden oder mißverstanden werden?

makroszene

Jeder Versuch, die Rockmusikszene des Ruhrgebiets anhand ihrer kommerziellen Erfolge zu beschreiben, und der kommerzielle Erfolg ist ja zunächst einmal das, worauf der Rockmusikinteressierte in erster Linie sein Ohr richtet, würde zwangsläufig weit an der musikalischen Realität dieses Kulturraumes vorbezielen und müßte, um überhaupt zu einem mit der gesamten Rockszene vergleichbaren Ergebnis zu kommen, in blindem Regionalpatriotismus getürkt werden. Schlagworte wie „Ruhrgebiet – Kulturgebiet" („guckloch", heute „Prinz"), „Szene Ruhrgebiet – Wie Phönix aus der Asche" („musik express"), „Ruhrgebiet: Macher Musik & Moneten" („MARABO") in den frühen achtziger Jahren und in kürzerer Vergangenheit „Neue Stars: Das Popwunder an der Ruhr" („Prinz") sind nur einige Beispiele dafür, wie sehr sogar eingefleischte Kenner der Musikszene immer wieder den Weg des gesunden Menschenverstandes verlassen, um den flüchtigen Glanz einer musikkulturellen Bedeutung heraufzubeschwören, die die Rockmusik des Ruhrgebietes nie besessen hat.

Nehmen wir einmal „Fritz Brause" aus, deren weiterer kommerzieller Erfolg erst einmal abgewartet werden muß und die sicherlich noch auf einer zu großen Welle schwimmen, um tatsächliche Standfestigkeit im musikalischen Geschäft beweisen zu können, so waren die Rockbands aus dem Ruhrgebiet, die die Möglichkeit hatten, einmal über den Tellerrand des Reviers blicken zu dürfen, nichts als „Eintagsfliegen". Spätestens nachdem „Kraftwerk" – mit jahrelanger Pionierarbeit hatten sie sich zumindest in England Charts-Positionen erobern können, während die Bundesrepublik noch dem satten siebziger Schlaf des Dieter Thomas Heck die Stange hielt – sich aus dem Rampenlicht zurückgezogen hat, ist Kontinuität im kommerziellen Erfolg für Ruhrrock nichts als eine inhaltsleere Phrase geblieben. „La Düsseldorf" mit dem Stück „Silver Cloud" ('76), „Fehlfarben" mit der LP „Monarchie und Alltag" ('80), „Extrabreit" mit ihrer ersten LP „Ihre größten Erfolge" ('80) und dem Song „Polizisten" ('81), dann „Herne 3" mit „Immer wieder aufstehn", die „Ace Cats" mit „Heut Nacht" oder gar „Geier Sturzflug" mit „Bruttosozialprodukt" (hatte ich diese Band nicht schon einige Jahre vorher mit einem Stück gleichen Titels auftreten sehen und hören, jedoch mit einem Text, der für den kommerziellen Markt nicht gerade „salonfähig" gewesen wäre?), was hatten diese Bands anderes erleben dürfen als einen kurzen Flug und einen schnellen Sturz. Die „Geier" der Musikindustrie hatten zugeschlagen: kurz gepuscht, den Rahm abgesahnt, in manchen Fällen noch ein „Vinyl" nachgeschoben und auf den Folgeeffekt des ersten Erfolges gehofft, aber im Hinterstübchen schon längst eingemottet.

Die Rockmusiker des Ruhrgebietes hatten träumen dürfen, daß es mit dem musikalischen Ansehen bergauf gehen würde, nachdem der Sturm auf den deutschen Plattenmarkt in eigener Regie mehr als einmal eben an diesem Markt gescheitert war, wie zum Beispiel die Macher von „AufRuhr Records" in Wanne Eickel: „Wir glauben, daß 1984 die Leute im Ruhrgebiet, die hier schon ewig und drei Tage ihre Kleinarbeit geleistet haben, die Chance nutzen können, mehr Resonanz zu finden. Und das auch überregional." Wer hätte ihnen diese Chance geben sollen?

Die Szene selbst hatte ihre Chance zu jenem Zeitpunkt bereits verspielt. Der Versuch, das enorme musikalische Potential der Anfangsphase des Punks und New Waves durch autonome Labels und eigene Organisationsstrukturen dem breiten Publikum nahezubringen, starb an der Unfähigkeit, dem stetig steigenden Interesse des Publikums auch organisatorisch gerecht zu werden. Die Folge war der Ausverkauf einer musikalischen Ära an die schnelltötende Musikindustrie. Hollow Skai schrieb in seinem „großen Lamento": „Haben wir denn wirklich nicht mehr erreicht, als der Vermarktung der Musik, ‚die von unten kommt', zuzuarbeiten? . . . Eine Parole hieß damals ‚No future!' Wir führten sie im Munde, nahmen sie aber nicht ernst. Heute haben wir keine Illusionen mehr, sind uns aber unserer Möglichkeiten – und ein wenig auch unserer Macht – bewußter geworden . . . Die Musikindustrie, dieser Elefant im Blumenbeet, hat zwar mal wieder alles plattgetrampelt, aber Unkraut vergeht schließlich nicht. That's the way it is." (Skai 1983, S. 23)

Unkraut vergeht offensichtlich tatsächlich nicht. Der Beschwörung der einen Szene folgt die Beschwörung einer neuen. Revier-Bands, die zu Zeiten der neuen deutschen Welle „Materialschlacht", „The Tanzdiele", „Salinos", „Deo", „Konec" und „Gesundes Volksempfinden" hießen und als die rockkulturelle Revolution des Ruhrgebiets angesehen wurden, heißen heute „Invincible Limit", „Hipsters", „Phillip Boa and the Woodoo Club", „Multicoloured Shades", „Flower Porneoes", „Kimono Code" oder „Crazy Crocodiles" und werden schlicht als „das neue Popwunder an der Ruhr" bezeichnet. Das Revier ist einmal mehr „ein lautes Stück Deutschland". Es fragt sich nur: Wie lange diesmal? Und manche halten sich dann trotz alledem. „The Vorgruppe" zum Beispiel und „Me and the heat", die, bevor sie das „neue Popwunder" einleiteten, sich über die ungewöhnlich langen Jahre ihrer Existenz schon einige Etiketten haben anlegen lassen müssen.

Doch für die meisten Bands ist allein die längere Existenz nicht mehr als ein Traum, geschweige denn, der kommerzielle Erfolg. Die Punk-Szene hat geträumt. „Wieder ist ein Jahr zu Ende, und in zehn weiteren Jahren sind *wir* dann die alten langweiligen Fürze. Vielleicht haben wir bis dahin einiges, heute noch Unwahrscheinliches erreicht. Vielleicht moderiert Eugen Honold dann den Rockpalast und macht mit Gode Bullshit noch die Musikzusammenstellung. Vielleicht ist Kid P. dann einer der gefeiertsten deutschen Regisseure, vielleicht ist Alfred Hilsberg dann Chefredakteur von ‚Sounds'. Vielleicht haben Hansaplast und der KFC dann den Bekanntheitsgrad von Udo Lindenberg. Vielleicht ist Rip Off dann ein großer Veranstalter. Vielleicht bringt Hollow Skai dann eine richtige Zeitschrift raus, und die Konnek'schen Leute haben dann vielleicht eine große Schallplattenfirma . . ." schrieb Ludwig Karnickel in seiner Neujahrsansprache 1981 im „Shit-Bolzen", einem Punk-Fanzine.

Von diesen Vielleichts kann heute nicht mehr sonderlich viel in Erfüllung gehen, aber vielleicht hat das neue Popwunder des Ruhrgebiets ja mehr Chancen, seine Träume umzusetzen. „Sehr geehrte Redaktion, man fragt sich, ob es nicht auch diesmal wieder – wie vor fünf Jahren, als Ihr im ‚Gucklock' üppiges ‚Leben in der Wüste' feststelltet – mehr Wunsch als Wirklichkeit ist, daß das Ruhrgebiet jetzt endlich Pop/Rock von überregionaler oder sogar internationaler Bedeutung hervorbringt. Schön wär's schon! Gewisse positive/qualitative Rückwirkungen auf die breite Basis und ihre Förderung wären hoffentlich die Folge . . .", schrieb E. Kohl vom Kommunalverband Ruhrgebiet in einem Leserbrief auf den „Prinz"-Artikel „Ein lautes Stück Deutschland". (Heft 5, 1987) Die „extrabreite" Basis soll uns einen Hinweis auf die Szenenwirklichkeit geben.

metaszene

Daß die Rockmusikszene im Ruhrgebiet eine ungeheure Stilvielfalt besitzt, daß die Rockmusik längst nicht mehr die Domäne der Jugendlichen ist und Rockmusiker über 30 keine Exoten auf den Bühnen, daß Rockmusik im Ruhrgebiet hauptsächlich von Bildungsbürgern praktiziert wird, zumindest in dieser Region auch der Punk mehr ein „Tanz auf dem Vulkan" als ein politisches Aufbegehren war, daß die meisten Rockmusiker in ihrer Revier-Region sozial und/oder politisch engagiert sind, daß dies sich aber nur in seltenen Fällen auf die Stilrichtung der Musik und genauso selten auf die Themenwahl in den Texten auswirkt, daß in den Rockmusikern ein Wählerpotential der „Grünen" steckt, das eine relative Mehrheit realisierbar machen könnte, dies sind Anregungen aus einer empirischen Studie zur Rockmusik im Ruhrgebiet. (Ebbecke/Lüschper 1987) Klaus Ebbecke und ich haben in den Jahren 1983/84 mehr als 100 Fragen an 307 Rockmusikerinnen und Rockmusiker und 78 Rockgruppen aus Dortmund gestellt und diese empirisch ausgewertet. 78 Rockgruppen allein in einer Stadt, und diese Bands stellten wiederum nur einen Ausschnitt der lokalen Rockmusikszene jenes Zeitraums dar, wir schätzten die Anzahl der existierenden Bands auf etwa 160. Für das Ruhrgebiet muß dies heißen, daß eine Zahl von 2.000 Rockbands, die zumindest ab und an das Rampenlicht der Öffentlichkeit erblickten, eher noch zu knapp bemessen ist.

Wenn Eberhard Koch, der seit einigen Jahren die Rockszene im Ruhrgebiet beackert, von einer „breiten Basis" redet, dann meint er, wie auch wir, vor allen Dingen

Rockgruppen, die von nichts anderem angetrieben werden (können) als von ihren Träumen, sei es, einmal berühmt zu werden, auch wenn sie nur für kurze Zeit die Luft eines kommerziellen Erfolges schnuppern dürfen, sei es, überhaupt nur einmal auf einer großen Bühne vor einem großen Publikum spielen zu dürfen oder auch nur unter einigermaßen akzeptablen Bedingungen musizieren zu können.

Für die meisten Gruppen ist das Rockmusikmachen im Ruhrgebiet ein ruinöses Unterfangen, ein teures Hobby, ohne auch nur die Hoffnung haben zu können, irgendwann einmal ihre Investitionen wieder einzuspielen. Die Ausstattung und die Bühnenshow werden bereits bei kleinen Veranstaltern, und dazu sind auch die Einrichtungen und Aktionen der Städte zu rechnen, am kommerziellen Markt gemessen. Honoriert werden im Gegenzug jedoch noch nicht einmal die Kosten. Um überhaupt einmal in den Genuß eines Auftrittes zu kommen, müssen sich die Gruppen gegeneinander ausspielen lassen, und „ausspielen", das ist die Taktik der meisten Veranstalter. Die Probebedingungen sind mäßig, der Arbeitsaufwand ist hoch, das Schallplattenproduzieren teuer, die öffentliche Unterstützung gering, für eine vernünftige Organisation bleibt keine Zeit, Geld kommt auch keins herein, und dennoch machen die Rockgruppen Musik. Das ist die breite Basis, auf die sich die Rockmusikszene des Ruhrgebietes stützt, und weil die Bedingungen kaum den Schritt zulassen, daß die Rockmusik sich zu einem wichtigen Bestandteil der Revierkultur entwickelt, wird es eine Ruhrrockszene mit überregionaler Bedeutung kaum geben können.

Daß viele Rockgruppen schon nach kurzer Zeit ihren Mut verlieren und wieder auseinanderbrechen, ist nachvollziehbar, aber relativ bedeutungslos. Die meisten Rockmusikerinnen – dies waren im Befragungszeitraum nur 23 – und Rockmusiker bleiben der Rockmusikszene erhalten. Sie haben vorher bereits in mehreren Bands gespielt und können sich auch gut vorstellen, in zehn Jahren noch Rockmusik zu machen, und dies trotz oder vielleicht sogar gerade wegen der nicht vorhandenen Unterstützung. Vom „zweifelhaften" Ruhm ihrer bekannter gewordenen Mitstreiter können diese nur träumen, aber vielleicht ist es gerade der Traum, der das Rockmusikmachen lebenswert macht.

schlußszene

Welche Bedeutung hat der Rockpalast und seine kaum erwähnenswerten rockpoppigen Plagiate in der Dortmunder Westfalenhalle nun für das Rockbusiness im Ruhrgebiet gehabt? Aus musikalischer Sicht war er nicht mehr als eine Herzlungenmaschine für die Träume der Musiker. Der Rockpalast konnte sie verlängern, bis er abgeschaltet wurde – Little Steven läßt grüßen. Aber gegenüber Rüchel hat eine konkurrierende Sendeanstalt höchstens das Maß einer Brinckmann'schen musikalischen Schwarzwaldklinik erreicht, geschweige denn, überhaupt Träume erzeugen können. Von den Träumen lebt der Glaube und das Engagement der Rockmusikszene. Aber wie soll die Rockmusik des Ruhrgebiets leben, wenn die Bürokraten der regionalen Kulturpolitik populäre Musikförderung wie ein unbekanntes Fremdwort behandeln und das Nachlesen vergessen. Bereits 1982 formulierte Richard Jakoby die Anforderungen an die Kommunen so: „Unsere Jugend braucht Raum, was ich inhaltlich und ganz einfach auch örtlich verstanden wissen möchte. Inhaltlich muß ihr die Möglichkeit musikalischer Entfaltung an den allgemeinbildenden Schulen, den Musikschulen, im Privatunterricht, in Musizierkreisen mit klassischer Musik und genauso in der Pop-, Rock- und Jazzszene gegeben werden . . . Diese Räume in den Wohnblöcken oder Stadtteilen sind genauso wichtig wie andere soziale Einrichtungen, etwa solche des Sports. Den Jugendlichen hier Kompensationsmöglichkeiten für fehlenden oder nicht adäquaten Lebensraum zu schaffen, ist eine der Hauptaufgaben kommunaler Kulturpolitik. Nachweislich erfordert das nicht viel Geld, aber Phantasie und planerische Geschicklichkeit." Aber wer soll diese Phantasie und Geschicklichkeit aufbringen, wenn nicht die Szene oder auch die Rockgruppen selbst?

Peter Aleweld:

Piet Klocke und „Das Training"

Piet Klocke ist mehr ein Einzelkünstler als ein typischer Bandmusiker. Er beschäftigte sich im Verlauf seiner Karriere mit Schriftstellerei, trat gelegentlich als Schauspieler am Essener Theater auf und ist in den Filmen zu sehen, zu denen er auch die Musik schrieb. Der wichtigste Schaffensbereich des „Multi-Media-Künstlers" Piet Klocke aber ist die Rockmusik.

Nach einer kleinen „Pause" von der Rockmusik gründete P. Klocke im Januar 1985 die Gruppe „Das Training", mit Bernd Krämer an der Gitarre (Ex-Madhouse, ex Me & The Heat), Achim Grebien am Schlagzeug (hauptberuflich Schlagzeuger bei Me & The Heat), Thomas Dartsch am Bass und Bertram Ernst an den Tasteninstrumenten. Klocke's Texte sind, von wenigen englischsprachigen Passagen abgesehen, in deutscher Sprache geschrieben.

Inhaltlich setzen sich die Texte mit den verschiedensten Themen auseinander, z. B. Fernsehen, Mensch – Maschine, Führer – Geführte, Liebe, Sex, Werbung, Großstadt gehören zum Spektrum der Themen:

Hebt den Arm! Grüß den Leutnant! Roll die Augen!
Schrei den Schrei: Rapdengo Mungo! Hau! Zieh dir schwarz an! Mach mir den Froschmann!
Guck dir den an! Geh du an die ran!
Grüß den Arm! Heb den Leutnant! Schrei in die Augen!

Piet Klockes Publikum ist meistens „unwahrscheinlich gemischt". (P. Klocke) Die Altersstufen bewegen sich zwischen 14 und 30 Jahren. Dabei spielt P. Klocke in Szeneläden, wie im „Komm" oder im „Versuchsfeld" vor Punkern und Skinheads, wo er mehr nach

Piet Klocke, Essen (Jochen Eckel)

dem „Toten-Hosen"-Prinzip, „Hauptsache Stimmung" (P. Klocke) spielt, genauso wie bei der Eröffnung eines Einkaufszentrums in der Dortmunder Innenstadt.

Für Piet Klocke ist es wichtig, im Ruhrgebiet zu leben. Angebote, nach Berlin oder Hamburg zu gehen, schlug er aus: „Wenn ich 14 Tage in Berlin bin und mich die ganze Zeit mit so 'nem Film beschäftige, zu dem ich die Musik machen soll, dann reicht mir das schon wieder." Im Gegensatz zu den Hanseaten – „so verwöhnte Schätzchen, die reden stundenlang über irgendwelche Kunstsachen, die sind dann zu doof, das Leben selbst anzufassen" – hält P. Klocke die Menschen im Ruhrgebiet für „kämpferischer": „Die Leute, die ich hier kenne, die haben alle, so nett und sympathisch das alles klingt, man hat hier so eine Härte auch."

Negativ hingegen erlebt er die Auseinandersetzung über das Ruhrgebietsimage; arrogante und vorurteilsbeladene Journalisten sind seiner Meinung nach gar nicht in der Lage, sich auf inhaltlicher Ebene mit den Problemen des Ruhrgebiets auseinanderzusetzen. „Da wirste immer wieder mit Meinungen konfrontiert, die besagen, daß das einfach so eine Diasporagegend ist, daß wir alle nach Staub stinken, das glaubt man gar nicht, wie das so dranhaftet."

Ace Cats

Mit der Gründung eines Trios starteten Ende 1979 Thomas Szalaga (Gitarre/Gesang), Markus Fraeger (Gesang/akustische Gitarre) und Luitger Fraeger (Kontrabass) ihre Karriere mit den „Ace Cats". Die Gruppe beschäftigt sich fast ausschließlich mit Rock'n Roll und Rockabilly. Die „Ace Cats" begannen mit englischen Texten, stellten sich aber Mitte 1983 auf deutsche Texte um. Mittlerweile spielen sie hauptsächlich eigene Stücke.

Die „Ace Cats" wollen moderne Musik machen, und M. Fraeger ist überzeugt, daß „wir noch nie so anachronistisch gewesen sind, immer auf die 50er Jahre gucken und nur Erdbeersekt trinken, weil das eben Mode war, sondern die Musik so machen, weil wir sie eben gut finden, aber so machen, wie wir sie eben machen wollen." Die Texte setzen sich in der Regel mit Themen wie Liebe, Sex und Aktion auseinander:

Linda
mmh stundenlang häng ich hier schon am Telefon
uuh verdammt ich hör nur immer einen Ton
ich wähl die Nummer die ich auswendig kann
und du ich frag mich nur warum gehst du nicht dran
ich seh dein Zimmer und da brennt noch Licht
ich ruf dich an doch du meldest dich nicht
ich weiß genau daß du zu Hause bist
und ich hätte dich so gerne durchs Telefon geküßt

Markus Fraeger, Sänger der Gruppe „Ace Cats"
(Jochen Eckel)

Allein 1984 hatte die Gruppe 30 Fernsehauftritte. Das Publikum der „Ace Cats" besteht aus Jugendlichen zwischen 12 und 18 Jahren.

Das Bandmitglied M. Fraeger sieht die „Ace Cats" nicht als Ruhrgebietsgruppe, denn da müßten sie seiner Auffassung nach im Dialekt singen und konkrete Ruhrgebietsproblematiken aufgreifen: „Wir sind nur dadurch eine Ruhrgebietsband, weil wir hier lokalisiert sind." Mit dem Ruhrgebiet wollen sie darüber hinaus nichts zu tun haben, denn für M. Fraeger ist das negative Image des Ruhrgebiets nicht durch irgendwelche Pressekampagnen entstanden, sondern es ist konkrete Realität. Smog, keine grünen Bäume und kulturelle Wüste sind für M. Fraeger die charakteristischen Merkmale dieser Umgebung, „sonst würden die Leute ja alle hier Urlaub machen, wenn es bei uns so toll wäre".

Me & the Heat

Die Essener Gruppe Me & The Heat begreift sich selbst als Rockgruppe, hat aber durchaus starke Einflüsse des Jazz und auch anderer Stilrichtungen wie z. B. Funk in ihre Musik integriert. Wichtigstes Element der Musik dürfte der Gegensatz zwischen den hochqualifizierten Studiomusikern und ihrem Sänger Tom Meger sein. T. Meger, der „frontman" und Animateur der Gruppe, beschreibt die Musik als einen kontinuierlichen Entwicklungsprozeß, der von den Prämissen geprägt wurde, daß auf der einen Seite versierte Studiomusiker waren, während er selbst „im Prinzip nicht so genau wußte, wo jetzt eigentlich die ‚Eins' liegt": „Wir sind einfach über das Stückemachen dazu gekommen, uns stilistisch zu finden." Die Texte zu den Stücken sind in Englisch verfaßt und leben weniger durch die Aussage ihrer Inhalte als durch die Art und Weise, wie sie vom Autor mit den ihm eigenen emotionalen Bildern aufgefüllt werden.

Old culture's dying
(...)
Old Culture's Dying
I'm standing in the middle wonderin' and laughin' about it all and all the smilin' television speaker talkin' loudless the rest of the human race is burrying their heads and all my old lovers bound in blood and skin tongueless pipers' waitin' at the gates of eden and I hang my love on a supermarket wall (...)

das Publikum setzt sich aus New-Wave- und auch Punk-Fans zusammen, meist im Alter von 20 bis 30 Jahren. Me & the Heat stehen bei einer der sogenannten Independent-Firmen unter Vertrag, die sich seit 1980/81 in der ganzen BRD und auch speziell im Ruhrgebiet gegründet haben. Als eine reine Ruhrgebietsgruppe wollen Me & the Heat nicht gelten, wohl aber als eine Gruppe aus einem Industriegebiet: „Wir würden auch Deutsch singen", sagt T. Meger, wenn wir eine reine Ruhrgebietsgruppe wären." Aber die Vorstellung, in Berlin oder Hamburg zu arbeiten, erscheint genauso interessant: „Hamburg ist 'ne Hafenstadt und Berlin 'ne Stadt mit einer besonderen Situation, immer so Spannungssituationen, immer so 'ne gewisse Aggression . . ."

Tom Meger von der Gruppe „Me and the Heat"
(Jochen Eckel)

Ästhetische Praxis von Jugendlichen

Ingrid Stoppa-Sehlbach

Bezüge ästhetischer Praxis

Die Bezüge jugendlicher Gestaltungspraxis sind vielfältiger geworden. Neben traditionellen Gestaltungsmöglichkeiten wie Zeichnen und Malen im Bereich bildender Kunst haben sich in den letzten zwanzig Jahren Formen künstlerischer Gestaltung entwickelt, die auch das Betätigungsspektrum von Jugendlichen erweitert haben.

Unter dem Begriff Körperästhetik werden Formen der Selbstdarstellung zusammengefaßt. Kleidung, Mode, Schminken, Sticker, Buttons, Frisuren, Schmuck sind Mittel der Gestaltung von Trends und Gruppenstilen. Zwischen bewußtem Styling durch ausgesuchte Kleidung und Accessoires einerseits und selbstgestalteter improvisierter Selbstinszenierung andererseits liegen unterschiedlich akzentuierte Gestaltungsweisen. Sie bestehen darin, auf der einen Seite das Vorgefundene zu reaktualisieren und auf der anderen Seite das Vorgefundene zu verändern, in neue Zusammenhänge zu stellen. Diese kontroversen Vorgehensweisen kennzeichnen nicht nur das Feld ästhetischer Selbstdarstellung, sondern sind im gesamten Bereich künstlerischer Gestaltung zu konstatieren.

Ein zweiter Bereich ästhetischer Praxis von Jugendlichen mit zunehmender Relevanz ist der gestaltende Eingriff in öffentliche Räume. Gemeint sind die vielfältigen Formen, die die Aufmerksamkeit gesellschaftlicher Öffentlichkeit auf sich ziehen: Plakate, Spruchbänder, Transparente, Wandkritzeleien, Wandbemalung, Graffitis. Die Gestaltung öffentlicher Flächen mit Worten und Bildern steht oft im Dienste eines ideellen und politischen Widerstandes. Die Publizierung von Idealen, Forderungen und Kritik macht es notwendig, das Zeichenblockformat zu verlassen und neue Gestaltungsformen zu erproben. Während sich zu Beginn dieser „Protestästhetik" Botschaften noch säuberlich auf einrollbaren Leinentüchern präsentieren, werden sie im Laufe der Zeit – mit Zunahme des Selbstbewußtseins und der öffentlichen Resonanz – als dauerhafte Information auf die Wand gesprüht. Anzumerken ist, daß die bildliche Gestaltung als Ergänzung zur dominierenden Wort-Information oft von geringer ästhetischer Qualität ist. Bildliche Darstellungen greifen auf Klischees zurück und vermitteln insbesondere symbolische Formen wie Sonne, Rakete, Taube. Der ästhetischen Gestaltung als eigenständiger Aussage wird kaum Bedeutung zugemessen. Erst das Aufkommen der Graffitis subkultureller Prägung und das Vorbild des Züricher Malers Harald Naegeli lassen eine Gestaltungsweise mit neuer ästhetischer Qualität entstehen.

Stefanie Werner, 16 Jahre

Als dritter Bereich gegenwärtiger ästhetischer Praxis ist das Spektrum medialer Gestaltung zu erläutern. Foto, Video, Film sind Gestaltungsmedien, die sich dem Jugendlichen zuerst oder ausschließlich als Rezeptionsmedien präsentieren. Die Familienfotografie, das Urlaubsvideo, das tägliche

Fernsehen bieten eine Fülle von Bildern und Bildwelten, die das Kind und den Jugendlichen in seiner Entwicklung begleiten. Sie liefern Abbilder bekannter und unbekannter Realitäten. Die eigene Produktion solcher Realitätsabbilder versetzt den bislang passiven Rezipienten in die Lage, Probleme der Wahrnehmung und Erfahrung medialer Darstellungen zu überdenken. Foto und Video als Gestaltungsmittel von Jugendlichen dienen einer ergänzenden Selbstreflektion und Vergegenwärtigung alltäglicher Prozesse.

Zurückzuführen ist die an drei Beispielen aufgezeigte Ausweitung der Bezüge künstlerischer Betätigung von Jugendlichen auf differenziert zu betrachtende Auswirkungen gesellschaftlicher Entwicklung.

Eine wichtige Instanz der Einflußnahme ist der Kunstunterricht an den Schulen. Die Veränderung der Inhalte in Richtung auf ein kritisch-reflektierendes Lernen und die Erweiterung der Unterrichtsgegenstände auf allgemeine visuelle Phänomene wie Werbung und Massenmedien, Trivialästhetik, kennzeichnen die Entwicklung seit den siebziger Jahren. Die Reform der kunstpädagogischen Theorie auf dem Hintergrund der Entwicklung wissenschaftlicher Theorie nach 1968 und die konkrete zunehmende Einflußnahme der Massenmedien bildeten die Basis für die Konzepte „Visuellen Lernens" und „Ästhetischer Erziehung". In Ergänzung dazu fließt auch die Rezeption aktueller Kunst, wie Pop-Art und Formen des Neuen Realismus, in den Kunstunterricht ein.

Betrachtet man die drei aufgezeigten Entwicklungsrichtungen ästhetischer Praxis, so handelt es sich um das Aufgreifen und die Inanspruchnahme von Formen ehemals subkultureller Gestaltung. Die Ästhetisierung des Körpers, das Eindringen mit gestalterischen Mitteln in die Öffentlichkeit und die Gestaltung eigener massenmedialer Produkte

Britta Lincke, 8. Schuljahr

sind und waren Praktiken von Subkulturen, z. B. der Punks, als Reaktion auf den gesellschaftlich vorgegebenen Rahmen. Die Selbstdarstellung einer Person oder Gruppierung greift auf ästhetische Mittel zurück. Kulturelle Praktiken, die außerhalb und in Abgrenzung zu der offiziellen Kultur entstehen, unterliegen dem Prozeß der gesellschaftlichen Integration. Subkulturelle Stilelemente, Praktiken und Verhaltensweisen werden von der offiziellen Kultur zum Zeitpunkt des Auftretens abgelehnt und ausgegliedert, aber dann mit zunehmender Verbreitung in Anspruch genommen, ohne die Ideale und Vorstellungen einer Subkultur zu berücksichtigen. Lederbänder, Haarfarben, Punk-Kleidung, spitze Schuhe gehen als fortschrittliche Attribute in die offizielle Mode ein. Subkulturelle Stilelemente werden als vordergründige, dekorative Elemente benutzt.

Der Stand gegenwärtiger ästhetischer Praxis

Richtet man nun den Blick auf gegenwärtige Prozesse ästhetischer Gestaltung, so ist man mit einem Phänomen konfrontiert, dem eine neue ästhetische Qualität zuzusprechen ist: dem Computer als Medium der Gestaltung. Der gegenwärtige Stand der Computertechnik ermöglicht durch Dialog-Systeme einen relativ einfachen Zugriff auf angewandte Programme. Software zur Gestaltung, wie Grafik- und Malprogramme, werden von Jugendlichen neben dem riesigen Angebot an Computerspielen benutzt. Während mit aufwendigen Programmen an Großrechenanlagen neuartige Computerkunst entsteht, entwerfen insbesondere jugendliche Anwender zu Hause an ihrem (mehr oder weniger) kleinen PC bescheidene Bilder und Grafiken, die möglicherweise Basis für ein erstes selbstprogrammiertes Videospiel sein können.

Die neuartige Qualität computergestützter Gestaltung im Kontext der Betrachtung ästhetischer Praxis ist unter folgenden Aspekten zu beschreiben:

– Der Umgang mit einem Computer bedarf spezialisierter Kenntnisse, die sich von den herkömmlichen Gestaltungsfertigkeiten grundlegend unterscheiden. Wenn auch der heutige Stand der Technik eine fast voraussetzungslose Handhabung ermöglicht, so sind doch grundlegende Kenntnisse der Dateneingabe und Benutzung des Computers und seiner Zusatzgeräte notwendig. Der Mal- oder Zeichenprozeß am Computer ist entmaterialisiert, über die Bedienung technischer Geräte hinaus kommt es nicht zum Einsatz der herkömmlichen Gestaltungsmittel wie Farben, Papier, Stifte, Pinsel. Die mit herkömmlichen Mitteln verbundenen Erfahrungen können am Computer nicht gemacht werden, sind aber gleichzeitig Voraussetzung für das Gestalten am Computer.

– Am Computerterminal können sehr perfekte Zeichnungen entstehen. Strichführungen können bei Mißlingen wiederholt eingegeben werden, Kreise durch einen Radius definiert und Korrekturen angebracht werden. Wie bei der Beherrschung des Perspektiven-Zeichnens beinhaltet das computergestützte Zeichnen auch die

Möglichkeit, etwas „richtig" zu machen, die Gestaltung überprüfbar darzustellen. Die Herausforderung der Computergestaltung liegt in der im Ergebnis ablesbaren optimalen Ausnutzung der technischen Möglichkeiten.

– Freie Gestaltung am Computer, in dem Sinne, daß ein Bild im Entstehungsprozeß konzipiert wird, sich Gestaltung und Vorstellung gegenseitig beeinflussen, ist erschwert. Der computergestützte Gestaltungsprozeß ist ergebnisgerichtet. Eine klare Vorstellung vom Ergebnis ist Voraussetzung für die Eingabe von Befehlen und Daten. Der Entstehungsprozeß eines Bildes als Basis ästhetischer Erfahrung ist von untergeordneter Bedeutung. – Computererzeugte Bilder sind deshalb oft Ergebnisse von Kopierversuchen. Die Leistungsfähigkeit von Programm und Benutzer stellt sich unter Beweis, wenn das gestaltete Ergebnis einer Vorlage möglichst originalgetreu entspricht: computererzeugter Fotorealismus. Die Technik dominiert den Gestaltungsprozeß derart, daß der Computer kaum dazu geeignet ist, Bilder frei zu gestalten.

Der Einsatz des Computers in Gestaltungsprozessen von Jugendlichen ist zu diskutieren unter allgemeinen Aspekten gegenwärtiger ästhetischer Praxis. Hinter dem individuellen Ansatz gestalterischer Praxis erhebt sich ein riesiges und vielfältiges Angebot an Materialien für unterschiedliche Gestaltungstätigkeiten. Hobbymärkte, Künstlerbedarf, Foto-, Film- und Computerfachhandel stellen ein kaum überschaubares Angebot an Hilfsmitteln, Arbeitsmaterialien und vorgefertigten kunstgewerblichen Dingen (z. B. Gußformen) bereit. Künstlerische Betätigung bietet die Möglichkeit für Objektkonsum. So wie im Sport der Erwerb spezieller Geräte und Kleidung den Erfolg zu versprechen scheint, so scheint auch in der Kunst die Anschaffung exklusiver Zeichenstifte, teurer Kameras und Malprogramme die Grundlage kreativen Arbeitens zu sein. Daß jedoch erst eine origi-

Nadine Schikfelder, 6. Schuljahr

nelle Idee die technischen Mittel zum Einsatz bringen kann, wird vielfach erst nach der Anschaffung festgestellt. Viele Geräte bleiben für immer in der Schublade aufgrund fehlender Einsatzmöglichkeiten und Gestaltungsideen.

Natürlich kann nicht davon ausgegangen werden, daß sich Jugendliche solchen Konsumträumen hingeben können. Dennoch sind ihnen die vielfältigen Materialien und Hilfsmittel bekannt, die zum Einsatz kommen könnten. So werden die eigene Gestaltungstätigkeit und die selbstgestalteten Produkte an den mit „optimalen" Materialien potentiell herstellbaren Ergebnissen gemessen.

Andererseits ist nicht zu erwarten, daß sich mit der Erweiterung des Materialangebots zwangsläufig die kreative Gestaltung qualitativ verbessert. Dies ist besonders bei der Computergestaltung nachzuvollziehen. Wie bereits angesprochen, stehen dem riesigen technischen Aufgebot nur minimale Gestaltungsfortschritte gegenüber. Der hier mit dem Stichwort „Materialästhetik" zusammengefaßte Aspekt gestalterischer Tätigkeit betrifft also zunächst eine quantitative Veränderung, die aber die Qualität beeinträchtigt, indem sich die Normen der Wertmessung verändern.

Ein weiterer mit der Materialität verbundener Aspekt ist das hohe Maß an Perfektion, welches medial vermittelte Bilder und Bildwelten erzeugen. Zeitschriften, Fotos, Fernsehen, Videoclips bis hin zu den neuen Bildwelten der Computeranimationen liefern Abbilder der Realität und darüber hinaus Simulationen wirklichkeitsnaher Szenerien, die in ihrer kaum erreichbaren Perfektion in der Darstellung Normen für die eigene Gestaltung liefern.

Die Rezeption medial vermittelter Bilder ist für Jugendliche von großer Bedeutung. Medien liefern Abbilder und gleichzeitig Sinnbilder der vergangenen und gegenwärtigen Welt, sie bieten Interpretationen und Reaktionsmuster an. Gestik, Mimik, Verhaltensweisen, Körperästhetik werden übernommen und zu eigen gemacht (Schimansky, Madonna, Miami Vice). Die Rezeption vorgefertigter Sinnzusammenhänge scheint naheliegender und einfacher zu sein als die Konstruktion eigener Sinnzusammenhänge, erst recht mit Mitteln der Gestaltung.

Vielleicht liegt darin der Grund für die in der praktischen Gestaltung regelmäßig auftretenden Klischees der Auseinandersetzung. Zeichnungen von Jugendlichen enthalten oft ein Moment von Zeitlosigkeit. Aus ihnen ist nicht ablesbar, ob sie heute oder vor vielen Jahren entstanden sind. Darstellungsweisen, Techniken und die Umsetzung von Ideen in bildhafte Darstellung haben sich kaum verändert. Es mag sein, daß gewisse Themen überzeitliche Bedeutung haben und nicht nur die Biografien einer bestimmten Generation betreffen. Dennoch ist verwunderlich, daß die Art und Weise der Umsetzung sich kaum von traditionellen Darstellungsweisen unterscheidet; verwunderlich, weil die von Jugendlichen mit besonderem Interesse rezipierten Medien sich gleichzeitig ständig weiterentwickeln und neue visuelle Angebote präsentieren.

Ästhetische Praxis in Lebensbezügen

Auf der Suche nach eigenen Identitäts- und Lebensentwürfen stehen Jugendliche in der Konfrontation mit anderen Lebensformen, die ausprobiert, intensiv betrieben oder wieder fallengelassen werden. Ästhetische Praktiken haben in dieser jugendlichen Orientierungsphase eine wichtige Funktion. Jugendliche können seltener als Erwachsene auf die Gestaltung und Präsentation eigener Wohnräume zurückgreifen. Die Selbstdarstellung in der Öffentlichkeit erfolgt durch Kleidung, Frisur, Tätowierung, Accessoires, Schmuck, Buttons, Aufkleber. Der eigenen gestalterischen Praxis von Jugendlichen wird eine identitätsfördernde Funktion zugeschrieben. Orientierungsversuche, Probleme, Wünsche werden mit visuellen, gestalterischen Mitteln artikuliert und neuen Betrachtungsweisen zugeführt.

Aus Anlaß der Ausstellung „Land der Hoffnung – Land der Krise, Jugendkulturen im Ruhrgebiet 1900–1985" wurde von mir ein Gestaltungsentwurf an Jugendliche im Revier gestartet. Inhalte der gestalterischen Arbeiten sollten Momente der Freizeitaktivitäten von Jugendlichen sein: Freizeit-Tätigkeiten, Orte der Freizeit, Freunde, Selbstdarstellung, Kleidung, Aussehen, Wohnen, Medien, Computer, Spielen, Sammeln, Selbermachen, Kunst, Musik, Theater, Tanz, Disko, was einem wichtig ist, wofür man sich engagiert, in welche Konflikte man gerät, was man gern macht oder täte.

Mit der Aufforderung war einerseits die Absicht verbunden, über bildliche Darstellungen von Jugendlichen direkt – und nicht wie zu oft durch die Brille des Jugendforschers – zu erfahren, was ihnen wichtig ist, womit sie sich beschäftigen. Auf der anderen Seite stand das Interesse an den gegenwärtigen Gestaltungsweisen von Jugendlichen: wie und mit welchen Mitteln werden Ideen und Meinungen ins Bild umgesetzt?

Die zusammengetragenen Arbeiten waren zum größten Teil im Kunstunterricht der Mittelstufe entstanden: Collagen, Zeichnungen, Materialcollagen, gemalte Bilder. Zu beobachten ist, daß collagierte Zeichnungen und Objektensembles vielfach kontrastierende Aussagen enthalten. Negativ empfundene Situationen wie Medienüberflutung, Umweltzerstörung, Aids, Drogen, atomare Bedrohung, Krieg, werden in Konfrontation mit idealisierten Wunschvorstellungen einer heilen Natur, Paarbeziehung und Reichtum dargestellt. Zur Darstellung werden Fotos, die einzelne Situationen veranschaulichen (AKW, Spritze, Atompilz, Landschaften, Tierbilder), benutzt sowie Wörter und Satzfetzen für Abstraktes (Liebe, Aids, Glück, Freundschaft, Arbeitslosigkeit).

Die positiv/negativ-Kontrastierung ist weitgehend durch das Prinzip der Collage zu erklären. Aussagen und deren bildliche Umsetzung hängen eng mit den zur Verfügung stehenden Materialien zusammen. Dabei handelt es sich in der Regel um Produkte der Massenpresse. In die Gestaltungsarbeiten einfließende Klischees wie z. B. die Symbole und Attribute einer Konsum- und Wohlstandsgesellschaft (Geld, Reisen, Mode) werden in Zeitschriften und insbesondere in der Werbung angeboten. Die Arbeit mit

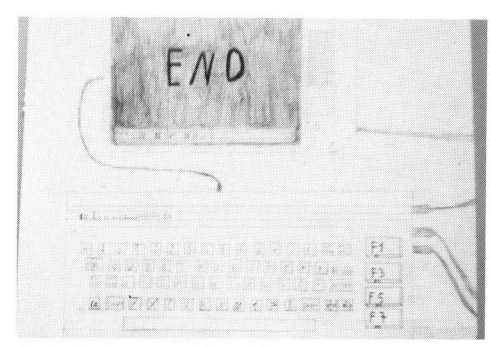

Stefan Buchmann und Bernd Hövener, 14 Jahre

diesem Material ermöglicht dem Jugendlichen, sich zu distanzieren oder sich zu identifizieren. Oft reduziert sich der Gestaltungsakt auf das Zusammenkleben zufällig vorgefundener Zeitschriftenfotos oder greifbarem Krimskrams mit assoziativem Bezug zur Thematik nach dem Prinzip der Beliebigkeit. Eine eigenständige Position läßt sich anhand dieser Materialien nur mit der klaren Vorstellung von einer Mitteilung und mit kreativen Gestaltungsmöglichkeiten entwickeln.

Zu einer differenzierteren Darstellung kommt es, wenn es gelingt, Aussagen mit den Möglichkeiten der eigenständigen Gestaltung umzusetzen. Szenen aus Freizeit und Hobbies werden gezeichnet, Lieblingstiere und Computer gemalt. Es entstehen bunte Bilder, die sich aus vielen Detailzeichnungen zusammensetzen. Gezeichnete und gemalte Bilder präsentieren zum Teil sehr subjektive, fast intime Auseinandersetzungen mit Themen wie Partnerschaft, Liebe, Eltern-Konflikt, zukünftiger Entwicklung. Solche Arbeiten geben Auskunft über die subjektive Bedeutsamkeit eines aktuellen Problems und stehen im oben beschriebenen Zusammenhang jugendlicher Identitätsfindung. Mit Hilfe der Gestaltung werden Probleme, die sich einem Jugendlichen bei der Ablösung vom bisherigen Lebenskontext und auf der Suche nach eigenen Werten stellen, durchdacht und erörtert.

Aufstand der Zeichen im Herzen der Städte

Frank Krispin

Schülerzeichnung Nähe Phönix-Gymnasium, Dortmund-Hörde ca. 1982 (Bezug zur New York-Breakdance-Szene)

Alter Markt, Dortmund

Mauer Petrikirche, Innenstadt Dortmund

Das Ruhrgebiet – eine viel besprochene, oft beschriebene Megastadt. Fährt man mit dem Zug von Duisburg nach Dortmund, so zeigt sie einem nicht gerade ihre schönste Seite. Hinterhofperspektiven wechseln sich ab mit der schmutzigen Atmosphäre von Industriekulissen. Dazwischen immer wieder Zonen, in denen die Farbe Grün vorherrscht. Grau, Schwarz und Braun – Steinfarben – sind jedoch die Tönungen, die dem Zugreisenden im Gedächtnis haften bleiben – und noch etwas anderes. Denn dort, wo Stein und Beton sich entlang der Gleise ausbreiten, werden sie seit geraumer Zeit von anonymen Zeitgenossen als öffentliche Schreibunterlage und als attraktiver Malgrund genutzt, wohlwissend, daß ihr nächtliches Werk am nächsten Morgen von Tausenden von Zeitgenossen gesehen wird. So begleiten den Ruhrgebietsreisenden Parolen pro und kontra Kommunismus, ökologische Forderungen, lyrische Wandgedichte und in letzter Zeit auch abstrakte, aber um so buntere Wandbilder als tägliche Pflichtlektüre. Allesamt sind sie unter der Bezeichnung *Graffiti* zu führen, und sie werden in der Regel von Jugendlichen und jungen Erwachsenen gleichwelcher politischer Couleur angebracht. Und das geschieht nicht nur entlang der Bahngleise, sondern an jeder öffentlichen Wandfläche, die dem nächtlichen Sprüher geeignet erscheint. Welche besonderen Botschaften in dieser Straßenschriftstellerei enthalten sind, welche Ziele und Absichten der junge Graffiteur verfolgt, welche Rückschlüsse diese Art der Wandbenutzung über die kulturellen Eigenarten verschiedenster Jugendgruppen zuläßt, soll hier thematisiert werden.

Kilroy was here – zur Geschichte der Graffiti

Graffiti gibt es, so scheint es, schon seit Jahrtausenden. Die alten Römer verwendeten eine bestimmte Art der Kratzputztechnik – Sgraffito genannt –, um Wände und Fassaden ihrer Häuser mit Ornamenten zu verzieren. Ausgrabungen in Pompeji und Herkulaneum zeugen davon, daß auch damals schon anonyme Zeitgenossen diese Technik verwendeten, um abseits vom Dekorativen Drohungen und Schmähschriften in den noch feuchten Putz zu prägen – ganz wie ihre modernen Sprüh-Nachfahren. Manche glauben den Ursprung von Graffiti sogar noch früher zu finden, in einer Zeit, als Steinzeitkrieger archetypische Signets von Kampf- und Jagdszenen auf Höhlenwände bannten. Die ältesten darunter, in den Höhlen von Lascaux in der französischen Dordogne, sind 15.000 Jahre alt.

Hat die Menschheit also schon immer einen Teil ihres Mitteilungsbedürfnisses auf öffentlichen Mauern und Wänden befriedigt? Jedenfalls tut sie es heute wieder und in verstärktem Ausmaß. Aber sie tut es nicht regelmäßig, sieht man einmal von den Liebe bezeugenden Herzchen, den Darstellungen der Organe, mit denen Liebe gemacht wird, oder den Schülerkritzeleien auf Schulbänken ab, die in tausendfacher Variation überall und jederzeit Bäume und Baudenkmäler, Klowände und Klassenräume verzieren.

Brandmauer Geschäftshaus, Innenstadt Dortmund

Geschäftsfassade Braunschweiger Straße, Dortmund

Vielmehr tritt Graffiti immer dann besonders in Erscheinung, wenn eine Gruppe von Menschen mit ähnlicher Gesinnung gesellschaftspolitisch aktiv wird. So schrieb Bakunin 1853 seine Parole „Kein Gott – Kein Staat – Kein Sklave" an die Züricher Börse; Arbeiter und Parteien der Weimarer Zeit benutzten öffentliche Wände als Schreibunterlage. Im Dritten Reich wurden städtische Mauern zu Trägern faschistischer Propaganda – „Räder müssen rollen für den Sieg" – wie zur schriftlichen Manifestation des Widerstandes. Während der Potsdamer Konferenz soll sich Stalin entgeistert nach der Identität eines gewissen Herrn „Kilroy" erkundigt haben, dessen hingekritzelter Schriftzug „Kilroy was here" ihm sogar in seinen eigenen Hotelräumen aufgefallen war. Nach dem Einmarsch der Alliierten in das besiegte Deutschland waren Wandaufschriften wie „Nie wieder SS" äußere Anzeichen einer beginnenden Abkehr vom Faschismus in der Nachkriegsgesellschaft. In der jungen Bundesrepublik Deutschland erschien Graffiti wiederum als Form politischen Engagements oppositioneller Kräfte. Das belegen Parolen wie „Volksbefragung Ja!", die zu Beginn der fünfziger Jahre als Reaktion auf die politische Auseinandersetzung um die Remilitarisierung der Bundesrepublik auf den Wänden erschienen.

Kampf dem – Tod den – Nieder mit
Graffiti seit den Jugendunruhen der sechziger Jahre

In der zweiten Hälfte der sechziger Jahre hatte sich die Bundesrepublik als gesellschaftliches und politisches System etabliert, die Periode der Nachkriegswirren war beendet. Der Wiederaufbau war fast geschafft. Die Wirtschaftsentwicklung gab Grund zu Optimismus. Dahinein platzten plötzlich Demonstrationen und Kundgebungen, Universitäten und öffentliche Institutionen wurden besetzt, Steine und Molotow-Cocktails flogen: Die schon seit langem angestaute Unruhe vor allem der akademisch gebildeten Jugend war in radikalen Aktionismus umgeschlagen, nachdem im Juni 1967 der Student Benno Ohnesorg erschossen worden war. Die Revolution sollte anfangen, wäre es nach den Utopien führender APO- und SDS-Köpfe gegangen. Und dort, wo sich Gewalt am deutlichsten manifestierte, tauchten Wandsprüche und Parolen auf. Die politisch aktive Jugend hatte in Farbeimer und Pinsel ein zwar noch zurückhaltend benutztes, aber ideales Medium wiederentdeckt, durch das sie sich über Feind- und Leitbilder der Bewegung, über Inhalte und Strukturen des wachsenden Widerstandes verständigen konnte. Kampf dem, Tod den und Nieder mit-Parolen waren politische Kampfansage, innere Solidarisierung und antiautoritärer Befreiungsakt in einem. Trotzdem besaß Graffiti in den sechziger Jahren noch eine geringe Bedeutung im Repertoire jugendspezifischen Widerstandsverhaltens, so daß aus dieser Zeit keine Graffiti dokumentiert sind.

Taggs von Toro, Dakai, Spike, Chana, Kayen, Cut u. a.   *Zhaik, Eisenbahnwagen*

Das änderte sich erst, als die damalige Regierung einer Eskalation der Studentenbewegung durch Radikalenerlaß, Numerus Clausus, verschärfte Ordnungsmaßnahmen, aber auch durch Integrationsversuche wie die Bildungsreform einen Riegel vorzuschieben versuchte. Damit wurde der Grundstein für einen tiefgreifenden Wandel im Bewußtsein der engagierten Jugendlichen gelegt. Die 68er Bewegung war gescheitert. Die Politik hatte den oppositionellen Kräften den Kampf angesagt, zudem zerstörte der Ölpreisschock den bis dahin immer noch vorhandenen Glauben an die wirtschaftliche Stabilität. Mit dem NATO-Doppelbeschluß wurde die Rüstungsschraube angezogen. Die Atomlobby erhielt grünes Licht für den Ausbau der Kernenergie: Umweltzerstörung wurde plötzlich zum drohenden Gespenst. Angesichts dieser Situation verloren weite Teile der Jugendlichen den Glauben an die Kompetenz der Regierenden, diese Gefährdung abzuwenden. Im Gegensatz zur APO-Generation galt nicht mehr der Gedanke „Wie gestalten wir unsere Zukunft?", statt dessen wuchs die bange Frage „Haben wir überhaupt noch eine?".

Drängende Zukunftsangst und Verbitterung stellten sich als Leitmotiv vor die ferne Utopie einer freieren und gerechteren Gesellschaft.

All diese Faktoren bildeten den Nährboden für eine veränderte Form jugendlichen Widerstandsverhaltens. Bei vielen Jugendlichen setzte sich die Erkenntnis durch, daß die bis dahin praktizierte Form politischen Engagements allein nicht zu der gewünschten gesellschaftlichen und politischen Veränderung führen würde, daß vielmehr das Individuum Ausgangspunkt jeglicher gesellschaftlicher Weiterentwicklung sei. So änderte sich die „Stoßrichtung" des Widerstandes, die Gesellschaft sollte quasi „von unten" verändert werden. Schlagworte wie der Begriff der „Basisgruppe" illustrieren diese Umorientierung.

Aus der persönlichen Betroffenheit und Angst, die diese Jugendlichen verspürten, entwickelte sich eine konkrete und radikale Handlungsbereitschaft auf der Grundlage einer Kurz-vor-Zwölf-Mentalität – „Gestern standen wir noch am Rand des Abgrunds. Heute sind wir einen Schritt weiter" –, die ihren Niederschlag in einer Vielzahl von Initiativen, Stadtteilgruppen, in organisierten Öko- und Polit-Gruppen, in radikalen Aktionisten und in kreativen „Einzeltätern" fand.

In der Öffentlichkeit manifestierte sich diese Umorientierung der Jugendbewegung vor allem auf den Mauern der größeren Städte, denn ein Ergebnis des veränderten Widerstandsverhaltens der Jugendlichen war der im Vergleich zu den sechziger Jahren intensivere Einsatz von Graffiti: Unterstützt durch die damals neu auf den Markt gekommene Lacksprühdose, durch die das nächtliche Geschäft des Wändeschreibens wesentlich schneller und damit risikoärmer verrichtet werden konnte, überzogen Sprühbotschaften seit Anfang der siebziger Jahre inflationär die Mauern der Metropolen und Studentenhochburgen.

Wo das Sichtfeld der Menschen durch nackte Betonflächen, öde Mauern und Asphalt verstellt war, wurden diese durch gesprayte

Einfaches „Piece" von Dasd und Chez. Die Buchstaben sind flächig mit Silberfarbe angelegt

Bild der Gruppe T.U.F. (the united force), den „Kings" der Dortmunder Graffiti-Szene

Blumen, brandmarkende bis witzige Sprüche oder einfach durch bunte Farben quasi zwangshumanisiert. Alle größeren Demonstrationen hinterließen eine Farbspur entsprechender Parolen, durch die das jeweilige Thema der Öffentlichkeit zumindest eine Zeitlang erhalten blieb. Jede mißbilligte Aktion der Regierung bzw. ihrer Ordnungshüter wurde umgehend mit bloßstellenden und anklagenden Wand-Botschaften quittiert. Manche jungen Menschen ließen „seelischen Dampf" ab, indem sie „no-future"-Slogans durch die Sprühventile zischen ließen, und unversehens wurde der unbeteiligte Passant mit sich selbst konfrontiert, wenn sein über die Großstadtmauern schweifender Blick unversehens an der Frage „Bist du etwa glücklich?" hängenblieb.

In den siebziger Jahren wurde Graffiti zur Wandzeitung einer Gegenöffentlichkeit, bildete einen subversiven Kontrapunkt zu der durch Erwachsene kontrollierten regierungstreuen Massenpresse. Die Inhalte der Sprühbotschaften beschrieben seismographisch gesellschaftliche Spannungsmomente; über die Funktion eines Kommunikationsmediums hinaus wurde Graffiti zum Psychogramm jugendlichen Seelenlebens, an dem der Betrachter die Bewußtseinsveränderungen von Jugendlichen ablesen konnte. Und wie sich die Autoren der Graffitis nach Herkunft, Einstellungen und Zielsetzungen unterschieden, so unterschieden sich auch die Inhalte der Wandbotschaften. Sie waren geprägt durch Radikalität und Provokation, Ironie und Zynismus, Spott und Wortwitz, aber auch durch Phantasie, Poesie und Kreativität. Oder einfach durch Nonsens. Damit gaben Jugendliche einerseits ihren Befürchtungen und Ängsten, aber auch ihren Bedürfnissen Ausdruck, andererseits setzten sie Zeichen für den Betrachter, brandmarkten Mißstände, wollten Impulse zum Nachdenken geben. Und nach wie vor weigern sich Teile der Öffentlichkeit, dieses Verständigungsangebot „Graffiti" anzunehmen, verschanzen sich statt dessen hinter gesellschaftlichen Normen, durch die diesem Medium sein Platz als Straftatbestand und Vandalismus zugewiesen wird.

Hakenkreuz und Odalsrune
Neofaschistische Graffiti im Umfeld jugendlicher Subkulturen

Das bisher Beschriebene ließe die Vermutung zu, daß Graffiti ausschließlich als Domäne engagierter Jugendlicher des linken politischen Spektrums anzusehen sei. In krassem Widerspruch zu einem solchen ideologischen Zusammenhang stehen Graffitis, die faschistische Symbole darstellen und Inhalte wiedergeben, die dem Dunstkreis des Neofaschismus entstammen. „Ausländer Raus"-Parolen, Hakenkreuz und Odalsrune scheinen gerade in Regionen, deren Sozialstruktur durch hohen Ausländeranteil, Arbeiterbevölkerung und einen hohen Grad an Industrialisierung geprägt ist, bevorzugtes Motiv nächtlicher Sprüher zu sein. Zahlen aus Dortmund belegen das. Von 500 Motiven, die ich im Verlauf von zwei Jahren auf Dortmunder Mauern fotografiert habe, sind etwa 100 Aufnahmen diesem Bereich zuzuordnen. Bemerkenswert ist aber, daß rechtsradikale Graffiti nur eine kurze Lebensdauer besitzen,

Chintz, Gewerbegebiet Ostbahnhof, Dortmund-Innenstadt

Zodiak, Rückfront eines Geschäftshauses, Münsterstr., Dortmund-Innenstadt

immer davon bedroht sind, durch Übermalungsaktionen oder Hinzufügen von anderen Inhalten entschärft zu werden. So wird aus „Ausländer raus" über nacht „Ausländer rein, Faschos raus"; das hingekritzelte Hakenkreuz hängt innerhalb von kürzester Zeit an einem sorgfältig hinzugefügten Galgen. Die öffentlichen Wände werden zum Austragungsort ideologischer Auseinandersetzungen.

Beängstigend bleibt jedoch trotz dieser antifaschistischen „Graffiti-Kontrolle", daß sich in bestimmten Bevölkerungsgruppen ein rechtsradikales Potential breitgemacht hat, und daß der Brennpunkt dieser rechten Ideologisierung in den Kreisen jüngerer Jugendlicher zu liegen scheint. Anlaß zu dieser Vermutung gibt die Tatsache, daß speziell in den Schriftzügen jugendlicher Fanclubs, wie sie vor allem im Umkreis der Fußballarenen zu finden sind, faschistische Symbole Verwendung finden. So schreibt sich die Dortmunder Borussen-Front mit den SS-Runen der Staatspolizei des 3. Reiches. Zusätzlich tauchen bei ihren Schmähungen und Drohungen immer wieder Hakenkreuze auf. Ist das noch politische Ideologie oder pure Provokation? Ist die Verwendung faschistischer Symbole in den Sprühwerken von Skinheads nur drohendes Machtgebaren oder bestimmen auch bei diesen jungen Menschen neofaschistische Ideen das unfertige Weltbild? Auch in diesem Bereich kann Graffiti nur aufzeigen und warnen, nicht beantworten, jedoch kann sie auch hier als Wegweiser und Verständnishilfe dienen, wenn es gilt, mit Jugendlichen ins Gespräch zu kommen.

Von Chintz bis Zodiak
Graffiti zwischen Kunst und Vandalismus

War bisher von Graffiti als selbstgewähltem Sprachrohr verschiedenster Jugendlicher Sub- und Gegenkulturen die Rede, so hat sich seit Beginn der siebziger Jahre in den Slum-Vierteln New Yorks eine neue, völlig andere Form von Graffiti entwickelt, die gegenwärtig als *Subway Art* Einzug in die internationale Kunst-Szene gehalten hat. Der Name Subway Art rührt von der Vorliebe der Sprayer her, die Züge und Stationen der New Yorker Untergrundbahn zu besprühen. Diese neue Form von Graffiti unterscheidet sich von der bisher dargestellten Art vor allem dadurch, daß auf komplexe inhaltliche Aussagen gänzlich verzichtet wird, statt dessen die graphische Gestaltung der Graffiti zum zentralen Qualitätskriterium geworden ist.

Angefangen hat diese Entwicklung, als Jugendliche aus den Schwarzen-Vierteln New Yorks mit breiten Filzstiften merkwürdige Kurzschriften auf U-Bahn-Wänden und -Wagen, auf Telefonzellen und Lastkraftwagen anbrachten. Diese Kurzschriften gaben scheinbar Phantasienamen wieder, oft mit einer Nummer versehen. Das Spiel hieß Graffiti. Das Rahmenprogramm dieses Spiels bildeten Rap-Music und Electric Boogie, welche die Jugendlichen zu artistischen Körperverrenkungen, Stromstößen gleichenden Zuckungen und Kopfpirouetten

Chintz, Rückfront, Fritz-Henssler-Haus, Dortmund-Innenstadt

Chana, Bauwagen, Silberbild

animierten, dem Breakdance und dem HipHop. Spielfeld waren alle verfügbaren und geeigneten Flächen im öffentlichen Raum, bevorzugt die U-Bahn-Wagen und -Stationen. Als Spieleinsatz galten Geschicklichkeit, Ausdauer, Wagemut und Phantasie. Als Gewinn winkte soziale Anerkennung, Prestige oder sogar der gesellschaftliche Aufstieg in die Kunstszene New Yorks. Es bildeten sich Mannschaften von Sprüher-Gangs. Das Risiko ihres Graffiti-Spiels bestand aus Verhaftung, Verurteilung, sozialer Entwürdigung, wenn sie in ihren nächtlichen Aktionen erwischt wurden oder aber ihre Werke den strengen Kriterien der aus den eigenen Reihen gewählten „Stilwächter" nicht genügten.

Es brachen regelrechte Stilkämpfe aus, immer auf den Mauern und U-Bahn-Zügen ausgetragen; ihre Gewinner durften sich, bis sie ihrerseits besiegt wurden, King of Style, King of Outline etc. nennen, je nachdem, welche besondere artistische Qualität in ihren Pieces (Meisterwerken) besonders hervorstach. Und da die Gemeinschaft der sprühenden Teenager inzwischen ein engmaschiges Informations- und Organisationsnetz aufgebaut hatte, waren diese Kings auch als solche bekannt und genossen innerhalb ihrer Subkultur ein hohes Ansehen. Der Leistungsdruck, diese verliehenen Titel zu behalten, brachte schließlich Werke hervor, die aufgrund ihres künstlerischen Gehaltes den New Yorker Kunstkritikern und Galeristen Anlaß waren, sie als Kunst zu deklarieren und in die Museen und Galerien zu holen. Inzwischen haben Sprayer wie Rammelzee, Keith Haring, Futura 2000 oder Dondie White es geschafft, durch Ausstellungen auf der ganzen Welt international bekannt zu werden, und die Verkaufspreise ihrer auf Leinwand gesprühten Werke gehen hinauf bis zu 67.000 DM für einen originalen Keith Haring.

Davon sind europäische Jugendliche, die diese Graffitikultur seit Anfang der achtziger Jahre vor allem in Amsterdam, London und Dortmund betreiben, noch weit entfernt, jedoch weist die Entwicklung sowohl ihrer graphischen Ausdrucksformen als auch ihrer allgemeinen Selbstdarstellung als eigenständiger Jugendsubkultur erstaunliche Parallelen zu der in den USA vorgezeichneten Entwicklung auf, die ich im folgenden am Beispiel der Entwicklung der Dortmunder Graffiti-Szene nachzeichnen werde.

Auf Dortmunder Mauern erschienen zu Beginn der achtziger Jahre die ersten, mit einer speziellen Filzschreiber-Marke angebrachten Namenszüge, dem amerikanischen Graffiti-Vokabular entsprechend Taggs genannt. Chana, Chintz, Shark, Toro, Zodiak: Solche und ähnliche Bezeichnungen tauchten erst vereinzelt, dann immer zahlreicher auf. Zudem schien es, daß ein hingekritzelter Name eine magisch anziehende Wirkung auf andere Schreiber ausübte. Im Zeitraum von einigen Wochen waren in Dortmund Wandflächen auszumachen, die über und über mit solchen Unterschriften bedeckt waren. Und der Beobachter war ratlos, gaben diese Schriftzeichen doch keinen verständlichen Inhalt wieder. Dann, als sei der Filzschreiber nicht mehr gut genug, erschienen die ersten

Tear, S-Bahn-Linie, westl. Hbf.-Dortmund

CIA mit Character, westl. Hbf.-Dortmund

farbig gesprühten Unterschriften, nach und nach in immer ausgefeilteren Formen. Die einzelnen Buchstaben wurden flächig angelegt. Einer der nächtlichen Sprüher kam auf die Idee, das Innere dieser Flächen mit Kontrastfarben auszufüllen. Ein anderer – oder derselbe? – gab seinem Schriftzug räumlichen Charakter. Schließlich konnte der aufmerksame Beobachter auf versteckten Mauerflächen geradezu riesige, grellbunte oder dezente, pastellfarbene Schriftzüge bester graphischer Tradition entdecken, zum Teil noch aufgewertet durch figürliche Darstellungen, die an Comic-Figuren erinnern. Den gegenwärtigen Endpunkt dieser Entwicklung stellen Bilder dar, die in ihrer artistischen Qualität erstaunen, andererseits ein Maß an Phantasie und Kreativität bezeugen, daß man unwillkürlich an Kunst denkt, wenn auch an verbotene, denn der Sprayer fragt nicht, welche Fläche er besprühen darf und welche nicht.

Wie ihre New Yorker Vorbilder, haben auch die Dortmunder Graffiti-Sprayer eine eigenständige Subkultur entwickelt, die sich durch Musik und Tanzstil, Kleidung und Accessoires sowie durch spezifische Verhaltensformen in der Öffentlichkeit von anderen Jugendkulturen abgrenzt. Öffentlich treten diese Merkmale in Erscheinung, wenn sich an bestimmten Plätzen der Innenstadt Jugendliche um einen leistungsstarken Stereo-Kassettenrekorder scharen, aus dessen Lautsprechern Pop-Musik ertönt, nach der manche Jugendliche ihren Break-Dance vorführen. Viele dieser Teenager tragen weiße Turnschuhe mit auffällig breiten bunten Schnürsenkeln, die sie als Angehöriger dieser „Szene" ausweisen.

In dieser knappen Charakterisierung der Subkultur, der auch die Dortmunder Graffitisprüher entstammen, wird deutlich, daß zu den Verhaltensnormen dieser jungen Menschen ein starkes Bedürfnis nach Selbstdarstellung vor Freunden und auch vor Passanten gehört. Dieses Bedürfnis wiederholt sich auf einer anderen, anonymen Ebene im nächtlichen Anbringen von Graffiti-Bildern. Dabei beruht die Anonymität, hinter der sich die sprühenden Jugendlichen verbergen, auf einer rechtlichen Situation, die dem Anbringen von Graffiti den Straftatbestand einer Sachbeschädigung zuweist. Das Strafmaß, das die Sprayer im Falle ihrer Ergreifung erwartet, richtet sich dann nach dem Aufwand, der betrieben werden muß, um das Sprühwerk wieder zu beseitigen. So der gegenwärtige Stand der Rechtsprechung.

Vor diesem Hintergrund stellt sich die Frage, warum dann überhaupt Jugendliche das Risiko des Graffiti-Sprühens eingehen. Auch hier zeigen sich Parallelen zu den amerikanischen Vorbildern. In der Hauptsache sind es die Motive, etwas besonderes zu leisten, Freunden zu imponieren, in der nächtlichen Sprüh-Aktion Abenteuer zu erleben und öffentliche, wenn auch anonyme Beachtung zu gewinnen, die diese Jugendlichen dazu bringen, einen großen Teil ihrer Freizeit mit dem Entwerfen und Ausführen von Sprühbildern zu verbringen.

Ein aktuelles Ereignis zeigt, daß die „Kings" der Dortmunder Graffiti-Szene, unter ihren „Künstlernamen" Chana, Chintz, Shark und Zodiak bekannt und zeitweise in der

Tagg (Vorzeichnung auf Papier) von Shark, Zodiak, Ske und Kinor, 1987

Gruppe T.U.F. (the united force) vereint, den Schritt in die Öffentlichkeit gewagt haben. Am 10. 4. 1987 nämlich wurde in Dortmund eine Privat-Ausstellung eröffnet, auf der diese vier herausragenden Dortmunder Sprayer dem interessierten Publikum auf Leinwand gesprühte Bilder präsentieren. Zudem haben die vier Jugendlichen in den drei vorhergehenden Monaten ihre Freizeit dazu verwendet, das Ausstellungsgebäude sowohl innen als auch an der Rückfront und im Hinterhof mit ihren Spray-Bildern zu gestalten.

Für die Zukunft bleibt abzuwarten, ob es diesen und anderen Jugendlichen gelingen wird, den Schritt aus der Illegalität zu vollziehen, oder ob sie ihr jugendkulturelles Engagement aufgrund zu großer Widerstände in Öffentlichkeit und Rechtsprechung beenden werden.

„Hip-Hop"

Aus einem Interview mit den Dortmunder Graffiti-Künstlern Skark, Zodiak, Kinor und Ske

F. Krispin: Ihr seid alle Dortmunder Graffiti-Künstler. Könnt ihr mir Euer Alter sagen, was Ihr so macht, Schule oder Ausbildung?

Kinor: Ich mach' Kinor. Bin 18 Jahre alt und mach' 'ne Lehre als, na, is' ja egal.

Ske: Ich bin 18 Jahre alt und geh' in 'ne Lehre.

Zodiak: Ich bin 17 Jahre alt und zur Zeit arbeitslos.

Skark: Ich bin zwischen 15 und 20 und geh' zur Schule.

Erzählt doch mal, seit wann Ihr sprüht?

Kinor: Ja, also, bei mir ist das einfach. Ich sprüh' seit Februar dieses Jahres. Zwei Wochen Taggs und dann Bilder halt, weil das halt so doof war mit Taggs.

Ske: Ich seit drei Jahren, mit Unterbrechung. Zwischendurch war das halt zu riskant. Und dann hatte ich auch mal keine Dosen. Im Moment male ich überhaupt nicht.

Skark: Ich hab' 'n halbes Jahr Taggs gesprüht.

Wie seid Ihr überhaupt drauf gekommen. So, mit dem Sprühen, Bilder machen. Was hat Euch dazu gebracht?

Kinor: Bei uns in der Nachbarschaft wohnten ein paar, die haben gemalt. Vorher hat mich das eigentlich gar nicht interessiert. Aber ich weiß selber nicht, ich glaub, ich wollte irgendwas anderes machen, was nicht so, so alle machen. Hatte Lust darauf und ist ja auch interessant.

Was ist interessant?

Kinor: Ja, halt nicht so wie die anderen, so ordentlich und, was weiß ich. So normal halt, bloß nichts Illegales.

Ske: Aus Langeweile bin ich angefangen. Ich hab' den Film „Wildstyle" gesehen, mit anderen Jungs. Und dann haben wir – 'n Tag danach, glaub ich, war das – angefangen mit dem Malen.

Zodiak: Ja, also. Ich hatte auch den Film „Wild Style" gesehen. Fand ich natürlich voll gut, irgendwie, was die da so machen in New York. Und wie die sich benehmen. Nicht so wie in Deutschland, so alle, die bekloppten Heinis hier. Ja, und dann wollte man natürlich auch am besten sein, so wie die sind.

Und Du Skark, wie bist Du dazu gekommen?

Skark: Über die Breakdance-Gruppe, durch Chintz. Musik und Graffiti-Aktion sollten sowieso zusammen gehören. Aber manche merken das noch nicht so. Bei mir war ja erst die Musik und der Breakdance . . .

Zodiak: Ja, und dann hinterher kam Graffiti langsam . . .

Skark: Freestyle-Breaking, doctor freeze and Mister X, Bimbo.

Kann einer von Euch mal erzählen, wie das eigentlich so vorgeht, wenn ein Bild gemalt wird?

Zodiak: Also. Erst 'mal sitzt man zu Hause, irgendwann mal, abends. Man hat nichts zu tun. Äh, und dann macht man seine Skizzen, die Buchstaben. Mit 'nem Bleistift zeichnet man alles vor. Natürlich mit Hilfslinien und Balken und so. Hinterher legt man dann die schwarzen outlines drum. Schließlich hat man die fertige Skizze. Ja, und dann hat man die Zeichnung, und wenn sie einem gefällt oder so, macht man sie vielleicht auch irgendwann mal. Dann nimmt man sich 'n paar Sprühdosen, geht raus an Stellen, die vorher ausgeguckt wurden, und fängt an, mit 'ner hellen Farbe vorzumalen. Wenn das Bild dann soweit fertig ist, es bunt hat und so, dann zieht man die schwarzen outlines.

Kinor: Die Umrandungen.

Skark: Das sind die ganz dünnen Striche um die Buchstaben rum, die die Buchstaben zu erkennen geben.

Zodiak: Genau, die sind das. Und dann ist das Bild eigentlich fertig, 'ne, wenn man bis dahin noch nicht gefangen worden ist.

Skark: Blitzer kann man auch machen. Das sind diese weißen Striche, die so'n bißchen diesen Leuchteffekt geben. Dann kann man entweder Schatten dran machen, so daß die Buchstaben 'n bißchen dreidimensional wirken.

Beim Sprühen, trefft Ihr da öfter Leute, die auf Euch zukommen und sagen: „Ey Leute, was macht Ihr da?"

Skark: Ja, da hatte ich ein ganz witziges Erlebnis. Da haben wir am Westfalenstadion gesprüht, in so 'ner kleinen Unterführung. Da kam jemand angelaufen. Wir haben uns ziemlich erschrocken und wollten wegrennen. Aber er meinte nur „weitermachen" und lachte.

Mhm, und so andere Geschichten. Wenn Ihr jemanden wißt, der in ein Bild von Euch reingemalt hat oder das vollkommen übermalt hat?

Skark: Ja, es war schon mal. Da hat mir jemand die Taggs reingemalt. Da hab' ich ihm Prügel angedroht. Aber das kann man hier in Dortmund nicht durchziehen.

Auge um Auge, mhm.

Skark: Irgendwie stimmt das schon. Spook zum Beispiel läßt sich nicht mehr in Dortmund blicken, weil er was kaputt gemacht hat.

Zurück zu Eurer Szene. Wie bezeichnet Ihr Euch eigentlich selber?

Skark: Das ist nicht schwierig, ganz einfach: Hip-Hop. Das ist die ganze Breakdance, Rap- und Graffiti-Bewegung, Scratcher's und Mixer's. Wir sind cool einfach, wir sind nicht so trottelig, sagen wir mal so. Weißt Du, die meisten Leute meinen, sie wär'n cool, wenn sie die teuersten Klamotten haben oder wenn sie so sind, wie alle sind. Aber, das meinen wir nun mal nicht.

Die Leute fragen sich, warum Ihr das macht? Ich fänd gut, wenn Ihr zum Schluß in Ruhe mal das „Warum" erklären würdet.

Zodiak: Ja, man kriegt durch Graffiti, wenn man jetzt „King of the city" ist, ein hohes Ansehen in bestimmten Kreisen. Man wird höher angesehen. Ja und dann kommen da hinterher auch Aufträge, so daß man auch ein bißchen Geld damit verdienen kann.

Skark: Wenn Dein Name in der Zeitung steht und die Leute lesen das, dann weißt Du, daß Du wieder etwas berühmter geworden bist. Und wir lernen Dortmund so ganz anders kennen. Und wir verkaufen unsere Kunst. Wir sind nun zu haben.

Literaturverzeichnis

Die Literaturliste weist lediglich die von den Autoren/innen genannten Titel aus. Sie stellt keine Auswahlbibliographie zum Thema Jugend im Ruhrgebiet dar.

Abelshauser, Werner
Der Ruhrkohlenbergbau seit 1945. Wiederaufbau, Krise, Anpassung. München 1984

Adelmann, Gerhard
Quellensammlung zur Geschichte der sozialen Betriebsverfassung. Bonn 1965

Adler, Max
Neue Menschen, Gedanken über sozialistische Erziehung. Berlin 1924

Allg. Jugendschriftenvereinigung Essen
Über Schundschriftenbekämpfung im rheinisch-westf. Industriebezirk. in: Jugendführung Heft 12/1916

Adam, Clemens
Rocker in einer Großstadt des Ruhrgebiets. Diss. Uni Bochum 1972

Bader, Karl S.
Soziologie der deutschen Nachkriegskriminalität. Tübingen 1949

Bangs, Alan
Nightflights. Das Tagebuch eines Dee Jay. Düsseldorf/Wien 1985

Baroth, Hans Dieter
Aber es waren schöne Zeiten. München 1982

Batke, W.
German Blue Flames, Beat im Ruhrgebiet. Gelsenkirchen 1986

Becker, Howard
Vom Barette schwankt die Feder. Die Geschichte der deutschen Jugendbewegung. Wiesbaden 1949

Behler, Ph.
Psychologie des Berufsschülers. Köln 1928

Behr, von Marhild
Die Entwicklung der industriellen Lehrwerkstatt. München 1981

Benjamin, Walter
Das Kunstwerk im Zeitalter seiner techn. Reproduzierbarkeit. in: Benjamin, W.: Illuminationen. Frankfurt 1977

Berlin, J. (Hg.)
Die deutsche Revolution 1918/19. Quellen und Dokumente. Köln 1979

Bernfeld, Siegfried
Trieb und Tradition im Jugendalter. Frankfurt 1978 (reprint von 1931)

Bietau, Alfred
Arbeiterjugendliche zwischen Schule und Subkultur. Eine Straßenclique in einer ehemaligen Bergarbeitersiedlung des Ruhrgebiets. in: Breyvogel, Wilfried (Hg.): Pädagogische Jugendforschung, Ergebnisse und Perspektiven, erscheint voraussichtlich: Opladen Nov. 1987

Bloch, Ernst
Erbschaft dieser Zeit. in: Bloch, E., GSA Bd. 4, Frankfurt 1977

Borst, A.
Barbaren – Geschichte eines Schlagwortes. in: Mitteilungen der Alexander-von-Humboldt-Stiftung, Heft 23

Boström, Jörg/Günter, Roland (Hg.)
Arbeiterinitiativen im Ruhrgebiet. Berlin 1976

Brake, M.
Soziologie der jugendlichen Subkulturen. Frankfurt/Main 1981

Brepohl, Wilhelm
Industrievolk im Wandel von der agraren zur industriellen Daseinsform, dargestellt am Ruhrgebiet. Tübingen 1957

Bruchhagen, Verena/Steenbuch, Gisela (Hg.)
Frauenbildung – Frauenpolitik. Welche Wende wollen wir? Dortmund 1985

Bruder-Bezzel, A./Bruder, K.-J.
Jugend, Psychologie einer Kultur. München, Wien, Baltimore 1984

Brülls, Klaus
Neubeginn oder Wiederaufbau? Gewerkschaftsjugend in der britischen Zone 1945–1950. Marburg 1985

Brüggemeier, Franz-Josef
Leben vor Ort, Ruhrbergleute und Ruhrbergbau 1889–1919. München ²1984

Brüggemeier, Franz-Josef/Niethammer, Lutz
Schlafgänger, Schnapskasinos und schwerindustrielle Kolonie. Aspekte der Arbeiterwohnungsfrage im Ruhrgebiet vor dem Ersten Weltkrieg. in: Reulecke, Jürgen/Weber, Wolfhard (Hg.): Fabrik, Familie, Feierabend. Wuppertal ²1978

Brüggemeier, Franz-Josef
„Volle Kost voll". Die Wohnungsverhältnisse der Bergleute an der Ruhr um die Jahrhundertwende. in: Mommsen, Hans/Borsdorf, Ulrich (Hg.): Glück auf Kameraden! Die Bergarbeiter und ihre Organisationen in Deutschland. Köln: Bund-Verlag 1979, S. 151–173

Bücherei fürs Deutsche Haus
Otto-Weber-Verlag. Heilbronn 1911–1914

Buscher, Paulus
die edelweiß-piraten waren anders . . . in: bybach-bote 1981/82. Burg Waldeck/Dorweiher

Baumann, Hans D.
Rocker – Die wilden Motorradgruppen. Weinheim/Basel 1985

Cardorff, Peter
Irrationalismus und Rationalismus in der sozialistischen Bewegung. Hamburg 1980

Croon, Helmut/Utermann, Kurt
Zeche und Gemeinde, Untersuchungen über den Strukturwandel einer Zechengemeinde im nördlichen Ruhrgebiet. Tübingen 1958

Dabel, Gerhard
KLV. Die erweiterte Kinderlandverschickung. Freiburg 1981

Dehm, Günther
Großstadtjugend. Berlin 1919

Deutschland-Bericht der Sopade. Nachdruck, Salzhausen/Frankfurt am Mai 1984

Dinse, Robert
Das Freizeitleben der Großstadtjugend. Berlin 1930

Döpfner, M./Garms, T.
Neue Deutsche Welle. Kunst oder Mode? Frankfurt, Berlin, Wien 1984

Ebbecke, Klaus/Lüschper, Pit
Rockmusikerszene – intern. Fakten und Anmerkungen zum Musikleben einer industriellen Großstadt. Befragung Dortmunder Musiker. Essen 1987

Eberts, Erich
Arbeiterjugend 1904–1945. Frankfurt a. M. 1979 (= Quellen und Beiträge zur Geschichte der Jugendbewegung, Bd. 20)

Einfeld, Anne-Katrin
Auskommen – Durchkommen – Weiterkommen. Weibliche Arbeitserfahrungen in der Bergarbeiterkolonie. in: Niethammer, Lutz (Hg.): „Die Jahre weiß man nicht, wo man die heute hinsetzen soll". Faschismuserfahrungen im Ruhrgebiet. Berlin/Bonn: Dietz Nachf. 1983 a, S. 267–296 (= Lebensgeschichte und Sozialkultur im Ruhrgebiet 1930 bis 1960, Band 1)

Einfeld, Anne-Katrin
Zwischen alten Werten und neuen Chancen. Häusliche Arbeit von Bergarbeiterfrauen in den fünfziger Jahren. in: Niethammer, Lutz (Hg.): „Hinterher merkt man, daß es richtig war, daß es schiefgegangen ist." Nachkriegserfahrungen im Ruhrgebiet. Berlin/Bonn: Dietz Nachf. 1983 b, S. 149–190 (= Lebensgeschichte und Sozialkultur im Ruhrgebiet 1930 bis 1960; Band 2)

Faecke, P./Haag, G./Stefaniak, R.
Gemeinsam gegen Abriß. Ein Lesebuch aus Arbeitersiedlungen und ihren Initiativen. Wuppertal 1977

Festschrift
„Harpener Bergbau Aktien-Gesellschaft 1856–1936.

Fischer, A./Fuchs, W./Zinnecker, J.
Jugend 81, Lebensentwürfe, Alltagskulturen, Zukunftsbilder, Bd. 1–3, Hamburg 1981

Flügge, Tina/Kilper, Heiderose
„Keiner schiebt uns weg": Mönninghoff-Frauen sind aktiv. in: König, Otto/Ostertag, Adi/Schulz, Hartmut (Hg.): „Unser Beispiel könnte ja Schule machen!" Das „Hattinger Modell". Existenzkampf an der Ruhr. Köln 1985

Först, Walter
Kleine Geschichte Nordrhein-Westfalens. Düsseldorf 1986

Ford, Henry
My Life and Work. New York 1922

Frauenalltag und Frauenbewegung 1890–1980; Katalog/Historisches Museum Frankfurt/Main, Basel. Frankfurt a. M. 1981

Frauenbericht der Landesregierung Nordrhein-Westfalen. Düsseldorf 1982

Frauen begreifen ihren Alltag. Dokumentation des 1. Frauenforums im Revier. 20.–25. 3. 1979. Dortmund 1982

Frauenforum im Revier: Frauenleben – Frauenarbeit 1984. Welche Wende wollen wir? 21.–24. 3. 1984. Programm

Frauenforum im Revier: Frauen und Gesundheit. 6.–9. 10. 1982. Programm

Frauenforum im Revier: Frauen, Kunst und Alltagskultur. 12.–16. 4. 1986. Programm

Frauengruppe Erwitte (Hg.): Ehefrauen der Zementwerker in Erwitte berichten. Erwitte 1977

Frauengruppe Huckarde 1980 e. V. (Hg.):
Informationsbroschüre, Dortmund o. J. (1986)

Friedemann, Peter
Anspruch und Wirklichkeit der Arbeiterkultur 1891–1933. in: Petzina, Dietmar (Hg.): Fahnen, Fäuste, Körper. Symbolik und Kultur der Arbeiterbewegung. Essen 1986, S. 101–111

Frith, S.
Jugendkultur und Rockmusik. Reinbek 1981

Achtzig Jahre Ruhrkohlenbergbau", Essen 1936. Geschichte einer polnischen Kolonie in der Fremde. Jubiläumsschrift des St. Barbara-Vereins in Bottrop, Bottrop 1911 (Selbstverlag).

Gehrmann, Siegfried
Fußball in einer Industrieregion. Das Beispiel F.C. Schalke 04, in: Reulecke, Jürgen/Weber, Wolfhard (Hg.): Fabrik, Familie, Feierabend. Wuppertal ²1978, S. 377–398

Grisar, Erich
Kindheit im Kohlenpott. Karlsruhe 1946

Gröschel, Roland
Zwischen Tradition und Neubeginn. Sozialistische Jugend im Nachkriegsdeutschland. Hamburg 1986

Günther, Hans F. R.
Die Verstädterung. Leipzig/Berlin 1934

Günter, Janne 1982
Mündliche Geschichtsschreibung. Alte Menschen im Ruhrgebiet erzählen erlebte Geschichte. Mülheim/Ruhr: Westarp-Verlag 1982

Harkort, Friedrich
Schriften und Reden zu Volksschule und Volksbildung. Paderborn 1969

Harney, Klaus/Tenorth, Heinz-Elmar
Berufsbildung und industrielles Ausbildungsverhältnis. in: Zeitschrift für Pädagogik 32 (1986)/1, S. 91–113

Hartwig, Helmut
Jugendkultur, Ästhetische Praxis in der Pubertät. Reinbek/Hamburg 1980

Hebdige, D./Diedrichsen, D./Marx, O.-D.
Schocker – Stile und Moden der Subkultur. Reinbek 1983

Heimann, Siegfried
Das Überleben organisieren. in: Berliner Geschichtswerkstatt (Hg.): Vom Lagerfeuer zur Musikbox. Jugendkulturen 1900–1960. Berlin 1985

Hellwig, Albert
Der Schutz der Jugend vor erziehungswidrigen Einflüssen. Langensalza 1919

Hellwig, Albert
Aktenmäßige Fälle über die Schundliteratur als Verbrechensanreiz. in: Der Gerichtssaal 1916

Henning, P.
Schriften der Zentralstelle für Arbeiter Wohlfahrtseinrichtungen Nr. 19 (1902), S. 234

Herlemann, Beatrix
Kommunalpolitik der KPD im Ruhrgebiet 1924–1933. Wuppertal 1977

Herbert, U.
Geschichte der Ausländerbeschäftigung in Deutschland 1880–1980. Berlin 1986

Hirsch, Joachim/Roth, Roland
Das neue Gesicht des Kapitalismus. Vom Fordismus zum Post-Fordismus. Hamburg 1986

Honigsheim, Paul
Die Berufswelt des männlichen Jugendlichen. in: Rheinische Jugend. Düsseldorf, 17. Jahrgang, Heft 1/1929

Ipsen, Gunther
„Stadt (IV) Neuzeit". in: Handwörterbuch der Sozialwissenschaften, 9. Bd., Stuttgart u. a. 1956, S. 786–800

Jacobs, Dore
Sprechende Bewegungschöre. in: Volkswacht vom 22. November 1926 (Teil I) und 23. November 1926 (Teil II)

Jakoby, Richard
Die Rolle der Kommunen in der öffentlichen Musikpflege. in: Musik und Bildung, Heft 7/8, 1982

Janssen, Edda
Der andere Teil der Frauenbewegung – Frauengruppen in der Erwachsenenbildung. in: Beiträge zur feministischen Theorie und Praxis, Bd. 2, München 1979

Janssen, Edda/Metz-Göckel, Sigrid
Das 1. Frauenforum im Revier als hochschuldidaktisches Experiment und Initiative für ein Frauenforschungs- und Weiterbildungs-Institut. in: Cremer, Christa/Janssen, Jörn (Hg.): Zum Verhältnis von Wissenschaft, Wissenschaftsdidaktik und Region. Hochschulen in Dortmund für Dortmunder? Hochschuldidaktische Materialien der Arbeitsgemeinschaft für Hochschuldidaktik e. V., Bd. 73, Hamburg 1979

Jung, Hubert
Das Phantasieleben der männlichen werktätigen Jugend. Münster 1930

Jost, Hermand/Trommler, Frank
Die Kultur der Weimarer Republik. München 1978

Kautz, Heinrich
Im Schatten der Schlote. Einsiedeln 1929

Kern, Alfred
Neue Festformen. Satire – Revue – Kabarett. in: Sozialistische Bildung, Jg. 1931, H. 3, S. 81–84

Kettschau, Irmhild
Berichte aus der Praxis: Selbsthilfegruppen im Stadtteil – Ansätze alternativer Beratungsstrategien für Haushalt und Verbrauch. in: Hauswirtschaft und Wissenschaft 33 (1985), Heft 6

Klein, Stefan/Karmon-Klein-Manja
Reportagen aus dem Ruhrgebiet. Frankfurt a. M. 1981

Klemm, K.
Ausländerkinder in deutschen Schulen. in: Hansen, G./Klemm, K.: Kinder ausländischer Arbeiter. Essen 1979

Klönne, Arno
Jugend im Dritten Reich. Die Hitler-Jugend und ihre Gegner. Düsseldorf/Köln 1982

Kluge, F.
Etymologisches Wörterbuch. Berlin 1967

Köllmann, Wolfgang
Bevölkerung in der industriellen Revolution. Göttingen 1974

König, Otto/Ostertag, Adi/Schulz, Hartmut (Hg.)
„Unser Beispiel könnte ja Schule machen!" Das „Hattinger Modell" – Existenzkampf an der Ruhr. Köln 1985

Kopetzky, H.
In den Tod - Hurra! Deutsche Jugendregimenter im Ersten Weltkrieg. Köln 1981

Krüger, H. H./Kuhnert, P./Wensierski, H.-J.
Jugend und Kultur. in: Institut für Jugendforschung und päd. Praxis (Hg.): Jugend im Revier. Essen 1986

Krüger, H. H.
„Exis, habe ich keine gesehen." Auf der Suche nach einer jugendlichen Gegenkultur in den 50er Jahren. in: Ders. (Hg.): „Die Elvis-Tolle...". Lebensgeschichte und jugendliche Alltagskultur in den 50er Jahren. Opladen 1985, S. 129–151

Küppers, P.
Die Kriegsarbeit der Stadt Bochum 1914–1918. Bochum 1926

Laarmann, Maria
Die Organisation der öffentlichen Wohlfahrtspflege im Ruhrgebiet. in: Bühler/Kerstiens (Hg.): Die Behördenorganisation des Ruhrgebiets und die Verwaltungsreform. Essen 1926

Lachendes Leben. Robert Laurer Verlag, Egestorf Bez. Hamburg 1927

Larass, Claus
Der Zug der Kinder. Bergisch-Gladbach 1984

Lindner, Rolf/Breuer, Heinrich Th.
„Sind doch nicht alles Beckenbauers". Zur Sozialgeschichte des Fußballs im Ruhrgebiet. Frankfurt 1978

Linse, Ulrich
Lebensformen der bürgerlichen und der proletarischen Jugendbewegung. in: Jahrbuch des Archivs der deutschen Jugendbewegung Bd. 10 (1978), S. 24–55

Linse, Ulrich
„Geschlechtsnot der Jugend". Über Jugendbewegung und Sexualität. in: Koebner, Thomas u. a. (Hg.): „Mit uns zieht die neue Zeit". Der Mythos Jugend. Frankfurt a. M. 1985, S. 245–295.

Marchwitza, Hans
Meine Jugend. Berlin/Weimar 1964

Meves, Bernhard
Die erwerbstätige Jugend. Berlin 1929

Middendorf, Wolf
Jugendkriminologie. Düsseldorf 1956

Möding, Nori/Plato, Alexander v.
Siegernadeln. Jugendkarrieren im BDM und HJ. in: Deutscher Werkbund (Hg.): Schock und Schöpfung. Darmstadt 1986

Moll, D.
Die Geschichte des Rock'n Roll. Hann. Münden 1985

Mückenberger, Ulrich
Die Krise des Normalarbeitsverhältnisses – hat das Arbeitsrecht noch Zukunft? in: Zeitschrift für Sozialreform 7/8 (1985)

Müller-Münch, Ingrid
Eine Stadt will nicht arbeitslos werden. in: Frankfurter Rundschau vom 7. März 1987, S. 3

Muth, Wolfgang
Berufsausbildung in der Weimarer Republik. Wiesbaden 1985

Muschler, R. C.
Nationalsozialistischer Film. in: „Deutsche Kultur-Wacht", Heft 21/1933

Niethammer, Lutz
„Normalisierung" im Westen: Erinnerungsspuren in die 50er Jahre, in: Brunn, Gerhard (Hg.): Nordrhein-Westfalen und seine Anfänge nach 1945/46. Essen 1986

Nyssen, Elke
Die Westdeutsche Frauenfriedensbewegung. in: Feministische Studien, 3. Jg. – November 1984 – Nr. 2. Themenheft „Krieg und Unfrieden"

Nyssen, Elke/Metz-Göckel, Sigrid
„Ja, die waren ganz einfach tüchtig" – Was Frauen aus der Geschichte lernen können. in: Freier, Anna-Elisabeth/Kuhn, Annette (Hg.): Frauen in der Geschichte V. „Das Schicksal Deutschlands liegt in der Hand seiner Frauen" – Frauen in der deutschen Nachkriegsgeschichte. Düsseldorf 1984

Ott, Paul/Skai, Hollow
Wir waren Helden für einen Tag. Reinbek 1983, Seite 235 f.

Penth, B./Franzen, G.
Last Exit, Punk: Leben im toten Herz der Städte. Reinbek 1982

Pätzold, Günter
Quellen und Dokumente zur betrieblichen Berufsausbildung 1918–1945. Köln, Wien 1980

Petrick, Fritz
Zur sozialen Lage der Arbeiterjugend in Deutschland 1933–1939. Berlin 1974

Peukert, Detlev
Die Edelweißpiraten. Protestbewegungen jugendlicher Arbeiter im Dritten Reich. Köln 1980

Peukert, Detlev
Grenzen der Sozialdisziplinierung. Aufstieg und Krise der deutschen Jugendfürsorge 1878 bis 1932. Köln 1986

Peukert, Detlev
Jugend zwischen Krieg und Krise. Lebenswelten von Arbeiterjungen in der Weimarer Republik. Köln 1987

Pfeil, Elisabeth
Großstadtforschung. Entwicklung und gegenwärtiger Stand. Hannover 1972

Plato, Alexander von.
„Fremde Heimat. Zur Eingliederung von Flüchtlingen und Einheimischen in die Neue Zeit". in: Niethammer, Lutz/Plato, Alexander von: „Wir kriegen jetzt andere Zeiten". Auf der Suche nach der Erfahrung des Volkes in nachfaschistischen Ländern. Berlin/Bonn 1985, S. 172–219

Reulecke, Jürgen
Sozio-ökonomische Bedingungen und Folgen der Verstädterung in Deutschland. in: Zeitschrift für Stadtgeschichte, Stadtsoziologie und Denkmalpflege, 4. Jg. (1977), S. 269–287

Reulecke, Jürgen
Metropolis Ruhr? Regionalgeschichtliche Aspekte der Ruhrgebietsentwicklung im 20. Jahrhundert. in: Die alte Stadt, 8. Jg. (1981), S. 13–30

Reulecke, Jürgen
Geschichte der Urbanisierung in Deutschland. Frankfurt 1985

Rheinisches Journalistenbüro
Jugend, Jugendarbeitslosigkeit und neue Arbeit. Köln 1986

Rieser, Daniel
Thesen zur Situation der Jugend im Ruhrgebiet, in: Institut für Jugendforschung und päd. Praxis (Hg.): Jugend im Revier. Essen 1986, S. 27–40

Rinneberg, Karl-Jürgen
Das betriebliche Ausbildungswesen in der Zeit der industriellen Umgestaltung Deutschlands. Köln/Wien 1985

McRobbie, A./Savier, M.
Autonomie, aber wie? Mädchen Alltag Abenteuer. München 1982

Roesner, Ernst
Kriminalität im Jugendalter. in: Elster A./Lingemann, H.: Handwörterbuch der Kriminologie, Bd. 1. Berlin 1933

Rohe, Karl
Vom Revier zum Ruhrgebiet. Wahlen – Parteien – Politische Kultur. Essen 1986

Rommelspacher, Thomas
Die Krise des Ruhrgebietes. Berlin 1981

Rühle, Otto
Illustrierte Kultur- und Sittengeschichte des Proletariats, Bd. 2, Focus-Verlag. Gießen 1977

Selle, Gert
Kultur der Sinne und ästhetischen Erziehung. Köln 1981

Shaw, G.
Bomp. Die Briten kommen. Reinbek 1983

Die Siedlungsfrage im Ruhrgebiet. Untersuchungen des Siedlungsverbandes Ruhrkohlenbezirk. Essen 1934

Schmidt, Robert
Denkschrift betreffend Grundsätze zur Aufstellung eines General-Siedlungsplanes für den Regierungsbezirk Düsseldorf. Essen 1912

Schörken, Rolf
Jugendästhetik bei den Luftwaffenhelfern. in: Bucher, Willi/Pohl, Klaus (Hg.): Schock und Schöpfung. Jugendästhetik im 20. Jahrhundert, Darmstadt/Neuwied 1986. S. 326–330

Schule und Krieg (SchuK), Sonderausstellung im Zentralinstitut für Erziehung und Unterricht Berlin. Berlin 1915

Schultz, Clemens
Die Halbstarken. Leipzig 1913

Schwarz, Georg
So wohnen sie im Kohlenpott (1931), in: Kürbisch, Friedrich G. (Hg.): Dieses Land schläft einen unruhigen Schlaf. Sozialreportagen 1918–1945. Berlin/Bonn 1981

Schwarzbuch, Lila
Zur Diskriminierung von Frauen in Wissenschaft. Düsseldorf 1986, S. 112–117

Schwenger, Rudolf
Die betriebliche Sozialpolitik im Ruhrkohlenbergbau. Schriften des Vereins für Sozialpolitik 186. 1932

Stark, Elke/von der Haar, Heinrich
Existenzgefährdung Jugendlicher durch Arbeitslosigkeit – Zur Dunkelziffer der Arbeitslosigkeit und der Einkommenssicherungl. in: WSI-Mitteilungen 9/1984, S. 533–544

Tenfelde, Klaus
Großstadtjugend in Deutschland vor 1914. Eine historisch-demographische Annäherung. in: VSWG 69, Bd. (1982), S. 182–218

Thiessen, R.
„It's only Rock'n roll but I like it." Zu Kult und Mythos einer Protestbewegung. Berlin 1981

Toeplitz, Jerzy
Geschichte des dt. Films, Bd. 5/Bd. 6. München 1980

Verhandlungen der Preußischen Stein- und Kohlenfallkommission. Berlin 1906

Wandervogel
Illustrierte Monatsschrift 1. Jahrgang (1904) ff.

Alt-Wandervogel
Zeitschrift des Bundes für Jugendwanderungen ab 1. 8. 1906 ff.

Wandervogel
Monatsschrift des „Wandervogel" Deutschen Bundes für Jugendwanderungen, 1. Jahrgang (1906)

Wandervogel am Niederrhein
Gau- und Fahrtenblatt, 1. Jahrgang (1909) bis 9. Jahrgang (1918)

Wandervogel
Gaublatt für Westfalen und Ems-/Weserland –1910) ff.

Wallraff, Günter
Ganz unten. Köln 1985

Walter, Franz
Nationale Romantik und revolutionärer Mythos. Politik und Lebensweisen im frühen Weimarer Jugendsozialismus. Berlin 1986

Wannöffel, Manfred
Umbruch historisch – Phasen der industriellen Entwicklung Bochums. in: Hans Wupper/Friedhelm Schrooten/Michael Krummacher, Umbruch der Stadt – z. B. Bochum. Bochum 1986, S. 33–68

Weigle, Peter
Der Einfluß der Jugendvereine auf die sittliche und religiöse Entwicklung der männlichen Jugend (Hg.: vom Rheinischen Provinzial-Ausschuß für innere Mission). Langenberg 1902

Wensierski, Hans-Jürgen von
„Die anderen nannten uns Halbstarke" – Jugendsubkultur in den 50er Jahren. in: Krüger, Heinz-Hermann (Hg.): „Die Elvistolle, die hatte ich mir unauffällig wachsen lassen". Lebensgeschichte und jugendliche Alltagskultur in den fünfziger Jahren. Opladen 1985

Werner, Georg
Ein Kumpel. Erzählungen aus dem Leben der Bergarbeiter. Berlin 1930 (Verlag „Die Knappschaft")

Will, van der, Wilfried/Burns, Bob
Arbeiterkulturbewegung in der Weimarer Republik. Eine historisch-theoretische Analyse der kulturellen Bestrebungen der sozialdemokratisch organisierten Arbeiterschaft. Frankfurt a. M./Berlin/Wien 1982

Willis, Paul
Profane Culture. Frankfurt a. M. 1981

Winkler, Heinrich August
Von der Revolution zur Stabilisierung. Arbeiter und Arbeiterbewegung in der Weimarer Republik 1918 bis 1924. Berlin/Bonn: Dietz Nachf. 1984

Wyenbergh, J. van den
Zur Psychologie der Jugendlichen im Lehrlingsalter unter besonderer Berücksichtigung des bergmännischen Nachwuchsproblems. in: Glückauf 76 (1940), S. 433 ff.

Zimmermann, Michael
Ausbruchshoffnung. Junge Bergleute in den dreißiger Jahren. in: Lutz Niethammer (Hg.): „Die Jahre weiß man nicht, wo man die heute hinsetzen soll". Faschismuserfahrungen im Ruhrgebiet. Bonn 1983, S. 97–132

Zimmermann, Michael
„Ein schwer zu bearbeitendes Pflaster": der Bergarbeiterort Hochlarmark unter dem Nationalsozialismus. in: Peukert, Detlev/Reulecke, Jürgen (Hg.): Die Reihen fast geschlossen. Wuppertal 1981, S. 65–84

Zimmermann, P.
Rock'n Roller, Beats und Punks. Essen 1984

Zinnecker, Jürgen
Literarische und ästhetische Praxen in Jugendkultur und Jugendbiographie. in: Deutsche Shell (Hg.): Jugendliche und Erwachsene 1985, Bd. 2. Opladen 1985

Die Autoren und Autorinnen

Heidi Behrens-Cobet (Essen); Dipl.-Päd., Mitarbeiterin im Bildungswerk der Humanistischen Union, Essen

Alfred Bietau (Essen); Dipl.-Päd., Wissenschaftlicher Mitarbeiter des Institut für Jugendforschung und pädagogische Praxis e. V.

Wilfried Breyvogel (Essen); Dr. phil. habil., Akademischer Oberrat an der Universität – Gesamthochschule – Essen

Franz-Josef Brüggemeier (Recklinghausen); Dr. med., Dr. phil., Wissenschaftlicher Assistent an der Fernuniversität Hagen

Barbara Duka (Recklinghausen); Dipl.-Päd., Wissenschaftliche Mitarbeiterin am Institut für Sozialpädagogik, Dortmund

Josef Fellsches (Bochum); Dr. phil., Professor für Erziehungswissenschaften an der Folkwang-Hochschule Essen

Klaus Harney (Recklinghausen); Dr. phil., Professor für Erziehungswissenschaften an der Universität Frankfurt

Werner Helsper (Essen); Dipl.-Päd., Wissenschaftlicher Mitarbeiter des Instituts für Jugendforschung und pädagogische Praxis e. V.

Petra Hinssen (Düsseldorf); Med.-techn. Assistentin

Irmhild Kettschau (Dortmund); Dr. phil., Wissenschaftliche Assistentin an der Universität Dortmund

Klaus Klemm (Essen); Dr. phil., Professor für Erziehungswissenschaften an der Universität – Gesamthochschule – Essen

Arno Klönne (Paderborn); Dr. phil., Professor für Soziologie an der Universität Paderborn

Frank Krispin (Dortmund); Referendar

Heinz-Hermann Krüger (Wuppertal); Dr. phil. habil., Privatdozent an der Universität Dortmund, Wissenschaftlicher Mitarbeiter an der Fernuniversität Hagen

Peter Kuhnert (Dortmund); Dipl.-Päd., wissenschaftlicher Mitarbeiter des Instituts für Jugendforschung und pädagogische Praxis e. V.

Peter Lüschper (Recklinghausen); Redakteur

Rosemarie Möhle-Buschmeyer (Recklinghausen); Lehrerin

Elke Nyssen (Dortmund); Dr. phil., Dozentin für Erziehungswissenschaften an der Universität Dortmund

Alexander von Plato (Hagen); Dr. phil., Wissenschaftlicher Mitarbeiter an der Fernuniversität Hagen

Jürgen Reulecke (Essen); Dr. phil., Professor für neuere Geschichte an der Universität – Gesamthochschule – Siegen

Birgit Richard (Mülheim); Studentin

Daniel Rieser (Essen); Dr. phil., Universität – Gesamthochschule – Essen

Ernst Schmidt (Essen); Dr. phil., Ruhrlandmuseum Essen

Bernd Stelmaszyk (Essen); Lehrer

Ingrid Stoppa-Sehlbach (Essen); Wissenschaftliche Mitarbeiterin an der Universität – Gesamthochschule – Essen

Werner Thole (Mettmann); Dipl.-Päd., Wissenschaftlicher Mitarbeiter des Instituts für Jugendforschung und pädagogische Praxis e. V.

Manfred Wannöffel (Bochum); Dipl.-Sozialwissenschaftler

Hans-Jürgen von Wensierski (Dortmund); Dipl.-Päd., Wissenschaftlicher Mitarbeiter an der Fernuniversität Hagen

Martin Weyer (Essen); Student der Geschichte

Dorothee Wierling (Essen); Dr. phil., Wissenschaftliche Assistentin an der Fernuniversität Hagen

Hans Wupper (Bochum); Dipl.-Sozialwissenschaftler, Wissenschaftlicher Angestellter an der Universität Bochum

Michael Zimmermann (Essen); Dr. phil., Wissenschaftlicher Mitarbeiter der Synagoge Essen